U0492522

高等院校经济管理类专业应用型系列教材

企业管理仿真模拟理论与实践

Theory and Practice of Enterprise Management Simulation

张小红　编著

中国财经出版传媒集团

经济科学出版社
Economic Science Press

图书在版编目（CIP）数据

企业管理仿真模拟理论与实践 / 张小红编著．—北京：经济科学出版社，2021.8
高等院校经济管理类专业应用型系列教材
ISBN 978-7-5218-2838-2

Ⅰ.①企… Ⅱ.①张… Ⅲ.①企业管理-仿真系统-高等学校-教材 Ⅳ.①F272.7-39

中国版本图书馆 CIP 数据核字（2021）第 180525 号

责任编辑：杜 鹏 孙倩靖
责任校对：郑淑艳
责任印制：王世伟

企业管理仿真模拟理论与实践
张小红 编著
经济科学出版社出版、发行 新华书店经销
社址：北京市海淀区阜成路甲 28 号 邮编：100142
编辑部电话：010-88191441 发行部电话：010-88191522
网址：www.esp.com.cn
电子邮箱：esp_bj@163.com
天猫网店：经济科学出版社旗舰店
网址：http://jjkxcbs.tmall.com
固安华明印业有限公司印装
787×1092 16 开 30 印张 650000 字
2021 年 9 月第 1 版 2021 年 9 月第 1 次印刷
ISBN 978-7-5218-2838-2 定价：68.00 元
（图书出现印装问题，本社负责调换。电话：010-88191510）
（版权所有 侵权必究 打击盗版 举报热线：010-88191661
QQ：2242791300 营销中心电话：010-88191537
电子邮箱：dbts@esp.com.cn）

前　言

一个国家要想繁荣富强，一个组织要想发展壮大，一定要把管理工作做好。在现代社会中，管理工作作为组织实现目标的一种手段，可以说无时不在、无处不在。人们不管从事何种工作，都在参与管理活动，要么管理国家，要么管理组织，要么管理业务，要么管理家庭、管理子女。可以说，国家的兴衰、组织的成败、家庭的贫富无不与管理工作是否得当有关。管理工作的主体是管理者。管理者要想做好管理工作，就得学好管理学。管理学是一门建立在经济学、心理学、行为学、社会学、数学等基础之上的综合性学科。管理涉及的范围广、影响面大，是理论性、知识性、应用性、实践性很强的专业基础课程。

管理者的水平直接决定着管理的效果。管理专业的学生要想成为优秀的管理者，就必须学会理论联系实际，通过社会实践，加深对管理理论知识的理解，在此基础上，管理者还应该学会制定企业战略，充分做好企业的人力资源管理、运营管理、市场营销管理、财务管理、信息管理等，实现企业管理的科学化。然而，在社会实践中，掌握这些能力需要大量的时间、精力和成本。为了降低成本，缩短专业知识和实践应用的距离，提高学生分析与解决管理问题的能力，20世纪50年代开始，美国、加拿大、德国和日本等国家，通过开发模拟软件，运用计算机技术模拟企业的经营环境，让学生通过模拟了解企业管理流程，通过研究开发、生产制造、市场营销、产品运输、客户服务等流程模拟企业的实际运营。学生通过企业管理仿真模拟的具体操作，将管理知识融会贯通，为做好管理工作打下坚实的基础。20世纪80年代以来，这种管理仿真模拟渐渐地引入中国，进入很多高校的本科生和MBA研究生的课程中，同时，也受到很多培训机构的青睐，并在市场上形成了许多社会化的商业竞赛。

开设管理仿真实习课程的目的在于使学生将所学的管理知识与企业管理实践有机地结合起来，使学生通过计算机模拟管理环节，初步了解企业管理流程，通过学生在实习中的具体操作，将管理原理融会贯通到企业实践，为学生进一步学习专业课程奠定实践基础。通过管理实习，使学生更进一步地理解、掌握和运用所学专业知识，培养学生分析问题、解决问题的实际工作能力。通过管理实习，使学生认识了企业战略选择，了解了企业各项管理活动的内在联系、具体内容及操作程序，加强对企业管理实践中的新理念、新方法的提炼，丰富和扩大专业知识领域。通过管理实习，让学生参与市场竞争，对企业的经营管理活动的现状做出分析，找出企业运营过程中存在的问题，并提出解决对策，从而培养学生运用所学理论解决实际问题的能力，提高其综合运用知识的能力，增强学生的创新意识。通过管理实习，激发学生的敬业、创业精神，增强其事业心和责任感，增强了学生的社会交往及沟通能力，培养了学生的团队意识与合作精神，管理实习普遍受到学生的欢迎。

为了让学生更好地得到锻炼，我们组织学生以团队的形式参加了更多社会化的商业比赛，比较有影响力的有全国高等院校企业竞争模拟大赛（BUSIMU 系统）、TOP-BOSS 企业经营模拟大赛、GMC 国际企业管理挑战赛、全国大学生管理决策模拟大赛（商道系统）、尖峰时刻全国模拟大赛（尖峰时刻系列软件）。通过这些社会化的商业模拟比赛，参赛同学普遍有很深的感触，希望学校能经常组织这样的比赛，让更多的学生得到锻炼。

为了积极探索实践教学与“产、学、研”相结合的新途径，提高人才培养质量，应广大师生的要求，我们特修订了《企业管理仿真模拟》这本教材。本次修订主要增加了企业管理理论部分，很多学生反馈，在进行企业管理仿真模拟时企业管理理论知识忘得差不多了，迫切需要一本理论与实务相结合的教材。正是在这样一种背景下，我们增加了企业及企业制度、企业管理的基础工作、企业战略管理、人力资源管理、企业财务管理、生产运营管理、市场营销管理等企业管理理论，在理论的指导下，介绍了管理仿真模拟的含义、特征和作用、发展过程及其沿革，并以 TOP-BOSS 软件为主，介绍了企业管理仿真模拟中经营战略的制定与实施。此外，本教材还对市场上比较常见的管理仿真模拟软件进行了详细的介绍。

本教材可作为管理类本科生和研究生、MBA 相关课程教材以及非管理专业学生的管理类读物，也可以作为企业培训管理人才的参考教材。本教材在继承、借鉴前人研究的基础上，力求系统、全面、重点、求新地将管理理论、知识、方法、手段及观念运用到仿真模拟中。

本教材的编写得到了北京石油化工学院经济管理学院领导的指导，还得到了经济科学出版社的大力支持。本教材编写过程中引用了大量专家、学者的专著和论文等文献资料，融合了大量同仁的研究成果。恰逢暑假，华北电力大学龙成凤教授和我的研究生郭威、伍玉君、李少华也收集了相关资料。在此一并表示感谢！

本教材受北京市属高校高水平教师队伍建设项目、北京现代产业新区发展研究基地、北京石油化工学院企业发展研究中心、北京石油化工学院优秀学科带头人培育计划的资助与支持。

由于编写时间及编者水平所限，教材中肯定存在一些不足之处，恳请各位批评指正。

张小红
2021 年 6 月 16 日于康庄校区

目 录

上篇 理论篇

下篇 实践篇

上篇　理论篇

第一章　企业及企业制度

第一节　企业的概念及特征

企业是一个历史范畴，是人类社会发展到一定阶段随着商品的出现而产生的，是商品经济的产物。概括地说，企业是为满足社会需要并获取盈利，由一定数量的生产要素所组成的，从事生产经营或服务性活动的，具有法人资格的经济组织。企业是国民经济的基本单位，是现代社会的重要细胞和组成部分。为全面地理解企业的概念，我们应注意把握以下几个基本特征。

一、企业是经济组织

企业不同于事业单位、公益组织和政府部门，它是一个经济组织。企业作为经济组织，所从事的是生产和经营产品或提供商业性服务等经济活动，通过这些活动来满足人们生产和生活的需要以及社会发展的需要，并以此实现自己的价值——获取盈利。企业要盈利，就必须使自己的产品或服务能够满足社会的需要，即能够被社会认可。在市场经济条件下，一般来说，企业提供的产品或服务对需求者和社会的贡献越大，则其取得的利润也越多；反之，利润小的企业则可以看作其对社会的贡献小。亏损的企业不仅没有为社会创造财富，反而消耗社会资源与财富。企业没有利润，就不能扩大再生产，职工的生活就难以提高，国家的税收就没有保证，国家的发展就会停滞。从这点来说，企业确保获取合理的利润，不仅应是企业的目标，而且也是企业对社会承担的重大责任。

二、企业必须承担一定的社会责任

企业在生产经营过程中，不仅要满足顾客和用户的需要，还要满足股东、银行、员工、供应商、交易对象、竞争者、政府、社区等一切与之相关的社会团体的需要。企业只有经过努力满足了他们的需要，才能正常运行，获取利润，得以生存和发展。这就决定了企业不能只为自身谋利益，而要肩负兼顾各方面利益的社会责任。企业的社会责任还表现在防止环境污染、节约资源、为社会提供就业机会和为社区建设做出贡献上。

三、企业必须拥有一定数量的生产要素

企业要为社会提供合格的产品和满意的服务，就必须拥有一定数量的生产要素，形成由各种生产要素有机结合的整体，这些生产要素主要包括人、财、物、时间、空间、信息等。企业的管理者就是通过科学的运作，使这些要素得到合理的组织和利用，最大限度地发挥其效益，形成创造社会财富的现实社会生产力。

四、企业必须是独立的法人组织

企业要获取利润，就要保证自己的产品或服务在品种、质量、成本和时间上能随时适应社会和消费者的需要，为此，企业必须能够自主地对市场和社会环境的变化及时主动地做出反应。在市场经济条件下，企业是自主经营、自负盈亏、自我发展、自我约束的市场主体，而不是国家行政机构的附属物。具体来说，企业必须成为具有法人资格，拥有法人财产权，并以其法人财产独立地从事经营活动、独立地承担民事责任与义务的法律实体。

第二节　企业组织的形成与演变

企业组织的产生和发展经历了一个演变过程，大体如下。

一、手工业作坊的产生

人类社会进入封建社会，生产的基本形式是个体家庭手工业。封建社会后期，随着生产力的发展，社会分工的深化，在原有的个体家庭手工业的基础上，逐渐产生了一种新的生产组织形式——手工业作坊。在手工业作坊里，业主与员工的关系多为父子、师徒等，形成了初步的分工与协作，其生产的目的不再是用于个人消费，而是拿到市场上去卖，以获取盈利。这个阶段可以说是企业的萌芽。

二、手工业工场的出现

16 世纪到 18 世纪末，随着资本的集中和劳动的商品化，伴随着大量小手工业者的分化和破产，手工业工场这种新的生产组织形式出现了。许多手工业工人受雇于一个资本家，在一个工场里从事商品生产。他们或是由不同种的手工业工人共同完成一个产品的制造，或是由同一种或同一类手工业工人进行劳动分工，

各人进行不同的操作，并使这些不同的操作在空间上并列在一起，以致形成各种专门的职能。手工业工场在生产过程中进一步发展了分工，同时把过去的手工业结合在一起，它的出现标志着生产组织形式的飞跃。这就是最初的业主企业。

三、合伙企业的形成

对于大多数业主企业来说，扩大生产规模受到了个人财产的限制，为了筹集更多的资本，有必要联合一些人合办企业，即组织合伙企业。早期的合伙企业主要沿着两个方向发展：一是形成家族企业，进一步发展扩大成比较长期性的组织；二是由两个以上成员出资共同组成企业，并通过发行可转让股份形式募集资本，形成股份公司。股份公司的形成，合伙企业从短期投资转向长期投资，股票、股票转让交易所的出现，对于合伙企业的发展起到了重要推动作用。然而，这个阶段企业承担无限连带的法律责任，这使得企业投资者承受着很大风险，愿意加入合伙者队伍的人始终很有限，这严重制约着合伙企业的继续发展。

四、公司制度的建立

随着股份公司的不断增加及其社会地位和作用的不断加强，人们对股份公司不具备法人地位和无限责任制缺陷的认识越来越深刻，探寻形成新的企业制度——有限责任制公司的要求越来越强烈，从而推动了法律制度的变革。18 世纪末至 19 世纪中期，经过长期斗争和激烈的争论，英国议会终于在 1855 年通过了一项有限责任制的议案，确认了注册公司对债务只负有限赔偿责任，并于 1856 年颁布了第一个现代的公司法，即有限责任形式的公司法。有限责任制的最终确立标志着企业进入了现代发展阶段，为企业的进一步发展创造了前提条件。

五、现代企业制度的确立

随着企业规模不断扩大，股东越来越多，业务日益复杂化，大股东感到亲自担任高层经理来驾驭企业越来越困难，于是便开始聘请有经营管理能力的人才来代替他们打理企业的生产经营活动，逐渐形成了由代表所有者的董事会聘请高层经理人员的制度。于是公司制企业就从旧时的“企业主”企业演化为现代的“经理人员”企业，实现了资本所有权与经营管理权的分离。而且，企业规模的扩张及与之伴随的技术和管理过程的复杂化导致专职经理人员的作用日益增强，这就引起了家族资本主义的衰落和现代企业制度的发展，因为决定其在高层管理中地位的不再是他们所掌握的股份多少，而是管理能力的高低。至此，企业完成了由其产生之前的生产组织形式——个体家庭手工业到现代企业制度的演变。

第三节　企业的分类

不同类型的企业有不同的管理要求，为了便于研究企业的生产经营活动和管理的方法与规律，对企业进行分类是十分必要的。根据研究的目的不同，可以选择不同的分类方法。常用的分类方法有：按企业的所有制分类，把企业分成全民所有制企业、集体所有制企业、个人所有制企业、独资企业和合资企业等；按企业的生产类型分类，把企业分成大量生产企业、成批生产企业和单件生产企业；按企业规模分类，把企业分成大型企业、中型企业和小型企业等。但最常用的是按企业制度进行分类。

按企业制度进行分类，必须以反映企业制度本质特征的要素为标志。在企业制度所包含的三项基本内容中，产权制度是最关键的，在一定程度上决定着企业的组织制度和管理制度。因此，对企业制度的分类，主要是从企业资产所有者形式角度来考察。从企业资产的所有者形式来考察，企业制度可以分为个人业主制、合伙制和公司制三种基本类型。

一、按企业的规模分类

按企业的规模分类，企业可以分为大型企业、中型企业及小型企业。企业规模不同，其生产经营特点及管理要求也有所不同。大型企业资金雄厚、设备齐全、人才荟萃，有条件生产经营大型、复杂、尖端技术产品，或大规模生产标准产品，或对劳动对象进行深度综合利用加工。因此，钢铁、汽车、造船、航空、大型电子计算机、重型机械、石油化工等一般均系大型企业。这些企业投资多、工艺复杂、人员较多、管理难度较大。

小型企业的特点是人员少，技术相对专门化，因此，经营比较灵活，适合生产多品种、小批量或较大批量的单一标准产品，因其投资不多，建立较容易。但由于其经济实力不够雄厚，资信较差，人才吸引力不强，因而难以抵御较大风浪。

二、按企业资源要素构成分类

按企业结构中的要素构成分类，企业可分为以下三种类型。

1. 劳动密集型企业：占用劳动力较多，以手工劳动为主的企业，如服装、鞋帽、五金、家电装配、工艺美术等。这类企业的特点是固定资产投资较少，劳务费用对成本影响较大，工人技艺及熟练程度对生产效率有明显影响。

2. 资金密集型企业：占用资金较多，以机械化、自动化作业为主的企业，如钢铁、化工、电力等企业。这类企业的生产经营特点是经济批量大、投资多、建设周期长、品种调整较困难、职工队伍中设备维修人员所占比例较高。

3. 知识密集型企业：以科技开发为主，脑力劳动者为主要成员的企业，如计算机、生物工程、光纤材料、精密仪器等行业的企业，其特点是对职工文化技能素质要求较高，科技开发成果不确定性较大，风险及收益都高于一般企业。

三、按企业资产的所有者分类

（一）个人业主制企业

个人业主制企业是指个人出资兴办、完全归个人所有和控制的企业，在法律上称为自然人企业，也称为个人企业或独资企业。个人业主制企业是最早产生也是一种最简单的企业，流行于小规模生产时期。在现代经济社会中，这种企业在数量上也占多数。

个人业主制企业具有如下优点。

1. 开设、转让与关闭等行为，仅需向政府登记即可，手续简单。

2. 利润归个人所得，不需要与别人分摊。虽然它也要缴纳所得税，但是不需要双重课税，这一点与公司制企业不同。

3. 企业在经营上的制约因素较少，经营方式灵活多样，所以处理问题机动敏捷。

4. 技术、工艺和财务易于保密。在竞争性的市场经济中，保守企业有关销售数量、利润、生产工艺、财务状况等一切商业秘密，是企业获得竞争优势的基础。对个人业主制企业而言，除了所得税表格中需要填列的项目以外，其他均可以保密。

5. 企业主可以获得个人满足。这种企业成败皆由企业主承担，如果获得成功，企业主会感受到成功的满足。所以不少企业主认为，他们在经营企业中所获得的主要是个人的满足，而不是利润。

个人业主制企业具有如下缺点。

1. 无限的责任。企业主必须对企业的全部债务负无限责任。所谓无限责任，即当企业的资产不足以清偿企业的债务时，法律强制企业以个人财产来清偿企业的债务。从这个意义上讲，企业所有财产都是有风险的，一旦失败则可能倾家荡产。因此，对于风险性大的行业不易采用这种形式。

2. 有限的规模。这种企业在发展规模上受到两个方面的限制：一是个人资金有限，信用有限，资本的扩大完全依靠利润的再投资，因而不易筹集较多的资金以求扩大发展；二是个人管理能力限制，这也决定了企业的规模有限，如果超出了这个限度，企业的经营则变得难以控制。

3. 企业寿命有限。企业是和企业主共存亡的，企业主的死亡、破产、犯罪和转业都可能使企业不复存在。因此，这使企业的雇员和债权人不得不承担较大的风险。这就是为什么债权人往往要求企业主进行人寿保险的原因，一旦企业主死亡则可用保险公司付给的保险金偿还债务。当然这并不能有助于延长企业的寿命，其原因是企业主的继承人不一定有足够的经营能力维持企业的生产。

（二）合伙制企业

合伙制企业是由两个以上企业主共同出资，为了利润共同经营，并归若干企业主共同所有的企业。合伙人出资可以是资金或其他财物，也可以权利、信用和劳务等为替代。总体来看，合伙制不如独资和公司制企业数量多。在美国全部企业形式中，合伙企业约占7%。但这种企业形式在广告事务所、商标事务所、会计师事务所、零售商店和股票经纪行等行业中仍为主要的形式。

成立合伙企业必须先经合伙人协商同意，然后采用书面协议的形式，把每一合伙人的权利、义务和利润分配等都确定于合约之中，这个书面合约即是合伙经营合同。在合同中至少要包括以下主要内容。

1. 企业所得利润和所负亏损的分配方法。
2. 各合伙人的责任是什么，包括出资额多少，承担哪些无限责任或有限责任，以及主要业务分担，等等。
3. 老合伙人的退出和新合伙人的加入方法。
4. 企业关闭后，资产的分配办法。
5. 合同上未规定的事宜出现争端时解决的办法。

合伙企业中的合伙人是拥有这个企业并在企业经营合同上签字的人。合伙人根据其是否参加企业的经营及负担的责任（有限责任还是无限责任），可以划分为以下几种类型：一是普通合伙人。普通合伙人是指在合伙企业中实际从事企业的经营管理，并对企业债务负无限责任的合伙人。普通合伙人有权代表企业对外签约，并对企业债务承担最后责任。如果企业中的所有业主都是普通合伙人，这个企业就叫普通合伙企业。二是有限合伙人。有限合伙人是指合伙企业中对企业债务仅负有限责任的合伙人。他对企业经营不起重要作用，仅以所投入资本的数额承担有限责任。三是其他合伙人。包括不参加具体管理的合伙人（没有经营权利，在企业决策上不起多大作用）、秘密合伙人（在企业经营管理中地位重要，但不为人所知的合伙人）、匿名合伙人（只出资而不出名，只参与利润分成而不参加管理的合伙人）和名义合伙人（名义上参与合伙，既不出资也不参与管理的挂名合伙人）等。

合伙企业的优点：

1. 扩大了资金来源和信用能力。
2. 集合伙人之才智与经验，提高了合伙企业的竞争能力。
3. 增加了企业扩大和发展的可能性。

合伙企业的缺点：

1. 产权转让困难。产权转让须经所有合伙人同意。
2. 承担无限连带责任。
3. 企业寿命仍不容易延续很久。

4. 合伙人皆能代表企业，因而对内对外均易产生意见分歧从而影响决策。

5. 企业规模仍受局限。

（三）公司制企业

公司制企业又称为公司，公司制被称为现代企业制度，是现代企业中最重要、较普通的一种企业类型。它是随着生产力的发展而产生的，最早是在美国出现的铁路公司，这是现代企业制度的典型形式。相比较而言，个体企业和合伙企业具有较浓的家族色彩，被称为传统的企业制度，其缺点主要集中在三个方面，即资金问题、风险问题和管理问题。而公司制企业在这三方面有了较大的突破。首先，公司制企业一般可发行股票募集资本，从而扩大生产经营规模；其次，公司制企业的股东一般以其出资为限对公司承担责任，公司以其全部资本为限对公司债务承担责任，从而降低了经营风险；最后，公司制企业的所有权与经营权分离，实行专家管理，基本上冲破了家族的局限，使企业的经营能力不受出资者素质的影响，提高了效率，企业寿命得以延长。由此可见，公司制企业的出现，是企业组织形式的一个重大进步，也是企业发展史上的一次重大飞跃。

在现代社会，公司的种类繁多，国际上划分公司的标准有两个：一是公司股东所负的债务责任；二是公司是否将资本平均分为股份。按照这两个标准，公司制企业又可分为无限责任公司、有限责任公司、股份有限公司等形式。这里，我们重点介绍按照资本的组织形态来划分的企业类型，通常可以分为有限责任公司（包括国有独资公司）、股份有限公司等。

1. 有限责任公司。有限责任公司又称有限公司，是指公司由法定数额的股东共同出资，股东以其出资额为限对公司承担有限责任，公司以其全部资产对其债务承担责任的企业法人。有限责任公司是我国《公司法》所确认公司的一种重要组织形式，也是存在数量较多的一种公司类型，具有如下一些特征。

（1）募股集资的封闭性。有限责任公司不得向社会公开募集资本，它是通过投资者按确定的投资比例和出资方式形成股本总额的，所以有的国家也称之为封闭公司或不上市公司。

（2）公司资本的不等额性。有限责任公司的全部资产不做等额划分，股东按所确定比例的数额来履行出资义务，因此，其股权表现形式不是股票，而是由公司向股东签发股权证明书或出资证明书。

（3）股东数额的限制性，股东必须符合法定人数。各个国家对股东人数一般都有最高限额。我国《公司法》规定，我国有限责任公司由 2 个以上 50 个以下股东共同出资设立。

（4）股份的转让受到严格限制。有限责任公司的股份可以转让，但转让时要遵守法律条件，以维护其他股东和公司的利益。股东向股东以外的人转让出资时，要得到全体股东半数以上的同意，而且现有的股东有优先购买权。

（5）所有权与经营权结合得比较紧密。在有限责任公司中，董事和高层经理人员往往具有股东身份，大股东亲自经营企业，使所有权与控制权的分离程度不如股份有限公司那样高。在涉及国家安全、尖端技术、经济命脉及国防军需等特定行业，成立国有独资有限公司有利于在宏观调控、优化产品结构和经济发展中起骨干作用。国有独资有限公司是指国家授权投资的机构或者国家授权的部门单独出资设立的有限责任公司。它是有限责任公司的特殊形式，之所以特殊就在于这类公司只有一个投资者，即国家。国有独资公司以其公司的全部资产为限对公司的债务承担责任，这与我国现在的有些国有企业事实上负无限责任有很大区别。这是国家为适应建立现代企业制度的需要，结合我国实际情况，对国有企业进行改革的有益探索。

2. 股份有限公司。股份有限公司又称股份公司，是指由一定数额以上的股东所组成，其全部资本由等额股份构成，股东以其认购的股份为限对公司的债务承担责任，公司以其全部资产对公司债务承担责任的企业法人。股份有限公司是典型的股份制企业，其基础是资本合作，具有以下一些特征。

（1）募股集资的公开性。即资本的来源靠向社会公开募股集资，这是股份有限公司与其他企业组织形式的重要区别，通过发起设立或募集设立两种方式由发起人向社会上的投资者募足必要的资本。所谓发起设立是由发起人认购公司应发行的全部股份，待公司设立后，经过一段时间再把公司股票通过证券交易所出售给社会公众。所谓募集设立是指发起人只认购公司应发行股份的一部分法定数额（我国规定不少于35%），其余股份向社会一次或分批发行。

（2）股份的等额性。股份有限公司的全部资本划分为若干个等额的股份，这也是与一般企业和其他类型公司的一个根本区别。这主要是因为债主以出售和认购股票的方式向社会筹资，也是因为坚持一股一权、数股数权、股权平等、同股同利、利益共享、风险共担的原则。

（3）股东的广泛性。这与募股集资的公开性相联系，股份有限公司的股东数额比较大，无上限规定；对一般股东的资格少有限制，但对公司发起人这一特殊股东的资格和数额有一些要求。

（4）股份的可转让性。股份有限公司的股份表现形式是股票，股份的转让实质是股票的转让，在法定范围内是自由的。

第四节　现代企业制度

一、现代企业制度的内涵

现代企业制度，是指适应社会化大生产和社会主义市场经济要求的，以完善的法人制度为基础，以公司制为主要形式，以有限责任制度为保证，以产权清晰、权责明确、政企分开、管理科学为标志的一种新型的企业制度。它是适应现代经济特点及发展需要的、处理企业基本经济关系的、以公司制为基本形式的制度体系。现代企业制度不是企业的某一种制度，而是企业以及涉及企业的一系列制度和制度环境的统称，它既包括企业的产权制度、企业的组织制度、企业的领导制度（治理结构）、企业的管理制度、企业的财务会计制度、企业的劳动人事制度、企业的法律制度，又包括企业的各种制度环境，如社会保障体系、政府职能的转换、政府与企业的关系等。现代企业制度还包含在现代市场经济条件下处理企业以及与企业相关的一系列制度和在这种制度下企业与各方面关系（包括企业与政府、企业与出资者、企业与社会、企业与企业、企业与员工的关系）的行为规范、行为准则和行为方式。

现代企业制度的实质是处理现代企业基本经济关系的规则。现代企业所涉及的基本经济关系就是国家、出资者、经营者、员工、企业整体、企业债权人以及与企业有关的其他民事主体（包括其他自然人、法人）这六个利益主体的相互责任、权力、利益关系。如果这些关系得不到妥善处理，不仅无法保证企业内外的合作、无法保证企业活力，效益低下，而且将使整个经济系统处于无序的低效率状态，因此，必须制定一整套规范，引导和约束各利益主体的行为。

二、现代企业制度的基本特征

适应现代市场经济体制是现代企业制度的一个最为根本的特征，企业的名称本身并不是区分是不是现代企业制度的标志。现代企业制度的基本特征概括起来就是产权明晰、权责明确、政企分开、管理科学。

（一）产权明晰

所谓产权是指资产所有权在法律上的反映。产权有广义与狭义之分。广义的产权包括法律所有权、占有权、使用权、依法处置权，以及与这些权力相联系的收益权。狭义的产权则是广义产权的细分，是指广义产权的某一方面或某几方面的产权，以及与某一方面或某几方面产权相联系的收益权。在股份制企业里，股东只保留资产的最终所有权，以及与此相联系的收益权。这种产权关系可称为股东资产所有权，即法律上的资产所有权。而股份制企业则以法人的资格获得了资产的占有权、使用权、依法处置权，以及与这些权力相连的收益权。这些权力可称为法人资产所有权。

我国原有体制下国有企业是政府部门的附属机构，所有者与企业的基本财产关系并不明确，理论上企业的国有资产投资者是国家，而具体到企业而言没有人格化的投资主体，每一个政府部门似乎都有权对企业行使国有股东的权利，政府作为国有企业唯一的股东，其本应统一的股东权却被纵向和横向的各政府部门所分割，变得支离破碎，大量的政府部门好像都是国有企业的股东，都能代表国家来行使企业国有资产的股东权，而不同政府部门和不同级的政府部门都有自己的利益要关心。

国有企业建立现代企业制度，应该明确企业与其所有者之间的基本财产关系，理顺企业的产权关系。企业中的国有资产属全民所有，即国家所有，受代表国有资产所有者的政府所授权的有关机构作为投资主体，对经营性国有资产进行配置和运用，作为企业中国有资产的出资人，依法享有出资者权益，并以出资额为限对企业承担有限责任。

产权明晰是指要以法律的形式明确企业的出资者与企业的基本财产关系，尤其要明确企业国有资产的直接投资主体，彻底改变原来的那种企业的国有资产理论上出资者明确，实践上出资者含糊、没有人格化的投资主体、无人负责、哪个政府部门都可以代表国有资产出资者来行使一部分国有资产产权的权能而又谁都可以不必为国有资产负责的状况；明确国家作为企业国有资产出资者的有限责任，彻底改变国家对企业的债务实际上承担无限责任的状况，以确保国有资产的合法权益。

企业的设立必须要有明确的出资者，必须有法定的资本金。出资者享有企业的产权，企业拥有企业法人财产权。当企业解散时，没有一块是属于企业的财产可以分给职工的，清算后的剩余财产都是出资者的。在传统的国有制产权制度下，国家所有权与企业法人财产权的边界是模糊的。产权关系不清楚，产权责任就不明确，产权约束就不落实，产权的转让也就糊涂。国有资产流失严重，关键在于产权模糊。所以必须明确产权和法人财产权，弄清楚到底哪些是国有资产，谁是产权主体。我国《国有企业财产监督管理条例》规定："由国家投资及投资收益形成的财产和依据国家的法律、国务院的行政法规界定的国家的财产，都属于国有资产。"产权制度的建立，使多年未能彻底进行的企业改革向前推进了一大步。国有资产的终极所有权与企业法人财产权的明晰化是中国在走向市场经济过程中的一大突破，是现代企业制度的一个重要特征。

（二）权责明确

权责明确是指要在产权明晰、理顺产权关系、建立公司制度、完善企业法人制度的基础上，通过法律法规确立出资人和企业法人对企业财产分别拥有的权利、承担的责任和各自履行的义务。公司制度、法人制度与有限责任制度是现代企业制度在组织方面的三个典型特征，也是权责明确的基础。

在传统的企业制度下，各项职能被分解到不同的行政主管部门手中，这些部门的责、权、利都是不对称的，往往权力大、责任小。企业不具有法人财产权，只是上级行政机关的附属物，没有自主经营、自负盈亏的条件，从而形成无人真正对国有资产负责的格局。现代企业制度要求国家所有的财产一旦投资于企业，就成为企业法人财产，企业拥有法人财产权，以全部法人财产独立享有民事权利、承担民事责任，依法自主经营，自负盈亏，照章纳税，以其全部资产对企业债务承担责任；通过建立企业法人制度和公司制度形成企业的自负盈亏机制和对企业经营者的监督机制。同时，企业法人行使法人财产权，这种法人财产权形成和确立的组织基础也是公司制度和企业法人制度。企业法人财产权的行使要受出资人所有权的约束和限制，必须对出资人履行义务，依法维护出资人权益，对所有者承担资产保值增值的责任，而不是以损害出资人的合法权益为前提。

在各国普遍流行的公司企业中，所有者与企业的关系，不仅是公司章程明文规定的，而且还形成了一套合理的内部治理结构，即股东大会是公司的最高权力机构，由股东大会选举产生董事会或监事会，代表全体股东的利益，董事会负责选择或聘用总经理，同时，总经理承担相应的责任与风险，公司如果经营不善，效益下降，随时有被解聘的危险，如果总经理选择失误，董事会也要承担责任，从而形成一种既有明确权责分工，又能互相制约的制度。

这一特征是专门说明资产所有者的权益和责任的。企业的资产是企业经营的基础。出资者的投资不能抽回，只能转让。出资者以其投资比例参与企业利益的分配，并按投资比例承受损失。为了保证自己的利益，出资者会对企业的经营管理做出干预。例如，对企业的重大行动拥有决策权，对企业的高层管理者拥有选择任命权，等等。在经营过程中，由于外部市场环境的多变和竞争等原因，企业并不一定能保证资产永远保值或增值，企业经营始终存在着风险。与权益相同，风险的分摊也只能以出资份额的多少来划分。当企业亏损到资不抵债、不得不破产时，出资者最多以其全部投入的资产额来承担责任，即只负有限责任。有限责任制度，既体现了财产所有者的所有权并使之相应得到了应得的权益，同时也按其投资比例承担着风险，体现了权利和风险对应的原则。

（三）政企分开

政企分开是指在理顺企业国有资产产权关系、明晰产权的基础之上，实行企业与政府的职能分离，建立新型的政府与企业的关系。

实行政企分开，建立企业与政府之间的适应社会主义市场经济体制的新型的政企关系，要求在明晰企业产权的基础上，实行政府对企业的调控、管理、监督。

首先，要把政府的社会经济管理和国有资产所有权职能分开，积极探索国有资产经营的合理形式和途径，通过构筑国有资产出资人与企业法人间规范的财产关系，强化国有资产的产权约束。

其次，要把政府的行政管理职能和企业的经营管理职能分开。政府主要通过法律法规和经济政策等宏观措施，调控市场，引导企业；政府对企业的监督管理有些可通过诸如会计师事务所、律师事务所等中介组织来实现，通过中介组织沟通政府与企业间的联系，当然确立中介组织的中立地位；要取消企业与政府之间的行政隶属关系和企业的行政级别，对企业的管理人员不应像对国家公务员那样进行管理；要规范国家与企业的分配关系，政府依法收税，企业依法纳税；要把企业承担的政府和社会职能分离出去，分别由政府和社会组织承担。

在现代企业制度下，政府依法管理企业，企业依法经营，不受政府部门直接干预。政府对企业的管理和调控，只能通过金融、税收、财政等经济手段，以及利用一些中间组织的作用等。对企业的干预，主要是在反垄断、必不可少的进出口限额和极少数价格的控制，以及某些强制性的社会保险和资源、环境的保护等。但这些干预都必须严格依法进行。凡法律没有禁止的，都是企业拥有的合法权利，政府不得干预，要想干预必须先立法。执法的原则，一般都是采取事后监督的方式，而不是事先审批制度。

（四）管理科学

管理科学是指要把改革与企业管理有机地结合起来，在产权明晰、政企分开、权责明确的基础上，加强企业内部管理，形成企业内部的一系列科学管理制度，尤其要形成企业内部以及生产关系方面的科学的管理制度。科学的组织管理体制由两部分构成。

1. 科学的组织制度。现代企业制度有一套科学、完整的组织机构，它通过规范的组织制度，使企业的权力机构、监督机构、决策和执行机构之间职责明确，并形成制约关系。在我国，公司制是现代企业组织中的一种重要形式。

2. 现代企业管理制度，包括企业的机构设置、用工制度、工资制度和财务会计制度等。现代企业要适应市场靠产品，而开发新产品靠科技、靠人才。现代企业很重视人的作用，在这方面要注意以下六点：重视选好企业经营者；重视职工培训；提高职工之间的协作精神；重视领导和职工关系；重视奖惩；重视科技和科技人员的作用，不断开发新产品。通过这些方面调节所有者、经营者和职工之间的关系，形成激励和约束相结合的经营机制。

现代企业的管理方法、机构和制度，既要科学又要随着形势发展不断改进和完善，不是一成不变的。现代企业内部管理制度的建立，要与外部的环境相适应，要引入市场机制，围绕以市场需要为中心，以发挥人和科技的作用为重点，在内部各单位之间，打破条块界限，各自相对独立，单独核算，自负盈亏，以确保企业的行政管理与技术开发之间能够更好地协调，不断提高其在市场上的竞争能力。

三、现代企业制度的内容

现代企业制度的基本形式是公司制，更具体些，就是有限责任公司和股份公司，公司制本身就是一个制度体系，它包括以下八项制度，即公司设立及投资主体多元化制度、公司法人制度、公司产权制度、企业破产制度、有限责任制度、公司领导制度、公司财务会计制度、劳动人事制度等。

（一）公司设立及投资主体多元化制度

公司是比较规范的企业组织形式，各国对其设立都有明确的严格规定，如设立公司的法定股东人数、出资额、公司章程、名称、场所、经营范围、设立程序等。如果不加规定，就难以防止商业诈骗，使债权人和其他民事主体的利益受到侵害。

公司的基本特征是资本联合，它一般是由两人（自然人或法人）以上以一定形式出资联合而成的企业。资本来源的多渠道、投资主体的多元化、经营盈亏的分享性以及所有权与经营权的分离性，是现代公司制度的明显特征。我国公司法规定，有限责任公司股东为2～50人，股份有限公司发起人不少于5人，上市公司对股东人数要求更多。投资主体多元化是建立企业法人制度的最初依据，是扩大资金来源的制度保证。

（二）公司法人制度

在传统的计划经济体制下，国有企业作为国家行政机构的附属物，没有独立的法人地位。国家是唯一的投资主体，无法形成竞争。在实行有计划的商品经济过程中，国家虽然通过立法形式建立了企业法人制度，但这是一种不完整的法人制度。国有企业名义上虽有法人地位，却没有法人所必须具备的独立财产权，难以建立起财产约束机制，只能负盈不负亏，国家对企业仍负有无限责任，企业还不是真正独立的法人。同时，公司投资主体多元化带来一个问题，就是如何处理公司与其他民事主体之间的经济关系，尤其是债务关系。独资或合伙企业一般是由出资者直接与其他民事主体发生关系，因为这里权责归属十分清楚。但对于一个出资者较多的企业，依靠出资者分别与其他民事主体打交道，不仅是不经济的，而且也是不合理的。为此，国家从法律上承认公司是一个统一的整体，可以独立承担民事责任，行使民事权利，公司在法律上获得独立人格，因而称为法人。企业法人制度的确立使出资者、企业及其他民事主体之间发生经济纠纷时，不必让每个股东出面去争取权利或承担责任，而可以由公司法人机关去处理。从道理上讲，要独立承担民事责任和行使民事权利，必须有一定的物质基础，即可供自主支配的财产，因此，企业法人制度规定，公司享有由股东投资形成的全部法人财产权，依法享有民事权利，承担民事责任。没有可供企业自主支配的财产，在商业上就没有行为能力，既无法独立行使民事权力，更无法独立承担民事责任，要么使经济纠纷处于非常复杂的局面，要么只能由国家统统包下来。

企业法人制度的实质，对国有企业而言，是确认国家拥有财产的所有权，企业拥有独立的法人财产权，并据此享有民事权利，承担民事责任。确立法人财产权，需要理顺产权关系，实行出资者所有权与法人财产权的分离。出资者所有权和法人财产权经过法律确认，均受法律的保护，不可侵犯。确立法人财产权，对国有企业来说，不会改变国家的所有者地位，改变的只是国家对国有资产管理的方式，即由资产实物形态的管理转变为资产价值形态的管理，国有资产总量并未减少和流失。重要的是企业国有资产增值和收益均属国家所有，而对企业经营风险，国家只以其出资额为限承担有限责任。

企业拥有法人财产权，通过建立资本金制度和资产经营责任制，使自负盈亏的责任落实到企业，促使企业必须根据市场供求关系和价值规律支配、使用、处理、运作自己的资产，盘活资产存量，实现有效增值，并由此割断政企职责不分的“脐带”，为企业摆脱政府行政机构附属物的地位奠定基础。理顺产权关系，完善企业法人制度，为公有制与市场经济的有效结合创造了条件。

（三）公司产权制度

出资者的目的是财产的增值，财产的增值只有通过运作商品生产与交换活动才有可能，在出资者较多的情况下，如果由出资者直接运作公司资产将会有很大困难，一是出资者不一定懂经营；二是众多的出资者一起参与运作，无法保证效率。为了解决这个矛盾，有关公司的法律一般都这么规定：一方面保证出资者享有资产受益、重大决策和选择经营者的权利，以调动其投资积极性；另一方面规定出资者一旦将资本注入公司，就不能随便抽回，而这部分资产的占有、使用、处置的权力让渡给经营者，出资者不能随便干预公司日常经营活动，从而保障了公司法人地位。公司资产的占用、使用和依法处置的权力就是所谓法人财产权。公司产权制度体现了所有权和经营权适度分离的原则，有力地促进了社会生产力的发展。

（四）企业破产制度

在商品经济中，企业与其他民事主体之间存在普遍的债务债权关系，如借贷款、商品赊销等。由于企业经营存在风险，加上经营管理不善，可能出现企业到期还不起债的情况，这时若不能及时合理地处理这类债务关系，将可能产生以下后果：(1) 使债权人处于困境，并导致一系列债务难以清偿的连锁反应；(2) 使债务人有能力继续从事低效率甚至无益于社会的活动，浪费社会资财；(3) 迫使人们进行现金交易，导致信用危机。为此，各国立法规定，当企业不能清偿到期债务，就可申请破产，通过拍卖企业财产抵偿债务。这样首先保护了债权人的合法权益，维护社会信用关系；其次，企业因必须承担决策失误的风险，可以推动企业改善经营管理；最后，债务人在破产程序结束后，可以摆脱债务约束，获得另图宏业、东山再起的机会。企业破产制度是现代企业制度的重要内容，我国《公司法》对企业破产清算作了具体规定。

（五）有限责任制度

企业出现经营亏损甚至资不抵债时，由谁承担经济责任？这是企业制度必须加以规定的。对于独资企业及合伙企业，出资者无疑要承担无限责任，不仅要以投入经营的资产偿债，在资不抵债时要以全部个人财产去偿债，以致出现倾家荡产的局面，这样做虽然对债权人有利，但由于风险责任太大，不利于吸引各方面投资。为此，各国在制定破产法律制度以保护债权人利益的同时，规定法人企业实行有限责任制度，即公司（有限责任公司、股份有限公司）以其全部资产，实即全部法人财产承担债务责任；而出资者即股东以出资额为限对公司承担责任。这样既能分散投资风险以保护出资者积极性，又符合权责相称原则。既然出资者只享受与其出资额相称的权利，自然也只应承担与其出资额相对应的责任。至于企业法人，除了能支配出资者让渡的法人财产以外，并不能支配出资者其他财产，因而也只能承担有限责任。

（六）公司领导制度

为了落实投资者及企业法人各自的权利，也为了促成出资者、经营者及员工的稳定合作，必须科学地设立公司的治理结构，规定公司领导机构的组成，以及决策、行政管理、监督等各项重要权力的分配，这就是公司领导制度的基本内容。一般来说，公司的组织结构由股东会、董事会、监事会、总经理、专门委员会、职能部门等构成。股东会是公司的最高权力机构，有权选择和罢免董事会和监事会成员，制定和修改公司章程，审议和批准公司的财务决算、投资以及收益分配等重大事项。董事会是公司的经营决策机构，其职责是执行股东会的决议，决定公司的生产经营决策和任免公司总经理等。其成员由股东代表和其他方面的代表组成。董事长由董事会选举产生，一般为公司法定代表人。公司的总经理负责公司的日常经营管理活动，对公司的生产经营进行全面领导，依照公司章程和董事会的授权行使职权，对董事会负责。对总经理实行董事会聘任制，监事会是公司的监督机构，由股东和职工代表按一定比例组成，对股东大会负责。监事会依法和依照公司章程对董事会和经理行使职权的活动进行监督，防止滥用职权。监事会有权审核公司的财务状况，保障公司利益及公司业务活动的合法性。为了保证监督的独立性，监事不得兼任公司的经营管理职务。

我国《公司法》规定，股东会是企业的权力机构，决定董事和监事人选，并决定公司最重要的事项；董事会是经营决策机构，监事会是监督机构；经理由董事会任免，负责企业日常经营管理；工会代表员工参与某些涉及员工切身利益的决策。公司领导制度为形成企业内部激励机制和约束机制奠定了法律基础，是现代企业制度正常运行的基本保证，因此，它是现代企业制度的核心内容之一。

（七）公司财务会计制度

企业的基本经济关系最根本的是利益分配关系。为了兼顾出资者、企业法人、员工、国家、债权人及其他民事主体的利益，特别是为了维护出资者的利益，必须从制度上保证企业分配的公平、合理，甚至公开，以便进行监督，这样公司财务会计制度就构成公司制的重要内容，我国《公司法》对公司股票、债券的发行及转让，财务会计报告的内容、时间，经营收益的分配，公司合并或分立时账务处理，资本增减，企业解散及破产清算等均作了具体规定，如税后利润的分配，首先要提取利润的10%列入公司法定公积金（公司法定公积金累计额已达公司注册资本50%以上的可不再提取），同时提取5%～10%列入公司法定公益金。公司法定公积金不足以弥补上一年度公司亏损的，在提取法定公积金及公益金之前先用当年利润弥补。公司从税后利润提取法定公积金后，经股东会决议，可以提取任意公积金。所剩利润再按股权比例分配。公司公积金只能用于弥补公司亏损、扩大公司生产经营或转为公司资本。法定公益金用于公司职工的集体福利。

没有明确而严密的财务会计制度，企业的基本经济关系就无法理顺，就会挫伤某一方面利益主体的积极性而影响企业发展，还会使社会经济秩序趋于混乱，影响稳定。

（八）劳动人事制度

劳动人事制度虽然不包含在公司制内容之列，但员工与企业关系无疑是企业的基本关系之一。企业要依靠广大员工才能办好，因而必须妥善处理企业与员工的关系。相对于计划经济体制下的劳动人事制度，市场型的劳动人事制度的基本特征是企业从效率出发，劳动者从满足个人需求出发，在招聘就业问题上实行双向选择、平等协商、竞争结合、合同制约、动态使用，并按贡献分配。它比计划型的劳动人事制度形成的“三铁一大”（铁饭碗、铁交椅、铁工资、大锅饭）能更合理地处理企业与员工的关系，“三铁一大”造成的低效率损害企业主要是投资者的利益，同时劳动者的择业自由权得不到保证，很难充分发挥其才干和获得相应的利益。因此，市场型劳动人事制度应当是现代企业制度的内容。

第二章 企业管理的基础工作

企业管理的基础工作是指为实现企业的经营目标和有效地执行各项管理职能提供资料依据、共同准则、基本手段和前提条件的工作，一般包括标准化工作、定额工作、计量工作、信息工作、企业规章制度工作、员工培训工作等。

企业管理基础工作与研究开发管理、生产管理、销售管理、财务管理、人事管理及计划、组织、激励、协调、控制等各项职能管理相比，有以下几个特点。

第一，在工作程序上具有先行性。企业管理基础工作的大部分内容必须在其他管理进行前完成。如决策与计划必须信息先行，生产和销售必须先搞培训，控制行动之前必须先建立标准，等等。没有一定的基础工作，许多专业管理和职能管理无法正常开展。

第二，在工作性质上更多地体现科学性。制定和贯彻标准、定额、组织培训是区别于经验管理的重要方面；重视信息系统的作用体现了从客观实际出发决策和行动的科学态度；按制定的各种规范管理强调行动的统一，与经营管理中讲究艺术性形成相互补充的关系。

第三，在工作主体方面具有群众性。管理规范的贯彻、信息的收集和传递、岗位培训与企业每个成员有关。

第四，在时间特性方面具有相对稳定性。管理规范一经制定，总要贯彻一段时期，信息系统建立起来以后也要保持相对稳定，岗位培训一般是定期进行的。

企业管理基础工作的内容主要包括：标准化工作、定额工作、计量工作、信息工作（信息传递、数据处理、资料储存等）、规章制度工作和员工培训工作等。

第一节 标准化工作

企业内标准大体上包括技术标准、经济标准和管理标准三类。

一、技术标准

技术标准包括基础标准、产品标准、工艺方法标准、安全与环保标准等。基础标准是指名词术语、符号代号、数系数据、精度与互换性、技术通则等，是对制定其他标准有普遍指导意义的标准；产品标准是对产品结构、规格、质量和检验方法所作的技术规定；工艺方法标准是对产品生产全过程各环节操作所作的技术规定，又称为工艺规程，如原辅材料理化检验规程、工序检验规程、零部件标准等；安全及环保标准是为保障人身、设备等财产安全，保护环境所作的规定，如安全操作规程、车间卫生标准（指对照明、通风、噪声、尘毒浓度等方面的规定）、三废治理标准等。

二、经济标准

经济标准是关于资源投入和价值产出的标准。资源投入包括人力、物力、财力占用和消耗的各种定额；价值产出包括劳动生产率、设备生产率、物资生产率、利润率、单价等标准。

三、管理标准

管理标准是指除了上述标准以外的管理需要建立的标准，包括管理业务标准、管理工作标准、管理方法标准。管理业务标准主要指管理业务流程规定。管理工作标准是对管理业务的每一个环节应达到的量、质、时的规定，如对仓库管理员的物资保管工作做到材质清、规格清、数量清、库容整齐、摆放整齐、账卡表物四一致；物资发放做到发料准备早、缺件反映早、申请检验早；无派工单不发、物资未检验不发、型号规格不对号不发等。管理方法标准是对经常而普遍使用的管理方法所作的统一规定，如滚动计划法应用的规则、控制图应用的规则等。

第二节　定额工作

定额是指在一定的生产技术条件下，对人力、物力、财力等生产经营要素的消耗、占用和利用程度所应实现的数量界限。企业的定额种类很多，如人员定额、劳动定额、设备定额、物资定额、资金定额、费用定额等。常见的有以下几类。

一、人力资源方面的定额

人力资源方面有定员和劳动定额。定员是对部门占用人力数量的规定；劳动定额是对某项任务消耗活劳动数量的规定，如加工某个零件限定的工时定额，或单位劳动时间应完成的产量定额。

二、物力资源方面的定额

物资定额是企业资源方面涉及土地、厂房、设备、工具、原辅材料、动力等物质的占用、消耗和利用指标。如农林牧渔企业的亩产定额；仓储业的单位面积年收入；工业企业的设备利用率、工具消耗定额、原辅材料消耗定额、动力消耗定额；等等。

三、财力资源方面的定额

财力资源方面主要是指资金占用和成本费用定额。资金占用主要表现为流动资金占用定额，包括储备资金定额、生产资金或在制品资金定额和产成品资金定额。成本费用定额包括工资总额、工厂成本、销售费用定额、行政管理费用定额等。

定额在企业管理中应用很广泛，它是制订计划的依据，也是实施生产控制、库存控制、成本控制的手段，又是开展经济核算、组织劳动竞赛、实行按劳分配的依据，因此，定额的制定一定要认真，并科学地确定其水平。

定额是一种限额，有的是规定数量上限，不许超过，如各种资源的占用和消耗，低于限额的行为得到鼓励；有的是规定数量下限，至少要达到这个水平，一般是各种资源的利用定额，如工时利用率、劳动定额、设备利用率等，高于限额的行为得到鼓励。

定额水平的确定，一是要先进合理；二是要公平。所谓先进合理，就是在正常工作条件下，经过努力多数人（85%左右）能够达到，少数人可以接近这个水平，只有这样才能鼓励大家努力工作，使各项资源得到充分利用。定额水平过于宽松，人们轻易就可超过；定额水平过于严紧，人们可望而不可即都不利于调动人们的积极性。所谓公平，就是企业内同类定额如劳动定额、资金定额在不同部门、不同岗位之间宽严水平要接近，不能造成有的很容易实现，有的尽了很大努力也很难实现，即所谓严重的“苦乐不均”。

为使定额水平先进合理和公平，应当采用科学方法制定定额，在有条件的情况下尽量采用技术测定法和统计分析法。由于企业生产技术和组织条件处于变动之中，因而定额必须定期审定修订。为保证定额得到顺利贯彻，定额的制定或修订都应吸收基层员工的代表参加。

第三节　计量工作

计量是用标准计量工具去测量各计量对象的过程。计量工作包括计量器具的管理、测试工作，以及计量数据统计、分析和储存工作。

一、计量器具的管理工作

对计量器具的管理要做到计量、检测、分析手段的齐全、标准和先进，要定期校测，以保证计量检测的真实性和准确性。同时，计量、检测、分析手段要适应技术进步和产品更新换代要求，要加快更新计量检测设备和仪器。

二、计量与测试工作

计量与测试工作应由专门人员进行，要坚持制度化和经常化。

三、计量数据统计、分析和储存工作

计量数据是企业进行质量控制、成本核算的基础数据，要妥善保管，进行归类分析、整理和储存，以备今后鉴定、比较和使用。

第四节　信息工作

信息是现代企业生产经营的一个重要要素。信息可泛指具有新内容、新知识的消息。企业管理信息就是对企业管理有用的情报、指令、意见、消息和数据。信息工作是对企业内外部信息进行收集、加工、传递、储存活动的总称。

一、信息的收集

信息的收集要注意信息收集的内容和范围，明确信息收集的重点，合理地选择信息的来源，确定适当的信息收集方式，设计出适用的调查表格，同时注意所收集信息的真实性、时效性和价值大小等。

二、信息的加工

信息的加工就是按照一定的程序、目的和方式，对信息进行去伪存真、去粗取精的整理过程。企业信息加工的任务包括鉴别筛选、分类归纳、计算分析、汇总及信息形式转换等。

三、信息的传递

信息的传递主要是指在一定的条件下，要求传递信息的量尽可能多、尽可能全面，传递的速度要尽可能快，传递的质量要尽可能好，传递的费用要尽可能省。信息传输有两种方式：一种是信息源主动向用户传送信息；另一种是用户向信息源索要所需信息。前者一般用于定期的或紧急的信息，如定期的报表、刊物、紧急报告；后者一般用于不定期的、非紧急的信息，如查阅某人的档案，检

索某一产品的市场行情等。常规的传递途径包括书面文件传送、会议、口头报告和会谈。现代化传输途径包括电子网络、无线通信等。

四、信息的储存

由于企业管理信息大部分都需反复使用，有的还有长期保存价值，如企业的标准、定额、制度、科技文献、图纸等都需反复使用，企业重要的统计资料和事项记载等还有长期保存价值，因此，信息存储是企业管理信息系统中一个不可或缺的环节。

利用计算机建立企业管理信息系统，做好信息管理工作，是企业实现管理现代化的一个重要方面。企业要建立正规的信息库，包括图书资料库、文件档案库、数据库等，要配备相应的设备和人力，形成存储信息的物质基础；同时，企业应当建立一整套信息管理制度，确保信息及时集中，防止泄密和数据文件的丢失；另外，企业要搞好信息的编码分类、定位存放，采用现代化的信息管理方法与手段，便于用户检索。

信息的收集、加工、传送、存储和利用都要支付费用，因此，信息管理要贯彻经济实用原则，精心设计信息系统，避免人力、物力和财力的浪费，努力减轻决策者和操作者的“信息负担”。

第五节　规章制度工作

规章制度是一个组织指导其成员活动和处理相互关系的规则，通常以文字的形式作正规的表述和公布。企业规章制度的主要内容包括以下方面。

一、企业的基本制度

企业的基本制度是指规定企业的性质、处理企业内基本经济关系、规定企业全体成员行为准则、指导企业全局的规范性文件，如公司章程、企业领导制度、职工守则等。有的学者认为企业内部经济责任制也属于此列。

二、企业的工作制度

企业的工作制度是指指导企业某项专业性活动的制度。企业的基本业务包括人、财、物、信息资源的筹集和研究开发、生产、销售、投资发展、行政管理，为保证每一项业务有条不紊而高效地进行，企业要制定一系列制度，如人力资源管理必须制定招聘录用制度、培训制度、劳动力调配制度、干部选拔任用制度、人事考核制度、工资制度、奖惩制度、退休制度、职工福利制度等；销售管理要制定合同管理制度、价格管理制度、售后服务制度、货款回收制度、广告宣传管理制度等。另外，各项基本业务之间的衔接也需要制度保证，如综合计划工作流程、调度工作制度、信息管理制度等，因此，这一类制度的内容最丰富，种类最多。

三、企业的责任制度

企业的责任制度是指对部门及岗位任务、责任及权限的规定。部门责任制度如车间、科室、班组的责任制，它与专业管理制度是条条块块的关系，是将各项专业管理责任落实到各部门的制度，如车间责任制包括生产、设备管理、安全、职工教育、经济核算及成本控制等责任内容。岗位责任制度如总经理责任制、部门经理责任制、质量检验员责任制、操作工责任制等，是落实专业管理与部门管理责任的保证。它通常包括基本职责、报告及协作关系、权限，有的还包括工作标准和考核办法。

规章制度建设是企业管理基础工作中的关键，它是建立企业正常秩序、协调各方面经济关系、保证人们按技术经济规律办事的基本手段，也是落实其他管理基础工作的保证，因此，应当由最高领导层亲自负责。

第六节　员工培训工作

员工培训是企业实施科学管理的基础和保证。缺乏必要的培训，员工就难以形成按管理规范工作的自觉性。管理规范是客观规律在管理工作中的反映，因而必须严格遵守。但只有当员工理解了这些规范，并使其成为自身意识的一部分时，才能形成执行规范的自觉行动，这就要依靠培训。一般而言，员工培训的内容包括文化基础教育、业务知识教育、操作技能训练、职业道德教育、管理规范教育，它们形成相互衔接和支持的培训体系。

一、文化基础教育

没有一定文化基础，学习业务知识和操作技能等就有困难，因此，对那些文化基础较差的员工要组织他们进行文化补课。一般来说，熟练工至少要达到初中文化水平，技术工人至少要达到高中文化水平，专业技术及管理人员至少要达到中专文化水平，中高层管理人员应有大专以上文化水平。文化基础教育一般委托学校进行。

二、业务知识教育

员工完成工作任务，必须懂得有关专业的知识。例如，机械加工工人必须能看懂图纸，识别各种原料，了解其加工性能，会选择刀具和切削用量等，这都需要专门知识；销售人员必须能向顾客介绍产品，了解顾客心理和市场行情，能签销售合同等，这也需要知识；管理人员必须了解人的行为规律，懂得相关法律，知道计划、组织、控制的一般程序和方法，这更需要知识。员工的业务知识有的可以就业前在正规的学校中学到，有的则需要由企业组织传授。例如，从工人中提拔基层管理人员，从专业技术人员中提拔经理，让技术人员去搞销售工作等，一般要由企业组织培训。

三、操作技能训练

企业员工无论在哪个岗位都要完成一定的操作，如机械加工工人要会开机床、磨刀具，使用工、卡、量具和保养设备；会计会按不同科目记账，会使用算盘和电脑算账，会进行会计分析；管理人员善于找人谈话，能起草文件，会在复杂情况下决策，等等。这些技能即便在学校中受过训练，也难适应实际工作需要，因而在企业中还要组织必要的培训。

四、职业道德教育

为了做好工作，企业员工在办事处世方面必须遵循某些准则，职业道德教育就是办事处世准则的教育。如员工要恪尽职守、服从指挥、尊重他人、爱护企业资财、保守商业秘密等，这些是对所有员工提出的职业道德要求。还有一些准则是对某些岗位提出的，如管理人员要廉洁公正，要爱护员工；采购销售人员要对企业忠诚，不能收受个人回扣；审计监督人员要敢于坚持原则；等等。职业道德教育是岗位培训的重要内容，一般都由企业组织进行。

五、管理规范教育

企业管理规范是企业管理依据的标准、定额和制度，虽然有强制执行的要求，但通过教育培训，让员工了解其内容和意义，掌握贯彻方法，就可以使贯彻管理规范更加顺利，甚至成为自觉行动，从而充分发挥管理规范的作用。

企业管理规范教育的内容很多，如关于劳动纪律的教育、安全操作规程教育、关于执行ISO9000质量标准体系的培训、贯彻新的财务会计制度的培训等。有的可以结合业务知识教育进行，有的可以结合职业道德教育进行，也可以单独进行。

第三章　企业管理的主要内容

第一节　企业战略管理

企业战略是企业在动态适应环境变化的过程中所做出的一系列长期的、重大的、根本性的决策或行动。其内容涉及企业的经营目标、经营范围、经营方式、经营定位、竞争优势、管理模式等一系列重大问题。企业战略具有全局性、长远性、指导性、适应性、竞争性等特征。

企业战略管理是关于如何分析、制定、实施和评价战略以保证企业实现战略目标的过程。企业战略管理过程一般包括战略分析与定位、战略制定与选择、战略实施与执行、战略控制与评价四个过程。

一、战略分析与定位

（一）外部环境分析

企业的外部环境分析是从宏观环境分析开始的。

1. 宏观环境分析（PEST）。宏观环境是指可以广泛影响特定空间范围内所有市场、行业和企业战略行为的各种外部因素。企业的宏观环境包括政治、经济、社会文化、技术、自然等因素。

（1）政治与法律环境。政治环境包括国家社会制度、政治形势、国际关系、执政党的性质、政府的方针政策、国家法律和法令等。不同的国家有着不同的社会制度，不同的社会制度对企业活动有着不同的限制和要求。同一个国家在不同时期，由于执政党的不同，其政府的政策倾向也是不断变化的。政治环境因素对组织来说一般是不可控的，同时，它对组织的影响又往往是根本性的。组织必须对政治环境的变化给予充分的关注，要及时了解国家鼓励组织做什么，允许组织做什么，禁止组织做什么，只有这样，才能使组织的管理活动符合国家和社会的利益，把握有利的时机，赢得政府的支持和保护。具体来讲，政治环境分析一般包括以下四个方面：①企业所在国家和地区的政局稳定状况。②政府行为对企业的影响。政府如何拥有国家土地、自然资源及其储备都会影响企业的战略。③执政党所持的态度、推行的政策（如产业政策、税收政策、进出口政策等）及其连续性和稳定性。④各政治利益集团对企业活动产生的影响。

与政治环境紧密相关的还有法律环境，因为政治环境中的许多因素都是以法律的形式出现的。法律环境是指与组织相关的社会法制系统及其运行状态，包括国家法律规范、国家司法执法机关等要素。法律环境对组织的影响方式是由法的强制性决定的，它对组织的影响具有刚性约束的特征。企业要加强法治观念，及时了解、熟悉有关法律，保证在法律范围内以法律许可的方式从事管理活动。管理者必须全面了解与本企业生产经营活动有关的各种法律政策，依法管理企业，并运用法律保护企业的合法利益，减少不必要的损失。另外，优秀的管理者不仅对法律能做出迅速反应，而且要有一定的预见力，能够预见到可能获得通过的法律，从而及时调整自身的管理政策和管理方法。对企业而言，法律法规具有以下四大作用：①保护企业，反对不正当竞争；②保护消费者；③保护员工；④保护公众权益免受不合理企业行为的损害。

（2）经济环境。经济环境主要包括宏观和微观两个方面。

宏观经济环境主要指一个国家的社会经济结构、经济发展水平、经济体制、宏观经济政策（政府财政和税收政策、银行利率、物价波动、通货膨胀、市场状况等）、当前经济状况和经济形势等。①社会经济结构主要包括产业结构、分配结构、交换结构、消费结构和技术结构五个方面的内容。其中，最重要的是产业结构。②经济发展水平反映一个国家经济发展水平的常用指标有国内生产总值、国民收入、人均国民收入和经济增长速度。③经济体制是指国家经济组织的形式。④宏观经济政策包括综合性的全国发展战略和产业政策、国民收入分配政策、价格政策、物资流通政策等。⑤当前经济状况会影响一个企业的财务业绩。经济的增长率取决于商品和服务需求的总体变化。其他经济影响因素包括税收水平、通货膨胀率、贸易差额和汇率、失业率、利率、信贷投放以及政府补助等。经济的繁荣显然能为企业的发展提供机会，而宏观经济的衰退则可能给所有企业带来生存的困难。

微观经济环境主要指企业所在地区或所需服务地区消费者的收入水平、消费偏好、储蓄情况、就业程度等因素，这些因素直接决定着企业目前及未来的市场规模与结构。

现代经济环境正在发生着巨大的变化，每一个企业都应充分掌握这一变化。例如，在物价上涨时，企业必须为原材料支付更高的价格，同时也可能要适当提高产品价格以弥补成本的上涨。管理者必须时刻关注各种经济指标的变动，及时捕捉经济信息和政策，根据经济环境的变化，适时地调整自己的战略。成功的管理者必须密切关注经济环境变化，以便未雨绸缪，及时做出反映。

（3）社会文化环境。社会文化环境包括一个国家或地区的人口数、人口密度、人口年龄、地理分布及其增长趋势、居民的教育程度、文化传统与水平、宗教信仰、风俗习惯、道德伦理、审美观念、价值观念与取向等。

社会文化环境主要包括人口因素、社会流动性、消费心理、生活方式变化、文化传统和价值观等。①人口因素对企业战略的制定具有重大影响。例如，人口总数直接影响着社会生产总规模；人口的地理分布影响着企业的厂址选择；人口的性别比例和年龄结构在一定程度上决定了社会的需求结构，进而影响社会供给结构和企业生产结构；人口的教育文化水平直接影响着企业的人力资源状况；家庭户数及其结构的变化与耐用消费品的需求和变化趋势密切相关，因而也就影响到耐用消费品的生产规模等。②社会流动性主要涉及社会的分层情况、各阶层之间的差异以及人们是否可在各阶层之间转换、人口内部各群体的规模、财富及其构成的变化以及不同区域（城市、郊区及农村地区）的人口分布等。③消费心理对企业战略也会产生影响。例如，一部分顾客的消费心理是在购物过程中追求有新鲜感的产品多于满足其实际需要，因此，企业应有不同的产品类型以满足不同顾客的需求。④生活方式变化主要包括当前及新兴的生活方式与时尚。随着物质需求的提高，人们对社交、自尊、求知、审美的需要更加强烈，这也是企业面临的挑战之一。⑤文化传统是一个国家或地区在较长历史时期内形成的一种社会习惯，它是影响经济活动的一个重要因素。例如，中国的春节、西方的圣诞节就为某些行业带来商机。⑥价值观是指社会公众评价各种行为的观念标准。不同的国家和地区人们的价值观各有差异，例如，西方国家的个人主义较强，而日本的企业则注重内部关系融洽。风俗习惯、文化传统、道德价值观念等对人们的约束力往往比法律的约束力要大得多。管理的实质是对人的管理，所以社会文化环境对企业战略管理的影响是显而易见的。

（4）技术环境。技术环境主要包括国家科技体制、科技政策、科技水平、科技发展趋势等。在科学技术快速进步的今天，技术进步速度的加快有可能消除市场和行业的边界，缩短产品生命周期，创造新的产品、顾客和市场需求，也有可能降低企业生产、运输和劳动力的成本，或者提高生产、运输和通信的效率，还有可能改变行业竞争结构、游戏规则和企业的商业模式。技术环境对企业的影响可能是创造性的，也可能是破坏性的，企业必须预见技术环境带来的变化，在战略管理类上做出相应的决策，以获得新的竞争优势。

技术环境对企业战略管理所产生的影响包括：①技术进步使企业能对市场及客户进行更有效的分析，如企业使用数据库或自动化系统来获取更加精确的数据。②新技术的出现使社会对行业产品和服务的需求增加，从而使企业可以扩大经营范围或开辟新的市场。③技术进步可以创造竞争优势，使企业利用新的方法，在不增加成本的情况下，提供更优质或高性能的产品与服务。④技术进步可以导致现有产品被淘汰，或者大大缩短产品的生命周期。⑤新技术的发展使企业可更多关注环境保护、企业的社会责任、可持续发展等问题。只要我们注意观察就会发现，组织结构和规模以及组织中的计划、决策和控制等管理工作和管理方法，在一定程度上都因技术的不同而有所区别，如企业的生产设备和经营设施的先进程度，受到社会技术环境的影响和制约。现代技术手段的发展使管理手段、方法乃至管理思想和管理模式发生了巨大变化。信息技术使管理系统实现了集成化和一体化，改善了组织内外整体管理的水平。

（5）自然环境。自然环境主要包括地理位置、气候条件和资源状况等自然因素。相对于其他环境因素而言，自然资源环境是相对稳定的。自然资源因素与企业的厂址选择、原材料供应、产品输出、设备和生产技术的应用等众多方面都有着紧密的关系。组织活动的地理位置决定了其与原料产地或产品销售市场的距离，也就决定了资源获取的难易程度和运输成本。气候趋暖或者趋寒会影响空调生产厂家的生产或者服装行业的销售，四季如春、气候温和会鼓励人们远足郊外，从而为与旅行或郊游有关的产品制造提供机会。资源的分布通常影响着工业的布局，从而可能决定不同地区不同产业企业的命运，资源蕴藏量不仅是国家或地区发展的基础，同时也为所在地区企业的发展提供了机会。

随着经济和技术的发展，自然资源环境无论是从法律的角度还是从企业的社会责任角度来说，都将成为企业必须关注的问题。对于任何组织来说，不仅要有效地利用、开发自然资源（如矿藏、水资源、林木资源、水生资源等）环境，更要很好地保护环境。

气候条件及其变化对人们的行为方式有着重要影响。例如，气候会影响空调和服装行业的销售，气候状况也决定了旅游及相关行业的经营条件。资源分布影响着一个国家或地区产业的布局和结构，资源特别是稀缺资源的蕴藏状况，不仅影响着一个国家或地区经济发展的基础，而且为所在地区经济组织开展活动提供了机会。

组织不可能脱离外部环境而独立存在，组织依赖环境作为投入的来源和产出的接受者而不断同环境发生相互作用。环境的影响大多是动态的，对管理产生了相当大的不确定性，管理者必须认真分析环境变化给组织带来的机会和造成的威胁，通过制定明确的战略来明确管理的目的性，加强管理针对性，最终提高组织管理的效率。

2. 行业环境分析。行业是指其产品具有共同特征的一大批企业或企业群体。行业环境是介于宏观环境和微观环境中间的层面。行业环境分析主要是界定行业本身的现状、所处的发展阶段及发展趋势，同时对不同的行业进行横向比较，为决策提供准确的行业背景。

（1）行业生命周期。行业的生命发展周期主要包括四个发展阶段：起步期、成长期、成熟期、衰退期。具体如图 3－1 所示。

①起步期，也称导入期。企业规模可能很小，产品类型、特点、性能和目标市场不断发展变化。市场中充满各种新发明的产品或服务，管理层采取战略支持产品上市。产品设计尚未成熟，行业产品的开发相对缓慢，利润率较低，市场增长率较高。

②成长期。行业已经形成并快速发展，企业产品销量节节攀升，需大量资金达到高增长率和扩产计划，可能面临资金短缺。管理者需确保充分扩大产量达到目标市场份额，利用专利或者降低成本来设置进入壁垒（内在规模经济）阻止

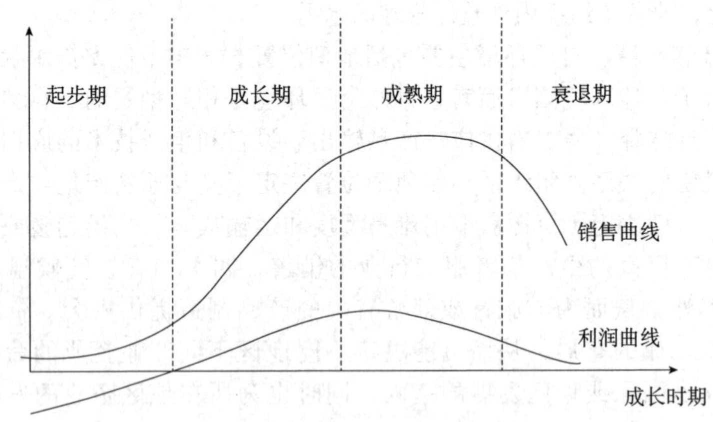

图 3-1　行业生命周期发展阶段

竞争者进入行业。

③成熟期。增长率降到较正常水平，销售量和利润增长幅度变小，竞争更加激烈。一些企业因投资回报率不满意而退出行业，一小部分企业主导行业，管理者需监控潜在兼并机会、探索新市场、研发新技术、开发具有不同特色功能的新产品。

④衰退期。行业产能过剩，技术被模仿后出现的替代品充斥市场，市场增长率严重下降，产品品种减少，行业活动水平随各公司从该行业退出而下降，该行业可能不复存在或被并入另一行业。

不同行业生命周期的特点见表 3-1。

表 3-1　不同行业生命周期的特点

项目	起步期	成长期	成熟期	衰退期
买主	起步期的产品用户很少，只有高收入用户会尝试新的产品	接受参差不齐的质量，对质量的要求不高	新客户减少，主要依靠老客户的重复购买	衰退期产品的客户大多很精明，对性价比要求很高
产品	产品虽然设计新颖，但质量有待提高。产品刚刚出现，前途未卜，产品类型、特点、性能和目标市场方面尚在不断发展变化	各家产品在技术和性能方面有较大差异	逐步标准化，差异不明显，技术和质量改进缓慢	差别小，价格差异也会缩小。为了降低成本，产品质量可能会出现问题
市场营销	营销成本高	广告费用较高，但是每单位销售收入分担的广告费在下降	扩大市场份额变得很难	市场增长率严重下降，有自己的销售渠道的企业才有竞争力

续表

项目	起步期	成长期	成熟期	衰退期
竞争	只有很少的竞争对手	兼并等意外事件，引起市场动荡	由于整个产业销售额达到前所未有的规模，并且比较稳定，任何竞争者想要扩大市场份额，都会遇到对手的顽强抵抗，并引发价格竞争	产能严重过剩，只有大批量生产并有自己销售渠道的企业才具有竞争力。有些竞争者先于产品退出市场
毛利和净利	产品的独特性和客户的高收入使得价格弹性较小，可以采用高价格、高毛利的政策，但是销量小使得净利润较低	需求大于供应，此时产品价格最高，单位产品净利润也最高	产品价格开始下降，毛利率和净利润率都下降，利润空间适中	产品的价格、毛利都很低。只有到后期，多数企业退出后，价格才有望上扬
战略目标	扩大市场份额，争取成为“领头羊”	争取最大市场份额，并坚持到成熟期的到来。如果以较小的市场份额进入成熟期，开拓市场方面的投资就很难得到补偿	重点会转向在巩固市场份额的同时提高投资报酬率	重点是防御，获取最后的现金流
战略路径	投资研究与开发和技术改进，提高产品质量	市场营销，此时是改变价格形象和质量形象的好时机	提高效率，降低成本	控制成本，以求维持正的现金流量。如果缺乏成本控制的优势，就应采用退却战略，尽早退出
经营风险	起步期的经营风险非常高	成长期的经营风险有所下降，主要是产品本身的不确定性在降低。但是，经营风险仍然维持在较高水平，原因是竞争激烈了，市场的不确定性增加	成熟期的经营风险进一步降低，达到中等水平	经营风险会进一步降低，主要的悬念是在什么时间产品完全退出市场

（2）行业结构分析。在确定了行业生命周期后，企业管理者的工作是分析行业中的竞争结构，确认机会与威胁。哈佛商学院教授迈克·波特在《竞争战略》中提出，企业盈利水平的高低很大程度上取决于行业平均收益率的高低；行业平均收益率的高低取决于行业竞争强度的高低；行业竞争强度的高低取决于行业竞争结构。行业竞争结构取决于五种力量及其相互作用：供应商的议价能力；购买者的议价能力；行业新进入者的威胁；替代产品的威胁；同业竞争者的竞争

强度。波特认为，这五种竞争驱动力决定了企业的最终盈利能力。具体如图 3 -2 所示。

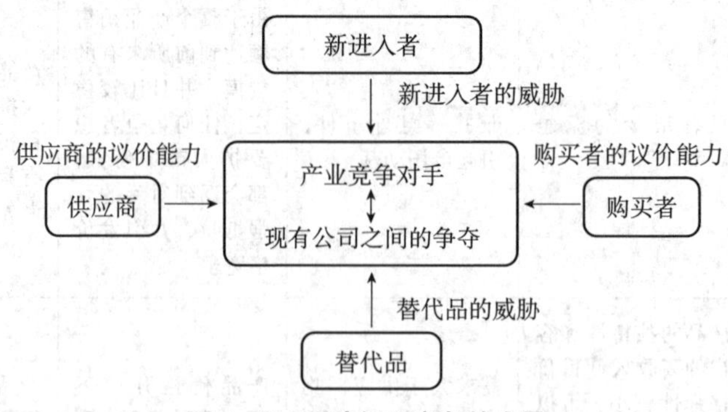

图 3 -2　驱动行业竞争的力量

①供应商的议价能力。供应商主要通过提高投入要素价格与降低单位价值质量的能力，来影响行业中现有企业的盈利能力与产品竞争力。供应商力量的强弱主要取决于其所提供给买主的是什么投入要素，当供应商所提供的投入要素价值构成了买主产品总成本的较大比例、对买主产品生产过程非常重要或者严重影响买主产品的质量时，供应商议价能力就大大增强。一般来说，供应商议价能力取决于以下因素。

- 供应商所处的行业集中程度高。供应商议价的能力高度集中于少数大企业，其产品的买主很多，以至于每一单个买主都不可能成为供应商的重要客户。
- 供应商的产品几乎难有替代品。其产品具有一定特色，以至于买主难以转换或转换成本太高，或者很难找到可与供应商产品相竞争的替代品。
- 供应商的产品对顾客非常重要。其产品对顾客而言是非常关键的，则供应商的议价能力就比生产非关键产品的供应商要大。
- 供应商的产品是非标准化的。
- 供应商容易进行前向一体化。

②购买者的议价能力。购买者主要通过其压价与要求提供较高的产品或服务质量的能力，来影响行业中现有企业的盈利能力。一般来说，购买者议价能力取决于以下因素。

- 购买者所处的行业集中度高。购买者的总数较少，但其购买量较大，占了供应商销量的很大比例。
- 购买者所购买的产品没有差异性。购买者所购买的基本上是一种标准化产品，同时向多个卖主购买产品在经济上也完全可行，其对供应商依赖性就小，就有更大的议价能力。
- 购买者没有转化产品的成本。其更换供应商就更加容易。
- 购买者所处的行业利润率低。说明该行业竞争激烈，不得不接受购买者的压价。

• 购买者有能力实现后向一体化，而供应商不可能前向一体化（客大欺主）。

③新进入者的威胁。新进入者在给行业带来新生产能力、新资源的同时，将希望在已被现有企业瓜分完毕的市场中赢得一席之地，这就有可能会与现有企业发生原材料与市场份额的竞争，最终导致行业中现有企业盈利水平降低，严重的话还有可能危及这些企业的生存。新进入者威胁的严重程度取决于两方面的因素：进入壁垒与现有企业对进入者的反应。

进入壁垒主要包括规模经济、产品差异、初始资本投入、转换成本、销售渠道开拓、政府行为与政策、不受规模支配的成本劣势（如商业秘密、产供销关系、学习与经验曲线效应等）、自然资源（如冶金业对矿产的拥有）、地理环境（如造船厂只能建在海滨城市）等方面，其中有些障碍是很难借助复制或仿造的方式来突破的。现有企业对进入者的反应主要是采取报复行动的可能性大小，取决于有关厂商的财力情况、报复记录、固定资产规模、行业增长速度等。总之，新进入一个行业的可能性大小，取决于新进入者主观估计进入所能带来的潜在利益、所需花费的代价与所要承担的风险这三者的相对大小情况。

④替代品的威胁。两个处于同行业或不同行业中的企业，可能会由于所生产的产品是互为替代品，从而在它们之间产生相互竞争行为，这种源自替代品的竞争会以各种形式影响行业中现有企业的竞争战略。

首先，现有企业产品售价以及获利潜力的提高，将由于存在着能被用户方便接受的替代品而受到限制；

其次，由于替代品生产者的侵入，使得现有企业必须提高产品质量或者通过降低成本来降低售价或使其产品具有特色，否则其销量与利润增长的目标就有可能受挫；

最后，源自替代品生产者的竞争强度，受产品买主转换成本高低的影响。

总之，替代品价格越低、质量越好、用户转换成本越低，其所能产生的竞争压力就强；而这种来自替代品生产者的竞争压力的强度，可以具体通过考察替代品销售增长率、替代品厂家生产能力与盈利扩张情况来加以描述。

⑤同业竞争者的竞争程度。大部分行业中的企业，相互之间的利益都是紧密联系在一起的，作为企业整体战略一部分的各企业竞争战略，其目标都在于使得自己的企业获得相对于竞争对手的优势，所以，在实施中就必然会产生冲突与对抗现象，这些冲突与对抗就构成了现有企业之间的竞争。现有企业之间的竞争常常表现在价格、广告、产品介绍、售后服务等方面，其竞争强度与许多因素有关。

一般来说，出现下述情况将意味着行业中现有企业之间竞争的加剧。

• 行业进入障碍较低，势均力敌竞争对手较多，竞争参与者范围广泛。

• 市场趋于成熟，产品需求增长缓慢；竞争者企图采用降价等手段促销；竞争者提供几乎相同的产品或服务，用户转换成本很低。

• 一个战略行动如果取得成功，其收入相当可观。

• 行业外部实力强大的公司在接收了行业中实力薄弱的企业后，发起进攻性行动，结果使得刚被接收的企业成为市场的主要竞争者。

- 退出障碍较高，即退出竞争要比继续参与竞争代价更高。

在这里，退出障碍主要受经济、战略、感情以及社会政治关系等方面的影响，具体包括资产的专用性、退出的固定费用、战略上的相互牵制、情绪上的难以接受、政府和社会的各种限制等。

行业中的每一个企业或多或少都必须应付以上各种力量构成的威胁，而且必须面对行业中的每一个竞争者的举动。除非认为正面交锋有必要而且有益处，如要求得到很大的市场份额，否则可以通过设置进入壁垒，包括差异化和转换成本来保护自己。

根据上面对于五种竞争力量的讨论，企业可以采取尽可能地将自身的经营与竞争力量隔绝开来、努力从自身利益需要出发影响行业竞争规则、先占领有利的市场地位再发起进攻性竞争行动等手段来对付这五种竞争力量，以增强自己的市场地位与竞争实力。

（3）关键成功因素分析。关键成功因素法（key success factors，KSF）是由哈佛大学教授威廉·泽尼（William Zani）于1970年提出的。关键成功因素指的是对企业成功起关键作用的因素，是企业取得产业成功的前提条件。关键成功因素法首先通过分析找出使得企业成功的关键因素，然后再围绕这些关键因素来确定企业的需求。

关键成功因素的重要性置于企业其他所有目标、策略和目的之上。若能掌握少数几项重要因素（一般关键成功因素有5～9个），便能确保相当的竞争力，它是一组能力的组合。如果企业想要持续成长，就必须对这些少数的关键领域加以管理，否则将无法达到预期的目标。即使是同一个产业中的个别企业也会存在不同的关键成功因素，关键成功因素有四个主要的来源。

①个别产业的结构：不同产业因产业本身特质及结构不同而有不同的关键成功因素，此因素决定于产业本身的经营特性，该产业内的每一公司都必须注意这些因素。

②竞争策略、产业中的地位及地理位置：企业的产业地位是由过去的历史与现在的竞争策略所决定，在产业中每一公司因其竞争地位的不同，其关键成功因素也会有所不同，对于由一家或两家大公司主导的产业而言，领导厂商的行动常为产业内小公司带来重大的问题，所以对小公司而言，大公司竞争者的策略，可能就是其生存竞争的关键成功因素。

③环境因素：企业因外在因素（总体环境）的变动，会影响每个公司的关键成功因素。如在市场需求波动大时，存货控制可能就会被高阶主管视为关键成功因素之一。

④暂时因素：大部分是由组织内特殊的理由而来，这些是在某一特定时期对组织的成功产生重大影响的活动领域。

关键成功因素法主要包含以下几个步骤：①确定企业的战略目标；②识别所有的成功因素，主要是分析影响战略目标的各种因素和影响这些因素的子因素；

③确定关键成功因素，不同行业的关键成功因素各不相同，即使是同一个行业的组织，由于各自所处的外部环境的差异和内部条件的不同，其关键成功因素也不尽相同；④明确各关键成功因素的性能指标和评估标准。

行业关键成功因素是在竞争中取胜的关键环节，可以通过判别矩阵的方法定性识别行业关键成功因素。其具体操作过程是采取集中讨论的形式对矩阵中每一个因素打分，一般采用两两比较的方法，如果A因素比B因素重要就打2分，同样重要就打1分，不重要就打0分。在对矩阵所有格子打分后，横向加总，依次进行科学的权重分配。一般权重最高的因素就成为行业关键成功因素。

3. 竞争环境分析。

（1）战略群分析。由于企业的目标市场不同，市场定位各异，商业运营模式也就不一样了。这样，依据目标市场、市场定位、商业模式的差异，同一行业内部的企业就划分为不同的战略群。所谓战略群是指那些具有相似、相同战略特征的企业（如目标市场、市场定位、产品功能、价格档次、分销渠道、技术服务相似）组成的群体。

①战略群的特征。尽管不同的企业在许多方面存在着差异，但识别战略群特征时企业基本都考虑以下一些变量：a. 产品（或服务）差异化（多样化）的程度；b. 各地区交叉的程度；c. 细分市场的数目；d. 所使用的分销渠道；e. 品牌的数量；f. 营销的力度；g. 纵向一体化程度；h. 产品的服务质量；i. 技术领先程度；j. 研究开发能力；k. 成本定位；l. 价格水平；m. 装备水平；n. 所有者结构；o. 企业的规模；p. 企业与政府等外部利益相关者的关系。

②战略群划分的步骤。首先，确定产业中战略群划分的特征因素，选定了一组变量，也就确定了一个分组标准。其次，从变量中选择一个（如果区分不出来，则可以选择一组变量）能够清楚地反映企业差别的变量，将产业内企业分为若干组。波特认为利用两组或三组关键特征，通常就可以界定一个企业群。再次，绘制战略分组图。按照选定的变量将企业归类，区分各个战略群，并按照各战略群的销售收入标出。最后，描述每个战略群的特征。处于同一战略群的企业是竞争最激烈的对手。战略群之间越接近，群体之间的竞争敌对状态越强烈。距离远的战略群中的企业之间几乎没有竞争。20世纪80年代欧洲食品生产行业的战略群如图3-3所示。

③战略群分析的目的。利用战略群分析，企业的管理者可以更好地了解宏观环境、市场环境和行业环境对整个行业竞争格局和变化趋势的影响，更好地把握行业竞争的关键成功因素，明确界定群中企业分别代表着哪些具有相似战略特点、使用相似战略或依赖于某些类似的基础展开竞争。战略群分析可以实现对战略群内竞争、战略群间竞争的分析，也可以分析战略群之间的移动壁垒和发现战略机会。具体而言，战略群分析的目的在于：

第一，有助于了解各个战略群的特征。这有助于更好地了解战略群间的竞争状况，了解某一战略群与其他战略群的异同。例如，图3-3中跨国公司主要致力于营销（尤其是品牌推广）及各个国家生产资源的控制，自有品牌供应商特

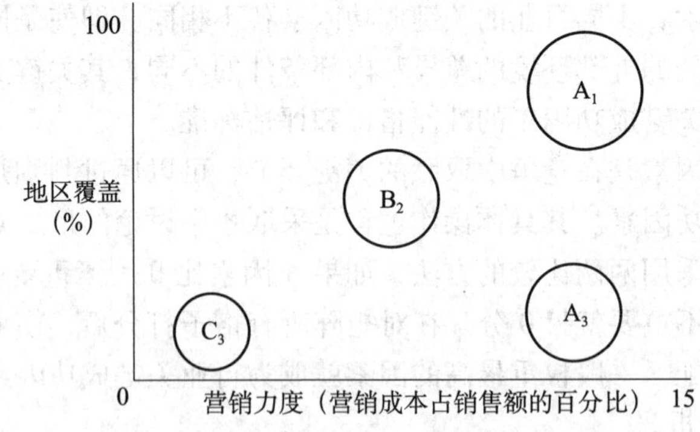

(a) 战略群组：20世纪80年代的食品业

地区覆盖（%）：0–100；营销力度（营销成本占销售额的百分比）：0–15

		A_1 顾客品牌认定；专有的方法知识；研究开发能力；合适的经济规模；营销和组织能力
	B_2 生产成本低；总成本低；技术先进；有一些专有的方法知识；零售商转移成本	
C_3 低成本生产；专有方法；零售商转移成本；本地知识和制度		A_3 制造过程的有关知识；对品牌的忠实性；本地知识；营销能力

(b) 移动障碍汇总

地区覆盖（%）：0–100；营销力度（营销成本占销售额的百分比）

C_1 跨欧洲自有品牌供应商	B_1 跨欧洲品牌	A_1 跨国著名品牌
C_2 地区性自有标志供应商	B_2 地区性自有标志供应商	A_2 地区主要品牌
C_2 国家自有品牌供应商	B_3 国内较小的品牌	A_3 国内主要品牌

(c) 战略区间分析

图 3-3　20 世纪 80 年代欧洲食品生产行业的战略群

资料来源：格里·约翰逊，凯万·斯科尔斯著. 公司战略教程［M］. 金占明，贾秀梅译. 北京：华夏出版社，1998.

别注意保持低成本。

第二，有助于分析战略群的竞争状况。例如，A_1 跨国经营的著名品牌和 A_3 国内著名品牌其内部都存在相互竞争，并且群内企业数量多，面对的是同一组顾客，群内竞争比较激烈。同时，这两个群之间还存在着竞争，当两个群争夺同一顾客时，一个群内的企业行为就会波及另一个群，从而引发群间竞争。

第三，有助于分析企业移动壁垒。在不同的战略群之间存在移动壁垒的制约力量。移动壁垒是企业从一个群组移向另一个群组所必须克服的障碍。移动壁垒保护了具有竞争优势位差的企业免遭过度竞争的干扰，其存在说明不同战略群的收益水平是有差别的。图 3 – 3 中列示了欧洲食品生产行业中的企业在各个战略群之间移动的各种壁垒，进入跨国公司的原因或许也包括自己拥有品牌的企业战略群的市场阻力很大。在这种情况下，国内名气不大、品牌不太知名的企业，可能不能保证其在市场中的地位，容易受著名品牌或低价竞争的影响。

第四，有助于预测市场变化或发现战略机会。例如，图 3 – 3 显示，在欧洲食品行业已经存在着“空缺”，这些领域能为新战略群提供机会。B_1 对于著名的欧洲品牌就很有吸引力，因为它能在跨国市场中实现规模经济。

（2）竞争对手分析。竞争环境中对企业构成最大威胁的因素莫过于竞争对手。当企业面对这一个或数个强大的竞争对手时，企业管理者就必须设法认清它们的优势、劣势、关键成功因素、经营活动中所暴露出的弱点才能为企业寻找短期的发展机会。竞争对手是在同一市场提供产品或服务的企业。根据波特的分析模型，竞争对手分析有四个方面的主要内容，即竞争对手未来的目标、假设、现行战略和能力。

①竞争对手未来的目标。对竞争对手未来目标的分析与了解，有利于预测其目前的市场地位及财务状况的满意度，从而推断其改变现行战略的可能性和对其他企业战略行动的敏感性。

对竞争对手未来目标的分析从三个方面展开。

一是竞争对手未来目标分析对本企业制定竞争战略的作用。企业应当找到一种战略，选择相对满意的位置，使其通过明显的优势抵御现有竞争对手和新进入者的威胁，从而避免与竞争对手发生激烈的行动。

二是分析竞争对手业务单位的目标。波特认为，分析竞争对手业务单位的目标可以考虑以下 12 个因素：竞争对手公开表示的与未公开表示的财务目标是什么？竞争对手对风险持何种态度？竞争对手是否有对其目标有重大影响的经济性或非经济性组织价值观或信念？竞争对手组织结构如何（职能结构情况，是否设置产品经理，是否设置独立的研究开发部门，等等）？现有何种控制与激励系统？主管人员报酬如何？现有何种会计系统和规范？竞争对手的领导阶层由哪些人构成？领导阶层对未来发展方向表现出多大的一致性？董事会成分如何？什么样的合同义务可能限制公司的选择余地？对公司的行为是否存在任何条例、反托拉斯法案或其他政府或社会限制？

三是多元化企业母公司对其业务单位目标的影响。波特认为，竞争对手分析还需要回答下列问题：母公司当前经营情况（销售增长、回报率等）如何？母公司的总目标是什么？一个业务单位在母公司的总战略中有何重要的战略意义？母公司为何要经营这项业务（因为剩余生产能力、纵向整合需要或为了开发分销渠道以及为了加强市场营销的力量）？该业务在母公司业务组合中与其他业务的经济关系如何（纵向整合、相互补偿、分担、分享研究开发）？整个公司高级领导层持何种价值观或信念？母公司是否在其他众多业务中应用了一种基本战略并将同样用于这一业务？假定母公司的总战略及其他部门的经营状况和要求已知，竞争对手的业务部门所面临的销售目标、投资收益障碍以及资金限制如何？母公司的多元化计划如何？母公司的组织结构中提供了何种关于该业务单位在母公司眼中的相对状况、地位以及目标等方面的线索？在母公司的总体架构中，是如何对部门管理层进行控制和奖惩的？母公司奖励了哪些类型的经理？母公司从何处招聘？是否存在对母公司整体的反托拉斯法案、法规或社会敏感因素从而波及和影响到它的业务部门？母公司或组织中个别高层经理是否对这个部门具有感情？等等。

②竞争对手的假设。竞争对手的假设包括竞争对手对自身企业的评价和对所处产业以及其他企业的评价。因此，竞争对手的假设分为两类：一是对自己的假设；二是对产业及其他公司的假设。假设往往是企业各种行为取向的最根本动因，了解竞争对手的假设有利于正确判断竞争对手的战略意图。波特认为，下列问题的研究可以弄清竞争对手的假设：从竞争对手的公开言论、领导层和销售队伍的宣称及其暗示中，竞争对手表现出产品、产品质量、技术尖端性及产品的主要方面对相对地位有何种认识？把什么看成优势/劣势？竞争对手在特定的产品特性和特定职能性方针政策上是否具有很强的历史感情上的渊源？他们强调哪些方面，产品品种、产品设计方法、产品质量要求、制造场所、分销渠道？每一个细分市场中，用户眼中的产品地位、产品系列的宽度和深度如何？竞争对手对产品需求和产业趋势有哪些显著性的看法？竞争对手的主打产品是什么？竞争对手的促销内容？竞争对手为招揽顾客而展示促销的产品怎么样？如哪些商品减价，减价幅度如何？竞争对手的促销宣传，如广告减价好不好？顾客数量？顾客层次？竞争对手产品的主要卖点是什么？竞争对手产品的质量、性能、特色是什么？竞争对手产品的价格如何，与本公司同一类产品的价格有何差别？竞争对手有哪些已有产品，有哪些定型的尚未推出的新产品？竞争对手店面展示的商品和展示特色？竞争对手产品的广告表现怎么样？导购员的着装、精神面貌如何？接待顾客的举止得体与否？对顾客的产品介绍是否有说服力？等等。

③竞争对手的现行战略。对竞争对手现行战略的分析，目的在于揭示竞争对手正在做什么、能够做什么。通过对竞争对手现行战略的分析，可以帮助企业了解竞争对手目前是如何进行竞争的，如果将来竞争结构发生了变化，其战略调整的方向和力度是什么？

④竞争对手的能力。对竞争对手能力实事求是的评估是竞争对手分析中最后的步骤。竞争对手的目标、假设和现行战略会影响其反击的可能性、时间、性质及强烈程度。而其优势与劣势将决定其发起或反击战略行动的能力以及处理所处环境或产业中事件的能力。在具体分析竞争对手时，主要分析核心能力、成长能力、快速反应能力、适应变化的能力和持久力五个方面。

核心能力主要看竞争对手在各职能领域中能力如何？最强之处是什么？最弱之处在哪里？竞争对手在其战略一致性检测方面表现怎样？随着竞争对手的成

熟，这些方面的能力是否可能发生变化？随时间的延长是增长还是减弱？

成长能力主要考虑如果竞争对手有所成长，其能力是增大还是减小？在哪些领域？在人员、技能和工厂能力方面竞争对手发展壮大的能力如何？从财务角度看，竞争对手在哪方面能持续增长？它能够随着产业的增长而增长吗？

快速反应能力主要考虑竞争对手对其他公司的行动迅速作出反应的能力如何？或立即发动进攻的能力如何？这主要由自由现金储备、留存借贷能力、厂房设备的余力、定型但尚未推出的新产品等因素决定。

适应变化能力主要看竞争对手的固定成本对可变成本的情况如何？这些将影响其对变化的可能反应。竞争对手适应各职能领域条件变化和对之作出反应的能力如何？竞争对手能否对外部事件作出反应？例如，持续的高通货膨胀，技术革命引起对现有厂房设备的淘汰，经济衰退，工资率上升，最有可能出现的会影响该业务的政府条例，竞争对手是否面临退出壁垒？这将促使它避免削减规模或对该业务进行收缩。竞争对手是否与母公司的其他业务单位共用生产设施、销售队伍、其他设备或人员？

持久力主要考虑竞争对手支撑可能对收入或现金流造成压力的持久战的能力有多大？这主要由现金储备、管理人员的协调统一、财务目标上的长远眼光、较少受股票市场的压力等因素决定。

（二）内部环境分析

通过内部环境分析，企业可以决定能够做什么，即企业所拥有的独特资源和能力所能支持的行为。

1. 资源分析。企业资源就是企业可以获取、整合的与企业价值创造活动有关的各种要素，包括有形的和无形的、财务的和非财务的要素。依据竞争优势的资源基础理论，企业的资源禀赋是企业获取竞争优势的根本源泉。

企业资源分析的目的在于：识别企业的资源状况，认清企业自身的资源优势和劣势，分析企业可以获取或整合的外部资源，判断企业资源的数量、质量、稀缺性、可获取性和可转移性，为企业未来战略目标制定、选择和实施提供依据。

（1）企业资源的分类。根据不同的标准，企业资源的分类也不同。

有学者将企业资源分为人力资源、财力资源、物质资源、信息资源和时间资源。①人力资源，即企业拥有员工的数量和质量的总和，尤其是人的技能、能力、知识以及他们的协作力和潜力，它是企业中最为重要的资源。②财力资源，即企业所拥有的现金及货币资本。由于它可以用来购买物质资源和人力资源，故企业所拥有的财力资源的多寡实际上也反映了其拥有资源的多寡。③物质资源，即企业所需要的诸如土地、厂房、机器设备、办公室、交通运输工具、各种材料等物质。对一个组织而言，物质资源的多寡也可以表现为其拥有的财富的多少。④信息资源，它包括知识性信息和非知识性信息两类。信息资源对任何一个企业的存续都是非常重要的。⑤时间资源，时间是企业中最稀有、最特殊的资源，因为时间具有不可逆性。

有学者将企业分为人力资源、有形资源和无形资源。①人力资源是指企业成员向企业提供的技能、知识、推理及决策能力。②有形资源是指可见的、能够用货币直接计量的资源，主要包括物质资源和财务资源。③无形资源是企业长期积累的、没有实物形态甚至无法用货币精确计量的资源，通常包括品牌、商誉、技术、专利、商标、企业文化、组织经验等。

（2）企业资源的判断标准。一般而言，企业拥有和可以整合的资源比竞争对手的数量越多、水平越高，那么这个企业的竞争优势就越大，战略的可选择性就越多。有效的资源分析不仅取决于资源的多少和大小，更取决于资源是否具有以下特点：①资源的价值性。在企业资源数量和质量大体相同的情况下，资源的价值创造力取决于资源配置的领域、资源配置的时间和资源的可转移性。②资源的稀缺性。如果企业掌握了处于短缺供应状态的资源，而其他竞争对手又不能获取这种资源，那么，拥有这种稀缺性资源的企业便能获得竞争优势。③资源的不可模仿性。资源的不可模仿性主要有四种形式：物理上独特的资源，如企业的厂房处于极佳的位置；具有路径依赖性的资源，如企业经过长期的积累才能获得的资源；具有因果含糊性的资源，如独特的企业文化；具有经济制约性的资源，如企业需要大量的资金，具有很高的壁垒。④资源的不可替代性。所谓资源的不可替代性是指竞争对手不可能开发出相同功能的资源。⑤资源的持久性。资源的贬值速度越慢，就越有利于形成竞争优势。⑥资源的难以获取性。如企业的品牌、商誉、关系等需要竞争对手付出更多的成本和时间才能够获得相同的资源。

2. 能力分析。企业能力是指企业配置资源实现企业经营目标所需要的各种知识和技能。这些知识和技能是企业在利用和整合资源过程中，通过实践、学习、积累而形成的，通过企业内部传播、培训和共享而增强的。

企业能力分析的目的是基于现行战略所面临的问题，结合企业外部环境分析所提供的可能选择，依据企业所拥有、可整合能力优势的价值创造能力、稀缺性、可获取性、不可替代性、持久性，判断企业自身能力的优势和劣势，为企业战略抉择提供依据。

企业能力主要由研发能力、生产能力、营销能力、财务能力、管理能力等组成。

企业的研发活动能够加快产品更新换代、不断提高产品质量、降低产品成本，更好地满足消费者的需求。研发能力已经成为企业保持竞争优势的关键因素。

生产能力是指企业将投入（原材料、资本、劳动等）转化为产品或服务，为消费者创造价值的能力。生产能力包括生产过程、库存管理、质量管理等。

营销能力是企业引导消费者以占领市场、获取利润的能力。营销能力包括产品竞争能力、销售活动能力、市场决策能力等。

财务能力是企业筹集资金、使用资金、管理资金的能力。财务能力通常用资产负债率、流动比率、已获利息倍数、投资报酬率、销售利润率、资产周转率等指标来衡量。

管理能力是指企业管理者具备的计划、组织、领导和控制能力。

有效的能力分析不仅需要关注企业能力的数量和水平，还取决于企业能力的价值性、稀缺性、难以获取性、不可替代性等。

3. 价值链分析。价值链分析是波特开发的用于确认具有潜在价值创造作用的商业活动的战略分析工具。波特将企业价值创造活动分为两类：基本活动和支持活动。

(1) 基本活动是指与产品或服务的创造直接相关的活动，包括输入物流、生产运营、输出物流、市场营销、客户服务等。

输入物流是指与产品投入有关的进货、仓储、分配活动，如原材料的装卸、入库、盘存、运输及退货等。

生产运营是指将投入转化为最终产品的活动，如机加工、装配、包装、设备维修、检测等。

输出物流是指与产品库存、配送给购买者有关的活动，如最终产品的入库、接受订单、送货等。

市场营销是指促进和引导购买者购买企业产品的活动，如广告、定价、销售、渠道等。

客户服务是指与保持和提高产品价值有关的活动，如培训、修理、零部件供应、产品调试等。

(2) 支持活动是帮助提高基本活动效果或效率的活动，包括企业的基础设施、人力资源管理、技术开发、采购管理等。

基础设施是指企业的组织结构、惯例、控制系统、企业文化等。

人力资源管理是指企业员工的招聘、雇用、培训、选拔、退休等各项活动。

技术开发是指改进企业产品和工序的一系列技术活动。

采购管理包括原材料的采购，也包括其他资源投入的购买与管理，例如，企业聘请咨询公司为企业进行的广告策划、市场预测、管理信息系统、法律咨询等都属于采购管理。

价值链分析有助于对企业的能力进行考察，这种能力来源于独立的产品、服务或业务单位。

4. 业务组合分析。对于多元化经营的公司而言，需要将企业的资源和能力作为一个整体来考虑。对企业业务组合进行分析，保证业务组合优化是企业战略管理的主要责任。波士顿矩阵与通用矩阵分析就是业务组合分析的主要方法。

(1) 波士顿矩阵。波士顿矩阵又称市场增长率—相对市场份额矩阵、增长率—市场占有率矩阵，是由美国著名管理学家、波士顿矩阵公司创始人亨德森于1970年首创的一种用来分析和规划企业产品组合的方法。其核心在于解决如何使企业产品品种及其结构适合市场需求的变化，如何将企业有限的资源有效地分配到合理的产品结构中去，以保证企业收益。

波士顿矩阵的分析步骤：①将企业划分为各种不同的业务部门或经营单位；②确定每一个经营单位的市场增长率；③确定该经营单位的相对规模；④确定该

经营单位的相对市场占有率；⑤绘制该企业的整体经营组合图；⑥根据每一个经营单位在企业整体经营组合中的地位选择其适合的战略。

波士顿矩阵认为，决定产品结构的基本因素有两个：市场吸引力与企业实力。

市场吸引力包括市场增长率、目标市场容量、竞争对手强弱及利润高低等，其中最主要的是市场增长率，它是决定企业产品结构是否合理的外在因素。

企业实力包括企业市场占有率以及技术、设备、资金利用能力等，其中，市场占有率是决定企业产品结构的内在要素，它直接显示出企业的实力。

波士顿矩阵将企业所有产品从市场增长率和市场占有率的角度进行再组合（见图3-4）。

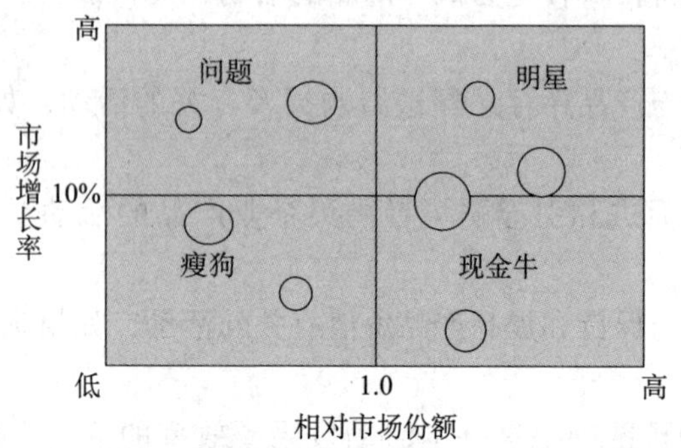

图3-4 波士顿矩阵

图3-4中，纵轴表示市场增长率，它是指企业所在产业某项业务前后两年市场销售额增长的百分比（代表该业务所在市场的相对吸引力），通常用10%作为增长率高、低的界限。其计算公式为：

$$\text{市场增长率}=\frac{(\text{当年市场销售额}-\text{上年市场销售额})}{\text{上年市场销售额}}\times 100\%$$

横轴表示企业在产业中的相对市场占有率，是指以企业某项业务的市场份额与这个市场上最大竞争对手的市场份额之比（反映企业在市场上的地位），通常用1.0（或者0.5）作为市场占有率高、低的界限。市场占有率的计算公式如下。

$$\text{某业务的绝对市场占有率}=\frac{\text{该业务销售量（额）}}{\text{该业务市场销售总量（额）}}\times 100\%$$

$$\text{某业务的相对市场占有率}=\frac{\text{该业务本企业市场占有率}}{\text{该业务市场份额最大者市场占有率}}\times 100\%$$

根据有关业务或产品（用圆圈表示）的市场增长率和企业相对市场份额把企业全部经营业务定位在四个区域中，圆圈面积的大小表示该业务或产品的收益与企业全部收益之比。

①高增长—强竞争地位的“明星”业务。这类业务处于迅速增长的市场，具有很高的市场份额，所需要和产生的现金量都很大，是否会产生正现金流量，取决于新工厂、设备和产品开发对投资的需求量。在企业的全部业务中，“明

星”业务的增长和获利有着极好的长期机会，但它们需要大量的投资。为了保护或巩固“明星”业务在增长的市场中占主导地位，企业应在短期内优先供给它们所需要的资源，进行必要的投资，支持它们继续发展。

“明星”业务适宜采用的发展战略：采取扩张战略，积极扩大经济规模和市场机会，以长远利益为目标，提高市场占有率，加强竞争地位。发展战略以及明星产品的管理与组织最好采用事业部形式，由对生产技术和销售两方面都很内行的经营者负责。

②高增长—低竞争地位的“问题”业务。这类业务也称为“幼童”业务，通常处于最差的现金流量状态。一方面，其所在行业的市场增长率高，高速的市场增长需要企业大量的投资支持其经营活动；另一方面，其相对市场占有率低，竞争地位低，较弱的市场竞争地位意味着能够生成的资金很小。因此，企业对于“问题”业务在进一步投资上需要进行分析，判断使其转移到“明星”业务所需要的投资量，分析其未来盈利，研究是否值得追加投资，以达到较高的相对市场占有率。只有那些符合企业战略长远目标、具有资源优势、能够增强企业核心竞争力的经营单位才能够得到进一步的投资。

“问题”业务适宜采取选择性投资战略。即：确定对该象限中那些经过改进可能会成为“明星”的业务进行重点投资，提高市场占有率，使之转变成“明星”业务；对其他将来有希望成为“明星”的业务则在一段时期内采取扶持的对策。因此，对问题产品的改进与扶持方案一般均列入企业长期计划中。对问题产品的管理组织，最好是采取智囊团或项目组织等形式，选拔有规划能力、敢于冒风险、有才干的人负责。

③低增长—强竞争地位的“现金牛”业务。这类业务处于成熟的低速增长的市场之中，较高的市场份额给其带来了高额利润，而较低的市场增长率意味着只需要少量的现金投入。高利润通常会产生大量的现金余额，这样现金牛产品就可提供现金去满足整个企业发展的需要，支持其他需要投资的业务发展。

“现金牛”业务适宜采取的战略：这一象限的大多数产品的市场增长率为下跌之势，因而可采取收获战略，即投入资源以达到短期收益最大化为限，把设备投资和其他投资尽量压缩；采用榨油式方法，争取在短时间内获取更多利润，获得更多的现金流，为其他产品提供资金。对于这一象限内的销售增长率仍有所增长的产品，应进一步进行市场细分，采取维持战略，维持现存市场增长率或延缓其下降速度。现金牛业务产品适合用事业部制进行管理，其经营者最好是市场营销型人物。

④低增长—弱竞争地位的“瘦狗”业务。这类业务处于饱和的市场当中，较低的市场占有率意味着其可获得的利润很低，而较低的市场占有率说明其处于饱和的市场之中，市场竞争十分激烈，可获利润很低，用于维护其竞争地位所需的资金经常超过其现金流入量，不能成为企业资金的来源。

“瘦狗”业务应采用撤退战略：这类业务没有发展前途，企业用追加投资来扩大其市场份额并不可取，通常应采取紧缩战略，如筹资、放弃、清算等。企业应减少批量，逐渐撤退，对那些销售增长率和市场占有率均极低的产品应立即淘汰，将剩余资源向其他产品转移。企业整顿产品系列，最好将瘦狗产品与其他事业部合并，统一管理。

（2）通用矩阵。通用矩阵又称企业实力—行业吸引力矩阵，是美国通用电气公司设计的一种业务组合分析方法。

通用矩阵改进了波士顿矩阵过于简化的不足。首先，在两个坐标轴上都增加了中间等级；其次，其纵轴用多个指标反映产业吸引力，横轴用多个指标反映企业竞争地位。这样，通用矩阵不仅适用于波士顿矩阵所适用的范围，而且九个区域的划分更好地说明了企业中处于不同竞争环境和不同地位的各类业务的状态。

一般比较具体的战略图如图 3-5 所示。

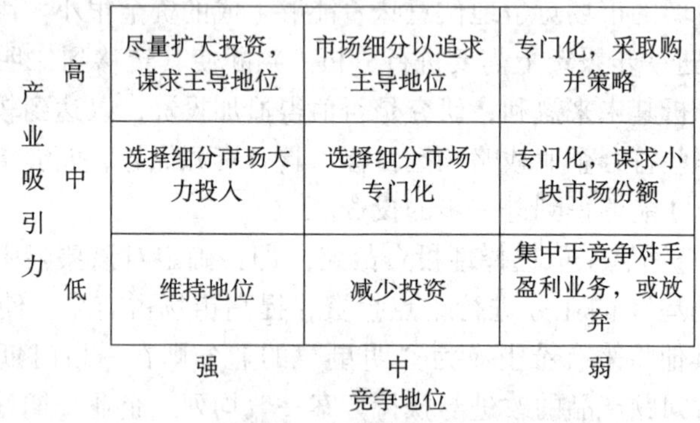

图 3-5 通用矩阵

影响行业吸引力的因素有行业增长率、市场价格、市场规模、获利能力、市场结构、竞争结构、技术及社会政治因素等。评价产业吸引力的步骤：首先，根据每个因素的相对重要程度，定出各自的权重；其次，根据产业状况定出产业吸引力因素的等级；最后，用权数乘以级数，得出每个因素的加权数，并将各个因素的加权数汇总，得出整个产业吸引力的加权值。

影响经营业务竞争地位的因素有相对市场份额、市场增长、买方增长率、产品差别化、生产技术、生产能力、管理水平等。评估企业经营业务竞争地位的原理，与评估产业吸引力原理是相同的。

从矩阵图九个方格的分布来看，企业中处于左上方三个方格的业务适于采取增长与发展战略，企业应分配资源；处于右下方三个方格的业务，一般应采取停止、转移、撤退战略；处于对角线三个方格的业务，应采取维持或有选择地发展的战略，保护原有的发展规模，同时调整其发展方向。

5. SWOT 分析。SWOT 分析是一种综合考虑企业内部条件和外部环境的各种因素并对此进行系统评价，从而选择最佳经营战略的方法。这里，S 是指企业内部的优势（strengths），W 是指企业内部的劣势（weakness），O 是指企业外部环境的机会（opportunities），T 是指企业外部环境的威胁（threats）。

企业内部的优势和劣势是相对于竞争对手而言的，一般表现在企业的资金、技术设备、员工素质、产品、市场、管理技能等方面。判断企业内部的优势和劣势一般有两项标准：一是单项的优势和劣势。例如，企业资金雄厚，则在资金上占优势；市场占有率低，则在市场上处于劣势。二是综合的优势和劣势。为了评估企业的综合优势和劣势，应选定一些重要因素，加以评价打分，然后根据其重要程度按加权平均法加以确定。

企业外部环境的机会是指环境中对企业有利的因素，如政府支持、高新技术的应用、良好的购买者和供应者关系等。企业外部环境的威胁是指环境中对企业不利的因素，如新竞争对手的出现、市场增长缓慢、购买者和供应者讨价还价能力增强、技术老化等。

图 3-6 列示了 SWOT 分析的典型格式。

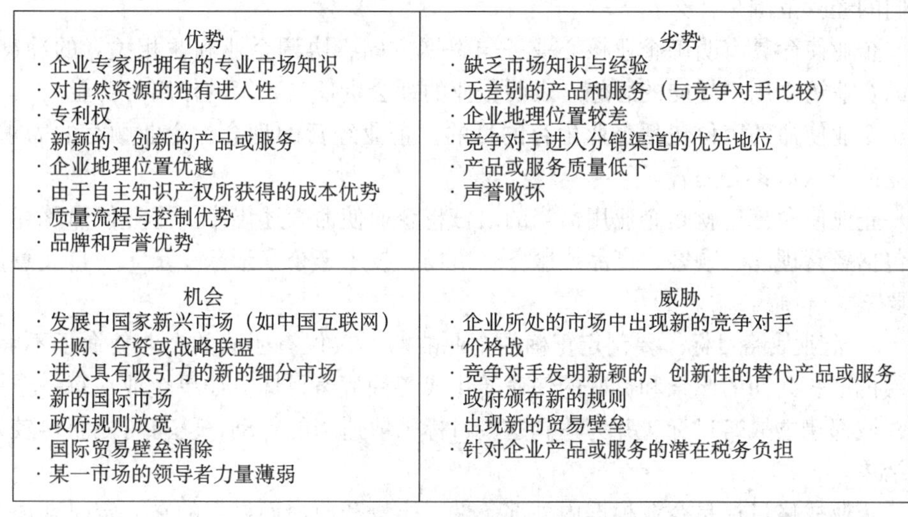

优势	劣势
· 企业专家所拥有的专业市场知识 · 对自然资源的独有进入性 · 专利权 · 新颖的、创新的产品或服务 · 企业地理位置优越 · 由于自主知识产权所获得的成本优势 · 质量流程与控制优势 · 品牌和声誉优势	· 缺乏市场知识与经验 · 无差别的产品和服务（与竞争对手比较） · 企业地理位置较差 · 竞争对手进入分销渠道的优先地位 · 产品或服务质量低下 · 声誉败坏
机会	**威胁**
· 发展中国家新兴市场（如中国互联网） · 并购、合资或战略联盟 · 进入具有吸引力的新的细分市场 · 新的国际市场 · 政府规则放宽 · 国际贸易壁垒消除 · 某一市场的领导者力量薄弱	· 企业所处的市场中出现新的竞争对手 · 价格战 · 竞争对手发明新颖的、创新性的替代产品或服务 · 政府颁布新的规则 · 出现新的贸易壁垒 · 针对企业产品或服务的潜在税务负担

图 3-6 SWOT 分析

（三）战略目标体系

1. 企业愿景。企业进行外部环境和内部条件分析的目的和结果，就是要发现企业的战略问题，确定企业发展的战略方向。

战略问题是源自企业内部和外部关键环境因素的趋势性变化，对企业发展具有重大性、长期性、根本性影响的问题。企业的战略问题分为两类：一类是企业没有把握外部机会或者避免外部威胁的战略问题；另一类是企业没有发挥优势或者克服劣势的战略问题。有效识别战略问题是进行战略制定的前提。

战略方向是指企业制定战略目标和战略方案的指导方向，体现为企业愿景、企业使命、企业目标等一系列战略承诺。战略承诺是企业为了实现战略目标而向顾客、供应商、员工等利益相关者做出的长期承诺，是企业的发展方向及战略定位的体现。

企业愿景是对企业发展前景和发展方向的一个高度概括性描述，设定企业愿景就是要回答一个基本问题：我们要成为什么样的企业？企业愿景由两方面核心内容构成：一是确立企业长期的价值取向与价值追求；二是对企业未来想要达到的长期目标做出生动形象的描述。企业愿景具有积累企业长期努力、宣传企业存在价值、整合员工个人愿景、协调利益相关者、提升企业竞争能力的作用与功能。有效的企业愿景通常应具备形象性、指导性、聚焦性、灵活性、可行性、易述性等。

2. 企业使命。企业使命是指企业在社会发展中所应担当的角色和责任，是企业区别于其他类型组织而存在的原因或目的，它说明企业的宗旨、哲学、原则，揭示企业长远发展的前景，可以为企业战略目标的确定提供依据。

企业使命是在界定了企业愿景的基础上回答企业生存和发展的理由。它回答的基本问题是：我们到底是什么样的企业？我们将去向何方？谁是我们的客户？我们的经营范围是什么？等等。

企业使命具有明确企业核心业务与发展方向、协调企业利益相关者的冲突、帮助企业树立用户导向的思想、表明企业的社会责任与政策的作用与功能。

企业使命的定位包括企业生存的目的、企业经营的理念、企业顾客的需求、企业的公众形象等内容。

企业使命陈述就是企业用恰当的语言将企业使命表述出来。企业使命陈述一般包括经营理念、顾客、产品或服务、市场、技术、公众形象、员工、自我意识等要素。

3. 企业战略目标。要制定正确的企业战略，仅仅有明确的企业使命还不够，必须把这些共同的愿景和良好的使命转化成各种战略目标。如果企业在每一个关键领域都建立战略目标，并为达到这些目标采取适当的行动，就有可能获得较好的结果。

企业战略目标是企业根据内外部条件、愿景和使命而设定的在一定时期内预期要达到的成果。它是对企业愿景和使命的具体化、明确化，是企业制定战略的基本依据和出发点，是企业战略控制与评价的标准，也是激励各级管理人员和广大员工的有效手段。通过将愿景和使命转化为可以计量或测量的具体明确的成果，从而引导企业具体的经营管理活动，最终实现企业战略。

企业战略目标具有宏观性、长期性、全面性、可分性、可接受性、可度量性、激励性、相对稳定性和动态性的特征。

企业制定战略目标的过程中，要结合关键性、平衡性、权变性等原则。企业制定战略目标的有效方法是在企业愿景、企业使命的基础上，从社会责任、市场地位、技术发展、生产率、人力资源、员工激励、物力财力、利润率等方面构造战略目标体系，从而反映企业战略的整体要求。

企业战略目标制定的方法有时间序列分析法、相关分析法、盈亏平衡分析法、决策矩阵法、决策树法、博弈论法、模拟模型法、平衡计分卡法等。

二、战略制定与选择

企业通过外部环境分析和内部条件分析之后，确定企业愿景、企业使命和战略目标，为企业战略制定与选择奠定了基础。企业通过战略分析与定位之后，就进入战略制定与选择阶段。

（一）公司层战略（企业总体战略）

公司层战略（企业总体战略）是企业最高层次的战略。它需要根据企业的战略目标，选择可以竞争的经营领域，合理配置企业资源，使各项经营业务相互支持、相互协调。总体来说，公司层面可以采取三种总体战略：发展战略、稳定战略和收缩战略。

1. 发展战略。企业发展战略强调充分利用外部环境的机会，充分发掘企业内部的优势资源，以求得企业在现有基础上向更高一级的方向发展。发展战略主要包括三种类型：一体化战略、密集型战略和多元化战略。

（1）一体化战略。企业对具有优势和增长潜力的产品或业务，沿其经营链条的纵向或横向延展业务的深度和广度，扩大经营规模，实现发展成长。一体化战略按照业务拓展的方向可以分为纵向一体化和横向一体化。

①纵向一体化战略。企业沿着产品或业务链向前（下游）或向后（上游）延伸和扩展现有业务的战略。纵向一体化分为前向一体化战略和后向一体化战略。前向一体化战略通过获得分销商或零售商所有权，控制销售过程和渠道，有利于企业掌握和控制市场，增强对消费者需求变化的敏感性，提高其产品的市场适应性和竞争力。后向一体化战略通过获得供应商的所有权，控制关键原材料等投入成本、质量及可靠性，确保企业生产经营活动的稳步进行。

②横向一体化战略。企业向产业价值链相同阶段方向扩张的战略，以实现规模经济，获取竞争优势。

（2）密集型战略。企业在原有的生产范围内，充分利用在产品和市场方面的潜力来求得发展的战略。密集型发展战略源于著名战略学家安索夫提出的“产品—市场”矩阵（见表3-2），主要包括市场渗透、市场开发、产品开发和多元化四种战略形式。

表3-2　　产品与市场组合矩阵

市场	现有产品	新产品
现有市场	市场渗透：在单一市场，依靠单一产品，目的在于大幅度增加市场占有率	产品开发：在现有市场推出新产品；延长产品生命周期
新市场	市场开发：将现有产品推销到新地区；在现有实力、技能和能力基础上发展，改变销售和广告方法	多元化：与新技术或市场有关的相关多元化；与现有产品或市场无关的非相关多元化

①市场渗透——现有产品和现有市场。这种战略强调发展单一产品，试图通过更强的营销手段来获得更大的市场占有率。

②市场开发——现有产品和新市场。将现有产品或服务打入新市场的战略。

③产品开发——新产品和现有市场。在原有市场上，通过技术改进或开发研

制新产品，提高新产品的差异化程度，满足市场新的需求，改善企业的竞争地位。

④多元化——新产品和新市场。

（3）多元化战略。企业进入与现有产品和市场不同的领域。多元化战略分为两种：相关多元化和非相关多元化。

①相关多元化又称同心多元化，是指企业以现有业务或市场为基础进入相关产业或市场的战略。相关多元化的相关性可以是产品、生产技术、管理技能、营销渠道、营销技能或用户等。相关多元化战略有利于企业利用原有产业的产品知识、制造能力、营销渠道、营销技能等优势来获取融合优势，即两种业务或两个市场同时经营的盈利能力大于各自经营时的盈利能力之和。

②非相关多元化也称离心多元化，指企业进入与当前产业和市场均不相关的领域的战略。

（4）平台化战略。平台化战略是以组织和个人相互作用为基础的经济联合体，也就是供应商、生产商、销售商、市场中介、投资商、政府、消费者等以生产商品（或提供服务）为中心组成的群体构成的一个生态系统。平台型企业需要设计一个多方联合的行动计划，为系统中的每一方创造不同的价值，使多个群体实现资源共享，互利共存，维持系统延续发展，最终实现多方共赢。百度、阿里、腾讯等企业都实施了平台化战略。

随着互联网、大数据、物联网等技术的快速发展，平台型企业凭借庞大的用户数量和精确的用户数据建立起极具统治能力和盈利能力的业务模式，从而具有超级成本优势，形成“赢家通吃”从而向其他产业渗透。

平台化战略依据功能分为市场制造者平台化战略、用户制造者平台化战略和需求协调者平台化战略。

市场制造者平台化战略以“出售交易机会”为核心，吸引双方或多方加入平台进行交易，从而提高交易的成功率，减少交易配对的时间。如易趣、淘宝、雅虎、NASDAQ 等。

用户制造者平台化战略以“出售信息”为核心，将观众、广告商等各种用户免费或低价连接在一起，当用户数量增多并对提供内容的广告商做出有效回应时，广告商会提供更多（商品或服务）有用的信息，用户就越来越依赖这些商品或服务的信息，如纸媒、网媒、电视频道等。

需求协调者平台化战略是通过提供产品或服务引起平台中双方或多方的间接网络外部性（即需求方规模经济，当商品价值随着消费者购买数量的增加而不断提升时，商品价值的提升又反过来促使更多的消费者购买）。网络外部性效应依赖商品用户的规模，即网络的规模，用户的规模越大，网络规模也越大，网络外部性的效应也就越强。

网络的外部性分为直接网络外部性和间接网络外部性。直接网络外部性是指消费者的规模越大，所购买的商品（服务）越多，商品（服务）对于消费者的价值也就越大。如邮件系统，当用户注册邮箱加入邮件系统后其所获得的效用依赖于系统中注册用户的数量。注册用户的数量越多，则注册的用户所获得的效用就越大。新用户的加入也给老用户带来了正效用。间接网络外部性是针对互补性产品而言的，例如，使用打印机的人数越多，其互补产品墨盒就间接地获得了一种需求方规模经济。

平台型企业的网络效应都和规模有关，用户越多平台越有价值；平台型企业具有开放性的特征，能否整合外部资源与市场需求把平台变成一个开发的生态系统，围绕用户需求进行价值创造是关键。

2. 稳定战略。稳定战略又称维持战略，是指企业限于经营环境和内部条件，对产品、技术、市场等方面都采取基本维持现状的一种战略。采用稳定战略的企业不需要改变其宗旨和目标，而需要集中资源用于原有的经营范围和产品，以增加其竞争优势。

稳定战略适用于环境变化不大、前期经营比较成功的企业。采取稳定战略的风险比较小，可以避开开发新产品或新市场所必需的巨大资金投入和开发风险，避免资源重新配置和组合的成本，防止由于发展过快、过急造成的失衡状态。采用稳定战略也有一定的风险，容易使企业减弱风险意识，降低对风险的敏感性和适应性，一旦环境发生较大变动，企业目标、外部环境、企业实力之间就会失去平衡，使企业陷入困境。

3. 收缩战略。收缩战略也称为撤退战略，指企业缩小原有经营范围和规模的战略。企业采用收缩战略的原因大致分为主动和被动两大类。例如，企业战略重组时主动收缩，外部环境发生变化时企业被动收缩。收缩战略是企业在调整管理层、重新制定新政策、引进新的财务控制系统或削减成本费用时为了制止短期利润下滑而采取的立竿见影的补救措施。收缩战略分为三种类型：转向战略、放弃战略、清算战略。

（1）转向战略。企业在现有经营领域不能维持原有的产销规模和市场地位，不得不缩小产销规模和市场占有率，或者企业存在更好的发展机遇，对原有业务领域进行压缩投资、控制成本以改善现金流为其他业务领域提供资金的紧缩型战略。企业可以通过调整组织结构、降低投资成本、减少资产或加速资产回收的措施来配合转向战略。

（2）放弃战略。当企业采取转向战略无效时，可以尝试放弃战略。放弃战略是将企业的一个或几个主要部门转让、出卖或停止经营的紧缩型战略。

（3）清算战略。指企业卖掉其资产或停止整个企业的运行而终止一个企业的存在。通常只有当所有其他战略都失败时才启用。清算战略与放弃战略不同，放弃战略的目的是要找到肯出高于企业固定资产价值的买主，清算一般只包括对资产的有形价值部分的清算，而不包括其相应的无形资产。

（二）业务层战略（企业竞争战略）

业务层战略，也称业务单位战略、企业竞争战略，是企业基于竞争的经营单位战略，是企业总体战略在业务竞争方面的落实与具体化。

1. 基本竞争战略。波特认为，企业采取进攻性或防守性的行动，在产业中建立起进退有据的地位，成功地对付五种竞争力，从而为企业赢得超常的投资收益。为了达到这一目的，波特总结了三种具有内部一致性的基本战略，即成本领先战略、差异化战略和集中化战略。

（1）成本领先战略。成本领先战略也叫低成本战略，是在追求产量规模经济效益的基础上，通过降低产品在研发、生产、销售、服务和广告等领域的全部成本，用低于竞争对手的成本优势战胜竞争对手的一种战略。成本领先地位可以给企业带来许多战略优势，也是众多企业追求的目标，但要取得这种地位并不容易，需要采取各种措施，如实施规模经济生产、充分利用生产能力、实现产品再设计、减低输入成本、采用先进技术工艺等。

采用成本领先战略的优势：

①可以使企业为那些想进入本行业的潜在进入者设置较高的进入障碍，使那些生产技术不熟练、缺乏经营经验或缺乏规模经济的企业很难进入该行业。

②可以使企业增加对供应商和购买者的讨价还价能力，降低由于供应商和购买者的价格因素变化的影响。

③可以使企业产品在与替代品进行竞争时降低或缓解替代品对本企业产品带来的威胁，使企业始终处于有利的竞争地位。

④可以使企业在与行业内的竞争者进行价格竞争时，在竞争对手毫无利润的低价格水平上保持盈利，从而保持企业的绝对竞争优势。

降低企业成本的方法有减少产品花样、改进产品设计、简化生产工艺、采用替代材料、实现规模经济、减低人工费用等。

（2）差异化战略。差异化战略是指企业向市场提供与众不同的产品或服务，用以满足顾客特殊的需要，从而形成竞争优势的一种战略。产品或服务的特色可以表现在产品设计、生产技术、产品性能、服务质量、销售网络、商标形象等方面。在产业范围内独具特色的产品或服务可以给企业带来额外的加价。差异化战略是企业获得高于同行业平均水平利润的一种有效战略。实施差异化战略可以培养顾客的满意度和忠诚度，降低顾客对产品价格的敏感性。

企业采用差异化战略的优势：

①可以形成进入障碍。顾客对产品或服务具有很高的忠诚度，使潜在进入者很难进入该行业。

②可以降低顾客的敏感度。顾客具有很高的忠诚度，当产品或服务的价格发生变化时顾客对价格的敏感度不高。

③可以增强讨价还价的能力。差异化战略可以为企业产生较高的边际收益，降低企业的总成本，增强企业对供应商讨价还价的能力。同时，由于购买者别无选择，对价格的敏感度低，企业还可以削弱购买者讨价还价的能力。

④可以抵御替代品的威胁。差异化战略通过提高产品性能来提高产品的性价比，有助于抵御替代品的威胁。

实施差异化的方法有产品质量差异化、产品可靠性差异化、产品销售服务差异化、产品创新差异化、产品品牌差异化等。

（3）集中化战略。集中化战略又称聚焦战略或专一战略，是指企业把经营的重点目标放在某一特定的购买群体、产品细分市场或区域市场来获取竞争优势的一种战略。由于资源有限，一个企业很难在其产品市场展开全面的竞争，因而需要瞄准一定范围内的重点目标，以期产生巨大有效的市场集中力量。集中化战略可以分为两类：一类着眼于局部领域获得成本领先优势，称为集中成本领先战略；另一类着眼于局部领域获得差异化优势，称为集中差异化战略。

企业采用集中化战略的优势：

①便于集中整个企业的力量和资源服务于某一特定的目标，避开了在大范围与竞争对手的直接竞争。

②便于将目标集中于特定的部分市场，更好地调查研究与产品有关的技术、市场、顾客、竞争对手等各方面的信息。

③便于管理。由于战略目标集中明确，经济成果易于评价，战略管理过程也容易控制。

④便于针对竞争对手最薄弱的环节采取战略行动，取得成功。

成本领先战略、差异化战略和集中化战略这三种基本竞争战略的差别见表3－3。

表3－3　三种基本竞争战略的差别

项目	成本领先战略	差异化战略	集中化战略
产品差异化	低 （主要来自价格）	高 （主要来自特殊性）	由低到高 （价格或特殊性）
市场细分化	低 （大市场）	高 （众多细分市场）	低 （一个或一些细分市场）
特殊竞争力	制造及物料管理	研发、销售等	任何的特殊竞争力

集中化战略与成本领先战略、差异化战略一样，可以防御行业内各种竞争力量，使企业能够在本行业中获得高于平均水平的收益。集中化战略与成本领先战略、差异化战略不同的是，成本领先战略和差异化战略是面向整个市场、整个行业，从大范围谋求竞争优势；而集中化战略则围绕一个特定的、相对狭小的目标市场，进行密集型的生产经营活动，提供比竞争对手更为有效的产品或服务，从而建立竞争优势。

2. 不同行业的企业竞争战略。

（1）行业集中度与企业竞争战略。行业集中度是指市场上的某种行业内大企业的生产量、销售量、资产总额等方面对某一行业的支配程度，它一般是用行业内大企业的某一指标（大多数情况下用销售额指标）占该行业总量的百分比来表示。在一个行业内，企业规模的大小和企业数量的多少，对企业间的竞争关系有直接的影响。企业规模越大，市场占有率越高，企业对行业的各种影响作用就越大。一般而言，行业集中度高的企业数量少，企业之间比较容易达成协议，也就容易形成对市场的控制。如果企业规模小而且数量多，企业之间很难达成协议，即使达成了协议也很难维持，企业之间的竞争就较激烈。

①处于分散行业的企业竞争战略。造成行业分散的原因有很多，比如行业发展的初期很多企业没有能力扩大规模；缺乏规模经济，进入壁垒低、进入障碍小，使许多小企业很容易进入；在工商活动的诸多领域，不存在经验曲线或缺乏经验曲线的特点，如日用品批发、分销等行业存在很多小企业；产品差异化程度较高限制了企业规模化发展，企业因没有能力扩大生产而处于分散状态；市场需求的多样化也可能导致行业分散化；物流运输成本高也可能限制企业市场规模的扩大和布局。

处于分散行业的企业，面对众多的竞争对手，可以采用连锁经营、特许经营、横向合并或专业化生产的策略。同时，企业要避免全面出击造成削弱竞争力；避免追求领先的市场占有率而造成效率下降、费用上升等。

②处于集中行业的企业竞争战略。行业的集中度取决于企业最佳规模水平、行业竞争的激烈程度、行业进入障碍与退出障碍等。根据企业的竞争地位，处于集中行业的企业可能存在以下三种类型：一是行业内有一家或少数几家实力雄厚的企业处于领导地位，其产品占据了行业市场的最大部分；二是行业内企业实力悬殊，多数企业的实力旗鼓相当，少数企业具有较强的实力，但还达不到领导地位；三是行业内存在众多普通企业和许多实力薄弱的企业。我们把上述三种类型的企业分别称为领导型企业、追随型企业和平庸型企业。

领导型企业的策略主要是寻求扩大行业总需求量的途径，保持现有市场份额，提高市场占有率，保持各方面领先的地位。追随型企业平时要保持与领导型企业的休战策略，或者保持追随策略，保持自身的战略地位，注重加强产品开发，与平庸型企业联盟共同应对市场和技术的变化。平庸型企业主要采用补缺策略和联合策略。

（2）行业生命周期与企业竞争战略。行业生命周期是指行业从出现到完全退出社会经济活动所经历的时间。行业生命周期主要包括四个发展阶段：投入期、成长期、成熟期、衰退期。在行业的不同发展阶段，企业应根据生命周期各阶段的特点，并结合其实际情况，选择不同的竞争战略。

①新兴行业的企业竞争战略。新兴行业是技术创新和新的消费需求的出现或者环境变化使一类新产品获得了机会而新出现的行业。新兴行业具有技术的不确定性、战略的模糊性、环境的复杂性、发展的风险性以及运营成本高但趋于下降的特点。

新兴行业的企业竞争战略主要考虑：做好企业的战略定位、确定企业的目标市场、选择适当的进入时机、壮大企业的竞争实力、加强同行业竞争者的联系、促进行业结构的形成。

②成熟行业的企业竞争战略。作为行业生命周期的一个重要阶段，一个行业必然要从高速发展的成长期进入缓慢发展的成熟期。成熟行业的特点是市场增长率减慢、需求增长率降低、技术上已经成熟、行业竞争非常激烈、行业盈利能力

下降、企业经营策略面临调整、国际竞争更加激烈、企业间的兼并收购剧增。

处于成熟行业的企业竞争战略主要考虑调整产品系列结构（缩减或淘汰利润率低的产品）；通过采取更低廉的零部件、更优惠的供应价格、更经济的产品设计、更高效的生产效率、缩减管理费用等手段使企业获得成本优势，在竞争中保持价格优势；采用更适宜的促销手段，通过提高产品等级、扩充产品系列、提高服务质量、开拓细分市场等方法扩大顾客购买规模；注重产品技术开发与创新，以低成本的产品设计获取独特的竞争能力；采取多元化或国际化战略谋求企业更大的发展。

③衰退行业的企业竞争战略。衰退行业是指处于发展迟缓、停滞乃至萎缩的行业。行业衰退的标志是在相当长的一段时间里行业的销售量持续下降。衰退行业的特点是行业需求下降、行业发展缓慢、产品趋于同质、市场销量降低、广告费用减少、企业利润极低。

处于衰退行业的企业竞争战略常常是围绕"抽回投资或获利"展开。企业可以考虑成为产业中仅存的一个或少数几个企业之一，从而在衰退产业中获利，实施领导战略；企业为了避免与市场上强大的竞争对手正面冲突而受攻击，选取被大企业忽略的、需求尚未得到满足的小市场作为其目标，企业集中力量于这个目标市场，重点经营一个产品（或服务），创造出竞争优势，实施利基战略；企业也可以减少产品型号、缩减销售渠道、减少售后服务、实施收割战略；企业尽早出售运营资产，使其净投资回报最大，实施撤资战略。

（三）职能层战略（企业职能部门战略）

职能层战略也叫职能战略，是主要涉及企业内各职能部门的战略，如营销、财务、市场、研发、人力资源、信息技术等。职能战略将在后面陆续介绍。

（四）国际化战略

国际化战略是企业跨越国家边界从事经营活动的战略行为，也是一种地域多元化的经营战略行为。一般而言，空间范围越大，企业的发展机会就越多。随着企业的成长与发展，其在国内市场形成了自己的产品战略、营销战略、品牌战略，取得较好的成功之后，为了寻求更大的发展机会，企业战略随之从国内战略向国际战略延伸。

1. 国际化经营的动因。企业国际化经营的动因很多，既有被动的，也有主动的。被动的原因有经济发展、市场竞争、顾客需求的全球化和国际化。主动的原因有优化配置资源、寻求规模经济、降低产品成本、寻找新的市场、追求优惠的政策、利用税收的差异等。

企业国际化经营的主要动力来自客户的驱动、市场的拉动、技术的推动。企业国际化经营的内容主要有商品国际化、技术国际化、资本国际化、品牌国际化、融资国际化。当然，企业国际化经营也有其风险，如政治风险、经济风险（包括货币风险）、经营风险（包括管理风险、文化风险）。

2. 企业进入国际市场的战略。根据企业的发展目标、资源条件和其对国际市场的了解程度，企业可以选择不同层次的国际市场进入战略，其中包括出口、特许经营、合资经营、战略联盟、跨国并购等。

(1) 出口。作为最早的国际化经营模式，出口是投入少、风险低、速度快的进入国际市场的方式。尤其是进入那些高度不确定性市场的时候被认为是最理想的国际化进入方式。这种方式可以分为直接出口和间接出口，直接出口是企业不通过国内中介机构，直接将产品销往国外客户。间接出口是企业通过出口商或委托代理商来从事产品出口，这种方式下，企业可以利用中介机构现有的出口渠道，不必自己处理出口单证、保险和运输等业务。与间接出口相比，直接出口投资较大、风险较高，但潜在的报酬也较多。

出口的优点是初始投入低、灵活性强；缺点主要体现在关税与非关税壁垒可能导致出口产品失去与当地产品进行价格竞争的优势，运输成本高，产品到达目标市场的时间长，难以保持对当地代理商和市场需求的监督等。

(2) 特许经营。特许经营是指通过签订合同，特许人将有权授予他人使用的商标、商号、经营模式等经营资源，授予被特许人使用，被特许人按照合同约定在统一经营体系下从事经营活动，并向特许人支付特许经营费。在特许经营中，除转让企业商标、商号、技术外，特许人还要在组织、市场和管理等方面帮助被特许人，以使专营继续下去。麦当劳、肯德基、必胜客等都是特许经营的典型代表。

特许经营的优点是特许方不需投入太多的资源就能快速地进入国际市场开展经营活动，而且对被特许方的经营拥有一定的控制权；缺点是很难保证被特许方按照特许合同的规定来提供产品或服务，不利于特许方在不同市场上保持一致的品质形象。

(3) 合资经营。合资经营是指企业与国外企业共同投资，在国外兴办企业，双方都拥有所有权和经营权，即共同投资、共同管理、共担风险、共享利益的一种进入国际市场的方式。相比出口和特许经营而言，合资经营是一种更高水平的进入方式。

合资经营的优点是：有利于突破市场进入的政策障碍；能在一定程度上（取决于控股、参股程度）保持控制；节省运输成本、海关关税等从而降低产品成本；提高产品对国际市场偏好的适应性等。缺点是：不同国家合资各方有可能在战略意图、经营理念、经营目标、组织控制、利益分配上发生冲突；在财务和运营方面投入更多的资源而经营风险较大；因投资回报期较长而使初始成本较高；缺乏灵活性等。

(4) 战略联盟。战略联盟是两个或两个以上国际竞争企业之间，为了某一共同的、特定的目标，在保持各自法人地位的前提下，将各自的一部分资源、能力和核心专长进行某种形式的整合所形成的一种方式。战略联盟与合资经营的不同之处就是它偏重“战略”，即它并不以追求短期利润最大化为首要目的，也不是一种为摆脱企业目前困境的权宜之计，而是与企业长期计划相一致的战略行动。战略联盟可以在技术开发、合作生产、市场营销或服务方面进行。

战略联盟是弥补劣势、提升彼此竞争优势的重要方法，是可以迅速开拓新市场、获得新技术、提高生产率、降低营销成本、谋求战略性竞争策略、寻求额外资金来源的有效策略。戴姆勒—奔驰汽车公司与美国克莱斯勒汽车公司、柯达与佳能、摩托罗拉与东芝、美国国民银行与美洲银行、英特尔与微软公司等都曾是战略联盟的典范。

（5）跨国并购。跨国并购是跨国兼并和跨国收购的总称，是指一国企业（又称并购企业）为了达到某种目标，通过一定的渠道和支付手段，将另一国企业（又称被并购企业）的所有资产或足以行使运营活动的股份收买下来，从而对另一国企业的经营管理实施实际的或完全的控制行为。跨国并购是跨国企业常用的一种资本输出方式。

从并购企业和目标企业是否接触来看，跨国并购可分为直接并购和间接并购。①直接并购指并购企业根据自己的战略规划直接向目标企业提出所有权要求，或者目标企业因经营不善以及遇到难以克服的困难而向并购企业主动提出所有权转让，并经双方磋商达成协议，完成所有权的转移。②间接并购是指并购企业在没有向目标企业发出并购请求的情况下，通过在证券市场收购目标企业的股票取得对目标企业的控制权。与直接并购相比，间接并购受法律规定的制约较大，成功的概率也相对小一些。

按跨国并购双方的行业关系，跨国并购可以分为横向跨国并购、纵向跨国并购和混合跨国并购。①横向跨国并购是指两个以上国家生产或销售相同或相似产品的企业之间的并购。其目的是扩大世界市场的份额，增加企业的国际竞争力，直至获得世界垄断地位，以攫取高额垄断利润。在横向跨国并购中，由于并购双方有相同的行业背景和经历，所以比较容易实现并购整合。横向跨国并购是跨国并购中经常采用的形式。②纵向跨国并购是指两个以上国家处于生产同一或相似产品但又处于不同生产阶段的企业之间的并购。其目的通常是为了稳定和扩大原材料的供应来源或产品的销售渠道，从而减少竞争对手的原材料供应或产品销售。并购双方一般是原材料供应者或产品购买者，所以对彼此的生产状况比较熟悉，并购后容易整合。③混合跨国并购是指两个以上国家处于不同行业的企业之间的并购。其目的是实现全球发展战略和多元化经营战略，减少单一行业经营的风险，增强企业在世界市场上的整体竞争实力。

跨国并购可能是国际扩张最快的一种方式，但其成本非常高昂，费用经常需要借债融资，谈判比较复杂。波音与麦道公司的合并、联想收购IBM的个人电脑业务、吉利收购沃尔沃汽车公司、TCL并购汤姆逊电视机业务等都是跨国并购的典型案例。

三、战略实施与执行

企业战略管理者需要根据环境、市场、竞争对手的变化对事先制定的战略做出调整，优化配置企业资源、合理调整组织结构、正确选择公司治理模式等，从而提升企业的战略执行力。

（一）战略实施

战略实施是战略管理的关键环节，直接关系企业战略的成败。战略实施是将企业制订的战略方案从计划转变为行动，最终实现战略目标的过程。好的战略需要强有力的执行才能达到预期效果，实现企业的战略意图和战略目标。企业战略实施是实际的执行过程，外部环境越是动态复杂，企业战略实施的重要性就越突出。

1. 战略实施的原则。

（1）合理性原则。由于人们受到信息、决策时限、认知能力等因素的限制，企业所采取的战略决策方案往往不是最优的，而是相对满意的。在战略实施过程中，企业外部环境及内部条件的变化较大、较复杂，战略实施过程也是需要执行者根据当时当地的情况进行合理变革、积极创新的过程。因此，只要基本达到了企业战略预定的目标就认为战略实施是成功的。

企业的经营目标是通过一定的组织结构分工实施的，把庞大而复杂的总体战略分解为具体的、简单的、易于管控的任务，由企业内部各个部门分工贯彻落实。由于企业中各个部门之间，以及各个部门与整个组织之间时常会发生一些利益冲突，企业高管为了解决这些冲突保证组织正常运营，只要不妨碍组织总体目标的实现，可以适度的妥协和忍让，即战略实施过程中要遵循合理性原则。

（2）统一性原则。企业的高管往往掌握的信息比较全面，对战略资源的关系了解更多。因此，战略实施应当由高管统一领导、统一指挥，坚持统一性原则。这样资源的分配、组织结构的调整、信息的沟通等各方面才能相互协调，企业的目标才可能有效地实现。

在战略执行过程中遇到的问题，尽可能在小范围、低层次解决，不要放到更大范围、更高层次去解决。这样做所付出的代价最小，因为越高的层次，解决问题需要调整的方面越多，关系也越复杂。

（3）权变性原则。企业战略制定都是在一定的宏观和微观环境条件假设的前提下选择的，因此，战略实施过程中环境变化与假设的情况不一致是常见的。权变性原则就是为应对这一问题而提出的。对于可控的环境变化，企业的战略实施方案要随着环境的变化而随时调整，对于不可控的环境变化，甚至需要重新考虑选择战略方案。

从战略制定到战略实施，权变理念要求识别出战略实施中的关键变量，并对它做出灵敏度分析，根据关键变量的变化范围及时调整战略，并准备相应的替代方案。权变性原则应该贯彻于战略实施的全过程。

2. 战略实施的任务。尽管企业的具体情况不同，企业战略实施的方法措施也各异，但企业战略实施的任务主要有以下八个方面。

（1）建立高效支撑企业战略的组织结构。战略的成功实施需要组织上的保证。企业是通过分工协作来发挥群体的力量，从而实现依靠个人力量无法实现的目标。为了实现企业目标，企业必然要进行分工与协作，合理地设计、调整，建立分工合理、协作关系明确的组织结构。组织结构是有效实现企业目标的一种手段。只有在明确分工协作的基础上，通过人员的合理配置和使用，充分发挥企业中每一个成员的才能，获得专业化优势，才能最大限度地发挥群体的力量，更好地实现企业目标。为了使人们能够履行职责，保证各部门之间、各项工作之间的协调，企业要赋予员工完成工作所必需的权力，对工作的责任和相互之间的权力关系进行配置，最终保证企业目标的实现。

（2）编制适应企业价值活动的投入预算。合理预算和规划资源，保证企业价值活动各个环节有充足的资源投入，是企业战略实施的保障。资源是企业内部价值创造的最终源泉，也是企业各项业务之间价值创造的最终源泉。企业在发展过程的不同阶段，其战略可能有所调整，因而更需要对其资源进行必要的、合理的配置。

（3）建立适应战略实施的政策与程序。在企业中，有企业的重大政策，有部门的主要政策，也有行动的小政策。制定政策有助于企业事先决定问题，不需要每次重复分析相同的情况，有助于企业主管能够控制全局。政策需要保持一贯性和完整性。

程序是行动的指南，程序是详细列出必须完成某类活动的方式，是指导如何采取行动和对各项行动先后顺序的安排，程序能够指导战略实施中的实际工作顺利实现。

（4）提高企业价值链各环节的运营水平。企业要不断提高产品开发、生产加工、市场营销、客户服务等价值链各个环节的运营水平，不断提高效率和效果，从而提高战略实施的能力。

（5）建立有效的企业信息交流处理系统。建立有效的企业信息交流处理系统，使企业各级管理者能恰当地承担战略实施中的角色。

（6）建立符合战略目标的绩效薪酬管理体系。企业不仅要通过职权体系和业务体系的建立和完善，明确企业的任务、责任、权力和相互关系，更要在制定制度、明确职责以后，建立一种科学有效的考核监督和奖惩体系来保障制度的执行及责任的落实，建立符合战略目标和促进战略实施的绩效管理制度和薪酬体系。

（7）建立有利于战略推进的组织文化氛围。企业在经营过程中追求什么、主张什么、坚持什么，以及什么是对的、什么是被禁止的，取决于组织中的共同价值观所构成的企业文化。企业文化由理念、行为准则、各种制度、企业形象等构成，也就是人们常说的精神文化、行为文化、制度文化、物质文化。

（8）选用有效提高战略实施水平的领导者。企业的领导者可能是企业的控股股东、董事长或总经理，其影响力更多的来自其价值观和能力。通过其杰出的领导能力，领导者可以将自己的价值观变成企业的价值观。在动态复杂的环境下，承诺坚定、决策科学、行动迅速和权变创新已经成为有效实施企业战略的领导者的核心专长。

战略实施的工作任务具体如图3－7所示。

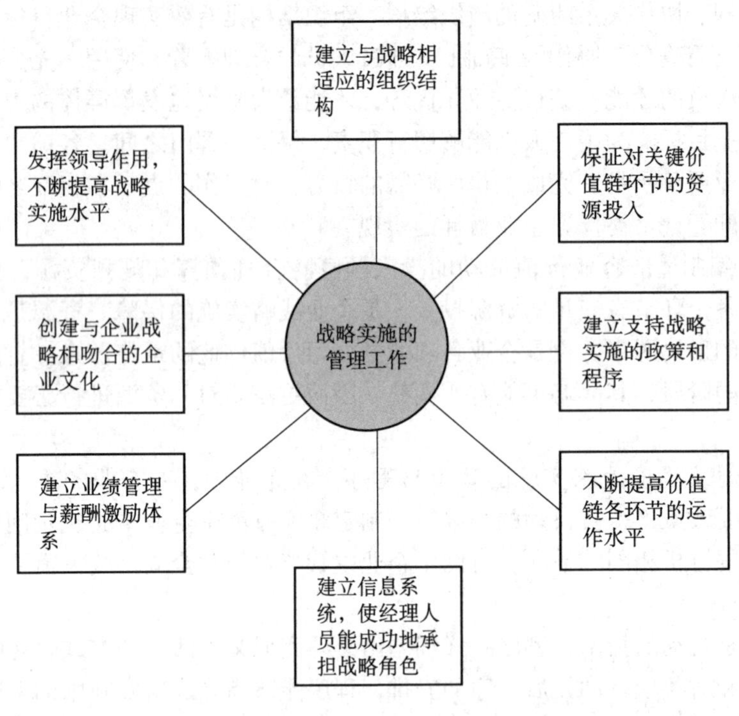

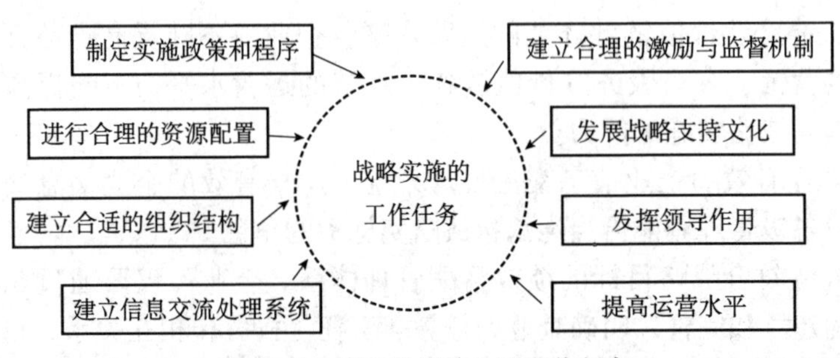

图3－7　战略实施的八项工作任务

3. 战略实施的模式。企业战略的实施能否成功在很大程度上依赖于企业高层管理者的指挥艺术。不同规模、不同性质、不同类型的企业，战略管理者的指挥艺术也会有较大的差别，从而形成了企业战略实施的不同模式（见表3－4）。

表3－4　企业战略管理者指挥艺术的类型

类型	指挥者主要研究的战略管理问题	指挥者所扮演的角色	使用情况
指令型模式	如何制定出最佳的企业战略	理性行为者	高层权威形象好、资历深
变革型模式	企业战略形成的情况下如何着手实施	设计者	为实施而设计内部激励和组织结构

续表

类型	指挥者主要研究的战略管理问题	指挥者所扮演的角色	使用情况
合作型模式	如何使企业战略管理者从一开始就承担起自己的责任	协调者	对外界反应要求高、业务复杂、多事业部
文化型模式	如何使整个企业都保证企业战略的实施	指导者	员工素质高、有浓厚的企业文化
增长型模式	如何激励战略管理者和全体员工去执行完美的企业战略	评判者	智力型（团队型）企业

（1）指令型模式。指令型模式要求总经理具有集中的权力、有力的决策、最佳的战略强制下层管理人员执行。这种模式需要企业具备以下条件：①战略制定者与执行者的目标比较一致；②总经理有较高的权威，可以通过下达命令来推动战略实施；③高度集权的组织结构，下属人员已习惯于这种体制；④企业经营环境稳定，多种经营程度低；⑤能够快速有效地集中大量正确的信息到高层手里；⑥企业处于强有力的竞争地位；⑦有一定数量的战略规划人员来协调各事业部制订计划。

这种模式的缺点是把战略制定者与执行者分开，即企业的高层管理者制定战略，强制下层管理者执行战略，靠的是高层的权威和命令，难以真正激励中下层员工的积极性和创造性，以致其拒绝执行战略。

（2）变革型模式。变革型模式要求总经理着重考虑如何通过变革来实施企业战略。在战略实施中，总经理通过建立新的组织结构或新的信息系统、变更人事、兼（合）并经营范围、采用激励手段等对企业进行一系列变革。与指令型模式相比，变革型模式更强调战略实施问题，它通过多种行为科学的方法，加强战略实施的可能性。

这种模式的缺点是一系列变革措施需要投入很多的时间和精力，即便变革措施成功，也需要一定的时间才能获取收益。这种模式不仅并未解决指令型模式存在的如何获得准确的信息问题，以及部门和个人利益对战略实施的影响问题，而且产生了新的组织结构和控制系统，失去了灵活性，在外界环境发生变化时使战略的变化更为困难。环境不确定的企业应该避免采用这种模式。

（3）合作型模式。合作型模式要求总经理把参与决策的范围扩大到企业高层管理集体之中，调动高层管理人员的积极性和创造性，使高层管理集体协调一致，发挥集体智慧，使每个高层管理者一开始就承担有关的战略责任，都能在战略实施过程中做出自己的贡献。协调高层管理人员的形式多种多样，如“企业战略委员会”。

合作型模式克服了前两种模式存在的两个重大局限，即管理者通过接触生产一线的管理人员，听取众多人员的意见而获得大量的信息，克服指令型的信息非准确性和认识局限性的问题。管理者扩大参与决策的范围，集思广益，解决指令型和变革型所遇到的战略问题，增加了战略成功实施的可能性。

该模式的缺点是，战略是不同观点参与者相互协商折中的产物，可能会降低战略实施的经济合理性。同时，企业内部依然存在着战略制定者与执行者分离的问题，未能吸收全体管理人员的智慧、充分调动全体人员的积极性。

（4）文化型模式。文化型模式要求总经理在整个企业中灌输一种强有力的企业文化，从而让全体员工都参与到战略实施活动中，以使战略得到实施。它把合作型模式的参与者扩大至企业较低层次的管理人员，填平战略制定者与执行者之间的鸿沟，力图使整个组织都支持企业的战略实施，使企业各部分人员都在共同的战略目标下工作，使企业战略实施速度快、风险小、效果好。

文化型模式的局限性：①企业员工具有较高的素质，能够认同共同的价值观和行为准则；②塑造企业文化是一项长期细致的系统工程，既需要高层管理者身体力行积极倡导，也需要广大员工的认同，还需要协调好各方面的利益关系；③需要耗费较多的人力和时间；④企业的高层管理者往往不愿意放弃控制权从而使其形式化而流于形式。

（5）增长型模式。增长型模式要求总经理通过激励下属人员的积极性调动其创造性和潜能，实施完善的战略，提升企业的效益和实力。在这种模式下，企业的战略实施不是从最高层自上而下地推行，而是从基层经营单位自下而上地产生。企业战略实施者在创造和维持高层管理控制与基层经营单位之间的一种良性平衡，既要为企业战略承担总体责任，又要激发企业内部的员工士气，对其战略实施过程进行评价与控制，扮演了一个“评判者”的角色。

增长型模式需要解决以下几个认识问题：①给下层管理人员宽松的环境，激励其执行有利于企业长期利益的经营决策；②企业的战略实施者的信息、认识和判断也是有缺陷的，不能在任何方面把自己的愿望强加于企业成员；③战略实施者只有在依赖下级的情况下才能正确地实施战略；④企业战略是群体决策的产物，需要依靠集体信息和集体智慧，战略实施者需要采取一系列措施减少集体决策中的各种不利因素，增强群体接受不同观点的能力。

（二）战略执行

企业制定了科学合理的战略并不一定意味着可以取得战略成功，企业战略目标能否实现，企业能否取得战略成功还取决于企业战略执行取得的成效。

1. 战略执行的内涵。战略执行是通过一套有效的系统、组织、文化、行动等把战略决策转化为结果的过程。战略执行能力是企业在执行战略过程中运用各种资源和机制实现战略目标的综合能力，是企业生存的基石，也是企业获得运营效率、获取竞争优势的基础。战略执行的内涵包括以下几个方面：①强调战略的可执行性，这是提高企业战略执行能力的前提和基础；②强调有效的实施方案和战略计划体系，这可以将企业的任务快速高效地分解到相关部门和人员；③强调合理的业务流程，这能够保证企业各个部门和环节有效地运转及协调；④强调高素质的执行人才，通过聘用适合的人才，建立科学的激励与约束机制，激发员工的积极性，保证战略目标的实现；⑤强调有效的信息控制系统，以便对企业战略目标的实现程度随时进行监控、发现偏差、及时纠正；⑥强调支持性的企业文化，通过支持性的执行文化强化企业的执行意识、态度和责任性。

2. 战略执行的难点。在实践中，不少企业常常遭遇战略执行的困境，使精心设计的战略在实施中落空。究其原因，战略执行的难点主要表现为三个方面。

（1）长期坚持难。战略执行是一个长期的过程，战略活动往往不能立马见效，执行方案常常需要变革或创新，外部机会和内部条件也在不断变动，资源投入和人员经常需要动态调整，导致战略执行经常发生动摇。

（2）达成共识难。长期和反复地进行战略宣传是确保战略执行得以有效实现的手段。企业内各个层次人员对战略的共识会对战略执行产生重要影响，没有从上到下达成的共识，企业战略执行将缺乏合力，不同方向的牵引将导致企业内部摩擦的加剧，从而消耗企业的时间和资源，致使战略目标无法实现。

（3）结合实际难。在战略执行过程中，战略执行者需要对战略有深刻的理解，能够根据环境条件的变化进行适当的战术调整。然而，战略是基于对环境、追求和实力的假设，当实际环境发生相应的变化时，结合实际情况执行就比较难，按照既定的方案执行则比较危险。

战略执行是一个复杂的过程，它涉及企业战略执行计划、企业资源配置、公司治理机制、组织结构设计和战略领导力等多个方面的因素。

3. 战略执行的关键。

（1）战略执行计划。企业战略本身就是一种较为抽象的长期计划，战略实施需要依靠不同层次和不同形式的计划来推进，这些不同层次和不同形式的计划构成一个比较完整的战略执行计划体系，主要内容包括：①中间计划，制定中间计划的目的是使总部与具体运营单位之间在战略上可以衔接，从而使整个企业的战略变成一个有机的整体，让各个分公司和各部门中间计划的实现推动企业总体战略的实现；②行动方案，是指完成一项战略性活动的具体安排，这种活动可能跨年度和跨部门，这种行动方案通常由跨部门小组编制，需要多个部门共同努力去完成；③工作程序，为了保证战略实施的有效性和效率，企业的战略管理者需要为一些重要的工作制定工作程序，包括工作步骤、岗位职责、工作方法、具体要求等内容；④预算，是在预测和决策的基础上，围绕企业的战略目标，对一定时期内企业资金的取得和投放、各项收入和支出、企业经营成果及分配等资金活动所做的数字化安排；⑤应急计划，是企业战略管理者对某些关键事件没有按预期发生时可以采取的替代计划，是企业战略实施计划的有机组成部分。

企业战略执行计划要年度经营计划衔接，需要做好三方面的工作：①战略流程上衔接。企业战略是一个动态执行规划的过程，其内容要根据上年度经营执行情况和环节变化做出相应调整。②计划方法上衔接。尽可能采用滚动计划法对战略执行内容进行细化，确保年度经营计划的完成。③执行内容上衔接。财务经济目标、战略发展目标、战略措施与战略项目要通过年度计划进行分解和落实，使战略执行规划活动在年度工作中得到体现。

企业战略执行要落实到企业的日常工作中，各级管理者要有战略理念和战略意识，按照总体战略来协调并指导日常的业务工作，尽可能让员工参与到战略制定过程中，把个人发展与公司发展结合起来，加深员工对战略的认识。战略任务责任应该通过计划落实到部门中的岗位上。

（2）战略资源配置。企业战略资源是指企业用于战略行动及其计划推行的人力、物力、财力、信息、时间、空间等的总和。

企业战略资源是企业战略执行的前提条件和保证。企业战略资源具有以下四个特点：①流动方向和流动速度取决于战略规划；②总量和结构具有一定的不确定性，在战略执行过程中，资源的稀缺程度、结构可能会发生各种变化；③因战略实施的周期长，随着科学技术的进步，稀缺资源的可替代性程度较高；④无形资源，如商誉、信息等的影响程度难以准确预料。

（3）公司治理机制。治理是协调人们彼此之间的利益关系及其行为方式的种种制度安排的集合。

公司治理是以股东为核心的各利益相关者之间相互制衡关系的总称，它既包括公司治理结构，也包括公司治理机制，其实质是各利益相关者之间的权利安排和利益分配问题。这一定义强调三个方面：各利益相关者是法律上平等的权利人；股东大会、董事会和执行层等治理机构之间的彼此制衡；对经理人员的内外部激励和约束机制。公司治理还可以从狭义和广义两个角度来理解。狭义上的公司治理是指所有者（主要是股东）对经营者的一种监督和制衡机制，即通过一种制度安排来合理地配置所有者与经营者之间的权利与责任关系。广义上的公司治理是指包含法律、文化等在内的有关企业控制权和剩余索取权分配的一整套制度安排，其核心问题是剩余索取权和经营决策权的分配，其基本目标是最大限度地保护以股东为核心的利益相关者的权益。公司治理的好坏直接关系着企业的战略决策、战略实施与战略执行。

公司治理主体以公司股东及股东大会为主，同时包括债权人、雇员和其他利益相关者。公司治理的客体指的是公司治理的对象及其范围，包括董事会、监事会和高级经理层。另外，剩余索取权和控制权的合理分配也是公司治理的主要内容。公司治理可以分为外部治理和内部治理两种形式。外部治理是指外部市场和公司外利益相关者对公司经营者（董事和经理人员）的激励和约束；内部治理则是指通过公司内部的治理制度安排而形成的公司经营者之间的相互激励和约束。

公司治理的机制包括激励机制（绩效评价与适度奖惩，使经营者致力于追求股东利益的极大化，达成战略发展的目的）和监控机制。监控机制包括内部监控机制（透过公司内部体系设立权力分立、相互制衡制度，平衡权力机制，防止经营者滥用职权）和外部监控机制（包括主管机关的行政监控、司法机关的司法监控、资本市场本身及其他参与者的市场监控）。

（4）战略组织结构。企业制定出一个合适的战略还不够，还要能够有效地执行战略。战略执行的成功首先需要组织上的保证。组织结构是实现组织目标的手段，是决定员工如何运用资源实现组织目标的正式系统。组织结构是企业流程运转、部门设置、职能规划等最基本的依据。完善有效的组织结构不仅为资源要素的运行提供适当的空间，而且可以弥补或缓解资源要素等方面的不足。组织结构只有与企业战略相匹配，才能有效地推进战略实施与执行，成功地实现企业目标。

组织结构有多种形式，每一种形式各有优缺点，但组织结构一定要与企业战略相匹配，当组织结构不适应企业战略发展的要求时，需要对组织结构进行适时的变革。组织结构与企业战略的适配关系见表 3－5。

表 3－5　　组织结构与企业战略的适配关系

企业战略	企业目标	企业环境	组织结构的特征
防御型战略	追求稳定和效益	相对稳定	严格控制，专业化分工程度高，规章制度多，集权程度高
开拓型战略	追求快速、灵活反应	动荡复杂	松散型结构，劳动分工程度低，规范化程度低，制度化程度低，分权化
分析型战略	追求稳定效益和追求灵活相结合	变化的	适度集权控制，对现有活动实行严格控制，但对一些部门采用让其分权或相对自主独立的方式，组织结构采用一部分有机式，一部分机械式

（5）战略领导力。战略领导者需要平衡企业的短期效益与长期目标，他是通过制定和修正企业的战略目标和战略意图来领导企业的，战略领导者对企业的效益具有极其重要的影响。

有效的战略领导力是成功实施战略管理的基础。战略领导力是领导者通过有效地整合人员、技术、工作流程和商业机会，为股东、社会和员工创造经济、社会和智力价值的能力。具体包括：①确定组织愿景的能力；②指明组织发展战略实现路径的能力；③构建基于战略的组织结构能力；④平衡关键的利益相关者利益的能力；⑤谋求实现组织可持续发展的能力。

企业战略领导力的主要表现：①对事物发展具有整体掌控能力。企业战略领导力应该具有全局观和重点观，能够把握全局的发展方向，能够分辨出事物轻重缓急，进而把握住企业发展战略的重点和企业的整体发展趋势，最终做出正确的企业战略决策。②对事物发展具有良好预见性。一个具备出色战略领导力的领导人，应当对事物的发展或者企业的发展方向具有出色的预见性，能够准确地预测事情的发展方向，能够在众多的头绪当中敏锐地找到影响企业发展的最根本原因，能够从社会经济以及政策背景中看到企业未来的机遇或者是障碍。③具备充分的主观能动性。主观创造力是影响其能力的主要因素，要仔细研究市场，研究消费者，研究企业的弱点和长处，能够创造性地把握机会，主动出击，实现企业发展的目标。战略领导力就是要能够适应社会的变化，能够根据经济发展的变化引领企业的发展方向。④制定具有可操作性的战略。战略构造和设计再好，如果执行不力，仍然无法取得成功。具备良好战略领导力的领导者既要讲究企业发展战略的远见性和策略性，又要注意可操作性和现实性。

四、战略控制与评价

企业在战略实施过程中，由于内部缺乏沟通导致企业战略未能成为全体员工共同行动的目标、企业成员之间缺乏共同协作的愿望，或者战略实施过程中信息传递和反馈受阻，或者战略实施需要的资源与现实资源之间有较大缺口，或者用人不当导致玩忽职守，或者决策错误导致战略目标存在缺陷，或者外部环境变化较大而难以适应等可能出现战略失效（战略实施的结果偏离了预定的战略目标或状态），这就需要对企业战略实施进行控制和评价。

（一）战略控制

战略控制是监督战略实施过程，发现战略实施中存在的偏差，及时分析，采取措施纠正偏差，确保战略实施结果符合预期的战略目标的动态过程。战略控制包括三项基本活动：考察企业战略的内在基础；将预期结果与实际结果进行比较；采取纠正措施使战略实施与战略目标一致。有效战略控制必须具备几个前提条件：一是要有科学完整的战略计划；二是要有健全的组织机构作为保障；三是要有科学的控制方法和手段；四是要有畅通信息反馈的渠道。

1. 战略控制的类型。战略控制的方式有很多，可以按照不同的标准分为不同的类型。

（1）前馈控制、现场控制和反馈控制。根据战略控制的时间，战略控制可以分为前馈控制、现场控制和反馈控制。

前馈控制也叫事前控制，它所控制的是原因而不是结果。前馈控制系统是相当复杂的，它不仅要输入各种影响战略实施的变量，还要输入影响这些变量的各种因素，还必须注意各种干扰因素，即那些意外的或无法预料的因素。前馈控制可以利用规划控制、随动控制、适应控制等手段对战略实施进行预防控制。

①规划控制是按照时间来确定系统状态的轨道。若用 y 表示系统状态的轨道，则有 $y=y(t)$。据此，在时间流中，按战略计划对企业进行的控制就属于规划控制。如果在各个时间段里，企业的阶段成果符合系统的标准状态，就按时间继续实施既定战略。

②随动控制是以某个参数来确定系统状态的轨道，则系统状态轨道就是某个参数的函数，可以表示为 $y=y(x)$。其中，x 值成为引导值，y 值成为随动值。例如，以市场需求量作为 x 来确定产量 y，就属于随动控制。在运用这种控制方法时，可以结合“投入”因子，通过调节投入的 x 值，使 $y=y(x)$ 的值符合战略规定的系统状态。

③适应控制是用以前的控制过程来确定未来的系统状态轨道。它是以环境和目标的稳定性为基础的。在环境、控制目标不变的前提下，要保持原来的系统状态轨道，只要按照以前的控制过程实施即可。运用这种方法，要求管理者善于总

结经验，从而利用成功的经验使系统保持在理想状态。适应控制还可以采用程序化决策方法，使系统保持在良好的状态，从而实现战略目标。

现场控制又叫事中控制、过程控制。现场控制的具体方法有共同信仰、直接指挥、自我调整、过程标准化、成果标准化、技能标准化等。

反馈控制也叫事后控制。在战略实施过程中，对行动的结果与期望的标准进行衡量，然后根据偏差大小及其发生的原因，对行动过程采取纠正措施，以使最终结果符合既定标准。反馈控制的具体方法有联系行为和目标导向。

①联系行为是对员工的战略行动的评价与控制直接同他们的工作行为相联系，使个人行为与企业战略导向接轨；通过行动评价的反馈信息修正战略实施行动，使之更加符合战略要求；通过评价，实行合理的分配，从而强化员工的战略意识。

②目标导向是让员工参与战略行动目标的制定和工作绩效的评价，使其既可以看到个人行为对实现战略目标的作用和意义，又可以看到成绩与不足，从中得到肯定和鼓励，为战略实施增添动力。

（2）公司层控制、经营层控制和职能层控制。根据战略控制的主体，战略控制可以分为公司层控制、经营层控制和职能层控制。

公司层控制是指战略管理者及战略实施者根据战略目标和行动方案，对战略实施状况进行全面评审，及时发现偏差并纠正偏差。以高层管理者为主体，以企业整体运营流程为对象，关注与外部环境相关的因素和企业内部绩效，确保战略目标的顺利实现。

经营层战略控制或事业部的控制由事业部、经营单位的主管人员直接实施，以战略经营单位的整体运营流程为对象，关注的是战略经营单位在实现各自战略目标时的工作绩效。企业总体战略目标经过层层分解，最后到职能层目标。

职能层控制是对具体负责作业的工作人员的日常活动控制，关注的是履行职责及完成作业目标任务的绩效。职能层控制对企业战略的实现有着极其重要的影响。

（3）直接控制和间接控制。根据战略控制的手段，战略控制可以分为直接控制和间接控制。

直接控制的根本思想在于通过提高人员素质来进行控制，它着眼于培养更优秀的人才，使他们能够以系统的观点来进行和改进未来的工作，从而防止出现不良后果。直接控制是一种有效的战略控制方法，其有效性是建立在以下假设条件上的：①合格人才所犯的错误少；②管理工作的成效是可以计量的；③管理的概念、原理和方法在计量管理工作的绩效时是有用的判断标准；④管理基本原理的应用情况是可以评价的。直接控制通过对个人委派具有精确性的任务来评价战略管理者，发现其缺点并进行培训；鼓励采用自我控制使战略管理者主动采取有效的纠正措施；提高战略管理者的素质以获得较好的心理效果从而有利于顺利实现战略目标，减少了偏差和损失的发生，也减少了间接控制的成本。

间接控制着眼于发现已经发生的偏差，分析原因，并通过追究个人的责任来改进工作。间接控制的有效性是建立在以下假设条件上的：①工作绩效可以计量；②人们对工作绩效具有个人责任感；③追究偏差原因所需要的时间是有保证的；④出现的偏差可以预料并能够及时发现；⑤有关部门或人员会采取纠正措施。如果造成偏差的原因是战略管理者缺乏知识、经验或者能力，可以帮助他们总结经验教训从而改进工作，如果是环境、形势或技术等不确定因素造成的，则间接控制就不能发挥作用了。

（4）人员控制、活动控制和成果控制。根据战略控制的对象，战略控制可以分为人员控制、活动控制和成果控制。

人员控制又称行为控制，即检查行为的结果是否符合绩效标准。其主要方式是实施员工培训计划、改进上下级的沟通、改善工作分配及岗位轮换、成立具有内在凝聚力的目标共享工作小组等，也可以实施成果责任制，确定成果范围，对实现成果的行为给予奖励或惩罚。

活动控制又叫过程控制，是保证企业员工个人能够按照企业的战略期望进行活动的一种控制手段。其具体方式有三种：①行为限制，即通过行政管理、规章制度限制员工的行为；②工作责任制，通过各种奖惩制度和检查评比活动增强员工的工作责任心和进取心；③事先布置，如预算审查、费用审批等。

成果控制又称产出控制。这种控制的重点是行为的成果，即检查行为的结果是否符合绩效标准，其主要方式是成果责任制，要求确定期望成果的范围，根据范围测评绩效予以奖惩。

2. 战略控制的机制。

（1）战略控制的机制模型。战略控制的机制可通过以下模型来表示（见图3－8）。战略控制的第一要素是控制对象，它是一个动态的系统，而且是开放的，可以改变其输入参数，从而改变其运行及输出。控制对象可以是战略意识、战略进程、战略绩效，也可以是具体的机器设备、工艺过程、作业班组。

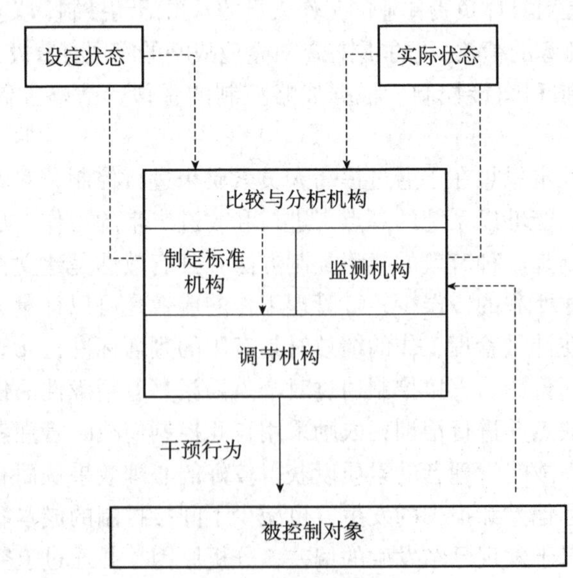

图3－8 控制机制模型

战略控制的前提是战略系统运行的设定状态，它可以用一组参数来表示，如社会责任、市场地位、技术发展、生产率、人力资源、员工激励、物力财力、利润率等。它通常反映为战略目标体系，从而反映企业战略的整体要求。没有设定状态，控制就没有依据。

战略控制的必要条件是获得战略系统实际运行状态的信息，通过比较实际状态与预定状态，找到差距，这是确定战略控制方向和力度的依据。不掌握实际运行信息，战略控制只能是盲目的。战略控制的核心环节是调节干预战略行为，其基础是控制机构，在战略控制中，控制机构可以是上级、专门机构，也可以是各个部门。调节行为指向被控制对象，目的是纠正偏差，当系统运行状态发生改变时，信息将又一次反馈到有关控制机构。

（2）战略控制的关键因素。一般来说，影响战略控制的关键因素有三个：①战略控制机构。战略控制机构（包括制定标准的机构、监督考核检测机构、调节干预机构）是否落实、人员是否到位、素质是否合格是实现战略控制的组织基础。②战略控制制度。战略控制存在许多社会障碍与技术障碍，需要动力与压力。责任制是否落实、控制权力是否落实、是否有激励措施是战略控制能否到位的关键。③战略控制技术。战略控制的依据是实际状态，检测工具的先进完好、信息系统的健全畅通是有效控制的物资保证。

3. 战略控制的方法。

（1）现场视察法。现场视察法是最古老的控制方法。比起报告、统计、预算等控制方法，它的特点和长处是管理人员亲临现场、实地观察，直接发现问题、解决问题。不同层次的管理者都能用现场视察的控制手段，有针对性地解决各自面临的管理问题。如从基层工作中的设备运转、劳动纪律、生产进度、成员士气，到中高层工作中的现场视察下属报告属实程度、形势变化对原计划构成的挑战、组织目标、政策的落实情况等，现场视察无不发挥其效用。因为现场视察贴近实际，可以采集到及时、可靠、深入的信息，容易奏效。运用现场视察法，需要注意避免两种情况：一是下属或员工为某些原因驱动，制造假象应付管理者；二是把视察当作对他们工作的干涉、不信任。

（2）专题报告分析法。专题报告分析法是根据企业管理人员的要求，指定专人对特定问题进行深入、细致的调查研究，形成包括现状、问题、对策、建议等有关内容的报告，以供决策参考。它主要针对复杂的、例外的潜在问题，为管理者提供控制信息和对策，它有助于企业管理人员开阔战略视野，有助于企业内外的信息沟通。专题报告分析法可以由企业内部人员完成，也可以委托企业外面的专业人员完成。在许多企业中，管理者把此项工作指派和委托给由训练有素的专业人员组织的参谋小组完成，容易培养小组成员敏锐地发现问题的能力，也能适时的、突出重点的为改进组织活动、提高组织绩效发挥巨大作用。

（3）统计资料法。统计资料是反映受控系统历史活动状况的原始记录，也可以用来推断事物变化趋势。它基本上用表格和图表两种形式，为管理者提供控制组织运行的依据。多数人都不容易从表格上看出数据的趋向和关系，而比较容易理解图表或曲线图形显示的统计数据的分析，因为图表具有形象直观性。统计资料要有针对性地、有效地为管理控制服务，除了适应管理者的情况外，还应注意保证它的及时性和科学性。具体而言，就是要保证它定期地以某种规范形式呈报到管理层，这样可以排除由于季节性、财务调整等因素引起变化的影响，有助于管理者对变化趋势采取相应的控制手段。

（4）预算控制法。预算是用数字形式编制一定时间内计划或控制预期的结果。这里的数字形式，运用在财务范围内，就是资金及其使用，如表现为收益预算、支出预算、资本预算等；运用在其他可以数字化的组织行为与计划时，也指工时、原材料、产量、销售量等预算。预算把计划数字化，使控制得以量化，且成为达到预期目的的重要手段，有利于管理者制定管理标准，有利于把计划分解为与组织结构相一致的各个部分，使它得以落实，同时使各部门的工作融入总目标，成为总目标的一个有机体，有利于协调组织资源，并且清楚地标示出组织资源的运用情况及效果，有利于对管理者、员工的工作进行评价。

预算使得组织在不同时期的活动效果和不同部门的经营绩效具有可比性，但在预算的编制和执行中，也暴露了一些局限性，如不能促使组织对那些不能计量的组织文化、组织形象、组织活力进行预算。

（5）程序控制法。程序是组织操作、处理事务时，按时间先后或内在顺序安排的规范化的工作步骤。它把组织行为过程有序、简捷、实用地加以描述，以提高处理管理活动中一切常规性、例行性事务的效率。建立程序是有效控制的途径，这主要体现在：①程序是计划优化实现的表现形式。它把繁杂的日常事务提炼、梳理为规范的物质流、资金流、信息流，便于快捷准确处理。②程序是对计划系统化控制的体现。一项复杂的计划，总是由不同的职能和工作部门来完成，其间要涉及调研、生产、采购、销售等各种类型的管理活动。不同门类的管理活动之间，既可能发生矛盾，也会形成某种重叠。欲保证它们协作有序，为目标的实现形成合力，就应以系统的观点和分析方法来设定程序。程序设定是把组织活动纳入计划目标系统中的必然要求，也是对组织活动有力规范、系统控制的体现。③程序是凝结着控制标准的具体显现。程序通过文字说明、格式说明、流程图等方式，对组织处理事务的次序、步骤、要求、承诺作出了严格的、明确的规定，既便于成员按程序办事，也便于管理者进行检查控制，还有利于服务对象的监督。战略控制中，程序也有失效的危机。导致程序失效既有经济的因素，如投入程序设定的费用大到使程序控制所获甚少，也有控制程序和计划的差距的因素，如一个已经老化的程序不能适应新的计划要求，甚至演变为创新发展的障碍，还有管理不到位的影响等。

（6）信息控制法。管理离不开信息，控制也离不开信息。信息既是进行管理的基础，也是实行有效战略控制的基础。甚至可以说，控制是一门收集、处理、利用和驾驭信息的艺术。控制和信息的依存关系决定它必须和信息系统同步发展，才能达到控制的目的。随着信息科学、计算科学、管理科学、系统科学等学科的交叉渗透发展，管理信息系统自20世纪中叶产生以后，已经为不同类别的组织广泛利用。例如，管理信息系统的出现，导致了管理者控制方式变化。管理信息系统的建立使信息资源可以统一收集、存储、分析、传送和利用。它在控制领域引发的变化是：计算机的控制作用部分取代了人的监督，而且控制范围内更大，控制的标准化更易得到贯彻落实。表现在组织结构方面，就是使组织控制的层次减少，对辅助人员需求减少，集权程度减弱，分权倾向增强，组织因此充盈着前所未有的活力。由于管理者可以借助管理信息系统大范围地、标准化地进行控制，使及时应变、给出对策成为可能，组织中高层管理者的控制权力得到了加强。管理信息系统不仅增强了传递信息的能力，使信息超载、堵塞现象大为减少，而且改变信息传递方式，使信息横向传递、超级传递少有阻碍。管理者可以恰当地向成员发布各类信息，如将技术进步、销售额增长等利好指标向成员公布，来鼓舞他们的工作热情；而面临的危机适时适当地向成员公布，能增强他们的危机感；等等。

（7）审计控制法。审计是控制的一种常用方法，它包括财务审计和管理审计两大类。

财务审计是由专职机构和人员，依法对审计单位的财务、财政收入及有关经济活动的真实性、合法性、效益性进行审查，评价经济责任，达到维护财经法纪，改善经营管理，提高经济效益，促进宏观调控的独立性的经济监督活动。财务审计的主要方法有审计检查法、审计调查法、审计分析法、抽样审计法等。

管理审计是个工作过程，它以管理原理为评价准则，系统地考查、分析和评价一个组织的管理水平和管理成效，进而采取措施克服存在的缺点或问题。管理审计目标不是评价个别主管人员的工作质量和管理水平，而是从系统的观点出发去评价一个组织整个管理系统的管理质量。

审计还有外部审计和内部审计之分。外部审计是由外部机构选派的审计人员对组织财务报表及其反映的财务状况进行独立的评估。

内部审计是组织自身专门设立的审计部门对本组织的各项活动进行审计，也是人们所说的经营审核。内部审计包括对经营活动的全面评价，即按预计的成果来衡量实际的成果。因此，内部审计人员除了使本身确实弄清会计账户是否反映实际之外，还要对政策、程序、职权行使、管理质量、管理方法的效果、专门问题以及经营的其他各个方面做出评价。

（二）战略评价

如何建立一个科学的战略评价观和评价方法，对企业来说是至关重要的。

1. 战略评价的内涵。战略评价是以企业总体战略目标为导向，检测战略实施进展，评价战略执行业绩，不断修正战略决策，实现企业预期的战略目标的手段与过程。适时、客观、高效地对企业战略进行评价是保证企业实现战略目标的必要条件。良好的战略评价是建立在完整的战略评价体系基础上的，战略评价体系是企业战略目标实现的重要保障。

战略评价本身不是一个独立的过程，它是企业战略管理的一个重要环节，它与企业战略的其他环节——战略分析、战略定位、战略制定、战略选择、战略实施、战略执行、战略控制等一样，都是为实现企业总体战略目标服务的。战略评价的成功与否决定了企业总体战略目标能否实现。由于企业不同战略管理阶段的要求不同，战略评价也应该选择合适的方法来进行。

战略评价的内容主要包括：①战略是否与企业的内外部环境相一致；②从利用资源的角度分析战略是否恰当；③战略涉及的风险程度是否可以接受；④战略实施的时间和进度是否恰当；⑤战略是否可行。

2. 战略评价的标准。战略评价的主要标准有一致性、适用性、可行性、可接受性和优势性。适用性与优势性主要用于对公司的外部评估，一致性、可行性与可接受性则主要用于内部评估（见图3－9）。

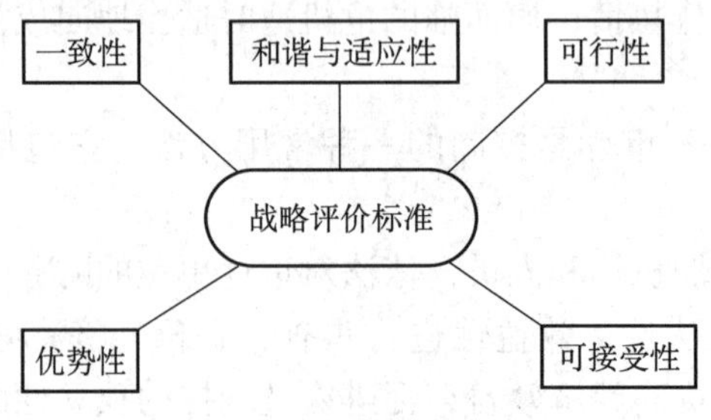

图3－9　战略评价的标准

（1）一致性。战略的一个关键作用是与企业的活动相一致，在实际工作中，下列是战略不一致性的具体问题：①协调和计划上的问题是由于管理不善还是人为因素所致？如不是人为因素，那可能是由于战略的不一致所造成的。②企业中某一部门或单位的成功是否意味着另一个部门或单位的失败？如果是这样，那么这个战略很可能是不一致的。③尽管权力下放，作业上出现的问题是否要继续上交企业主管人员来解决？如果是这样，那么这个战略很可能是不一致的。④战略是否与企业的价值观相一致？

（2）适用性。适用性是评估所提出战略对组织所处环境的适应程度，以及与其自身资源的匹配性。企业与环境之间的关系需解决好两个问题，即企业必须配合和适应环境的变化，同时与其他试图适应环境的企业相竞争。下列是战略不适用性的具体问题：①战略选择方案在多大程度上处理了战略分析过程中发现的问题？②战略是否善用了企业的优势和机会？③战略是否与目标相一致？④战略在处理瞬息万变的环境变化方面是否有足够的灵活性？

（3）可行性。可行性是指依靠企业自身的人力、物力及财力资源能否实施这一战略。在企业设备、人力和财务资源制约因素的情况下是否能够推行所制定的战略是个很关键的问题。在评价战略时，很重要的一点是要考察企业在以往是否已经展示了实行既定战略所需要的能力、技术及人才。下列是可行性可以提出的一系列问题：①企业是否有解决问题或者实施战略所需要的特别能力？②企业是否有实施战略所必备的协调和综合能力？③企业是否有实施战略所需的资金？④企业是否有能力达到预期的水平？⑤企业是否有能力应付竞争对手的行动？⑥企业能否获得必需的材料和服务？

（4）可接受性。可接受性意指战略是否与主要利益相关者的期望相一致，例如：①财务风险变化如何？②战略会对资本结构产生什么影响？③所考虑的战略是否适合现行的系统？是否需要大幅度的变革？④在多大程度上战略会影响与主要利益相关者的关系？⑤战略对企业内部各部门的职能和活动会产生什么影响？

（5）优势性。优势性是指战略必须能够在特定的业务领域使企业创造和保持竞争优势。竞争优势一般与下列三个问题有关：较多的资源、较强的技能或者较有利的地位。前两个因素代表了企业强于或优于其竞争对手的能力。根本的问题是：哪些技能和资源占竞争优势？地位优势可以通过预见能力、较强的技能、较多的资源或运气得到，一旦具备了这种优势，企业可以维持其地位优势，应该提出以下具体问题：①战略是否能通过提供值得信赖和可靠的产品与服务而给企业带来一定的声誉？②在满足市场需求的过程中，战略是否有助于企业积累独特的经验？③战略是否能使企业在地理位置上更接近主要的顾客？在评价某种战略时，企业应当考察与之相联系的位置优势特性。

3. 战略评价的系统。为了实现战略评价，企业需要建立一个具有可操作性的战略评价体系以保证战略管理高效进行。战略评价系统由四方面构成：评价动机；评价所需要的信息；评价标准；战略评价结果的决策。

企业内部战略地位是否已经发生重大变化？企业外部战略地位是否已经发生重大变化？企业是否令人满意地朝着既定目标前进？根据这三个问题的不同答案组合构成了一个评价决策矩阵（见表3－6），它为企业采取什么样的纠正措施提供了决策依据。

表3－6　　战略评价决策矩阵

企业内部战略地位是否已经发生重大变化	企业外部战略地位是否已经发生重大变化	企业是否令人满意地朝着既定目标前进	结果
否	否	否	采取纠正措施
是	是	是	采取纠正措施
是	是	否	采取纠正措施
是	否	是	采取纠正措施
是	否	否	采取纠正措施
否	是	是	采取纠正措施
否	是	否	采取纠正措施
否	否	是	维持现有的战略行动

4. 战略评价的方法。战略评价涵盖战略分析、战略定位、战略制定、战略选择、战略实施、战略执行、战略控制等战略管理的全过程。因此，不同战略管理阶段战略评价的方法也有不同。常用的战略评价方法有波士顿矩阵、产品组合管理分析、行业生命周期分析、产品—市场演化矩阵、大战略集合模型分析、平衡计分卡等。

（1）波士顿矩阵。波士顿矩阵将企业生产经营的全部产品、业务组合或经营单位作为一个整体进行分析，解决企业经营业务或单位之间现金流量的平衡问题。它不仅是制定公司层面战略的一种有效工具（参见内部环境分析—业务组合分析—波士顿矩阵），而且是战略评价的一种有效工具。这一方法尤其适用于实施多元化的大企业。

波士顿矩阵有几个前提：①企业由两个以上的经营单位组成，经营单位之间是相互独立的，在一个企业范围内的这些经营单位合称为企业的经营组合。②企业的相对竞争地位（以市场占有率表示）和业务增长率（以市场增长率表示）决定了企业经营单位应采取何种战略。③企业的相对竞争地位越强，其获利率越高，该经营单位能够为企业产生的现金流越大；市场增长率越高，则表明企业获取更多市场份额的机会越大，企业获取利润和先进投入的需求也就越大。

一般情况下，企业理想的现金流顺序应该是：过剩的现金从现金牛产品中取得并重新配置，首先用于任何需要现金的明星产品，其次用于一些经过仔细选择之后的问题产品，目的是将其转化为未来的明星业务；而对于瘦狗产品，除非它有很强的现金产生能力，否则应该采取放弃或清算战略。企业产品的发展方向应该是问题产品、明星产品、现金牛产品，即把问题产品培养成明星产品，在明星产品的业务增长率下降时，再使其变为现金牛产品。企业要严格监视和控制瘦狗产品的动向，在适当的时候予以放弃（见图3－10）。

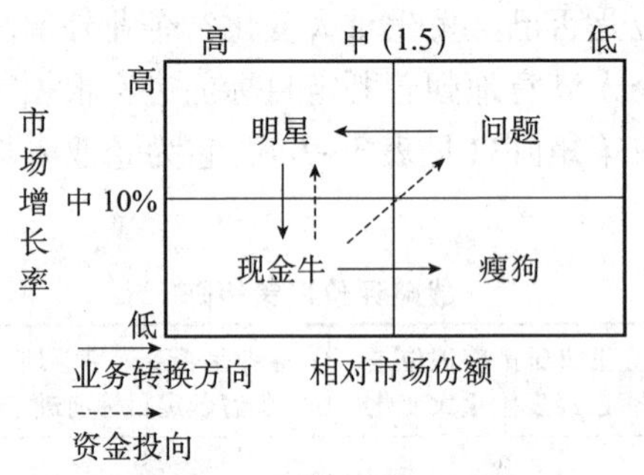

图3－10　波士顿矩阵

企业应遵循正确的现金流量，在此基础上制定并实施整个企业未来发展的战略。在坚持正确的现金流向的情形下，不同类型的经营单位的特点及应采取的战略如表3－7所示。

表3－7　不同类型经营单位应采取的战略

产品区域	战略选择	经营单位盈利能力	投资需要	净现金流
明星	维护或扩大市场占有率	高	高	零或略微负
问题	扩大市场占有率或放弃战略	低或亏损	高或回收	大负数或小正数
现金牛	维护或收割战略	高	低	大正数
瘦狗	放弃或清算战略	低或亏损	回收	正数

波士顿矩阵的启示：

波士顿矩阵分析的目的是帮助企业确定自己的整体战略，在总体战略的选择上，波士顿矩阵有几点重要的贡献。

波士顿矩阵是最早的组合分析方法之一，被广泛运用于产业环境与企业内部条件的综合分析和多样化的组合分析，是大企业总体战略选择的理论依据。

波士顿矩阵指出了每个经营单位在竞争中的地位，为优化企业资源配置提供指导，从而使企业可以有选择地运用有限的资金。每个经营单位也可以从矩阵中了解自己在企业中的位置和可能的战略发展方向。

波士顿矩阵将企业不同的经营业务综合到一个矩阵中，具有简单明了的效果。在其他战略没有发生变化的前提下，企业可以通过波士顿矩阵判断自己各个经营业务的机会和威胁、优势和劣势，判断当期面临的主要战略问题和企业未来在竞争中的地位。比较理想的投资组合式企业有较多明星和现金牛业务、少量的问题业务和极少数的瘦狗业务。

但是，波士顿矩阵有其局限性：①在实践中，企业要确定各个业务或经营单位的市场增长率和相对市场占有率往往是比较困难的，有时数据可能会与现实不符。②波士顿矩阵把企业的业务划分为四种类型，有些过于简单。③市场增长率和相对市场占有率两个单一指标分别代表产业的吸引力和企业的竞争地位，并不能全面反映这两个方面的状况。企业要对自己一系列经营业务进行战略评价，仅仅依靠这两个指标往往是不够的，还需要其他方面的指标。④企业在进行业务组合的选择时，没有考虑各个经营业务质检的相关性，可能造成业务之间难以形成有效匹配。

（2）产品组合管理分析。为了深入分析企业各个组合业务或经营单位应该采取的战略，美国管理学者提出了产品组合管理（product portfolio management）分析法，简称 PPM 模式。这种模式与 BCG 矩阵的形态大致同，但在战略实施与评价应用上则更为深刻。

PPM 模式以企业实力与行业吸引力来定位产品，提出了处于各个区域的业务的基本战略方针：投资发展、择优重点发展、区别对待、利用或退出（见图 3－11）。在评价各个经营单位时除了要考虑市场占有率和市场增长率外，还需要考虑其他相关因素，这些因素综合反映了企业实力和行业吸引力。

行业吸引力 \ 企业实力	高	中	弱
大	投资发展	选择重点投资发展	区别对待
中	选择重点投资发展	区别对待	利用或退出
小	区别对待	利用或退出	退出

图 3－11　企业战略选择与通用矩阵

横轴表示企业实力，纵轴表示行业吸引力；行业吸引力和企业实力的值决定着企业某经营单位的位置，其实质是把外部环境因素与企业内部实力因素综合反映在一个矩阵中。行业吸引力取决于外部环境因素，影响行业吸引力的因素通常有行业规模、市场增长率、利润率、行业内部竞争结构、市场分散程度、行业技术环境、规模经济、资金需求、环境影响、社会因素、法律因素、人文因素等。从中识别出几个关键因素，然后根据每个关键因素的相对重要程度定出各自的权数，再对每个因素按其对某项业务的有利程度逐个评级，如采用五级制（非常有利为5，有利为4，无利为3，不利为2，非常不利为1），然后用权数乘以级数得出每个因素的加权值，再将各个因素的加权值汇总，得出整个行业的吸引力值，最后归纳为大、中、小三档。

企业实力取决于企业内部的可控因素，影响企业实力的因素通常有市场占有率、制造及营销能力、研究与开发能力、产品质量、价格竞争力、地理位置优势、管理能力、品牌形象、人员构成等。从中识别出几个关键的内部因素，评价企业实力的原理与评价行业吸引力的原理相同，即对每个关键因素定出权重，再考虑它的级数，最后加权汇总，归纳为强、中、弱三档。

企业经营组合中的每个经营单位，可根据各自的影响因素进行等级评分，然后确定其在矩阵中所处的具体位置。

在PPM模式中，对各个区域分别采取不同的战略。

处于A区域的经营单位竞争能力强、行业吸引力高。企业应该保持经营单位在市场中的实力，进行必要的投资，以确保其地位。对这种经营单位应该采取集中资源力保优势的战略。

处于B区域的经营单位竞争能力居中、行业吸引力高。既然不是实力很强的企业，就不宜在每条生产线上都与竞争对手抗争，而应该有选择地将投资集中在某些领域，追求局部优势，以维持战果。

处于C区域的经营单位竞争能力弱、行业吸引力高。企业虽然有了这种产品，但很可能只是看着竞争对手赚钱而束手无策。对于这类产品，企业应谨慎投资，努力建立独特优势，探求发展机会。一旦发现没有实质性进展，应该早日考虑撤出战略。

处于D区域的经营单位竞争能力强、行业吸引力适中。市场前景既然不十分看好，就不宜进行大规模的投资，但应预防竞争对手的争夺。由于企业实力较强，应该加强企业内部管理，提高劳动生产率，降低成本，以提高利润水平。

处于E区域的经营单位竞争能力适中、行业吸引力适中。企业应该采取选择性的战略，在有利润的领域中追求扩充，因市场吸引力不强、成长有限，追求利润比追求成长更为重要。

处于F区域的经营单位竞争能力弱、行业吸引力适中。该区域扩张发展机会较小，企业又没有什么实力，一般来说无法与竞争对手在市场上竞争。在发现市场扩充没有希望时，企业务必在陷入更深前撤出。

处于G区域的经营单位竞争能力强、行业吸引力低。此时产品发展的风险较大，企业有必要在区隔市场中设法分散和降低风险，对特定市场区隔进行努力促销，或是进一步细分市场，完全占领市场。由于市场吸引力不大，利润率通常较低。

处于H区域的经营单位竞争能力适中、行业吸引力低。处在这种情况下的产品，应积极进行价值分析，努力创造利润收入，否则需要考虑撤离。

处于I区域的经营单位竞争能力弱、行业吸引力低。处于这种情况下的产品只能预防各种损失，把损失减少到最低限度，并及时准备撤退。

此外，还可以把该矩阵中的战略归纳为三类。

扩张战略：是一种企业积极扩张市场地位、增强营销力量、推出新产品、充实管理能力、扩充生产能力的积极性战略。处于A、B、D区域的经营单位，要多投资以促进其快速发展。因为这类经营单位很有前途，又有较强的竞争地位，因而应该多投资，以便巩固经营单位在行业中的地位。

维持战略：是指企业努力维持现有市场地位，如进行市场细分、有选择地开发新产品、优化价值链、提高生产效率等。处于C、E、G区域的经营单位，企业要有所选择，选择其中条件较好的单位进行投资，对其余经营单位采取收割或放弃战略。

回收战略：是指有计划地降低市场占有率，充分回收资金，采取提高产品价格、降低库存水平、减少服务等措施。处于FHI区域的经营单位，企业同样要区别对待，对一些目前还有利润的单位应该采取逐步回收资金的收割战略，对不盈利又占有资金的单位则应采取果断的放弃战略。

运用PPM模式时，对于不同行业的企业，往往可以根据行业的特点来选取不同的影响因素。同时由于重要性不同，对各因素可赋予不同的权重。另外，对两个坐标轴中强、中、弱和大、中、小接线的规定也可不尽相同。

PPM模式的分析步骤如下：①选择能反映经营单位主要经营特征的项目作为考核行业吸引力和企业实力的具体项目，并根据每个项目的重要程度决定其权重，然后进行分级，并计算各个项目的得分（见表3-8）；②将多个项目的得分相加，得出每个经营单位的行业吸引力和企业实力的总分，将经营单位所具备的竞争能力和所处行业吸引力按大小或强度分为三个等级；③画出横轴、纵轴，横轴表示企业实力，纵轴表示行业吸引力，并划分三个等级，分为九个区域，然后将各经营单位相应填入各区域内；④根据经营单位在总体经营组合中的位置来制定并执行不同的战略。

表3-8　　PPM模式项目评价

<table>
<tr><th colspan="2" rowspan="2">评价项目</th><th rowspan="2">得分</th><th colspan="3">对象</th></tr>
<tr><th>A</th><th>B</th><th>C</th></tr>
<tr><td rowspan="8">行业吸引力</td><td rowspan="2">市场增长率</td><td>权重</td><td>30</td><td>30</td><td>20</td></tr>
<tr><td>等级分</td><td>1</td><td>0.5</td><td>0.8</td></tr>
<tr><td rowspan="2">利润率</td><td>权重</td><td>10</td><td>20</td><td>15</td></tr>
<tr><td>等级分</td><td>0.5</td><td>0</td><td>0.2</td></tr>
<tr><td rowspan="2">规模经济</td><td>权重</td><td>15</td><td>10</td><td>10</td></tr>
<tr><td>等级分</td><td>1</td><td>0.5</td><td>1</td></tr>
<tr><td>……</td><td>……</td><td>……</td><td>……</td><td>……</td></tr>
<tr><td>小计</td><td>总得分</td><td>60</td><td>45</td><td>35</td></tr>
</table>

续表

评价项目		得分	对象		
			A	B	C
企业实力	市场占有率	权重	40	20	30
		等级分	1	0.5	0.8
	管理能力	权重	10	30	10
		等级分	0.5	1	0.9
	产品质量	权重	20	20	10
		等级分	0.8	1	1
	……	……	……	……	……
	小计	总得分	80	70	50

PPM 模式的局限性：①在行业吸引力评价中采用加权平均计分法所得出的数字，表面上看是客观的、确切的，但实际在相当程度上具有主观性。因此，战略管理人员应深入调查研究，对每项影响行业吸引力的因素进行充分研究，做出判断，综合各项因素进行定性分析。在企业实力评价中也应注意这种评价是与行业中最强的一个竞争对手对比得出的，在实践中不应把每个因素都与在这个因素上最强的竞争对手对比，这样往往会低估本企业的竞争能力。②经理人员之间有时对某项业务在矩阵中的定位会产生分歧，最后为了平衡经理人员之间的分歧，往往把业务定位在“中”的未知数。再者，经理人员即使意见一致，也往往对企业各种不同业务很难有一个共同的分类标准。把企业所有业务都列入一张标准化的内外因素的表格内，往往是不适用的。一般来讲，对企业实力的评价有一个明确的比较对象，即与行业中最强的竞争对手对比，而对行业吸引力的评价就显得更为复杂、困难，因而在评价分析中存在较大的模糊性。③该模式作为一种确定投资有限顺序的方法并非完全适用。当前人们在做出投资决策时，习惯于用技术经济的方法（如净现值法）进行论证和选择，而采用 PPM 模式所推荐的投资顺序不一定为人们所接受。最好将这两种方法结合起来运用。

（3）行业生命周期分析。详细内容见外部环境分析—行业环境分析—行业生命周期。

行业生命周期分析对企业战略选择十分重要，因为行业生命周期分析可以帮助企业正确地看待行业发展前景，决定应该加大投入还是撤出该行业，以及采取哪些与之相匹配的竞争战略。行业生命周期分析也是企业战略评价的一种重要工具。如果不了解行业所处的生命周期阶段，企业发展战略将面临极大的风险。例如，企业在某行业中处于领先地位，但该行业却处于衰退阶段，则企业未来发展会充满挑战。

在划分行业生命周期分析的四个阶段中，关键变量是行业成熟度。在分析行业成熟度时，一般考虑的因素有增长率、增长潜力、产品线宽度、竞争者数目、市场占有率分布状况、市场占有率的稳定性、顾客稳定性、进入行业的难易程度、相关技术等。根据这些因素在每个阶段的不同特征可对所在行业的成熟度做出判断（见表3－9）。

表3－9 行业生命周期分析

因素	起步阶段	成长阶段	成熟阶段	衰退阶段
增长率	比国民生产总值增长更快	高于国民生产总值增长率	等于或低于国民生产总值增长率	增长为零或负增长
增长潜力	消费者基本不满意；产品相对不被知晓	消费者部分满意；产品相对不被知晓	消费者一般满意；产品被知晓	消费者满意；产品早已知晓
产品线宽度	窄，产品很少	宽，多样化	宽，标准化	窄，如行业分散则少
竞争者数目	不断增加	最多，后来减少	稳定或下降	最少
市场占有率分布状况	很分散	逐渐集中	稳定	集中化或很分散
市场占有率的稳定性	不稳定	较稳定	基本稳定	非常稳定
顾客稳定性	不稳定	较稳定	稳定	非常稳定
进入行业的难易程度	容易	比较难	非常难	无吸引力
相关技术	快速发展，已知技术少	变化中	已知晓，易获取	已知晓，易获取

一个经营单位的竞争地位从强到弱通常划分为支配地位、强大地位、有利地位、防御地位、软弱地位等。判断经营单位竞争地位的指标有产品线宽度、市场占有率、资金利润率、投资、销售利润率、成本、技术、附加价值等。

处于支配地位的企业能够控制竞争者的行为，具有广阔的战略选择。该企业享有独占的或受到保护的领先地位。

处于强大地位的企业相对市场占有率较大，企业能按照本身的意愿作出战略选择，而不必考虑同行业其他企业的反应。

处于有利地位的企业享有某些方面的优势，处于相对有利的位置。

处于防御地位的企业某些方面比较落后，但经过努力可以克服，把力量集中于某个产品或细分市场仍可保持盈利。

处于软弱地位的企业或者是由于太弱小而难以持久地生存和赢利，或者是由于经营失误导致其地位严重削弱。

在行业生命周期的不同阶段，处于不同竞争地位的企业需要采取不同的战略（见表3－10）。

表 3-10　　不同行业阶段采取的不同战略

地位	起步阶段	成长阶段	成熟阶段	衰退阶段
支配	快速增长	快速增长	成本领先	目标集中
强大	差异化	成本领先	目标集中	利基战略
有利	差异化	目标集中	利基战略	转型战略
防御	目标集中	利基战略	转型战略	剥离战略
软弱	利基战略	转型战略	剥离战略	放弃战略

（4）产品—市场演化矩阵。产品—市场演化矩阵是由美国的查尔斯·霍弗教授提出的。他扩展了波士顿矩阵和通用矩阵两种战略选择方法，将业务增长率和行业吸引力因素转换成产品—市场发展阶段，在图 3-12 中，横轴表示企业的市场竞争地位，分为强、中、弱三个级别，纵轴表示产品—市场的 5 个发展阶段，分别为开发、增长、整顿、成熟、衰退。这样，产品—市场演化矩阵共包含 15 个方格。

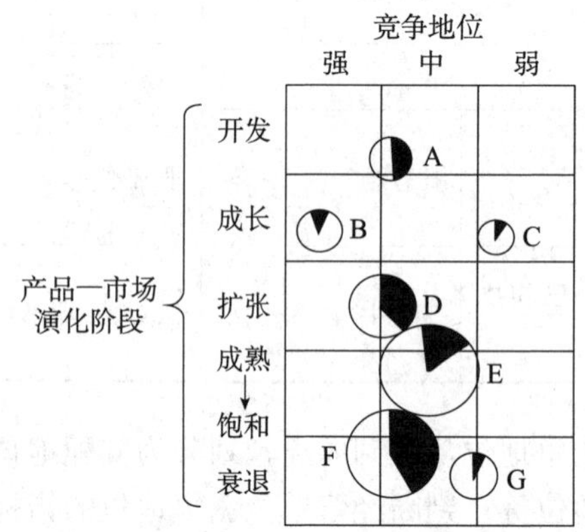

图 3-12　产品—市场演化矩阵

注：图中圆圈表示行业规模或产品/细分市场。圆圈内扇形阴影部分表示企业各项经营业务的市场占有率。

产品—市场演化矩阵分析：

①经营单位 A：看起来是一颗潜在的明星，它具有相对较大的市场份额，加上它处于产品—市场发展的开发阶段，以及具有获得一个较强的竞争地位的潜力，使它成为公司资源支持的一个对象。

②经营单位 B：在某种程度上有点像 A，然而对 B 经营单位投资的多少将取决于为什么其强大的竞争地位竟然只有如此低的市场份额。为此，经营单位 B 应当实施能够改变它较低市场份额的战略，以便争取更多的投资收益。

③经营单位 C：处于一个增长相对较小的行业中，占有一个较小的市场份额，拥有一个较弱的竞争地位，必须实行一种能够克服其低市场份额和弱竞争地

位的战略，以争取未来投资的收益。这可能是一个放弃的对象，以便将其资源用于经营单位 A 或单位 B。

④经营单位 D：处于一个扩展的阶段，占有相对大的市场份额，处于一个相对较弱的竞争地位。对经营单位 D 应当进行必要的投资以保持其相对强的竞争地位。从长期看，经营单位 D 应当成为一头“现金牛”。

⑤经营单位 E 和 F：都是企业的“现金牛”，应当成为企业资金的主要来源。

⑥经营单位 G：犹如波士顿矩阵中的一条“瘦狗”，在短期内应尽可能回收现金，但长期而言更可能是放弃或者清算战略。

不同的多业务的企业有不同的经营组合，但大多数组合都是三种理想模式的变形体。这三种理想模式为成长型、盈利型和平衡型（见图 3-13）。

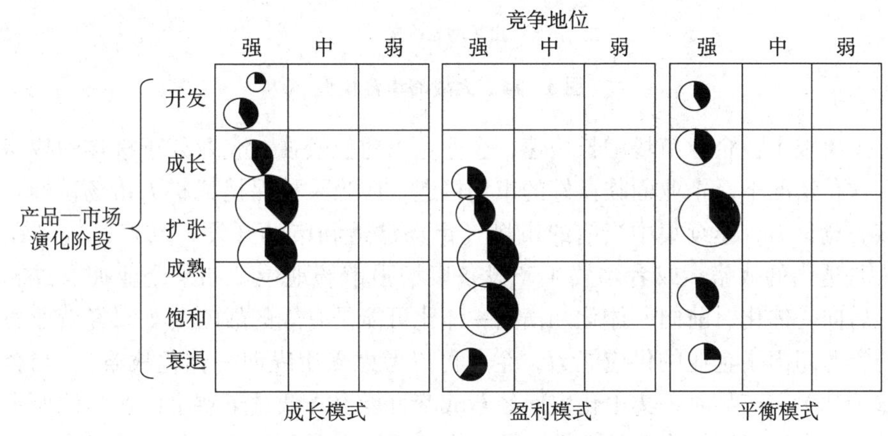

图 3-13 产品—市场演化矩阵

各种组合都表明一个企业在分配资源时可能制定不同的目的和目标。但是，许多具有多项业务组合的企业趋向于采取平衡组合模式。这种模式在提供资金的部门与需要资金的有限数量的部门和正在诞生的部门之间谋求平衡。同时，对衰退中的经营单位加以控制，保证企业对他们的投资最少，长期而言通常是放弃战略。

产品—市场演化矩阵的作用：①由于考虑了经营单位的生命周期状态，不仅反映出经营业务目前的战略位置，还预示着未来发展；②产品—市场发展的 5 个阶段与企业的市场竞争地位等级形成 15 个方格，更加细化地反映经营单位的战略位置。

（5）大战略集合模型分析。大战略集合模型是在波士顿矩阵的基础上发展而来的，其主要特点是基于市场增长状况与企业竞争地位两者的关系来考虑企业可能选择的最有吸引力的战略组合。其优点是可以将各种企业的战略地位都置于大战略矩阵的四个战略象限中，并加以分析、选择和评价。公司的各分部也可按此方式进行定位。大战略矩阵基于两个评价数值：横轴代表竞争地位的强弱，纵轴代表市场增长程度。

按照市场，企业的经营状况大致可以分为四类（见图3－14）。

图3－14 大战略集合模型

①象限Ⅰ：企业市场增长快速，企业竞争地位较强，企业处于极佳的战略地位。这种情况下，企业面临良好的市场机遇，应当乘机保持或扩大市场份额，发展核心竞争力，继续集中当前的市场（市场渗透和市场开发）和产品（产品开发）是适当的战略；或者添置生产设备以增强市场地位。如果企业拥有过剩资源，后向一体化、前向一体化和横向一体化可能是有效的战略（如果经营业务所需的资源超出了企业的供应能力，企业可以考虑采用纵向一体化战略）。当企业偏重于某单一产品时，集中化多元经营战略可能会降低过于狭窄的产品线所带来的风险。在市场增长率开始放慢之前，企业应注意避免风险，将技术或专门知识转入相关经营单位，采取相关多元化经营战略。

②象限Ⅱ：企业市场增长快速，企业竞争地位较弱。企业面临的市场是有利的，但其本身的竞争地位较弱。第一，企业应该考虑的是重新构思或调整自己的战略，弄清导致其在市场竞争中处于劣势的原因，争取转弱为强，以便更好地利用诱人的市场机遇。第二，如果企业缺乏必需的关键资源和力量，并且自身暂时无法加以弥补，则可以采用横向一体化战略，即与同行业中的其他企业合作，与实力较强的企业联合。第三，企业应考虑纵向一体化战略，以增强企业在物资供应和销售渠道方面的能力。第四，企业还可以考虑实行多元化经营，包括相关多元化和非相关多元化，其前提条件是企业应具备一定的资金实力。第五，如果上述集中选择均不可行，企业可考虑将战略次要地位的业务剥离或清算，为企业提供收购其他企业或买回股票所需要的资金。

③象限Ⅲ：企业市场增长缓慢，企业竞争地位较弱。企业处于产业增长缓慢和相对竞争能力不足的双重劣势下。第一，企业应重新构思或调整集中单项经营战略，大幅度地减少成本或投入，即收缩业务、转移阵地以形成更好的竞争地位；第二，企业应实行纵向一体化战略，用以改善自己的内部组合并获取较好的市场机遇；第三，企业应考虑与其他企业合并，增强自身的竞争实力；第四，企

业应采取相关多元化战略和非相关多元化战略，以便在更大范围内寻求发展机遇；第五，企业应实行筹资或放弃战略；第六，企业应通过出售或终止业务等途径进行剥离、清算等撤退战略。

④象限Ⅳ：企业市场增长缓慢，企业竞争地位较强。第一，企业应考虑寻求国外市场，用以扩大自身的市场范围；第二，这类企业具有较大的现金流量，并对资金的需求有限，有足够的能力和资源在有发展前景的领域中进行多元经营，可以选择实施集中多元化或混合式多元化战略，以充分发挥自身核心能力的竞争地位；第三，企业在原产业中求得与竞争对手合作与妥协、横向合并或进行合资经营，实行横向一体化战略（但这一战略有较大局限性，因为它不能避开所处的不利的行业环境）；第四，如果所在行业仍存在潜力较大的细分市场，企业可以继续实施集中单项经营战略，但这需要投入较多的资金，用以改进现有的市场设施。

（6）平衡计分卡（the balanced score card，BSC）。平衡计分卡是 20 世纪 90 年代由哈佛商学院的罗伯特·卡普兰和戴维·诺顿提出来的，它是一种绩效管理的工具，也是加强企业战略执行力最有效的战略管理工具，贯穿于企业战略管理的各个阶段。它将企业战略目标逐层分解转化为各种具体的相互平衡的绩效考核指标体系，并对这些指标的实现状况进行不同时段的考核，从而为企业战略目标的完成建立起可靠的执行基础。平衡计分卡模型如图 3－15 所示。

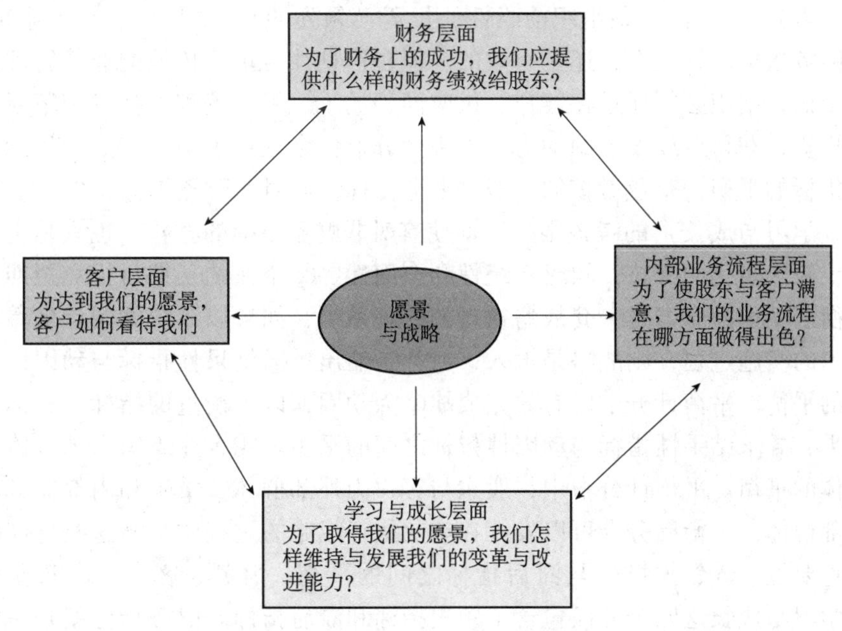

图 3－15　平衡计分卡模型

平衡计分卡的内容包括四个方面：财务、客户、业务流程、学习与成长。这几个方面分别代表企业的利益相关者：股东、顾客、员工。其中每一个方面都有其核心内容：①财务业绩指标可以显示企业的战略及其实施和执行是否对改善企业盈利做出贡献。财务目标通常与获利能力有关，其衡量指标有营业收入的增长、收入的结构、降低成本、资本报酬率、经济增加值、提高生产率、资产的利用和投资战略等。②客户最关心的不外乎五个方面：时间、质量、性能、服务和成本。客户服务层面指标通常包括客户满意度、客户保持率、客户获得率、客户盈利率，以及企业在目标市场中所占的份额。客户服务层面使业务单位的管理者能够阐明客户和市场战略，从而创造出出色的财务回报。③内部业务流程方面，为吸引和留住目标市场上的客户，满足股东对财务回报的要求，管理者需关注对客户满意度和实现组织财务目标影响最大的那些内部过程，主要指标包括企业推出新品的平均时耗、产品合格率、新客户收入占总收入的比例、生产销售主导时间、售后服务主导时间等。④学习与成长方面，企业为了实现长期的业绩而必须进行的对未来的投资，包括对雇员的能力、组织的信息系统等方面的投资，企业为了提升员工技术、理顺组织程序和日常工作，要创造长期的成长、改善的基础框架，确立未来成功的关键因素。主要指标包括为员工提供各种培训、提高信息技术、改善信息系统、营造良好的企业文化氛围等。企业在上述各方面的成功必须转化为财务上的最终成功。产品质量、完成订单时间、生产率、新产品开发和客户满意度方面的改进只有转化为销售额的增加、经营费用的减少和资产周转率的提高，才能为企业带来利益。

平衡计分卡认为，传统的财务会计模式只能衡量过去发生的事情（落后的结果因素），但无法评估组织前瞻性的投资（领先的驱动因素）。在工业时代，注重财务指标的管理方法还是有效的。但在信息社会里，传统的业绩管理方法并不全面，组织必须通过在客户、供应商、员工、组织流程、技术和革新等方面的投资，获得持续发展的动力。平衡计分卡包含五项平衡：①财务指标和非财务指标的平衡，企业考核的一般是财务指标，而对非财务指标（客户、内部流程、学习与成长）的考核很少，即使有对非财务指标的考核，也只是定性的说明，缺乏量化的考核，缺乏系统性和全面性。②企业的长期目标和短期目标的平衡。平衡计分卡是一套战略执行的管理系统，如果以系统的观点来看平衡计分卡的实施过程，则战略是输入，财务是输出。③结果性指标与动因性指标之间的平衡。平衡计分卡以有效完成战略为动因，以可衡量的指标为目标管理的结果，寻求结果性指标与动因性指标之间的平衡。④企业组织内部群体与外部群体的平衡。平衡计分卡中，股东与客户为外部群体，员工和内部业务流程是内部群体，平衡计分卡可以发挥在有效执行战略的过程中平衡这些群体间利益的重要性。⑤领先指标与滞后指标之间的平衡。财务、客户、内部业务流程、学习与成长这四个方面包含了领先指标和滞后指标。财务指标就是一个滞后指标，它只能反映公司上一年度发生的情况，不能告诉企业如何改善业绩和可持续发展。而对于后三项领先指标的关注，使企业达到了领先指标和滞后指标之间的平衡。

平衡计分卡对公司整体价值的衡量如图 3 – 16 所示。

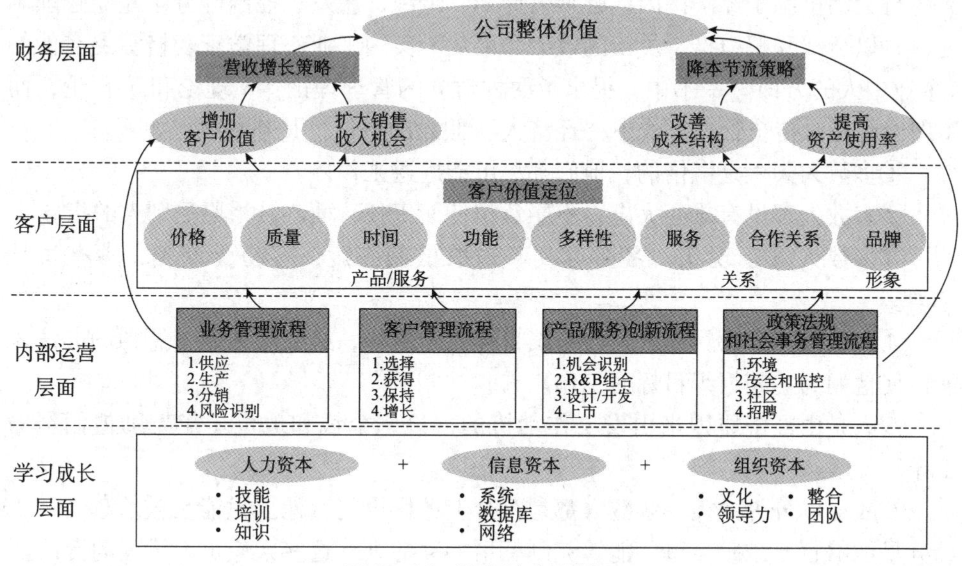

图 3－16 平衡计分卡循环

第二节 人力资源管理

市场营销是通过市场交换满足现实或潜在需要的综合性经营销售活动的过程。美国市场营销协会认为，市场营销是在创造、沟通、传播和交换产品中为顾客、客户、合作伙伴以及整个社会带来价值的一系列活动、过程和体系。

一、理论依据

企业战略管理者需要根据环境、市场、竞争对手的变化对事先制定的战略做出调整，优化配置企业资源、合理调整组织结构、正确选择公司治理模式，从而提升企业的战略执行力。

（一）基本理论

企业的市场营销观念决定了企业如何看待顾客和社会利益，如何处理企业、社会和顾客三方的利益协调。企业的市场营销观念经历了从最初的生产观念、产品观念、推销观念到市场营销观念和社会市场营销观念的发展和演变过程。

1. 人性假设理论。关于人性假设的理论有很多，在此主要介绍西方管理学家提出的四种假设，即“经济人”假设、“社会人”假设、“自我实现人”假设和“复杂人”假设。

（1）“经济人”假设。“经济人”假设起源于享乐主义的哲学，以英国经济学家亚当·斯密为先驱。亚当·斯密认为，人的本性是懒惰的，必须加以鞭策；

人的行为动机源于经济诱因，必须以计划、组织、激发、控制等方法建立管理制度，并以金钱和权力维持员工的效力和服从。美国工业心理学家麦格雷戈在他的《企业中人的方面》一书中，提出了两种对立的管理理论：X 理论和 Y 理论，而 X 理论就是对传统管理方式中“经济人”假设的概括，其基本观点如下。

①多数人天生是懒惰的，他们都尽可能逃避工作。

②多数人都没有雄心大志，不愿负担任何责任，而心甘情愿受别人的指导。

③多数人安于现状，习惯对改革采取抵制态度，容易受欺骗，常有盲从举动。

④多数人的个人目标都是与组织目标相矛盾的，必须用强制、惩罚的办法才能迫使他们为达到组织目标而工作。

⑤人是由经济原因来引发工作动机的，只有金钱和地位才能鼓励他们努力工作。

⑥人可以分为两类，多数人都是符合上述假设的，他们只能是被管理者；少部分是能够自己鼓励自己、能够克制感情冲动的人，这些人应负起管理的责任。

基于“经济人”假设的管理措施，可以归纳为以下三点。

①视人为物，忽略员工的精神需要，管理工作的重点是提高劳动生产率和完成生产任务，主要用金钱刺激工人的积极性，同时对消极怠工者采用严厉的惩罚措施。

②管理工作只是少数人的事，与广大员工无关，员工的主要任务是听从管理者的指挥。

③管理的特征是订立各种严格的管理制度和法规，运用领导的权威和严密的控制体系来保护组织本身，引导员工完成组织任务。

“经济人”假设下管理的主要特点是：一方面靠金钱的收买与刺激；另一方面靠严密的控制、监督和惩罚迫使员工为组织目标而努力，泰罗制就是这类管理的典型代表。“经济人”假设理论，在历史上曾经产生过积极的作用，并对一定时期的管理思想产生重大影响，它在一定的历史阶段和一定的范围内，有其适用性。麦格雷戈指出，在人们的生活水平还不富裕的情况下，“胡萝卜加大棒”的管理方法还是有效的。但是，当人们的物质文化生活达到相当水平时，这种管理方式就不适用了。

(2)“社会人”假设。“社会人”的假设是由霍桑试验的主持人梅奥提出的。梅奥指出，人们在工作中得到的物质利益，对于调动人们的生产积极性只有次要意义，人们更加重视在工作中与周围的人友好相处，良好的人际关系是调动人的生产积极性的决定因素。“社会人”假设认为：

①影响员工工作积极性的因素，除物质条件外，还有社会因素、心理因素。基本上，人的工作动机是由社会需求引起的，并透过与同事们的关系而获得认同感，只有满足员工的社会需求时，员工工作的积极性才能得到充分发挥。

②人对所处群体的社会影响力，要比对管理者所给予的经济诱因及控制更为重视。

③员工的工作效率随着领导能满足其社会需求的程度而改变。管理者应该尽量满足人们的社会和心理需要，以提高员工的士气，从而提高工作效率。

基于这种观点，其管理措施主要有以下几点。

①管理人员不应只注意完成生产任务，而应把注意的重点放在关心人、满足人的需要上，建立相互了解、团结融洽的人际关系和友好的感情。

②管理人员不能只注意指挥、组织等，而更应重视员工之间的关系感和整体感，培养和形成员工的归属感。

③在实行奖励时，提倡集体奖励制度，而不主张个人奖励制度，从而促进受奖励集体的凝聚力和士气，也使被奖励的个人得到更大的满足。

④管理人员的职能应有所改变，他们不应只限于制定计划、组织工序、检验产品，而应在员工与上级之间起联络人的作用。管理人员一方面要倾听员工的意见，了解员工的思想感情；另一方面要向上级反映和呼吁。

“社会人”较之“经济人”的人性理论，无疑是又前进和深入了一大步，它不仅看到了人具有满足自然性的需要，并且进一步认识到人还有尊重、社交等其他一些社会需要，后一类需要比前一类需要层次更高。由于这种认识更接近于对人的本质的科学认识，所以在管理界很快被人们所接受，也产生了较大的影响，对于改变旧的管理模式起到较积极的作用。

(3)“自我实现人”假设。“自我实现人”的人性假设理论又称Y理论，也是由麦格雷戈提出来的。这一理论建立在马斯洛的“需要层次理论”和阿吉里斯的“从不成熟到成熟理论”的基础之上，基本内容有以下几点。

①一般来说，人都是勤奋的，并不是天生就厌恶工作。如果具备良好的环境和工作条件，人的工作就如同游戏和休息一样自然。

②控制和惩罚不是使人实现组织目标的唯一办法。因为人们具有一种实现自我才能、发挥自我潜力的欲望，人们在执行任务时，能自我控制和自我指挥。

③在正常情况下，人们不仅会接受责任，对工作负责，而且还会主动地寻求责任。逃避责任、缺乏抱负并不是人的天性，大多数人在解决困难时，都能发挥相当程度的想象力和创造性才能。

④一般来说，在现代工业条件下，人的智慧和潜力只发挥了一部分，而没有得到全部发挥。领导的责任，就是应该创造适当的条件，发挥人们的聪明才智，实现自身价值。

⑤人的自我实现的要求和组织要求的行为之间是没有矛盾的。如果给人提供适当的机会，就能将个人目标和组织目标统一起来。

“自我实现人”的人性假设是以人为中心的理论。基于这种观点，其管理措施主要有以下几点。

①改变管理重点。尽量创造一种适宜的工作环境、工作条件，使人们能在这种条件下充分挖掘自己的潜力，充分发挥自己的才能。此时的管理者已不是指挥者、调节者和监督者，而是起辅助者的作用，给予员工支援和帮助。

②改变激励方式。对自我实现的人主要是给予来自工作本身的内在激励，让

他承担具有挑战性的工作，担负更多的责任，促使其工作做出成绩，满足其自我实现的需要。

③改变管理制度。管理制度应该保证员工能充分地展现自己的才能，达到自己所希望的目标。在管理制度上给予员工更多的自主权，实行自我控制，让工人参与管理和决策，并共同分享权力。

④说服员工接受组织目标。通过自我控制，达到个人目标与组织目标的一体化，使员工在努力实现组织目标的同时，也实现个人的目标。

（4）“复杂人”假设。无论是经济人、社会人还是自我实现人，虽然各有其合理的一面，但并不适用于一切人，因为人的需要在不同的情境、不同的年龄其表现形式是有差别的。“复杂人”的人性假设理论，就是在这些认识的基础上于20世纪70年代提出的。由于它既不同于X理论也不同于Y理论，有人把它称为超Y理论。

这种理论的内容可以概括为以下几点。

①人的需要是多种多样的，而且这种需要随着人类社会的发展和社会生活条件的变化而改变。

②人在同一时间内有各种需要和动机，它们会发生相互作用并结合为统一的整体，形成错综复杂的动机模式。

③人在组织中的工作和生活条件是不断变化的，因而会不断地产生新的需要和动机。也就是说，在人生活的某一特定时期，动机模式的形成是内部需要和外部环境相互作用的结果。

④一个人在不同单位或同一单位的不同部门工作，会产生不同的需要。由于人的需要不同，能力各异，对于不同的管理方式会有不同的反应，因此，没有一套适合任何时代、任何组织和任何个人的普遍行之有效的管理方法。

由“复杂人”假设出发，相应的管理措施必然要求，管理者不但要洞察员工的个别差异，更要适时地发挥其应变能力，对不同需要的人，应灵活地采用不同的管理措施和方法。“复杂人”假设并不是对前三种假设的简单否定，它实际上是一种情景理论，要求领导者和管理人员在管理中应该根据实际情况，灵活地采用不同的管理方式，尽可能地做到具体情况具体分析。也就是说，因人、因事、因情境的不同采取不同的方法，而不是千篇一律或因循守旧。这种理论在西方流行很广，目前已被大量采用。

2. 人力资本理论。第二次世界大战后，世界各国经济迅速复苏，科学技术飞速发展，处于主流学派的新古典经济学频频受到新出现的经济问题的挑战。新古典经济学的增长理论和资本理论紧紧抓住资本同质、劳动力同质假设不放，而基于这种假设的理论对一些新出现的经济问题很难解释，甚至出现矛盾，一时经济学出现了很多难解的“经济之谜”。一些学者敏锐地感觉到这种变化，为了求解这些经济之谜，他们开始对前人在人力资本领域的思想进行挖掘和发展，开创了现代人力资本理论的研究，形成了人力资本理论。在这一领域做出开创性贡献的是三位美国经济学家：明塞尔、舒尔茨和贝克尔。

1957 年，明塞尔的博士论文《人力资本投资与个人收入分配》对人力资本投资与个人收入之间存在的必然关系进行了认真研究。明塞尔首次将人力资本投资与收入分配联系起来，并给出了完整的人力资本收益模型，从而开创了人力资本研究的另一个分支，同时他还研究了在职培训对人力资本形成的贡献。但遗憾的是，明塞尔的研究在当时并未引起重视。

最具开创性的当数舒尔茨（Schultz）的人力资本理论和贝克尔（Becker）的人力资本投资理论。而对人力资本要素作用的计量分析则首推爱德华·丹尼森（Edward Denison）。

（1）舒尔茨的人力资本理论。西奥多·W. 舒尔茨（T. W. Shultz）是从探索经济增长之谜而逐步踏上研究人力资本道路的。他认为单纯从自然资源、实物资本和劳动力的角度，并不能解释生产力提高的全部原因。从第二次世界大战以来的统计数据表明，国民收入的增长一直比物质资本投入的增长快得多。一些在第二次世界大战中受到重创的国家，如德国和日本，都奇迹般地发展起来。而另一些自然资源严重缺乏的国家同样能在经济起飞方面取得很大成功。舒尔茨认为，这些现象说明，我们肯定还遗漏了重要的生产要素，这个要素就是人力资本。

舒尔茨认为，人力资本（human capital）主要指凝聚在劳动者本身的知识、技能及其所表现出来的劳动能力，这是现代经济增长的主要因素，是一种有效率的经济。他认为人力是社会进步的决定性因素，但人力的取得不是无代价的，需要耗费稀缺资源。人力，包括知识和技能的形成，是投资的结果，掌握了知识和技能的人力资源是一切生产资源中最重要的资源。舒尔茨在提出人力资本投资理论后，采用收益率法测算了人力资本投资中最重要的教育投资对美国 1929 ~ 1957 年间的经济增长的贡献，其比例高达 33%。这一结果被广泛引用，作为说明教育经济作用的依据。

舒尔茨在《人力资本投资》一书中把人力资本投资范围和内容归纳为五个方面，即卫生保健设施和服务，概括地说包括影响人的预期寿命、体力和耐力、精力和活动的全部开支；在职培训，包括由商社组织的旧式学徒制；正规的初等、中等和高等教育；不是由商社组织的成人教育计划，特别是农业方面的校外学习计划；个人和家庭进行迁移以适应不断变化的就业机会。这些人力资本投资形式之间有许多差异。如前四项是增加一个人所掌握的人力资本数量，而后一项则涉及最有效的生产率和最大获利地利用一个人的人力资本。

（2）贝克尔的人力资本理论。贝克尔的人力资本理论研究成果集中反映在他自 1960 年以后发表的一系列著作中，其中最有代表性的是《生育率的经济分析》和《人力资本》。

如果说舒尔茨对人力资本的研究可看作教育对经济作用的宏观分析的话，贝克尔则主要从微观进行分析。贝克尔在《人力资本》一书中，分析了正规教育的成本和收益问题，还重点讨论了在职培训的经济意义，也研究了人力资本投资与个人收入分配的关系。他在人力资本形成方面，以及教育、培训和其他人力资本投资的过程方面的研究取得的成果，也都具有开拓意义。

贝克尔在研究人类家庭时，提出了“时间价值”理论与儿童“量—质”权衡理论以及人力资本投资—收益均衡模型，即人力资本投资的边际成本的当前值等于未来收益的贴现值。贝克尔指出，父母对子女的感情投入上所花费的时间是无法由技术进步所取代的。不发达国家“低水平均衡”的根源在于较高的贴现率使得父母对子女投资减少进而形成恶性循环。而发达国家“高水平均衡”是由于其人力资本相对于物质资本的积累突破某一界限从而使社会总的人力资本增长达到一个更高的水平。

(3) 丹尼森的人力资本理论。丹尼森对人力资本理论的贡献在于对人力资本要素作用的计量分析。他最著名的研究成果是通过精细分解计算，论证出美国1929~1957年经济增长中有23%的比例归功于教育的发展，即对人力资本投资的积累。许多人认为从20世纪60年代开始长达十多年的全球各国教育经费的猛增，在很大程度上归功于丹尼森的研究成果。

从总体上看，西方人力资本理论的产生及发展，使人在物质生产中的决定性作用得到复归。人力资本理论重新证明了人，特别是具有专业知识和技术的高质量的人是推动经济增长和经济发展的真正动力。这一时期人力资本理论的特点在于全面分析了人力资本的含义、人力资本的形成途径及人力资本的“知识效应”。同时，该理论把消费真正纳入了生产过程，把人的消费视为一种重要的投资。这一理论也带来了资本理论、增长理论和收入分配理论革命性的变化。

继明塞尔、舒尔茨、贝克尔、丹尼森对人力资本理论做出了重大贡献后，卢卡斯、罗默尔、斯宾塞等人也在不同程度上进一步发展了人力资本理论。特别是在20世纪80年代以后，以“知识经济”为背景的“新经济增长理论”在西方国家兴起，与60年代的舒尔茨采用新古典统计分析法不同，他们建立了以人力资本为核心的经济增长模型，克服了60年代人力资本理论的一些缺陷。

卢卡斯和罗默尔被公认为“新经济增长理论”的代表，他们构建的模型是以在生产中累积的资本来代表当时的知识水平，将技术进步内生化。这一类模型可称为知识积累模型，简称AK（accumulation of knowledge）模型。

罗默在1986年发表的《收益递增经济增长模型》一文中提出了罗默模型。在模型中，罗默把知识作为一个变量直接引入模型，同时强调了知识积累的两个特征：第一，专业性“知识”的积累随着资本积累的增加而增加，这是由于随着资本积累的增加，生产规模的扩大，分工的细化，工人能在实践中学到更多的专业化知识；第二，知识具有“溢出效应”，随着资本积累的增加，生产规模的扩大，知识也在不断地流通，每个企业都从别的企业那里获得了知识方面的好处，从而导致整个社会知识总量的增加。

在这一思想的指导下，罗默建立了生产函数：

$$F_i = F(k_i, K, x_i)$$

其中，F_i 为 i 厂商的产出水平，k_i 为 i 厂商生产某产品的专业化知识，x_i 为 i 厂商其他各生产要素的向量，$k = \sum_{i=1}^{n} k_i$ 表示整个社会的知识水平总和。

对于这个生产函数，罗默作了进一步的假定：（1）对于给定 K 值，F 是 k_i 与 x_i 的一次齐次函数。即当整个社会知识水平固定时，单个厂商用专业知识及生产要素投入进行生产时，其规模收益不变。（2）从社会观点看，由于知识具有“溢出效应”，所以 F 值具有全球知识边际生产力的递增性，即对于给定 x_i，F 是 K 的递增函数。（3）单个厂商的专业化知识的积累是资本积累的减函数。

从罗默上述的生产函数及假定中可以推出如下结论：（1）当专业知识积累的递减速度大于全球知识积累的增加速度，那么，此时生产处于规模收益递减状态。当个体知识的边际生产率等于折现率时，经济增长停止。（2）当专业知识积累的递减速度恰好等于全球知识积累的递增速度，则生产处于规模收益不变状态。此时，经济将按一常数增长。（3）当专业知识积累的递减速度小于全球知识积累的递增速度，则生产处于规模收益递增状态，增长率将以常数增长，g 趋向于无穷大，模型是扩散的。

1988 年，卢卡斯（R. Lucas）发表了著名论文《论经济发展的机制》，提出了经济增长模型。他把舒尔茨的人力资本理论和索洛的技术决定论的增长模型结合起来并加以发展形成人力资本积累增长模型。其模型为：

$$h'(t)=h(t)\delta[1-u(t)]$$

其中，$h(t)$ 表示劳动技能的人力资本，$h'(t)$ 表示人力资本的增量，δ 表示人力资本的产出弹性，u 表示全部生产时间，$[1-u(t)]$ 表示脱离生产的在校学习时间。公式表明：如果 $u=1$，则 $h'(t)=0$，即无人力资本积累；如果 $u(t)=0$，则 $h(t)$ 按δ 的速度增长，即 $h'(t)$ 达到最大值。由此可见，卢卡斯在模型中强调劳动者脱离生产、从正规或非正规的学校教育中所积累的人力资本对经济增长的作用。

资本—收入比率为何随经济增长不断下降，国民收入的增长为何远大于投入的土地、物质资本和劳动力等资源总量以及战后工人工资何以大幅度上升等，这些都是传统经济理论无法解释的问题。因此，人力资本理论极大地推动了经济学的发展与完善，其奠基人舒尔茨也因此获得诺贝尔经济学奖，这是对这些著名经济学家的肯定，也是对人力资本理论的充分肯定。

3. 投资收益理论。

（1）人力资源投资。人力资源投资是指为提高员工的素质、知识、经验和技术，在教育、培训等方面所进行的资金、实物和劳务的投入。

人力资源投资具有提高劳动生产率、推动科技发展、提高经济效益、提升生活水平的作用。

人力资源投资的特点：①高收益性。人力资源存量增加带来的产量增加往往相当于实物资产存量增加带来的产量增加额的三倍。②高风险性。由于投资人力资源都凝聚在体力、脑力、知识和技能上，加上员工具有能动性，拥有知识技能的高素质员工的流动倾向性给企业带来的损失不确定性增加，从而带来高风险。③非货币计量性。员工道德水平的提高、整个企业关系的融洽等很难用货币计量。

人力资源投资的内容包括取得人力资源的投资、培训开发的投资、替换原有人力资源的投资、使用人力资源方面的投资等。

①取得人力资源的投资。企业取得任何人力资源都需要进行大量的投资，包括招聘、谈判、测试等方面的支出，特别是高级人力资源的取得更是需要支出大量的时间、精力和资金。

②培训开发的投资。培训开发是个长期和持续的过程，特别是在知识经济社会，知识更新的速度非常快，为获得、掌握各种新的信息和适应各种新技术，必须要有长期的培训开发过程。这构成了人力资源投资的一个很重要的方面。

③替换原有人力资源的投资。任何员工在新的岗位，需要经历一个（视岗位的复杂程度）或长或短的磨合时期，这一时期工作的效率和工作的质量都将大打折扣，从而造成一定程度的额外支出或收益的减少，这也构成了人力资源投资的一个内容。

④使用人力资源方面的投资。主要包括工资、福利费、医疗保险、失业保险和其他相应的投资。

此外，企业还有人力资源管理投资、人力资源安置投资、人力资源遣散投资等。

（2）人力资源收益。对于人力资源投资，不同的投资主体有着不同的收益。

从企业层面看，投资的效益包括：①满足自身业务活动对各种人力资源的需求；②为企业长期发展的目标服务，即保证企业不断成长的持续性适用人力资源的供给；③提高企业员工素质。增强个人发展的实力，提高企业对员工的凝聚力，从而有利于提高企业的综合素质与竞争力；④有利于树立企业的公共形象，从而有利于吸引人才、壮大企业的实力，并能获得社会人力资源的回报。

从员工层面看，投资的效益包括：①促进员工自身劳动能力的形成，使其获得立足于社会的“资本”；②有利于培养员工择业和就业的特定的职业技能；③有利于为员工晋升和事业发展创造条件和机会；④有利于促进员工自身全面发展的学识、观念、修养等综合素质的提高；⑤以后可以获得较高的经济回报。

从投资的具体内容看，企业人力资源投资的项目不同，其效益也不同，一般包括三个方面：①企业员工本身生产投资，是用于形成员工正常健康人体的生活消费的费用。劳动者通过生活消费维持了健康的体质，通过供养家属生产出未来的劳动力。这方面的投资包括企业支付给劳动者的各种报酬。②教育投资。教育的对象是人，教育的基本功能是培养社会劳动者。教育投资是人力资源投资中的最主要部分。企业人才教育的投资是企业自行支付的教育、培训费以及向社会的教育捐助支出等。通过教育培训，培养出各种类型的专业人员和技术工人，保证了企业生产经营活动的正常进行和不断发展。通过教育，促进科技的进步，并将其成果物化到企业生产中，使得生产力水平大幅度提高。通过教育，提高劳动力资源质量，并通过经营管理水平的提高，使企业产出率大大增加，经济效益大大提高。通过教育，促进人的各种能力的发展，有利于增加劳动力的流动性和进一步自我开发，减少结构性失业。③保健投资，是对劳动力资源采取各种措施，以保持其健康水平的费用。人力保健投资，包括卫生保健投资和劳动保护投资两部分。前者是通过对患病者的医治和健康者的预防措施，来减轻或消除疾病对人类的侵袭，维持人的劳动能力。卫生保健投资包括医疗卫生部门人员的工资、医疗卫生设施、药品等。通过这些投资，可以延长人们的平均寿命，以增加人的劳动年限；保持和提高人们的体力和智力，提高同量活劳动的产出率；提高企业员工的健康水平，减少患病导致的工作日下降的经济损失和患病后的治疗费用。后者是通过投资改进生产设备、增加防护措施，以保护人力资源。劳动保护投资主要包括生产技术和安全技术装置、劳动环境监测和治理装置、个人劳动保护用品和有毒有害劳动的保健补贴等。通过劳动保护投资，可减少用于工伤事故、职业病的各种医疗费、补贴费和由此损失工时造成的经济损失，并保护了人力资源，使之可以增加产出。

人力资源收益分析必须定量分析与定性分析相结合、财务指标分析与非财务指标分析相结合、货币性指标分析与非货币性指标分析相结合，兼顾经济效益与社会效益、局部效益与整体效益、短期效益与长期效益、直接效益与间接效益、内部效益与外部效益、有形效益与无形效益等。

4. 资源测评理论。

（1）人力资源测评的依据。人力资源测评，顾名思义就是测量、评价，是按人员素质、业绩等多方面进行科学合理的评价，其意义是为人员的合理使用、晋升、分配、培训等提供科学的依据，使人力资源管理更加科学、客观、准确、实用。

心理学家桑戴克曾说，一切客观存在的事物都是在量中存在的，而量中存在的事物都是可测的。人力资源是客观存在的，是在量中存在的，也是可测的。人的行为的可观察性、个性差异理论、特质理论（人的特质决定人的行为）等也为人力资源测评提供了依据。

（2）人力资源测评的种类。人力资源测评按照内容可以分为认知测评、人格测评、绩效测评；按照测评目的可以分为描述性测评、诊断性测评、预见性测评；按照测评对象可以分为个体测评、群体测评；按照测评材料可以分为文字测评、非文字测评；按照用途可以分为教育测评、职业测评、临床测评；按照测评题目可以分为构造性测评、投射性测评等。

（二）人力资源规划

通过内部环境分析，企业可以决定能够做什么，即企业所拥有的独特资源和能力所能支持的行为。

1. 人力资源规划的内涵。人力资源规划是企业根据自己的战略需要，采用科学的手段来预测未来可能会遇到的人力资源需求和供给状况，制定人力资源获取、利用、保留、开发计划，满足企业对人力资源数量和质量的需求的过程。

人力资源规划有利于企业对人力成本的合理控制，有利于保持企业人力资源管理的稳定性、一致性、有效性，有利于企业战略目标的实现。

2. 人力资源需求预测。人力资源需求预测是企业基于未来战略发展目标，对企业在一定时间内人力资源的数量、质量以及结构进行分析和评估。主要考虑的因素包括企业的战略定位与调整、企业产品和服务的变化情况、企业各职位员工的工作量和企业的技术变革、组织结构调整、流程再造等。

人力资源需求预测的方法有经验判断法、德尔菲法、比率分析法、趋势预测法、回归分析法等。

3. 人力资源供给预测。人力资源供给预测是企业根据内部和外部人力资源的供给状况，对自己未来一定时期能够获得的人力资源数量、质量以及结构进行的估计。

企业人力资源供给状况既会受到外部劳动力市场总体供给情况的影响，也会受到企业内部现有人力资源的影响。

人力资源供给预测的方法有主观判断法、人员替换分析法、马尔科夫分析法等。

4. 人力资源供求匹配。人力资源供给预测与需求预测完成后，就可以对两方面的数据进行比较，确定相关职位类型出现人力资源过剩或者短缺，企业就可以采取措施来解决这些潜在问题了。

从数量的角度，人力资源供求对比的结果有三种情况。

（1）人力资源需求大于供给。企业处于扩张期或新进入一个经营领域时人力资源需求旺盛，会出现供给不足的情况。当企业面临这种情况时，一般而言，整个社会或地区的经济形势都非常好，其他企业也同样对人力资源有大量需求，企业满足人力资源的需求难度就会更大。企业人力资源需求大于供给时，可以采取的措施主要有：①延长员工工作时间；②扩大招募范围；③降低人员流失；④改进生产技术，优化工作流程；⑤业务外包。

（2）人力资源需求小于供给。当经济整体不好、对外贸易受限、企业战略调整或技术升级导致企业人力资源需求小于供给时，企业可以采取的措施主要有：①停止雇佣；②鼓励员工提前退休；③缩短员工工作时间；④临时解雇或永久性裁员；⑤对员工进行再培训。

（3）人力资源需求与供给不匹配。企业往往会遇到人力资源供给与需求数量不平衡，或者结构不匹配的问题，甚至出现人力资源供求数量平衡但结构不一致的问题。企业可以采取的措施主要有：①加强对现有员工的培训开发，让他们能够胜任未来的工作需要；②如果培训不能解决问题，企业需要通过终止到期的劳动合同、自然退休等方式减员，同时引进高素质员工；③如果在扩张期，企业可以将技能不足的老员工替换到一些辅助岗位上，需要核心技术的岗位留给新引进的人员。

（三）工作分析

工作分析又称为岗位分析、职位分析、职务分析，是人力资源管理的一项基本工作，它是对职位信息进行收集、整理、分析与综合，以确定完成各项工作所需的技能、责任和知识的过程，其结果是编制出工作说明书和工作规范。

1. 工作分析的作用。工作分析是人力资源管理的基础，人力资源管理的各项工作都要用到工作分析的结果。其主要作用是：

（1）工作分析为员工招聘提供了客观的标准。企业招聘时依据工作说明书中的职位描述和职位规范，为招聘提供了客观的标准，有利于提高招聘的质量。

（2）工作分析为员工培训开发提供了依据。工作分析对各个岗位的工作内容和任职资格等都进行了明确的规定，员工培训的内容、方法与岗位工作任务、岗位要求的工作能力和操作技能相匹配，有助于提高员工培训的针对性，进而提升员工培训的有效性。

（3）工作分析为制定公平合理的薪酬政策提供了依据。工作分析对企业各个岗位承担的责任、从事的活动、任职的资格等做出了明确的描述，企业根据岗位的价值公平合理地给予相应的报酬，有利于调动员工工作的积极性。

（4）工作分析为绩效评价提供了客观的标准。工作分析对企业各个岗位从事的工作、达到的要求有明确的界定，为绩效评价提供了标准，减少了绩效考核的主观性，进而提高了绩效考核的科学性。

（5）工作分析也为员工职业生涯规划提供了依据，为员工关系管理提供了可靠的信息。

2. 工作分析的程序。工作分析是一项技术性很强的工作，需要按照合适的步骤、科学的方法、合理的程序完成。一般来说，工作分析的程序包括以下几个阶段。

（1）准备阶段。做好工作分析的需求分析，获得领导、企业内部相关部门和分析对象的支持是工作分析的第一步。这一阶段的主要任务是：①确定工作分析的目的。明确工作分析要解决的主要问题是什么，其用途是什么，这直接决定了工作分析的重点、搜集的信息类别、信息搜集的方法。②成立工作分析小组。工作分析一般应由三类专业人士负责，企业的高层领导、工作分析人员（人力资源管理专业人员和熟悉部门、岗位情况的人员）和外部的顾问专家（具有丰富经验、专门技术），这有利于保证工作分析结果的客观性和科学性。③培训工作分析人员。由外部专家和顾问对工作分析人员进行培训有利于保证工作分析的效果。④必要的准备工作。工作分析涉及多部门，需要协调好各个部门之间及其管理者之间的关系，做好员工的心理沟通工作，建立友好的合作关系，有利于工作分析的开展。

（2）调查阶段。调查阶段是工作分析的第二阶段，这一阶段的主要任务是：①设计调查方案。根据工作分析的目的，制定工作分析的时间计划进度表，选择工作分析的内容和方法。②收集工作的背景资料。包括组织结构图、工作流程图、国家职位分类标准、过去的工作分析资料和工作说明书等。③收集相关工作信息。工作信息的来源包括工作执行者、管理者、顾客、工作分析专家、职业名称词典等。需要收集的信息包括工作活动、工作中人的活动、工作中实用的机器工具设备、工作绩效信息、工作背景条件、对人的要求等。

（3）分析阶段。分析阶段是深入分析调查阶段所获得的信息，运用科学的方法找出各个职位的主要成分和关键要素，是整个工作分析的核心阶段。这一阶段的主要任务是：①整理资料。将收集到的信息按照工作说明书的要求进行归类，看看是否有遗漏的项目，否则需要继续进行调查。②审查资料。小组成员要一起审查、核对、确认资料，修正信息中的不准确之处，使工作信息更为准确和完整。③分析资料。创造性地对资料进行深入分析、归纳、总结，编写工作描述和工作规范所需要的材料及要素，揭示有关工作和任职者的关键信息。

（4）完成阶段。完成阶段是根据规范和信息编制工作说明书，并对整个工作分析过程进行总结的阶段。这一阶段的主要任务是：①编写工作说明书。根据分析阶段归纳和总结的相关材料和要素，草拟工作描述和工作规范，并将之与实际工作进行对比，认真检查工作说明书，分析评估其中所包含信息的完整性、准确性，查遗补漏，讨论、反馈、修订，最终形成工作说明书。②让工作分析发挥作用，将工作分析的结果运用到人力资源管理的相关方面。③总结整个工作分析过程，找出其中成功的经验和存在的问题，为以后再次工作分析提供参考依据。

工作分析是一个连续不断动态调整的过程，是根据企业发展需要使工作说明书能够及时反映变化的过程。

3. 工作分析的方法。工作分析的目的和内容确定后，就应该选择适当的方法。工作分析的方法主要有两类：定性方法和定量方法。定性方法包括观察法、访谈法、问卷调查法、关键事件法、工作日志法和工作实践法等；定量方法主要有工作分析问卷法（PAQ）、管理职位描述问卷法（MPDQ）、功能性职务分析法（FJA）等。

（1）观察法。观察法是最早被使用的工作分析方法之一，也是最简单的一种分析方法，它是指在工作现场直接观察员工工作的过程、行为、内容、工具等，并进行记录、分析和归纳总结的方法。

（2）访谈法。访谈法是目前国内企业运用比较广泛、相对成熟有效的方法。它是与任职者或相关人员一起讨论岗位特点和要求，从而取得相关信息的方法。

（3）问卷调查法。问卷调查法是一种非常普遍的方法，是用让任职者或相关人员填写问卷的方式分析岗位问题的方法，其基本过程是将工作设计的问卷分发给选定的员工，要求其在一定时期完成填写，回收问卷以获取相关信息。问卷设计的质量决定了问卷调查法的效果。

（4）关键事件法。关键事件法是通过管理人员、员工以及熟悉岗位的人员记录工作行为中比较关键的工作特征和事件获取资料的方法，这种方法主要集中在导致事件发生的原因和背景、员工特别有效或多余的行为、关键行为的后果、员工对后果的控制力等，通过这些“关键事件”总结出工作的关键特征和行为要求。

（5）工作日志法。工作日志法是让员工通过日记的形式按时间顺序记录工作过程，经过归纳提炼获得所需工作信息的方法。

（6）工作实践法。工作实践法也叫参与法，是通过工作人员亲自参与工作活动、体验工作的过程，从中获取工作分析一手信息资料的方法。

（7）工作分析问卷法。工作分析问卷法是一种应用最广泛的量化职位分析方法，它一共有194个问项，通过对任职者的信息投入、脑力劳动、工作产出、与他人关系、工作环境、所需能力等的衡量，在计算机系统中形成一个组织中不同职位之间的相对价值体系，表明各职位在组织中的相对贡献程度，从而对职位进行量化评估。

（8）管理职位描述问卷法。管理职位描述问卷法是专门针对管理类工作而设计的一种结构化的工作分析问卷，是一种注重工作行为内容研究的技术方法，管理职位描述问卷的工作分析结果，对评价管理工作、决定该职位的培训需求、管理工作分类、薪酬评定、设计绩效评估方案等人事决策活动具有重要的指导作用。它是一种以工作为中心的，对管理者的工作进行定量化测试的工作分析方法，涉及管理者所关心的问题、所承担的责任、所受的限制以及管理者的工作所具备的各种特征，包括208个问题，被划分为13个类别。

4. 工作说明书。工作说明书是工作分析的最终成果，包括工作描述和工作规范两方面的内容。

工作描述反映了职位的工作情况，是关于职位所从事或承担的任务、职责、责任，是描述一个职位上的任职者做什么、如何做、在何种条件下做（包括职位的物理环境和组织环境）的正式的陈述性书面文件。工作规范反映了职位对任职者的基本要求（包括任职者具备的知识、技能、能力、经验和其他条件）。

工作说明书在人力资源管理中具有非常重要的作用，它是人力资源管理活动的基本依据。在招聘时，可以根据工作说明书向求职者表达职位所承担的工作内容、所处的工作环境以及工作的基本绩效要求等方面的信息；工作说明书也为甄选测试过程提供了客观依据；在上岗时，工作说明书对需要完成的工作职责进行了全面的描述，并指明了员工需要做什么，如何完成职位上的工作任务，需要达到何种绩效标准。在评价时，工作说明书有关的职责、主要任务、内容是评价员工工作业绩的基础，如果员工的工作技能、工作能力不足，需要根据工作说明书的内容，逐项核查员工的知识、技能、能力等方面的欠缺，安排适当的培训，提高员工的工作胜任度。

一般来说，一份完整的工作说明书应该包括以下项目：①工作标识；②工作概要；③履行职责；④业绩标准；⑤工作关系；⑥使用设备；⑦工作环境和工作条件；⑧任职资格；⑨其他信息。其中，①~⑦属于工作描述。

（1）工作标识。工作标识一般要包括以下几项内容：工作编号、工作名称、所述部门、直接上级和职位薪点。

（2）工作概要。工作概要是对职位所承担的总体责任、工作性质所做的简单描述，新上岗的员工能对本职工作有一个清楚的了解，让一个对这一工作毫无了解的人一看工作概要就知道他大概承担了哪些职责。

（3）履行职责。履行职责是工作概要的具体细化，是描述职位承担的职责以及每项职责的主要任务和活动。

（4）业绩标准。业绩标准是指职位中每项工作的业绩衡量要素和衡量标准。衡量要素指对每项职责，应当从哪些方面来衡量它完成得好不好；衡量标准是指这些要素必须达到的最低要求。

（5）工作关系。任职者与组织内其他职位因工作需要发生的联系，包括与企业内部的部门和企业外部的部门需要发生的工作关系。

（6）使用设备。工作当中需要使用的各种仪器、工具、设备等。

（7）工作环境和工作条件。包括工作时间要求、工作地点、工作物理环境条件等。

（8）任职资格。一般来说，任职资格应包括以下几项内容：所学的专业、学历水平、资格证书、工作经验、必要的知识和能力以及身体状况。

（9）其他信息。其他需要说明的补充事项、备注信息。

二、人员招聘

人力资源规划工作完成之后，企业可能会发现自己的某个职位当前或未来需要新人员来填补，企业就需要开展人员招聘工作。

（一）人员招聘概述

人员招聘是企业未来满足自身发展的需要，依据企业的战略目标和人力资源规划，发布岗位信息来吸引合适的应聘者，通过科学的人员甄选方法找到符合任职资格条件的员工的过程。

人员招聘的目的是为企业获取现在或未来所需要的人才，从而改善企业人力资源的素质与结构，提高企业的运营效率，保证企业的存续与发展。为了保证这一目的的实现，企业需要达到6R的基本要求：合适的时间（right time）；合适的渠道（right source）；合适的职位（right position）；合适的人员（right people）；合适的成本（right cost）；合适的比例（right rate）。

（二）人员招聘的程序

人力资源招聘工作主要包括确定招聘需求、制订招聘计划、实施招聘活动、评估招聘效果四个阶段。

1. 确定招聘需求。招聘需求是在人力资源规划的基础上，根据各部门实际用人需求确定的，具体取决于需要招募人员的职位本身。招募需求必须由具体的用人部门和组织的人力资源部门共同确定。

2. 制订招聘计划。一份招聘计划通常包括以下几个方面的内容：招聘范围、招聘规模、招聘渠道、招聘时间、招聘预算等。最终的招聘计划必须获得上级主管部门领导的审批，方可进入实施阶段。

招聘范围是确定在什么范围内招聘候选人，它取决于职位本身的要求、候选人的可得性、企业的战略定位。一般而言，职位对任职者要求越高，招聘范围就会越大。

招聘规模是企业需要雇用人数所确定的需要获得的求职者人数。招聘过程就如同一个漏斗，通过层层筛选，最终能够被雇用的总是少数。

招聘渠道是企业在外部进行招聘时所确定的招聘途径、招聘方式、招聘的目标人群。

招聘时间是整个招聘过程需要的总时间长度以及招聘活动各个阶段的时间进度安排。

招聘预算是整个招聘过程所需要的总费用。

3. 实施招聘活动。企业人力资源管理部门需要根据招聘计划书，通过适当的渠道公布招聘信息，收集求职者简历，选拔测试，结果反馈，通知体检，签订劳动合同。

4. 评估招聘效果。评估招聘效果是对最终招聘效果以及招聘过程中的每一个环节的实施情况进行评价，主要考虑空缺职位是否得到了填补、用人单位对所雇用员工的满意度、招聘工作的及时性、预算的完成情况等。

（三）人员招聘的渠道

企业可以通过内部招聘和外部招聘两种方式进行人员招聘。

1. 内部招聘。内部招聘就是将空缺或新增的岗位信息向员工公布，从企业内部选拔合适的人才进行补充，鼓励员工竞争上岗。

内部招聘的途径主要有：

（1）提升。这是一种省时、省力、省费用的方法，其优点：①给员工升职的机会，会使员工感到有发展的机会，对于激励员工非常有利。②内部提拔的人员对本单位的业务工作比较熟悉，能够较快适应新的工作。缺点：①内部提拔的人员不一定是最优秀的。②可能少部分员工心理上会产生“他还不如我呢”的思想。

（2）工作调换。目的是要填补空缺，但实际上它还起到许多其他作用。如可以使内部员工了解单位内其他部门的工作，与本单位更多的人员有更深的接触、了解。这样，一方面有利于员工今后的提拔，另一方面可以使上级对下级的能力有更进一步的了解，也为今后的工作安排做好准备。

（3）工作轮换。工作调换从时间上来讲往往较长，而工作轮换则通常是短期的、有时间界限的。另外，工作调换往往是单独的、临时的，而工作轮换往往是两个以上的、有计划进行的。工作轮换可以使单位内部的管理人员或普通人员有机会了解单位内部的不同工作，给那些有潜力的人员提供以后可能晋升的条件，同时也可以减少部分人员由于长期从事某项工作而带来的烦躁和厌倦等感觉。

（4）内部人员重新聘用（再上岗）。有些单位由于某些原因会有一批不在位的员工，如下岗人员、长期休假人员（如曾因病长期休假，现已康复但由于无位置还在休假）、已在其他地方工作但关系还在本单位的人员（如停薪留职）等。

在这些人员中，有的恰好是内部空缺需要的人员。他们中有的人素质较好，对这些人员的重聘会使他们有再为单位尽力的机会。另外，单位使用这些人员可以使他们尽快上岗，同时减少了培训等方面的费用。

内部招聘的优点：

（1）能够对组织员工产生较强的激励作用。对获得晋升的员工来说，由于自己的能力和表现得到企业认可，会产生强大的工作动力，其绩效和对企业的忠诚度便随之提高。对其他员工而言，由于组织为员工提供晋升机会，从而使员工感到晋升有望，工作就会更加努力，增加对组织的忠诚和归属感。这样，内部招聘就把员工的成长与组织的成长联为一体，形成积极进取、追求成功的气氛，达成美好的愿景。

（2）与外部招聘相比，内部招聘的有效性更强，可信度更高。由于企业管理人员对该员工的业绩评价、性格特征、工作动机以及发展潜力等方面都有比较客观、准确的认识，信息相对外部人员来说是对称的、充分的，在一定程度上减少了“逆向选择”甚至是“道德风险”等方面的问题，从而减少用人方面的失误，提高人事决策的成功率。

（3）与外部招聘相比，内部员工适应性更强。从运作模式看，现有的员工更了解本组织的运作模式，与从外部引进的新员工相比，他们能更好地适应新工作。从企业文化角度来看，内部员工已经认同并融入企业文化，与企业形成事业和命运的共同体，更加认同企业的价值观和规范，有更高的企业责任心和对企业的忠诚度，进入新的岗位适应性更强。

（4）费用率低。“本部制造”可以节约高昂费用，如广告费、招聘人员和应聘人员的差旅费等，同时还可以省去一些不必要的培训，减少了间接损失。另外，一般来说，本部候选人已经认可企业现有的薪酬体系，其工资待遇要求会更符合企业的现状。

内部招聘的缺点：

（1）内部员工竞争有可能影响到员工之间的关系，甚至导致人才的流失。

（2）企业内部有可能会出现“近亲繁殖”“团体思维”“长官意志”等现象。

2. 外部招聘。外部招聘是从企业外部选拔符合岗位要求的员工的方式。

外部招聘的途径主要有：

（1）广告。许多单位通过媒体以广告的形式获得所需的人选，范围广、速度快、数量大、层次丰富、选择余地大。好的广告，一方面能吸引所需的人员前来应聘；另一方面扩大了本单位的知名度。在招聘广告中，除了介绍本单位及有关部门职位的情况，以及职位的要求和待遇、联系方法及电话等以外，一定要选择合适的媒体，以达到预期的目的。如要招聘一名计算机业务人员，将广告登在电子或计算机类报刊上，就比登在农业或机械报上的效果好得多。

（2）学校。学校每年都有成千上万的学生从高等院校毕业。有的单位已经与有关院校挂钩，预定本单位所需的人员。还有的单位甚至在相关院校设奖学金，为自己培养专业人才。这种有目的的预定方法，是与单位的人力资源计划分不开的。单位根据自身人力资源规划，在一两年甚至更长的时间以前，就同院校在培养人才方面进行了沟通，这样培养出来的大学生到了工作岗位后能较快地熟悉业务。这种招聘一般适于招聘专业职位或专项技术岗位的人员。

（3）就业媒体。随着经济的发展、社会的进步，人才流动的现象越来越普遍、越来越活跃。为了适应这种需求，许多城市出现了人才交流中心、职业介绍所、猎头公司等。由于这些机构扮演着双重角色，既为企业、单位选人，同时也为求职者选工作单位。因此，在这里几乎可以找到所有需要的人员，尤其是一些大城市里出现了不少国外流行的猎头公司，更可以为企业、单位寻觅到所急需的各类管理人员、专业技术人员，甚至是总经理、副总经理等高级管理人员。

外部招聘的优点：

（1）外部选拔可以吸取外部先进经验。外部选拔可选择范围广，可以吸纳各种不同条件和不同年龄层次的求职人员。同时，外部选拔可以从不同的人员身上吸取外部先进的经营管理理念和管理经验，内外结合可以不断开拓创新，以满足企业发展需求。招聘学校应届毕业生将会给企业带来新鲜活力和正能量，加强老员工的危机感和紧迫感，促进企业人才梯队建设。

（2）外部招聘也是企业宣传自己的机会。招聘过程中无论是校园招聘，还是人才市场、招聘网站发布招聘启事，既可以寻找吸引适合企业发展的优秀人才，又是向外界宣传企业的机会，可以树立企业的良好形象，更好地提升企业品牌，扩大企业的影响力和知名度。

外部招聘的缺点：

（1）外部招聘操作不当会增加招聘成本。外部招聘人才需要更长的时间或经过培训后才能熟悉本企业员工、工作环境与企业文化，由于对本企业员工缺乏了解，会导致其进入角色慢，适应时间长，不能很好地与企业原有员工融合，会产生配合上的困难；甚至由于对外聘人才的不了解，导致招到的员工不合格，使招聘工作重复进行，增加招聘成本。

（2）外部招聘也会影响内部员工士气。由于采用外聘人员替代企业原有部分工作业绩较为突出，对晋升充满希望的员工，会使他们感到自己被忽视，感到升迁无望，影响内部员工士气及工作积极性。

（四）人员甄选与面试

1. 甄选概述。人员甄选是通过一定的工具和手段对招募到的求职者进行鉴别和考察，从而挑选出符合组织需要的、最为恰当的职位填补者的过程。甄选的目的在于谋求职位与求职者所具有的某种特性的恰当水平之间达成最优匹配。

合适的、优秀的员工是确保企业战略目标达成的根本保障，能否找到合适的人来承担企业必须完成的各项工作是决定企业竞争力和整体有效性的关键因素。同时，弥补甄选失误的代价可能很高，除了招聘成本以外，还包括培训成本、岗位调整成本、重新雇用成本等直接成本，还有机会成本。因此，甄选对企业人力资源管理工作来说是非常重要的。

2. 甄选的程序。甄选过程包括一系列步骤，审查求职申请表或简历、面试、测试、初步雇用决策、背景核查、体检、发出雇用通知书等。

3. 甄选的参照因素。企业需要依靠某些标准或参照系来对求职者加以区分和排序，最终选择最适合自己的求职者。除了企业价值观和文化对求职者的要求以外，职位本身要求是最主要的参照标准。企业一般是根据任职者的知识、技能、能力、其他个人特征等对求职者进行筛选的，如受教育程度、工作经验（历史绩效）、身体特征、个人特征、人格类型等。

4. 甄选的方法。甄选的方法主要可以划分为五大类，即心理测试、面试、工作样本测试、评价中心技术和其他甄选技术。

（1）心理测试。心理测试是一种科学的测试方法，是通过一系列工具或手段将人的某些心理特征加以量化，从而衡量个体心理因素水平和个体心理差异的一种科学测量方法。从测试内容来看，心理测试可以划分为能力测试、人格测试、兴趣测试三大类。

能力测试又可以区分为认知能力测试、特殊职业能力测试、心理运动技能测试三类。其中，认知能力测试（又称为普通能力倾向测试或通用能力测试）主要包括思维能力、想象能力、记忆能力、推理能力、分析能力、数学能力、空间判断能力、语言能力等。特殊能力测试是针对特殊职业如管理能力、运动能力、机械能力、艺术能力、音乐能力等专业能力的测定。心理运动技能测试是对一个人的心理运动能力（如选择反应时间、肢体运动速度、四肢协调性、手指灵巧性、手臂稳定性、速度控制力等）和身体运动能力（如肌肉张力、肌肉力量、肌肉耐力、心肌耐力、灵活性、平衡能力、协调能力等）进行的测试。

人格测试是个人所具有的能力、兴趣、态度、性格、气质、价值观等决定行为的整体特征的测试。

兴趣测试主要是职业兴趣测试，一个人的职业兴趣很大程度上反映了其职业偏好，并会影响到一个人的职业选择和从事职业的积极性，最终影响到一个人的职业发展水平和取得的成就。美国职业指导专家霍兰德提出了人格特征与工作环境相匹配的理论，提出了六种基本的职业兴趣类型，即现实型、研究型、艺术型、社会型、企业型和常规型。

（2）面试。面试是实践中运用最广泛的一种员工甄选方法，它是在特定的时间和特定的地点，面试官与被面试者之间面对面对话的过程，其目的是通过分析被面试者的回答以及所做出的各种反应，考察求职者是否具备相关职位的任职资格条件，包括知识技能、个性特点、求职动机等。

面试具有简便快捷、容易操作、不需专门工具和反复等特点，受到了企业的普遍使用。

面试有很多类型，根据面试标准化程度可以分为结构化面试、半结构化面试和非结构化面试；根据面试的组织形式可以分为单独面试、系列面试、小组面试和集体面试；根据测评项目的性质可以分为人格面试、智能面试、知识面试、意愿面试、体貌面试；根据承受的压力可以分为压力面试和非压力面试等。

（3）工作样本测试。工作样本测试就是在对实际工作的一部分或全部进行模拟的环境中，让求职者实地完成某些具体的工作任务的一种测试方法。工作样本测试在现实中有广泛的应用，如企业招熟练工人（电焊工、机械师、木工等）、编程人员、打字员等。工作样本测试的效度在所有的甄选测试中是最高的。

（4）评价中心技术。评价中心技术也称为管理评价中心技术，它是由多位评价者对求职者在一系列练习中的表现进行评价的过程。它是通过情景模拟的方法来对求职者进行评价的，它越来越多地用于考察个人是否具备团队工作的技能。它是若干种不同测试手段综合运用于管理类职位候选人甄选的一整套综合测试，可能会用到面试、心理测试、主题演讲、角色扮演、公文筐测试、无领导小组讨论等多种甄选技术。

（5）其他甄选技术。主要包括笔试（单选题、多选题、判断题、简答题、问答题、案例分析题等）、体检、背景调查等。

三、培训开发

新员工入职后企业需要对其进行“岗前培训”，对每一个员工介绍企业历史、基本工作流程、行为规范、组织结构、人员结构和处理同事关系等，让新员工尽快融入工作团队。

（一）培训概述

培训是企业为了发展的需要，促进员工学习和掌握与工作有关的知识和技能，形成良好的工作态度（或习惯）而采取的有计划的培养和训练活动。

培训的目的是让员工掌握相应的知识和技能，并将这些知识和技能应用到日常工作中。

培训对企业赢得竞争优势、保持稳定持续发展至关重要。培训有利于改进企业绩效，帮助企业赢得竞争优势，也有利于塑造良好的企业文化，是企业吸引、留住和激励员工的一种重要手段。

（二）培训的流程

培训与开发是一项非常复杂的活动，为了保证其顺利实施，培训与开发一般按照以下程序来进行：首先是进行培训需求分析；其次是培训设计，包括制订培训计划和做好培训前的准备；再次是培训实施；最后是培训评估。

1. 培训需求分析。培训需求分析是指在规划与设计每项培训活动之前，由培训部门、主管负责人、培训工作人员等采用各种方法与技术，对参与培训的所有组织及其员工的培训目标、知识结构、技能状况等方面进行系统的鉴别与分析，以确定这些组织和员工是否需要培训，以及需要如何培训的一种活动或过程。

培训需求分析是培训活动全流程的首要环节，是制订培训计划、设计培训方案、培训活动实施和培训效果评估的基础。

培训需求的分析方法，最有代表性的是麦吉和塞耶提出的从组织分析、任务分析和人员分析三个角度来确定培训需求。

（1）组织分析。培训需求的组织分析主要是通过对组织的目标、资源、特质、环境等因素的分析，准确地找出组织存在的问题与问题产生的根源，以确定培训是否是解决这类问题的最有效的方法。培训需求的组织分析涉及能够影响培训规划的组织的各个组成部分，包括对组织目标的检查、组织资源的评估、组织特质的分析以及环境的影响等方面。组织分析的目的是在收集与分析组织绩效和组织特质的基础上，确认绩效问题及其病因，寻找可能解决的办法，为培训部门提供参考。一般而言，组织分析主要包括下列几个重要步骤：①组织目标分析。明确、清晰的组织目标，既对组织的发展起决定性作用，也对培训规划的设计与执行起决定性作用，组织目标决定培训目标。例如，如果一个组织的目标是提高产品的质量，那么培训活动就必须与这一目标相一致。假若组织目标模糊不清，培训规划的设计与执行就显得很困难。②组织资源分析。如果没有确定可被利用的人力、物力和财力资源，就难以确立培训目标。组织资源分析包括对组织的金钱、时间、人力等资源的描述。一般情况下，通过对上述问题的分析，就可以了解一个组织资源的大致情况。③组织特质与环境分析。组织特质与环境对培训的成功与否也起重要的影响作用。

（2）任务分析。任务分析的目的是明确员工需要完成哪些方面的工作任务，再确定为了帮助员工完成这些任务，应当在培训过程中注重强化他们在哪些方面的知识、技能以及能力。在任务分析中要明确员工执行工作任务时的背景因素，包括员工履行工作任务时所使用的工具、所处的工作环境、完成工作的时间约束、工作中的安全因素、工作绩效标准等。通过任务分析得到的结果则是对员工工作活动所做的描述，其中包括成功完成这些任务所需具备的知识、技能和能力。

任务分析可以采取四个步骤：①选择需求分析的职位；②观察和访谈有相关工作经验的员工和他们的直接上级及专业人士，列出一份初步的工作任务清单；③与专家讨论与工作任务有关的问题，验证初步列出的工作任务清单；④通过访谈和问卷调查确定成功执行每一项工作任务所需的 KSA，即知识、技能和态度。

（3）人员分析。人员分析主要是通过分析工作人员个体现有状况与应有状况之间的差距，来确定谁需要和应该接受培训以及培训的内容。人员分析的重点是评价工作人员实际工作绩效以及工作能力，包括：①个人考核绩效记录。主要包括员工的工作能力、平时表现（请假、怠工、抱怨）、意外事件、参加培训的记录、离（调）职访谈记录等。②员工的自我评价。自我评价是以员工的工作清单为基础，由员工针对每一单元的工作成就、相关知识和相关技能真实地进行自我评价。③知识技能测验。以实际操作或笔试的方式测验工作人员真实的工作表现。④员工态度评价。员工对工作的态度不仅影响其知识技能的学习和发挥，还影响与同事间的人际关系，影响与顾客或客户的关系，这些又直接影响其工作表现。因此，运用定向测验或态度量表，就可帮助了解员工的工作态度。

2. 制订培训计划。完成培训需求分析之后，企业需要明确以下几个问题：谁需要接受培训？需要接受什么样的培训？是应当从培训公司或咨询公司购买培训服务，还是利用内部资源开发和实施培训计划？总体而言，一份培训计划需要包括：①培训的目的；②培训的方法；③培训的对象与培训者；④培训的时间和地点；⑤培训的经费预算；⑥培训的效果评估。

培训的目的指明了培训活动需要达到的总体效果和具体效果，目的越清晰，目标越明确，对培训效果的评估越有利。培训对象是确定谁来参与培训。培训的时间取决于企业经营活动的特点和其他具体情况。培训的地点选择主要服从于培训目的、培训方法的要求。

3. 培训活动实施。培训活动实施就是根据企业制订的培训计划，对培训计划的各项内容的准备、执行与控制。一般而言，培训活动实施包括聘请培训讲师、编写培训教案、设计教材教具、公布培训通知、协调各项工作、筛选培训对象、执行推广计划、联络参加人员、安排布置场地、学员培训管理、进行课程培训、培训记录反馈。

企业要做好从接待培训师，到做好签到表、发放培训材料、培训项目介绍、培训问卷回收、培训资料归档整个培训过程的管理类工作。

4. 培训成果转化。培训成果转化是指学员将培训中所学到的知识、技能和行为等应用到实际工作中的过程。培训成果转化水平会受到培训成果转化的氛围、管理者的支持、同事的支持、所学内容以及自我管理能力等多方面的影响。

5. 培训效果评估。培训成本支出到底是否值得？其有效性如何？培训是否达到了预定的目标？受训者对于培训的满意度如何？培训内容及其组织管理如何？受训者是否在实际工作中运用了培训中所获得的知识和技能？这些问题可以通过培训效果评估来回答。

培训评估方案有事后评估、事前—事后评估（有对照组）和事前—事后评估（无对照组），还可以采用时间序列法来评估。

大多数组织者都用比较简单的方法对培训获得的有效性进行评估，即在培训结束时通过问卷调查来反映培训的满意度。但这种评估没有能够结合培训的目的和战略目标，科克帕特里设计了一个对评估效果进行评估的体系，将培训可能产生的效果划分为认知性结果、技能性结果、情感性结果、组织成果和投资回报率五个方面。

（三）培训的方法

培训方法选择恰当与否对于培训的实施以及培训效果的好坏有非常重要的影响。为了帮助员工获取新的知识、技能和行为，企业可以采用多种培训方法，如讲授法、案例分析法、角色扮演法、师徒培训法等，其中，课堂讲授法是最为常用的培训方法。

培训的方法有很多，按照培训的实施方式分为两大类：在职培训和非在职培训。

1. 在职培训。在职培训是在工作中直接对员工进行培训，员工不离开实际岗位。在职培训比较经济，不需要另外安排场所、添置设备，有时候也不需要专职培训员，可以利用现有人力物力来实现，不影响正常的生产秩序。但在职培训缺乏良好的组织，培训效果可能会受到影响。

（1）导师制。导师制是有针对性地为学员指定一位导师，并通过正式或者非正式的途径将自己的知识或技能传授给学员，使学员在新的工作岗位上能更好地适应和发展。

（2）工作轮换。工作轮换是让受训者在一定时期内变换职位，使其获得不同职位的工作经验的培训方法。

（3）实习培训。实习培训是让受训者亲自去做，在实地操作的过程中学习新事物，一边做一边学，然后由技术熟练的工人及主管提出评价及建议，使受训者从中获益的培训方法。

（4）自学。自学比较适用于一般理性知识的学习，由于成人学习具有偏重经验与理解的特性，具备一定学习能力和自觉的学员可以选择自学的方式。

2. 非在职培训。非在职培训是指在专门的培训现场接受履行职务所必要的知识、技能和态度的培训。

（1）传授知识。传授知识的方法有课堂讲授法、视听教学、研讨法、规划学习等。

（2）发展技能训练。主要包括工具训练法、管理游戏、文件篮、案例分析、商业游戏、情景模拟、拓展训练等方法。

（3）改变工作态度。主要包括角色扮演法、感受训练等培训方法。

（四）员工开发

员工开发是企业培训师向员工提供工作所必需的知识、技能的过程。开发是根据员工和企业双方的发展需求对员工的潜力进行开发、对员工的职业发展过程进行系统设计和规划的过程。培训的目的是帮助员工完成当前工作，开发则是帮助员工胜任企业中其他职位的工作，并且通过提高员工的能力，让他们能够承担现在尚不存在、将来可能的某种工作，是未来导向的。

员工开发的主要方法包括正规教育法、评价法（如人格类型测试、评价中心、杠杆法、360 度反馈）、工作实践体验法（职位扩大化、职位轮换、临时派遣、职位变化——晋升、调动、降职）等。

四、绩效考核

企业招聘进来的员工，经过培训后安排到不同的工作岗位上，需要对员工进行绩效考核。

（一）绩效考核概述

绩效考核指企业在既定的战略目标下，运用特定的标准和指标，对员工的工作行为及取得的工作业绩进行评估，并运用评估的结果对员工将来的工作行为和工作业绩产生正面引导的过程和方法。

1. 绩效考核的作用。企业为什么要进行绩效考核呢？绩效考核有以下作用。

（1）达成目标。绩效考核本质上是一种过程管理，而不是仅仅对结果的考核。它是将中长期的目标分解成年度、季度、月度指标，不断督促员工实现、完成的过程，有效的绩效考核能帮助企业达成目标。

（2）挖掘问题。绩效考核是一个不断制订计划、执行、检查、处理的 PDCA 循环过程，在整个绩效管理环节，包括绩效目标设定、绩效要求达成、绩效实施修正、绩效面谈、绩效改进、再制定目标的循环，这也是一个不断地发现问题、改进问题的过程。

（3）分配利益。与利益不挂钩的考核是没有意义的，员工的工资一般都会分为两个部分：固定工资和绩效工资。绩效工资的分配与员工的绩效考核得分息息相关。

（4）促进成长。绩效考核的最终目的是促进企业与员工的共同成长。通过考核发现问题、改进问题，找到差距进行提升，最后达到双赢。

（5）人员激励。通过绩效考核，把员工聘用、职务升降、培训发展、劳动薪酬相结合，使得企业激励机制得到充分运用，有利于企业的健康发展；同时对员工本人，也便于建立不断自我激励的心理模式。

2. 绩效考核的原则。绩效考核必须坚持以下原则。

（1）公平原则。公平是确立和推行人员考绩制度的前提。不公平就不可能发挥考绩应有的作用。

（2）严格原则。考绩不严格，就会流于形式，形同虚设。考绩不严，不仅不能全面地反映工作人员的真实情况，还会产生消极的后果。考绩的严格性包括：要有明确的考核标准；要有严肃认真的考核态度；要有严格的考核制度与科学严格的程序及方法等。

（3）单头原则。对各级职工的考核，都必须由被考核者的“直接上级”进行。直接上级相对来说最了解被考核者的实际工作表现（成绩、能力、适应性），也最有可能反映真实情况。单头考核明确了考核责任所在，并且使考核系统与组织指挥系统取得一致，更有利于加强经营组织的指挥机能。

（4）公开原则。考绩的结论应对本人公开，这是保证考绩民主的重要手段。这样做，一方面，可以使被考核者了解自己的优点和缺点、长处和短处，从而使考核成绩好的人再接再厉，继续保持先进；也可以使考核成绩不好的人心悦诚服，奋起上进。另一方面，还有助于防止考绩中可能出现的偏见以及种种误差，以保证考核的公平与合理。

（5）奖惩原则。依据考绩的结果，企业应根据工作成绩的大小、好坏，有赏有罚，有升有降，而且这种赏罚、升降不仅与精神激励相联系，还必须通过工资、奖金等方式同物质利益相联系，这样才能达到考绩的真正目的。

（6）客观原则。绩效考核应当根据明确规定的考评标准，针对客观考核资料进行评价，尽量避免渗入主观性和感情色彩。

（7）反馈原则。考核的结果一定要反馈给被考核者本人，否则就起不到考核的教育作用。在反馈考核结果的同时，企业应当向被考核者就评语进行说明解释，肯定其成绩和进步，说明其不足之处，为被考核者提供今后努力的参考意见等。

（8）差别原则。考核的等级之间应当有鲜明的差别界限，针对不同的考评评语在工资、晋升、使用等方面应体现明显差别，使考评带有刺激性，鼓励职工的上进心。

（二）绩效考核的种类

1. 根据考核的时间不同，绩效考核分为日常考核和定期考核。

（1）日常考核。指对被考核者的出勤情况、产量和质量实绩、平时的工作行为所作的经常性考核。

（2）定期考核。指按照一定的固定周期所进行的考核，如年度考核、季度考核等。

2. 根据考核主体不同，绩效考核分为主管考核、自我考核、同事考核、下属考核和顾客考核，即“360 度考核方法”。

（1）主管考核。指上级主管对下属员工的考核。这种由上而下的考核，由于考核的主体是主管领导，所以能较准确地反映被考核者的实际状况，也能消除被考核者心理上不必要的压力，但有时也会受主管领导的疏忽、偏见、感情等主观因素的影响而产生考核偏差。

（2）自我考核。指被考核者本人对自己的工作实绩和行为表现所作的评价。这种方式透明度较高，有利于被考核者在平时自觉地按考核标准约束自己，但最大的问题是有“倾高”现象存在。

（3）同事考核。指同事间互相考核。这种方式体现了考核的民主性，但考核结果往往受被考核者的人际关系的影响。

（4）下属考核。指下属员工对他们的直接主管领导的考核。一般选择一些有代表性的员工，用比较直接的方法，如直接打分法等进行考核，考核结果可以公开或不公开。

（5）顾客考核。许多企业把顾客也纳入员工绩效考核体系中。在一定情况下，顾客常常是唯一能够在工作现场观察员工绩效的人，此时，他们就成了最好的绩效信息来源。

3. 根据形式不同，绩效考核分为定性考核和定量考核。

（1）定性考核。其结果表现为对某人工作评价的文字描述，或对员工之间评价高低的相对次序以优、良、中、及、差等形式表示。

（2）定量考核。其结果以分值或系数等数量形式表示。

4. 根据内容不同，绩效考核分为特征导向型考核、行为导向型考核和结果导向型考核。

（1）特征导向型。考核的重点是员工的个人特质，如诚实度、合作性、沟通能力等，即考量员工是一个怎样的人。

（2）行为导向型。考核的重点是员工的工作方式和工作行为，如服务员的微笑和态度、待人接物的方法等，即对工作过程的考量。

（3）结果导向型。考核的重点是工作内容和工作质量，如产品的产量和质量、劳动效率等，侧重点是员工完成的工作任务和生产的产品。

5. 根据意识不同，绩效考核分为客观考核和主观考核。

（1）客观考核方法。客观考核方法是对可以直接量化的指标体系所进行的考核，如生产指标和个人工作指标。

（2）主观考核方法。主观考核方法是由考核者根据一定的标准设计的考核指标体系对被考核者进行主观评价，如工作行为和工作结果。

（三）绩效考核的程序

绩效考核的基本程序主要由确定工作绩效考核目标、建立业绩期望、检查员工工作、绩效评价与管理反馈五个步骤构成。

1. 确定工作绩效考核目标。绩效考核实施前要制定明确的目标，在企业总体目标和行动方案的指导下，每次工作绩效考核的具体目标是什么，达到何种效果，取得何种改进，都应事先确定下来，以指导绩效考核过程的具体进行。

2. 建立业绩期望。通过工作分析建立工作完成标准，使工作绩效有据可循，在明确员工所完成工作的具体要求、职责、任务的基础上与实际工作完成情况对照，进行考核。建立业绩期望便于考核人员客观公正地进行考核，也有利于员工明确工作标准，更客观地理解考核结果。

3. 检查员工工作。依据工作期望对员工实际完成的工作进行检查和对照，依据标准对考核过程给予监督，依照一定的工作标准检查员工实际工作行为、工作成果、工作质量，对员工工作的各个方面进行衡量。

4. 绩效评价。将实际工作绩效与工作期望进行对比和衡量，依据对比的结果评定员工的工作绩效。要做到客观公正、考虑全面。

绩效考核的目的是帮助员工认识到自己工作中的不足及长处，从而扬长避短，提高生产率。与员工一起回顾和讨论绩效的考评结果，对不明确或不理解之处做出解释，有助于员工接受考核结果，并共同探讨出最佳的改进方案。

5. 管理反馈。绩效考核的结果要应用到下一次绩效考核的目标制定中，为考核目标设立、考核方法改进、考核信息收集来源提供信息。

（四）绩效考核的方法

常用的绩效考核的方法有：

1. 相对评价法。

（1）序列比较法。序列比较法是对按员工工作成绩的好坏进行排序考核的一种方法。在考核之前，首先要确定考核的模块，但是不确定要达到的工作标准。将相同职务的所有员工在同一考核模块中进行比较，根据他们的工作状况排列顺序，工作较好的排名在前，工作较差的排名在后。然后将每位员工几个模块的排序数字相加，就是该员工的考核结果。总数越小，绩效考核成绩越好。

（2）相对比较法。相对比较法是对员工进行两两比较，任何两位员工都要进行一次比较。两名员工比较之后，相对较好的员工记“1”，相对较差的员工记“0”。所有的员工相互比较完毕后，将每个人的得分相加，总分越高，绩效考核的成绩越好。

（3）强制比例法。强制比例法是指根据被考核者的业绩，将被考核者按一定的比例分为几类（最好、较好、中等、较差、最差）进行考核的方法。

2. 绝对评价法。

（1）目标管理法。目标管理是通过将组织的整体目标逐级分解直至个人目标，最后根据被考核人完成工作目标的情况来进行考核的一种绩效考核方式。在开始工作之前，考核人和被考核人应该对需要完成的工作内容、时间期限、考核的标准达成一致。在时间期限结束时，考核人根据被考核人的工作状况及原先制定的考核标准来进行考核。

（2）关键绩效指标法。关键绩效指标法是以企业年度目标为依据，通过对员工工作绩效特征的分析，据此确定反映企业、部门和员工个人一定期限内综合业绩的关键性量化指标，并以此为基础进行绩效考核。

（3）等级评估法。等级评估法根据工作分析，将被考核岗位的工作内容划分为相互独立的几个模块，在每个模块中用明确的语言描述完成该模块工作需要达到的工作标准。同时，将标准分为几个等级选项，如“优、良、合格、不合格”等，考核人根据被考核人的实际工作表现，对每个模块的完成情况进行评估。总成绩便为该员工的考核成绩。

（4）平衡计分卡。平衡计分卡从企业的财务、顾客、内部业务过程、学习和成长四个角度进行评价，并根据战略的要求给予各指标不同的权重，实现对企业的综合测评，从而使得管理者能整体把握和控制企业，最终实现企业的战略目标。

3. 描述法。

（1）全视角考核法。全视角考核法（360 度考核法），即上级、同事、下属、自己和顾客对被考核者进行考核的一种考核方法。通过这种多维度的评价，综合不同评价者的意见，可以得出一个全面、公正的评价。

（2）重要事件法。重要事件是指考核人在平时注意收集被考核人的“重要事件”，这里的“重要事件”是指那些会对部门的整体工作绩效产生积极或消极的重要影响的事件，对这些表现要形成书面记录，根据这些书面记录进行整理和分析，最终形成考核结果。

绩效定量管理法正是在不同的时期和不同的工作状况下，通过对数据的科学处理，及时、准确地考核，协调落实收入、能力、分配关系。

4. 目标绩效考核法。目标绩效考核是自上而下进行总目标的分解和责任落实过程，相应地，绩效考核也应服从总目标和分目标的完成。因此，作为部门和职位的 KPI 考核，也应从部门对公司整体进行支持、部门员工对部门进行支持的立足点出发。同时公司的领导者和部门的领导者也应对下属的绩效考核负责，不能向下属推卸责任。绩效考核区分了部门考核指标和个人考核指标，也能够从机制上确保上级能够积极关心和指导下级完成工作任务。

五、薪酬福利

（一）薪酬概述

1. 薪酬的概念。薪酬是企业对员工的劳动付出与业绩成果所给予的回报，包括工资、奖金、津贴、分红、股权、福利以及各种非经济性报酬。

薪酬不仅仅是员工的劳动所得，而且代表了员工自身的价值和地位，代表了企业对员工的认可。具体如图 3－17 所示。

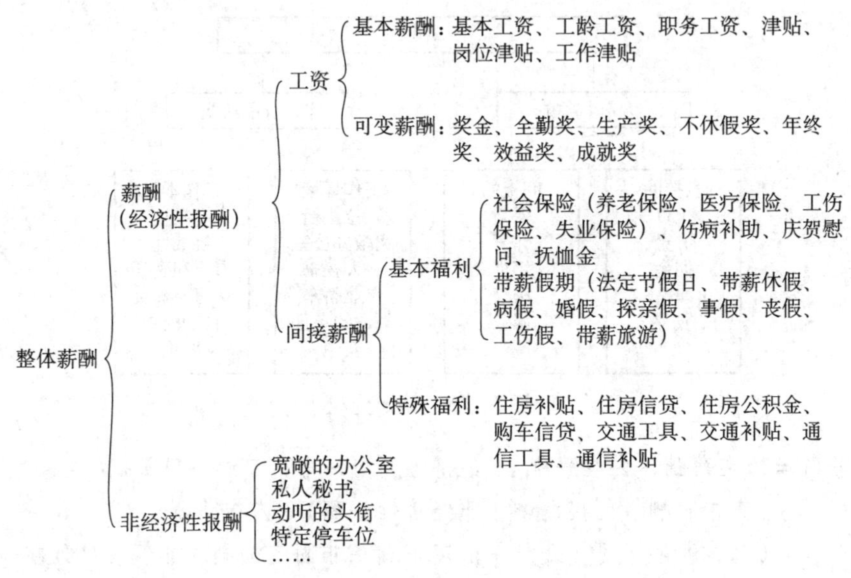

图 3－17 薪酬概念

资料来源：王少东，吴能全，余鑫. 薪酬管理［M］. 北京：清华大学出版社，2009.

2. 薪酬的构成。薪酬有狭义和广义之分。狭义的薪酬是指员工凭借劳动而获得的直接和间接的经济性收入，包括工资、奖金、津贴补贴、福利等。这些经济性收入依据是否取得直接的货币形式而分为货币性薪酬和非货币性薪酬。狭义的薪酬包括基本薪酬、可变薪酬、间接薪酬（福利与服务）三个方面。

（1）基本薪酬。基本薪酬也称为工资，是企业根据员工所承担（从事）的工作本身，或员工所具备的完成工作的技能、能力而向员工支付的稳定性报酬。基本薪酬是员工工作收入的主体部分，是维持劳动者基本生活需要的来源，也是确定其他劳动报酬和福利待遇的基础。基本薪酬风险小、稳定性高。

（2）可变薪酬。可变薪酬也称为浮动薪酬，它是与绩效薪酬直接挂钩的经济性报酬。可变薪酬分为短期可变薪酬和长期可变薪酬两种，短期可变薪酬包括年终分红、佣金及奖金等，是建立在绩效目标之上的。长期可变薪酬是为了鼓励员工完成多年度的绩效目标，以实现企业与员工的长期共同发展，如股票、期权等。可变薪酬具有非常规性、浮动性、非普遍性的特点。

（3）间接薪酬。间接薪酬包括员工福利与服务，福利的发放形式一般不是通过货币直接支付，而多以实物或服务的形式发放，是一种全员性的。除国家强制性的社会保险项目外，福利项目还包括企业举办的各种服务活动，如过节礼品、免费午餐、公益性心理咨询法律服务、带薪休假等。

广义的薪酬包括经济性报酬和非经济性报酬，也可以将其分为内在报酬和外在报酬（见图3－18）。非经济性报酬（内在报酬和外在报酬）是员工个人对工作本身或对工作在心理与物质环境上的满足感，包括工作特征和工作环境的大部分，对员工而言主要是一种精神激励，如同事或上级的肯定、良好的工作环境、和谐的人际关系、合理的工作分工、弹性的工作时间等。

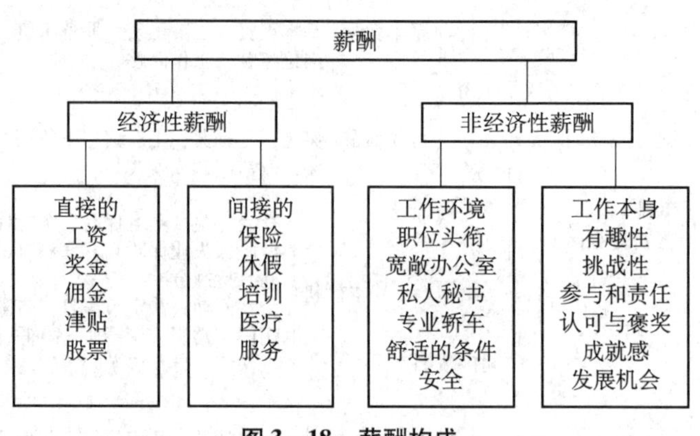

图3－18　薪酬构成

薪酬＝外在薪酬＋内在薪酬＝（经济性薪酬＋非经济性薪酬）＋内在薪酬
＝（直接薪酬＋间接薪酬＋非经济性薪酬）＋内在薪酬
＝（基本薪酬＋可变薪酬＋法定福利＋非固定福利＋非经济性外在薪酬）＋内在薪酬

其中，内在薪酬包括参与决策的权利、工作自主性、工作的兴趣、个人发展机会、责任感和成就感、富有价值的贡献等。

（二）薪酬管理

薪酬管理是企业管理者对企业员工薪酬的支付标准、发放水平、要素结构进行确定、分配和调整的过程。企业必须确定好薪酬水平、薪酬体系、薪酬结构、薪酬发放政策等，持续地改进薪酬管理，从而提升管理水平。

1. 薪酬管理的作用。对企业而言，薪酬管理的作用主要有以下几个方面。

（1）改善企业经营绩效。薪酬对于员工的工作态度、工作行为、工作绩效具有直接的影响。薪酬能够引导员工工作行为和工作态度最终朝着企业期望的方向发展。薪酬不仅决定了企业招募员工的数量和质量，决定了企业中人力资源的存量，还决定了员工的激励水平，从而影响员工工作效率，进而影响企业的生产能力和生产效率，最终影响企业战略目标的实现。

（2）塑造强化企业文化。薪酬对于员工的工作态度、工作行为产生很强的引导作用，合理的、富有激励性的薪酬制度有助于塑造良好的企业文化，对企业文化起到积极的强化作用。

（3）支持企业组织变革。薪酬能够强化企业新的价值观和行为，通过作用于员工个人、工作团队、组织整体来创造与变革相适应的内部和外部氛围，从而推动企业进行组织变革。

（4）控制企业经营成本。企业的薪酬水平高低会直接影响到企业在劳动力市场的竞争能力，因此，企业保持相对较高的薪酬水平对吸引保留员工来说是有利的，但较高的薪酬水平会增加企业生产成本，对企业产品的市场竞争力产生不利影响。企业为了获取保留优秀人力资源不得不付出成本，但要在市场上保持产品或服务的竞争力又必须控制企业的成本。

2. 薪酬管理的要求。企业薪酬管理系统一般要同时达到公平性、有效性和合法性三大目标。

公平性是企业员工对本人薪酬与组织外部劳动力市场状况、组织内部不同职位、类似职位薪酬水平之间对比的结果，包括对薪酬管理系统、管理过程的公平性。

有效性是指薪酬管理体系对企业财务指标如利润率、销售额、股价，还有客户服务水平、产品或服务质量、团队建设、创新能力、学习能力等定性指标等经营目标的提升。

合法性是企业薪酬管理体系和管理过程符合国家的相关法律法规。

总体而言，企业薪酬管理体系必须达到以下要求。

（1）薪酬要有外部竞争性。员工通常会与外部劳动力市场、其他企业从事同样工作的员工所获得的薪酬进行比较，这往往会决定员工工作的经济性乃至员工的去留，因此，企业薪酬要有外部的竞争性，实现员工与企业共同发展。

（2）薪酬要有内部一致性。员工通常会把自己的薪酬与比自己等级低的职位、等级相同的职位、等级更高的职位所获取的薪酬进行对比，通过这种对比来判断自己所获薪酬是否公平合理。

（3）绩效薪酬要有公平性。员工还会与自己在同一家企业中从事相同或类似工作的其他人进行比较。如果他比较的结果是公平的，就会调动其工作的积极性。

（4）薪酬管理过程要求公平性。薪酬管理过程和薪酬政策的实施也会影响员工对薪酬制度公平性的认知，公开、透明地与员工沟通薪酬决策与制度往往容易获得员工的认同，薪酬系统的有效性也会提高。

3. 薪酬管理的内容。企业在开展薪酬管理活动时，通常都要在薪酬体系、薪酬水平、薪酬结构及其管理政策等方面进行决策。

（1）制定薪酬管理政策。企业薪酬管理政策是企业对薪酬管理运行的目标、任务、手段的选择，是企业对员工薪酬所采取的方针、策略。企业可以根据自身的发展战略和人力资源战略合理选择薪酬政策。薪酬管理政策主要涉及企业的薪酬成本、预算控制方式、企业薪酬制度、薪酬规定、员工薪酬水平是否保密等。薪酬管理政策必须确保员工对于薪酬系统公平性的看法，并有助于企业和员工个人目标的实现。

（2）设计薪酬体系。薪酬体系决策的主要任务是确定企业决定员工基本薪酬的基础是什么。目前，国际上通行的薪酬体系有三种：①职位薪酬体系。职位薪酬体系依据的是员工从事工作自身的价值，是以工作和职位为基础的薪酬体系。职位薪酬体系的步骤为：进行职位分析，形成职位说明书，职位价值评价，薪酬调查，薪酬水平及结构确定，薪酬体系实施与修正。②技能薪酬体系。技能薪酬体系依据的是员工自身技能水平，是以人为基础的薪酬体系。③能力薪酬体系。能力薪酬体系依据的是员工所具备的胜任能力或综合任职资格，也是以人为基础的薪酬体系。

（3）确定薪酬水平。薪酬水平是企业中各个职位、各个部门以及企业平均的薪酬，薪酬水平决定了企业薪酬外部的竞争性。薪酬水平的确立主要是一个横向比较的过程，是企业相对于其他竞争对手的薪酬水平高低，它决定了企业薪酬的外部竞争力。影响企业薪酬水平决策的因素有：①同行业或同地区竞争对手支付的薪酬水平；②企业支付能力和薪酬战略；③社会生活成本指数；④薪酬政策。

（4）设计薪酬结构。薪酬结构从纵向反映了企业内部不同职位薪资水平之间的相互关系，是指薪酬构成、薪酬等级阶梯以及薪酬等级阶梯之间的差距，通常指相对固定的基本薪酬部分的等级数量及等级差距。薪酬构成包括岗位工资、工龄工资、浮动工资等，薪酬等级是企业内部一共有多少个基本薪酬级别（多少个阶梯）。如果说企业的薪酬水平会对员工的吸引和保留产生重大影响，那么，薪酬结构的合理与否往往对员工的流动率和工作积极性产生重大的影响。

（5）确定薪酬支付方式。薪酬的各个构成部分有其特定的内容，也有特定的计量方式，直接薪酬支付形式是货币，间接薪酬多以非货币的形式来体现。

（三）薪酬体系设计

1. 薪酬体系简介。薪酬有五种主要依据，相应地形成当前的五种主流薪酬体系：基于岗位的薪酬体系、基于绩效的薪酬体系、基于技能的薪酬体系、基于市场的薪酬体系、基于年功的薪酬体系。

（1）基于岗位的薪酬体系。基于岗位的薪酬体系，顾名思义，是以岗位的价值作为支付工资的基础和依据，在岗位价值基础上构建的支付薪酬的方法和依据，即在确定员工的基本工资时，首先对岗位本身的价值作出客观的评价，然后再根据评价结果赋予承担这一岗位工作的人与该岗位价值相当的基本工资。通俗地讲就是在什么岗，拿什么钱。对岗不对人，对于员工而言，岗位更为客观、稳定。

优点：与传统按资历和行政级别的付酬模式相比，真正实现了同岗同酬，内部公平性比较强。职位晋升，薪级也晋级，调动了员工努力工作以争取晋升机会的积极性。

缺点：如果一个员工长期得不到晋升，尽管本岗工作越来越出色，但其收入水平很难有较大的提高，也就影响了其工作的积极性。由于岗位导向的薪酬制度更看重内部岗位价值的公平性，也就吸引不到急需的人才。

（2）基于绩效的薪酬体系。基于绩效的薪酬体系是以员工的工作业绩为基础支付工资，支付的唯一根据或主要根据是工作成绩或劳动效率。将员工的绩效同制定的标准相比较以确定其绩效工资的额度，形式有计件（工时）工资制、佣金制、年薪制等。绩效工资制适用于生产工人、管理人员、销售人员等。

优点：员工的收入和工作目标的完成情况直接挂钩，让员工感觉很公平，“干多干少干好干坏不一样”，激励效果明显。员工的工作目标明确，通过层层目标分解，组织战略容易实现。企业不用事先支付过高的人工成本，在整体绩效不好时能够节省人工成本。

缺点：员工收入在考虑个人绩效时，会造成部门或者团队内部成员的不良竞争，为取得好的个人绩效，员工可能会减少合作。因此，在需要团队协作制胜时，不应过分强调个人绩效对收入的作用。绩效评估往往很难做到客观准确。对大多数中国企业来说，少有企业的绩效考核系统很完善，如果在这种情况下就将收入和绩效挂钩，势必造成新的不公平，也就起不到绩效付酬的激励作用。绩效付酬假设金钱对员工的刺激作用大，长期使用后会产生不良的导向，在企业增长缓慢时，员工拿不到高的物质方面的报酬，对员工的激励力度下降，在企业困难时，员工很难做到“共度难关”，而可能会选择离职或消极工作。

（3）基于技能的薪酬体系。基于技能的薪酬体系是以员工所具备的能力/技能作为工资支付的根本基础，即以人的能力要素作为工资支付的直接对象。这种模式认为员工获得报酬的差异主要来自人本身能力水平的差异，而非职位等级的高低、职位价值的高低。基于技能的薪酬体系用通俗的说法就是有好的能力就有好的结果，这种薪酬体系适用于企业中的技术工人、技师、科技研发人员、专业管理者等。

优点：员工注重能力的提升，就容易转换岗位，也就增加了发展机会，将来即使不在这个企业也会有竞争力。不愿意在行政管理岗位上发展的员工可以在专业领域深入下去，同样获得好的待遇，对企业来说留住了专业技术人才。员工能力的不断提升，使企业能够适应环境的多变，企业的灵活性增强。

缺点：做同样的工作，但由于两个人的技能不同而收入不同，容易造成不公平感。高技能的员工未必有高的产出，即技能工资的假设未必成立，这就要看员工是否投入工作。界定和评价技能不是一件容易做到的事情，管理成本高。员工着眼于提高自身技能，可能会忽视组织的整体需要和当前工作目标的完成。已达技能顶端的人才如何进一步地激励，这也是其弱点之一。

(4) 基于市场的薪酬体系。基于市场的薪酬体系是根据市场价格确定企业薪酬水平，根据地区及行业人才市场的薪酬调查结果，来确定岗位的具体薪酬水平。至于采取高于、等于或是低于市场水平，要考虑企业的盈利状况及人力资源策略。市场经济供求关系决定价格的基本规律也适用于员工的工资模式，人才资源的稀缺程度在很大程度上决定了薪酬的水平。该薪酬体系一般适用于企业的核心人员。

优点：企业可以通过薪酬策略吸引和留住关键人才。企业也可以通过调整那些替代性强的人才的薪酬水平，从而节省人工成本，提高企业竞争力。参照市场定工资，长期会容易让员工接受，降低员工在企业内部的矛盾。

缺点：市场导向的工资制度要求企业良好的发展能力和盈利水平，否则难以支付和市场接轨的工资水平。员工要非常了解市场薪酬水平，才能认同市场工资体系，因此，这种薪酬体系对薪酬市场数据的客观性提出了很高的要求，同时，对员工的职业化素质也提出了要求。完全按市场付酬，企业内部薪酬差距会很大，会影响组织内部的公平性。

(5) 基于年功的薪酬体系。基于年功的薪酬体系是一种简单而传统的薪酬制度，它是按照员工为企业服务期的长短而支付或增加薪酬的一种管理制度，往往与终生雇用制相关联。其基本特点是员工的企业工龄越长，工资越高。

优点：培养员工的忠诚度。员工的安全感强。

缺点：工资刚性太强，弹性太弱，不容易调整。容易形成论资排辈的氛围，不利于有才能的人才成长。不利于吸引年轻人，即使进入企业也会因漫长的等待而失去信心。战略控制的方式有很多，可以按照不同的标准分为不同的类型。

2. 薪酬体系设计的步骤。

(1) 薪酬调查。薪酬调查是薪酬设计中的重要组成部分。它解决的是薪酬的对外竞争力和对内公平问题，是整个薪酬设计的基础，只有实事求是的薪酬调查，才能使薪酬设计做到有的放矢，解决企业薪酬激励的根本问题，做到薪酬个性化和有针对性的设计。通常薪酬调查需要考虑以下三个方面：①企业薪酬现状调查。通过科学的问卷设计，从薪酬水平的三个公正（内部公平、外部公平、自我公平）的角度了解造成现有薪酬体系中的主要问题以及造成问题的原因。②进行薪酬水平调查。主要收集行业和地区的薪资增长状况、不同薪酬结构对比、不同职位和不同级别的职位薪酬数据、奖金和福利状况、长期激励措施以及未来薪酬走势分析等信息。③薪酬影响因素调查。综合考虑薪酬的外部影响因素如国家的宏观经济、通货膨胀、行业特点和行业竞争、人才供应状况，以及企业的内部影响因素如盈利能力和支付能力、人员的素质要求及企业发展阶段、人才稀缺度、招聘难度。

（2）确定薪酬原则和策略。薪酬原则和策略的确定是薪酬设计后续环节的前提。在充分了解企业目前薪酬管理的现状的基础上，确定薪酬分配的依据和原则，以此为基础确定企业的有关分配政策与策略，如不同层次、不同系列人员收入差距的标准、薪酬的构成和各部分的比例等。

（3）职位分析。职位分析是薪酬设计的基础性工作。基本步骤包括：首先结合企业经营目标，在业务分析和人员分析的基础上，明确部门职能和职位关系；然后进行岗位职责调查分析；最后由岗位员工、员工上级和人力资源管理部门共同完成职位说明书的编写。

（4）岗位评价。岗位评价重在解决薪酬对企业内部的公平性问题。通过比较企业内部各个职位的相对重要性，得出职位等级序列。岗位评价以岗位说明书为依据，方法有许多种，企业可以根据自身的具体情况和特点，采用不同的方法来进行。

（5）薪酬类别的确定。根据企业的实际情况和未来发展战略的要求，对不同类型的人员应当采取不同的薪酬类别，例如，企业高层管理者可以采用与年度经营业绩相关的年薪制，管理序列人员和技术序列人员可以采用岗位技能工资制，营销序列人员可以采用提成工资制，企业急需的人员可以采用特聘工资制，等等。

（6）薪酬结构设计。薪酬的构成因素反映了企业关注内容，因此，采取不同的策略、关注不同的方面就会形成不同的薪酬构成。企业在考虑薪酬的构成时，往往综合考虑以下几个方面的因素：一是职位在企业中的层级；二是岗位在企业中的职系；三是岗位员工的技能和资历；四是岗位的绩效，分别对应薪酬结构中的不同部分。

总之，薪酬体系设计必须根据企业的实际情况，并紧密结合企业的战略和文化，系统全面科学地考虑各项因素，并及时根据实际情况进行修正和调整，才能充分发挥薪酬的激励和引导作用，为企业的生存和发展起到重要的制度保障作用。

3. 薪酬体系设计的程序。薪酬体系设计是一个庞大的工程，不是靠文字堆砌而成的方案就能完成的，而是企业全体都参与的过程，是与其他人力资源管理部分紧密结合的过程。

（1）培育管理环境。薪酬体系不是靠人力资源部闭门造车，不是靠参加几次培训，更不是靠完全把它交给咨询企业就能完成的。保证良好的管理环境，如同培育好的土壤：与上层沟通好，获得支持；与中层沟通好，获得配合；与员工沟通好，获得认同。

（2）工作分析。工作分析是保证组织里所有的工作都能合理分配到合适的人身上，为随后的岗位评价奠定基础。工作分析活动需要由人力资源部、员工及其主管上级通过共同努力与合作来完成，通常采用访谈法、问卷法、观察法和现场工作日记/日志法，形成职位说明书和工作规范。职位说明书是描述工作执行者实际的工作内容、工作方法以及工作环境的书面文件；工作规范以职位说明书的内容为依据，说明工作执行者主要具备的知识、技能和经验等。

（3）职位评价。职位评价是对组织中所有职位的相对价值进行排序的过程，主要方法有排序法、分类法、要素比较法和要素点值法。其中最复杂也是相对比较科学的是要素点值法，它是选取若干关键性的薪酬要素，并对每个要素的不同水平进行界定，同时给各个水平赋予一定的分值，这个分值也叫作“点值”或“点数”，然后按照这些关键的薪酬要素对职位进行评估，得到每个职位的总点数，以此决定职位的相对薪酬，保证组织内部薪酬的公平性。

著名的 HAY 海氏因素点值评估体系认为智能水平、解决问题的能力、职务所承担的责任是最主要的付酬因素，每个要素是用一个多维矩阵的形式表现出来的。

（4）薪酬市场调查。由于由自己做薪酬调查效果难以保证，一般可以到咨询企业购买市场薪酬调查报告。但由于企业之间同一职位名称而工作内容的非同一性，再加上市场调查结果是统计分析后的总体性，所以市场调查结果也只是起到参考作用，具体到企业的薪酬设计，需要结合企业的实际情况，包括企业规模、盈利情况、员工层次等。

（5）与其他制度衔接。上面已经提到人力资源管理的每一部分都不是独立的，而是相互联系、相互影响的。例如，薪酬设计出来以后，对招聘工作有指导作用，而每个员工的具体薪酬又是由绩效考核结果决定的，绩效考核的结果又影响到培训、晋升等，这些进而又影响薪酬。所以，设计薪酬体系是一个庞大的工程，需要全体员工的参与和认可。

（四）员工福利

1. 福利概述。广义的福利是为了达到改善和提高员工生活水平的目的，单位为员工提供生活便利和物质待遇，以解决员工及其家属的生活困难。狭义的福利即劳动福利，是企业为满足员工生活需求，提供除工资外的福利设施，目的是使员工及其家属在工作和生活中获得更大的便利和部分额外的共同消费。

员工福利具有补偿性、均等性、集体性、多样性的特点。

员工福利包括集体福利和个人福利。集体福利是企业通过社会服务机构，供员工集体享用的福利性设施和服务。集体福利包括：住房公积金；集体生活设施和服务（员工食堂、托儿所幼儿园设施、卫生设施及医疗保障实施、文娱体育设施、集体交通工具等，对员工实行集体免费或低费服务）；员工休假、旅游待遇。

2. 福利的作用。福利对企业发展具有非常重要的作用，具体表现在以下方面。

（1）吸引和保留企业所需人才。福利制度体现了企业为员工生活投资的意愿，对员工具有重要的吸引力。企业为了吸引优秀人才，在不能单方面提升工资水平的时候，可以提供如企业年金、员工持股计划、住房等良好的福利来吸引员工。有研究表明，员工愿意接受一份提供良好福利的工作，而不愿意接受一份薪酬高 20% 但不提供福利的工作。

(2) 发挥员工积极性和主动性。良好的福利制度能够提高员工工作的满意度，进而带来较高的生产率、较低的缺勤率和人员流失率，充分发挥员工积极性和主动性。良好的员工福利可以为员工减少后顾之忧并提供良好的工作环境，员工能把更多的精力投入工作中，从而提高工作效率。

(3) 节省企业人工成本。在大多数国家，员工福利的税收标准比货币薪酬的工资要低，企业通过员工福利可以达到税收减免、延期纳税等税收优惠。另外，企业为员工提供的福利比支付等值货币报酬所占用的企业资源要少，这是因为集体购买员工福利具有规模经济效益，能够产生优惠，进而节省企业人工成本。

(4) 营造和谐企业文化。福利有利于员工收入均等化，有利于员工之间的合作，形成和谐的氛围。企业为员工提供的各种福利能使员工对企业产生归属感，提高员工的工作满意度和向心力，降低员工的不满情绪，有利于营造和谐的企业文化。

3. 福利的种类。员工福利包括法定福利和企业福利。法定福利是指政府通过立法，要求企业必须提供给员工的福利和待遇。企业福利包括由企业提供的各种集体福利和企业为员工及其家属提供的实物与服务。

(1) 法定福利。我国法定福利主要是五险一金：养老保险；失业保险；医疗保险；工伤保险；生育保险；住房公积金。

法定福利还包括法定假期：公休假日，如周六日；法定休假日，如新年、春节、清明节、劳动节、端午节、中秋节、国庆节等；带薪年休假；其他假期，如探亲假、婚丧假、产假、配偶生育假等。

(2) 企业福利。企业福利主要包括企业补充养老金计划、企业补充医疗计划、员工福利计划、运动服务（包括员工援助计划、咨询服务、教育援助计划、儿童看护帮助、老人护理服务、饮食服务、健康服务等）。

第三节 企业财务管理

一、财务管理内容与目标

（一）财务管理的内容

财务管理是关于资产的购置（投资）、资本的融通（筹资）和经营中现金流量（营运资金）以及利润分配的管理。企业财务管理是企业管理的组成部分，是对企业资金的筹集、投向、运用、分配以及相关财务活动进行决策，并对决策结果进行分析，以便为企业创造价值的过程。

企业财务活动可分为以下四个方面：企业筹资引起的财务活动，企业投资引起的财务活动，企业经营引起的财务活动，企业分配引起的财务活动。

1. 筹资活动。企业要保证筹集的资金能够满足其经营与投资的需要，并且要使筹资风险在其掌控之中，一旦外部环境发生变化，不至于因债务偿还问题而陷入破产的困境。

企业在进行筹资活动时主要考虑以下因素：需要多少资金？通过什么方式筹集？发行股票还是借款？

2. 投资活动。企业筹资的目的是把资金用于生产经营活动以取得盈利，不断增加企业价值。企业把筹集到的资金用于购置经营所需的固定资产、无形资产，便形成企业的对内投资；用于购买股票、债券、收购企业等，便形成对外投资。由于企业资金的有限性，企业需要尽可能将资金投放在风险较小且能给企业带来最大收益的项目上。

3. 经营活动。企业经营活动引起的财务活动包括：企业购买材料或半成品以便生产和销售产品；支付员工工资，产品售出后的资金回收；企业现金不能满足经营需要时的筹资；等等。

在一定时期内，企业资金周转越快，就可以利用相同数量的资金生产出更多的产品，取得更多的收入，获得更多的报酬。企业经营引起的财务活动中，加速资金周转、提高资金利用效率是主要考虑的问题。

4. 分配活动。企业经营过程会产生利润，取得投资报酬，需要按规定进行分配。首先要依法纳税；其次要用来弥补亏损，提取公积金；最后要向投资者分配股利。这一过程需要确定股利支付率的高低，支付率过高较多的资金会流出企业，影响企业再投资的能力；支付率过低向投资者分配的股利就少，可能引起投资者的不满，进而导致股价下跌，使企业价值下降。

综上所述，财务管理的主要内容是筹资管理（钱从哪里来）、投资管理（钱用到哪里）、运营资金管理（如何有效用好钱）、利润分配管理（怎么分配赚到的钱）。

（二）财务管理的目标

1. 利润最大化。利润最大化是西方微观经济学的理论基础。持有该观点的学者认为，利润代表了企业新创造的财富，利润越多则企业的财富就增加得越多，就越接近企业生产活动的目标。该观点可表述为：利润额是企业在一定期间经营收入和经营费用的差额，是按照收入费用配比原则加以计算的，反映了当期生产经营活动中投入与产出对比的结果。股东权益是股东对企业净资产的所有权，包括股本、资本公积、盈余公积和未分配利润四个方面。其中，股本是投资人投入企业的资本，该部分资本的变动取决于股东是否增加投资；资本公积来自股本溢价、资产重估增值等，其变动原因受企业当期经营绩效的影响较小；而企业当期经营绩效的最佳体现在于盈余公积和未分配利润的变动，该部分又来源于利润的获得，是企业从净利润中扣除已分配利润的剩余，因此，从会计角度看，利润是股东价值的来源。目前，在大多数情况下我国对于企业的业绩评价主要还是以利润为基础，但该目标也存在不足之处。

（1）没有考虑实现利润最大化的时间和项目报酬的时间价值。在面对相同利润额的两个项目时，如果不考虑资金的时间价值，就难以做出决策。

（2）没有考虑风险问题。高利润往往伴随高风险，如果仅为了实现利润最大化而忽略了投资项目的风险性，有可能导致企业面临严重的财务风险或经营风险，对企业的生存造成威胁。

（3）没有考虑项目投入和产出的配比问题。利润最大化只关注在项目完成后能够获得的利润，没有考虑项目初始投入的多少。

（4）易造成财务决策的短期行为。利润最大化会驱使企业只顾眼前利益，而忽视了企业的长远发展。

（5）利润是企业经营成果的会计计量，不能全面反映企业的真实情况。利润是企业经营成果的数字体现，更多反映出账面上的价值，对于企业发展更深层次的因素难以体现。例如，企业在当期出售固定资产导致企业利润增加，但这对于企业的能力并不构成直接影响。

2. 股东财富最大化。股东财富最大化是指以企业出售价格或企业股票价格表现的、属于股东所有的企业的价值最大化，即通过财富上的合理运作为股东创造更多的财富。在股份制公司中，股东财富由拥有的股票数量和股票市场价格两方面决定。当股票数量一定时，股东财富就依赖于股票的市场价格。理论上讲，股东财富的表现形式是未来可获得的净现金流量，对上市公司而言，股东财富取决于企业的未来获利能力和现金流入的时间和风险。与利润最大化相比，股东财富最大化优势在于：

（1）股东财富最大化考虑了货币的时间价值和风险，股票价格受到现金获得时间早晚和风险高低的影响。

（2）股东财富最大化强调企业在未来一段时间的获利能力，在一定程度上能够避免企业的短期逐利行为，对企业的长期发展有利。

（3）股东财富最大化考虑了投入和产出的配比问题，因为股票价格是对每股股份的标价，代表投资大众对公司价值的客观评价，反映出资本和盈利的关系。

股东财富对于上市公司而言是相对容易衡量的指标，但对于非上市公司来说，该如何运用股东财富最大化这一目标？理论上而言，非上市公司的价值等于其在市场上出售获得的价格或投资人转让出资而获得的价格，用整体出售所获得的价格作为衡量标准对于正常经营的企业而言难度较大，从可操作性来看，用资产评估或企业未来可取得的现金流入量来进行估值较为可行。

但应该看到，股东财富最大化也存在一定缺陷：

（1）只适用于上市公司，对非上市公司很难适用。

（2）强调股东的利益，而对企业其他的利益相关者重视不够。

（3）股票价格受多种因素影响，并非都是公司所能控制的。

尽管股东财富最大化存在上述缺点，但如果一个国家的证券市场高度发达，上市公司可以把股东财富最大化作为财务管理的目标。

3. 企业价值最大化。财务管理目标应与企业多个利益集团有关，企业的发展正是这些利益集团共同作用和相互妥协的结果。在一定时期和一定环境下，某一利益集团可能会起主导作用，但从企业长远发展来看，不能只强调某一利益集团的利益，而置其他利益集团的利益于不顾，因此，不能将财务管理目标归为单个利益集团的目标，从这一意义上说，股东财富最大化不是财务管理的最佳目标。理论上而言，各个利益集团的目标都可以折中为企业长期稳定的发展和企业的总价值不断增长，各个利益集团都可以借此实现各自的最终目标。所以，以企业价值最大化作为财务管理目标比以股东财富最大化作为财务管理目标更科学。

企业价值最大化是指通过对财务的合理经营，采用最优的财务政策，充分考虑资金的时间价值和风险与报酬的关系，在保证企业长期稳定发展的基础上使企业的价值达到最大化。其基本思想是将企业长期稳定发展摆在首位，强调企业价值在增长中满足相关利益方的需求。主要内容包括：

（1）强调风险与报酬的均衡，将风险控制在企业可承担范围之内。

（2）创新与股东之间的利益协调关系。

（3）关心本企业职工利益，创造优美和谐的工作环境。

（4）重视与债权人的沟通，重大财务决策邀请其参加，培养可靠的资金供应者。

（5）关心顾客的利益，在产品的研制和开发上加大投入，同时做好售后服务，以获取忠实客户保持销售收入的长期稳定增长。

（6）讲求信誉，注意企业形象的塑造和宣传。

（7）关心政府政策的变化，努力争取参与政府制定政策的有关活动，以便争取对自己有利的法规。

企业价值最大化体现了对经济效益的深层次的认识，它是现代财务管理的最优目标。

企业价值最大化目标不足在于：过于理论化，不利于量化考核和评价，难以操作；评估标准和方式存在较大的主观性，股价能否做到客观和准确将直接影响到企业价值的确定，非上市公司难以利用。

二、财务管理基础

（一）货币时间价值

1. 复利终值与现值。利息有单利和复利两种计算方式。单利是指在一定期间内根据本金计算利息，当期产生的利息不计入下期计息的本金中，不重复计算利息。复利则不仅本金要计算利息，当期利息也要计入下期计息的本金中计算利息，即“利滚利”。如果没有特别说明，财务管理中的时间价值是指复利。

（1）复利终值。终值是指当前的一笔资金在若干期后的价值，其计算公式为：

$FV_n = PV(1+i)^n$

其中，FV_n 表示复利终值；PV 表示复利现值（资金的当前价值）；i 表示利息率；n 表示计息期数；$(1+i)^n$ 表示复利终值系数。

（2）复利现值。现值是指未来年份收到或支付的现金在当前的价值，由终值求现值称为折现或贴现。

由 $FV_n = PV(1+i)^n$ 可推导出现值计算公式：

$$PV_n = \frac{FV_n}{(1+i)^n}$$

其中，$\frac{1}{(1+i)^n}$为复利现值系数或折现系数。

2. 年金终值与现值。年金指一定时期内每期相等金额的收付款项。折旧、利息、租金、保险费等都是年金的表现形式。年金按照付款方式，可分为后付年金（普通年金）、先付年金（即付年金）、延期年金和永续年金。

（1）后付年金终值和现值。后付年金是指每期期末有等额的收付款项的年金，在现实经济生活中最为常见，因而又被称为普通年金。

假设：A 表示年金数额；i 表示利息率；n 表示计息期数。

①后付年金终值。后付年金终值犹如零存整取的本利和，是一定时期内每期期末等额收付款项的复利终值之和。年金终值的计算公式为：

$FVA_n = A \cdot FVIFA_{i,n}$

$FVIFA_{i,n}$为年金终值系数或年金复利系数。

②后付年金现值。一定期间内每期期末等额的系列收付款项的现值之和叫后付年金现值。其计算公式为：

$PVA_n = A \cdot PVIFA_{i,n}$

$PVIFA_{i,n}$为年金现值系数。

（2）先付年金终值和现值。先付年金是指在一定时期内，各期期初等额的系列收付款项。先付年金和后付年金区别在于付款时间不同，由于后付年金是最常用的，因此，年金终值和现值系数表是按后付年金编制的。利用后付年金的系数表计算先付年金的终值和现值时，可在后付年金的基础上用终值和现值的计算公式调整。

①先付年金终值（见图 3－19）。

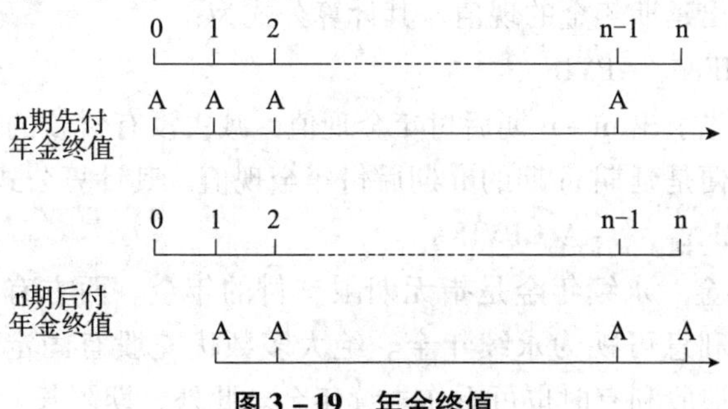

图 3－19 年金终值

n期先付年金与n期后付年金的付款次数相同，但由于付款时间不同，n期先付年金终值比n期后付年金终值多计算一期利息，因此，先求出n期后付年金的终值，然后乘以（1+i），便可求出n期先付年金的终值。计算公式为：

$XFVA_n = A \cdot FVIFA_{i,n} \cdot (1+i)$

其中，$XFVA_n$ 表示n期先付年金的终值，其他符号含义同前。

②先付年金现值（见图3-20）。

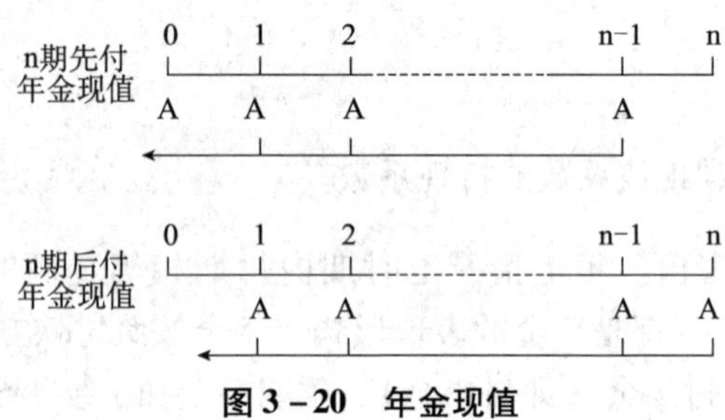

图3-20 年金现值

n期先付年金现值与n期后付年金现值的付款次数相同，但由于付款时间不同，在计算现值时，n期后付年金比n期先付年金多折现一期。因此，先求出n期后付年金的现值，然后乘以（1+i），便可求出n期先付年金的现值。计算公式：

$XPVA_n = A \cdot PVIFA_{i,n} \cdot (1+i)$

（3）延期年金（见图3-21）。延期年金是指在最初若干期没有收付款项的情况下，后面若干期等额的系列收付款项。假设最初有m期没有收付款项，后面n期有等额的收付款项，则延期年金的现值即为后n期年金贴现至m期期初的现值。

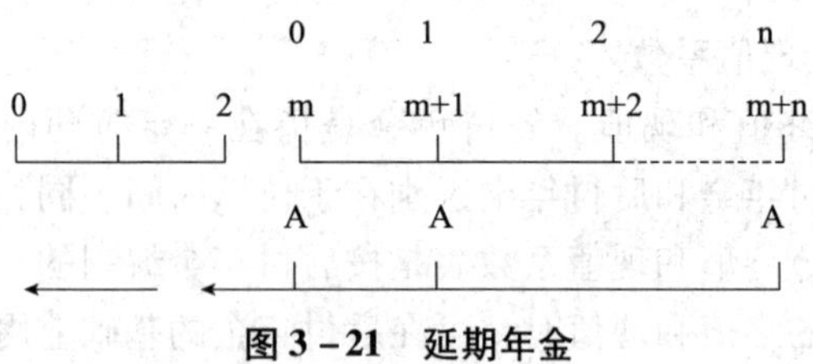

图3-21 延期年金

先求出延期年金在n期期初（m期期末）的现值，再将它作为终值贴现至m期期初，便可求出延期年金的现值。其计算公式为：

$V_0 = A \cdot PVIFA_{i,n} \cdot PVIF_{i,m}$

另一方法，先求出m+n期后付年金现值，减去没有付款的前m期后付年金现值，二者之差便是延期m期的n期后付年金现值。其计算公式为：

$V_0 = A \cdot PVIFA_{i,m+n} - A \cdot PVIFA_{i,m}$

（4）永续年金。永续年金是指无期限支付的年金。西方有些债券为无期债券，这些债券的利息可视为永续年金。绝大多数优先股有固定的股利但无到期日，因此，优先股股利有时也可看作永续年金。此外，期限长、利率高的年金现值，可按计算永续年金的公式计算近似值。

永续年金现值的计算公式为：

$$V_0 = A \cdot \frac{1}{i}$$

（二）风险与报酬

讨论风险和报酬关系的目的是解决估价时如何确定折现率的问题。

从增加企业价值的目标来看，折现率应当根据投资者要求的必要报酬率来确定。研究表明，必要报酬率的高低取决于投资的风险，风险越大投资者要求的必要报酬率越高。不同风险的投资，需要使用不同的折现率。那么，投资的风险如何计量？特定的风险需要多少报酬来补偿？就成为选择折现率的关键问题。

一般而言，投资者都厌恶风险，并力求回避风险，但为什么还有人进行风险投资？这是因为风险投资可得到额外报酬——风险报酬。风险报酬的表示方式主要有两种：风险报酬额和风险报酬率。所谓风险报酬额是指投资者因冒风险进行投资而获得的超过时间价值的那部分额外报酬，风险报酬率是指投资者因冒风险进行投资而获得的超过时间价值率的那部分额外报酬率。在财务管理中，风险报酬通常用相对数——风险报酬率来加以计算。如果把通货膨胀因素抽象掉，投资报酬率就是时间价值率和风险报酬率之和，因此，时间价值和风险报酬便称为财务管理中两项基本因素。

1. 风险的概念。企业在其经营活动中会遇到各种不确定性事件，这些事件发生的概率及其影响程度是无法事先预知的，这些事件将对经营活动产生影响，从而影响企业目标实现的程度。这种在一定环境下和一定限期内客观存在的、影响企业目标实现的各种不确定性事件就是风险。

（1）风险的特征。风险是预期结果的“不确定性”。风险不仅包括负面效应的不确定性，还包括正面效应的不确定性。危险专指负面效应，是损失发生及其程度的不确定性。人们对于危险，需要识别、衡量、防范和控制，即对危险进行管理。风险的另一部分即正面效应，可以称为“机会”。人们对于机会，需要识别、衡量、选择和获取。理财活动不仅要管理危险，还要识别、衡量、选择和获取增加企业价值的机会。风险的正反两方面效应要求对财务现象要有更深刻的认识，即危险与机会并存。

（2）风险的分类。系统性风险又称市场风险，也称不可分散风险，是指由于多种因素的影响和变化，导致投资者风险增大，从而给投资者带来损失的可能性。系统性风险的诱因多发生在企业等经济实体外部，企业无法完全控制它，其带来的波动面一般都比较大，有时也表现出一定的周期性，主要有政策风险、宏观经济风险、汇率风险、购买力风险等。非系统性风险指公司内部的、可被分散的结构性风险，该风险是可以回避和抵消的，主要包括经营风险、财务风险、信用风险等。

2. 单项资产的风险和报酬。

(1) 确定概率分布。在经济活动中，某一事件在相同的条件下可能发生也可能不发生，这类事件称为随机事件。概率就是用来表示随机事件发生可能性大小的数值。同样，我们也可以为投资的可能结果（即报酬）赋予概率。

(2) 计算期望报酬率。随机变量的各个取值，以相应的概率为权数的加权平均数，叫作随机变量的预期值（数学期望或均值），它反映随机变量取值的平均化。

$$预期值(\overline{K}) = \sum_{i=1}^{N}(P_i \times K_i)$$

其中，P_i 表示第 i 种结果出现的概率；K_i 表示第 i 种结果出现后的预期报酬率；N 表示所有可能结果的数目。

(3) 计算标准差。标准差可以准确度量风险的大小，标准差越小，概率分布越集中，同时，相应的风险也就越小。

$$标准差(\sigma) = \sqrt{\sum_{i=1}^{n}(K_i - \overline{K})^2 \times P_i}$$

(4) 利用历史数据度量风险。报酬率的标准差可利用如下公式进行估算：

$$估计\ \sigma = \sqrt{\frac{\sum_{i=1}^{n}(K_i - \overline{K})}{n-1}}$$

其中，R_t 表示第 t 期实现的报酬率；$\overline{R}$ 表示过去 n 年内获得的平均年度报酬率。

(5) 计算离散程度。如果有两项投资，一项期望报酬率较高而另一项标准差较小，投资者该如何决策？此时另一个风险度量指标——离散系数可以较好地解决这一问题。其计算公式为：

$$CV = \frac{\sigma}{K}$$

离散系数度量了单位报酬的风险，为项目的选择提供了更有意义的比较基础。

3. 投资组合的风险和报酬。投资组合理论认为，若干种证券组成的投资组合，其收益是这些证券收益的加权平均数，但是其风险不是这些证券风险的加权平均风险，投资组合能降低风险。这里的“证券”是“资产”的代名词，它可以是任何产生现金流的东西，如一项生产性实物资产、一条生产线或者是一个企业。

(1) 证券组合报酬。证券组合的期望报酬率是指组合中单项证券期望报酬率的加权平均值，权重为整个组合中投入各项证券的资金占总投资额的比重，其表示为：

$$r_p = \sum_{j=1}^{m} r_j A_j$$

其中，r_j 是第 j 种证券的预期报酬率；A_j 是第 j 种证券在全部投资额中的比重；m 是组合中的证券种类总数。

（2）证券组合风险。

①相关系数。投资组合的风险不是各证券标准差的简单加权平均数，其风险的大小受到相关系数 ρ 的影响。

两个变量同时变动的趋势称为相关性，用相关系数 ρ 表示。相关系数总是在 $-1 \sim +1$ 间取值。当相关系数为 1 时，表示一种证券报酬率的增长总是与另一种证券报酬率的增长成比例，反之亦然；当相关系数为 -1 时，表示一种证券报酬率的增长与另一种证券报酬率的减少成比例，反之亦然；当相关系数为 0 时，表示缺乏相关性，每种证券的报酬率相对于另外证券的报酬率独立变动。一般而言，多数证券的报酬率趋于同向变动，因此，两种证券之间的相关系数多为小于 1 的正值。

$$相关系数(\rho) = \frac{\sum_{i=1}^{n}[(x_i - \bar{x}) \times (y_i - \bar{y})]}{\sqrt{\sum_{i=1}^{n}(x_i - \bar{x})^2} \times \sqrt{\sum_{i=1}^{n}(y_i - \bar{y})^2}}$$

若投资组合由完全正相关的股票组成，则无法分散风险，当投资组合由完全负相关的股票组成，则所有的风险都能被分散掉。一般而言，投资组合的风险程度通常会随着投资组合规模的增加而降低，并逐渐趋于某个临界值。因此，任意一只股票所包含的风险几乎有一半能够通过构建适度最大分散化的投资组合消除，但是，由于总会残留一些风险，因而几乎不可能完全分散那些影响所有股票报酬的整个股票市场的波动。

②β 系数。市场风险的程度通常用 β 系数来衡量，如果以 ρ_{im} 表示第 i 只股票的报酬与市场组合报酬的相关系数，σ_i 表示第 i 只股票报酬的标准差，σ_m 表示市场组合的标准差，则股票 i 的 β 系数计算公式为：

$$\beta_i = (\sigma_i / \sigma_m)\rho_{im}$$

根据上式可以看出，一种股票 β 值的大小取决于：该股票与整个股票市场的相关性；它自身的标准差；整个市场的标准差。

对于标准差较高的股票而言，其 β 系数也较大，因此，在其他条件都相同的情况下，高风险股票将为投资组合带来更多的风险。同时，与市场组合间的相关系数 ρ_{im} 较高的股票也具有较大的 β 系数，从而风险也更高，此时意味着分散风险的作用不大，该股票将给投资组合带来较多风险。β 系数的经济意义在于：它告诉我们相对于市场组合而言特定资产的系统风险是多少。某一股票的 β 值的大小反映了这种股票收益的变动与整个股票市场收益变动之间的相关关系，计算 β 值就是确定这种股票与整个股市收益变动的影响的相关性及其程度。

证券组合的 β 系数是单只股票 β 系数的加权平均，权数为各种股票在证券组合中所占的比重，其计算公式为：

$$\beta_P = \sum_{i=1}^{n} w_i \beta_i$$

（3）证券组合风险报酬率。与单项投资不同，证券组合投资要求补偿的风险只是市场风险，而不要求对可分散风险进行补偿。如果可分散风险的补偿存在，善于科学地进行投资组合的投资者将会购买这部分股票，并抬高其价格，其最后的报酬只反映市场风险。因此，证券组合的风险报酬率是投资者因承担不可分散风险要求的，超过时间价值的那部分额外报酬率计算公式为：

$$R_P = \beta_P (R_M - R_F)$$

其中，R_P 表示证券组合的风险报酬率；β_P 表示证券组合的 β 系数；R_M 表示所有股票的平均报酬率；R_F 表示无风险报酬率，一般用国库券的利息率来衡量。

4. 资本资产定价模型。资本资产定价模型的研究对象，是充分组合情况下风险与要求的收益率之间的均衡关系。资本资产定价模型可用于回答如下问题：多高的必要报酬率才足以抵补特定数量的风险？市场是怎样决定必要报酬率的？在前面的讨论中，我们首先将风险定义为预期报酬率的不确定性；然后根据投资理论将风险区分为系统性风险和非系统性风险，知道了在高度分散化的资本市场里只有系统性风险，并且会得到相应的回报。现在将讨论如何给风险定价。

（1）资本资产定价模型的前提假设。市场的期望报酬率是无风险资产的报酬率加上因市场组合的内在风险所需的补偿，其计算公式为：

$$R_M = R_F + R_P$$

其中，R_M 表示市场的期望报酬率；R_F 表示无风险资产的报酬率；R_P 表示投资者因持有市场组合而要求的风险溢价。

在构造证券投资组合并计算它们的报酬率之后，资本资产定价模型可以进一步测算投资组合中每一种证券的报酬率，资本资产定价模型建立在一系列严格假设之上。

①所有投资者均追求单期财富的期望效用最大化，并以各备选组合的期望收益和标准差为基础进行组合选择。

②所有投资者均可以无风险利率无限制地借入或贷出资金。

③所有投资者拥有同样预期，即对所有资产收益的均值、方差和协方差等，投资者均有完全相同的主观估计。

④所有的资产均可被完全细分，拥有充分的流动性且没有交易成本。

⑤没有税金。

⑥所有投资者均为价格接受者。即任何一个投资者的买卖行为都不会对股票价格产生影响。

⑦所有资产的数量是给定的和固定不变的。

在以上假设的基础上，学者们提出了具有奠基意义的资本资产定价模型。随后，每一个假设逐步被放开，并在新的基础上进行研究，这些研究成果都是对资本资产定价模型的突破与发展。多年来，资本资产定价模型经受住了大量的经验上的证明，尤其是 β 概念。

资本资产定价模型的一般形式：

$$R_i = R_f + \beta_i (R_m - R_f)$$

其中，R_i 是第 i 种股票或第 i 种证券组合的必要报酬率；R_f 是无风险收益率（通常以国库券的收益率作为无风险收益率）；β_i 表示第 i 种股票或第 i 种证券组合的 β 系数；R_m 是平均股票的必要报酬率。

（2）证券市场线。资本资产定价模型用图形表示如图 3－22 所示，证券市场线用以说明必要报酬率 R 与不可分散风险 β 系数之间的关系。

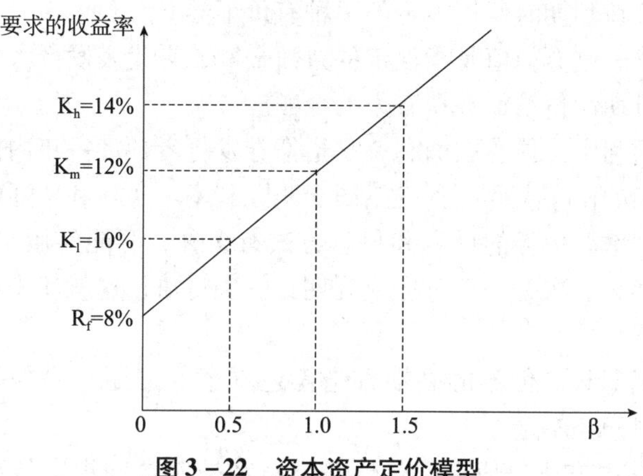

图 3－22　资本资产定价模型

证券市场线的主要含义如下：

①纵轴为要求的收益率，横轴则是以 β 值表示的风险。

②无风险证券的 β＝0，故 R_f成为证券市场线在纵轴的截距。

③证券市场线的斜率表示经济系统中风险厌恶感的程度。一般来说，投资者对风险的厌恶感越强，证券市场线的斜率越大，对风险资产所要求的风险补偿越大，对风险资产的要求收益率就越高。

④β 值越大，要求的收益率越高。

从证券市场线可以看出，投资者要求的收益率不仅取决于市场风险，还取决于无风险利率（证券市场线的截距）和市场风险补偿程度（证券市场线的斜率）。由于这些因素始终处于变动之中，所以证券市场线也不会一成不变。预计通货膨胀提高时，无风险利率会随之提高，进而导致证券市场线的向上平移。风险厌恶感的加强，会提高证券市场线的斜率。

证券市场线适用于单个证券和证券组合（无论它是否已经有效地分散了风险），它测度的是证券（或证券组合）每单位系统风险（β 系数）的超额收益。证券市场线比资本市场线的前提宽松，应用也更广泛。

（三）证券估价

在考虑货币时间价值、风险和报酬的基础上，就可以对企业债券、股票进行估价了。

1. 债券估价。债券估价具有重要的实际意义。企业运用债券形式从资本市场上筹资，必须要知道如何给它定价。如果定价偏低，企业会因筹集不到更多现金而遭受损失；如果定价偏高，企业会因发行失败而遭受损失。对于已经发行在外的上市交易的债券，估价仍然有重要意义。债券的价值代表了债券投资人要求的报酬率，对于经理人员来说，不知道债券如何定价就是不知道投资人的要求，也就无法使他们满意。

（1）债券相关概念。

①债券。债券是发行者为筹集资金，向债权人发行的，在约定时间支付一定比例的利息，并在到期时偿还本金的一种有价证券。

②债券面值。债券面值是指设定的票面金额，它代表发行人借入并且承诺于未来某一特定日期偿付给债券持有人的金额。

③债券票面利率。债券票面利率是指债券发行者预计一年内向投资者支付的利息占票面金额的比率。票面利率不同于实际利率。实际利率通常是指按复利计算的一年期的利率。债券的计息和付息方式有多种，可能使用单利或复利计息，利息支付可能半年一次、一年一次或到期日一次付清，这就使得票面利率可能不等于实际利率。

④债券的到期日。债券的到期日指偿还本金的日期。债券一般都规定到期日，以便到期时归还本金。

（2）债券估值方法。债券的价值是发行者按照合同规定从现在至债券到期日所支付的款项的现值。计算现值时使用的折现率，取决于当前的利率和现金流量的风险水平。

债券价值与折现率有密切的关系。债券定价的基本原则是：折现率等于债券利率时，债券价值就是其面值。如果折现率高于债券利率，债券的价值就低于面值；如果折现率低于债券利率，债券的价值就高于面值。对于所有类型的债券估价，都必须遵循这一原理。

债券价值不仅受折现率的影响，还受债券到期时间的影响。在折现率保持不变的情况下，不管它高于还是低于票面利率，债券价值随到期时间的缩短逐渐向债券面值靠近，至到期日债券价值等于债券面值。当折现率高于票面利率时，随着时间向到期日靠近，债券价值逐渐提高，最终等于债券面值；当折现率等于票面利率时，债券价值一直等于票面价值；当折现率低于票面利率时，随着时间向到期日靠近，债券价值逐渐下降，最终等于债券面值。

①典型的债券是固定利率、每年计算并支付利息、到期归还本金。按照这种模式，债券价值计算的基本模型是：

$$PV = \frac{I_1}{(1+i)^1} + \frac{I_2}{(1+i)^2} + \cdots + \frac{I_n}{(1+i)^n} + \frac{M}{(1+i)^n}$$

其中，PV 表示债券价值；I 表示每年的利息；M 表示到期的本金；i 表示折现率，一般采用当时的市场利率或投资人要求的必要报酬率；n 表示债券到期前的年数。

通过该模型可以看出，影响债券定价的因素有到期的本金、利息率、计息期和到期时间。

②纯贴现债券。纯贴现债券是指承诺在未来某一确定日期作某一单笔支付的

债券。这种债券在到期日前持有人不能得到任何现金支付，因而也称为“零息债券”。

纯贴现债券的价值：

$$PV=\frac{F}{(1+i)^{n}}$$

③平息债券。平息债券是指利息在到期时间内平均支付的债券。支付的频率可能是一年一次、半年一次或每季度一次等。

平息债券价值的计算公式如下：

$$PV = \sum_{t=1}^{mn}\frac{I/m}{\left(1+\frac{i}{m}\right)^{t}}+\frac{M}{\left(1+\frac{i}{m}\right)^{mn}}$$

其中，m 表示年付利息次数；n 表示到期时间的年数；i 表示每期的折现率；I 表示年付利息；M 表示面值。

④永久债券。永久债券是指没有到期日、永不停止定期支付利息的债券。英国和美国都发行过这种公债。对于永久公债，通常政府都保留了回购债券的权力。优先股实际上也是一种永久债券，如果公司的股利支付没有问题，将会持续地支付固定的优先股息。

永久债券的价值计算公式如下：

$$PV=\frac{\text{利息额}}{\text{折现率}}$$

（3）债券收益率。债券的收益水平通常用到期收益率来衡量。到期收益率是指以特定价格购买债券并持有至到期日所能获得的收益率。它是使未来现金流量现值等于债券购入价格的折现率。

计算到期收益率的方法是求解含有折现率的方程，即：

购进价格 = 每年利息 × 年金现值系数 + 面值 × 复利现值系数

$$V=I\cdot(p/A,i,n)+M\cdot(p/s,i,n)$$

其中，V 表示债券的价格；I 表示每年的利息；M 表示面值；n 表示到期的年数；i 表示折现率。

2. 股票估价。

（1）相关概念。

①股票。股票是股份公司发给股东的所有权凭证，是股东借以取得股利的一种有价证券。股票持有者即为该公司的股东，对该公司财产有要求权。

股票可以按不同的方法和标准分类：按股东所享有的权利，可分为普通股和优先股；按票面是否标明持有者姓名，可分为记名股票和不记名股票；按股票票面是否记明入股金额，可分为有面值股票和无面值股票；按能否向股份公司赎回自己的财产，可分为可赎回股票和不可赎回股票。我国目前各公司发行的都是不可赎回的、记名的、有面值的普通股票。

②股票价格。股票价格是指在市场上的交易价格，分为开盘价、收盘价、最高价和最低价等，股票的价格会受到各种因素的影响而出现波动。

③股票价值。股票本身是没有价值的，仅是一种凭证。它之所以有价格，可以买卖，是因为它能给持有人带来预期收益。投资股票通常是为了在未来能够获得一定的现金流入，这种现金流入包括两部分：每期将要获得的股利以及出售股票时得到的价格收入。为了将股票价值和股票价格区分，我们将股票价值称为"股票内在价值"。

④股利。股利是公司对股东投资的回报，它是股东所有权在分配上的体现。股利是公司税后利润的一部分。

（2）股票价值。

①股票估价的基本模型。股票带给持有者的现金流入包括两部分：股利收入和出售时的售价。股票的内在价值由一系列的股利和将来出售股票时售价的现值所构成。

如果股东永远持有股票，其只获得股利，是一个永续的现金流入。这个现金流入的现值就是股票的价值：

$$V=\frac{D_1}{(1+R_S)^1}+\frac{D_2}{(1+R_S)^2}+\cdots+\frac{D_n}{(1+R_S)^n}=\sum_{t=1}^{\infty}\frac{D_t}{(1+R_S)^t}$$

其中，D_t 表示 t 年的股利；R_S 表示折现率，即必要的收益率；T 表示折现期数。

如果投资者不打算永久地持有该股票，而在一段时间后出售，其未来现金流入是几次股利和出售时的股价。因此，买入时的价格 P_0（一年的股利现值加上一年年末股价的现值）和一年后的价格 P_1（第二年股利在第二年年初的价值加上第二年年末股价在第二年年初的价值）为：

$$P_0=\frac{D_1}{1+R_S}+\frac{P_1}{1+R_S}$$

$$P_1=\frac{D_2}{1+R_S}+\frac{P_2}{1+R_S}$$

将 P_1 代入 P_0：

$$\begin{aligned}P_0&=\frac{D_1}{1+R_S}+\left(\frac{D_2}{1+R_S}+\frac{P_2}{1+R_S}\right)\div(1+R_S)\\&=\frac{D_1}{(1+R_S)^1}+\frac{D_2}{(1+R_S)^2}+\frac{P_2}{(1+R_S)^2}\end{aligned}$$

如果不断继续上述代入过程，则可得出：

$$P_0=\sum_{t=1}^{\infty}\frac{D_t}{(1+R_S)^t}$$

上式是股票估价的基本模型。它在实际应用时，面临的主要问题是如何预计未来每年的股利，以及如何确定折现率。

股利的多少，取决于每股盈利和股利支付率两个因素。对其估计的方法是历史资料的统计分析，如回归分析、时间序列的趋势分析等。股票评价的基本模型要求无限期地预计历年的股利（D_t），实际上不可能做到。因此，应用的模型都是各种简化办法，如每年股利相同或固定比率增长等。

②零增长股票的价值。假设未来股利不变，其支付过程是一个永续年金，则股票价值为：

$$P_0 = \frac{D}{R_S}$$

③优先股估值。优先股的支付义务类似债券，每期支付的股利与债券每期支付的利息类似，因此，债券的估值方法也可用于优先股。如果优先股每年支付股利分别为 D，n 年后被公司以每股 P 元的价格回购，股东要求的必要报酬率为 R，则优先股价值为：

$$V = D \cdot PVIFA_{R,n} + P \cdot PVIF_{R,n}$$

与债券不同的是，优先股有时按季度支付股利，此时，其价值计算：

$$V = D \cdot PVIFA_{R/4,n} + P \cdot PVIF_{R/4,n}$$

（3）股票收益率。前面主要讨论如何估计股票的价值，以判断某种股票被市场高估或低估。现在，假设股票价格是公平的市场价格，证券市场处于均衡状态；在任一时点证券价格都能完全反映有关该公司的任何可获得的公开信息，而且证券价格对新信息能迅速做出反应。在这种假设条件下，股票的期望收益率等于其必要的收益率。

根据固定增长股利模型：

$$P_0 = \frac{D_1}{R - g}$$

如果把公式移项整理，求 R，可以得到：

$$R = \frac{D_1}{P_0} + g$$

这个公式告诉我们，股票的总收益率可以分为两个部分：第一部分是$\frac{D_1}{P_0}$，叫作股利收益率，它是根据预期现金股利除以当前股价计算出来的。第二部分是增长率 g，叫作股利增长率。由于股利的增长速度也就是股价的增长速度，因此，g 可以解释为股价增长率或资本利得收益率。g 的数值可以根据公司的可持续增长率估计。P_0 是股票市场形成的价格，只要能预计出下一期的股利，就可以估计出股东预期报酬率，在有效市场中它就是与该股票风险相适应的必要报酬率。

三、筹资管理

（一）筹资概述

1. 筹资分类。

（1）债务筹资、权益筹资与混合筹资。按照资本属性的不同，长期筹资可分为债务筹资、权益筹资与混合筹资。

①债务筹资是通过负债筹集资金，是企业依法取得并依法运用、按期偿还的资本。我国的债务资本一般是通过银行信贷资本、非银行金融机构资本、其他法

人资本、民间资本、国外资本和我国港澳台地区资本等筹资渠道，采用长期借款、发行债券和融资租赁等方式取得形成的。

②权益筹资形成企业的股权资本，是企业依法取得并长期拥有的、可自主调配运用的资本。根据我国有关法规制度规定，企业的股权资本由投入资本、资本公积、盈余公积和未分配利润组成。

③混合筹资兼顾权益性筹资和债务性筹资双重属性的长期筹资类型，主要包括发行优先股筹资和发行可转换债券筹资。

（2）直接筹资与间接筹资。企业的筹资活动按其是否借助银行等金融机构，可分为直接筹资与间接筹资两种类型。

①直接筹资是指企业不借助银行等金融机构，直接与资本所有者协商融通资本的一种筹资活动，主要有投入资本、发行股票、发行债券等方式。

②间接筹资是指企业借助银行等金融机构融通资本的筹资活动，在该活动中，银行等金融机构发挥着中介作用，它们先筹集资本，然后提供给筹资企业。主要方式包括银行借款和融资租赁。

（3）长期筹资与短期筹资。长期筹资是指企业通过长期筹资渠道和资本市场，运用长期筹资方式，经济有效地筹措和集中长期资本的活动，长期筹资是企业筹资的主要内容。短期筹资则归为企业运营资本管理的内容。

（4）筹资渠道与筹资方式。

①筹资渠道是指企业筹集资本来源的方向与通道，即解决的是钱从哪里来的问题，体现在资本的源泉和流量，筹资渠道主要由社会资本提供者的数量及分布决定，企业的长期筹资渠道主要有政府财政资本、银行信贷资本、非银行金融机构资本、其他法人资本、民间资本、企业内部资本以及国外和我国港澳台资本等。

②筹资方式是指可供企业在筹措资金时选用的具体筹资形式。主要分为权益性筹资和债务筹资，我国企业主要有以下几种筹资方式：吸收直接投资；发行股票；利用留存收益；向银行借款；发行公司债券；融资租赁等。

筹资渠道解决的是资金来源问题，筹资方式则解决通过何种方式取得资金的问题，它们之间存在一定的对应关系。一定的筹资方式可能只适用于某一特定的筹资渠道，但是同一渠道的资金往往可采用不同的方式取得，同一筹资方式又往往适用于不同的筹资渠道。因此，企业在筹资时，应实现两者的合理配合。

（5）内部筹资与外部筹资。企业的长期筹资按资本来源的范围不同分为内部筹资与外部筹资，企业一般应在充分利用内部筹资来源之后，再考虑外部筹资问题。

①内部筹资是指企业在内部通过留用利润形成的资本来源，其数量通常由企业可分配利润的规模和利润分配政策决定。

②外部筹资是指企业在内部筹资不能满足需要时，向企业外部筹资而形成的资本来源。处于初创期的企业，内部筹资的可能性是有限的，处于成长期的企业内部筹资往往难以满足需要，其主要方式包括投入资本筹资、发行股票筹资、长

期借款筹资、发行债券筹资和融资租赁等。

2. 筹资原则。

(1) 合法性原则。企业筹资活动影响社会资本及资源的流向和流量，涉及相关主体的经济权益，为此，必须遵守国家有关法律法规，依法履行约定的责任，维护有关各方的合法权益，避免非法筹资行为对企业本身及相关主体造成损失。

(2) 规模适当原则。不同时期企业的资金需求量并不是一个常数，企业财务人员要认真分析科研、生产、经营状况，采用一定的方法，预测资金的需要数量，合理确定筹资规模。

(3) 筹措及时原则。企业财务人员在筹集资金时必须熟知资金时间价值的原理和计算方法，以便根据资金需求的具体情况，合理安排资金的筹集时间，适时获取所需资金。

(4) 来源合理原则。资金的来源渠道和资金市场为企业提供了资金的源泉和筹资场所，它反映资金的分布状况和供求关系，决定着筹资的难易程度。不同来源的资金，对企业的收益和成本有不同影响，因此，企业应认真研究资金来源渠道和资金市场，合理选择资金来源。

(二) 资本成本与资本结构

1. 资本成本。

(1) 资本成本概念。从企业角度而言，资本成本是企业筹集和使用资本而承担的代价，如筹资企业向银行支付的借款利息和向股东支付的股利等。这里的资本是指企业筹集的长期资本，包括权益资本和长期债务资本。从投资者的角度看，资本成本是投资者要求的必要报酬或最低报酬。

资本成本是财务管理中非常重要的概念：首先，公司要达到股东财富最大化，必须使所有投入最小化，其中包括资本成本的最小化。因此，正确计算和合理降低资本成本是制定筹资决策的基础。其次，公司的投资决策必须建立在资本成本的基础上，任何投资项目的投资收益率必须高于资本成本。

(2) 资本成本内容。资本成本从绝对量的构成来看，包括用资费用和筹资费用两部分。

用资费用是指企业在生产经营和对外投资活动中因使用资本而承担的费用，如向债务人支付利息、向股东分配股利等，用资费用是资本成本的主要内容。长期资本的用资费用是经常性的，并随使用资本数量的多少和时期的长短而发生变动，因而属于变动性资本成本。筹资费用是指企业在筹集资本活动中为获得资本而付出的费用，如向银行支付的借款手续费，因发行股票、债券而支付的发行费。筹资费用与用资费用不同，筹资费用通常在筹资时一次性全额支付，在获得资本后的用资过程中不再发生，因而属于固定性资本成本。

(3) 决定资本成本高低的因素。在市场经济环境中，多方面因素的综合作用决定着企业资本成本的高低，其中主要的有总体经济环境、证券市场条件、企业内部的经营和融资状况、项目融资规模。

总体经济环境决定了整个经济中资本的供给和需求，以及预期通货膨胀的水平。总体经济环境变化的影响，反映在无风险报酬率上。显然，如果整个社会经济中的资金需求和供给发生变动，或者通货膨胀水平发生变化，投资者也会相应改变其所要求的收益率。具体而言，如果货币需求增加，而供给没有相应增加，投资人便会提高其投资收益率，企业的资本成本就会上升；反之，则会降低其要求的投资收益率，使资本成本下降。如果预期通货膨胀水平上升，货币购买力下降，投资者也会提出更高的收益率来补偿预期的投资损失，导致企业资本成本上升。

证券市场条件影响证券投资的风险。证券市场条件包括证券的市场流动难易程度和价格波动程度。如果某种证券的市场流动性不好，投资者想买进或卖出证券相对困难，变现风险加大，要求的收益率就会提高；或虽然存在对某证券的需求，但其价格波动较大，投资的风险大，要求的收益率也会提高。

企业内部的经营和融资状况，指经营风险和财务风险的大小。经营风险是企业投资决策的结果，表现在资产收益率的变动上；财务风险是企业筹资决策的结果，表现在普通股收益率的变动上。如果企业的经营风险和财务风险大，投资者便会有较高的收益率要求。

融资规模是影响企业资本成本的另一个因素。企业的融资规模大，资本成本较高。例如，企业发行的证券金额很大，资金筹集费和资金占用费都会上升，而且证券发行规模的增大还会降低其发行价格，由此也会增加企业的资本成本。

（4）债务资本成本的计算。

①个别筹资方式资本成本的测算公式。个别筹资方式资本成本是企业用资费用和有效筹资额的比率，其计算公式为：

$$K=\frac{D}{P-F}\ \text{或}\ K=\frac{D}{P\ (1-f)}$$

其中，K 表示资本成本率，D 表示用资费用总额，P 表示筹资额，F 表示筹资费用额，f 表示筹资费用率。由此可见，个别筹资方式资本成本的高低取决于用资费用、筹资费用和筹资额三个因素。

②长期债务资本成本的测算。长期债务资本成本率一般有长期借款资本成本和长期债券资本成本两种，根据企业所得税法的规定，企业债务的利息允许从税前利润中扣除，即债务利息具有抵税效应，其计算公式为：

$$K_t=R_d\ (1-T)$$

其中，K_t 表示债务资本成本率，也称为税后债务资本成本率；R_d 表示企业债务利息率；也称为税前债务资本成本率；T 表示企业所得税税率。

长期借款资本成本：

$$K_t=\frac{I_t(1-T)}{L(1-F_t)}$$

其中，I_t 表示长期借款的年利息额；L 表示长期借款筹资额，即借款本金；F_t 表示长期借款筹资费用率，即借款手续费；其他符号含义同前。

长期债券的筹资费用包括申请费、注册费、印刷费和上市费用以及推销费用等，在不考虑货币时间价值时，债券资本成本率计算：

$$K_b = \frac{I_b(1-T)}{B(1-F_b)}$$

其中，B 表示债券筹资额，按照发行价格确定；F_b 表示债券筹资费用率。

（5）股权资本成本的计算。

①普通股资本成本的计算。

股利折现模型：

$$P_t = \sum_{t=1}^{\infty} \frac{D_t}{(1+K_c)^t}$$

其中，P_t 表示普通股筹资净额，即发行价格扣除发行费用后的余额；D_t 表示普通股第 t 年的股利；K_c 表示普通股投资的必要报酬率，即普通股资本成本率。

如果公司实行固定股利政策，即每年分派现金股利 D 元，则资本成本率计算：

$$K_C = \frac{D}{P_C}$$

如果公司实行固定增长股利政策，股利固定增长率为 G，则资本成本计算：

$$K_C = \frac{D}{P_C} + G$$

按照“资本资产定价模型法”，普通股资本成本的计算公式为：

$$K_s = R_s = R_F + \beta(R_m - R_F)$$

其中，R_F 表示无风险报酬率；β 表示股票的贝他系数；R_m 表示平均风险股票必要报酬率。

②优先股资本成本计算。优先股资本成本包括优先股股息和发行费用，优先股股息通常是固定的，先于普通股股利发放。优先股资本成本率的计算：

$$K_P = \frac{D_P}{P_p}$$

其中，D_P 表示优先股每股年股息；P_p 表示优先股筹资净额。

（6）留存收益成本。留存收益是企业缴纳所得税后形成的，其所有权属于股东。股东将这一部分未分派的税后利润留存于企业，实质上是对企业追加投资。如果企业将留存收益用于再投资所获得的收益率低于股东自己进行另一项风险相似的投资的收益率，企业就不应该保留留存收益而应将其分派给股东。

实际上，股东愿意将其留用于公司而不作为股利取得投资于别处，总是要求与普通股等价的报酬，因此，留用利润也有资本成本，只不过是一种机会成本，留用利润成本率的测算方法与普通股基本相同，只是不考虑筹资费用。

（7）加权平均资本成本。由于受多种因素的制约，企业不可能只使用某种单一的筹资方式，往往需要通过多种方式筹集所需资本。为进行筹资决策，企业要计算确定企业全部长期资金的总成本——加权平均资本成本。加权平均资本成本一般是以各种资本占全部资本的比重为权数，对个别资本成本进行加权平均确定的。其计算公式为：

$$K_w = \sum_{j=1}^{n} K_j W_j$$

其中，K_w 表示加权平均资本成本；K_j 表示第 j 种个别资本成本；W_j 表示第 j 种个别资本占全部资本的比重（权数）。

上述计算中的个别资本占全部资本的比重，是按账面价值确定的，其资料容易取得。但当资本的账面价值与市场价值差别较大时，如股票、债券的市场价格发生较大变动，计算结果会与实际有较大的差距，从而贻误筹资决策。为了克服这一缺陷，个别资本占全部资本比重的确定还可以按市场价值或目标价值确定，分别称为市场价值权数、目标价值权数。

市场价值权数指债券、股票以市场价格确定权数。这样计算的加权平均资本成本能反映企业目前的实际情况。同时，为弥补证券市场价格变动频繁的不便，也可选用平均价格。

目标价值权数是指债券、股票以未来预计的目标市场价值确定权数。这种权数能体现期望的资本结构而不是像账面价值权数和市场价值权数那样只反映过去和现在的资本结构，所以按目标价值权数计算的加权平均资本成本更适用于企业筹措新资金。然而，企业很难客观合理地确定证券的目标价值，又使这种方法不易推广。

2. 杠杆利益与风险。

（1）营业杠杆利益与风险。

①营业杠杆原理。营业杠杆是指由于企业经营成本中固定成本的存在而导致息税前利润变动率大于营业收入变动率的现象。企业经营成本按其与营业收入总额的依存关系分为变动成本和固定成本两部分。其中，变动成本是指随着营业收入总额变动而变动的成本；固定成本是指在一定的营业收入范围内，不随营业收入总额的变动而变动，保持相对固定的成本。

企业可以通过扩大营业收入总额而降低单位营业收入的固定成本，从而增加企业的营业利润，如此形成企业的营业杠杆，企业利用营业杠杆有时可以获得一定的营业杠杆利益，有时也可能会承担相应的营业风险。

②经营风险。指企业在经营活动中利用营业杠杆而导致息税前利润下降的风险，由于营业杠杆的作用，当营业收入总额下降时，息税前利润下降更快，从而给企业带来营业风险。

③营业杠杆系数。固定成本在销售收入中的比重大小，对经营风险有重要影响：在某一固定成本比重的作用下，销售量变动对息税前利润产生的作用，被称为经营杠杆。经营杠杆具有放大经营风险的作用。

经营杠杆的大小一般用经营杠杆系数表示，它是企业息税前利润变动率与销售额变动率之间的比率。计算公式为：

$$DOL=\frac{\frac{\Delta EBIT}{EBIT}}{\frac{\Delta Q}{Q}}$$

其中，DOL 表示经营杠杆系数；ΔEBIT 表示息税前利润变动额；EBIT 表示变动前息税前利润额；ΔQ 表示销售额变动量；Q 表示变动前销售额。

假定企业的成本—销量—利润保持线性关系，可变成本在销售收入中所占的比例不变，固定成本也保持稳定，经营杠杆系数便可通过以下两种公式计算：

$$DOL_q=\frac{Q(P-V)}{Q(P-V)-F}$$

其中，DOL_q 表示销售量为 Q 时的经营杠杆系数；P 表示产品单位销售价格；V 表示产品单位变动成本；F 表示总固定成本。

$$DOL_s=\frac{S-VC}{S-VC-F}$$

其中，DOL_s 表示销售额为 S 时的经营杠杆系数；S 表示销售额；VC 表示变动成本总额。

（2）财务杠杆利益与风险。

①财务杠杆原理。财务杠杆原理是指由于企业债务资本中固定利息费用的存在而导致普通股每股收益变动率大于息税前利润变动率的现象。企业的全部长期资本由股权资本和债权资本构成，股权资本是变动的，用企业所得税税后净利润支付；而债务资本成本通常是固定的，并在企业所得税前扣除，不管企业的息税前利润是多少，首先要扣除利息等债务资本成本，然后才归属于股权资本。因此，企业利用财务杠杆会对股权资本的收益产生一定的影响，可能会给股权资本的所有者带来额外收益，也可能会造成一定损失，即遭受财务风险。

②财务风险。企业在经营中总会发生借入资本，财务风险是指在企业经营活动中与筹资有关的风险，即企业到期不能偿还借款而导致企业资金链断裂或破产的风险。由于财务杠杆的作用，企业会经受较多的负债作用所引起的收益变动的冲击。当息税前利润下降时，税后利润下降更快，从而给企业股权资本所有者带来财务风险。

③财务杠杆系数。财务杠杆系数是指企业税后利润的变动率相当于息税前利润变动率的倍数。对股份有限公司而言，财务杠杆系数可表示为普通股每股收益变动率相当于息税前利润变动率的倍数。财务杠杆系数越大，表明财务杠杆作用越大，财务风险也就越大。财务杠杆系数的计算公式为：

$$DFL=\frac{\frac{\Delta EPS}{EPS}}{\frac{\Delta EBIT}{EBIT}}$$

其中，DFL 表示财务杠杆系数；ΔEPS 表示普通股每股收益变动额；EPS 表示变动前普通股每股收益；ΔEBIT 表示息税前盈余变动额；EBIT 表示变动前息税前盈余。

上述公式还可以推导为：

$$DFL = \frac{EBIT}{EBIT - I}$$

其中，I 表示债务利息。

（3）联合杠杆利益与风险。

①联合杠杆原理。联合杠杆原理是指经营杠杆和财务杠杆的综合，营业杠杆利用企业经营成本中固定成本的作用影响息税前利润，财务杠杆利用企业资本成本中债务资本中固定利息费用的作用影响税后利润或普通股每股收益。营业杠杆和财务杠杆最终都将影响企业税后利润或普通股每股收益。因此，联合杠杆综合了营业杠杆和财务杠杆的共同影响。

②联合杠杆的计算。

$$DTL = DOL \cdot DFL = \frac{\frac{\Delta EPS}{EPS}}{\frac{\Delta Q}{Q}} = \frac{Q(P-V)}{Q(P-V)-F-I}$$

$$= \frac{S - VC}{S - VC - F - I}$$

3. 资本结构。

（1）资本结构概念。资本结构是指企业各种长期资金筹集来源的构成和比例关系。短期资金的需要量和筹集是经常变化的，且在整个资金总量中所占比重不稳定，因而不列入资本结构管理范围，而作为营运资本管理。

在通常情况下，企业的资本结构由长期债务资本和权益资本构成。资本结构指的就是长期债务资本和权益资本各占多大比例。

（2）资本结构决策。

①每股收益分析法。判断资本结构合理与否的一种方法是分析每股收益的变化。这种方法假定能提高每股收益的资本结构是合理的；反之则不够合理。

由此前的分析已知，每股收益的高低不仅受资本结构（由长期负债融资和权益融资构成）的影响，还受到销售水平的影响，处理三者的关系，就需要运用每股收益分析法。

每股收益分析是利用每股收益的无差别点进行的。所谓每股收益的无差别点，指每股收益不受融资方式影响的销售水平。根据每股收益无差别点，可以分析判断在什么样的销售水平下适于采用何种筹资方式。

每股收益（EPS）的计算为：

$$EPS = \frac{(S - VC - F - I)(1 - T)}{N} = \frac{(EBIT - I)(1 - T)}{N}$$

其中，S 表示销售额；VC 表示变动成本；F 表示固定成本；I 表示债务利息；T 表示所得税税率；N 表示流通在外的普通股股数；EBIT 表示息税前盈余。

在每股收益无差别点上，无论是采用负债融资，还是采用权益融资，每股收益都是相等的。若以 EPS_1 代表负债融资，以 EPS_2 代表权益融资，有：

$EPS_1 = EPS_2$

$$\frac{(S_1 - VC_1 - F_1 - I_1)(1 - T)}{N_1} = \frac{(S_2 - VC_2 - F_2 - I_2)(1 - T)}{N_2}$$

在每股收益无差别点上，$S_1 = S_2$，则：

$$\frac{(S - VC_1 - F_1 - I_1)(1 - T)}{N_1} = \frac{(S - VC_2 - F_2 - I_2)(1 - T)}{N_2}$$

②公司价值比较法。以上以每股收益的高低作为衡量标准对筹资方式进行了选择。这种方法的缺陷在于没有考虑风险因素。从根本上讲，财务管理的目标在于追求公司价值的最大化或股价最大化。然而只有在风险不变的情况下，每股收益的增长才会直接导致股价的上升，实际上经常是随着每股收益的增长，风险也加大。如果每股收益的增长不足以补偿风险增加所需的报酬，尽管每股收益增加，股价仍然会下降。所以，公司的最佳资本结构应当是可使公司的总价值最高，而不一定是每股收益最大的资本结构。同时，在公司总价值最大的资本结构下，公司的资本成本也是最低的。

公司的市场总价值 V 应该等于其股票的总价值 S 加上债券的价值 B，即：

$V = S + B$

假设公司的经营利润是可以永续的，股东和债权人的投入及要求的回报不变，股票的市场价值则可表示为：

$$S = \frac{(EBIT - I)(1 - T)}{K_s}$$

其中，EBIT 表示息税前盈余；I 表示年利息额；T 表示公司所得税税率；K_S 表示权益资本成本。

采用资本资产定价模型计算股票的资本成本 K_S：

$K_S = R_S = R_F + \beta(R_m - R_F)$

其中，R_F 表示无风险报酬率；β 表示股票的贝他系数；R_m 表示平均风险股票必要报酬率。

而公司的资本成本，则应用加权平均资本成本（K_W）来表示。其计算公式为：

$$\text{加权平均资本成本} = \text{税前债务资本成本} \times \text{债务额占总资本的比重} \times \left(1 + \text{所得税税率}\right) + \text{权益资本成本} \times \text{股票额占总资本比重}$$

$$K_W = K_b\left(\frac{B}{V}\right)(1 - T) + K_s\left(\frac{S}{V}\right)$$

其中，K_b 表示税前的债务资本成本。

（三）主要筹资方式

1. 权益筹资方式。

（1）吸收直接筹资。吸收直接筹资是指非股份制企业以协议等形式吸收国家、法人、个人、外商等直接投入的资本，是非股份制企业筹集股权资本的基本方式，该筹资方式不以股票为媒介，适用于非股份制企业，包括个人独资企业、合伙制企业和有限责任公司。

吸收直接筹资的种类：

吸收直接筹资按所形成股权资本的构成分类。国家投资是指有权代表国家投资的政府部门或机构，以国有资产投入公司，这种情况下形成的资本叫国有资本；筹集其他企业、单位等法人的直接投资形成的资本称为法人资本；筹集本企业内部职工的直接投资形成企业的个人资本；筹集外国投资者和我国港澳台地区投资者的直接投资形成企业的外商资本。

投入资本筹资按投资者的出资形式分类。筹集现金投资是企业吸收直接投资采用的方式，企业可将该部分资金用于购置资产、支付费用，比较灵活方便；筹集非现金投资主要有两类：一是筹集实物资产投资，即投资者以房屋、建筑物、设备等固定资产和材料、燃料、产品等流动资产作价投资；二是筹集无形资产投资，即投资者以专利权、商标权、商誉、非专利技术、土地使用权等无形资产作价投资。

吸收直接投资的程序：

①确定筹资数量。企业在新建或扩大经营时，需先确定资金的需要量。资金的需要量应根据企业的生产经营规模和供销条件等来核定，确保筹资数量与资金需要量相适应。

②选择直接投资的具体形式。企业面向哪些方向、采用何种形式进行筹资，需要由企业和投资者双向选择，协商决定。企业既要广泛了解有关投资者的资信、财力和投资意向，又要通过信息交流和宣传，使出资方了解企业的经营能力、财务状况以及未来预期，以便于公司从中寻找最合适的合作伙伴。

③协商和签署投资协议。找到合适的投资伙伴后，双方进行具体协商，确定出资数额、出资方式和出资时间。如有非货币投资，双方要对实物投资、工业产权投资、土地使用权投资等非货币资产按公平合理的原则协商定价。当出资数额、资产作价确定后，双方须签署投资的协议或合同，以明确双方的权利和责任。

④取得所筹集的资金。签署投资协议后，企业应按规定或计划取得资金。如果采取现金投资方式，通常还要编制拨款计划，确定拨款期限、每期数额及划拨方式。如为实物、工业产权、非专利技术、土地使用权投资，一个重要的问题就是核实财产。财产数量是否准确，特别是价格有无高估低估的情况，关系到投资各方的经济利益，必须认真处理，必要时可聘请专业资产评估机构来评定，然后办理产权的转移手续取得资产。

吸收直接投资的优点：吸收直接投资不仅可以取得一部分货币资金，而且能够直接获得所需的先进设备和技术，尽快形成生产经营能力；吸收直接投资的财务风险较低。

吸收直接投资的缺点：吸收直接投资资本成本较高；未能以股票作为媒介，产权关系不够明晰，不便于进行产权交易。

（2）发行股票筹资。

①普通股及其股东权利。普通股是股份有限公司发行的无特别权利的股份，也是最基本的、标准的股份。通常情况下，股份有限公司只发行普通股。持有普

通股股份者为普通股股东。依照我国《公司法》的规定，普通股股东主要有如下权利：

出席或委托代理人出席股东大会，并依公司章程规定行使表决权。这是普通股股东参与公司经营管理的基本方式。

股份转让权。股东持有的股份可以自由转让，但必须符合《公司法》、其他法规和公司章程规定的条件和程序。

股利分配请求权。

对公司账目和股东大会决议的审查权和对公司事务的质询权。

分配公司剩余财产的权利。

公司章程规定的其他权利。

同时，普通股股东也基于其资格，对公司负有义务。我国《公司法》中规定了股东具有遵守公司章程、缴纳股款、对公司负有有限责任、不得退股等义务。

②普通股种类。股份有限公司根据有关法规的规定以及筹资和投资者的需要，可以发行不同种类的普通股。

按股票有无记名，可分为记名股和不记名股。记名股是在股票票面上记载股东姓名或名称的股票。这种股票除股票上所记载的股东外，其他人不得行使其股权，且股份的转让有严格的法律程序与手续，需办理过户。我国《公司法》规定，向发起人、国家授权投资的机构、法人发行的股票，应为记名股。不记名股是票面上不记载股东姓名或名称的股票。这类股票的持有人即股份的所有人，具有股东资格，股票的转让也比较自由、方便，无须办理过户手续。

按股票是否标明金额，可分为面值股票和无面值股票。面值股票是在票面上标有一定金额的股票。持有这种股票的股东，对公司享有的权利和承担的义务大小，依其所持有的股票票面金额占公司发行在外股票总面值的比例而定。无面值股票是不在票面上标出金额，只载明所占公司股本总额的比例或股份数的股票。无面值股票的价值随公司财产的增减而变动，而股东对公司享有权利和承担义务的大小，直接依股票标明的比例而定。目前，我国《公司法》不承认无面值股票，规定股票应记载股票的面额，并且其发行价格不得低于票面金额。

按投资主体的不同，可分为国家股、法人股、个人股等。国家股是有权代表国家投资的部门或机构以国有资产向公司投资而形成的股份；法人股是企业法人依法以其可支配的财产向公司投资而形成的股份，或具有法人资格的事业单位和社会团体以国家允许用于经营的资产向公司投资而形成的股份；个人股是社会个人或公司内部职工以个人合法财产投入公司而形成的股份。

按发行对象和上市地区的不同，又可将股票分为A股、B股、H股和N股等。A股是供我国内地个人或法人买卖的，以人民币标明票面金额并以人民币认购和交易的股票；B股、H股和N股是专供外国和我国港、澳、台地区投资者买卖的，以人民币标明票面金额但以外币认购和交易的股票（注：自2001年2月19日起，B股开始对境内居民开放）。其中，B股在上海、深圳上市；H股在香港上市；N 股在纽约上市。

③股票发行规定与条件。股份有限公司在设立时要发行股票。此外，公司设立之后，为了扩大经营、改善资本结构，也会增资发行新股。股票发行具体应执行的管理规定主要包括股票发行条件、发行程序和方式、销售方式等。按照我国《公司法》和《证券法》的有关规定，股份有限公司发行股票应符合以下规定：

每股金额相等。同次发行的股票，每股的发行条件和价格应当相同。

股票发行价格可以按票面金额，也可以超过票面金额，但不得低于票面金额。

股票应当载明公司名称、公司登记日期、股票种类、票面金额及代表的股份数、股票编号等主要事项。

向发起人、国家授权投资的机构、法人发行的股票，应当为记名股票；对社会公众发行的股票，可以为记名股票，也可以为无记名股票。

公司发行记名股票的，应当置备股东名册，记载股东的姓名或者名称、住所、各股东所持股份、各股东所持股票编号、各股东取得其股份的日期；发行无记名股票的，公司应当记载其股票数量、编号及发行日期。

同时，公司发行新股，必须具备下列条件：具备健全且运行良好的组织结构；具有持续盈利能力，财务状态良好；最近 3 年财务会计文件无虚假记载，无其他重大违法行为；证券监督管理机构规定的其他条件。

④股票发行程序。股份有限公司在设立时发行股票与增资发行新股，程序上有所不同。

设立时发行股票的程序：提出募集股份申请；公告招股说明书，制作认股书，签订承销协议和代收股款协议；招认股份，缴纳股款；召开创立大会，选举董事会、监事会；办理设立登记，交割股票。

增资发行新股的程序：股东大会做出发行新股的决议；由董事会向国务院授权的部门或省级人民政府申请并经批准；公告新股招股说明书和财务会计报表及附属明细表，与证券经营机构签订承销合同，定向募集时向新股认购人发出认购公告或通知；招认股份，缴纳股款；改组董事会、监事会，办理变更登记并向社会公告。

⑤股票发行方式、销售方式。

股票发行方式，指公司通过何种途径发行股票。总的来讲，股票的发行方式可分为如下两类：

一是公开间接发行，指通过中介机构，公开向社会公众发行股票。我国股份有限公司采用募集设立方式向社会公开发行新股时，须由证券经营机构承销的做法，就属于股票的公开间接发行。这种发行方式的发行范围广、发行对象多，易于足额募集资本；股票的变现性强，流通性好；股票的公开发行还有助于提高发行公司的知名度和扩大其影响力。但这种发行方式也有不足，主要是手续繁杂，发行成本高。

二是不公开直接发行，指不公开对外发行股票，只向少数特定的对象直接发行，因而不需经中介机构承销。我国股份有限公司采用发起设立方式和以不向社会公开募集的方式发行新股的做法，即属于股票的不公开直接发行。这种发行方式弹性较大，发行成本低；但发行范围小，股票变现性差。

股票的销售方式，指股份有限公司向社会公开发行股票时所采取的股票销售方法。股票销售方式有两类：

一是自销方式，指发行公司自己直接将股票销售给认购者。这种销售方式可由发行公司直接控制发行过程，实现发行意图，并可以节省发行费用；但往往筹资时间长，发行公司要承担全部发行风险，并需要发行公司有较高的知名度、信誉和实力。

二是承销方式，指发行公司将股票销售业务委托给证券经营机构代理。这种销售方式是发行股票所普遍采用的。我国《公司法》规定股份有限公司向社会公开发行股票，必须与依法设立的证券经营机构签订承销协议，由证券经营机构承销。股票承销又分为包销和代销两种具体办法。包销是根据承销协议商定的价格，证券经营机构一次性全部购进发行公司公开募集的全部股份，然后以较高的价格出售给社会上的认购者。对发行公司来说，包销的办法可及时筹足资本，免于承担发行风险（股款未募足的风险由承销商承担）；但股票以较低的价格售给承销商会损失部分溢价。代销是证券经营机构代售股票，并由此获取一定的佣金，但不承担股款未募足的风险。

⑥股票上市。股票上市，指股份有限公司公开发行的股票经批准在证券交易所进行挂牌交易。经批准在交易所上市交易的股票称为上市股票。

股份公司申请股票上市，一般出于以下目的：

资本大众化，分散风险。股票上市后，会有更多的投资者认购公司股份，公司则可将部分股份转售给这些投资者，再将得到的资金用于其他方面，这就分散了公司的风险。

提高股票的变现力。股票上市后便于投资者购买，自然提高了股票的流动性和变现力。

便于筹措新资金。股票上市必须经过有关机构的审查批准并接受相应的管理，执行各种信息披露和股票上市的规定，这就大大增强了社会公众对公司的信赖，使之乐于购买公司的股票。同时，由于一般人认为上市公司实力雄厚，也便于公司采用其他方式（如负债）筹措资金。

提高公司知名度，吸引更多顾客。股票上市公司，为社会所知，并被认为经营优良，会带来良好声誉，吸引更多的顾客，从而扩大销售量。

便于确定公司价值。股票上市后，公司股价有市价可循，便于确定公司的价值，有利于促进公司财富最大化。

但股票上市也有对公司不利的一面。这主要指：公司将负担较高的信息披露成本；各种信息公开的要求可能会暴露公司的商业秘密；股价有时会歪曲公司的实际状况，丑化公司声誉；可能会分散公司的控制权，造成管理上的困难。

⑦普通股融资的特点。

普通股融资的优点：

发行普通股筹措资本具有永久性，无到期日，不需归还。这对保证公司对资本的最低需要、维持公司长期稳定发展极为有益。

发行普通股筹资没有固定的股利负担，股利的支付与否和支付多少，视公司有无盈利和经营需要而定，经营波动给公司带来的财务负担相对较小。由于普通股筹资没有固定的到期还本付息的压力，所以筹资风险较小。

发行普通股筹集的资本是公司最基本的资金来源，它反映了公司的实力，可作为其他方式筹资的基础，尤其可为债权人提供保障，增强公司的举债能力。

普通股融资的缺点：

普通股的资本成本较高。首先，从投资者的角度讲，投资于普通股风险较高，相应地要求有较高的投资报酬率。其次，对于筹资公司来讲，普通股股利从税后利润中支付，不像债券利息那样作为费用从税前支付，因而不具有抵税作用。此外，普通股的发行费用一般也高于其他证券。

以普通股筹资会增加新股东，这可能会分散公司的控制权，稀释原有股东对公司的控制权。

（3）风险资本筹资。

①风险资本筹资含义。风险资本融资是具有成长性的高新技术企业或者风险企业创业者向风险投资企业融通资金的一种新型融资方式。

②风险资本筹资特点。风险投资以权益资本介入风险企业，与风险企业共同分享高收益，风险资本家对于风险企业的运作与管理具有较高的参与性和较强的监督约束机制。

风险投资公司由专业人士组成，对复杂的、不确定的环境具有较强的认识能力，能用敏锐的眼光洞察风险投资项目的风险概率分布，对投资项目前的调研和投资项目后的管理工作具有较强的信息搜寻、信息处理、加工和分析能力，风险投资公司作为特殊的外部人能最大限度地减少信息不对称，防范逆向选择。

风险资本融资作为一种有效率的融资制度安排，为高新技术企业的成长提供了一个高效安全的平台，是知识经济以及高新技术产业发展的助推器，有效地促进着社会资源的合理配置。

2. 债务筹资方式。

（1）长期借款。长期借款是指企业向银行或其他非银行金融机构借入的使用期超过1年的借款，主要用于购建固定资产和满足长期流动资金占用的需要。

长期借款的种类很多，各企业可根据自身的情况和各种借款条件选用。我国目前各金融机构的长期借款主要有：

①按照用途，分为固定资产投资借款、更新改造借款、科技开发和新产品试制借款等。

②按照提供贷款的机构，分为政策性银行贷款、商业银行贷款等。此外，企业还可从信托投资公司取得实物或货币形式的信托投资贷款、从财务公司取得各

种中长期贷款等。

③按照有无担保，分为信用贷款和抵押贷款。信用贷款指不需要企业提供抵押品，仅凭其信用或担保人信誉而发放的贷款。抵押贷款指要求企业以抵押品作为担保的贷款。长期贷款的抵押品常常是房屋、建筑物、机器设备、股票、债券等。

由于长期借款的期限长、风险大，按照国际惯例，银行通常对借款企业提出一些有助于保证贷款按时足额偿还的条件。这些条件写进贷款合同中，形成了合同的保护性条款。归纳起来，保护性条款大致有如下两类：

①一般性保护条款。一般性保护条款应用于大多数借款合同，但根据具体情况会有不同内容，主要包括：

对借款企业流动资金保持量的规定，其目的在于保持借款企业资金的流动性和偿债能力；

对支付现金股利和再购入股票的限制，其目的在于限制现金外流；

对资本支出规模的限制，其目的在于减小企业日后不得不变卖固定资产以偿还贷款的可能性，仍着眼于保持借款企业资金的流动性；

限制其他长期债务，其目的在于防止其他贷款人取得对企业资产的优先求偿权；

借款企业定期向银行提交财务报表，其目的在于及时掌握企业的财务情况；

不准在正常情况下出售较多资产，以保持企业正常的生产经营能力；

如期缴纳税费和清偿其他到期债务，以防被罚款而造成现金流失；

不准以任何资产作为其他承诺的担保或抵押，以避免企业过重的负担；

不准贴现应收票据或出售应收账款，以避免或有负债；

限制租赁固定资产的规模，其目的在于防止企业负担巨额租金以致削弱其偿债能力，还在于防止企业以租赁固定资产的办法摆脱对其资本支出和负债的约束。

②特殊性保护条款。特殊性保护条款是针对某些特殊情况而出现在部分借款合同中的。主要包括：贷款专款专用；不准企业投资于短期内不能收回资金的项目；限制企业高级职员的薪金和奖金总额；要求企业主要领导人在合同有效期间担任领导职务；要求企业主要领导人购买人身保险等。

与其他长期负债筹资相比，长期借款筹资的特点有：

①筹资速度快。长期借款的手续比发行债券简单得多，得到借款所花费的时间较短。

②借款弹性较大。借款时企业与银行直接交涉，有关条件可谈判确定；用款期间发生变动，亦可与银行再协商。而债券筹资所面对的是社会广大投资者，协商改善筹资条件的可能性很小。

③借款成本较低。长期借款利率一般低于债券利率，且由于借款属于直接筹资，筹资费用也较少。

④长期借款的限制性条款比较多，制约借款的使用。

（2）发行债券。债券是经济主体为筹集资金而发行的，用以记载和反映债权债务关系的有价证券。由企业发行的债券称为企业债券或公司债券。这里所说的债券，指的是期限超过 1 年的公司债券。

①公司债券有很多形式，大致有如下分类。

按债券上是否记有持券人的姓名或名称，分为记名债券和无记名债券。这种分类类似于记名股票与无记名股票的划分。在公司债券上记载持券人姓名或名称的为记名公司债券；反之为无记名公司债券。两种债券在转让上的差别也与记名股票、无记名股票相似。

按能否转换为公司股票，分为可转换债券和不可转换债券。若公司债券能转换为本公司股票，为可转换债券；反之为不可转换债券。一般来讲，前种债券的利率要低于后种债券。

以上两种分类为我国《公司法》所确认。除此之外，按照国际通行做法，公司债券还有另外一些分类。

②债券的发行价格。

债券的发行价格是债券发行时使用的价格，即投资者购买债券时所支付的价格。公司债券的发行价格通常有三种：平价、溢价和折价。

平价指以债券的票面金额为发行价格；溢价指以高出债券票面金额的价格为发行价格；折价指以低于债券票面金额的价格为发行价格。债券发行价格的计算公式如下：

$$债券发行价格=\frac{票面金额}{(1+市场利率)^{n}}+\sum_{t=1}^{n}\frac{票面金额\times票面利率}{(1+市场利率)^{t}}$$

其中，n 表示债券期限；t 表示付息期数。市场利率指债券发行时的市场利率。

③债券筹资的特点。

与其他长期负债筹资方式相比，发行债券的突出优点在于筹资对象广、市场大。但是，这种筹资方式成本高、风险大、限制条件多，是其不利的一面。

（3）融资租赁。融资租赁指出租人根据承租人（用户）的请求，与第三方（供货商）订立供货合同，根据此合同，出租人出资向供货商购买承租人选定的设备。同时，出租人与承租人订立一项租赁合同，将设备出租给承租人，并向承租人收取一定的租金。

融资租赁具有以下特征：

①租赁物由承租人决定，出租人出资购买并租赁给承租人使用，并且在租赁期间内只能租给一个企业使用。

②承租人负责检查验收制造商所提供的租赁物，对该租赁物的质量与技术条件出租人不向承租人做出担保。

③出租人保留租赁物的所有权，承租人在租赁期间支付租金而享有使用权，并负责租赁期间租赁物的管理、维修和保养。

④租赁合同一经签订，在租赁期间任何一方均无权单方面撤销合同。只有租赁物毁坏或被证明为已丧失使用价值的情况下方能中止执行合同，无故毁约则要

支付相当重的罚金。

⑤租期结束后，承租人一般对租赁物有留购和退租两种选择，若要留购，购买价格可由租赁双方协商确定。

四、投资管理

（一）投资管理概述

对于企业创造价值而言，投资决策是三项决策中最重要的决策。筹资的目的是投资，投资决定了筹资的规模和时间。投资决定了购置的资产类别，不同的生产经营活动需要不同的资产，因此，投资决定了日常经营活动的特点和方式。投资决策决定着企业的前景，以至于提出投资方案和评价方案的工作已经不是财务人员能单独完成的，需要所有经理人员的共同努力。

1. 企业投资分类。根据不同的划分标准，企业投资可做如下分类。

（1）直接投资与间接投资。按投资与企业生产经营的关系，企业投资分为直接投资与间接投资。在非金融企业中，直接投资所占比重较大。间接投资又称证券投资，是指把资金投入证券等金融资产，以取得利息、股利或资本利得收入的投资。随着我国金融市场的完善和多渠道筹资的形成，企业的间接投资将越来越广泛。

（2）长期投资与短期投资。按投资回收时间的长短，企业投资分为长期投资和短期投资。短期投资又称流动资产投资，是指能够并且准备在一年以内收回的投资，主要是指对现金、应收账款、存货、短期有价证券等的投资；长期投资则是指一年以上才能收回的投资，主要是指对厂房、机器设备等固定资产的投资，也包括无形资产和长期有价证券的投资。

（3）对内投资和对外投资。根据投资的方向，企业投资可分为对内投资和对外投资。对内投资是指把自己投向公司内部，购置各种生产经营用资产的投资。对外投资是指公司以现金、实物、无形资产等方式购买股票、债券等有价证券的方式向其他单位的投资，对内投资都是直接投资，对外投资主要是间接投资，也可以是直接投资。

（4）初创投资和后续投资。根据投资在生产过程中的作用，企业投资分为初创投资和后续投资。初创投资是在建立新企业时进行的各种投资，在投入时就形成企业的原始资产；后续投资则是为巩固和发展企业在生产进行的投资，主要包括为维持企业简单再生产所进行的更新投资，为实现扩大在生产进行的追加投资，为调整生产经营方向进行的转移性投资。

2. 资本投资。财务管理所讨论的投资主要是指企业进行的生产性资本投资，简称资本投资。资本投资管理的主要内容，是通过投资预算的分析与编制对投资项目进行评价，因而也称为“资本预算”或“投资项目分析与评价”。

广义的投资，是指为了将来获得更多现金流入而现在付出现金的行为。这里讨论的只是投资的一种类型，即企业进行的生产性资本投资。企业的生产性资本投资与其他类型的投资相比，主要有两个特点。

（1）投资的主体是企业。财务管理讨论的投资，其主体是企业，而非个人、政府或专业投资机构。不同主体的投资目的不同，并因此导致决策的标准和评价方法等诸多方面的区别。企业从金融市场筹集资金，然后投资于固定资产和流动资产，期望能运用这些资产赚取报酬，增加企业价值。企业是金融市场上取得资金的一方。取得资金后所进行的投资，其报酬必须超过金融市场上提供资金者要求的报酬率，超过部分才可以增加企业价值。如果投资报酬低于资金提供者要求的报酬率，将会减少企业价值。因此，投资项目优劣的评价标准，应以资本成本为基础。

（2）资本投资的对象是生产性资本资产。投资按其对象可以划分为生产性资产投资和金融性资产投资。生产性资产是指企业生产经营活动所需要的资产，如机器设备、存货等。这些资产是企业进行生产经营活动的基础条件。企业利用这些资产可以增加价值，为股东创造财富。生产性资产投资是一种直接投资，这种投资在企业内部进行，投资后企业并没有失去对资产的控制权，投资行为并不改变资金的控制权归属，只是指定了企业资金的特定用途。生产性资产又进一步分为营运资产和资本资产。资本资产是指企业的长期资产。资本资产的投资对企业的影响涉及时间长，又称为长期投资。营运资产是指企业的流动资产。流动资产投资对企业的影响涉及时间短，又称为短期投资。

（二）投资项目评价指标

对投资项目评价时使用的指标分为两类：一类是折现指标，即考虑了时间价值因素的指标，主要包括净现值、现值指数、内含报酬率等；另一类是非折现指标，即没有考虑时间价值因素的指标，主要包括回收期、平均报酬率等。

1. 折现评价指标。

（1）净现值。该方法使用净现值作为评价方案优劣的指标。所谓净现值，是指特定方案未来现金流入的现值与未来现金流出的现值之间的差额。按照这种方法，所有未来现金流入和流出都要按预定折现率折算为现值，然后再计算它们的差额。如净现值为正数，即折现后现金流入大于折现后现金流出，该投资项目的报酬率大于预定的折现率。如净现值为零，即折现后现金流入等于折现后现金流出，该投资项目的报酬率相当于预定的折现率。如净现值为负数，即折现后现金流入小于折现后现金流出，该投资项目的报酬率小于预定的折现率。计算公式：

$$\text{净现值} = \sum_{k=0}^{n} \frac{I_k}{(1+i)^k} - \sum_{k=0}^{n} \frac{O_k}{(1+i)^k}$$

其中，n 表示投资涉及的年限；I_k 表示第 k 年的现金流入量；O_k 表示第 k 年的现金流出量；i 表示预定的折现率。

净现值大于 0，投资项目可行。

(2) 获利指数。获利指数，是投资项目未来报酬的总现值与初始投资额现值的比率，计算公式：

$$获利指数 = \frac{未来现金流量的总现值}{初始投资额} = \frac{\sum_{k=0}^{n} \frac{I_k}{(1+i)^k}}{C}$$

如果投资是多期完成的，则计算公式为：

$$获利指数 = \frac{未来现金流入的总现值}{现金流出的总现值}$$

获利指数大于1，则投资项目可行。

(3) 内含报酬率。内含报酬率法是根据方案本身内含报酬率来评价方案优劣的一种方法。所谓内含报酬率，是指能够使未来现金流入量现值等于未来现金流出量现值的折现率，或者说是使投资方案净现值为零的折现率。

净现值法和现值指数法虽然考虑了时间价值，但没有揭示方案本身可以达到的具体的报酬率是多少。内含报酬率是根据方案的现金流量计算的，是方案本身的投资报酬率。

内含报酬率的计算，通常需要“逐步测试法”。先估计一个折现率，用它来计算方案的净现值。如果净现值为正数，说明方案本身的报酬率超过估计的折现率，应提高折现率后进一步测试；如果净现值为负数，说明方案本身的报酬率低于估计的折现率，应降低折现率后进一步测试。经过多次测试，寻找出使净现值接近于零的折现率，即为方案本身的内含报酬率。当内含报酬率大于投资项目所要求的必要报酬率时，投资项目可行。

2. 非折现评价指标。非折现评价指标不考虑时间价值，把不同时间的货币收支看成是等效的。

(1) 回收期。回收期是指投资引起的现金流入累积到与投资额相等所需要的时间。它代表收回投资所需要的年限。回收年限越短，方案越有利。

在原始投资一次支出，每年现金净流入量相等时：

$$回收期 = \frac{原始投资额}{每年现金净流入量}$$

(2) 会计收益率。这种方法计算简便，应用范围很广。它在计算时使用会计报表上的数据，以及普通会计的收益和成本观念。

$$会计收益率 = \frac{年平均净收益}{原始投资额}$$

(三) 投资项目相关现金流量计算

1. 现金流量。现金流量指一个项目引起的企业现金支出和现金收入增加的数量。这时的“现金”是广义的现金，它不仅包括各种货币资金，而且还包括项目需要投入的企业现有的非货币资源的变现价值。例如，一个项目需要使用原有的厂房、设备和材料等，则相关的现金流量是指它们的变现价值，而不是其账面价值。

新建项目的现金流量包括现金流出量、现金流入量和现金净流量三个具体概念。

（1）现金流出量。一个方案的现金流出量是指该方案引起的企业现金支出的增加额。

例如，企业增加一条生产线，通常会引起以下现金流出：增加生产线的价款；垫支流动资金。由于该生产线扩大了企业的生产能力，引起其对流动资产需求的增加。

（2）现金流入量。一个方案的现金流入量，是指该方案所引起的企业现金收入的增加额。

例如，企业增加一条生产线，通常会引起下列现金流入：

营业现金流入，增加的生产线扩大了企业的生产能力，使企业销售收入增加。扣除有关付现成本增量后的余额，付现成本是指需要每年支付现金的成本。成本中不需要每年支付现金的部分称为非付现成本，其中主要是折旧费。

该生产线出售（报废）时的残值收入。资产出售或报废时的残值收入，应当作为投资方案的一项现金流入。

收回的流动资金。该生产线出售（报废）时企业可以相应收回流动资金，收回的资金可以用于别处，因此，应将其作为该方案的一项现金流入。

（3）现金净流量。现金净流量是指一定期间现金流入量和现金流出量的差额。这里所说的“一定期间”，有时是指 1 年内，有时是指投资项目持续的整个年限内。流入量大于流出量时，净流量为正值；反之，净流量为负值。

2. 现金流量的计算。估计投资方案所需的资本支出，以及该方案每年能产生的现金净流量，会涉及很多变量，并且需要企业有关部门的参与。例如，销售部门负责预测售价和销量，涉及产品价格弹性、广告效果、竞争者动向等；产品开发和技术部门负责估计投资方案的资本支出，涉及研制费用、设备购置、厂房建筑等；生产和成本部门负责估计制造成本，涉及原材料采购价格、生产工艺安排、产品成本等。财务人员的主要任务是为销售、生产等部门的预测建立共同的基本假设条件，如物价水平、折现率、可供资源的限制条件等；协调参与预测工作的各部门人员，使之能相互衔接与配合；防止预测者因个人偏好或部门利益而高估或低估收入和成本。

为了正确计算投资方案的增量现金流量，需要正确判断哪些支出会引起企业总现金流量的变动，哪些支出不会引起企业总现金流量的变动。在进行这种判断时，要注意以下四个问题。

（1）区分相关成本和非相关成本。相关成本是指与特定决策有关的、在分析评价时必须加以考虑的成本。例如，差额成本、未来成本、重置成本、机会成本等都属于相关成本。与此相反，与特定决策无关的、在分析评价时不必加以考虑的成本是非相关成本。例如，沉没成本、过去成本、账面成本等往往是非相关成本。

（2）不要忽视机会成本。在投资方案的选择中，如果选择了一个投资方案，则必须放弃投资于其他途径的机会。其他投资机会可能取得的收益是实行本方案的一种代价，被称为这项投资方案的机会成本。

（3）要考虑投资方案对公司其他项目的影响。当我们采纳一个新的项目后，该项目可能对公司的其他项目造成有利或不利的影响。

（4）对净营运资本的影响。在一般情况下，一方面，当公司开办一个新业务并使销售额扩大后，对于存货和应收账款等经营性流动资产的需求也会增加，公司必须筹措新的资金以满足这种额外需求；另一方面，公司扩充的结果，应付账款与一些应付费用等经营性流动负债也会同时增加，从而降低公司流动资金的实际需要。所谓净营运资本的需要，指增加的经营性流动资产与增加的经营性流动负债之间的差额。

当投资方案的寿命周期快要结束时，公司将与项目有关的存货出售，应收账款变为现金，应付账款和应付费用也随之偿付，净营运资本恢复到原有水平。通常，在进行投资分析时，假定开始投资时筹措的净营运资本在项目结束时收回。

3. 固定资产更新项目的现金流量。固定资产更新是对技术上或经济上不宜继续使用的旧资产，用新的资产更换，或用先进的技术对原有设备进行局部改造。

固定资产更新决策主要研究两个问题：一个是决定是否更新，即继续使用旧资产还是更换新资产；另一个是决定选择什么样的资产来更新。实际上，这两个问题是结合在一起考虑的，如果市场上没有比现有设备更适用的设备，那么就继续使用旧设备。由于旧设备总可以通过修理继续使用，所以更新决策是继续使用旧设备与购置新设备的选择。

（1）更新决策的现金流量分析。更新决策不同于一般的投资决策。一般来说，设备更换并不改变企业的生产能力，不增加企业的现金流入。更新决策的现金流量主要是现金流出。即使有少量的残值变价收入，也属于支出抵减，而非实质上的流入增加。由于只有现金流出，而没有现金流入，就给采用贴现现金流量分析带来了困难。

（2）固定资产的平均年成本。固定资产的平均年成本，是指该资产引起的现金流出的年平均值。如果不考虑货币的时间价值，它是未来使用年限内的现金流出总额与使用年限的比值。如果考虑货币的时间价值，它是未来使用年限内现金流出总现值与年金现值系数的比值，即平均每年的现金流出。

4. 所得税和折旧对现金流量的影响。现在进一步讨论所得税对投资决策的影响。所得税是企业的一种现金流出，它取决于利润大小和税率高低，而利润大小受折旧方法的影响。因此，讨论所得税问题必然会涉及折旧问题。折旧对投资决策产生影响，实际是由所得税引起的。因此，这两个问题要放在一起讨论。

（1）税后成本和税后收入。如果有人问你，你租的宿舍房租是多少，你一定会很快将你每月付出的租金说出来。如果问一位企业家，他的工厂厂房租金是多少，他的答案比实际每个月付出的租金要少一些。因为租金是一项可以减免所得税的费用，所以应以税后的基础来观察。凡是可以减免税负的项目，实际支付额并不是真实的成本，而应将因此而减少的所得税考虑进去。扣除了所得税影响以后的费用净额，称为税后成本。

由于所得税的作用，企业营业收入的金额有一部分会流出企业，企业实际得到的现金流入是税后收入：

税后收入 = 收入金额 ×(1 − 税率)

这里所说的“收入金额”是指根据税法规定需要纳税的收入，不包括项目结束时收回垫支资金等现金流入。

(2) 折旧的抵税作用。大家都知道，加大成本会减少利润，从而使所得税减少。如果不计提折旧，企业的所得税将会增加许多。折旧可以起到减少税负的作用，这种作用称为“折旧抵税”。

5. 税后现金流量。在加入所得税因素以后，现金流量的计算有三种方法。

(1) 根据直接法计算。根据现金流量的定义，所得税是一种现金支付，应当作为每年营业现金流量的一个减项。

营业现金流量 = 营业收入 − 付现成本 − 所得税　　(a)

这里的“营业现金流量”是指未扣除营运资本投资的营业现金毛流量。

(2) 根据间接法计算。

营业现金流量 = 税后净利润 + 折旧　　(b)

公式 (b) 与公式 (a) 是一致的，可以从公式 (a) 直接推导出来：

营业现金流量 = 营业收入 − 付现成本 − 所得税
= 营业收入 − (营业成本 − 折旧) − 所得税
= 营业利润 + 折旧 − 所得税
= 税后净利润 + 折旧

(3) 根据所得税对收入和折旧的影响计算。根据税后成本、税后收入和折旧抵税可知，由于所得税的影响，现金流量并不等于项目实际的收支金额。

税后成本 = 支出金额 ×(1 − 税率)

税后收入 = 收入金额 ×(1 − 税率)

折旧抵税 = 折旧 × 税率

因此，现金流量应当按下式计算：

营业现金流量 = 税后收入 − 税后付现成本 + 折旧抵税
= 收入 ×(1 − 税率) − 付现成本 ×(1 − 税率) + 折旧 × 税率　(c)

公式 (c) 可以根据公式 (b) 直接推导出来：

营业现金流量 = 税后净利润 + 折旧
= (收入 − 成本) ×(1 − 税率) + 折旧
= (收入 − 付现成本 − 折旧) ×(1 − 税率) + 折旧
= 收入 ×(1 − 税率) − 付现成本 ×(1 − 税率) − 折旧 ×(1 − 税率) + 折旧
= 收入 ×(1 − 税率) − 付现成本 ×(1 − 税率) − 折旧 + 折旧 × 税率 + 折旧
= 收入 ×(1 − 税率) − 付现成本 ×(1 − 税率) + 折旧 × 税率

五、营运资本管理

（一）营运资本管理概述

1. 营运资本概念。营运资本有广义和狭义之分，广义的营运资本是指总营运资本，是在生产经营活动中的短期资产；狭义的营运资本则是指净运营资本，是短期资产减去短期负债的差额，通常所说的营运资本多指狭义的营运资本。

营运资本管理主要解决两个问题：一是如何确定短期资产的最佳持有量；二是如何筹措短期资金。从本质上看，营运资本管理包括短期资产和短期负债的各个项目，体现了公司短期性财务活动。通过对营运资本的分析，可以了解公司短期资产的流动性、短期资产的变现能力和短期偿债能力。

2. 营运资本管理的原则。对营运资本进行管理，既要保证有足够的资金满足企业生产经营需要，又要保证企业能按时、足额地偿还各种到期债务。在营运资金管理中，企业要遵循以下原则。

（1）认真分析生产经营状况，合理确定营运资本的需要数量。企业营运资本的需要数量取决于生产经营规模和营运资本的周转速度，同时也受市场和供产销情况的影响，企业应综合考虑各种因素，合理确定营运资本的需要数量。

（2）在保证生产经营需要的前提下，节约使用资金。营运资本具有流动性强的特点，但是流动性越强的资产其收益性就越差。如果企业持有的营运资本过多，会降低企业的收益。因此，企业在保证生产经营的前提下，要控制流动资金的占用，使其纳入计算预算的良性范围。

（3）加速营运资本的周转，提高资金的利用效率。当企业的生产规模一定时，短期资产的周转速度和流动资金的需要量呈反向变动。适当加快存货的周转，缩短应收账款的收账期，延长应付账款的应付期，可以减少营运资本的需要量，从而提高资金的使用效率。

（4）合理安排短期资产和短期负债的比例关系，保障企业有足够的短期偿债能力。企业的短期负债主要由短期资产进行偿付，当企业的短期资产相对短期负债过少时，一旦短期负债到期，而企业又无法通过其他途径筹措到短期资金，就容易出现到期无法偿还债务的情况，因此，企业要安排好二者的比例关系，从而保证有足够的资产偿还短期债务。

（二）货币资金管理

1. 货币资金概念。货币资金是指企业拥有的、以货币形式存在的资产，包括现金、银行存款和其他货币资金。货币资金是指可以立即投入流通，用以购买商品或劳务，或用以偿还债务的交换媒介，凡是不能立即支付使用的（如银行冻结存款等），均不能视为货币资金。在流动资产中，货币资金的流动性最强，并且是唯一能够直接转化为其他任何资产形态的流动性资产，也是唯一能代表企业

现实购买力水平的资产。为了适应货币资金管理的需要，一般设置“现金”“银行存款”“其他货币资金”等科目

2. 现金持有动机。现金是货币资金中流动性最强的资产，代表企业直接的支付能力和应变能力，但同时，现金也是收益性最差的资产，现金管理的过程就是管理人员在现金的流动性和收益性之间进行权衡选择的过程。

企业留存现金的原因，主要是满足交易性需要、预防性需要和投机性需要。

（1）交易性需要。交易性需要是指满足日常业务的现金支付需要。企业经常得到收入，也经常发生支出，两者不可能同步同量。收入多于支出，形成现金留存；收入少于支出，需要借入现金。企业必须维持适当的现金余额，才能使业务活动正常地进行下去。

（2）预防性需要。预防性需要是指留存现金以防发生意外的支付。企业有时会出现意想不到的开支，现金流量的不确定性越大，预防性现金的数额也就应越大；反之，企业现金流量的可预测性强，预防性现金数额则可小些。此外，预防性现金数额还与企业的借款能力有关，如果企业能够很容易地随时借到短期资金，也可以减少预防性现金的数额；若非如此，则应扩大预防性现金额。

（3）投机性需要。投机性需要是指置存现金用于不寻常的购买机会，例如，遇有廉价原材料或其他资产供应的机会，便可用手头现金大量购入；再如，在适当时机购入价格有利的股票和其他有价证券；等等。当然，除金融和投资公司外，一般来说，其他企业专为投机性需要而特殊置存现金的不多，遇到不寻常的购买机会，也常设法临时筹集资金。但拥有相当数额的现金，确实为突然的大批采购提供了方便。

企业缺乏必要的现金，将不能应付业务开支，使企业蒙受损失。企业由此而造成的损失，称之为短缺现金成本。短缺现金成本不考虑企业其他资产的变现能力，仅就不能以充足的现金支付购买费用而言，内容上大致包括丧失购买机会（甚至会因缺乏现金不能及时购买原材料，而使生产中断造成停工损失）、造成信用损失和得不到折扣好处。但是，如果企业留存过量的现金，又会因这些资金不能投入周转无法取得盈利而遭受另一些损失。此外，在市场正常的情况下，一般来说，流动性强的资产，其收益性较低，这意味着企业应尽可能少地留存现金，企业现金管理的目标，就是要在资产的流动性和盈利能力之间做出抉择，以获取最大的长期利益。

3. 现金管理内容。

（1）现金管理内容概述。现金管理的主要内容包括：编制现金收支计划，以便合理估计未来的现金需求；对日常的现金收支进行控制，力求加速收款，延缓付款；用特定的方法确定最佳现金持有量，当企业实际的现金余额与最佳的现金余额不一致时，采用短期筹资策略或采用归还借款和投资有价证券等策略来达到理想状况。

（2）现金收支管理。现金收支管理的目的在于提高现金使用效率，为达到这一目的，应当注意做好以下几方面工作。

①力争现金流量同步。如果企业能尽量使它的现金流入与现金流出发生的时间趋于一致，就可以使其所持有的交易性现金余额降到最低水平。这就是所谓的现金流量同步。

②加速收款。这主要指缩短应收账款的时间。发生应收款会增加企业资金的占用；但它又是必要的，因为它可以扩大销售规模，增加销售收入。问题在于如何既利用应收款吸引顾客，又缩短收款时间。这要在两者之间找到适当的平衡点，并需实施妥善的收账策略。

③推迟应付款的支付。推迟应付款的支付，是指企业在不影响自己信誉的前提下，尽可能地推迟应付款的支付期，充分运用供货方所提供的信用优惠。如遇企业急需现金，甚至可以放弃供货方的折扣优惠，在信用期的最后一天支付款项。当然，这要权衡折扣优惠与急需现金之间的利弊得失而定。

4. 最佳现金持有量。现金的管理除做好日常收支、加速现金流转速度外，还需控制好现金持有规模，即确定适当的现金持有量。确定最佳现金持有量的主要方法是成本分析模式。

成本分析模式是通过分析持有现金的成本，寻找持有成本最低的现金持有量。企业持有的现金，将会有三种成本。

（1）机会成本。现金作为企业的一项资金占用，是有代价的，这种代价就是它的机会成本。现金资产的流动性极佳，但盈利性极差。持有现金则不能将其投入生产经营活动，企业会失去因此而获得的收益。企业为了经营业务，有必要持有一定的现金，以应付意外的现金需要。但现金拥有量过多，机会成本代价大幅度上升，对企业而言就不合算。

（2）管理成本。企业拥有现金，会发生管理费用，如管理人员工资、安全措施费等。这些费用是现金的管理成本。管理成本是一种固定成本，与现金持有量之间无明显的比例关系。

（3）短缺成本。现金的短缺成本，是因缺乏必要的现金，不能应付业务开支所需，而使企业蒙受损失或为此付出的代价。现金的短缺成本随现金持有量的增加而下降，随现金持有量的减少而上升。

上述三项成本之和最小的现金持有量，就是最佳现金持有量。如果把以上三种成本线放在一个图上（见图 3－23），就能表现出持有现金的总成本（总代价），找出最佳现金持有量的点：机会成本线向右上方倾斜，短缺成本线向右下方倾斜，管理成本线为平行于横轴的平行线，总成本线便是一条抛物线，该抛物线的最低点即为持有现金的最低总成本。超过这一点，机会成本上升的代价会大于短缺成本下降的好处；这一点之前，短缺成本上升的代价又会大于机会成本下降的好处。这一点横轴上的量，即是最佳现金持有量。

最佳现金持有量的具体计算，可以先分别计算出各种方案的机会成本、管理成本、短缺成本之和，再从中选出总成本之和最低的现金持有量，即为最佳现金持有量。

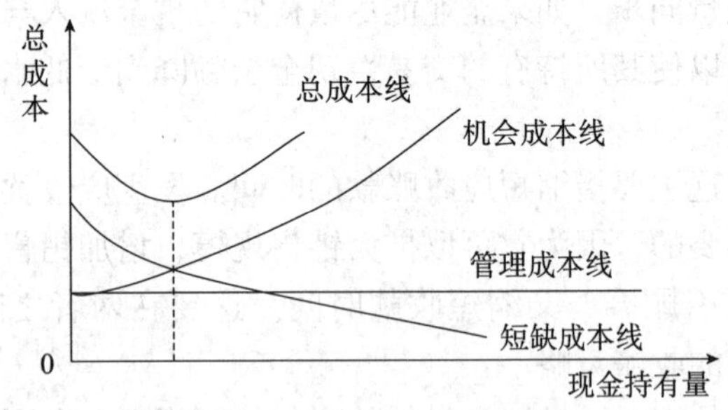

图 3-23 持有现金的总成本

（三）应收账款管理

这里所说的应收账款是指因对外销售产品、材料、供应劳务及其他原因，应向购货单位或接受劳务的单位及其他单位收取的款项，包括应收销售款、其他应收款、应收票据等。

1. 应收账款管理的目标。发生应收账款的原因，主要有以下两种。

（1）商业竞争。这是发生应收账款的主要原因。在社会主义市场经济条件下，存在着激烈的商业竞争。竞争机制的作用迫使企业以各种手段扩大销售。除了依靠产品质量、价格、售后服务、广告等以外，赊销也是扩大销售的手段之一。对于同等的产品价格、类似的质量水平、一样的售后服务，实行赊销的产品或商品的销售额将大于现金销售的产品或商品的销售额。这是因为顾客将从赊销中得到好处。出于扩大销售的竞争需要，企业不得不以赊销或其他优惠方式招揽顾客，于是就产生了应收账款。由竞争引起的应收账款，是一种商业信用。

（2）销售和收款的时间差距。商品成交的时间和收到货款的时间经常不一致，这也导致了应收账款。一般批发和大量生产企业，发货的时间和收到货款的时间往往不同。这是因为货款结算需要时间。结算手段越是落后，结算所需时间就越长，销售企业只能接受这种现实并承担由此引起的资金垫支。由于销售和收款的时间差而造成的应收账款，不属于商业信用，也不是应收账款的主要内容，不再对它进行深入讨论，而只论述属于商业信用的应收账款的管理。

既然企业发生应收账款的主要原因是扩大销售，增强竞争力，那么其管理的目标就是求得利润。应收账款是企业的一项资金投放，是为了扩大销售和盈利而进行的投资。而投资肯定要发生成本，这就需要在应收账款信用政策所增加的盈利和这种政策的成本之间做出权衡。只有当应收账款所增加的盈利超过所增加的成本时，才应当实施应收账款赊销；如果应收账款赊销有着良好的盈利前景，就应当放宽信用条件增加赊销量。

2. 信用政策的确定。应收账款赊销的效果好坏，依赖于企业的信用政策。信用政策包括信用期间、信用标准和现金折扣政策。

（1）信用期间。信用期间是企业允许顾客从购货到付款之间的时间，或者说是企业给予顾客的付款期间。例如，若某企业允许顾客在购货后的 50 天内付款，则信用期为50天。信用期过短，不足以吸引顾客，在竞争中会使销售额下降；信用期过长，对销售额增加固然有利，但只顾及销售增长而盲目放宽信用期，所得的收益有时会被增长的费用抵销，甚至造成利润减少。因此，企业必须慎重研究，确定出恰当的信用期。

信用期的确定，主要是分析改变现行信用期对收入和成本的影响。延长信用期，会使销售额增加，产生有利影响；与此同时，应收账款、收账费用和坏账损失增加，会产生不利影响。当前者大于后者时，可以延长信用期，否则不宜延长。如果缩短信用期，情况与此相反。

（2）信用标准。信用标准是指顾客获得企业的交易信用所应具备的条件。如果顾客达不到信用标准，便不能享受企业的信用或只能享受较低的信用优惠。

企业在设定某一顾客的信用标准时，往往先要评估顾客赖账的可能性。企业可以通过“5C”系统评估顾客信用品质的五个方面，即品质、能力、资本、抵押和条件。

（3）现金折扣政策。现金折扣是企业对顾客在商品价格上所做的扣减。向顾客提供这种价格上的优惠，主要目的在于吸引顾客为享受优惠而提前付款，缩短企业的平均收款期。另外，现金折扣也能招揽一些视折扣为减价出售的顾客前来购货，借此扩大销售量。折扣的表示常采用如5/10、3/20、n/30这样一些符号形式。这三种符号的含义分别为：5/10表示10天内付款，可享受5%的价格优惠，即只需支付原价的95%，3/20、n/30同理。企业采用什么程度的现金折扣，要与信用期间结合起来考虑。例如，要求顾客最迟不超过30天付款，若希望顾客20天、10天付款，能给予多大折扣？或者给予5%、3%的折扣，能吸引顾客在多少天内付款？无论是信用期间还是现金折扣，都可能给企业带来收益，但也会增加成本。当企业给予顾客某种现金折扣时，应当考虑折扣所能带来的收益与成本孰高孰低，权衡利弊，抉择决断。

因为现金折扣是与信用期间结合使用，所以确定折扣程度的方法和程序与前述确定信用期间的方法和程序一致，要将所提供的延期付款时间和折扣综合起来，看各方案的延期与折扣能取得多大收益增量，再计算各方案带来的成本变化，最终确定最佳方案。

3. 应收账款的收账。应收账款发生后，企业应采取各种措施，尽量争取按期收回款项，否则会因拖欠时间过长而发生坏账，使企业蒙受损失。这些措施包括对应收账款回收情况的监督、对坏账损失的事先准备和制定适当的收账政策。

（1）应收账款回收情况的监督。企业已发生的应收账款时间有长有短，有的尚未超过收款期，有的则超过了收款期。一般来讲，拖欠时间越长，款项收回的可能性越小。形成坏账的可能性越大。对此，企业应实施严密的监督，随时掌握回收情况。实施对应收账款回收情况的监督，可以通过编制账龄分析表进行。

（2）收账政策的制定。企业对各种不同过期账款的催收方式，包括准备为此付出的代价，就是它的收账政策。例如，对过期较短的顾客，不过多地打扰，以免将来失去这一市场；对过期稍长的顾客，可措辞婉转地写信催款；对过期较长的顾客，频繁的信件催款并电话催询；对过期很长的顾客，可在催款时措辞严厉，必要时提请有关部门仲裁或提起诉讼等。

催收账款会发生费用，某些催款方式的费用较高（如诉讼费）。一般来说，收账的花费越大，收账措施越有力，可收回的账款应越多，坏账损失也就越小。因此，制定收账政策，要在收账费用和所减少坏账损失之间作出权衡。制定有效、得当的收账政策很大程度上靠有关人员的经验。从财务管理的角度也有一些数量化的方法可以参照。

（四）存货管理

1. 存货概念及原因。

（1）存货概念。存货是指企业在生产经营过程中为销售或者耗用而储备的物资，包括材料、燃料、低值易耗品、在产品、半成品、产成品、协作件、商品等。

如果工业企业能在生产投料时随时购入所需的原材料，或者商业企业能在销售时随时购入该项商品，就不需要存货。但实际上，企业总有储存存货的需要，并因此占用或多或少的资金。

（2）存货需要原因。

①保证生产或销售的经营需要。实际上，企业很少能做到随时购入生产或销售所需的各种物资，即使是市场供应量充足的物资也如此。这不仅因为不时会出现某种材料的市场断档，还因为企业距供货点较远而需要必要的途中运输及可能出现运输故障。一旦生产或销售所需物资短缺，生产经营将被迫停顿，造成损失。为了避免或减少出现停工待料、停业待货等事故，企业需要储存存货。

②出自价格的考虑。零购物资的价格往往较高，而整批购买在价格上常有优惠。但是，过多的存货要占用较多的资金，并且会增加包括仓储费、保险费、维护费、管理人员工资在内的各项开支。存货占用资金是有成本的，占用过多会使利息支出增加并导致利润的损失；各项开支的增加更直接使成本上升。进行存货管理，就要尽力在各种存货成本与存货效益之间作出权衡，达到两者的最佳结合。这也就是存货管理的目标。

2. 储备存货的有关成本。

（1）取得成本。取得成本指为取得某种存货而支出的成本，通常用 TC_a 来表示。其又分为订货成本和购置成本。

①订货成本。订货成本指取得订单的成本，如办公费、差旅费、邮资、电话费等支出。订货成本中有一部分与订货次数无关，如常设采购机构的基本开支等，称为订货的固定成本，用 F_1 表示；另一部分与订货次数有关，如差旅费、邮资等，称为订货的变动成本。每次订货的变动成本用 K 表示；订货次数等于存货年需要量 D 与每次进货量 Q 之商。订货成本的计算公式为：

$$订货成本 = F_1 + \frac{D}{Q}K$$

②购置成本。购置成本指存货本身的价值，经常用数量与单价的乘积来确定。年需要量用D表示，单价用U表示，于是购置成本为DU。

订货成本加上购置成本，就等于存货的取得成本。其公式可表达为：

取得成本 = 订货成本 + 购置成本

= 订货固定成本 + 订货变动成本 + 购置成本

$$TC_a = F_1 + \frac{D}{Q}K + DU$$

（2）储存成本。储存成本指为保持存货而发生的成本，包括存货占用资金所应计的利息（若企业用现有现金购买存货，便失去了现金存放银行或投资于证券本应取得的利息，是为“放弃利息”；若企业借款购买存货，便要支付利息费用，是为“付出利息”）、仓库费用、保险费用、存货破损和变质损失等，通常用 TC_c 来表示。

储存成本也分为固定成本和变动成本。固定成本与存货数量的多少无关，如仓库折旧、仓库职工的固定月工资等，常用 F_2 表示。变动成本与存货的数量有关，如存货资金的应计利息、存货的破损和变质损失、存货的保险费用等，单位变动成本用 K_c 来表示。用公式表达的储存成本为：

储存成本 = 储存固定成本 + 储存变动成本

$$TC_c = F_2 + K_c \frac{Q}{2}$$

（3）缺货成本。缺货成本指由于存货供应中断而造成的损失，包括材料供应中断造成的停工损失、产成品库存缺货造成的拖欠发货损失和丧失销售机会的损失（还应包括需要主观估计的商誉损失）；如果生产企业以紧急采购代用材料解决库存材料中断之急，那么缺货成本表现为紧急额外购入成本（紧急额外购入的开支会大于正常采购的开支）。缺货成本用 TC_s 表示。

如果以TC来表示储备存货的总成本，那么它的计算公式为：

$$TC = TC_a + TC_c + TC_s = F_1 + \frac{D}{Q}K + DU + F_2 + K_c \frac{Q}{2} + TC_s$$

企业存货的最优化，就是使上式TC值最小。

3. 存货决策。存货的决策涉及四项内容：决定进货项目、选择供应单位、决定进货时间和决定进货批量。决定进货项目和选择供应单位是销售部门、采购部门和生产部门的职责。财务部门要做的是决定进货时间和决定进货批量（分别用T和Q表示）。按照存货管理的目的，需要通过合理的进货批量和进货时间，使存货的总成本最低，这个批量叫作经济订货量或经济批量。有了经济订货量，可以很容易地找出最适宜的进货时间。

（1）经济订货量基本模型。与存货总成本有关的变量很多，为了解决比较复杂的问题，有必要简化或舍弃一些变量，先研究解决简单的问题，然后再扩展到复杂的问题。这需要设立一些假设，在此基础上建立经济订货量的基本模型。

经济订货量基本模型需要设立的假设条件：

①企业能够及时补充存货，即需要订货时便可立即取得存货。

②能集中到货，而不是陆续入库。

③不允许缺货，即无缺货成本，TC_s 为零，这是因为良好的存货管理本来就不应该出现缺货成本。

④需求量稳定，并且能预测，即 D 为已知常量。

⑤存货单价不变，即 U 为已知常量。

⑥企业现金充足，不会因现金短缺而影响进货。

⑦所需存货市场供应充足，不会因买不到需要的存货而影响其他。

设立上述假设后，存货总成本的公式可以简化为：

$$TC = F_1 + \frac{D}{Q}K + DU + F_2 + K_c\frac{Q}{2}$$

当 F_1、K、D、U、F_2、K_c 为常数量时，TC 的大小取决于 Q。为了求出 TC 的极小值，对其进行求导演算，可得出下列公式：

$$Q^* = \sqrt{\frac{2KD}{K_c}}$$

这一公式称为经济订货量基本模型，求出的每次订货批量，可使 TC 达到极小值。这个基本模型还可以演变为其他形式。

每年最佳订货次数公式：

$$N^* = \frac{D}{Q^*} = \frac{D}{\sqrt{\frac{2KD}{K_c}}} = \sqrt{\frac{DK_c}{2K}}$$

与批量有关的存货总成本公式：

$$TC_{(Q^*)} = \frac{KD}{\sqrt{\frac{2KD}{K_c}}} + \frac{\sqrt{\frac{2KD}{K_c}}}{2} \cdot K_c = \sqrt{2KDK_c}$$

最佳订货周期公式：

$$t^* = \frac{1}{N^*} = \frac{1}{\sqrt{\frac{DK_c}{2K}}}$$

经济订货量占用资金：

$$I^* = \frac{Q^*}{2} \cdot U = \frac{\sqrt{\frac{2KD}{K_c}}}{2} \cdot U = \sqrt{\frac{KD}{2K_c}} \cdot U$$

（2）基本模型的扩展。经济订货量的基本模型是在前述各假设条件下建立的，但现实生活中能够满足这些假设条件的情况十分罕见。为使模型更接近于实际情况，具有较高的可用性，需逐一放宽假设，同时改进模型。

①订货提前期。一般情况下，企业的存货不能做到随用随时补充，因此，不能等存货用光再去订货，而需要在没有用完时提前订货。在提前订货的情况下，

企业再次发出订货单时，尚有存货的库存量，称为再订货点，用R来表示。它的数量等于交货时间（L）和每日平均需用量（d）的乘积：

$R=L\cdot d$

②存货陆续供应和使用。在建立基本模型时，假设存货一次全部入库，故存货增加时存量变化为一条垂直的直线。事实上，各批存货可能陆续入库，使存量陆续增加。尤其是产成品入库和在产品转移，几乎总是陆续供应和陆续耗用的。在这种情况下，需要对基本模型做出修改。

陆续供应和使用的经济订货量模型，还可以用于自制和外购的选择决策。自制零件属于边送边用的情况，单位成本可能较低，但每批零件投产的生产准备成本比一次外购订货的订货成本可能高出许多。外购零件的单位成本可能较高，但订货成本可能比较低。要在自制零件和外购零件之间作出选择，需要全面衡量它们各自的总成本，才能得出正确的结论。这时，企业就可借用陆续供应或瞬时补充的模型。

③保险储备。以前讨论假定存货的供需稳定且确知，即每日需求量不变，交货时间也固定不变。实际上，每日需求量可能变化，交货时间也可能变化。按照某一订货批量（如经济订货批量）和再订货点发出订单后，如果需求增大或送货延迟，就会发生缺货或供货中断。为防止由此造成的损失，就需要多储备一些存货以备应急之需，称为保险储备（安全存量）。这些存货在正常情况下不动用，只有当存货过量使用或送货延迟时才动用。

再订货点R：

R＝交货时间×平均日需求＋保险储备

$=L\cdot d+B$

建立保险储备，固然可以使企业避免缺货或供应中断造成的损失，但存货平均储备量加大却会使储备成本升高。研究保险储备的目的，就是要找出合理的保险储备量，使缺货或供应中断损失和储备成本之和最小。方法上可先计算出各不同保险储备量的总成本，然后再对总成本进行比较，选定其中最低的。

如果设与此有关的总成本为TC(S，B)，缺货成本为C_S，保险储备成本为C_B，则：

$TC(S,B)=C_S+C_B$

设单位缺货成本为K_U，一次订货缺货量为S，年订货次数为N，保险储备量为B，单位存货成本为K_C，则：

$C_S=K_U\cdot S\cdot N$

$C_B=B\cdot K_C$

$TC(S,B)=K_u\cdot S\cdot N+B\cdot K_C$

现实中，缺货量S具有概率性，其概率可根据历史经验估计得出；保险储备量B可选择而定。

（五）流动负债管理

1. 流动负债含义及特点。流动负债是指需要在一年或者超过一年的一个营业周期内偿还的债务，一般由短期借款、应付票据、应付账款、预收账款、应付工资、应付福利费、应交税费以及其他应付款等组成。流动负债又称短期融资，具有以下特点。

（1）筹资速度快。由于短期筹资的期限较短，债权人承担的风险相对较小，往往顾虑较少，不需要像长期筹资那样对筹资方式进行全面、复杂的财务调查，因而更容易筹集。

（2）筹资弹性好。在筹集长期投资时，资金提供者往往处于资金安全方面的考虑通常会向筹资方提出较多的限制性条款，短期筹资的相关限制和约束相对较少，使得筹资方在资金的使用和配置上更加灵活、富有弹性。

（3）筹资成本低。当筹资期限较短时，债权人承担的利率风险相对较小，因此，向筹资方索取的资金使用成本也相对较低。

（4）筹资风险大。短期筹资需要在短期内偿还，因而要求筹资方在短期内拿出足够的资金偿还债务，对筹资方的资金应用和配置提出了较高要求，如果在短期内不能按时偿还债务就会陷入财务危机。

2. 短期筹资的分类。

（1）按应付额是否确定分为应付额确定的短期负债和应付额不确定的短期负债。

应付额确定的短期负债是根据合同或者法律规定，到期必须偿付一定数额的短期负债，如短期借款、应付票据、应付账款等。应付额不确定的短期负债是指要根据企业的生产经营状况才能确定的短期负债，如应交税费、应付股利等。

（2）按短期负债的形成情况分为自然性短期负债和临时性短期负债。

自然性短期负债产生于企业的正常经营活动中，不需要正式安排，如应付工资、应交税费、商业信用等。

临时性负债是因为临时性的资金需求而发生的负债，由财务人员根据企业对短期资金的需求情况，通过人力安排形成，如银行借款等。

3. 短期筹资政策的类型。

（1）配合型筹资政策。配合型筹资政策是指公司的负债结构与公司资产的寿命周期相对应，其特点是：临时性短期资产所需资金用临时性短期负债筹集，永久性短期资产和固定资产所需资金用自发性短期负债、长期负债和股权资本筹集。

（2）激进型筹资政策。激进型筹资政策的特点是：临时性短期负债不但要满足临时性短期资产的需要，还要满足一部分永久性短期资产的需要，有时甚至全部短期资产都要由临时性短期负债支持。

（3）稳健型筹资政策。稳健型筹资政策的特点是：临时性短期负债只满足部分临时性短期资产的需要，其他短期资产和长期资产，用自发性短期负债、长期负债和股权资本筹集满足。

4. 短期筹资方式。

（1）商业信用。商业信用是指商品交易中的延期付款或延期交货所形成的借贷关系，是企业之间的一种直接信用关系。利用商业信用筹资主要有两种形式。

①赊购商品。在此种形势下，买卖双方发生商品交易，买方收到商品后不立即支付现金，可延迟到一定时期以后付款。

②预收货款。在此种形式下，卖方先向买方收取货款，但要延迟一定时期以后交货，等同于卖方向买方先借一笔资金。通常购买单位对于紧俏商品采用此种方式。此外，生产周期长、售价高的商品，如轮船、飞机等，生产企业也经常向订货方分次预收货款，以缓解资金占用过多的问题。

（2）短期借款。短期借款包括信用借款、担保借款和票据贴现等。

①信用借款是指不用保证人担保或没有财产抵押，仅凭借款人的信用而取得的贷款。信用借款一般由贷款人给予借款人一定的信用额度或双方签订循环贷款协议。

②担保贷款是指由一定的保证人担保或利用一定的财产作为抵押或质押取得的贷款。

③票据贴现是商业票据的持有人把未到期的商业票据转让给银行，贴付一定利息以取得银行资金的一种借贷行为。

（3）短期融资券。短期融资券又称商业票据、短期债券，是由大型工商企业或金融企业发行的短期无担保本票，是一种新兴的短期资金筹集方式。

六、收益分配管理

（一）收益分配管理概述

在企业财务管理中，筹资是为了投资，投资是要取得收入，收入必须要形成利润用以分配，所以利润及其分配是企业财务管理的最终环节，是企业经营成果的体现。

利润是企业生存和发展的基础，企业的经营目的必须要以赢得利润为前提，但对利润进行分配还要考虑股东利益、企业发展和对社会的贡献等方面。

股利分配是指公司制企业向股东分派股利，是企业利润分配的一部分。股利分配涉及的方面很多，如股利支付程序中各日期的确定、股利支付比率的确定、股利支付形式的确定、支付现金股利所需资金的筹集方式的确定等。其中最主要的是确定股利的支付比率，即用多少盈余发放股利，多少盈余为公司所留用（称为内部筹资），因为这可能会对公司股票的价格产生影响。

1. 收益分配项目。支付股利是一项税后净利润的分配，但不是利润分配的全部。按照我国《公司法》的规定，公司利润分配的项目包括以下部分。

（1）法定公积金。法定公积金从净利润中提取形成，用于弥补公司亏损、扩大公司生产经营或者转为增加公司资本。公司分配当年税后利润时应当按照10%的比例提取法定公积金；当公积金累计额达到公司注册资本的50%时，可不再继续提取。任意公积金的提取由股东会根据需要决定。

(2) 股利(向投资者分配的利润)。公司向股东(投资者)支付股利(分配利润),要在提取公积金之后。股利(利润)的分配应以各股东(投资者)持有股份(投资额)的数额为依据,每一股东(投资者)取得的股利(分得的利润)与其持有的股份数(投资额)成正比。股份有限公司原则上应从累计盈利中分派股利,无盈利不得支付股利,即所谓"无利不分"的原则。但若公司用公积金抵补亏损以后,为维护其股票信誉,经股东大会特别决议,也可用公积金支付股利。

2. 收益分配顺序。公司向股东(投资者)分派股利(分配利润),应按一定的顺序进行。按照我国《公司法》的有关规定,利润分配应按下列顺序进行。

(1) 弥补以前年度亏损。根据现行法律法规的规定,公司发生年度亏损,可以用下一年度的税前利润弥补,下一年度税前利润不足弥补时,可以在5年内延续弥补,5年内仍然未弥补完的亏损,可用税后利润弥补。

(2) 计提法定公积金。公司在分配当年税后利润时,应当按照税后利润的10%提取法定公积金,当法定公积金累计额达到公司注册资本的50%时,可以不再提取。

(3) 计提任意公积金。公司从税后利润中提取法定公积金后,经股东大会决议,还可以从税后利润中提取任意公积金。法定公积金和任意公积金都是公司在税后利润中提取的积累资本,是公司用于防范和抵御风险、提高经营能力的重要资本来源。盈余公积金和未分配利润都属于公司的留存利润,从性质上看属于股东权益。公积金可以用于弥补亏损、扩大生产经营或者转增公司股本,但转增股本后,所留存的法定公积金不得低于转赠前公司注册资本的25%。

(4) 向股东(投资者)支付股利(分配利润)。公司按照上述程度弥补亏损、提取公积金之后,所余当年利润与以前年度的未分配利润构成可供分配的利润,公司可根据利润分配政策向股东分配利润。

公司股东会或董事会违反上述利润分配顺序,在抵补亏损和提取法定公积金之前向股东分配利润的,必须将违反规定发放的利润退还公司。

(二) 股利政策主要类型

支付给股东的盈余与留在企业的保留盈余,存在此消彼长的关系。所以,股利分配既决定给股东分配多少红利,也决定有多少净利留在企业。减少股利分配,会增加保留盈余、减少外部筹资需求。股利决策也是内部筹资决策。

在进行股利分配的实务中,公司经常采用的股利政策如下。

1. 剩余股利政策。

(1) 分配方案的确定。股利分配与公司的资本结构相关,而资本结构又是由投资所需资金构成的,因此,实际上股利政策要受到投资机会及其资本成本的双重影响。剩余股利政策就是在公司有着良好的投资机会时,根据一定的目标资本结构(最佳资本结构),测算出投资所需的权益资本,先从盈余当中留用,然后将剩余的盈余作为股利予以分配。

采用剩余股利政策时，应遵循四个步骤：设定目标资本结构，即确定权益资本与债务资本的比率，在此资本结构下，加权平均资本成本将达到最低水平；确定目标资本结构下投资所需的股东权益数额；最大限度地使用保留盈余来满足投资方案所需的权益资本数额；投资方案所需权益资本已经满足后若有剩余盈余，再将其作为股利发放给股东。

（2）采用理由。奉行剩余股利政策，意味着公司只将剩余的盈余用于发放股利。这样做的根本目的是保持理想的资本结构，使加权平均资本成本最低。

2. 固定或持续增长的股利政策。

（1）分配方案的确定。这一股利政策是将每年发放的股利固定在某一固定的水平上并在较长的时期内不变，只有当公司认为未来盈余会显著地、不可逆转地增长时，才提高年度的股利发放额。

（2）采用理由。固定或持续增长股利政策的主要目的是避免出现由于经营不善而削减股利的情况。采用这种股利政策的理由在于：

①稳定的股利向市场传递着公司正常发展的信息，有利于树立公司良好形象，增强投资者对公司的信心，稳定股票的价格。

②稳定的股利额有利于投资者安排股利收入和支出，特别是对那些对股利有着很高依赖性的股东更是如此。而股利忽高忽低的股票，则不会受这些股东的欢迎，股票价格会因此而下降。

③稳定的股利政策可能会不符合剩余股利理论，但考虑到股票市场会受到多种因素的影响，其中包括股东的心理状态和其他要求，因此，为了使股利维持在稳定的水平上，即使推迟某些投资方案或者暂时偏离目标资本结构，也可能要比降低股利或降低股利增长率更为有利。

该股利政策的缺点在于股利的支付与盈余相脱节。当盈余较低时仍要支付固定的股利，这可能导致资金短缺，财务状况恶化；同时不能像剩余股利政策那样保持较低的资本成本。

3. 固定股利支付率政策。

（1）分配方案的确定。固定股利支付率政策，是公司确定一个股利占盈余的比率，长期按此比率支付股利的政策。在这一股利政策下，各年股利额随公司经营的好坏而上下波动，获得较多盈余的年份股利额高，获得较少盈余的年份股利额低。

（2）采用理由。主张实行固定股利支付率的人认为，这样做能使股利与公司盈余紧密地配合，以体现多盈多分、少盈少分、无盈不分的原则，才算真正公平地对待了每一位股东。但是，在这种政策下各年的股利变动较大，极易造成公司不稳定的感觉，对于稳定股票价格不利。

4. 低正常股利加额外股利政策。

（1）分配方案的确定。低正常股利加额外股利政策，是公司一般情况下每年只支付固定的、数额较低的股利；在盈余多的年份，再根据实际情况向股东发放额外股利。但额外股利并不固定化，不意味着公司永久地提高了规定的股利率。

（2）采用理由。

①这种股利政策使公司具有较大的灵活性。当公司盈余较少或投资需用较多资金时，可维持设定的较低但正常的股利，股东不会有股利跌落感；而当盈余有较大幅度增加时，则可适度增发股利，把经济繁荣的部分利益分配给股东，使他们增强对公司的信心，这有利于稳定股票的价格。

②这种股利政策可使那些依靠股利度日的股东每年至少可以得到虽然较低，但比较稳定的股利收入，从而吸引住这部分股东。

以上各种股利政策各有所长，公司在分配股利时应借鉴其基本决策思想，制定适合自己具体实际情况的股利政策。

七、财务分析与评价

（一）财务分析与评价概述

1. 财务分析含义。财务分析是以财务报告为基础，对企业的财务状况、经营成果和现金流量进行分析和评价的一种方法，从而揭示生产经营中的利弊得失，系统分析和评价企业过去和现在的经营成果、财务状况及其变动，并为企业未来的财务预测、决策提供依据。

2. 财务分析作用。财务分析是财务管理的重要方法之一，是对财务报告所提供的会计信息作进一步加工和处理，为股东、债权人和管理层等会计信息使用者进行财务预测和财务决策提供依据。财务分析可以发挥以下重要作用。

（1）通过财务分析可以全面评价企业在一定时期内的各种财务能力，包括偿债能力、营运能力、盈利能力和发展能力，从而分析企业经营活动中存在的问题，总结财务管理工作中的经验教训，促进企业改进经营活动，提高管理水平。

（2）通过财务分析，可以为外部投资者、债权人和其他有关部门及人员提供更加系统、完整的会计信息，便于更加深入地了解企业的财务状况、经营成果、现金流量情况，为其投资决策、信贷决策和其他经济决策提供依据。

（3）通过财务分析，可以检查业务内部各职能部门和单位完成经营计划的情况，考核各部门和单位的经营业绩，有利于企业建立和完善业绩评价体系，协调各种财务关系，保障企业财务目标的顺利实现。

3. 财务分析方法。

（1）比率分析法：通过比较财务比率（指标）揭示会计要素的相互关系，反映其内在联系。比率分析是财务分析的最基本的方法。

（2）比较分析法：是对两个或几个有关的可比数据进行对比，揭示差异和矛盾的分析方法，包括横向比较、纵向比较和差异分析。

（3）因素分析法：是依据分析指标和影响因素的关系，把由多个因素组成的综合指标分解为各个因素，并确定各个因素变动对综合性指标影响程度的一种方法。

（二）四大能力分析

1. 偿债能力分析。偿债能力是指企业偿还各种到期债务的能力，可以揭示企业的财务风险，主要分为短期偿债能力和长期偿债能力。

（1）短期偿债能力：是指企业偿还流动负债的能力，一个企业的短期偿债能力大小，要看流动资产和流动负债的多少和质量状况。

对债权人来说，企业要具有充分的偿还能力才能保证其债权的安全，按期取得利息，到期取回本金；对投资者来说，如果企业的短期偿债能力发生问题，就会牵制企业经营的管理人员耗费大量精力去筹集资金，以应付还债，还会增加企业筹资的难度，或加大临时紧急筹资的成本，影响企业的盈利能力。衡量指标主要有以下几点。

①流动比率。反映企业某一时点偿付短期债务的能力。一般认为流动比率在2:1左右比较合适。

流动比率＝流动资产÷流动负债

流动资产主要包括货币资金、以公允价值计量且其变动计入当期损益的金融资产、应收账款、存货和一年内到期的非流动资产等。流动负债主要包括短期借款、以公允价值计量且其变动计入当期损益的金融负债、应付及预收款项、各种应交税费、一年内到期的非流动负债等。

②速动比率。

速动比率＝速动资产÷流动负债

其中，速动资产＝流动资产－存货。一般认为速动比率在1:1左右比较合适。

存货需要经过销售才能转变为现金，如果存货滞销，则其变现就成问题，所以存货是流动资产中流动性相对较差的资产，流动资产扣除存货后的资产称为速动资产。

③现金比率。现金比率是企业的现金类资产与流动负债的比值。现金类资产包括库存现金、随时可用于支付的存款和现金等价物。

$$\text{现金比率}=\frac{\text{现金}+\text{现金等价物}}{\text{流动负债}}$$

现金比率可以反映企业的直接偿债能力，因为现金是企业偿还债务的最终手段，现金比率高说明企业有较好的支付能力，对偿付债务有保障，但如果比率过高则意味着企业拥有过多的盈利能力较低的现金类资金，企业的资产未能得到有效运用。

（2）长期偿债能力：是指企业偿还长期债务的能力，长期债务主要有长期借款、应付债券、长期应付款、专项应付款、预计负债等。衡量指标：

①资产负债率。反映企业的资产总额中有多大比例是通过负债得到的。

资产负债率＝负债总额÷资产总额

资产负债率反映企业偿还债务的综合能力，比率越高，企业偿还债务的能力越差，财务风险越大；反之，偿还债务的能力越强。对于资产负债率，企业的债权人、股东和经营者往往从不同的角度来评价。从债权人角度来看，他们总是希望企业的负债比率低一些。从股东角度来看，他们所关心的往往是全部资产报酬率是否超过了借款的利息率。从经营者来看，他们既要考虑企业的盈利，也要考虑企业所承担的财务风险。

②已获利息倍数。指企业经营收益与利息费用的比率，用以衡量企业偿付借款利息的能力。

$$已获利息倍数=\frac{息税前利润总额}{利息支出}$$

已获利息倍数不仅反映了企业获利能力的大小，而且反映了获利能力对偿还到期债务的保证程度。一般情况下，已获利息倍数越高，表明企业长期偿债能力越强。国际上通常认为，该指标为3时较为适当。从长期来看，若要维持正常偿债能力，利息保障倍数至少应当大于1。

2. 营运能力分析。营运能力反映企业的资金周转状况，对此进行分析可以了解企业的营业状况及经营管理水平。资金周转状况好，说明企业的经营管理水平高，资金利用效率高。企业的营运能力通常用资产的周转速度即周转率和周转期来表示。

周转率是企业在一定时期内资产的周转额与平均余额的比率，反映企业资产在一定时期的周转次数。周转次数越多，表明周转速度越快，资产运营能力越强。

周转期反映资产周转一次所需要的天数。周转期越短，表明周转速度越快。

（1）应收账款周转率。指企业一定时期赊销收入净额与应收账款平均余额的比率，反映了应收账款在一个会计年度内的周转次数，可以用此衡量应收账款的变现速度和管理效率。

$$应收账款周转率(次数)=\frac{年销售收入}{应收账款平均余额}$$

一般来说，应收账款周转率越高越好，表明公司收账速度快，平均收账期短，坏账损失少，资产流动快，偿债能力强。与之相对应，应收账款周转天数则是越短越好。一方面，如果公司实际收回账款的天数超过公司规定的应收账款天数，则说明债务人拖欠时间长，资信度低，增大了发生坏账损失的风险；同时也说明公司催收账款不力，使资产形成了呆账甚至坏账，造成了流动资产不流动。另一方面，如果公司的应收账款周转天数太短，则表明公司奉行较紧的信用政策，付款条件过于苛刻，这样会限制企业销售量的扩大。

（2）流动资产周转率。指销售收入与流动资产平均余额的比率，反映了企业全部流动资产的利用效率。

$$流动资产周转率=\frac{销售收入}{流动资产平均余额}$$

流动资产周转率越高，说明企业流动资产的利用效率越高，资金的使用效率越高。

(3) 存货周转率。指企业在一定时期内销售成本和存货平均余额的比率。

$$存货周转率=\frac{销售成本}{存货平均余额}$$

存货周转率是对流动资产周转率的补充说明，是衡量企业投入生产、存货管理水平、销售收回能力的综合性指标，反映了企业销售效率和存货使用效率。在正常情况下，如果企业经营顺利，存货周转率越高，说明企业存货周转得越快，企业的销售能力越强，营运资金占用在存货上的金额也会越少。

(4) 固定资产周转率。指企业销售收入与固定资产平均净值的比率。

$$固定资产周转率=\frac{销售成本}{固定平均净值}$$

固定资产周转率主要用于分析厂房、设备等固定资产的利用效率，比率越高，说明固定资产的利用率越高，管理水平越好。

3. 盈利能力分析。盈利能力是指企业获取利润的能力，盈利是企业生存和发展的物质基础，它不仅关系企业所有者的投资报酬，也是企业偿还债务的重要保证。在对盈利能力进行分析时，一般指分析企业正常经营活动的盈利能力，不涉及非正常的经营活动，因为一些非正常、特殊的经营活动虽然也会给企业带来收益，但它不是经常的和可持续的，因此，不能将其作为一种持续的盈利能力加以评价和分析。

(1) 资产报酬率。指企业一定时期的利润额与资产平均总额的比率。根据财务分析目的的不同，可分为资产息税前利润率、资产利润率、资产净利率。

①资产息税前利润率。

$$资产息税前利润率=\frac{息税前利润}{资产平均余额}$$

资产息税前利润率不受企业资本结构变化的影响，通常用来评价企业利用全部资源获取报酬的能力，反映企业利用全部资产进行经营活动的效率，该项指标不仅可以评价企业的盈利能力，还可以评价企业的偿债能力。

②资产利润率。

$$资产利润率=\frac{利润总额}{资产平均总额}$$

利润总额反映了企业在扣除所得税费用之前的全部收益，其影响因素主要有营业利润、投资收益或损失、营业外收支等，所得税政策的变化不会对利润总额产生影响。因此，资产利润率不仅能够综合评价企业的资产盈利能力，还可以反映企业管理者的资产配置能力。

③资产净利率。

$$资产净利率=\frac{利润总额}{资产平均总额}$$

净利润受企业的经营活动、投资活动、筹资活动以及国家税收政策的影响，资产净利率通常用于评价企业对股权投资的回报能力。

（2）净资产收益率。

$$净资产收益率=\frac{净利润}{平均所有者权益}$$

净资产收益率反映了企业股东获取投资报酬的高低，该比率越高，说明企业的盈利能力越强。

（3）销售净利率。销售净利率说明了企业净利润占营业收入的比例，可以评价企业通过销售赚取利润的能力。但该指标受行业特点的影响较大，因此，应结合不同行业的具体情况进行分析。

$$销售净利率=\frac{净利润}{营业收入净额}$$

（4）成本费用净利率。成本费用净利率反映企业生产经营过程中发生的耗费与获得的报酬之间的关系。通过该指标不仅可以评价企业盈利能力的高低，还可以评价企业对成本费用的控制能力和经营管理水平。

$$成本费用净利率=\frac{净利润}{成本费用总额}$$

4. 发展能力分析。发展能力也称成长能力，是指企业在从事经营活动过程中表现出的增长能力，如规模的扩大、盈利的持续增长、市场竞争力的增强等，反映企业发展能力的指标有销售增长率、资产增长率、股权增长率等。

（1）销售增长率。企业本年营业收入增长额与上年营业收入增长额的比率，是评价企业成长性和市场竞争力的重要指标，该比率越高，说明企业营业收入的成长性越好，企业的发展能力越强。

$$销售增长率=\frac{本年营业收入增长额}{上年营业收入总额}$$

（2）资产增长率。企业本年总资产增长额与年初资产总额的比率，反映了企业本年资产规模的增长情况。

$$资产增长率=\frac{本年总资产增长额}{年初资产总额}$$

资产增长率是从企业资产规模扩张方面来衡量企业发展能力的，资产增长率越高，说明企业资产规模增长的速度越快，企业的竞争能力越强。但在分析企业资产数量增长的同时也要注意分析企业资产的质量变化。

（3）股权增长率。指企业本年股东权益增长额与年初股东权益总额的比率。

$$股权增长率=\frac{本年股东权益增长额}{年初股东权益总额}$$

股权增长率反映了企业资本的积累能力，是评价企业发展潜力的重要财务指标，比率越高，说明企业资本积累能力越强，企业的发展能力越好。

（三）杜邦分析体系

1. 综合指标分析。综合分析就是将运营能力、偿债能力、获利能力、成长能力等诸方面纳入一个有机的整体之中，全面地对企业经营状况、财务状况进行解剖与分析。企业的财务状况是一个完整的系统，内部各种因素都是相互依存、相互作用的，任何一个因素的变动都会引起企业整体财务状况的改变，因此，财务分析者在进行财务状况综合分析时，必须深入了解企业财务状况内部的各项因素及其相互之间的关系，这样才能比较全面地揭示企业财务状况的全貌。

2. 杜邦分析。

（1）杜邦分析法是一种全面综合的分析方法，它利用集中主要的财务比率之间的关系来综合分析企业的财务状况，利用各财务指标间的内在关系，对企业经营管理及经济效益进行综合系统分析评价。

$$净资产收益率=\frac{净利润}{营业收入}\times\frac{营业收入}{平均总资产}\times\frac{平均总资产}{平均净资产}$$

$$=营业净利率\times总资产周转率\times权益乘数$$

杜邦分析法说明净资产收益率受三类因素影响，分别是盈利能力、营运能力和偿债能力，简而言之，杜邦分析法强调企业发展三方面：营销管理、运营管理和资本运作。

（2）从杜邦分析中，可以了解到以下财务信息。

①净资产收益率是个综合性极强、最有代表性的财务比率，是杜邦分析的核心，企业财务管理的重要目标就是实现股东财富最大化，净资产收益率反映了股东投入资金的盈利能力，反映了企业筹资、投资和生产运营等各方面经营活动的效率。

②资产净利率揭示了企业生产活动的效率，企业的销售收入、成本费用、资产结构、资产周转速度以及资金占用量都会对其产生影响，资产净利率是销售净利率和总资产周转率的乘积，因此，可以从企业的销售活动和资产管理两方面进行分析。

③从销售方面来看，销售净利率反映了企业净利率与销售收入之间的关系，一般情况下，销售收入增加，企业的净利润也随之增加，但要想提高销售净利率必须一方面提高销售收入，另一方面降低各种成本费用。具体而言，提高销售净利率要开发新产品，开拓市场，增加销售收入；加强营销手段，努力提高市场占有率；加强成本控制，降低耗费，优化生产流程，减少不必要支出。

总之，从杜邦分析系统可以看出，企业的盈利能力涉及生产经营活动的方方面面，净资产收益率与企业的资本结构、销售规模、成本水平、资产管理等因素密切相关，这些因素构成一个完整的系统，系统内部各要素之间相互作用，只有协调好系统内部各个因素之间的关系，才能使得净资产收益率得到提高，从而实现股东财富最大化。

第四节 生产运营管理

一、生产运营管理概论

（一）生产运营管理的概念

生产活动是人类最基本的活动，有生产活动就需要生产管理。随着时代的发展，人类的生产活动的内容、方式不断发生变化，生产活动的领域也不断扩大，尤其是服务业的兴起使生产的概念得到延伸和扩展。生产管理从有形产品的制造扩大到服务领域，生产管理也变为运营管理，或者生产运营管理，既包含有形产品的制造活动，也包含提供无形产品的服务活动。

（二）生产运营管理的作用

生产运营管理、财务管理和市场营销被誉为现代企业经营的三大基石，而生产运营管理则是企业中负责制造产品或提供服务的职能。从企业经营过程来看，企业经营过程是人们利用各种投入（如土地、劳动、资本、信息），通过一个或多个转换过程（如存储、运输、切割）创造出产品或服务。为了确保产出的满意，企业需要在转换的各个阶段进行检测（反馈），并与生产标准进行比较，以确定是否需要采取纠正措施（控制）。生产运营管理是对产品或服务的投入—产出这一转换过程的控制，以实现价值增值的过程。从这个意义上理解，生产运营管理的作用可以归纳为：

（1）生产运营管理就是要把企业的经营目标通过组织产品制造过程转化为现实。生产运营管理属于企业管理系统中的基础部分，生产活动是制造企业的基本活动，制造企业的主要特征是生产产品。因此，生产什么样的产品、生产多少产品、什么时候生产产品满足用户和市场需求，就成为制造企业经营的重要指标。

（2）生产运营管理可以使企业更好地适应市场的变化。在卖方市场条件下，企业的产品在市场上处于供不应求的状态，生产出来的产品都能够卖出去。企业生产运营管理的重心是提高生产效率、增加产量。但在买方市场条件下，竞争加剧，商品需求多元化，不仅要求品种多、质量高，而且要求价格便宜、服务周到、交货及时，这种产品需求的变化无疑对生产运营管理提出了新的挑战。

（3）生产运营管理为企业做好经营决策提供了支撑。在市场经济条件下，企业的高层管理人员应集中精力做好企业长期发展的经营决策，需要一套健全有力的生产运营系统作保证，如果企业高层管理人员纠缠于日常生产管理活动，则难以做好企业的宏观决策。

（4）生产运营过程是企业实现价值增值的必要环节。随着市场规模的不断扩大、产品和市场技术的日益复杂、市场交换活动的日益活跃，与生产密切相关的金融、保险、外贸、房地产、交通运输、技术服务、信息服务等产业在社会生活中的比重越来越大，这些活动是人力创造财富的必要环节，也是企业筹资价值、服务社会、获取利润的主要环节。

（5）生产运营管理是企业竞争力的源泉。企业产品竞争力在很大程度上取决于企业生产运营管理绩效，在市场需求日益多样化、顾客需求越来越高的情况下，生产运营管理是企业竞争力的真正来源。

（三）生产运营管理的发展

近代生产运营管理的历史始于英国蒸汽机的发明，其发展的原动力是产业革命。表 3－11 列出了生产运营管理发展的大事年表。

表 3－11　　生产运营管理发展大事年表

时间	概念和方法	发源国别和地区
1911 年	科学管理原理、标准时间研究和工作研究	美国
1911 年	行为研究：工业心理学基本概念	美国
1913 年	移动流水装配线	美国
1914 年	作业计划图（甘特图）	美国
1917 年	库存控制中的经济批量模型	美国
1931 年	抽样检验和统计图技术在质量控制中的运用	美国
1927 年、1933 年	霍桑试验	美国
1934 年	工作抽样	英国
1940 年	处理复杂系统问题的多种训练小组方法	英国
1947 年	线性规划的单纯形解法	美国
20 世纪 50 年代、60 年代	运筹学快速发展，如模拟技术、排队论、决策论、数学规划；计算机硬、软件技术；计划评审技术（PERT）和敏捷制造（AM）	美国和西欧
20 世纪 70 年代	处理车间计划、库存、工厂布置、预测和工程项目等日常事务的软件包大量研制成功	美国和西欧
20 世纪 80 年代	JIT、TQC 和工厂自动化（CIM、EMB、CAD、CAM 及机器人）成为制造战略的主要竞争武器	美国、日本和西欧
20 世纪 90 年代	TQM 普及化；BPR 简化了生产过程；大规模定制；供应链管理	日本、美国和西欧
21 世纪	面向网络环境下的 ERP、SCM 等综合集成化、一体化、协同化、智能化、服务化、绿色化	已成全球发展趋势

可以说，在亚当·斯密的分工理论（1776）和查理·巴倍奇机械制造业管理理论（1832）的指导下，英国 18、19 世纪的生产管理获得了飞速发展，使英国成为当时世界经济最发达的国家。进入 20 世纪以后，在泰勒的科学管理（1911）、福特的移动式装配流水生产线（1913）、休哈特的质量控制（1931）等

一系列管理思想和技术的推动下，美国经济获得了突飞猛进的发展，使美国在20世纪成为世界第一经济强国。20世纪六七十年代，日本创造性地推行了全面质量管理和准时制生产等管理手段，使日本变成当时世界第二大经济强国。由此可见，哪个国家最先创造性地推广使用了新的生产管理方法和技术，其经济就会获得最快速的发展。

二、生产运营系统的设计

企业要按照顾客的需要提供产品和服务，满足顾客需求。企业需要对产品和服务进行开发设计，选择合适的技术、生产和服务设施、工厂和服务设施进行布置，并通过一定的工艺过程制造出来。这就涉及开发并设计产品和服务、确定在什么地方生产和提供产品和服务、生产和服务设施选址、工厂和服务设施布置等。

（一）产品开发与产品设计

顾客的个性化需求和市场的多变性加剧了市场竞争的激烈程度。为了占据市场竞争的主动地位，企业纷纷加强了产品开发过程的管理工作。

1. 新产品的开发。近年来，我国在研究开发上的投入逐年增加，企业也越来越重视研究开发，形成与生产、营销和财务同等重要的格局。

（1）产品开发的重要性。自20世纪90年代以来，随着市场竞争日趋激烈，企业面临产品设计及技术选择的压力，产品开发变得越来越重要。

①有利于增强企业的市场竞争力。市场需求迅速变化，技术进步日新月异，产品研发能力及相应的生产技术是企业在竞争中获胜的根本保证，加强产品开发已成为企业的一项经常性的工作。产品设计是决定成本大小、质量好坏、产品上市时间快慢、柔性大小和客户满意程度的重要因素。

②有利于扩大市场份额。在市场竞争中能够不断开发出新产品并快速推向市场的企业将凭借抢先优势占据更大的市场份额。

③有利于适应个性化产品定制的需要。顾客需求的个性化要求企业实行定制化生产，要求企业具备很强的产品开发能力支持个性化定制生产的有效实施。

④有利于企业产品更新换代。产品都有一个生命周期，要经历投入期、成长期、成熟期和衰退期四个阶段，只有不断开发新产品，改进产品设计，增加产品可靠性，降低产品成本，满足顾客需要，企业才能在激烈的市场竞争中立于不败之地。

（2）新产品的概念。新产品是指在技术、性能、功能、结构、材质等一方面或几方面具有先进性或独创性的产品。

按照新产品的创新程度，可以将其分成四类：①全新产品，是与现有任何产品毫无共同之处的，是科学技术上的新发明在生产上的新应用，即具有新原理、新技术、新结构、新工艺、新材料等特征。②改进新产品，是对现有产品的补充、延伸和完善，使其在功能、性能、质量、外观、型号上有一定的提高。③换代新产品。换代新产品基本原理不变，但因采用新技术使产品性能有重大突破，有助于企业拓宽产品族，延长产品族的生命周期，保持市场活力和利润的持续增长。④本企业新产品，是指对本企业是新的，但对市场并不新的产品，是在造型、外观、零部件等方面做部分改动或改进后推向市场的产品。

企业进行新产品开发需要考虑以下因素：①设计的可能性；②制造的可行性；③经济性；④市场竞争性；⑤功能多样化；⑥复合化，整合；⑦结构标准化，简化；⑧体积微型化，节省材料，降低成本。

（3）新产品开发的动力模式。新产品开发有两种动力模式：技术推动型和市场导向型。

技术推动型，也称为产品导向型，是依据原创理论进行的新产品开发，也就是从最初的科学探索出发开发的新产品，是以技术—生产—市场的模式出现，即将研究结果推向市场。

市场导向型是依据需求理论，从市场需求出发进行新产品开发。通过调查了解市场需要，结合生产技术、价格、性能等特性，依据新产品未来的销售情况进行开发。市场导向型的产品以市场—研究与开发—生产—市场的模式出现，即把市场需求带入研究而进行的产品开发。

新产品开发的主流已经从技术推动型向为市场导向型转变。企业要密切关注市场动向，不断预测市场需要，制定切合企业发展战略的新产品开发策略。

（4）新产品开发策略和方式。正确的产品开发策略是新产品开发获得成功的前提。企业在制定新产品开发策略时，应借鉴科技发展史以及产品发展史上的宝贵经验，分析、预测技术发展和市场需求的变化，做到知己知彼，清楚自身及其竞争对手的发展目标、经营战略、技术力量、生产能力、销售能力、资金能力等情况。

制定新产品开发策略时主要考虑以下因素：

①从消费者需求出发。满足消费者需求是新产品的基本功能。企业制定新产品开发策略，既要重视市场的现实需求，又要洞察市场的潜在需求。只看到现实需求，争夺开发热门产品，会使有些短线产品很快变成长线产品，形成生产能力过剩，造成人力、物力和财力的极大浪费，甚至会影响企业的整个生存和竞争能力。因此，企业开发新产品，应该注重挖掘市场的潜在需求，以销定产，促进消费，主动为自己创造新的市场。

②从挖掘产品功能出发。赋予老产品以新的功能、新的用途。例如，调光台灯不仅能照明，还可以起到保护视力和节电的作用，在市场上大受欢迎。后来又出现了一种既可调光又可测光的台灯，使光线能调到视力保护最佳的范围，这就是对产品功能进一步挖掘的结果。

③从提高产品竞争力出发。新产品的市场竞争力取决于产品的质量、功能、顾客需求等，企业要根据自己的特点采取领先策略、跟随策略、低成本策略。领先策略是其他企业还未开发成功，或未投入市场之前，抢先把新产品投入市场

（企业有较强的开发能力、生产能力、新产品开发管理水平、生产管理水平）。跟随策略是企业迅速发现、仿制市场上出现有竞争的产品并投入市场（企业有较强的应变能力、高效率的开发组织）。低成本策略是采取降低产品成本的方法来扩大市场份额，以廉取胜（企业有较高的生产技术开发能力、劳动生产率）。

新产品开发方式主要有以下几种：

①完全采用新技术、新材料（周期长、费用多）。

②新技术与现有技术的综合（产生的效果远远大于每种技术所产生的效果之和，能够大大扩大产品品种的数目，加速技术革新的步伐）。

③改进技术或改进技术与现有技术的综合。

④现有技术或现有技术的综合（包括引进技术）。

无论是全新产品的开发，还是改良产品、换代产品的开发，都需要经过一定的阶段和程序。一般来说，新产品的开发步骤可以分为以下几个阶段：

①构思、计划阶段。对新产品的原理、构造、材料、工艺过程以及新产品的性能指标、功能、用途等多方面提出新产品的构思方案和设想，对构思方案进行分析、评价、筛选，最后确定方案，制订开发计划。

②先行开发阶段。对有关关键技术进行研究和试制，进一步确认和修改技术构思。

③设计开发阶段。对前一阶段确定的技术构思进行评价，然后开始进行产品的设计、试制或试验，并掌握性能和成本数据。

④生产准备阶段。对前一阶段的结果进行评价，如果决定投产，则开始进行生产准备，进行工艺设计、工夹具设计和技术文件准备等，必要时进行批量生产、试销。

⑤生产阶段。进入这一阶段实际上就意味着开发的结束。

2. 新产品的设计。

（1）新产品设计的重要性。新产品设计非常重要，主要体现在三个方面：①新产品的可靠性主要取决于设计阶段（决定新产品的性能、机能、结构等目标值）。②新产品的制造成本主要取决于设计阶段（产品成本责任的80%取决于设计开发部门和生产技术部门）。③设计阶段对控制新产品质量也有重要的意义（新产品设计不足会在其后的工序中累积）。

（2）新产品设计的程序和内容。新产品设计的程序一般分为三个阶段，即编制设计任务书、技术设计和工作图设计。它是从总布置、零部件结构，到工作图纸完成，逐步加以具体化，前一阶段是后一阶段的基础。三段设计是新产品设计时应遵守的程序。新产品设计包括以下内容。

①设计任务书。设计任务书又称技术任务书，是指导新产品设计的基础文件。编制设计任务书的主要任务是对新产品进行选型，确定最佳设计方案，合理选择新产品的类型、结构和决定设计原则，确定新产品用途、技术要求及基本结构，以此作为后阶段设计的依据。其主要内容包括：新产品的用途与使用范围；设计、试制新产品的理由及根据；新产品的技术性能、基本结构、特点和技术参

数；国内外同类型产品的结构、质量、成本价格等技术经济指标的比较与分析资料；可行性分析，包括人员及设备能力、关键技术及解决办法。通用产品的设计任务书一般由设计部门编制。编制设计任务书前必须做好科技情报工作，广泛收集国内外有关的先进技术情报资料，并进行市场调查、用户访问。

②技术设计。技术设计的任务是根据批准的设计任务书，进一步确定新产品的具体结构和技术经济指标，并以总图、系统图、明细表、说明书等形式表现出来。

进行部件设计时应有工艺人员参加，审查确定有关结构工艺性问题，以免返工。主要的配套外购件、关键材料应及早提出技术要求，以便有充足的准备时间。

③工作图设计。工作图设计是产品设计的最后阶段，其任务是设计和绘制施工所需要的全套文件和使用的技术文件。工作图的设计要经过标准化、系列化、通用化的审查，贯彻三化的原则，以达到设计工作的经济性，还要经技术标准审查，以确定其是否符合有关的规定。

（3）新产品设计的标准化、系列化、通用化。产品系列化和零部件标准化、通用化是国家一项重要的技术经济政策，对减轻设计工作量、缩短设计周期、方便使用和维修等起着重要的作用。所以，在产品设计的各个阶段中，必须认真贯彻三化，严格执行国家标准和部门标准。

①标准化。标准化的范围很广，在我国，根据标准适应领域和有效范围，可以把标准分成三组：国家标准、专业标准和企业标准。国际上一般通用的如国际标准化组织、标准也包括在国家标准内。标准化对设计工作来说，主要是指产品标准和零部件标准。产品标准是指为某一类产品或某一种产品的型式、尺寸、主要性能参数、质量指标、检验方法以至包装、储存、运输、使用、维修等方面而制定的标准。零部件标准是对通用程度高或需要量大的零部件规定的标准。产品的设计标准化程度可用标准化系数来衡量。

②系列化。系列化是标准化的高级形式，是对相同的设计依据、相同的结构性和相同使用条件的产品，将其基本尺寸和参数按一定规律编排，建立产品系列型谱。系列化产品的基础件通用性好，它能根据市场的动向和消费者的特殊要求，采用发展变型产品的经济、合理办法，机动、灵活地发展新品种，既能及时满足市场的需要，又可保持企业生产组织的稳定，还能最大限度地节约设计力量，因此，产品系列化是搞好产品设计的一项重要原则。

系列化工作的内容一般可分为以下三个方面：制定产品基本参数系列、编制产品系列型谱、产品的系列设计。

③通用化。通用化是指同一类型不同规格或不同类型的产品和装备中，用途相同、结构相近似的零部件，经过统一以后，可以彼此互换的标准化形式。通用化要以互换性为前提，互换性有尺寸互换性和功能互换性两层含义。功能互换性问题在设计中非常重要。通用性越强，产品的销路就越广，生产的机动性越大，对市场的适应性就越强。

通用化的目的是尽量使同类产品不同规格，或者不同类产品的部分零部件的尺寸、功能相同，可以互换代替，不仅使通用零部件的设计以及工艺设计、工装设计与制造的工作量都得到节约，还能简化管理、缩短设计试制周期。

产品设计的通用化程度在某种意义上可用通用化系数来衡量：

$$通用化系统=\frac{通用件件数}{零件的总件数}$$

（4）新产品设计方法及其选用。进行新产品设计时，常用的设计方法有三种。

①模块化设计。以企业的标准件、通用件和过去生产过的零部件为基础，用组合方式或堆积木方式来设计新产品。或者是在试验研究的基础上，设计出一系列可互换的模块，然后根据需要选用不同的模块与其他部件组合成不同的新产品。在机电产品设计中，这种方法应用很普遍。采用这种方法的前提是零部件标准化、通用化，并加强对这些零部件的管理工作。这种设计方法最容易实现产品设计自动化，容易实现利用计算机进行辅助设计。

②内插式设计。这是一种生产经验与试验研究相结合的半经验性的设计方法，主要用于新产品规格处于两种既有产品规格之间的产品设计，对新产品不必进行大量的科研和技术开发工作，只需选用相邻产品的原理、结构以及计算公式等进行产品设计，根据需要进行小量的研究试验。只要相邻产品选择适当，就可充分利用相邻产品的结果以及长处，取得事半功倍的效果，在短期内设计出成功的产品。

③外推式设计。这是利用现有产品的设计、生产经验，将实践和技术知识外推，设计比它规格大的类似产品。

内插式设计是在已知领域内设计新产品，而外推式设计是在未知领域内设计新产品。在现有设计基础上做外推时，需运用基础理论和技术知识，对过去的实践经验进行分析。对有关质量、可靠性等重要环节，应进行试验，把经验总结与试验研究成果结合起来进行新产品设计。设计外推量越大，技术开发性的工作量也就越大。

根据产品结构的特点和产品设计性质，应采用不同的设计方法，以加速新产品设计速度，提高设计质量。目前，先进的设计方法有计算机辅助设计（computer aided design，CAD）、计算机辅助制造（computer aided manufacturing，CAM）以及计算机辅助工程（computer aided engineering，CAE）等借助计算机应用而进行高效率、高精度产品设计以及产品制造的方法。

随着计算机机能、性能的不断提高以及价格的降低，CAD/CAM/CAE 的软件开发已取得很大的进展。从自动制图开始，现在已发展到解析、模拟、三维曲面设计、轮廓设计、曲面 NC 数据生成、焊接机器人的最佳配置等高度复杂工作，广泛应用于建筑、机械、成型、电机、电子、汽车、船舶、飞机、车辆、机床、造纸等各种行业。

3. 生产工艺管理。产品的设计解决了生产什么样的产品（做什么?）的问题，至于采用什么样的设备和工艺装备，按照怎样的加工顺序和方法来生产这种产品（怎样做?）还有待于生产工艺管理工作来解决。生产工艺管理涉及的因素众多，包括的范围也很广，其包括的具体工作内容与生产类型、产品的产量以及企业的具体生产条件等因素有关。

（1）生产工艺管理的内容和意义。企业的生产工艺管理是企业生产管理中的重要内容，与产品的设计有着紧密的联系，同时又对产品的生产起着指导作用，人们形象地把生产工艺管理比作设计和制造之间的一座桥梁。生产工艺管理工作在企业生产管理中所占的工作量和时间是很大的，搞好企业生产工艺管理工作对提高生产效率及产品质量、缩短生产周期、降低生产成本和顺利组织生产有着十分重要的意义。

良好的生产工艺管理工作能给企业带来以下诸多的效益：①缩短产品生产周期。②提高产品质量。③完善工艺方案。④合理操作规程。⑤降低物耗能耗，节约生产费用，从而降低产品成本。⑥提高工艺设计工作质量，减轻劳动强度。

（2）生产工艺管理的原则和程序。做好生产工艺管理工作，应注意遵循下列原则：①重视工艺情报资料收集工作，充分利用国内外有关技术发展和先进工艺方法的情报。②重视现有工艺方法和手段改进研究，尽可能采用先进工艺和新工艺。③重视工艺典型化和标准化工作，减少工艺准备工作量，缩短工艺准备时间。④加强工艺文件的管理，对改进工艺准备工作的质量、提高工艺准备工作的标准化大有益处，对指导组织生产顺利完成非常重要。⑤采用先进合理的工艺设计方法和管理手段，提高工艺管理工作水平。⑥建立合理的工艺管理制度和技术责任制，以确保工艺管理工作的顺利进行。

实施生产工艺管理的程序：①产品图纸的工艺分析和审查。在产品设计中要考虑工艺上的经济性和可能性，产品的图纸要经过工艺分析和审查。其内容有：除审查零部件的标准化和通用化程度外，还应审查产品结构的继承性系数；审查产品结构是否与生产系统相适应（即是否有较好的结构工艺性），以及审查零件的装备程度，也就是产品结构的部件装配；审查产品结构在企业现有设计与技术条件下制造的可能性；审查选用材料的经济性、合理性；审查零件的结构、几何形状、尺寸、精度、公差等级的合理性。②工艺方案的制订。包括产品试制中的技术关键和解决方法，以及装配中的特殊要求。工艺方案制订的依据是产品的设计性能、产品的方向性，以及生产类型和批量大小，等等。③工艺规范的编制。包括工艺过程卡（最简单和最基本的工艺规范形式，对零件制造全过程的粗略描述）、工艺卡、工序卡（最详细的工艺规范，是以指导工人操作为目的进行编制的，一般按零件工序编号）。工艺规范的编制是工艺准备中的一个主要内容，是指导生产的重要工具，也是安排计划、进行调度、确定劳动组织、进行技术检查和材料供应等各项工作的主要技术依据。④工艺装备的设计和制造。工艺装备是指为实现工艺规程所需的各种刃具、夹具、量具、模具、辅具、工位器具等的总称。使用工艺装备的目的，有的是制造产品，有的是保证加工的质量，有的是提高劳动生产率，有的则是改善劳动条件。

(3) 计算机辅助生产工艺管理。计算机辅助生产工艺管理包括典型工艺和成组工艺。①典型工艺是指把某些形状和工艺路线相似的零件归为一类，并为它们编制通用的工艺规范（一般又分为标准件典型工艺和专用件典型工艺）。产品及其零部件系列化和标准化程度较高、生产批量较大企业的典型工艺是一种提高工艺准备工作质量、减少工艺、减少工作量、缩短工艺准备周期的有效方法，而且典型工艺还可促进整个工艺准备管理工作适当的标准化和有序化。②成组技术就是利用事物客观存在的相似性对事物进行系统化、科学化的聚类处理，是采用成组技术的基本原理，利用零件的相似性对产品工艺进行设计和管理的方法。成组工艺的编制可采用综合零件法和流程分析法。综合零件法是指以综合零件（能代表某一相似零件族所有零件的结构和工艺特征的零件，反映了该族所有零件的主要加工工艺过程）为基础编制成组工艺规范。流程分析法是指对构成某一零件族的所有零件的工艺流程进行分析，找出适合于族内所有零件的工艺流程，并据此编制成组工艺。流程分析法是生产实际中常用的方法。编制成组工艺的一个关键问题是依据相似性原理对零件进行聚类成族（组）。

计算机辅助工艺过程设计（computer aided process planning，CAPP）是在工艺过程设计中应用计算机，以帮助提高其标准化和自动化的一种技术，目的是将产品的设计信息和企业的生产数据归并到一个计算机系统中，使该系统产生可用的工艺规范。它可以使工艺人员从烦琐、重复的事务性工作中解脱出来，迅速编制出完整而详尽的工艺文件，缩短生产准备周期，提高产品制造质量，进而缩短整个产品开发周期。

一个 CAPP 系统应具有以下功能：①检索标准工艺文件。②选择加工方法。③安排加工路线。④选择机床、刀具、量具、夹具等。⑤选择装夹方式和装夹表面。⑥优化选择切削用量。⑦计算加工时间和加工费用。⑧确定工序尺寸、公差及选择毛坯。⑨绘制工序图，编写工序卡。

CAPP 系统的基本组成：①零件信息输入模块。②工艺决策模块。③工艺数据/知识库。④人机交互界面。⑤工艺文件管理模块。

(4) 新产品试制。一种产品的设计和工艺准备完成后，并不等于生产条件已经成熟、立即进行正式生产，其尚需经过试制和鉴定。新产品的设计和工艺准备只是预想的产品样式和加工方法，必须经过实践的检验才能判断其是否可行。新产品试制和鉴定的目的，是检验产品设计工作和工艺工作的质量，发现存在的问题，及时反馈，加以解决，避免造成人力、物力和财力的浪费。

新产品试制的程序一般包括如下四个阶段：①产品设计（包括老产品改进设计）。产品设计是试制产品的第一步工作，需根据用户要求来设计，提供工作图纸，满足工艺制造条件，制定质量标准。②样品试制和鉴定。样品试制的目的在于通过一件或少数几件样品来验证产品结构、性能及主要工艺等，检验产品设计的可靠性和合理性，并找出设计工作中的错误和缺点，以便对图纸进行修改，积累有关工艺准备方面的资料，找出关键工序，采取措施，为以后的工艺修改工作做好准备。为缩短试制周期，样品试制可采取单件方式生产。样品装配完毕，应进行全面检查、试验与调整。对发现的问题应及时进行更正，直至样品的性能精度等均符合设计要求，即可进行样品鉴定。样品鉴定，要根据设计任务书、技术设计和工作图设计等图纸和技术文件，检查产品的结构、工艺性能和质量，并做出是否可以进行小批试制的结论。③小批试制的鉴定。小批试制的目的，主要在于验证工艺和掌握生产，考验用正规的工艺规程和工艺装备制造时，产品的性能和质量的变动程度。试制过程中应从成批大量生产的观点出发，验证和改进工艺规程的合理性，发现工艺装备在设计和制造上的缺点，对工艺规范和工艺装备进行修改补充，进一步修改图纸，并将成批大量生产工艺规程确定下来。小批试制应在正式的成批或大量生产条件下进行，而不能在试制车间进行。④生产前的准备工作。对成批大量生产新产品，在小批试制之后成批大量生产之前，还须有生产前的调整阶段，对产品正式生产中需用的专用设备、专用工装进行调整，改进生产组织形式，以适应成批大量生产的要求。

从老产品生产过渡到新产品生产，要做到速度快、费用小、质量高。生产前调整工作量的大小，取决于企业原有的生产组织与新产品的工艺和结构适应程度。

新产品的试制程序往往取决于生产的类型。在单件小批生产条件下，特别是单个生产的新产品，样品就是产品，应该按样品试制程序进行。

（二）生产能力与生产计划

企业的生产能力与生产计划有密切关系。生产能力反映了企业生产的可能性，是制订生产计划的重要依据。只有符合企业生产能力水平的生产计划，才能使计划的实现有可靠扎实的基础。

1. 生产能力的概念和计算。

（1）生产能力的概念。生产能力是指企业全部生产性固定资产（包括主要生产设备、辅助生产设备、起重运输设备、动力设备以及有关厂房和生产建筑物等），在一定的时期内，在一定的技术和组织条件下，所能生产一定种类产品的最大产量。当然，劳动力和原材料同机器设备等固定资产一样，也是企业进行生产不可缺少的条件。

企业配置在内部各个生产环节上的固定资产在性能、工作能力和设备数量上，都有一定的组合和配合，存在着一定的比例关系。企业产品的生产过程，就是由劳动者运用这些相互联系的全部固定资产来完成的。因此，企业的生产能力，是指各个生产环节、各种固定资产在保持生产要求的一定比例关系的条件下所具有的综合生产能力。在计划年度中，企业的固定资产数量总会有增加或减少，因此，企业常用的生产能力指标有年初生产能力、年末生产能力和全年平均生产能力。

年初生产能力是指企业在报告年年初，全部设备的最大年产量，即上年末生产能力。年末生产能力是指下年初生产能力。

年末生产能力 = 年初生产能力 + 本年新增的生产能力 − 本年减少的生产能力

本年新增的能力，包括由于基建而增加的生产能力，对原有设备经过技术革新、改造而增加的生产能力和由其他单位调入设备而增加的生产能力。本年减少的能力，包括因调出设备、报废设备而减少的生产能力。

全年平均生产能力是研究生产能力利用程度的重要指标。由于新增加或减少设备的时间有先有后，因而参加本年内生产的时间就有多有少。在计算年生产能力利用程度时，不能用年初或年末的生产能力，需要用年平均生产能力。

$$\text{年平均生产能力}=\text{年初生产能力}+\text{新增的年平均生产能力}-\text{减少的年平均生产能力}$$

$$\text{新增的年平均生产能力}=\text{新增设备的年生产能力}\times\frac{\text{自投入生产日到年底的日数}}{365}$$

$$\text{新增的年平均生产能力}=\text{新增设备的年生产能力}\times\frac{\text{自投入生产到年底的月数}}{12}$$

（2）生产能力的类别。企业的生产能力，根据用途不同，可以分为设计的生产能力、查定的生产能力和现有的生产能力三种。

①设计的生产能力。设计的生产能力是指企业开始建厂时，由工厂设计任务书中所规定的企业的产品方案和各种设计数据来确定的。企业投入生产后要有一个熟悉和掌握技术的过程，所以设计能力一般都需要经过一定时期以后才能达到。

②查定的生产能力。查定的生产能力是指当企业的产品方案和技术组织条件发生变化导致原有设计能力不适用时，需要重新核定的生产能力。这是根据企业现有条件，并且考虑到企业在查定期内所采取的各种措施的效果来计算的。

③现有的生产能力。现有的生产能力是指企业在计划年度内所达到的生产能力。它是根据企业现有的条件，并考虑企业在查定时期内所能够实现的各种措施的效果来计算的。

当确定企业的生产规模、编制企业的长期计划、安排企业的基本建设计划和采取重大的技术组织措施的时候，应当以企业查定的生产能力为依据。而企业在编制年度生产计划、确定生产指标的时候，则应当以企业现有的生产能力作为依据。因此，现有的生产能力定得是否准确，对于生产计划的制订有直接影响。后续所说的生产能力，就是指现有的生产能力。

生产能力是编制生产计划的一个重要依据。企业在按照市场需要编制生产计划的时候，不但要根据企业生产能力，而且要考虑原材料供应情况和其他有关条件的因素。

（3）生产能力的基本因素。企业的生产能力是编制生产计划的一个重要依据。因此，正确地核定企业的生产能力，对于做好生产计划工作有极其重要的作用。固定资产的生产能力，基本上由三个要素决定。

①在使用中固定资产的数量。在计算生产能力的时候，企业固定资产的数量，应当包括能够用于生产的全部机器设备的数量，其中包括正在运转、正在修理、装配或正在准备修理的机器设备，以及因生产任务变化而暂时停止使用的机

器设备。

②固定资产的有效工作时间。由于生产条件和工作制度的不同，固定资产的工作时间也是不同的。在连续生产的企业中，机器设备的有效工作时间按照其实际工作的时间来确定。

③固定资产的生产效率。单台设备在单位时间内的生产数量或在单台设备上制造单位产品的时间消耗，前者为产量定额，后者为台时定额即时间定额，两者呈反比关系，即：

$$t=\frac{1}{p}$$

其中，t 为台时定额（小时/件）；p 为产量定额（件/小时）。

在确定企业生产能力时，必须采用在现有的技术组织条件下比较先进的设备生产率，还要考虑机器设备本身的技术条件、工作效率，产品品种、产品质量、原材料的质量，企业的生产组织、劳动组织和工艺方法，以及工人的文化技术水平和熟练程度等因素。

（4）生产能力的计算。核算和平衡生产能力时，要根据企业的生产特点和产品特点进行。如化工行业，当用同一台设备可以交替生产甲、乙两种产品时，可分别计算两种产品的生产能力，即全部设备全年生产甲产品的生产能力和全部设备全年生产乙产品的生产能力。

造纸、纺织、医药等行业的产品品种和规格较多，在按年产量表示产品生产能力时，可按混合产品计算。

某些化工产品（如硫酸、烧碱等）纯度不同，在以年产量表示生产能力时，均按折纯（折纯浓度 100%）计算。

某些轻工业产品（如皮革、制鞋、地毯、服装等）生产能力中，如主要工序是手工操作，则在其他环节的平衡生产能力时，应从主要工序（手工操作）出发进行平衡，按主要工序生产人数计算生产能力。

工业企业产品品种、规格繁多，在计算生产能力时，不可能按所有品种一一计算，一般以具体产品、代表产品、假定产品、产品的主要参数、产品重量等为计量单位来计算。

由于企业生产类型、产品特点不同，采用实物单位的形式也有所不同。大量大批的生产类型，品种较少，可以以具体产品作为计量单位，如具体产品的台数、零件的件数等。

成批生产的类型，品种繁多，难以用具体的产品品种来表示生产能力，因此，可把所有产品按结构、工艺及劳动量构成的相似性进行分组，找出各组的代表产品，用代表产品作计量单位，而其他产品的数量则通过换算系数换成代表产品的数量，然后进行相加，以求得用代表产品表示企业的生产能力。换算系数等于组内其他产品的台时定额与该组代表产品台时定额的比值，即：

$$K_i=\frac{t_i}{t_0}$$

其中，K_i 为换算系数；t_i 为产品的台时定额；t_0 为代表产品的台时定额。

当产品品种很多而各种产品的结构、工艺方法和劳动量构成相差很大时，其中很难找出代表性产品，这时可用假定产品作为计算单位。所谓假定产品就是以各种产品产量与总产量之比分别乘以单位产品台时消耗之和，作为单位产品劳动定额的虚构产品。

在单件小批生产的类型中，由于产品品种繁多，而批量较少，所以常用具体产品的重量或假定产品的重量作为计量单位。

生产能力计算出来后，就可以在此基础上进行综合平衡，从而确定企业的生产能力。

企业生产能力的综合平衡主要包括：第一，各基本生产车间生产能力的平衡，首先要确定主要车间，然后把主要车间生产能力与其他车间生产能力进行平衡。第二，基本车间与辅助车间生产能力的平衡，一般以基本生产车间能力为准，了解辅助车间生产能力的配合协调情况，在生产能力不平衡时，就应采取措施使之达到平衡。

2. 生产能力的合理利用。在生产任务安排时，经常碰到这样的问题：有 n 项任务要分派 m 台机器或 m 个工人去完成，由于每台机器完成各项任务的生产效率不同或生产费用不同，生产任务应如何分配，才能使分配方案总费用最小或完工时间最短，这就是分配问题。分配模型的数学形式如下：

$$\min Z = \sum_{i=1}^{n} \sum_{j=1}^{m} C_{ij} Z_{ij}$$

约束条件如下：

$$\sum_{j=1}^{m} X_{ij} = 1 \quad (i = 1,2,\cdots,n)$$

$$\sum_{i=1}^{n} X_{ij} = 1 \quad (j = 1,2,\cdots,m)$$

其中，C_{ij} 为第 i 项工作分配到第 j 台机器上加工的费用或作业时间；X_{ij} 为第 i 项工作分配到第 j 台机器上作业；$X_{ij}=1$，表示第 i 项工作分配到第 j 台机器上；$X_{ij}=0$，表示第 i 项工作不分配到第 j 台机器上。

3. 生产计划的编制。

（1）生产计划系统的组成。生产计划系统是一个包括需求预测、中期生产计划、生产作业计划、材料供应计划、生产能力计划、设备维修计划、新产品开发计划等，以生产控制信息的迅速反馈连接构成的复杂系统。

生产计划的作用就是要充分利用企业的生产能力和其他资源，保证按质、按量、按品种、按期限地完成订货合同，满足市场需求，尽可能地提高企业的经济效益，增加利润。

（2）生产计划的层次。企业中的各种计划，一般可分为战略层计划、战术层计划和作业层计划三个层次，生产计划与其他计划一样，也具有三个层次。

①长期生产计划。长期生产计划属于战略计划范围。它的主要任务是进行产

品决策、生产能力决策以及确立何种竞争优势的决策，涉及产品发展方向、生产发展规模、技术发展水平、新的生产设施的建造等。

②中期生产计划。中期生产计划属于战术性计划，其计划期一般为一年，又称年度生产计划。它的主要任务是在正确预测市场需求的基础上，对企业在计划年度内的生产任务做出统筹安排，规定企业的品种、质量、数量和进度等指标，充分利用现有资源和生产能力，尽可能均衡地组织生产活动和合理地控制库存水平，尽可能地满足市场需求并获取利润。

中期生产计划是根据市场需求预测制订的，它的决策变量主要是生产率、人力规模和库存水平。中期生产计划只能起到一种指导作用。

③短期生产计划。短期生产计划，或称生产作业计划。它的任务主要是直接依据用户的订单，合理地安排生产活动的每一个细节，使之紧密衔接，以确保按用户要求的质量、数量和交货期交货。

生产作业计划是生产计划的具体实施计划。它是把生产计划规定的任务，一项一项地具体分配到每个生产单位、每个工作中心和每个操作工人，规定他们在月、周、日以至于每一个轮班的具体任务。

（3）年生产计划的主要指标。年生产计划是对计划年度的生产任务做出的统筹安排，规定企业在计划期内生产的品种、质量、数量和进度等指标。企业的生产计划是根据企业的经营计划和生产能力编制的，也是企业其他计划如物资供应计划、劳动工资计划等的依据。编制生产计划的任务，就是要充分利用企业的生产能力和其他资源，保证按质、按量、按品种、按期限地完成订货合同，满足市场需求，尽可能地提高企业的经济效益。

生产计划的主要指标有品种、产量、质量、产值和出产期。

①品种指标是企业在计划期内出产的产品品名、型号、规格和种类数。它涉及生产什么的决策。确定品种指标是编制生产计划的首要问题，关系到企业的生存和发展。

②产量指标是企业在计划期内出产的合格产品的数量。它涉及生产多少的决策，关系到企业能获得多少利润。产量可以台、件、吨表示。对于品种、规格很多的系列产品，也可用主要技术参数计量，如拖拉机用马力、电动机用瓦等。产量指标是企业进行供产销平衡、编制生产计划、组织日常生产的重要依据。

③质量指标是企业在计划期内产品质量应达到的水平，常采用统计指标来衡量，如一等品率、合格品率、废品率、返修率等。

④产值指标是用货币表示的产量指标，能综合反映企业生产经营活动成果，以便与不同行业比较。根据具体内容与作用不同，有工业总产值、商品产值、工业净产值、工业增加值和工业销售产值等指标。

⑤出产期是为了保证按期交货确定的产品出产期限。正确地决定出产期很重要。因为出产期太紧，保证不了按期交货，会给用户带来损失，也给企业的信誉带来损失；而出产期太松，不利于争取顾客，还会造成生产能力的浪费。

（4）生产计划的编制。编制生产计划必须有可靠的依据，需要搜集和掌握大量的资料，也要遵循全局性、（资源与能力）平衡性、灵活性（留有余地）、实际性（切合实际）、基础性（有依据）等原则。

企业生产类型不同，生产计划的编制重点也有所不同。

大量生产的生产管理要求是生产品种稳定，并反复连续进行，才可为固定的产品设计专用工序和设备。

成批生产的管理方式，是在一次程序安排中，集中一定数量的同一品种，连续地进行生产，通过一次一次程序的安排，在同一作业工序中，依次进行不同品种的轮番生产。

单件小批生产的管理方式是指在设备、工艺上能生产较大范围的产品品种，可灵活地接受订货任务，并根据订货的交货期进行生产的方式。

对于多品种小批量生产，有品种选择问题，确定生产什么品种是十分重要的决策。确定品种可以采取收入利润顺序法。

品种的确定经常用收入利润顺序法，它是将生产的多种产品按销售收入和利润排序，并将其绘在收入利润顺序图上。对于销售收入高、利润大的产品是应该生产的。相反，对于销售收入低、利润小的产品（甚至是亏损产品）需要做进一步的分析采取相应对策。

滚动式计划法也是一种编制生产计划的方法。这种方法适用于编制灵活、有弹性的各种生产计划，可以使企业在适应市场需求的同时，保持生产的稳定和均衡。

（三）厂址选择与设备布局

一个企业运营系统的选址和布局会影响企业生产能力的布局、战略规划、基建投资、环境保护等问题，对企业来说是一个重要的决策。选址布局一旦确定，设备购入后想要改建和迁移是比较困难的。因此，生产运营系统选址和布局对于企业生产经营全局有重大的影响。

1. 厂址选择。企业的厂址选择是企业运营系统实际投入进入实施阶段所面临的第一个问题。厂址选择正确，可能会使企业节约生产成本、加快产品运输速度、快速响应客户要求、市场信息传递速度加快，也能够使企业各个层次的员工安居乐业。如果厂址选择不正确，即选择在一个交通闭塞、信息传递不通畅、各种生产原材料不易获得、产品运输困难的地方，无疑会给企业带来极大的生产问题，降低企业的竞争力。

（1）厂址选择的程序。厂址的选择通常分两个层次进行。首先是选区，即选定若干个区域（地区），对这些区域进行分析评价。当大区选定以后，其次进行的是定址，就是在已定大区内具体选定工厂的地理位置。厂址选择是一项比较复杂的系统工程，需要有关部门和各种专业人员协同进行。厂址选择的程序有三个阶段。

①准备阶段。确定选址总体目标，制定建厂规划；根据产品方案及生产规模、企业职工数、生产部门和车间构成等因素确定厂区的建筑面积和总面积；根

据生产工艺和对外协作方案，计算进货运输量和出货运输量，据此设计出厂区的运输线路；提出对厂区地质和水文条件的要求；分析三废性质，确定排放标准，制订处理的方案等。

②现场勘察阶段。由企业和设计单位组成选址小组，对所选厂址进行现场勘察，收集所需资料，将调查结果方案报当地相关部门审查，并听取意见；整理厂址方案汇总表以便进行选择。

③确定方案阶段。从企业经济效益和社会效益、近期效益和长远利益出发，对候选厂址方案进行综合评价，从中选出一个最佳方案。

(2) 影响选址的因素。影响厂址选择的因素很多，在选择工厂的所处区域时，需考虑的主要因素有劳动力资源的供应条件、原材料、燃料、动力的供应条件、产品销售条件、自然资源条件、交通运输条件、当地社会的生产协作条件、法律、法规和政策条件、科技依托条件等。

当工厂区域选定以后，在确定工厂的具体地理位置时，还应考虑一些具体因素：厂区的地形、地貌以及地质、水文条件；周围环境；厂区的可扩展性；等等。

(3) 厂址选择的评价方法。厂址选择的评价方法需采用定性分析与定量分析相结合的方法。通常对于定性分析的因素，可以采用主观打分的方法把其定量化后，再转为采用定量分析方法进行处理。

采用分级加权法评价的步骤：①把有关的影响因素列出一个清单，并对各因素确定其权重。②对每一因素规定一个评价尺，然后对每个候选厂址按规定打分。③把打分与权重相乘，选择候选厂址。

对非定量的因素分级加权评分法是一种很有效的方法。随着计算机技术的发展，计算机模拟法、分支界限法、计算机检索法也得到了广泛的应用。

2. 总平面布置。总平面布置是指企业根据自身实际生产状况、客户类型、产品特点、库存周期、物流配送等特点，按照科学合理的原则，把工厂的生产厂房的各种建筑物，如基本生产车间、辅助生产车间、行政办公大楼、科技大楼、公用设备、仓库、车库、油库等进行规划和布置，使之构成一个符合企业生产经营要求的有机整体，使其各项生产资源达到合理的配置及最大效益和最大效率的利用。通常来说，总平面布置主要指厂区平面布局。

厂区平面布局是在厂址选定、生产单位确定之后进行的一项重要的生产过程的空间组织工作。它是根据已选定的厂址的地貌，对组成企业的各个部分确定其平面或空间的位置，并相应地根据物料流程，确定运输方式和运输路线。

厂区平面布局是一项复杂而庞大的系统工程，是生产运营管理领域最重要的工作之一，也是影响生产率高低的决定性因素之一。厂区布局进行的合理与否对企业的生产经营活动有着十分重要的影响，它影响企业的生产经营成本、职工的工作环境、物资运输流程及企业的应变能力等。

(1) 厂区平面布置的程序。厂区平面布置工作的程序：①明确目标。有效利用厂区面积，节约投资，合理组织物流，提高工作效率，降低生产运营费用，并为企业员工创造一个良好的工作环境，给来访者留下深刻的印象。②收集资料。为进行厂区的总平面布置收集所需的各种资料。③计算和确定各生产单位和业务部门所需的面积。④设计初步方案。⑤从定性和定量两方面进行方案评价。⑥方案实施。成立专门的项目组来贯彻设计的意图，对方案的实施进行全过程管理。

（2）工厂总平面布置的方法。工厂总平面布置经过模型试验、方案比较，确定最优方案后，就可以到现场进行实地布置了。现场布置可根据具体条件对原设计方案进行必要的修正。常用工厂总平面布置定量分析方法有：

①生产活动相关图布置法。这种方法首先要绘制生产活动相关图，以表明工厂（或系统）各组成部分之间的关系，然后以此为根据，按其相关程度进行布置，以求得最优的总体布置方案。此方法通常用六个等级来区分各组成单位相关关系的密切程度，并用一组数字来表示关系密切的原因。

②物料流向图布置法。这种方法主要是按照原材料、在制品、成品等物资在生产过程中总的流动方向和搬运量来进行工厂布置，特别适用于物料运量很大的工厂。应用这种方法首先要有一个初步的工厂布置方案。根据初步方案和生产工艺的顺序，绘制物料流向图，并计算各组成部分的搬运量。各组成部分之间的运输距离可通过实地测量或计算确定。搬运次数和搬运量要根据生产计划、比较，确定一个最优方案，并根据它反过来修正原先的工厂布置方案，使工厂总平面布置更趋合理。最优化的运输方案就是要使全厂的搬运总量最小，特别是非相邻单位之间的搬运量要最小。

3. 设备布局的类型。工厂总平面布置只是对工厂的各个组成部分进行了总体安排，确定了相互位置，至于各个组成部分内部如何布置，这就是车间布局的问题了。在车间的各个组成部分中，设备布局是否合理，将影响产品的生产周期和生产成本，影响劳动生产率的提高。

（1）设备布局的原则。设备布局的原则有：①为生产经营服务原则。②最短距离原则。③单一流向原则。④立体原则。⑤安全原则。⑥弹性原则。

（2）设备布局的类型。工艺专业化原则布局和对象专业化原则布局是设备布局的两种基本类型，它们分别是对应工艺专业化组织分工原则和对象专业化组织分工原则来进行的设备布局方式。设备布局的类型主要有四种。

①工艺专业化原则布局，是按生产工艺特征安排生产单位或设备的布局方式（也称机群式布局）。在这种布局方式下，相似的生产单位或设备被放在一起。例如，机械制造厂将车床、铣床、磨床等设备分别放置，形成车工车间（或工段）、铣车工车间（或工段）、磨工车间（或工段）；医院按提供特定服务功能进行布局，形成内科、外科等部门。这种布局方法对产品品种变换的适应性较强，设备的利用率也较高。但在这种设备布局方式下，产品的物流比较复杂，生产过程连续性差，在制品库存量也较高，整个生产周期较长。因此，它适合于小批量、多品种生产。在这种布局下，企业主要考虑采用何种方法布局各个不同生产单位或设备，使物流合理，达到预期的目标要求。

工艺专业化原则布局的主要条件是：同类或类似的设备较多；所使用设备的

通用性较强；生产的产品需要量小，品种变化较多，间歇性较大；工人的技术水平要求较高。

工艺专业化原则布局的优点是：有较强的适应性，可不必随产品品种的变换而重新布局和调整设备；由于同类设备集中在一起，便于充分利用生产设备和生产面积；减少重复添置设备，设备费用和维护费用较低；同一种工艺集中在一起，便于工艺管理，有利于工人技术水平的提高；遇设备故障，生产不致中断，局部停工不致影响全局，可用其他设备代替；安排较简便，可少受工序的限制和场地的影响。

工艺专业化原则布局的缺点是：半成品在车间之间辗转交接频繁，流程交叉重复，运输堆放增多，运输费用增加；半成品运送时间长，停放时间多，生产周期延长，在制品增加，流动资金占用量增大；产品经常更换，因此，工人技术水平要求较高，培训期较长；车间之间的联系与协作关系频繁，计划管理、在制品管理、质量管理等工作复杂化。

②对象专业化原则布局，是按产品（或服务）制造（或提供）的工艺流程安排生产单位或设备的布局方式（也称生产线布局、产品布局或封闭式布局）。在这种布局下，生产单位或设备是按照某一种或某几种（但这几种产品的加工路线基本类似）产品的加工路线或加工顺序顺次排列的。典型的这种设备布局是流水线或生产线。这种布局方法使产品（或服务）过程在空间上紧密衔接，可以缩短运输距离，减少了在制品，节约生产面积，易于管理，但对品种变换的适应能力差。它适合于大批量、连续生产。在对象专业化原则布局下，企业主要考虑如何使每一单元的操作时间都大致相等，即考虑装配线或生产线平衡问题，以提高输出效率。

对象专业化原则布局的主要条件是：企业应有较为稳定的专业方向和一定的生产规模；产品结构比较稳定，产品零件的标准化和通用化程度比较高；半自动或全自动生产，至少初具流水线规模；分工精细，工种、设备类型齐全。

对象专业化原则布局的优点是：可以缩短产品的加工路线，节约运输、辅助工具等费用；可以减少产品的搬运和停滞时间，缩短生产周期，减少在制品和流动资金占用量；工人的技术水平要求较低，有利于劳动力调配。

对象专业化原则布局的缺点是：设备需要的数量多，不能充分利用；设备专用性强，如产品一有变换其适应性就较差；工人的技术水平不容易提高；一旦发生缺料、缺人手或设备故障，影响面较广。

③综合布局，是将上述两种基本布局类型结合起来的一种布局形式。在一个工厂内，既有工作中的布局往往较为灵活，即可以在对象专业化的基础上采用工艺专业化原则的布局。

④成组技术布局，是一种既能节省流程，又能适应各种加工要求的布局形式，以适应日趋于小批量、多品种、变化多的要求，并且得到越来越广泛的采用。

三、生产运营系统的运行

（一）生产流程分析

产品在生产工艺中，从原料投入到成品产出，通过一定的设备按顺序连续地进行加工的过程，即形成了产品的生产过程。生产过程的流程分析就是对整个生产运营过程进行全面分析，通过分析企业的生产制造或管理流程的不同层次，减少不必要的动作和消耗及无意义的等待过程，缩减工序中和工序交接的搬运距离，进而改进工艺，完善工艺细节，最终提高生产效率和产品品质。

1. 生产流程的构成。生产流程是指生产过程中所必需的环节。一般来说，生产流程不是固定不变的，因为生产过程中所采用的设备、工艺、生产组织形式以及生产路线，都可由各种不同的方式组成。如何提高生产效率，关键在于对现有流程加以分析及检查，找出不合理的地方，采取改进措施，通过反复的分析、比较，加以改进。即使最简单的流程，其相关因素也很多，而且很复杂。因此，要改进生产流程，必须首先把它分解成为各个部分或要素，分开来进行单独考虑。这样，生产流程分析就可以简单化。

虽然生产流程随着生产条件、产品性质的不同而各异，但任何生产流程均由四种不同的部分所构成，即作业（加工）、检验、搬运和停滞。生产对象在整个生产流程中，反复经过这四种活动，在形态上、空间上、时间上从原材料转换成目标产品。

（1）作业（加工）。作业或加工是指有目的地改变一个物体的任何物理或者化学特性，或指与另一个物体相互装配或将其分拆开来，或指为另一个作业（加工）、搬运、检验或库存作安排或作准备。就机械制造加工而言，作业或加工有：变形（锻造、铸造、压延、拔料）；切削（剪断、压断、气割、电焊割）；焊接（气焊、电焊、锻接）；处理（淬火、遇火、表面处理）；涂料（锁铬、锁铜、油漆）；装配；辅助作业（如包装）等。

（2）检验。检验是指在生产流程中对加工零件或成品，利用一定的手段，对比已定的标准，以达到对外保证产品的质量、对内减少废品损失的目的。检验的实施方式，根据技术和管理上的要求，有以下几个方面：检验项目；检验人员；检验时间；检验数量；检验地点；等等。

（3）搬运。搬运在生产流程中对生产对象（包括大量的辅助材料在内）做空间的转换，是将指定的对象在必要的时间内，以经济而安全的方式，运至需要的地方。搬运必须满足安全、及时、经济、保质保量四个方面的要求。

（4）停滞。停滞是指在生产流程中，生产对象的形态或位置并不改变，仅有时间的改变。停滞的发生往往是由于加工与搬运能力的不平衡、工序与工序之间能力的不平衡、材料供应与计划加工的不协调、零件供应与总装要求的不协调，以及设备调整、生产事故、计划变更等原因造成的。

2. 流程图。流程图是以有限的空间，为一个生产流程提供信息的一种手段。它可以用来表示工序之间、工艺阶段之间的关系，以及其他类似的因素，如移动距离、操作工序、工作与间断时间、成本、生产数据和时间标准。流程图可以把问题迅速形象化，从而使改进的工作得以有系统地按逻辑顺序进行。

（1）流程图的设计组成。在流程图中，一般用以下五种通用符号来表示流程中不同的事件或活动号，见表3-12。

表3-12　　　　流程图的五种通用符号

活动类别	符号	含义
加工	○	在工作过程中使物体发生变形、变质、组合或分解
运输	⇨	移动物体使其改变位置的活动
检验	□	检查或化验物体在数量上或质量上是否合乎标准
停留	D	下一活动不能连续进行所发生的停留与等待
储存	▽	有计划有目的的储存
联合活动		两种活动同时发生

○代表加工。它是唯一可以使物体增加价值的活动，如化学搅拌机的搅拌、在钻床上钻孔、打字员打字等。

→代表运输。运输的现象随处可见，手工搬运、机械搬运，可以是完全自动化的传输，也可以是携公文呈请签阅等。

□代表数量检验，O代表质量检验，当同时对这两个方面检验时，使用联合符号，主要的活动记在外层。例如Q，是以数量检验为主，以质量检验为辅，两种检验同时进行的活动。

D是英文字母的大写，表示停滞（delay），一般发生在工作地，指由于下一行动未能及时发生而产生的不必要也不可控的停留或等待时间。例如，制品等待电梯、公文放桌上等待存档、半成品等待搬运等。

▽代表储存。储存物品必须有一定的存放地，存储行为的取消，要经制度的认可。例如，物料存入仓库，领料时必须获得有关负责人签署文字，公文归档亦然。

若两种活动同时发生在同一工作地，可以视作同一活动，采用联合符号。例如D，表示操作与检验同时发生（并以检验为主），或因两者不可分开而视为一项活动。

（2）流程图的类型。流程图有：

①作业流程图。它是以产品为对象，运用加工、检验两种符号来对产品生产过程进行的总体分析。其目的是了解产品从原料开始到成品形成的整个生产过程。企业可以通过作业流程图了解生产系统由哪些生产环节、多少主要工序组成的，经过一个什么样的加工顺序，以便从全局出发来分析问题。作业流程图是对生产过程进行分析的特定方法。

②工艺流程图。它是一个详尽的记录方法，描述产品或单项零部件在生产过

程中各个工序的流动状况，所采用的符号多而全，由○、→、□、▽、D 五种符号来表示工序活动。五种符号所代表的五种事项中，除○和□外，其余三种都既是非生产性活动，又是研究与分析的重点，必须有翔实的一手资料，以便分析、改进。工艺流程图主要可用于减少移动距离、缩短库存时间、消灭不必要的作业和搬运，以及改进工厂布局等。

③物流线图。即为物料流通的过程，简称物流。在生产活动中，指物料按生产过程的时序安排，顺序流过各个工作地，直至产品完成的流动过程。描绘这一过程的记录图称作物流线图。这种程序图是将工作区域的布置以及物流的方向、路径一并绘在一张图上的记录方法，即在车间平面图上再布列工件的加工顺序图，使物料流通的过程在流程程序图中，从而有效克服了作业流程图和工艺流程图的两大缺陷。

作业流程图和工艺流程图有两大缺陷：其一，看不出各种设备的平面布局和物料的停放地点；其二，看不出操作工人和原材料在工作场所内的移动路线。而这两点对于改进车间布置和工作地的平面布局以及缩短运输路线都是十分必要的。在生产过程中，材料进厂或成品出厂的运输实际上是一个物料流通的过程。生产系统的物流分析，就是对这一流通过程做出生产组织设计，使其最少绕弯路，不发生阻塞、倒流等现象。通过对现有生产布局、工艺流程的分析，按合理搬运的规则，重新组织物流程序，在不增加投资的条件下，挖掘生产潜力。

3. 生产流程分析和改进。流程分析是研究某一零件或产品所用的流程，目的在于制定出费用最低、效率最高、可以生产出合乎质量标准的生产流程。

（1）生产流程设计。生产流程设计的一个重要内容就是要使生产系统的组织与市场需求相适应。生产过程的成功与失败与生产过程组织有直接关系。需求特征匹配生产过程，由此构成产品—流程矩阵（如图 3－24 所示）。

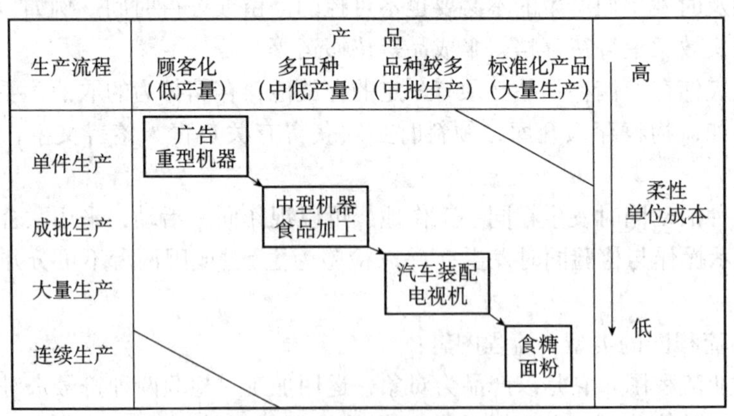

图 3－24 产品—流程矩阵

产品—流程矩阵具体优点体现在：①根据产品结构性质，沿对角线选择和配置生产流程，可以达到最好的技术经济性。换言之，偏离对角线的产品结构—生产流程匹配战略，不能获得最佳的效益。②传统的根据市场需求变化仅仅调整产品结构的战略，往往不能达到预期目标，因为它忽视了同步调整生产流程的重要性。因此，产品—流程矩阵可以帮助管理人员选择生产流程，辅助企业制定生产战略。

影响生产流程设计的因素很多，其中最主要的是产品的构成特征，主要因素有：①产品（或服务）需求性质，从需求的数量、品种、季节波动性等方面考虑对生产系统能力的影响，从而决定选择哪种类型的生产流程。②自制—外购决策，企业自己加工的零件种类越多、批量越大，对生产系统的能力和规模要求就越高，不仅投资额高，而且生产准备周期长。③柔性生产，对用户需求变化的响应速度，是对生产系统适应市场变化能力的一种度量，通常从品种柔性和产量柔性两个方面来衡量。④产品（或服务）质量水平，生产流程设计与产品质量水平有着密切关系。生产流程中每一加工环节的设计都受到质量水平的约束，不同的质量水平决定了采用生产设备的形式。⑤接触顾客的程度，大多数服务业企业顾客是生产流程的一个组成部分，顾客对生产的参与程度也影响着生产流程设计。例如，理发店顾客是生产流程的一部分，企业提供的服务就发生在顾客身上，营业场所和设备布置都要把方便顾客放在第一位。而银行、快餐店等顾客参与程度很低，企业的服务是标准化的，生产流程的设计则应追求标准、简洁、高效。

（2）生产流程分析改进。每一个作业分析都带有若干个共同的因素，如本作业的目的、与其他作业的关系、本作业的检验要求、搬运的方式、作业所处的地点、工艺装备以及方法、工作条件等。因此，对流程每一个环节都可以提出下列六个问题，即六问分析法（见表3－13）：为什么（why?）；做什么（what?）；怎样做（how?）；谁来做（who?）；在哪里做（where）；什么时候做（when?）。

表3－13　　六问分析法

5W	现行方法	why	分析	改进
what	做什么?	为什么做?	是否必须做?	取消或合并
where	在哪做?	为什么在这做?	另一地做是否更好?	重新安排
when	何时做?	为什么那时做?	别的时间做是否更好?	
who	谁做?	为什么他做?	谁做更合适?	
how	怎样做?	为什么这样做?	怎样做更好?	简化

其中，why是最重要的，一般认为要解决某个问题必须连续问五个为什么，方能由现象触及本质。why的问题自然触及其他五个问题，它们的顺序一般是what-how-where-when。

在六问分析法的基础上，可以通过取消—合并—重新安排—简化四项技术形成对现有方法的改进，即ECRS技术。通常对于目的性的问题，如做什么，可以采用取消与合并；对于时间、地点及操作者的人选问题，可以进行重新安排、优化组合；而对于操作手段不合理方面要简化。

在流程分析改进中，无论是复杂流程还是简单流程，都包括以下几个基本步骤。

①定义。在任何情况下，如果把分析改进的对象定义为全部流程，是得不到什么效果的。因此，需要找出问题比较突出的流程。例如，效率最低的流程、耗时最长的流程、技术条件发生了变化的流程、物流十分复杂的流程等。确定要分析的流程以后，绘出该流程的流程图。

②评价。确定衡量流程的关键指标，用这些指标对该流程进行评价，以确认所存在问题的程度，或者与最好绩效之间的差距。

③分析。寻找所存在问题和差距的原因。

④改进。根据上述分析的结果，提出可行的改进方案。如果有不止一种改进方案被提出，则需要进一步对这些方案加以比较。

⑤实施。实施改进方案，并对实施结果进行监控，保持改进的持续效果。

（3）生产流程分类。根据生产类型的不同，生产流程有三种基本类型。

①按产品进行的生产流程。它是以产品或提供的服务为对象，按照生产产品或提供服务的生产要求，组织相应的生产设备或设施，形成流水般的连续生产，又称为流水线生产。连续型企业的生产一般都是按产品组织的生产流程。由于是以产品为对象组织的生产流程，又称为对象专业化形式。这种形式适用于大批量生产类型。

②按加工路线进行的生产流程。对于多品种生产或服务情况，每一种产品的工艺路线都可能不同，只能以所要完成的加工工艺内容为依据来构成生产流程。设备与人力按工艺内容组织成一个生产单位，每一个生产单位只完成相同或相似工艺内容的加工任务。不同的产品有不同的加工路线，它们流经的生产单位取决于产品本身的工艺过程，又称之为工艺专业化形式。这种形式适用于多品种中小批量或单件生产类型。

③按项目进行的生产流程。对于拍电影、组织音乐会、盖大楼等项目，每一项任务都没有重复，所有的工序或作业环节都按一定秩序依次进行，有些工序可以并行作业，有些工序又必须顺序作业。

（4）流程时间分析。流程时间是指某一产品或零件，从流程开始到结束时所需的时间。流程时间分析主要是分析流程时间中的不同构成成分及其所占时间的比例大小，并与其重要程度的大小作对比，分析比例过大的原因；计算各种成分所需的时间，掌握产品生产周期的长短，研究进一步缩短的幅度，制定先进生产时间标准等。

流程时间的构成是由加工时间、检验时间、搬运时间及停滞所需的时间组成。很多企业习惯上把生产时间分为直接生产时间（加工时间）和辅助生产时间（检验时间、搬运时间、停滞时间）两部分。

鉴于加工部分在生产过程中所发挥的重要作用，容易使生产管理人员集中注意而忽视了辅助生产时间的真正作用。实际上，在生产时间中占最大比例的并不是加工时间（直接生产时间），而是辅助生产时间，尤其是停滞时间所占的比例很大。生产的速度，主要是由停滞时间的长短决定的。因此，生产管理不能单着眼于加工工艺效率的提高、改进。

4. 业务流程重组。

（1）业务流程重组的基本原理。业务流程重组最早由美国的迈克尔·哈默（Michael Hammer）和詹姆斯·钱皮（Jame Champy）提出，它强调以业务流程为改造对象和中心、以关心客户的需求和满意度为目标、对现有的业务流程进行根本再思考和彻底的再设计，利用先进的制造技术、信息技术以及现代的管理手段，最大限度地实现技术上的功能集成和管理上的职能集成，以打破传统的职能型组织结构，建立全新的过程型组织结构，从而实现企业经营在成本、质量、服务和速度等方面的巨大改善。

从事业务流程重组要围绕以下三个中心考虑。

①以市场为中心，制定明确的目标和策略，从顾客的需求出发，列出提供这些产品或服务所必要的各项活动——顾客到前台、前台到后台、后台到供应商之间界面的连接，认真评价各环节的交货时滞管理、生产能力管理、库存管理、质量管理等方面的不同方案，得到最佳的流程安排。

②以人为中心，在流程中要充分利用人力资源，通过人员完成既定任务，通过人不断改进工作，而改进工作的基础是学习。把学习作为组织运作的一部分，关键是营造与组织战略一致的价值观和企业文化。

③以效率和效益为中心，信息技术的运用对业务流程重组具有重要作用，人工智能、通信技术、计算机与网络技术、电子商务、多媒体、自动化等，将大大提高业务流程的效率，是业务流程重组的技术基础。

围绕以上三个中心进行业务流程重组，可以极大地提升企业竞争力，实现企业价值，包括用户、股东、职工、社会价值的最大化。这正是业务流程重组的目标。

（2）业务流程重组的原则。BPR 是企业重构业务流程的方法论，实施 BPR 将会牵涉到企业的各个层面，是一项系统工程。在具体操作时，应针对企业的 KRA（key result area，支撑企业目标实现的关键结果领域）选择相对薄弱的流程作为改革的切入点，并对组织做相应的调整。从实践的角度出发，企业实施 BPR 应注意以下几个原则。

①实现从职能管理到流程管理的转变。顾客创造价值（最终为企业创造价值）的是流程，而不是互相割裂的部门。BPR 强调管理要面向业务流程。面向流程就是要打破部门之间的界限，以流程的产出和顾客（包括内部顾客）为中心，协调相关部门的资源和活动，减少无效劳动和重复劳动，降低无效支出，提高效率和对顾客的响应速度。

②着眼于整体流程最优。BPR 强调的是流程全局最优，以及整个企业范围内核心业务流程的综合最优，而不是传统的职能管理模式下各职能部门只负责本部门的任务而造成职能经理们只关心本部门的局部效率却忽视流程的整体效率。

③实施 BPR 伴随着组织的调整。流程的建立或重建通常会引起组织的重新设计或调整。企业要适应 3C（顾客、竞争和变化）的需求而不是适应原有组织

运作的需求。

④员工的评价体系是使流程高效的保障。面向流程管理需要落实到考评体系上，充分发挥个人的能动性和创造性，牵引员工为整个流程的效率负责，而不是局限于传统职能部门的有限的职责范围内。

⑤流程应涵盖客户和供应商。企业整合内外部资源，通过高效的流程满足客户的需求，充分重视不可控的外部资源（包括供应商、分包商及其他）。

⑥重视 IT/IS 的支持。流程运作离不开信息的及时传递。高效的信息系统（IS）保证信息的及时采集、加工、传递，实现信息的合理、及时共享，提高流程的运行效率和对外部变化的响应速度。

（3）业务流程重组的方法。业务流程重组的方法可归结为消除、合并简化、集成、自动化四类。

①业务流程中非增值活动的消除。哈默认为，业务流程中的各种活动可以分为三类：增值活动、不增值活动和空耗活动。增值活动是客户愿意为此付价的活动；不增值活动对于客户来说并无价值，但为了实现增值活动还需要它们；空耗活动既不增值又不起促进作用。其中，不增值活动和空耗活动都属于非增值活动。对非增值活动是否删除，要进行定性与定量的结合分析。在定量方法上，常用的有 ABC 法（作业成本分析法）、价值工程分析法，但企业并非严格按照定量分析的结果来确定活动的取舍，因为有些活动尽管不增值但却是生产活动必不可少的，因而也必须予以保留。

②合并简化过程中的活动。在删除非增值活动的基础上，通过合并某些具有相似性的活动使过程中的活动数目减少，活动之间的交互相对减少，从而达到一定程度的过程优化。相似性活动在企业过程中可以被认为是重复的、附加的活动，应被简化和合并。

③集成多个活动。集成是指一个系统内元素之间关系的一种协调、综合和统一的状态，企业过程集成就是把企业过程中各个活动协调、综合和统一起来形成一个有机整体。企业过程集成是与企业组织结构的划分密切相关的，通常一个过程被人为地划分为多个组织来执行过程的不同部分，组织间频繁地交互信息是导致整体过程性能低下的主要原因。依据企业过程划分组织结构，最好能实现组织间单点接触，而将包含多个反馈结构的部分划归为一个组织内通过共享信息和资源来达到过程的集成。

④过程自动化。在完成了对过程的删除、简化和过程集成之后，企业可使用信息技术来实现企业管理过程的自动化；使用自动化设备来实现企业生产过程的自动化，能极大地加速企业过程的运行，能为过程用户提供更高质量的服务。

（二）大量流水生产的组织和控制

亨利·福特（Henry Ford）于 1913 年创立了世界上第一条汽车流水生产线，引起了制造业的根本变革。流水线生产满足了产品生产过程的连续性、平行性、比例性及均衡性；提高了劳动生产率，缩短了生产周期，减少了在制品占用量和运输工作量，加速了资金周转，降低了生产成本；简化了生产管理工作，促进企业加强生产技术准备工作和生产服务工作。

1. 流水生产的特征和分类。在大量生产的情况下，流水生产线由于能将高度的对象专业化的生产组织和劳动对象的平行移动方式有机地结合起来，因而是一种较好的被广泛采用的生产组织形式。

（1）流水生产的基本特征。流水生产是指劳动对象按照一定的工艺路线顺序通过各个工作点，并按照一定的生产速度（节拍）完成工艺作业的连续重复生产的一种生产组织形式。其基本特征有：

①工作专业化程度高，在流水线上固定地生产一种或几种制品，而在每个工作点固定完成一道或几道工序。

②生产具有明显的节奏性，即按照节拍进行生产。所谓节拍，是指流水线上产出相邻两件制品的时间间隔。

③各道工序的工作点（设备）数量与该工序单件工时的比值相一致。即如设流水线上各道工序的工作点（设备）数分别为 s_1，s_2，…，s_i，…，s_m，工序的工时定额为 t_1，t_2，…，t_i，…，t_m，流水线生产节拍为 r，则：

$$t_1/s_1 = t_2/s_2 = \cdots = t_m/s_m = r$$

这说明流水线市场能够保证生产过程的比例性和平行性的要求。

④工艺过程是封闭的，工作点（设备）按工艺顺序排列成链索形式，劳动对象在工序间做单向移动。

⑤劳动对象如同流水般地从一个工序转到下一个工序，消除或最大限度地减少了劳动对象的耽搁时间和机床设备加工的间断时间，生产过程具有高度的连续性。

将一定的设备、工具、传送装置和人员按照上述特征组织起来的生产线称为流水线。在流水生产条件下，生产过程的连续性、平行性、比例性、节奏性都很高，具有可以提高工作点专业化水平、提高劳动生产率、增加产量、降低产品成本、提高生产的自动化水平等一系列优点。但是，反过来它也有一些不利的地方。例如，由于设备高度专用化，因而对产品的变化缺乏适应力；一旦某个工序发生设备故障，就有可能导致全线停产，带来较大的损失；生产率的调整幅度不可能很大；等等。

（2）流水线的分类。按照不同的依据，可以将流水线分为多种类型。

①按生产对象的移动方式不同，分为产品固定不动的流水线和产品移动的流水线。前者的劳动对象是固定不动的，由不同工种的工人（组或队）携带工具按规定的节拍轮流到各个产品上去完成自己所担任的工序。这种生产组织形式适用于装配特别笨重、巨大的产品，如造船、建筑、工程施工等。后者的劳动对象是移动的，而工人、设备和工具的位置是固定的，劳动对象顺序地经过各个工作地（设备）的加工后，便成为成品或半成品。这种生产组织形式在机械制造、服装等行业被广泛采用。

②按流水线上生产对象的数目不同，分为单一品种流水线和多品种流水线。

单一品种流水线只生产一种产品（或零件），品种是单一的、固定不变的，属于大量生产类型。多品种流水线要轮换地生产几种产品，这些产品虽然品种不同，但在结构上、工艺上是类似的。

③按对象的轮换方式不同，分为不变流水线、可变流水线和混合流水线。不变流水线是固定地只生产一种产品（零件），工作点是完全专业化的，适用于大量生产某种产品，也称为大量流水线。可变流水线是固定成批地轮番生产几种产品。当一种产品的一批制造任务完成后，就要相应地调整设备和工艺装备，然后开始另一种产品的生产，依次把所有的产品品种都完成一遍以后，又开始下一轮的重复生产。可变流水线适用于多品种的成批生产，又称成批流水线。混合流水线（又称混流生产）不是成批地轮番生产，而是在一定时间内同时生产几种产品，变换品种时，基本上不需要重新调整设备和工艺装备。因为在这种流水线上，各种产品的生产是按照成组加工（装配）工艺规范，使用专门的成组加工设备和工艺装备来完成的，也称为成组流水线。

④按生产过程的连续程度不同，分为连续流水线和间断流水线。在连续流水线上，加工对象从投入到产出连续地从一道工序转入下一道工序，不断地进行加工，中间没有停放等待时间，生产过程是完全连续的。它一般适用于大量生产，是一种完善的流水线形式。在间断流水线上，由于各道工序的劳动量不等或不成倍比关系，生产能力不平衡，加工对象在各工序之间会出现停放等待等中断时间，生产过程是不完全连续的。

⑤按流水线节拍的方法的不同，分为强制节拍流水线和自由节拍流水线。前者是利用专门的装置来强制实现规定的节拍，工人必须在规定的时间内完成自己的工作，如有延误或违反技术规范即会影响下道工序的生产。后者是由操作者自行保持节拍，各工序必须按节拍进行生产，但每件制品的加工时间，则由工人自己掌握，一般在各工作地上都设有保险在制品以调节生产的节奏。

⑥按产品的运输方式不同，分为无专用运输设备的流水线和有专用运输设备的流水线。前者由流水线上的操作工人直接用手将自己加工完毕的制品传送给下道工序，或者由辅助工利用普通的运输器具将制品传送给下道工序。后者采用专门的运输设备，如重力滑道、专用小车、悬挂装置等，比较先进的是采用传送带。传送带又可分为分配式传送带和工作式传送带两种。分配式传送带是将需要加工的制品运送到设在传送带一侧或两侧的各个工作地上，工人从传送带上取下制品，在工作地上进行加工，加工完毕后又把制品放到传送带上，由传送带将制品运送到下一个工作地去继续加工。工作式传送带并不把制品从传送带上取下来，而是工人按规定的地段站在传送带的旁边，当制品运来时，工人就在传送带上进行加工。这样，传送带既是运输装置，又是很多个连续的工作地。

⑦按流水线的机械化程度不同，分为手工流水线、机械化流水线和自动化流水线。

（3）流水生产方式的优缺点。

①流水生产方式的主要优点是能使产品的生产过程较好地符合连续性、平行

性、比例性及均衡性的要求。它的生产率高，能及时地提供市场大量需求的产品。由于是专业化生产，流水线上采用专用的设备和工艺装备，以及机械化的运输装置，所以可以提高劳动生产率，缩短生产周期，减少在制品的占用量和运输工作量，加速资金周转，降低生产线成本，还可以简化生产管理工作，促进企业加强生产技术准备工作和生产服务工作。

②流水生产方式的主要缺点是不够灵活，不能及时地适应市场对产品产量和品种变化的要求，以及技术革新和技术进步的要求。对流水线进行调整和改组需要较多的投资和花费较多的时间。工人在流水线上工作比较单调、紧张、容易疲劳，不利于提高生产技术水平。

（4）流水生产方式的条件。采用流水生产方式需要通过技术经济的论证或可行性研究做出决策，并满足以下条件：①产品品种稳定，而且是市场上长期大量需要的产品。②产品结构比较先进，设计基本定型，产品是标准化的，并具有良好的结构工艺性。所谓结构工艺性是指产品的结构便于工艺制造，有利于采用经济、有效的工艺加工方法。③原材料、协作件必须是标准的、规格化的，并能按时供应。④机器设备必须经常处于完好状态，严格执行计划预修制度。⑤工作必须符合质量标准，产品检验能随生产在流水线上进行。

2. 单一品种流水线的设计。

（1）流水线设计的内容。流水线的设计包括技术设计和组织设计。

技术设计是流水线硬件方面的设计，包括工艺路线、工艺规程的制定；专用设备的设计；设备改装设计；运输传送装置的设计；专用工卡具的设计；等等。

组织设计是流水线软件方面的设计，包括流水线的节拍和生产速度的确定；设备需要量及负荷的计算；工序同期化设计；工人配备；生产对象运输传送方式设计；流水线平面布置；等等。

（2）组织设计的步骤及方法。单一品种流水线的组织设计，一般可以分七个步骤。

①计算流水线的节拍。流水线的节拍就是顺序生产两件相同制品之间的时间间隔。它表明了流水线生产率的高低，是流水线最重要的工作参数。其计算公式如下：

$$r = F/N$$

其中，r 为流水线的节拍（分/件）；F 为计划期内有效工作时间（分）；N 为计划期的产品产量（件）。

②确定各工序所需的各工作地（设备）数，计算设备负荷系数。为了使制品在流水线各工序间平行移动，每道工序的工作地数目应当是工序时间和流水线节拍之比，即：

$$S_i = t_i / r$$

其中，S_i 为流水线第 i 道工序所需工作地（设备）数（台）；r 为流水线的节拍；t_i 为流水线第 i 道工序的单件时间定额（分/件）。

③组织工序同期化，流水线的平衡问题。所谓工序同期化，就是根据流水线

节拍的要求，采取各种技术的、组织的措施来调整各工作地的单件作业时间，使它们等于节拍或是节拍的倍数。工序同期化是组织连续流水线的必要条件，也是提高劳动生产率、使设备充分负荷和缩短产品生产周期的重要方法。组织工序同期化的基本方法是将整个作业任务细分为许多小工序（或称作业元素），然后将有关的小工序组合成为大工序，并使这些大工序的单件作业时间接近于节拍或节拍的倍数。劳动分工越细，工人操作的内容越简单，小工序的数量就越多。

④计算流水线的负荷系数。流水线的负荷系数越大，表明流水线的生产效率越高。一般机器工作流水线的负荷系数不应低于0.75，以手工为主的装配流水线的负荷系数应在0.85以上。流水线负荷系数可按下列公式计算：

$$K_a = \frac{T}{S \cdot r}$$

其中，K_a为流水线负荷系数；T为单位产品总装配时间；r为流水线节拍；S为流水线平衡后实际采用的工作地数。

⑤配备工人。在以手工操作为主的流水线上，需要配备的工人总数等于流水线上所有各个工作地的工人人数之和。每个工作地需要的工人人数可按下式计算：

每个工作地需要的工人数 = 工作地上同时工作的工人人数 × 工作班次

⑥设计运输工具。流水线上采用的运输工具种类很多，主要取决于加工对象的重量与外形尺寸、流水线的类型和实现节拍的方法。通常的连续流水线上，工序间的传送大多采用传送带，这是一种比较先进的运输装置，它可以在同一时间里把流水线上各工作地完工的制品运送到下一个工作地去加工，可以节省运输人力，缩短运输时间，控制流水线按规定的节拍进行生产。

当传送带采用脉动移动方式时，即每隔一个节拍（或节奏）往前移动一次，每次移动的距离等于传送带上两件制品间的中心距离。

⑦进行流水线的平面布置。流水线的平面布置应使机器设备、工具、运输装置和工人操作有机地结合起来，合理安排各个工作地，使产品的运输路线最短，便于工人操作和生产服务部门进行工作，充分利用车间的生产面积。

3. 多品种流水线的设计。根据各种产品的结构与工艺相似程度，以及流水生产组织的具体方法的不同，多品种流水线可以分为可变流水线和混合流水线。

（1）多品种流水线的设计。可变流水线的特征：①流水线上加工的产品对象有若干种，各加工对象在结构和工艺上是相似的。②每种加工对象是成批轮番地在流水线上进行生产。③流水线上每更换一次品种，全线要重新调整一次设备。在加工具体某一批产品时，流水线的状况与单一品种流水线相同。④每种加工对象在流水线所有工序上的负荷比大致相等。

可变流水线组织设计步骤：①确定流水线的节拍。在可变流水线上，每种制品都按自己的节拍进行生产，在同一条流水线上产出各种制品的节拍是可以不相等的，这使得确定可变流水线的节拍变得复杂一些，一般用代表制品法或加工劳动量比重法来进行。②各工序设备数量及设备负荷系数的确定。企业应分别按不同的加工对象计算各工序的设备需要量。各工序的设备数量确定以后，就可以计算各工序和整个流水线的设备负荷系数。③流水线平面布置。设备数量确定后，就可以计算和配备工人，确定流水线节拍的性质，选择运输工具和运输方式，进行流水线平面布置。只有产品在所有工序上的设备负荷比都相等或近似相等，才能保证各种产品的加工在流水线的各道工序上在大致相同的时间间隔内进行。④企业应根据以上的设计计算结果编制可变流水线的标准计划图表。

（2）混合流水线的组织设计。混合流水线的特点是生产的品种要均匀混合流送，组织相间性的投产，从而减少流水线上生产能力的浪费和在制品的占用量。在这种流水线上，产品的品种虽然不同，但它们在结构上必须是相似的，工艺、尺寸也必须是相近的，区别很大的产品是无法组织混合流水线生产的。

多品种混合流水线设计组织步骤：①确定混合流水线的节拍。②编制混合流水线上每种制品作业顺序图。③计算混合流水线最小工作地数（工序数）。④编制混合流水线上各种产品的综合作业顺序图。⑤计算综合作业顺序图中各作业元素在计划期内所分担的作业量。⑥编排产品投入顺序。

4. 大量生产期量标准的制定。

（1）生产作业计划与期量标准。生产作业计划是生产计划的继续，是生产计划的具体执行计划。它所要解决的任务是把生产计划进一步具体化，把生产计划中安排的生产任务，按照旬、周、轮班以致小时，具体地、合理地分配到车间、工段、班组以致工作地，从而保证生产计划按品种、按质量、按数量和按期限全面完成。生产作业计划对组织企业的日常生产活动、指导企业生产的进行，具有非常重要的意义。

一般来说，生产作业计划有以下四个方面的任务。

①组织职工完成生产计划。通过生产作业计划把生产计划落实到各个生产环节，并规定较短时期内的生产任务，使全体职工在日常生产活动中有明确的工作内容和工作目标。这样有利于调动职工群众的积极性和创造性，使其主动地完成生产任务，以满足国家计划和市场需要。

生产作业计划还推动企业的日常生产准备、原材料供应、劳动力调配、设备维修以及工具管理等工作，更密切、更有效地为生产服务，保证生产的顺序进行。

②组织企业均衡生产。生产作业计划给各个生产环节规定了较短时期内的生产任务，它不但为企业完成生产任务创造了条件，而且也为各个车间、工段和班组完成生产任务创造了前提；它不仅保证完成企业年度、季度的生产任务，而且保证按月、按旬、按轮班以致按小时来完成生产任务。通过生产作业计划，企业可指导生产有节奏地、均衡地进行。

③提高企业管理水平。通过生产作业计划，可以使各级人员经常了解生产情况，及时解决问题；可以使管理人员对生产进度和生产成果及时进行统计、核算和分析；可以使企业对各个生产环节的活动经常进行详细的平衡计算，充分挖掘生产潜力。所有这些都有助于企业管理水平的提高。

④充分地利用人力、物力、财力，提高企业经济效益。编制生产作业计划时，一定要注意合理地利用人力和设备，节约物资消耗，节约资金，提高企业的经济效益。例如，在编制生产作业计划时，应当把各种产品（或零件）合理地搭配起来生产，以免由于前后两个时期产品品种变化太大，机器设备的负荷和工人的工作量忽高忽低，造成损失。企业应当在满足生产需要的条件下，减少在制品的储备，以免积压资金等。

生产作业计划是要规定各个生产单位在较短时期内的生产任务。编制生产作业时，在数量上和期限上都要依据一些标准，这些标准称为期量标准，它是反映企业有计划、按比例组织生产的客观尺度。

生产作业计划中规定的生产数量和生产期限，都是根据标准来计算的。期量标准是否先进合理、切合实际，对于编制出来的生产作业计划的质量好坏关系极大。企业应当根据生产类型的特点和企业的实际，科学地拟订作业计划期量标准，以保证生产作业的先进性和现实性。

大量生产是指企业（车间、工段、小组、工作地）在较长时期固定制造大量同类产品的一种生产类型。在大多数的工作地上加工一些相同的产品，大量生产作业计划所要解决的主要问题就是保证整个生产过程及其各个环节能严格按规定的节拍生产。大量生产的期量标准主要有节拍、在制品占用量定额等。

（2）大量生产在制品占用量的计算。在制品是指从原材料开始加工到成品合格入库为止，处于生产过程中尚未完工的所有毛坯、零件、部件和产品的总称。在制品占用是指在一定时间、地点和具体的生产技术条件下，为保证生产有节奏地进行和产品均衡生产所必要的在制品数量。

生产过程中应有合理的在制品定额，以保证生产环节的正常运转和生产的连续进行，保证有计划、均衡地完成产品计划。在制品要占用资金，如果占用量过大，并不能促进生产的正常进行，反而会使生产中的经济效益降低，不能很好地利用流动资金。在大量流水生产条件下，在制品占用可按存放点、性质和用途进行分类。按存放地点不同，可分为车间（生产线）之间或车间（生产线）内部的储备量；按性质、用途不同，又可分为工艺占用量、运输占用量、工序间流动占用量、保险储备量、库存流占用量、车间之间运输占用量和库存保险储备量七种。

（3）在制品定额法。在大量生产条件下，各个车间的分工及联系稳定，同一时期内分工协作地生产同一种或少数几种产品，彼此之间的联系主要表现在提供一种或少数几种产品或半成品上。只要前一车间的半成品能够保证后一车间加工的需要和车间之间库存半成品变化的需要，就可使生产均衡、协调地进行。

由此可见，作业计划的编制主要着眼于解决各车间生产数量上的协调，运用预先制定的在制品定额，按照反工艺顺序的连锁计算方法来调节各车间的生产任务，调整各车间的投入量和出产量，使车间之间协调配合。这种编制作业计划的方法就叫在制品定额法。

采用在制品定额法安排车间任务的原理如下：

$$\text{某车间产出量}=\text{后车间投入量}+\text{该车间半成品外售量}+\left(\text{车间之间仓库半成品定额}-\text{期初预计半成品结存量}\right)$$

$$\text{某车间投入量}=\text{本车间产出量}+\text{本车间可能发生的废品及损耗数}+\left(\text{本车间在制品定额}-\text{本车间期初在制品预计结存量}\right)$$

车间任务安排好后，就可编制月度生产进度计划，再把计划任务按日分配，具体安排每日的生产量。

（三）成批生产方式

成批生产是指工业企业（车间、工段、班组、工作地）在一定时期重复轮换制造多种产品的一种生产类型。掌握成批生产期量标准的概念和计算，是合理组织成批生产的基础。

成组技术是成组加工和成组工艺的进一步发展，是对多品种小批量的生产企业组织生产的一种有效方法。它既可以提高企业的生产效率，缩短生产周期，又可进一步按照市场上用户、消费者的需求不同进行生产。柔性制造系统则是适应多品种中小批量生产的自动化制造系统。

1. 成批生产的期量标准。

（1）批量和生产间隔期。成批生产是指工业企业（车间、工段、班组、工作地）在一定时期重复轮换制造多种产品的一种生产类型。根据其批量的大小、每个工作地完成零件工序数目以及各种零件重复生产的程度，成批生产可分为大批生产、中批生产和小批生产。凡产品品种不多，每批数量较多，出产相当稳定，接近于大量生产的为大批生产；如产品品种很多，每批数量很少，虽有重复但非常不稳定，接近千单件生产的为小批生产；介于两者之间的为中批生产。

批量是花费一次准备结束时间投入生产的同种产品（工件）的数量，准备结束时间是指生产开始前熟悉图纸，领取工卡量具，调整设备工装，试切，安装调整冲模、锻模，准备砂箱型板等所花的时间。

生产间隔期是相邻两批同种工件投入（或产出）的时间间隔。在周期性重复生产的条件下批量与生产间隔期有如下的关系：

$$n=R\cdot d$$

其中，n 为生产批量；R 为生产间隔期；d 为工件的平均日需求量。

$$d=N/T_{年}$$

其中，N 为年产量；$T_{年}$ 为年工作日数。

在生产任务一定时，平均每天产出量不变时，批量与生产间隔期成正比。

确定批量和生产间隔期的方法，大致可分为以下两种。

①以量定期法。这种方法就是先确定批量，然后使生产间隔期与之相适应。具体方法是根据提高技术经济效益的要求来确定一个最初批量，然后据以计算生产间隔期，并修正最初批量，最后使两者相互配合，求得一个最佳数值。企业经常用最小批量法和经济批量法来进行。

②以期定量法。以期定量法就是先确定生产间隔期，然后再确定与之相适应

的批量。各类零件的生产间隔期是根据零件的复杂程度、工艺特点、价值大小等因素分类确定，再根据生产间隔期和生产任务确定各类零件的批量。在生产任务有变化时，生产间隔期不变，只调整批量即可。为了管理上的方便，标准生产间隔期通常取周或旬工作天数的倍比数。

为了便于生产，一种产品的各种零件生产间隔期种数不宜太多。在实际运用时，可根据零件种类多少、复杂程度和划分零件组的多少来确定。一般来说，在管理水平较差的企业可以分为三种，管理水平较高的企业也以控制在六种以内为宜。

零件的生产间隔期是建立在零件分组的基础上的，对零件具体分组时应掌握以下三点：按零件外形尺寸和重量大小分组；按零件的结构形式和工艺过程分组，即将零件结构形式和工艺过程相同的划分为一组；按零件工序多少和劳动量大小分组。根据上述标志进行分组时，重点应放在按劳动量大小，即按生产周期长短来划分，同一零件组内应尽量选择生产周期大体相同的零件。零件分组还要考虑零件的生产类型和生产的组织形式，一般应将大批和中批、小批的零件分开。此外，企业还应考虑车间设备的负荷情况，因为同一零件组内零件种数过多、总劳动量过大，会影响其他零件组在当月完成任务；如同一零件组内零件种数过少、劳动量过小，也会给管理工作带来困难。总之，零件分组以劳动量大小为重点，对大型零件可分得细一些，对小型零件可分得粗一些，以便合理地利用生产资金和提高经济效益。

以期定量法具有以下优点：首先，计算方法简便，能适应生产任务的变动，当任务量变动较大时，只需调整批量即可；其次，用这种方法制定的生产间隔期和批量，更有利于组织均衡生产。因为产品的每个零件和零件组的生产间隔期与月工作日数之间都互成倍数或约数，而批量是根据生产间隔期确定的，因而也就保持了每种零件必要的比例关系，易于保持零件生产的成套性，保证各个基本生产环节之间以及基本生产与辅助生产之间的协调衔接，从而有利于组织均衡生产。

（2）生产周期。生产周期是指从原材料投入生产时起到制成成品最后完工时为止期间经历的全部日历时间。

生产周期是编制生产作业计划、确定产品及其零件在各工艺阶段投入和产出日期的主要依据，是成批生产作业计划的一项重要期量标准。

在成批生产中，一批零件的生产周期在很大程度上取决于零件在工序间的移动方式。一般有顺序移动、平行移动和平行顺序移动三种方式。

①顺序移动方式。它的特点是每批零件只有在前道工序全部完工后，才整批地转到后道工序加工。工序周期与零件批量和工序加工时间成正比，因而这种移动方式在批量较小和工序加工时间较短的情况下采用。

②平行移动方式。它的特点是每个零件在前道工序加工完成之后，立即转到后道工序去继续加工，形成各个零件在各道工序上平行地进行加工。

③平行顺序移动方式。平行顺序移动方式既考虑了相邻工序上加工时间的重

合，又保持了该批零件在工序上连续加工。

顺序移动方式的零件等待时间最多，生产周期也最长。平行移动方式的生产周期最短。平行顺序移动方式的生产周期居两者之间。当批量增大时，它们之间的差异也增大。

在实际生产中，这三种移动方式都在应用。它们各有自己的适用条件。选用时一般要考虑以下因素：①工件的大小。体积大、重量重、在工序间不可能成批传送的零件，如机床的床身、机座等总是单件传送的。而细小的工件不值得单件传送，一般放在容器中按容器容量大小成批传送。②相邻工序工作地之间的空间距离及采用的运输装置。相邻工序工作地在空间位置上紧密衔接或有机械化传送装置就有利于在工序间单件传送，实现平行移动。③尽可能使生产过程的各工序生产率相等，也称工序同期化。此时按平行移动方式组织生产不仅生产周期最短，而且整批工件在各工序上连续加工，不会出现设备短暂停歇现象。

（3）产品生产周期的确定。产品生产周期就是每个工艺阶段生产周期与各工艺阶段之间的保险期之和。工艺阶段的生产周期是指直接改变劳动对象的形状、大小、成分和性能的时间，但也包括一部分自然过程时间（如干燥、冷却等）。

确定成批生产产品的生产周期比较复杂，不但要考虑每批产品零部件在各个工艺阶段的移动方式，各种零件在多个车间的成套周期，而且还要考虑与其他产品平行交叉作业等因素。生产日期用公式计算比较复杂，而且又常常与实际脱节，因此，可用图表法表示，即应用反工艺顺序的方法，绘出各个工艺阶段的衔接关系及各个工艺阶段的生产周期表。

（4）提前期。提前期是指产品在各车间投入或产出的日期较成品产出日期所应提前的天数。提前期的计算，对生产过程各阶段的及时投入并适时出产以保证装配的需要非常重要。

产品装配产出日期是计算提前期的起点，而生产周期和生产间隔期是计算提前期的依据。正确规定提前期可以保证各个工艺阶段有秩序地进行。所以，在作业计划工作中，要制定提前期的标准数据。

提前期是用日历天数来表示对一批零件在投入和产出的时间上的规定。有了提前期就可以确定一批零件投入和产出的标准天数，这是车间编制短期计划的依据。在实际工作中，要计算每一零件的提前期是有困难的，只能计算劳动量最大的零件的提前期，对劳动量较小的零件，可按加工时间划分组别，然后按组别来确定提前期。在划分零件的组别时应当特别注意零件送交装配车间要保证各个零件或部件能成套地供应。

（5）在制品定额。成批生产方式中作业计划期量标准的要求是非常严格的，生产提前期体现各个车间在生产期限配合方面的关系，而在制品定额则体现各个车间在生产数量配合方面的关系。

车间在制品的占用是由于成批投入但未完工产出而形成的，它们是整批地停留在车间内，因而要计算批数和总量。

车间在制品占用量＝一批零件生产周期×平均每日需要量

$$平均每日需要量=\frac{批量}{生产间隔期}$$

由公式可知，车间在制品占用量与生产间隔期及生产周期长短有直接关系。

（6）累计编号法。在多品种成批轮番生产条件下，各个月份生产的品种数量不稳定，以致在制品数量也不稳定。没有一个稳定的在制品数量，就无法采用大量生产所用的在制品定额法。这时，企业就要采用适合成批生产特点和要求的累计编号法。

所谓累计编号法，就是将事先制定的提前期转化为提前量，确定各车间在计划月份应该达到的投入和产出累计数，计划各车间当月应完成的投入和产出数。

这里的累计数是指从年初（或从开始）生产这种产品时起开始计算的连续数字。

按照预先制定的提前期标准，确定各车间在计划月份产出和投入应该达到的累计数。计算公式如下：

车间产出（或投入）累计号数＝装配车间产出累计号数＋装配车间平均每日出产量×本车间产出（或投入）提前期

各车间在计划期应完成的当月产量和投入量按下式计算：

计划期车间产出（或投入）量＝计划期末计划产出（或投入）的累计号数－报告期已产出（或投入）的累计号数

按上式计算车间产出（或投入）量以后，还应按各种零件的批量进行修正，使车间产出（或投入）的数量能凑满相当一个或几个批量。

用累计编号法确定生产任务有以下几个特点。

①在装配车间平均日产量不变的情况下，各车间的产量依本车间提前期而定。提前期越长，产出（或投入）的累计号数越大。由于累计号数是根据前期计算的，因此，各车间可以同时进行计算，这样可以大大加速计划的编制过程。

②由于生产任务用累计号数表示，所以不必预计期初在制品数量，也不必到计划期初根据报告期的实际完成情况修正计划。当报告期计划执行不好时，未完成的部分就自然地转入计划期的任务中，因为计划期应产出的号数是固定的。这样就可以大大简化计划的编制工作，并可保证生产任务的完成。

③由于同一台产品所有零件都属于一个累计号数，所以只要每个环节都生产到规定的号数，就能可靠地保证零件的成套性。特别是可以防止产品结束时零件不成套和投料过多的现象。

使用累计编号法，使车间在生产的期限和数量上衔接，不用定额储备在制品，因而此法适用于成批生产。

2. 成组技术。成组技术（group technology，GT）是成组加工和成组工艺的进一步发展，它是一种有效地组织多品种小批生产的方法。这种方法根据零件的结构形状、尺寸大小和工艺特征进行系统的分类，将分散在不同产品中相似零件组成零件组，对一组零件找出集中加工的科学形式，以扩大加工批量，减少调整、夹装时间，降低制造成本，使多品种小批生产企业能取得与大量生产相似的经济效果。

实质上，成组技术是以零件组为内容，按对象原则组织生产的一种科学方法，即以零件的相似性为基础，以零件成组化为手段，扩大零件加工批量，运用成批大量生产的组织方式，来组织中批产品的生产。

（1）成组技术产生的背景。多品种中小批生产虽然是客观上的要求，但无论从设计、加工还是从生产组织来看，都要比少品种大批生产复杂、经济效果差，多品种中小批生产一般存在以下一些问题。

①生产技术准备工作方面。由于产品、零件品种的多样化，设计人员在设计、计算和绘图上要花费大量的劳动，工艺人员要编制许多不同的工艺规程和设计多种工艺装备，而这些往往都依照个人的经验进行，这就大大影响了零件的标准化和通用化工作。工艺的数量繁多，严重妨碍了先进工艺和高效设备的采用；设计和工艺准备工作的复杂化，不仅大大增加了生产技术准备的工作量，而且延长了产品的生产技术准备周期。

②生产过程组织方面。设计和工艺的多样化，给生产过程（特别是加工阶段）带来很多问题。在品种繁多、批量很小的情况下，一般按工艺专业化原则组织车间，设备布置采取落后的机群式。零件按批投料，按批在工序之间转移，工艺路线复杂，运输距离长，增加了很多不必要的流转运输时间。同时由于零件种类多，机床经常改变加工对象，设备和工艺装备调整频繁，减少了机床实际加工时间，既浪费了设备和人力，又使零件大量积压，并且难以提高机床的自动化程度。

③生产管理方法方面。由于零件的种类繁多、工艺复杂，更由于产品的批量不等、交货期的不同，对材料和外购件的要求不同，大大增加了生产管理的复杂性和编制作业计划的困难性。这都严重影响了企业发展品种、提高质量、提高劳动生产率和降低成本。

传统的生产组织和管理方法不适应，而且严重阻碍了多品种中小批生产的发展，这就促使各国机械工程界去寻求先进的合理的组织方式。成组技术正是在这种情况下日益发展起来的。

（2）成组技术的作用。成组技术的发展过程大体上经历了“成组加工—成组工艺—成组技术”三个阶段。随着在产品设计、加工工艺中的应用和发展，成组技术已经逐渐深入到企业的整个生产活动和管理工作的各个领域。实施成组技术，意味着企业生产技术和生产组织上的重大改革，对多品种中小批生产企业的生产发展起着巨大的作用，产生明显的技术经济效果：①成组技术大大改变了企业生产技术准备的内容，减少了准备的工作量。②实施成组技术能增加生产批量，有利于采用先进的加工方法，提高劳动生产率。③成组技术能促进产品结构及其零部件的标准化。④实施成组技术，能简化生产管理，还有利于工人群众参加管理。⑤实施成组技术能扩大计算机在生产管理中的应用范围。

（3）成组技术形成的客观基础。每个机械制造企业生产的产品品种很多，零件成千上万。但大量的统计资料表明，各种零件的出现都是有一定的规律性的，这种规律性就是成组技术形成的客观基础。它表现在：①尽管各种机械产品极不相同，但构成不同产品的零件都有极大的相似性，构成任何机械产品的零件都可以分为标准件、相似件和复杂件三大类，其中，相似件往往占相当的比例，如螺钉、螺栓、螺母、销子、键等。②各类相似零件在同类产品系列中有一定的出现率。③在同类机器产品中，零件的结构及尺寸分布具有相对的稳定性。

零件的相似性、出现的规律性和尺寸分布的稳定性，是成组技术形成的广泛的客观基础。因此，即使是单件小批量生产类型的企业，只要做好零件分类成组和建立成组加工单元的工作，就能取得同大量生产企业相似的经济效果。

3. 柔性制造系统。

（1）柔性制造系统的组成。柔性制造系统（flexible manufacturing system，FMS）是由计算机控制的以数控机床（NC）和加工中心（MC）为基础，适应多品种中小批量生产的自动化制造系统。FMS是20世纪60年代后期诞生的，它综合应用现代数控技术、计算机技术、自动化物料输送技术，由计算机控制和管理，使多品种中小批量生产实现了自动化。FMS一般由多台MC机床和NC机床组成，它可以同时加工多种不同的工件，一台机床在加工完一种零件后可以在不停机调整的条件下，按计算机指令自动转换加工另一种零件。各机床之间的联系是灵活的，工件在机床间的传输没有固定的流向和节拍。目前多数FMS是用于机械加工的，焊接、钣金、成形加工和装配等领域也都在发展FMS。

任何一个FMS按其功能要求应由以下几部分组成，即加工系统、物料储运系统和计算机管理与控制系统。

①加工系统。加工系统设备的种类和数量取决于加工对象的要求。进行机械加工的FMS，其加工对象一般分为回转体和非回转体两大类。回转体进一步可分为轴类、盘套类，非回转体则可分为箱体类和板类等。根据不同的加工对象，FMS常配备镗铣加工中心、车削加工中心、各类NC机床和经过数控化改装的机床。

FMS的柔性化程度通常以能同时加工的工件类型的多少作为评价指标。能加工的工件类型越多，则柔性程度越高。但加工的工件类型越多，对设备的要求也越高，设备的投资就越大，所以不用盲目追求FMS的柔性化程度。采用成组技术组织成组生产，可以使每一个FMS加工工件的类型趋于简单，节省设备投资，从而达到高效与经济的目的。目前生产中运行的FMS，加工非回转件的占多数，非回转体中又以箱体类零件为主。

②物料储运系统。物料储运系统是FMS的重要组成部分。它的功能包含物料的存取、运输和装卸。储运的物料有工件毛坯、半成品、成品、工夹具、刀具、切屑等。物料的存取一般采用带堆垛机的立体仓库。物料的装卸对于立式或卧式加工中心通常采用托盘交换台，对于车削加工中心则采用装卸料机器人或机械手。从立体仓库到各工作站之间的运输可以有多种方案。常见的一种方案是以辊道传送带或架空单轨悬挂式输送装置作为运输工具。采用这类运输工具，运输

线路是固定的，形成直线型或封闭回路型线路。机床布置在运输线的内侧或外侧。为了使线路具有一定的存储功能和能变换工件的运输方向，常在运输线上设置一些支线或缓冲站。这种运输方案投资较少、工作可靠，是目前被广泛采用的一种。另一种方案采用自动导引运料小车作为运输工具，小车以蓄电池为动力，能自动导向、自动认址，可以在一定区域内按任意指定的路线行驶。小车应用电磁或光学原理进行导引，不需铺设导轨。因此，它不占用车间的面积和空间，使整个系统的布局有更大的灵活性，也使机床的敞开性好，便于监视和维修。这种运输方案的柔性最好，是FMS物流系统的发展方向，但是其投资大，技术复杂，可靠性较差。因此，其目前应用上受到一定限制。工业机器人作为运输工具，适用于短距离运输，运送小工件和回转体零件。它是加工回转体的FMS的重要运输工具。

③计算机管理与控制系统。计算机管理与控制系统是FMS的“大脑”，由它指挥整个FMS的一切活动。以FMS计算机为主的主控制系统直接指挥和监控加工系统、运输系统、工具系统和检验系统等执行子系统。它和以DNC计算机为主的群控系统的关系是：当工件已在加工设备上装夹好，一切准备就绪时，主控制系统就将对该设备的控制权交给DNC控制系统，由DNC系统给该设备分配相应的数控程序，并指挥设备启动；加工完毕后DNC系统将控制权交还，再由主控制系统指挥将加工好的工作运往下一个工位。

一个计算机管理与控制系统在正常情况下可以自动完成FMS的控制任务，包括制订生产日程计划、模拟系统运行状态、协调各子系统的工作，甚至还能处理一般性的故障问题；但是，计算机只能按事先确定的原则和逻辑去处理问题，对意外情况的非结构化问题就无能为力了，而且计算机本身也会出故障。因此，一般采用人机结合的管理与控制方式，由计算机负责正常情况的管理与控制，非正常情况则由系统管理员来处理。平时根据需要管理员也可以随时对运行情况进行干预。

计算机主控制系统的核心是系统控制软件和数据库。系统控制软件包含系统管理软件、系统监视软件和质量监控软件等。

系统管理软件负责组织与指挥FMS的日常运行，由信息输入与输出、物料进出口管理、制定生产日程计划、工具管理、运行控制等模块组成。

系统监视软件一般分两级进行：系统级的监视和设备级的监视。系统级的监视由FMS主控制系统执行。它主要监视各种设备的控制器工作是否正常和小车的运行。发现故障后，迅速进行故障诊断。诊断的准确性既取决于诊断软件的质量和检测装置的质量，也取决于设置的检测项目的合理性。设备级的监视由每台设备的控制器来实现。通过控制器对设备的若干个工作参数定期或连续地进行测量，检查设备的工作状况。检测的对象通常包括电子装置、电器装置和机械部件的受力、变形、振动、运动等状况的检测装置。有的还要检查温度、湿度等。在切削过程中对刀具的监视是系统监视的重要内容。刀具材质、工件材质和毛坯裕量的波动，常使刀具发生异常磨损，甚至出现断裂。为了预防事故发生，对切削过程必须严密监视。

通过系统级监视把系统运行情况通过工况报告随时反映给上级系统和系统管理员，以便及时采取措施进行处理。

系统数据库中存放着以下三大类数据：①生产数据。这里包含来自上级生产系统的生产计划数据和生产工艺数据。如计划期的加工任务、工件的工艺路线、各道工序所用的设备和工具，以及工件的装卡方法等。②资源数据。主要是FMS的设备资源数据和工具资源数据。③运行数据。这类数据随着生产的进行随时更新，它动态地反映FMS的运行状态，包括当前工作所在位置、设备和工具的使用状况、生产进度等数据。

（2）柔性制造系统的类型。柔性制造系统按规模大小可分为如下四种类型。

①柔性制造单元（FMC）。柔性制造单元的问世并在生产中使用比柔性制造系统晚6~8年，柔性制造单元可视为一个规模最小的柔性制造系统，是柔性制造系统向廉价化及小型化方向发展的一种产物。柔性制造单元一般由1~2台加工中心、工业机器人、数控机床及物料运送存储设备构成，具有适应加工多品种中小批量产品的灵活性。其特点是实现单机柔性化及自动化，目前已进入普及应用阶段。

②柔性制造系统（FMS）。柔性制造系统通常包括四台或更多台全自动数控机床（加工中心与车削中心等），由集中的控制系统及物料搬运系统连接起来，可在不停机的情况下实现多品种中小批量的加工及管理。

③柔性制造线（FML）。柔性制造线是处于单一或少品种大批量非柔性自动线与多品种中小批量柔性制造系统之间的生产线。其加工设备可以是通用的加工中心、CNC机床，也可采用专用机床或NC专用机床，对物料搬运系统柔性的要求低于柔性制造系统，但生产率更高。它是以离散型生产中的柔性制造系统和连续生产过程中的分散型控制系统（DCS）为代表，其特点是实现生产线柔性化及自动化，其技术已日臻成熟，目前已进入实用化阶段。

④柔性制造工厂（FMF）。柔性制造工厂是将多条柔性制造系统连接起来，配以自动化立体仓库，用计算机系统进行联系，采用从订货、设计、加工、装配、检验、运送至发货的完整的柔性制造系统。它包括CAD/CAM，并使计算机集成制造系统（CIMS）投入实际应用，实现生产系统的柔性化及自动化，进而实现全厂范围的生产管理、产品加工及物料储运进程的全盘化。柔性制造工厂是自动化生产的最高水平，反映了世界上最先进的自动化应用技术。它将制造、产品开发及经营管理的自动化连成一个整体，以信息流控制物质流的智能制造系统（IMS）为代表，其特点是实现工厂的柔性化及自动化。

（3）柔性制造系统的关键技术。

①计算机辅助设计。未来CAD技术的发展将会引入专家系统，使之具有智能化，可处理各种复杂的问题。当前设计技术最新的一个突破是光敏立体成形技术，该项新技术是直接利用CAD数据，通过计算机控制的激光扫描系统，将三维数字模型分成若干层二维片状图形，并按二维片状图形对池内的光敏树脂液面

进行光学扫描，被扫描到的液面则变成固化塑料。如此循环操作，逐层扫描成形，并自动地将分层成形的各片状固化塑料黏合在一起，仅需确定数据，数小时内便可制出精确的原型。它有助于加快开发新产品和研制新结构的速度。

②模糊控制技术。模糊数学的实际应用是模糊控制器。最近开发出的高性能模糊控制器具有自学功能，可在控制过程中不断获取新的信息并自动地对控制量做出调整，使系统性能大为改善，其中尤以基于人工神经网络的自学方法更能引起人们极大的关注。

③人工智能、专家系统及智能传感器技术。迄今，柔性制造系统中所采用的人工智能大多指基于规则的专家系统。专家系统利用专家知识和推理规则进行推理，求解各类问题（如解释、预测、诊断、查找故障、设计、计划、监视、修复、命令及控制等）。由于专家系统能简便地将各种事实及经验证过的理论与通过经验获得的知识相结合，因而为柔性制造系统的诸多方面的工作增强了柔性。展望未来，以知识密集为特征，以知识处理为手段的人工智能（包括专家系统）技术必将在柔性制造系统（尤其智能型）中起到关键性的作用。目前用于柔性制造系统中的各种技术，预计最有发展前途的仍是人工智能。智能制造技术（IMT）旨在将人工智能融入制造过程的各个环节，借助模拟专家的智能活动，取代或延伸制造环境中人的部分脑力劳动。在制造过程中，系统能自动监测其运行状态，在受到外界或内部激励时能自动调节其参数，以达到最佳工作状态，具备自组织能力，故 IMT 被称为 21 世纪的制造技术。对未来智能化柔性制造系统具有重要意义的一个正在急速发展的领域是智能传感器技术。该项技术是伴随计算机应用技术和人工智能而产生的，它使传感器具有内在的“决策”功能。

④人工神经网络技术。人工神经网络是模拟智能生物的神经网络对信息进行并行处理的一种方法。故人工神经网络也就是一种人工智能工具。在自动控制领域，神经网络并列于专家系统和模糊控制系统，成为现代自动化系统中的一个组成部分。

（四）现场管理

现场管理，就是运用科学的管理制度、标准、方法和手段，对现场的各种生产要素进行合理的、有效的计划、组织、协调、控制，使它们处于良好的结合状态，以达到优质、低耗、高效、均衡、安全、文明生产的目的。

在生产管理中，要对加工对象的作业顺序做出合理安排，这对缩短生产周期、减少在制品、及时交货具有重要意义。

1. 现场管理概述。

（1）现场管理的含义。现场是直接从事生产、经营、工作、试验的作业场所。企业现场是指企业进行生产经营作业活动的特定场所，包括生产现场、经营现场、办公现场、生活现场等。企业现场按照与生产活动的关系又可分为生产现场和非生产现场。其中，生产现场按分工关系又可分为基本生产现场和辅助生产现场。例如，机械加工、纺织等从事产品生产活动的作业场所为基本生产现场；

维修、动力等从事辅助生产活动的作业场所为辅助生产现场。

生产现场是企业各种生产要素有机组合的活动场所，包括劳动者、劳动手段、劳动对象、生产方法、生产环境、生产信息等生产要素，简称“人、机、料、法、环、信”。在产品制造的运动过程中，形成的人流、物流、信息流都要在生产现场有序、均衡、协调地按照预定的目标进行流动。其中，人流作为现场的指挥和核心，操纵着另外两类现场活动：一类是物质的转换过程，从输入原材料和燃料动力，到加工输出半成品或成品，形成物流；另一类是伴随着物流产生的信息流，它规划和调节着物流的方向、数量、速度、目标，使物流有序、均衡运动。这两类运动在生产现场的有机结合形成企业产品的制造过程。产品的质量、物质消耗、经济效益和安全生产的好坏都取决于生产现场。

现场管理可分为广义现场管理和狭义现场管理。广义现场管理是指企业所有现场作业活动的管理，包括生产现场管理、经营现场管理、办公现场管理、生活现场管理等。狭义现场管理是指企业生产现场管理，包括基本生产现场管理和辅助生产现场管理。我们研究的主要对象是狭义的现场管理，即以生产现场为主要内容，它可分为四层意思。

①现场管理是运用管理制度、标准、方法和手段来管理。管理制度是指现场的设备、工具、在制品、产成品等的管理制度、交接班制度、设备维修制度、现场质量事故的处理制度等。管理标准是指现场岗位管理标准、设备管理标准、操作管理标准、工艺管理标准等。管理方法包括现场的定置管理法、模特法、“5S”活动法、规范化管理法等。管理手段是指管理者采用计算机信息管理系统、文件图纸、信息流传递等手段，提高现场管理效能。

②现场管理的对象是各种生产要素，包括现场的人员、机器设备、工具、原材料、在制品、燃料动力、场地环境、信息等。

③现场管理的职能是计划、组织、协调、控制和激励。这与企业管理的职能是一致的。但是，这里的计划主要是现场生产作业计划；组织主要是现场合理组织作业班组等；协调主要是班组之间、操作者之间生产进度的相互协调；控制主要是通过信息流反馈对生产过程的控制。

④现场管理要达到的目的是优质、低耗、高效、均衡、安全、文明生产。

（2）现场管理的任务。现场管理的任务，由它在整个企业管理中的地位和目标决定。现场管理是整个企业管理的重要组成部分，是属于最基础性的管理。现场管理的目标是实现现场活动的科学化、标准化、系统化和高效化，以达到优质、高效、文明、安全的目的。要实现这一目标，需完成如下现场管理任务。

①制定切实可行的现场管理标准、指标体系、评估内容和考核办法，提高现场管理水平。

②推行一些行之有效的国内外现场管理方法和手段，为提高产品质量和增加经济效益服务。

③研究和探索现场管理的科学化、标准化、系统化和高效化的内容，创建新的有效管理方法。

要实现上述现场管理任务和搞好现场管理的具体工作，应采取以下措施。

①提高各级领导特别是企业领导对现场管理的认识，牢固树立搞好企业管理，特别是要搞好现场管理的思想。

②制定现场管理目标。企业在制订中、长期计划时，要同时制定现场管理的目标。经过几年的努力，在原有的基础上，使现场管理普遍上一个新台阶。

③制定行业现场管理要求和细则。各行业应根据本行业特点，制定适合本行业需要和便于实施的行业现场管理要求和细则。例如，机械行业可根据机械加工类型的特点，以工艺管理、定置管理为重点提出要求；化工行业可根据容器、管道连续化生产的特点，以岗位规范化、标准化为重点提出指导性的要求。

④制定现场管理达标规划。各企业应根据现场管理标准和要求，制定相应的达标规划，加强督促、指导交流工作。

2. 定置管理

（1）定置管理的含义。“定置”是研究物品进行整理和整顿方式的专业用语。从字面上理解，它是指物品在空间的特定位置，它不同于一般的“放置”。一般的放置有很大的随意性，而定置则具有主观意识的目的性。

定置管理就是以生产现场物品的定置进行设计、组织实施、调整、协调与控制的全部过程的管理。它的核心是以生产现场为研究对象，研究生产要素中人、物、场所的状况，以及三者在生产活动中的相互关系，力求消除工作中不合理的因素、浪费因素和浪费现象，通过整理和整顿，把与生产现场无关的物件清除，把生产现场所需要的物件放在规定的位置，使人、物、场所处于最佳结合状态。通过建立、健全物流的信息管理系统，组织合理的工艺流程，充实和完善必要的工位器具与运送装置，使物流的运行处于受控状态，实现人、物、场所在时间上和空间上的优化组合，以达到文明操作，减少工件的磕碰划伤与锈蚀，提高劳动效率，实现安全生产、文明生产的目的。

所以，定置管理的实质就是，从改善工作质量来保证产品质量和提高生产效率着手，力求形成一个能够保证工作质量的现场环境。

（2）定置管理的基本原理。在生产活动中，构成生产工序的要素，有材料、半成品、机械设备、工夹模具、操作人员、工艺方法、生产环境等，归纳起来就是人、物、场所、信息等因素。其中，最基本的是人与物的因素。只有人与物的合理结合，才能使生产有效地进行。

人与物的结合可归纳为四种基本状态：①A 状态。即人与物处于能够立即结合并发挥效能的状态。例如，操作工人使用的各种工具，由于摆放地点合理而且固定，当操作者需要时能立即拿到。②B 状态。即人与物处于寻找状态或尚不能很好地发挥效能的状态。例如，一个操作者想加工一个零件，需使用某种工具，但由于现场杂乱或忘记了该工具放在何处，结果因寻找而浪费了时间；或者由于半成品堆放不合理，散放在地上，当加工时每次都需弯腰一个一个地捡起来，既浪费了工时，又增加了劳动强度。③C 状态。即人与物处于关系松散状态，已不需要结合的状态。例如，本加工工序已完成加工需要转入下工序再加工或转入检验工序的物品。④D 状态。即人与物失去联系的状态。这种物品与生产无关系，不需要人去同该物结合。例如，生产现场中存在的已经报废的设备、工具、模具，生产中产生的垃圾、废品、切屑，以及同生产现场无关的工人生活用品等。这些物品放在生产现场，必将占用作业面积，而且影响操作者的工作效率及安全。

定置管理就是要根据生产活动的目的要求，通过相应的设计、改进和控制、整理、整顿，改善 B 状态，使之达到 A 状态，减少 C 状态，消除 D 状态，把有价值的物品移到需要的地方，把不需要的、无价值的物品从现场消除掉。因此，定置管理在某种意义上来讲，也是“5S”管理的深入发展。

为了能用定量化的概念来理解各类状态物品之间的关系以及它们与生产的关联程度，明确定置管理的研究内容，在这里引入对象物的存在价值的概念，它是物的特有状态在价值上的表现，是人与物能否有效结合的决定性因素。企业购买的各类物资都是有目的、有价值的。从价值观念来讲，所有物品都有两种价值形态，即物的原来价值和存在价值。

物的原来价值，即人与物结合发挥效用状态时的价值，也就是物品的购进价格及物品的合理储备期间发生的保管费用的总和。在实际工作中，这相当于物品的厂内计划价格，物的原来价值用符号 V_0 表示。物的存在价值，即当人与物未结合时，物品只呈存在状态时的价值，它的符号用 V 表示。当我们要把只呈存在状态的物品改变成人与物结合并发挥效用的状态时，还需要进一步支付出结合成本。所以，这三者的关系是：

物的原来价值（V_0）= 物的存在价值（V）+ 人与物的结合成本（g）

$$V = V_0 - g$$

$$g = V_0 - V$$

当人与物关系处于 A 状态时，即人与物立即结合进行有效的生产活动时，物的存在价值几乎等于物的原来价值。结合成本 g 近似于 0，可以忽略不计。这时，我们可以认为 $V = V_0$。定置管理的经济原则，就是要尽可能地降低 g 值，提高物品的存在价值。

在生产活动中，人与物的结合状态，是生产有效程度的决定因素。但人与物的结合都是在一定场所进行的。因此，实现人与物的最优结合，必须首先处理好物与生产现场的关系，实现物与生产现场的合理结合。生产现场与物的有效结合是实现人与物的合理结合的基础。定置管理，主要就是研究物与生产现场的有效结合。具体来说，就是对生产现场、人、物进行作业分析和动作研究，使对象物品按生产需要、工艺要求科学地固定在某生产现场的特定位置上，达到物与生产现场的有效结合，缩短人取物的时间，消除人的重复动作，减轻劳动强度，促进人与物的最优结合。

实现生产现场与物的合理结合，首先要使生产现场本身处于良好的状态。生产现场本身的布置有三种状态。

一是 A 状态：良好状态。即良好的工作环境，生产现场中的作业面积、通风设施、恒温设备、光照、粉尘等状态，必须符合人的生理、工厂生产、安全的要求。

二是 B 状态：需要改善的状态。即需要不断改善的工作环境。这种状态的生产现场，布局不尽合理，或只满足人的生理要求，或只满足生产要求，或两者都不能满足。

三是 C 状态：需彻底改造的状态。即需消除或彻底改造的工作环境。这种生产现场对人的生理要求及工厂生产、安全要求都不能满足。

定置管理的任务，就是要把 C 状态、B 状态改变成 A 状态。

实现生产现场与物的结合，要根据物流运动的规律性，科学地确定物品在生产现场内的位置，即定置方法有两种基本形式。

一是固定位置。即生产现场固定、物品存放位置固定、物品的信息媒介物固定，这种“三固定”的方法，适用于那些在物流系统中周期性地回归原地、在下一生产活动中重复使用的物品，主要是那些用作加工手段的物品，如工、检、量具、工艺装备、工位器具运输机械、机床附件等物品。这些物品可以多次参加生产过程，周期性地往返运动，对这类物品采用规定一个较大范围的区域的办法来定置。由于这类物品适用“三固定”的方法，固定存放位置，使用后要回复到原来的固定地点。例如，模具平时存储在指定的场所和地点，需要时取来安装在机床上，使用完毕后，从机床上拆卸下来，经过检测验收后，仍搬回到原处存放，以备下次再用。

二是自由位置。即相对地固定一个存放物品的区域。至于在这区域内的具体放置位置，则根据当时的生产情况及一定的规则来决定。这种方式同上一种相比，在规定区域内有一定的自由，故称自由位置。这种方法适用物流系统中那些不回归、不重复使用的物品。例如，原材料、毛坯、零件、产成品。这些物品的特点是按照工艺流程不停地从一个工序向下一工序流动，直到最后出厂。所以，对每一个物品来说，在某一工序加工后，除非回原地返修，一般就不再回归到原来的作业场所。这类物品的种类、规格很多，每一种的数量有时多、有时少，很难对每一种物品规定具体位置，如在制品停放区、零件检验区等。在这个区域内存放的各个品种的零件，根据充分利用空间、便于收发、便于点数等规则来确定具体的存放地点。

（3）定置管理图的绘制。定置管理图是将生产现场的定置管理用标准化的形式反映出来的一种方法。它运用形象的图示描述生产现场人、物、场所的关系。物品放置区域，用各种符号代替设备、零部件、工位器具、工具箱等定置物品。因此，在设计定置管理图时应注意以下几点：①对生产现场、工序、工位、机台等进行定置诊断。根据人机工程学确定各位置是否符合人的心理、生理需要及满足产品质量的需要，是否有最大的灵活性和协调性，是否能提供最大的操作方便和带来最小的不愉快，是否符合切实的安全和防护保障，是否能充分利用时间与空间。②定置管理图的设计应按统一标准。例如，各车间、仓库必须绘制定置管理图，图纸可镶在镜框内悬置明显处，也可制成版面置于车间、仓库明显处。工具箱内的定置管理应按上放轻、下放重、中间放常用的工具的要求，用图纸绘制定置图，贴千门内侧，做到所有物品摆放整齐，与图、标记相符。图纸尺寸全厂要统一。③定置管理图的设计。定置管理图的绘制应尽量按生产组织划分区域。如一个车间中有几个较大的生产工段，即可在定置管理图上标出几个相应的区域。④设计定置管理图应先以设备作为整个定置管理图的参照物，然后依次画出加工零件等其余定置物的位置。

车间定置管理图与工具箱内的定置管理图应标注的内容有：①按工艺流程设计的工段（班组）工作地（机床、工位）的平面布置区域。②有适应物流过程需要的原材料、半成品、在制品、工位器具、运输机械及检验场所等物品停放区域。③生产作业场地、区域、机台（位工）之间的明显运输通道。④消防、安全保护设施定置状态。⑤各类残料、垃圾回收箱定点布置场地。⑥必须定置物品的大致数、生产区域和作业场所职工生活必需用品等定置的物品规定。⑦可移动物品，如手推车、衡器、可移动容器的静止停放位置。

（4）定置管理的考核。定置管理的实施，即按照设计要求，对生产现场的材料、机械、操作者、方法进行科学的整理和整顿。所有的物品定位，要做到物必有区、有区必有牌、按区存放、按图定置、图物相符。

定置的考核是定置管理的最后一个阶段。为了巩固已取得的成果、发现存在的问题、不断完善定置管理，必须坚持定期检查和考核工作。考核的基本指标就是定置率。它的计算公式是：

$$\text{定置率（\%）} = \frac{\text{实际定置物品的种类（数量）}}{\text{必须定置物品的种类（数量）}} \times 100\%$$
$$= 1 - \text{不定置率}$$
$$= \left(1 - \frac{\text{不按定置图摆放的物品数}}{\text{定置图规定摆放的物品数}}\right) \times 100\%$$

3. 5S 管理。

（1）5S 管理的概念。5S 管理是指对生产现场各生产要素所处状态，不断地进行整理、整顿、清扫、清洁，以达到提高素养的活动。由于这五个词在日语中、罗马拼音中的第一个字母都是“S”，所以把这一系列活动简称为 5S 管理。

（2）5S 管理的基本内容。

①整理（seiri）：把要与不要的人、事、物分开，将不需要的人、事、物加以处理，坚决清理出生产现场。

②整顿（seiton）：把需要的人、事、物加以定量、定位，以便在最简捷、最有效的规章、制度、流程下完成相关作业。

③清扫（seiso）：把工作场所打扫干净，设备异常时马上修理，并使之恢复正常，创建明快、舒畅的工作环境，以保证安全、优质、高效率地工作。

④清洁（seikeetsu）：在整理、整顿、清扫的基础上，加以认真维护，保持完美和最佳状态，并且更深入一步，消除造成不清洁的各种根源。

⑤素养（shitsuke）：遵守纪律，形成良好的习惯。养成严格遵守规章制度的习惯和工作作风，努力提高人员的素养，是“5S”活动的核心。“5S”始于素

养，也终于素养。

(3) 推行5S管理的目的。实施5S管理能为企业带来巨大的效益。一个实施了5S管理的企业必须达到如下目的。

①提高工作和生产效率。良好的工作环境和工作气氛，以及物品摆放有序，能使员工工作积极性提高，效率自然也会提高。

②改善产品的品质。优良的品质来自良好的工作环境，不断净化工作环境，能保证设备的性能和效率，提高产品的品质。

③保障企业安全生产。如果工作场所能井然有序，生产事故的发生率就会减少。

④降低生产成本，提高企业经济效益。实施5S后，能减少各类浪费，从而降低生产成本。

⑤缩短生产周期，确保交货期。由于提高了工作效率和生产效率，改善了产品的品质，同时也缩短了生产周期，确保了交货期。

⑥改善员工的面貌，提高企业的形象。

4. 目视管理。

(1) 目视管理概述。目视管理是利用形象直观、色彩适宜的各种视觉感知信息来组织现场生产活动，达到提高生产效率的一种管理手段，它是利用人的视觉，及时调整行动、方式、方法来进行现场管理。

人行动的60%是从“视觉”的感知开始的。例如，日常生活中，我们在开车时看到红灯就会有意识地停车，绿灯就会通行。在生产现场我们可以给一些仪器仪表安装一些装置，并在正常范围上做上绿色标志，一旦指针偏离绿色范围，就知道有异常情况发生，需要我们及时做出检查。目视管理是一种管理手段，尽量让各种管理状况“一目了然”“一看便知”，使全体员工容易明白、易于遵守、减少差错。目视管理是一种很简单又很有效的管理方法。

目视管理的特点：①以视觉信号显示为基本手段，生产现场的每个人都能看得见。②以公开化、透明化为基本原则，尽可能地将管理者的要求、意图让每个人看得见，借以推动自主管理、自主控制。③生产现场的每个人都可以通过目视方式，将自己的想法、建议、成果展示出来，与管理者、同事进行相互交流。因此，目视管理是一种以公开化、视觉显示为特征的管理方式，也称为“看得见的管理”或“一目了然的管理”。这种管理方式存在于各个管理领域之中。

目视管理的作用：①迅速、快捷地传递信息。目视管理根据人类的生理特征，充分利用信号灯、标示牌、符号、颜色等方式发出各种视觉信号，鲜明、准确地刺激人们的神经末梢，快速地传递信息。②形象直观地将潜在问题和异常现象显现出来。生产现场的运行状态有两种情况：一种是正常状态；另一种是异常状态。生产现场中每天都会发生各种不同的异常情况，要发现和排除这些异常状态，在管理过程中可以通过目视管理，将“正常状态”予以标示，一旦离开此状态就意味着有异常、发生了问题，这样可及早发现，早作处理。③促进企业文化的形成和建立。目视管理通过对员工合理化建议展示、优秀人物和先进事迹表彰、公开讨论栏、企业宗旨和方向、远景规划等健康向上的内容，使企业中的每一个员工形成较强的向心力和凝聚力，促进企业文化的形成和建立。

（2）目视管理的类别。目视管理需要借助一定的工具，按照这些工具的不同，目视管理可划分为以下几类。

①红牌。用于“5S”管理中的整理阶段，用来区分日常生产活动中的非需品。

②看板。在生产现场，用来表示使用物品、放置场所等基本状况的告示板。它们的具体位置在哪里、做什么、数量多少、谁负责等重要事项记入看板，让人一看就清楚。

③信号灯。用于提示生产现场的操作者、管理者生产设备是否在正常开动或作业，以及发生了什么异常状况。

④操作流程图。描述生产中重点工序、作业顺序的简要说明书，用于指导工人生产作业。

⑤反面教材。它和实物、帕累托图结合使用，让生产现场的每个人了解、明白不良现象和后果。一般放在显著的位置，让人们一眼就可以看到。

⑥提醒板。健忘是人们的大忌，但有时又难以杜绝，借助提醒板这种自主管理的方法可以减少遗忘或遗漏。

⑦区域线。生产的现场，对原材料、半成品、成品、通道等区域用醒目的线条区分划出，保持生产现场的良好生产秩序。

⑧警示线。在仓库或生产现场放置物品的现场表示最大或最小的在库量。

⑨生产管理板。用于表示生产现场中流水线设备的生产状况，可记载生产实绩、设备的开动率、异常原因等。

（五）物料需求计划与企业资源计划

传统的库存方法与控制方法是订货点法。订货点法适合于需求比较稳定的物料，在实际生产中，随着市场环境发生变化，需求常常是不稳定的、不均匀的，在这种情况下，使用订货点法来处理制造过程中的物料便暴露出了一些明显的缺陷。20 世纪 60 年代初发展起来的物料需求计划（material requirement planning，MRP）仅是一种物料需求计算器，它只能根据对产品的需求、产品结构和物料库存数据来计算各种物料的需求，将产品出产计划变成零部件投入出产计划和外购件、原材料的需求计划，从而解决生产过程中需要什么、何时需要、需要多少的问题。但是，随着制造业企业面对着更加激烈的竞争，MRP 需要进行新的变革。

1. 订货点法。早在 20 世纪 40 年代初期，西方经济学家就提出了订货点法的理论，并将其用于企业的库存管理。订货点法的理论基础比较简单，它是以以下条件为假设的：①对各种物料的需求是相互独立的。②物料的需求是连续发生的。③订货提前期是已知的和固定的。④库存被消耗后，应被重新填满。

订货点法是根据历史记录和经验来估测未来的物料需求，比较适用于物料需求量稳定均衡情况。其局限性和缺点是不能按照各种物料真正需要的时间来订货，因而对需求的判断常常发生失误，从而造成库存积压、物料短缺、库存不平衡等后果。此外，订货点法也无法预测未来需求的发生。

依据订货点法的理论，又派生出许多方法，如“固定订货法”“双箱法”“固定期间法”等，这些方法尽管形式不同，但实质都是“库存补充方法”。

2. 时段式 MRP。

（1）时段式 MRP 与订货点法的区别。尽管订货点法有上述严重不足和局限，但直到 20 世纪 60 年代中期还一直被广泛使用，直至 MRP 方法的出现。时段式 MRP 是在解决订货点法缺陷的基础上发展起来的，它与订货点法的区别在于下列三个方面。

①通过产品结构将所有物料需求联系起来，引入反映产品结构的物料清单（bill of material，BOM），较好地解决了库存管理和生产控制中的难题，即按时按量得到所需的物料。

②将物料需求区分为独立需求和非独立需求，并分别加以处理。

③对物料的库存状态数据引入了时间分段的概念，使所有的库存状态数据都与具体时间联系起来。

（2）时段式 MRP 的前提和假设。时段式 MRP 的前提和假设是：①有一个主生产计划。②每项物料有独立的物料代码。③有通过物料代码表示的 BOM。④有完整、准确、统一的库存记录。⑤需确定每一种参与 MRP 运算的物料的订货提前期。⑥所有参与 MRP 的物料都应进行监控（在仓库中）。⑦子项的需求都要在父项的订货下达时发生。⑧物料消耗过程是间断的。⑨每个物料的加工过程是相对独立的。

（3）时段式 MRP 的基本思路。时段式 MRP 的基本思路是：按照产品结构所确定的物料间的层次与相互从属关系，以完工日期为计划基准，按制造或采购提前期不同倒排计划，确定物料清单上所有物料的需求时间和订货时间（即对制造件来说是确定开始生产时间，对采购件来说是确定开始采购时间）。

（4）时段式 MRP 的基本任务。时段式 MRP 的基本任务是：从最终产品的生产计划（独立需求）导出相关物料（原材料、零部件等）的需求量和需求时间（相关需求）；根据物料需求时间和生产（订货）周期确定其开始生产（订货）的时间。

（5）时段式 MRP 的基本内容。时段式 MRP 的基本内容是：编制零件的生产计划和采购计划。要正确编制零件计划必须落实产品的出产进度计划，MRP 的术语就是主生产计划（master production schedule，MPS），这是 MRP 展开的依据。MRP 还需要知道产品的零件结构，即物料清单，才能把主生产计划展开成零件计划；同时，必须知道库存数量，才能准确计算出零件的采购数量。

（6）时段式 MRP 的依据。时段式 MRP 的依据是：①主生产计划（MPS）。②物料清单。③库存信息。

从上述 MRP 的基本概念可以看出，MRP 解决了制造业普遍存在的难题，即：①生产什么？由 MRS 决定。②需要什么？由 MPS 和 BOM 决定。③需要多少？由

MPS 和 BOM 及库存量决定。④何时需要？由提前期决定。⑤何时开始采购和生产？由提前期决定。

3. 闭环 MRP。要使 MRP 真正实用和有效，就必须考虑企业的能力和资源的制约与支持，对企业内、外部环境和条件变化的信息及时加以沟通、反馈，对计划做出符合实际情况的调整和修整。因此，虽然时段式 MRP 20 世纪 60 年代中期已出现，直到 70 年代中期才深受经济发达国家的企业重视和广泛使用，但人们在使用时段式 MRP 的过程中也发现了时段式 MRP 的明显不足之处：一是时段式 MRP 仅考虑物料的需求，而且是按需求的优先顺序做计划的，由于只考虑了需求，没有考虑实际生产能力，没有考虑车间作业和采购作业，计划做出后是否能够顺利执行是一个未知数，致使计划的现实性和可执行性存在着许多问题。二是 MRP 计划在执行过程中，对千变万化的现实情况没有做出相应的反应和反馈。因此，面对 MRP 的不足和局限，20 世纪 70 年代中、后期很多专家在 MRP 基础上对其功能又做了进一步的扩充，提出了闭环 MRP 的概念。它有两层含义：

（1）把生产能力计划、车间作业计划和采购计划纳入 MRP，形成一个封闭系统。

（2）在计划执行过程中，必须有来自车间、供应商和计划人员的反馈信息，并利用这些反馈信息进行计划平衡调整，从而使生产计划方面的各个子系统得到协调统一。

闭环 MRP 的工作原理是，MRP 系统的正常运行，需要有一个现实可行的主生产计划。它除了要反映市场需求与合同订单外，还必须满足企业的生产能力约束条件。因此，除了编制资源需求计划外，企业还需要制订能力需求计划（CRP），同各个工作中心的能力进行平衡。只有在采取了措施做到能力与资源均满足负荷需求时，才能开始执行计划。而要保证实现计划就要控制计划，执行 MRP 时要用派工单来控制加工的优先级，用采购单来控制采购的优先级。这样，基本 MRP 系统进一步发展，把能力需求计划和执行及控制计划的功能也包括进来，形成一个环形回路，故称为闭环 MRP。其工作过程是：计划—实施—评价—反馈—计划。

4. 制造资源计划。闭环 MRP 系统的出现，使生产活动方面的各个子系统得到统一，但还远未完善。因为在企业的管理中，生产管理只是一个方面，闭环 MRP 系统所涉及的仅仅是物流，而与物流密切相关的还有资金流等。另外，在闭环 MRP 系统中，财务数据往往是由财会人员另行管理，这就造成了数据的重复录入与存储，甚至造成数据的不一致。为了消除冗余、减少冲突、提高效率，人们设想把工程技术管理与生产管理、销售管理、财务管理等有机地结合起来，把生产制造计划、财务计划等各种有关的计划合理衔接起来。这种把生产、财务、销售、采购、工程技术等各个子系统结合为一个一体化的系统，称为制造资源计划（manufacturing resource planning，MRPII）。

MRPII 的基本思想是把企业作为一个有机整体，从整体最优的角度出发，通过运用科学方法对企业各种制造资源以及产、供、销、财各个环节进行有效的计划、组织和控制，使其得以协调发展，并充分发挥作用。

5. 企业资源计划（enterprise resource planning，ERP）。

（1）ERP 的核心思想。20 世纪 90 年代以来，由于经济全球化和市场国际化的发展趋势，制造业所面临的竞争更趋激烈。以客户为中心，基于时间，面向整个供应链，成为新的形势下制造业发展的基本动向。传统的企业竞争战略是以企业自身为中心，企业的组织形式是按职能划分的层次结构；企业的管理方式着眼于纵向的控制和优化；企业的生产过程是由产品驱动，并按批准产品组织生产流程。客户对于企业的大部分职能部门而言是外部对象，在影响客户购买的因素中，价格是第一位的，其次才是质量和交货期，所以企业的生产目标是成本、质量、交货期。

以客户为中心的经营战略则要求企业的组织是可组织的、动态的弹性结构；企业的管理着眼于按客户需求形成的增值链的横向优化，客户和供应商被集成在增值链中，成为企业受控对象的一部分，企业的生产目标也转为交货期、质量、成本。

实施以客户为中心的经营战略就要对客户需求迅速做出响应，并在最短的时间内向客户交付高质量和低成本的产品，这就要求企业能根据客户需求迅速重组业务流程，这是对传统管理观念的重大变革。在这种观念下，产品不再是定型的，而是根据客户需求选配的；业务流程和生产流程也不再是一成不变的，而是针对客户需求，以减少非增值的无效活动为原则而重新组合的，特别是企业的组织也必须是灵活、动态可变的。显然，这种需求变化是传统的 MRPII 难以满足的，因而必须转向以客户为中心、基于时间、面向整个供应链为基本特点的 ERP 系统。ERP 在 MRPII 的基础上扩展了管理范围，给出了新的结构。

ERP 的核心管理思想就是实现对整个供应链的有效管理。

①体现对整个供应链资源进行管理的思想。现代企业的竞争已经不是单一企业与单一企业间的竞争，而是一个企业供应链与另一个企业供应链之间的竞争，即企业不但要依靠自己的资源，还必须把经营过程中的有关各方如供应商、制造工厂、分销网络、客户等纳入一个紧密的供应链中，才能在市场上获得竞争优势。ERP 系统正是适应了这一市场竞争的需要，实现了对整个企业供应链的管理。

②体现精益生产、同步工程和敏捷制造的思想。ERP 系统支持混合型生产方式的管理，其管理思想表现在两个方面：精益生产和敏捷制造。

精益生产（lean production，LP）的思想。即企业把客户、销售代理商、供应商、协作单位纳入生产体系，同它们建立起利益共享的合作伙伴关系，进而组成一个企业供应链。

敏捷制造（agile manufacturing，AM）的思想。当市场上出现新的机会，而企业的基本合作伙伴不能满足新产品开发生产的要求时，企业组织由特定的供应商和销售渠道组成的短期或一次性供应链，形成“虚拟工厂”，把供应和协作单位看成是企业的一个组成部分，运用“同步工程”（SE），组织生产，用最短的时间将新产品打入市场，时刻保持产品的高质量、多样化和灵活性，这就是“敏捷制造”的核心思想。

③体现事先计划与事中控制的思想。ERP 系统中的计划体系主要包括主生产计划、物流需求计划、能力计划、采购计划、销售执行计划、利润计划、财务预算和人力资源计划等，而且这些计划功能与价值控制功能已完全集成到整个供应链系统中。另外，ERP 系统通过定义事务处理相关的会计核算科目与核算方式，在事务处理发生的同时自动生成会计核算分录，保证了资金流与物流的同步记录和数据的一致性，从而实现了根据财务资金现状可以追溯资金的来龙去脉，并进一步追溯所发生的相关业务活动，便于实现事中控制和实时做出决策。

（2）ERP 与 MRPII 的区别。ERP 与 MRPII 的区别主要表现如下。

①在资源管理范围方面的差别。MRPII 主要侧重于对企业内部人、财、物等资源的管理，ERP 系统在 MRPII 的基础上扩展了管理范围，它把客户需求和企业内部的制造活动以及供应商的制造资源整合在一起，形成企业中一个完整的供应链，并对供应链上所有环节如订单、采购、库存、计划、生产制造、质量控制、运输、分销、服务与维护、财务管理、人事管理、实验室管理、项目管理、配方管理等进行有效管理。

②在生产方式管理方面的差别。MRPII 系统把企业归类为几种典型的生产方式，如重复制造、批量生产、按订单生产、按订单装配、按库存生产等进行管理，对每一种类型都有一套管理标准。而在 20 世纪 80 年代末 90 年代初，为了紧跟市场的变化，多品种、小批量生产以及看板式生产等则是企业主要采用的生产方式，在由单一的生产方式向混合型生产方式发展的过程中，ERP 能很好地支持和管理混合型制造环境，满足了企业这种多角化经营的需求。

③在管理功能方面的差别。ERP 除 MRPII 系统的制造、分销、财务管理功能外，还增加了支持整个供应链上物料流通体系中供、产、需各个环节之间的运输管理和仓库管理；支持生产保障体系的质量管理、实验室管理、设备维修和备品备件管理；支持对工作流（业务处理流程）的管理。

④在事务处理控制方面的差别。MRPII 是通过计划的及时滚动来控制整个生产过程，它的实时性较差，一般只能实现事中控制。而 ERP 系统支持在线分析处理（online analytical processing，OAP）、售后服务（即质量反馈），强调企业的事前控制能力，它可以将设计、制造、销售、运输等通过集成来并行地进行各种相关的作业，为企业提供对质量、适应变化、客户满意、绩效等关键问题的实时分析能力。此外，在 MRPII 中，财务系统只是一个信息的归结者，它的功能是将供、产、销中的数量信息转变为价值信息，是物流的价值反映。而 ERP 系统则将财务计划和价值控制功能集成到整个供应链上。

⑤在跨国（地区）经营事务处理方面的差别。现在企业的发展，使得企业内部各个组织单元之间、企业与外部的业务单元之间的协调变得越来越多和越来越重要。ERP 系统应用完整的组织架构，可以支持跨国经营的多国家地区、多工厂、多语种、多币制等应用需求。

⑥在计算机信息处理技术方面的差别。随着IT技术的飞速发展和网络通信技术的应用，ERP系统得以实现对整个供应链信息进行集成管理。ERP系统采用客户机/服务体系结构和分布式数据处理技术，支持互联网/内部网/外部网、电子商务、电子数据交换。此外，ERP系统还能实现在不同平台上的互操作。

可见，ERP超越了MRPII范围的集成功能，支持混合方式的制造环境，支持能动的监控能力，支持开放的客户机/服务器计算环境，从而可以更好地提高企业业务绩效。

四、生产运营系统的维护与改进

（一）质量管理

正确理解产品质量、加强质量管理是企业提高竞争力的源泉。

1. 质量管理概述。

（1）提高产品质量的意义。产品质量是任何一个企业赖以生存的基础，提高产品质量对于提高企业竞争力、促进企业的发展有着直接而重要的意义。

①质量是企业的生命线，是实现企业兴旺发达的杠杆。一个有生命力的企业能生产并及时向市场提供所需要的质量优良的产品。产品质量低劣的企业必然要被淘汰。

②质量是提高企业竞争能力的重要支柱。无论国际还是国内市场中，质量是产品进入市场的通行证。企业也只能以质量开拓市场、以质量巩固市场。提高产品质量是企业管理中的一项重要战略。

③质量是提高企业经济效益的重要条件。向用户提供高质量的产品，以优质获得优价，会使企业经济效益提高。

④产品质量是保持国家竞争优势和促进人们生活水平提高的基石。优质产品能给人们的生活带来方便，能给企业带来经济效益，最终使社会繁荣、国家富强。

（2）质量管理发展的历程。在生产发展的不同历史时期，人们对质量的理解随着科学技术的发展和社会经济的变化而有所变化。“质量管理”这一概念产生于20世纪初，其伴随着企业管理实践的发展而不断完善，随着市场竞争的变化而发展。在不同时期，质量管理的理论、技术和方法都在不断地发展变化，并且有不同的发展特点。从一些工业发达国家经过的历程来看，质量管理的发展大致经历了三个阶段。

①产品质量的检验阶段（20世纪二三十年代）。20世纪初，美国企业出现了流水作业等先进生产方式，提高了对质量检验的要求，随之在企业管理队伍中出现了专职检验人员，组成了专职检验部门。

质量检验对于企业生产来说，无疑是一个很大的进步。因为它有利于提高生产率、有利于分工的发展。但从质量管理的角度看，质量检验的效能较差，因为这一阶段的特点就是按照标准规定，对成品进行检验，即从成品中挑出不合格品。质量检验可以防止废品流入下道工序，但是由废品造成的损失已经存在了，这是无法消除的。

1924 年，美国贝尔电话研究所的统计学家休哈特博士提出了“预防缺陷”的概念。他认为，质量管理除检验外，还应做到预防。解决的办法就是采用他所提出的统计质量控制方法。同期，贝尔电话研究所的道奇（Dodge）和罗米格（Romig）也提出，在破坏性检验的场合采用“抽样检验表”，并提出了第一个抽样检验方案。当时，只有少数企业，如通用电气公司、福特汽车公司等采用他们的方法，并取得了明显的效果，大多数企业仍然搞事后检验。在当时生产力发展水平不太高的情况下，对产品质量的要求也不高，用数理统计方法进行质量管理未被普遍接受。

②统计质量管理阶段（20 世纪四五十年代）。二战期间军品的大量生产显示出质量检验的弱点，检验部门成了生产中最薄弱的环节。由于事先无法控制质量，以及检验工作量大，军火生产常常延误交货期，影响前线军需供应。这时，休哈特防患于未然的控制产品质量的方法以及道奇、罗米格的抽样检验方法被重新重视起来。美国政府和国防部组织数理统计学家去解决实际问题，并制定了战时国防标准，即《质量控制指南》《数据分析用的控制图法》《生产中质量管理用的控制图》，这三个标准是质量管理中最早的标准。

二战后，统计方法在美国国民工业生产中得到了广泛的应用。随后，该方法在欧洲各国企业中相继推广开来，利用数理统计原理，预防产生废品并检验产品的质量。这标志着将事后检验的观念转变为预防质量事故的发生，并事先加以预防的概念，使质量管理工作前进了一大步。但这个阶段也出现了一种偏见，就是过分强调数理统计方法，忽视了组织管理工作和生产者的能动作用，使人误认为“质量管理好像就是数理统计方法”“质量管理是少数数学家和学者的事情”。

③全面质量管理阶段（20 世纪 60 年代至今）。20 世纪 60 年代开始，进入全面质量管理（total quality management，TQM）阶段。由于科学技术的迅速发展，工业生产技术手段越来越现代化，工业产品更新换代也越来越频繁，出现许多大型产品和复杂的系统工程，质量要求大大提高，特别是对安全性、可靠性的要求越来越高。单纯靠统计质量控制已无法满足要求。因为整个系统工程与试验研究、产品设计、试验鉴定生产准备、辅助过程、使用过程等每个环节都有着密切关系，仅仅靠控制过程是无法保证质量的。这样就要求从系统的观点，全面控制产品质量形成的各个环节、各个阶段发挥人的能动作用，调动人的积极性，加强企业管理。由于“保护消费者利益”运动的发生和发展，迫使政府制定法律，制止企业生产和销售质量低劣、影响安全、危害健康等的劣质品，要求企业对提供产品的质量承担法律责任和经济责任。在质量管理中提出了质量保证和质量责任问题，这就要求在企业中建立全过程的质量保证系统，对企业的产品质量实行全面的管理。

全面质量管理的提出符合生产发展和质量管理发展的客观要求，所以很快被人们普遍接受，并在世界各地逐渐普及和推行。经过多年的实践，全面质量管理理论已比较完善，在实践上也取得了较大的成功。

(3) 质量管理体系的含义。质量管理体系是在质量方面指挥和控制组织的管理体系。质量管理体系包括四大过程，即“管理职责”“资源管理”“产品实现”和“测量分析改进”。

建立质量管理体系是为了有效地实现组织规定的质量方针和质量目标。为了评价顾客和其他相关方的满意程度，质量管理体系还应确定测量和监视各个方面的满意与否的信息，采取改进措施，努力消除不满意因素，提高质量管理体系的有效性和效率。建立质量管理体系不仅要满足在经营中顾客对组织质量管理体系的要求，预防不合格品发生和提供使顾客与其他相关方满意的产品，而且应该站在更高层次，追求组织优秀的业绩来保持和不断改进、完善质量管理体系，努力实施持续改进，使质量管理体系提高到一个新的水平。

(4) 质量形成过程和质量职能。产品质量有一个产生、形成、实现、使用和衰亡的过程。对于质量形成过程，质量专家朱兰称之为“质量螺旋”，意思是指产品质量从市场调查研究开始到形成、实现后交付使用，在使用中又产生新的想法，构成动力再开始新的质量过程，产品质量水平呈螺旋式上升。

所谓质量职能是指为了使产品或服务具有满足顾客需要的质量而需要进行的全部活动的总和。质量形成过程是由一系列的彼此联系、相互制约的活动所构成的。这些活动的大部分是由企业内部的各个部门所承担，但还有许多活动涉及企业外部的供应商、零售商、批发商、顾客等，所有这些活动都是保证和提高产品质量必不可少的。因此，质量并非只是质量部门的事情，而是取决于企业内外的许多组织和部门的共同努力。质量职能便是对在产品质量产生、形成和实现过程中各个环节的活动所发挥的作用或承担的任务的一种概括。从某种意义上来说，质量管理就是要将这些广泛分散的活动有机地结合起来，从而确保质量目标的实现。

企业内部的主要质量职能活动一般包括市场调研、产品设计、规范的编制和产品研制、采购、工艺准备、生产制造、检验和试验、包装和储存、销售和发运、安装和运行、技术服务和维护、用后处置等环节。

2. 全面质量管理。全面质量管理（total quality management，TQM），是指企业的所有组织、所有部门和全体人员都以产品质量为核心，把专业技术、管理技术和数理统计结合起来，建立起一套科学、严密、高效的质量保证体系，控制生产全过程影响质量的因素，以优质的工作、最经济的办法，提供满足用户需要的产品（服务）的全部活动。简而言之，全面质量管理就是全社会推动下的、企业全体人员参加的、用全面质量去保证生产全过程的质量活动。

(1) 全面质量管理的特点。全面质量管理的特点就在“全面”上，所谓“全面”有全方位、全过程、全员、全社会四个方面的含义。

①TQM是全方位质量的管理。全方位的质量包括产品质量、过程质量和工作质量。

②TQM 是全过程质量的管理。所谓全过程，包括设计试制过程、制造过程、辅助过程和售后服务过程。它涉及产品市场调查、设计试验、工艺制订、工装准备、物资供应、生产制造以及售后服务等所有环节。

③TQM 是全员参加的质量管理。全员包括各部门、各环节的全体员工，它要求把企业的质量目标从厂部层层落实到各部门、各环节、直到个人，通过各项技术标准、工作标准，使所有职工都能为实现具体质量目标而努力。

④TQM 是全社会推动的质量管理。质量工作不能只局限于企业内部，而需要全社会的重视，需要质量立法、认证、监督等工作，进行宏观上的控制引导，即需要全社会的推动。

（2）全面质量管理的关键环节。全面质量管理是生产经营活动全过程的质量管理，要将影响产品质量的一切因素都控制起来，其中关键环节包括：①市场调查；②产品设计；③采购；④制造；⑤检验；⑥销售；⑦服务。

（3）全面质量管理的工作方法。在质量管理活动中，PDCA（plan，do，check，action）循环是质量管理的基本工作方法，是美国质量管理专家戴明博士最先总结出来的，所以又称戴明环。其中，P 是计划阶段，D 是执行阶段，C 是检查阶段，A 是处理阶段。PDCA 工作方法的四个阶段八个步骤如下：

第 1 步，调查研究，分析现状，找出存在的质量问题。

第 2 步，根据存在的问题，分析产生质量问题的各种影响因素，并逐个地加以分析。

第 3 步，找出影响质量的主要因素，并从主要影响因素中着手解决质量问题。

第 4 步，针对影响质量的主要因素，制订计划和活动措施。计划和措施应尽量做到明确、具体。

以上四个步骤就是 P 阶段的具体化。

第 5 步，按照既定计划执行，即 D 阶段。

第 6 步，根据计划的要求，检查实际执行结果，即 C 阶段。

第 7 步，根据检查结果进行总结，把成功的经验和失败的教训总结出来，对原有的制度、标准进行修正，巩固已取得的成绩，同时防止重蹈覆辙。

第 8 步，提出这一次循环尚未解决的遗留问题，并将其转到下一次 PDCA 循环中。

以上第 7 步、第 8 步是 A 阶段的具体化。

PDCA 循环有以下三个特点：

①大环套小环，互相促进。PDCA 循环不仅适用于整个企业，也适用于各个车间、科室和班组以致个人。根据企业总的方针目标，各级各部门都要有自己的目标和自己的 PDCA 循环。这样就形成了大环套小环、小环里边又套有更小的环的情况。整个企业就是一个大的 PDCA 循环，各部门又都有各自的 PDCA 循环，依次又有更小的 PDCA 循环。通过循环把企业各项工作有机地联系起来，彼此协同，互相促进（见图 3－25）。

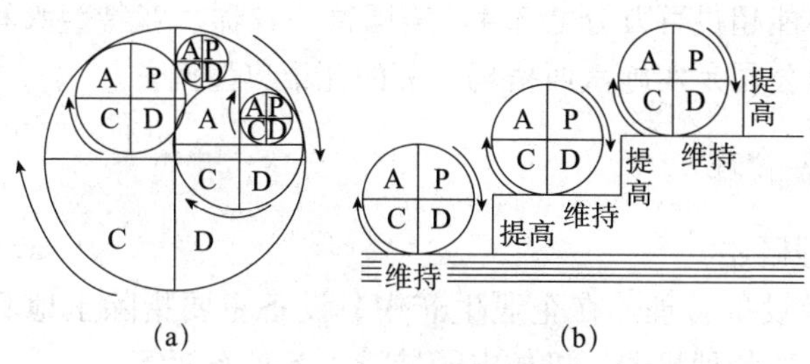

图 3-25 PDCA 循环特点

②不断循环上升。四个阶段要周而复始地循环，每一次循环都有新的内容和目标，因而就会前进一步，解决一批问题，质量水平就会有新的提高。就如上楼梯一样，每经过一次就登上一级新台阶，这样一步一步地不断上升提高。

③推动 PDCA 循环的关键在于 A 阶段。所谓总结，就是总结经验，肯定成绩，纠正错误，提出新的问题以利再干。

PDCA 循环实际上是有效进行任何一项工作的合乎逻辑的工作程序。在质量管理中，PDCA 循环得到了广泛的应用，并取得了很好的效果，因此，有人称其为质量管理的基本方法。

3. 统计质量管理。统计质量控制方法有很多种，既包括控制图、因果分析图、相关图、排列图、直方图等，也包括抽样调查方法、抽样检验方法、官能检查方法、实验计划法等，这些方法集中体现了质量管理的"以事实和数据为基础进行判断和管理"的特点。

4. 质量管理体系。质量体系应是质量管理的组织保证。质量体系是由若干要素构成的。根据 ISO 9000 系列标准，质量体系一般可以包括下列要素：市场调研；设计和规范；采购，工艺准备，生产过程控制；产品验证；测量和实验设备的控制；不合格控制；纠正措施；搬运和生产后的职能；质量文件和记录；人员；产品安全与责任；质量管理方法的应用；等等。质量体系作为一个有机体，还应拥有必要的体系文件，包括质量手册、程序性文件（包括管理性程序文件、技术性程序文件）、质量计划及质量记录等。

（1）ISO 9000 简介。为了适应国际市场竞争中统一质量规则的需要，国际标准化组织（ISO）于 1987 年发布了 ISO 9000《质量管理和质量保证》系列标准，从而使世界质量管理和质量保证活动统一在 ISO 9000 系列标准基础之上。

（2）6σ 管理。六西格玛（six sigma，6 sigma）是一种管理策略，它是由当时在摩托罗拉任职的工程师比尔·史密斯（Bill Smith）于 1986 年提出的。20 世纪 90 年代中期开始被美国通用电气公司（GE）从一种全面质量管理方法演变成为一个高度有效的企业流程设计、改善和优化的技术，作为一种持续改进质量的方法，6σ 管理帮助世界上众多公司节省了大量的成本，并使其顾客得到极大的满足。

六西格玛的原理就是如果你检测到你的项目中有多少缺陷，你就可以找出如何系统地减少缺陷，使你的项目尽量完美。一个企业要想达到六西格玛标准，那么它的出错率不能超过百万分之3.4。美国德州仪器、亚特兰大科学公司、通用电气和联合信号公司是实施六西格玛管理的几个典型例子。

（二）设备管理

1. 设备管理概述。

（1）设备及设备管理。在企业生产中，设备主要指除土地和建筑物以外的有形固定资产，如各种机器、机械电子装置、各种车辆等。

设备管理是指依据企业的生产经营目标，通过一系列的技术、经济和组织措施，对设备寿命周期内所有设备的物资运动形态和价值运动形态进行的综合管理工作。

（2）设备管理的发展过程。设备管理的历史发展主要体现在设备维修方式的演变上，大致划分为四个发展阶段。

①事后修理。在这一时期，机器设备出了故障才进行修理，坏了再修，不坏不修，往往缺乏修理前的准备，导致设备的修理停歇时间过长，而且修理的内容和修理的时间都有很大的随机性，常会打乱生产计划，影响交货期。

②预防维修。二战期间，为了减少设备停工修理时间，美国提出了预防维修制度。这种制度强调以预防为主，也就是设备在使用时，要做好维护保养，加强检查，设备尚未发生故障就进行修理。预防维修可以有效地提高设备利用率。

③生产维修。预防维修有许多优点，但因不能准确预测故障日期而造成过剩维修，增加了维修工作量和维修费用。1954 年，美国提出以提高企业生产经济效益为目的来组织设备维修，将生产上重要的设备实行预防维修，次要的实行事后维修，以便集中力量做好重要设备的维修工作，并可节省维修费用。

④维修预防。随着科学技术发展，传统的设备管理已不适应时代要求，企业要求在设计设备阶段就提高设备的可靠性和维修性，使它不易损坏，在报废之前不需修理，或很易修理。这是设备管理体制上的突破，企业认为设备管理应从维修部门扩展到设计、制造等部门。

（3）设备综合管理。设备综合管理是在维修预防的基础上，从行为科学、系统理论的观点出发，以提高设备综合效益和实现设备寿命周期费用最小为目标的一种新型设备管理模式。

设备综合管理有两种典型的代表理论：一是设备综合工程学；二是全员生产维修制。设备综合工程学是为了谋求设备的最经济寿命周期费用，而把适用于有形资产的有关工程技术、管理、财务以及其他业务工作加以综合的科学。它具有四个特点：把设备的经济寿命周期费用作为其研究目的；把与设备有关的工程技术、管理、财务等诸方面结合起来做综合性管理；研究提高设备可靠性、维修性设计；将设备的设计、制造、使用、维修、改造、更新的整个寿命周期作为管理和研究的对象。全员生产维修制是日本式的设备综合工程学，两者在本质上是一致的，只是设备综合工程学更侧重于理论，全员生产维修制更具有操作性。其主要内容有：以提高设备综合效率为目标；建立以设备一生为对象的生产维修总系统；涉及与设备管理有关的所有部门，包括设备规划、设备使用、设备维护等各个部门；从最高领导到第一线员工全体人员都参与；加强教育，开展班组自主活动，推进全员生产维修。

这两种理论推动了设备综合管理的产生和发展。与传统的设备管理模式相比，设备综合管理模式具有全过程（强调设备一生的管理）、全方位（强调设备管理工作有技术、经济、管理等多方面的内容）、全员参与（要求企业所有部门和全体员工都要参与）“三全”的特性。

2. 设备的维护和修理。设备投入使用后，设备管理最重要的工作就是设备的维护和修理。

（1）设备的磨损理论。设备在使用过程和闲置过程中都会发生磨损，设备磨损分有形磨损和无形磨损两种形式。有形磨损是指设备的实体磨损（物理磨损）。无形磨损是指由于经济发展或科技进步的原因，使设备的原有价值贬值，而造成的磨损。

（2）设备的故障。设备在其寿命周期内，由于磨损或操作使用等方面的原因，而发生丧失其规定功能的状况称为故障。设备在使用过程中发生的故障会严重影响企业的正常生产。因此，研究设备故障及其发生规律，减少故障的发生，是设备管理的重要内容。

（3）设备的合理使用。设备的合理使用是设备综合管理的一个重要环节。设备寿命的长短、效率的大小、精度的高低，固然取决于设备本身的设计结构和各种参数，但在很大程度上取决于人们对设备的合理使用。正确、合理地使用设备，可以减轻磨损，保持设备的良好性能和应用精度，从而充分发挥设备应有的生产率。

合理使用设备，必须注意：

①要根据设备的性能、结构和其他技术特征，恰当地安排生产任务和工作负荷。不同的设备是依据不同的科学技术原理设计制造的，它们的性能、结构、精度、使用范围、工作条件和能力以及其他技术条件各不相同。企业恰当地安排生产任务，使设备物尽其用，避免“大机小用”“精机粗用”，造成设备效率的浪费，或使设备超负荷运转，加速损坏。

②为设备配备具有一定熟练程度的操作者。要求操作者熟悉并掌握设备的性能、结构、工艺加工范围和维护保养技术。新人上机一定要进行技术考核，合格后方允许独立操作。对于精密、复杂、稀有以及对生产带有关键性的设备，应指定具有专门技术的工人去操作，实行定人定机，凭证操作。

③要为设备创造良好的工作环境。机器设备的工作环境（温度、灰尘、震动、腐蚀等）对机器设备的精度、性能有很大的影响，要为设备创造良好的工作环境，延长设备的有效寿命。

④要经常对职工进行正确使用和爱护设备的宣传教育，使操作人员养成自觉爱护设备的风气和习惯，使设备经常保持“整齐、清洁、润滑、安全”，处于最佳技术状态。

⑤制定有关设备使用和维修方面的规章制度，建立、健全设备使用的责任制。

(4) 设备的维护和检查。设备的维护保养是设备自身运动的客观要求。设备的维护保养的目的，是及时处理设备在运行过程中，由于技术状态的发展变化而引起的大量常见的问题，随时改善设备的技术状况，保证设备正常运行，延长设备的使用寿命。设备的维护保养，按其工作量的大小，可以分为以下几个类别：①日常保养或例行保养，清洗、润滑、紧固松动的螺丝、检查零部件状况。②一级保养，在日常保养的基础上，对部分零部件进行拆卸、清洗，以及进行部分的调整。一级保养通常是在专职维修工人的指导下，由操作工人承担。③二级保养。主要内容是进行内部清洗、润滑、局部解体检查和调整。二级保养由专职维修工人承担，由操作工人协助。④三级保养。主要内容是对设备主体部分进行解体检查和调整工作，同时更换一些磨损零件，并对主要零件的磨损情况进行测量、鉴定。

设备的检查是对设备的运行情况、工作精度、磨损程度进行检查和校验。通过检查全面掌握设备的技术状况变化和磨损情况，及时查明和消除设备隐患，针对检查发现的问题，改进设备维修工作，提高修理质量和缩短修理时间。

按照检查的时间间隔分为日常检查和定期检查，按照技术功能分为机能检查和精度检查。

(5) 设备的修理。设备修理是指通过修复或更换零部件，调整精度，排除故障，恢复设备原有功能而进行的技术活动，包括恢复性修理和改善性修理两种类型。

恢复性修理是指通过更换或修复已经磨损、腐蚀或老化的零部件，以恢复设备的功能，延长其物质寿命。通常所说的设备修理多是指恢复性修理。改善性修理则是结合修理，对设备中故障率高的部位进行改装或改造，使故障率减少或不再发生故障。

3. 设备的更新与改造。

(1) 设备的寿命。设备的寿命是指设备从投入生产开始，经过有形磨损和无形磨损，直至在技术上或经济上不宜继续使用，需要进行更新所经历的时间。从不同角度考虑，设备的寿命可以表现为以下四种形式。

①设备的物理寿命，也称为自然寿命，是指设备从全新状态投入生产开始，经过有形磨损，直到在技术上不能按原有用途继续使用为止的时间。物理寿命的长短取决于设备的质量高低、使用程度和维修保养的好坏。

②设备的技术寿命，是指设备从全新状态投入生产以后，由于新技术的出现，使原有设备丧失其使用价值而被淘汰所经历的时间。技术更新的速度越快，设备的技术寿命就越短。

③设备的经济寿命，是指设备从全新状态投入生产开始，到经济上不宜继续使用为止的时间。设备物理寿命后期，由于磨损老化必须支出高额的使用费用来维持设备的寿命。这时从经济上看已经不合适了，设备的经济寿命已经终止。

④设备的折旧寿命。由于设备在使用过程中不断发生各种磨损，财务部门必须把设备投资逐渐摊入成本中去，以收回设备投资。设备从购入到其在财务账上价值为零所经历的时间称为设备的折旧寿命。

（2）设备的更新。设备的合理使用和精心维护可以延长其使用寿命，但不能从根本上解决设备的有形磨损和无形磨损，必须在适当的时候对设备进行更新。设备更新是指用新的设备或技术更先进的设备，更换在技术上或经济上不宜继续使用的设备。

设备更新期的确定可以从设备的物理寿命、技术寿命、经济寿命、折旧寿命等多个因素出发考虑。一般根据设备的经济寿命计算设备的年均总费用，设备的年均总费用由设备的年均折旧费和年均使用费组成。当设备的残值不为零，且设备的折旧按直线折旧法计算时，设备的年均总费用的计算公式为：

$$C=\frac{K-L}{T}+Q$$

其中，C 为设备的年均总费用；K 为设备的购置费；L 为设备的残值；T 为设备的使用年限；Q 为设备的年均使用费。

随着设备使用年限 T 的增长，按年分摊的设备折旧费逐渐减少，而设备的年均使用费会因设备年限的增长导致设备劣化程度的增加而增大。设备年均总费用曲线如图 3－26 所示。从图 3－26 中可以看到，年均总费用 C 随着设备投入使用后逐年下降，到 T_E年时为最低，超过 T_E年后又逐年上升，设备的年均总费用达到最低值的年限即为设备的经济寿命期，也即设备的更新期。

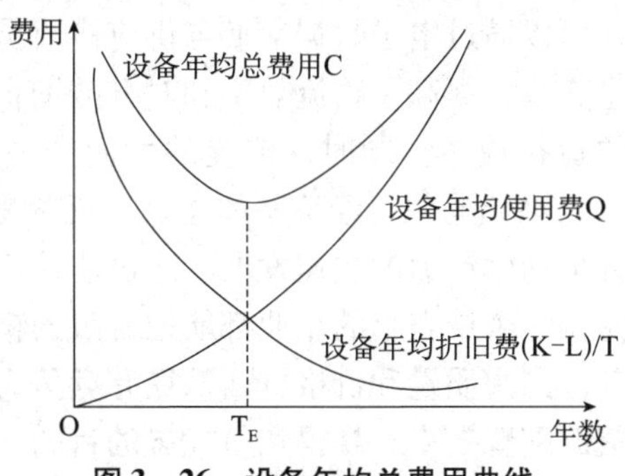

图 3－26　设备年均总费用曲线

设备更新的方式分为设备的原型更新和设备的技术更新。原型更新是指用结构相同的新设备更换由于有形磨损严重，在技术、经济上不宜继续使用的旧设备。技术更新是指用技术更先进的设备去更换技术上陈旧的设备。

（3）设备的改造。设备改造是指应用先进的科学技术成就，改变原有设备的结构，提高原有设备的性能、效率，使之达到现代新型设备的水平。

设备改造与设备更新都是解决设备陈旧问题的经常性手段，但两者各有特点。设备改造对于解决设备陈旧问题来说，具有针对性强，对生产的适应性好，投资少、时间短、人工省、收效快，具有更好的经济效益等优点。

设备改造的方式分为局部的技术更新和增加新的技术结构。局部的技术更新是采用先进技术改变现有设备的局部结构。增加新的技术结构是指在原有设备基础上增添部件、新装置等。

（三）供应链管理

供应链管理是一种系统的管理思想和方法，是从采购开始，到满足最终客户的所有过程的管理。供应链管理对于企业降低成本、提升客户满意度、最优化企业整体流程具有重要的影响。

1. 供应链管理概述。

（1）供应链管理的产生背景。20 世纪 80 年代，企业由于实施精益制造、全面质量管理等，其生产成本有了大幅度的降低，竞争优势有了明显的提升。然而，随着更多的企业实施这些策略，这一传统的利润源泉给企业带来的利润越来越少，并逐渐枯竭。惠普、爱立信、数学仪器公司、宝洁公司等世界著名大企业通过有效的供应链管理已经能够大幅度地增加收益或降低成本，增强了国际竞争力。实践表明，供应链管理这一新的管理模式，可以使企业在最短的时间内找到最好的合作伙伴，用最低的成本、最快的速度、最好的质量赢得市场，供应链管理被认为是 21 世纪企业利润增长的新源泉。

（2）供应链管理的发展。进入 20 世纪 90 年代以来，飞速发展的科学技术为供应链管理营造了良好的发展环境。电子数据交换技术、条码技术的应用增强了信息传递的准确性、及时性和可靠性，使信息代替库存成为可能，极大地推动了供应链管理的发展。电子商务与供应链管理集成软件的开发，也给供应链管理的发展带来了新的机遇，可以通过电子数据交换与供应链成员共享信息。零售商与卖主之间直接进行信息交换，提高了物流效率和对日益增长的客户服务的支持水平，同时降低了企业的运行成本。同时，传统的大而全、小而全的“纵向一体化”生产方式的竞争力已渐趋弱化，经济一体化以投资贸易、金融、技术、人才的自由流动与合理配置推动生产力的快速发展。通过非核心业务的外包建立一个良好的供应链体系，使每一个结点上的企业都能把有限的精力和财力投入到核心业务领域，提供其业务范围内质量和价格方面都最有竞争力的产品和服务，达到降低管理成本、提高资源配置效率、赢得竞争优势的目的。

进入 21 世纪，随着社会产品的极大丰富和买卖双方的信息趋于对称，市场类型由卖方市场转变为买方市场。买方市场有利于企业和关键的供应商实施长期合作战略，处于供应链结点的企业从战略的高度重视下游企业及其最终消费者、用户的需要。在以全球经济一体化、网络化、信息化的时代，消费者的需求越来越呈现出个性化、及时化和多样化，推动企业从大批量生产转向大规模定制，所有的企业都将面临更严峻的挑战——它们在提高服务水平的同时必须降低成本，必须提高市场反应速度并给予消费者更多的选择，在提高服务水平和降低企业成本的矛盾统一体中找到一个平衡点。这也正是供应链管理要解决的问题。

随着知识经济的到来，许多企业为了适应形势的转变，自觉地对其组织结构进行调整，消除了原来的组织机构重叠、中层臃肿、信息传递速度慢、决策效率低的传统的金字塔式的组织结构，建立了以信息技术和网络技术为支撑的扁平化和网络化的组织结构，越来越多的企业将非核心业务外包，本企业只保留一个业务接口，出现了“虚拟企业”“虚拟团队”。企业的资源配置已从企业内走向企业外，打破了企业之间的“围墙”。企业越来越注重培养其自身的核心能力，企业的内外边界日益模糊。

可见，企业为了适应宏观环境、中观环境、微观环境的变化，迫切需要一种新的管理模式。以信息技术为支撑体系、以合作竞争为指导思想的供应链管理能够以较低的成本对客户需求做出快速反应。供应链管理在这一趋势中得到了广泛的应用和发展。

（3）供应链管理的特点。供应链管理是以提高企业个体和整体的长期绩效为目标，对传统的商务活动进行总体的战略协调，对特定公司内部跨职能部门边界的运作和在供应链成员中跨公司边界的运作进行战术控制的过程。它具有以下一些特点。

①开放性。供应链是一种网络化组织，供应链管理环境下的企业生产计划信息已经跨越了组织的界限，形成开放性的信息系统。决策的信息资源来自企业的内部和外部，并与其他组织共享。

②动态性。为了适应不断变化的顾客需求，使企业具有敏捷性和柔性，生产计划的信息随着市场需求的更新而变化，模糊的提前期和模糊的需求量要求生产计划具有更多的柔性、敏捷性和动态性。

③集成性。供应链环境下的企业生产计划信息是不同信息源的信息集成，它集成了供应商、生产商、分销商的信息，甚至集成了消费者和竞争对手的信息。

④群体性。供应链是分布式的网络化组织，具有网络化管理的特征。供应链企业的生产计划决策过程是一种集体协商过程，企业在制订生产计划时不仅要考虑企业本身的能力，还要考虑合作企业的需求，是一种群体协商决策过程。

⑤分布性。在供应链环境下，资源优化的空间由企业内部扩展到企业外部，信息资源跨越部门和企业，甚至全球化。通过信息通信和交流工具，企业能够把分布在不同区域和不同组织的信息进行有机的集成与协调，使供应链上的活动同步进行。供应链企业的信息来源从地理上看具有分布性。

（4）供应链管理的实施步骤。一般来说，供应链管理的实施步骤包括：

①分析市场竞争环境，识别市场机会。通过调查、访问、分析等手段，对供应商、用户、现有竞争者及潜在竞争者进行深入研究，掌握第一手准确的数据、资料。

②分析顾客价值。供应链管理的目标就在于提高顾客价值（指顾客从给定产品或服务中所期望得到的所有利益，包括产品价值、服务价值、人员价值和形象价值）和降低总的交易成本。企业要从顾客价值的角度来定义产品或服务，并在不断提高顾客价值的情况下，寻求最低的交易成本。

③确定竞争战略。从顾客价值出发，在定位企业产品或服务之后，就应该确定相应的竞争战略。

④分析本企业的核心竞争力。核心竞争力是指企业在研发、设计、制造、营销、服务等某一环节上明显优于其他企业、并且不易被竞争对手模仿的、能够满足客户价值需要的独特能力。竞争对手难以模仿的资源和能力，才是企业获得持续竞争优势的关键所在。供应链管理注重的就是企业的核心竞争力，企业把内部的智能和资源集中在有核心竞争优势的活动上，将剩余的其他业务活动移给在该业务上有优势的专业公司，以弥补自身的不足，从而使整个供应链具有竞争优势。在分析本企业核心竞争力的基础上，重建企业的业务流程和组织结构。

⑤评估、选择合作伙伴。合作伙伴一旦选定，则建立战略合作关系。

2. 供应链合作伙伴选择。供应链的实质就是合作，链上的信息透明和合作，是管理好供应链的重要保证。合作程度与信息共享程度的增加所产生的经济价值也将以非线性的方式快速增加。提高供应链整体的透明度，可以加强贸易伙伴合作的联盟关系，提高对流入物流的监控，加强订单实现过程的监控，更好地履行订货承诺，提高管理整个渠道库存的水平。

供应链管理强调供应链上的结点企业及其活动的整体集成。供应链的建立过程实际上是一个供货商的评估、选择过程，选择适当的合作伙伴就是选择合适的企业作为供应链中的合作伙伴。企业需要从产品的交货时间、供货质量、售后服务、产品价格等方面全面考核合作伙伴。如果企业选择合作伙伴不当，就会使企业失去与其他企业合作的机会，减少获得利润的机会，从而无形中抑制了企业竞争力的提高。

对于供应链中合作伙伴的选择，应该遵循以下原则。

（1）合作伙伴必须拥有各自的可资利用的核心竞争力。唯有合作企业拥有各自的核心竞争力，并使各自的核心竞争力相结合，才能提高整条供应链的运作效率，从而为参与合作的企业带来可观的贡献，包括及时、准确的市场信息，快速高效的物流，快速的新产品研制，高质量的消费者服务，成本的降低等。

（2）拥有相同的企业价值观及战略思想。战略思想的差异表现在市场策略是否一致、注重质量还是注重价格等。若企业之间价值观及战略思想差距过大，合作必定以失败而告终。

（3）合作伙伴必须少而精。若选择合作伙伴的目的性和针对性不强，合作过于泛滥，可能导致过多的资源、机会与成本的浪费。

在具体的选择过程中，一定要慎重考察如下内容。

（1）协作态度，包括良好的业务联系、提供信息的态度、对意外事件的处理态度和措施。

（2）质量保证，包括事故的发生情况、质量问题处理等。

（3）社会信誉，主要指其他进货商对被考察对象的评价。

（4）交货保证，按期交货的保证情况。

（5）生产保证情况，主要指安全生产。

（6）地理位置，从运输、联络等方面来考察供应商所处的地理条件。

3. 供应链中的采购与物流管理。

（1）供应链中的采购管理。一般而言，对于高新技术产业企业来说，其采购成本比例一般为10%～30%；对于技术含量较低的企业来说，其物流采购成本比例为30%～80%；而对于技术过于简单的企业来说，其采购成本比例可能高达90%。可见，如何使企业在竞争中求得生存、谋取发展，不但要在研发、销售、制造上寻找改进点，而且要在物流采购供应链上挖掘潜力。

供应链中的采购管理，一般包括七部分：①采购计划与预算。②供应商开发管理。③采购物流管理。④采购绩效评估。⑤采购信息。⑥采购管理制度、工作标准、动作程序与作用流程。⑦采购策略规划。

（2）供应链中的物流管理。物流是指物质实体从供应者向需求者的物理移动。它由一系列创造时间价值和空间价值的经济活动组成，包括运输、保管、配送、包装、流通加工及信息处理等多项活动的统一，是实现原材料市场到消费市场价值增值的重要环节。一个企业的物流是企业内部进行定位的核心能力。

传统的物流管理是指按照市场的要求，将产品从供应地向需要地转移的过程。它强调的是单个企业物流系统的优化，即对运输、仓库、包装、装卸搬运、流通加工、配送和物流信息实施一体化管理。

供应链管理则超越个别企业，对整个供应链中所有企业的物流实施一体化管理。也就是说，由供应链中的企业共同对供应链的物流活动进行管理和优化。具体地说，是使物流向两头延伸并加进了新的内容，使社会物流与企业物流有机结合在一起，从采购物流开始，经过生产物流，再进入销售物流，与此同时，要经过包装、运输、仓储、装卸、加工配送到达用户手中，最后还有回收物流，包含了产品整个物理性的流通全过程。

供应链中的物流是货物流、信息流、资金流和人才流的统一。商品运输变成多种运输方式的最佳组合，提高了运输效率，缩短了中间储存的中转时间，加速了商品流动，大大降低了运输成本，加快了商品使用价值的实现。以现代电子网络为平台的信息流，极大地加快了物流信息的传递速度，为客户赢得最宝贵的时间，使货物运输环节和方式科学化、最佳化。以快节奏的商流和先进的信息为基础的现代物流，能够有效地减少流动资金的占压，加速资金周转，充分发挥资本的增值作用。

4. 供应链中的配送体系。物流配送是按用户的订货要求，在物流据点进行分货、配货工作，并将配好的货物送交收货人的活动。它是流通加工、整理、拣选、分类、配货、配装、运送等一系列活动的集合，即在集货配货的基础上，按用户在种类、品种搭配、数量、时间等方面的要求所进行的送运，是“配”和“送”的有机结合形式。

物流配送是物流中一种特殊的、综合的活动形式，是商流、物流的紧密结合，包含了商流活动和物流活动。通过配送，最终使物流活动得以实现，并实现物流活动的合理化以及资源的合理配置，从而降低物流成本，增加产品价值，提高企业的竞争力。

配送活动需要付出配送成本。对配送的管理就是在满足一定的顾客服务水平与配送成本之间寻求平衡：在一定的配送成本下尽量提高顾客服务水平；或在一定的顾客服务水平下使配送成本最小。

5. 物联网时代的智能物流。

(1) 物联网概述。物联网的概念是在1999年提出的。随着互联网的不断发展，互联网的泛在化成为其新的发展趋势。

物联网（the Internet of things，IOT）即“物物相连的互联网”，它是通过射频识别（RFID）装置红外感应器、全球定位系统、激光扫描器等信息传感设备，按约定的协议，把任何物品与互联网相连接，进行信息交换和通信，以实现智能化识别、定位、跟踪、监控和管理的一种网络。物联网通过固化或镶嵌进物品的条码、芯片等电子设备，实现物与物、物与人之间随时随地沟通、交流和互动。物联网将给人类的生活带来巨大的变革。

物联网不同于互联网，其具有以下特点。

①对物品实现唯一的标识。物联网的EPC技术，能够对单个物品进行编码，它通过对物品的唯一标识，并借助计算机网络系统，完成对单个物体的访问，突破了条形码所不能完成的对单品的跟踪和管理任务。

②对物品快速分级进行处理。EPC结构中，沿袭了原有的按不同类型的容器进行编码的特点，将物流过程中不同的货品、集装箱、托盘和仓库等进行分层级编码，解决在同一时间进行多种标签识别的问题，达到快速分级处理的效果，大大提高了工作效率。

③对物品物流信息的实时监控。物联网是在互联网的基础上对物流信息进行跟踪、监控的实时网络，任何一个安装有读写器的终端，都可以通过射频扫描技术读取物品的相关信息，并通过互联网的信息传输作用，实现对物品物流信息的实时监控。

④对信息实现自动非接触式处理。EPC系统的一个核心元素就是RFID技术，它是利用射频信号和传输特性进行非接触双向通信，实现对静止或移动物品的自动识别，并进行数据交换的一项自动识别技术，可以实现对动态供应链信息进行高效管理，有效地降低物流成本。

⑤可以实现供应链各个环节的信息共享。供应链中的任何一个物品都被贴上唯一标识自己的电子标签，通过互联网和射频技术，可以在供应链中任何一个环节将该物品的信息自动记录下来并实现共享。

(2) 物联网在物流中的应用。物联网用途广泛，遍及智能交通、公共安全、平安家居、工业监测、食品溯源和情报搜集等多个领域。

要真正建立一个有效的物联网，有两个重要因素：一是规模性。即只有具备了规模，才能使物品的智能发挥作用。例如，一个城市有100万辆汽车，如果我们只在1万辆汽车上装上智能系统，就不可能形成一个智能交通系统。二是流动性。即物品通常都不是静止的，而是处于运动的状态，必须保持物品在运动状态，甚至在高速运动状态下都能随时实现对话。

物联网在实际应用中的开展需要各行各业的参与，并且需要政府的主导以及相关法规政策上的扶助。物联网的开展具有规模性、广泛参与性、管理性、技术性、物的属性等特征。

目前，智能物流是已经开发的物联网应用产品。智能物流打造了集信息展现、电子商务、物流配载、仓储管理、金融质押、园区安保、海关保税等功能于一体的物流园区综合信息服务平台。信息服务平台以功能集成、效能综合为主要开发理念，以电子商务、网上交易为主要交易形式，建设了高标准、高品位的综合信息服务平台，并为金融质押、园区安保、海关保税等功能预留了接口，可以为园区客户及管理人员提供一站式综合信息服务。

物联网作为新兴的物品信息网络，为实现供应链中物品自动化的跟踪和追溯提供了基础平台。在物流供应链中对物品进行跟踪和追溯对于实现高效的物流管理和商业运作具有重要意义，对物品相关历史信息的分析有助于库存管理、销售计划以及生产控制的有效决策。在物联网构想中，分布于世界各地的商品生产商可以实时获取其商品的销售和使用情况，从而及时调整其生产量和供应量。如果这一构想得以实现，那么所有商品的生产、仓储、采购运输、销售以及消费的全过程将发生根本性的变化，全球供应链的性能将获得极大的提高。

（四）新型生产方式

生产方式是指生产者对所投入资源要素、生产过程以及产出物的有机、有效组合和运营方式的一种通盘概括，是对生产运作管理中的战略决策、系统设计和系统运行管理问题的全面综合。到目前为止，制造业的生产方式经历了手工生产方式、大量生产方式、JIT（just-in-time）生产方式、精益生产方式的演变过程。主要新型生产方式有：

1. JIT 生产。

（1）JIT 生产的背景。在 JIT 生产方式倡导以前，世界汽车生产企业包括丰田公司均采取福特式的“总动员生产方式”，全体人员总动员，紧急生产产品。这种方式造成了生产过程中的物流不合理现象，尤其以库存积压和短缺为特征，生产线或者不开机，或者开机后就大量生产，从而导致严重的资源浪费。丰田公司的 JIT 采取的是多品种少批量、短周期的生产方式，实现了库存最小化，达到了优化生产物流、减少浪费的目的。

（2）JIT 生产的思路。准时生产方式的核心是追求一种零库存的生产系统，或使库存达到最小的生产系统。其基本思想可概括为“在需要的时候，按需要生产所需的产品”，然后对设备、人员等进行淘汰、调整，达到降低成本、简化计划和提高控制的目的。因此，JIT 的基本思路就是用最准时、最经济的生产资料采购、配送，以满足制造需求。

（3）JIT 生产的目标。JIT 的目标是彻底消除无效劳动和浪费。为了排除这些浪费，相应地产生了质量目标（废品量最低）、生产目标（库存量最低）、时间目标（准备时间最短）三个子目标。企业用生产流程化、生产均衡化、资源配置合理化的方法，实现生产过程同步化。

2. 精益生产（lean production）。

（1）精益生产的背景。精益生产方式是美国在全面研究以 JIT 生产方式为代表的日本式生产方式在西方发达国家以及发展中国家应用的基础上，于 1990 年提出的一种较完整的生产经营管理理论。其内容范围不仅是生产系统内部的运营、管理方法，而且包括从市场预测、产品开发、生产制造管理（其中包括生产计划与控制、生产组织、质量管理、设备管理、库存管理、成本控制等多项内容)、零部件供应系统直至营销与售后服务等企业的一系列活动。这种扩大了的生产管理、生产方式的概念和理论，是在当今世界生产与经营一体化、制造与管理一体化的趋势越来越强的背景下应运而生的，其目的旨在使制造企业在当今的环境下能够自适应、自发展地取得新的、更有力的竞争武器。

（2）精益生产的特征及内容。精益生产的核心是杜绝浪费，其特征是在生产制造过程中，实行拉动式的准时化生产。

从管理理念上，JIT 是把现有的生产方式、管理方式看作是改善的对象，不断地追求进一步降低成本、降低费用、质量完美、缺陷为零、产品多样化等目标。

在生产系统方面，精益生产起步迅速，能够灵活、敏捷地适应产品的设计变更、产品变换以及多品种混合生产的要求。

在零部件供应系统方面，通过管理信息系统的支持，使零部件供应厂家也共享企业的生产管理信息，从而保证及时、准确地交货。

在产品的研究与开发方面，以并行工程和团队工作方式充分利用开发能力，大大缩短开发周期和降低成本。

在流通方面，极力减少流通环节的库存，并使销售和服务机能紧密结合，以迅速、周到的服务来最大限度地满足顾客的需要。

在人力资源的利用上，通过 QC 小组、提案制度、团队工作方式、目标管理等一系列具体方法，调动和鼓励员工进行“创造性思考”的积极性，最大限度地发挥和利用企业组织中每一个人的潜在能力，提高员工的工作热情和工作兴趣。

3. 敏捷制造（agile manufacturing，AM）。

（1）敏捷制造的背景。20 世纪 90 年代，许多国家制定了旨在提高自己国家在未来世界中的竞争地位、培养竞争优势的先进的制造计划。在这种背景下，一种面向新世纪的新型生产方式敏捷制造的设想诞生了。

随着生活水平的不断提高，人们对产品的需求和评价标准将从质量、功能和价格转为最短交货周期、最大客户满意、资源保护、污染控制等。市场是由顾客需求的产品和服务驱动的，而顾客的需求是多样的和多变的，因此，企业需要具备敏捷性的特质，即必须能在无法预测、不断变化的市场环境中保持并不断提高企业的竞争能力。

（2）敏捷制造的含义。敏捷制造强调通过联合来赢得竞争，通过产品制造、信息处理和现代通信技术的集成来实现人、知识、资金和设备（包括企业内部的和分布在全球各地合作企业的）的集中管理和优化利用。

（3）敏捷制造的技术基础。AM 的关键技术可以归纳为信息服务技术、敏捷管理技术、敏捷设计技术、敏捷制造技术四类。信息服务技术主要包括信息技术、计算机网络与通信技术、数据库技术等。敏捷管理技术主要包括集成的产品与过程管理、决策支持系统、经营业务过程重组等。敏捷设计技术主要是指集成化产品设计与过程开发技术，它是一系列技术的综合。敏捷制造技术是指可重组和可重用的制造技术，主要包括拟实制造技术、快速原型技术、数控技术与柔性制造技术等。

敏捷制造过程及其所涉及的硬件（包括人员、生产设备、材料、能源和各种辅助装置）以及有关软件（包括敏捷制造理论、敏捷制造技术和信息技术等）组成可以有效地实现制造业敏捷性的一个有机整体。

以敏捷制造系统（AMS）的实施为最终目标，以技术基础和社会环境为保障，以组织管理、功能设计、资源配置和信息系统为子系统的敏捷制造系统结构参考模型可以完整地实施敏捷化工程。

（4）敏捷制造的功能设计。AM 功能设计旨在设计和开发敏捷制造系统的各部分功能，推行敏捷管理思想、敏捷设计方法和敏捷制造技术。

敏捷制造系统以动态联盟作为主要组织形式，采用以团队为核心的扁平化网络结构作为管理方式。

敏捷制造信息系统是面向敏捷制造模式、由分布于若干个成员结点且具有独立自治和相互协同能力的信息子系统优化组合而成的信息系统。它应具备四方面的能力：快速构建能力、快速运作能力、快速重组能力和快速适应能力。

在敏捷制造环境下，制造资源不再由单一企业的资源组成，而是由不同地域、不同企业的资源组成，针对敏捷制造系统资源所呈现的分布、异构、不确定等特征，进行资源的配置，将制造系统中的资源重新组织。

（5）敏捷制造的实施。敏捷制造是一个系统工程，在找到了它所存在的环境和所需的基础技术，并构造好了实施 AM 的各部分框架后，就可以采用总体规划、系统构建、运行与管理、建立敏捷评价体系的步骤，运用系统化的方法逐步进行。

4. 制造执行系统（MES）。

（1）MES 的背景。21 世纪的制造企业面临着日益激烈的国际竞争，要想赢得市场和用户就必须全面提高企业的 S、Q、T、C、E（服务、质量、时间、成本、环境）。很多企业希望通过实施 MRPII/ERP 来加强管理。然而，面对客户对交货期的苛刻要求、产品的改型、订单的不断调整等情况，计划已经跟不上变化，上层生产计划管理受市场的影响越来越大，因而上层生产计划管理并不能充分发挥应有的作用。究其原因在于以下两点。

①MRPII/ERP 软件主要是针对资源计划，这些系统虽然通常能处理以前发生的事情并做历史分析，也可以预测并处理未来将要发生的事件，但对今天正在

发生的事件却往往留下了不规范的缺口。

②ERP 系统需要实时的生产信息辅助进行经营决策和订单管理，但是传统生产现场管理是黑箱作业，来自生产现场的状态信息和生产数据并不能直接反映经营者所关心的生产进度和质量变化等信息。如何适应复杂多变的竞争需要？如何将黑箱作业透明化，找出任何影响产品品质和成本的问题，改善生产线的运行效率？如何提高计划的实时性和灵活性？这些已成为每个企业所关心并亟待解决的问题。

MES 恰好能填补这一空白。MES 是处于计划层和车间层操作控制系统 SFC 之间的执行层，主要负责生产管理和调度执行。它通过控制包括物料、设备、人员、流程指令和设施在内的所有工厂资源来提高制造竞争力，提供了一种系统地在统一平台上集成诸如质量控制、文档管理、生产调度等功能的方式，从而实现企业实时的 ERP/MES/SFC 系统。

由于 MES 强调控制和协调，使现代制造业信息系统不仅有很好的计划系统，而且能使计划落到实处的执行系统通过连续信息流来实现企业信息的全面集成。因此，MES 在国外的企业中迅速推广开来，并给企业带来了巨大的经济效益。

（2）MES 的内涵。MES 能通过信息传递，对从订单下达到产品完成的整个生产过程进行优化管理。当工厂发生实时事件时，MES 能对此及时做出反应、报告，并用当前的准确数据对它们进行指导和处理。这种对状态变化的迅速响应使 MES 能够减少企业内部没有附加值的活动，有效地指导工厂的生产运作过程，从而使其既能提高工厂及时交货的能力，改善物料的流通性能，又能提高生产回报率。MES 还通过双向的直接通信在企业内部和整个产品供应链中提供有关产品行为的关键任务信息。

MES 的关键是强调整个生产过程的优化，它需要收集生产过程中大量的实时数据，并对实时事件及时处理。同时，它又与计划层和控制层保持双向通信能力，从上下两层接收相应数据并反馈处理结果和生产指令。因此，MES 不同于以派工单形式为主的生产管理和以辅助的物料流为特征的传统车间控制器，也不同于偏重以作业与设备调度为主的单元控制器。作为一种生产模式，MES 把制造系统的计划和进度安排、追踪、监视和控制、物料流动、质量管理、设备的控制和计算机集成制造接口（CIM）等一体化去考虑，以最终实施制造自动化战略。

（3）MES 的功能。MES 是利用现场实时的数据提供从可以最佳化产品的订货到生产完成的生产活动的信息。通过减少没有价值的活动，有效的工厂运营成为可能。具体来讲，MES 具有如图 3－27 所示的功能。

（4）MES 的技术支撑。MES 是从企业全局的角度，统一规划面向整个生产执行过程的数据。因此，MES 数据集成平台作为 MES 系统的核心，在开放式体系结构下，以大型商业数据库为基础，采用构件技术、面向对象技术、XML 技术和建模技术，研究、分析、开发和实施以生产过程模型为驱动的流程行业数据集成平台，为建立开放的、灵活的、敏捷的流程行业 MES 系统提供基础的数据环境，发挥企业应用系统的最大价值，并围绕数据平台系统建立了质量管理、物

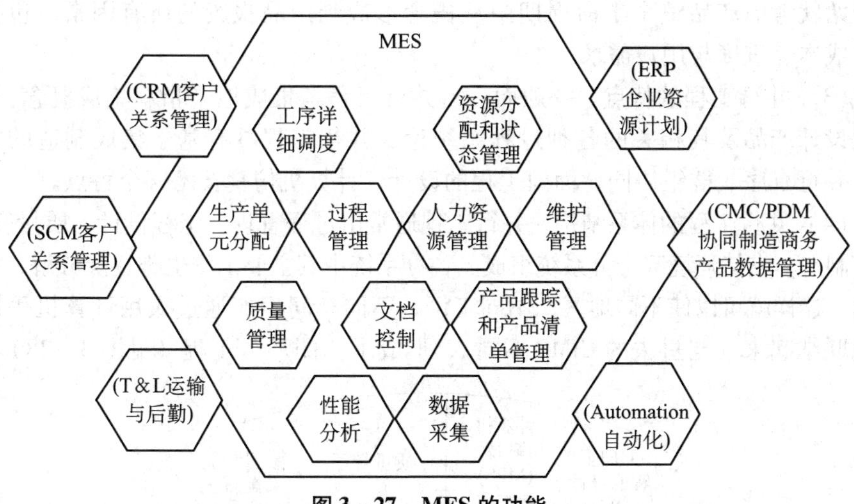

图 3-27　MES 的功能

料移动、生产调度、生产统计等关键应用。

由于不同企业可能会从不同的软件供应商处购买适合自己的 MES 模块，或将现有遗留系统集成为 MES 功能的一部分，其结果导致许多企业的 MES 系统实际上是往往具有各自的处理逻辑、数据库、数据模型和通信机制。又因为 MES 应用常常是要满足关键任务的系统，系统就很难随技术的更新而进行升级。为了实现与外部系统的集成，往往采用 API 技术、OLAP 技术和相应的通信机制，这些技术在某种意义上说，也是 MES 功能的核心部分。其中，外部应用系统的调用和插入使用 API 的方式，应用 EDI 技术和外部环境进行数据交换。

5. 并行工程（concurrent engineering，CE）。

（1）并行工程的背景。传统的制造工业中，产品的开发过程沿用从设计到制造的串行生产模式，即需求分析、方案设计、产品设计（详细设计）、加工计划控制、加工、装配、检测、实验验证、修改的流程，但在这种生产模式中，各个工作环节彼此分离，彼此间缺乏沟通和相关信息交流，很少也很难考虑产品整个生命周期中的各种因素，只有在制造后期才能发现所制造的产品存在种种缺陷，这必然要求对原设计进行修改，从而构成了从概念设计到设计修改的大循环，而且可能在不同的环节，多次重复这一过程，造成设计改动大、物力消耗大、成本高、质量不易保证。更重要的是，产品开发周期长，失去了宝贵的时间，难以适应激烈的市场竞争的需求。

近年来，并行工程是目前国际机械工程领域中重要的研究方向，引起各国工程界和学术界的高度重视，发展极为迅速，一些实用性的 CE 系统和 CE 环境相继推出，并取得了良好的效果。

（2）并行工程的含义。并行工程又称同步工程或周期工程，是针对传统的产品串行生产模式而提出的一个概念、一种哲理和方法。

并行工程是对产品及其相关过程（包括制造过程和支持过程）进行并行、一体化设计的一种系统化的工作模式。这种工作模式力图使产品开发人员从设计一开始就考虑产品整个生命周期中从概念形成到产品报废的所有因素，包括质量、成本、进度与用户需求。

（3）并行工程的特点。一般而言，并行工程是集成地（指新集成概念）、并行地设计产品及其相关的各种过程系统论。并行工程具有基于集成制造的并行性、并行有序、群组协同、面向工程的设计、计算机仿真技术五个特点。

（4）并行工程的体系结构。并行工程通常由过程管理、工程设计、质量管理、生产制造、支持环境五个分系统组成。各分系统中其主要工作也都逐层分解，分工明确，这样就可以使不同地区、不同工厂、不同车间生产通过人用计算机手段有机地联结起来（与过去的 CIMS 不同），形成了"闭环"工程（见图 3－28）。

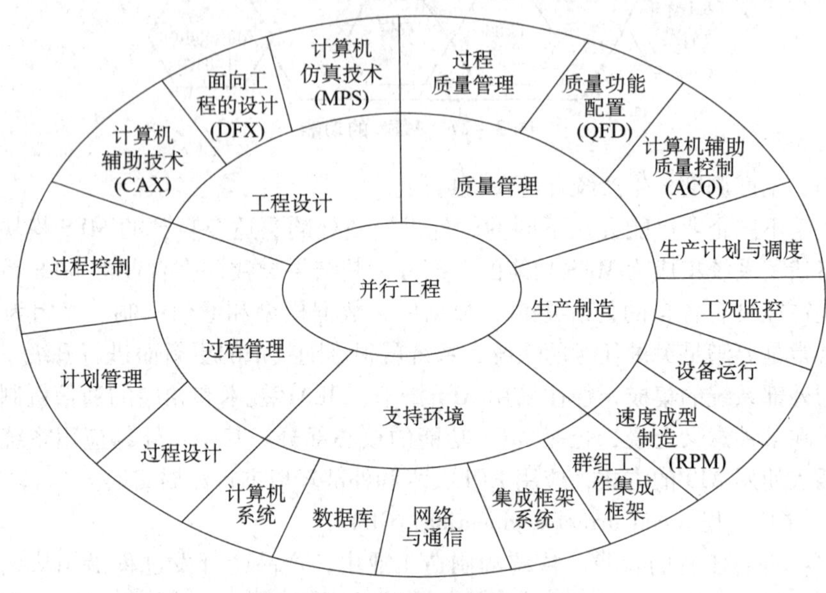

图 3－28　并行工程的体系结构

（5）并行工程实施的途径。并行工程的成功实施需要集成框架软件的支持，产品数据管理（product data management，PDM）系统由于具有分布式数据管理、良好的系统开放性、应用集成与过程管理等功能，是实施并行工程不可缺少的框架系统。

6. 逆向工程（reverse engineering）。

（1）逆向工程产生的背景。逆向工程是在 20 世纪 80 年代末至 90 年代初被提出的。当时福特汽车公司倡导的汽车"2 毫米工程"对传统的制造业提出了前所未有的挑战。它要求将质量控制从最终产品的检验和检测，提前到产品的开发设计阶段，以减小开发风险、降低开发成本，加快产品成功开发的周期。

在激烈竞争的全球化市场中，制造企业必须提高产品质量和快速响应周期。而逆向工程技术可以有效地实现这一目标，利用这一技术可以缩短产品从设计到制造的时间。

很多制造企业其产品开发过程的起始阶段往往都要生成 CAD 模型，但这在某种程度上常常并不切实可行。在许多领域往往是先构造出一个产品的原型，然后对其从产品的性能、美学以及其他准则进行评价，在证实其设计的可行性后才能进行 CAD 建模来完成设计的后续阶段。逆向工程技术恰好可以用于完成这样一个从产品原型到 CAD 模型建立的过程，因而得到广泛应用。

（2）逆向工程的含义。一般来说，产品设计过程是一个“从无到有”的过程，即设计人员首先在大脑中构思产品的外形、性能和大致的技术参数等，然后通过绘制图纸建立产品的三维数字化模型，最终将这个模型转入到制造流程中，完成产品的整个设计制造周期。这样的产品设计过程称为“正向设计”过程。

而逆向工程产品设计可以认为是一个“从有到无”的过程。简单地说，逆向工程产品设计就是根据已经存在的产品模型，反向推出产品设计数据（包括设计图纸或数字模型）的过程。

随着计算机技术在制造领域的广泛应用，特别是数字化测量技术的迅猛发展，基于测量数据的产品造型技术成为逆向工程技术关注的主要对象。通过数字化测量设备（如坐标测量机、激光测械设备等）获取的物体表面的空间数据，需要利用逆向工程技术建立产品的三维模型，进而利用 CAM 系统完成产品的制造。因此，逆向工程技术可以认为是将产品样件转化为三维模型的相关数字化技术和几何建模技术的总称。

（3）逆向工程的应用与实施。逆向工程的实施过程是多领域、多学科的协同过程。主要应用领域有：①新零件的设计。②已有零件的复制。③损坏或磨损零件的还原。④提高模型精度。⑤数字化模型的检测。

逆向工程的整个实施过程包括了从测量数据采集、处理到常规 CAD/CAM 系统，最终与产品数据管理系统（PDM 系统）融合的过程。工程的实施需要人员和技术的高度协同、融合。

（4）逆向工程的关键技术及发展趋势。逆向工程的关键技术包括三维数据采集技术（现代制造技术以及多媒体技术、人体修复技术、文物复制技术）和三维模型重构技术（数据采集、数据筛选、曲线拟合、曲面拟合）。

逆向工程是一项开拓性、实用性和综合性很强的技术，已经被广泛应用到新产品的开发、旧零件的还原以及产品的检测中。它不仅消化和吸收实物原型，并且能修改再设计，以制造出新的产品。但逆向工程的过程系统集成化程度比较低、人工干预的比重大，将来有望形成集成化逆向工程系统，以软件的智能化来弥补人工干预的不足。

7. 计算机集成制造系统（computer integrated manufacturing system，CIMS）。

（1）CIMS 的背景。20 世纪 70 年代，美国约瑟夫·哈林顿博士首次提出计算机集成制造（computer integrated manufa cturing，CIM）理念。它是借助计算机，将企业中各种与制造有关的技术系统集成起来，进而提高企业适应市场竞争的能力。虽然 CIM 理念产生较早，但是基于 CIM 理念的计算机集成制造系统在 80 年代中期才得到重视并大规模实施，其原因是 70 年代的美国产业政策中过分夸大了第三产业的作用，而将制造业，特别是传统产业，贬低为“夕阳工业”，这导致美国制造业优势的急剧衰退，美国才开始重视并决心用CIMS。

CIMS是随着计算机辅助设计与制造的发展而产生的。它是在信息技术、自动化技术与制造的基础上，通过计算机技术把分散在产品设计制造过程中各种孤立的自动化子系统有机地集成起来，形成适用于多品种、小批量生产，实现整体效益的集成化和智能化制造系统。集成化反映了自动化的广度，它把系统的范围扩展到了市场预测、产品设计、加工制造、检验、销售及售后服务等全过程。智能化则体现了自动化的深度，它不仅涉及物资流控制的传统体力劳动的自动化，还包括信息流控制的脑力劳动的自动化。

CIMS的实质就是借助于计算机的硬件、软件技术，综合运用现代管理技术、制造技术、信息技术、自动化技术、系统工程技术，将企业生产全部过程中有关人、技术、经营管理三要素及其信息流、物流有机地集成并优化运行，以改进企业产品开发的时间、质量、成本、服务、环境，从而提高企业的市场应变能力和竞争能力。

(2) CIMS的系统构成与实施。CIMS一般包括管理信息应用分系统、技术信息应用分系统、制造自动化应用分系统、计算机辅助质量管理应用分系统、数据管理支持分系统、网络支持分系统这四个应用分系统和两个支持分系统。

实施CIMS的生命周期可分为项目准备、需求分析、总体解决方案设计、系统开发与实施、运行及维护五个阶段。

(3) CIMS的发展趋势。CIMS正在向着集成化、数字化/虚拟化、网络化、柔性化、智能化、绿色化的方向发展。

8. 网络化制造。

(1) 网络化制造的背景。随着信息技术和计算机网络技术的迅速发展，“新经济”即“网络经济”逐渐兴起。由于互联网上信息传递的快捷性，制造环境变化的激烈性，企业间的合作越来越频繁，企业内的信息和知识将高度集成和共享，企业的管理模式也发生很大变化。因此，面对网络经济时代制造环境的变化，企业需要建立一种按市场需求驱动的、具有快速响应机制的网络化制造系统模式。制造企业将利用互联网进行产品的协同设计和制造。通过互联网，企业将与顾客直接接触，顾客将参与产品设计，或直接下订单给企业进行定制生产，企业将产品直接销售给顾客。

(2) 网络化制造的含义。网络化制造是针对某一市场需要，利用以互联网为标志的“信息高速公路”，灵活而迅速地组织社会制造资源，把分散在不同地区的现有生产设备资源、智力资源和各种核心能力，按资源优势互补的原则，迅速地组合成一种没有围墙的、超越空间约束的、靠电子手段联系的、统一指挥的经营实体——网络联盟企业，以便快速推出高质量、低成本的新产品。

网络化制造技术是将网络技术和制造技术（重点是先进制造技术）相结合的所有相关技术和研究领域的总称。网络化制造技术不是一项具体技术，也不是一个一成不变的单项技术，而是一个不断发展的动态技术群和动态技术系统，是在计算机网络，特别是在互联网和数据库基础上的所有先进制造技术的总称。网络化制造技术涉及制造业的各种制造经营活动和产品生产周期全过程，其技术构成涉及内容多，学科交叉范围大。但一般来说，“基于网络”是其相对其他制造技术的主要特征，该特征表明了网络的基础作用和支撑作用。网络化制造技术既是重要的高新技术，又是信息技术与制造技术的结合，是用信息化带动工业化的重要有效技术。

实施网络化制造技术的行为主体是网络联盟，因此，需从网络联盟的全生命周期来考察研究与网络联盟相关的一系列问题。网络联盟的生命周期按时间大致划分为面对市场机遇时的市场分析、资源重组分析、网络联盟组建设计、网络联盟组建实施、网络联盟运营、网络联盟终止等。

（3）网络化制造系统的构成。从功能上分析，网络化制造涉及协同、设计、服务、销售和装配等，具体包括网络化企业动态联盟和虚拟企业组建的优化系统、网络化制造环境下的项目管理系统、网络化协同产品开发支持系统、网络化制造环境下的产品数据管理及设计制造集成支持系统、网络化制造环境下的敏捷供应链管理系统、产品网络化销售与定制的开发与运行支持系统、相应的网络和数据库支撑分系统。这些功能分系统既能集成运行，又能单独应用。从层次上分析，由下往上包括基本的网络传输层、数据库管理系统、搜索和分析的基础通信平台、项目管理和 PDM、面向用户的应用系统和服务等。

（4）网络化制造系统的特点。网络化制造系统具有层次结构的相似性；分布式、开放的体系结构；良好的容错能力、可扩展和可重组性；互联性；互操作性；数据、知识和信息的分布性；硬件平台、操作系统和应用平台的多样化等特点。

（5）网络化制造的关键技术。网络化制造涉及的实施技术涵盖了以下几方面：组织管理与运营管理技术；资源重组技术；网络与通信技术；信息传输、处理与转换技术等。同时，由于网络化制造是建立在以互联网为标志的信息高速公路的基础上，因而还必须建立和完善相应的法律、法规框架与电子商务环境，建立国家制造资源信息网，形成信息支持环境。

9. 虚拟制造（virtual manufacturing，VM）。

（1）虚拟制造的背景。在经济全球化、贸易自由化和社会信息化的形势下，制造业的经营战略发生了很大变化。在 20 世纪 30 ~60 年代，企业追求的是规模效益，如美国福特、通用汽车公司相继采用刚性流水线进行大批量生产；70 年代更加重视降低生产成本，如日本丰田公司采用准时生产；80 年代提高产品质量成为主要目标；进入 90 年代，新产品开发及交货期成为竞争的焦点。由此产生了多种多样的制造哲理，如精益生产、并行工程、敏捷制造和虚拟制造等，它们各有侧重，从不同角度研究如何增强企业的竞争力。虚拟制造技术是制造技术与仿真技术相结合的产物。

（2）虚拟制造的含义。虚拟现实（virtuai reality，VR）技术是使用感官组织仿真设备和真实或虚幻环境的动态模型生成或创造出人能够感知的环境或现实，使人能够凭借直觉作用于计算机产生的三维仿真模型的虚拟环境。

基于虚拟现实技术的虚拟制造技术是在一个统一模型之下对设计和制造等过程进行集成，它将与产品制造相关的各种过程与技术集成在三维的、动态的仿真真实过程的实体数字模型之上。其目的是在产品设计阶段，借助建模与仿真技术及时地、并行地模拟出产品未来制造过程乃至产品全生命周期的各种活动对产品设计的影响，预测、检测、评价产品性能和产品的可制造性等，从而更加有效地、经济地、柔性地组织生产，增强决策与控制水平，有力地降低由于前期设计给后期制造带来的回溯更改，达到产品的开发周期和成本最小化、产品设计质量的最优化、生产效率的最大化。

（3）虚拟制造的特点。虚拟制造的特点是：产品与制造环境是虚拟模型，在计算机上对虚拟模型进行产品设计、制造、测试，甚至设计人员或用户可“进入”虚拟的制造环境检验其设计、加工、装配和操作，而不依赖于传统的原型样机的反复修改；还可将已开发的产品（部件）存放在计算机里，不但大大节省仓储费用，更能根据用户需求或市场变化快速改变设计，快速投入批量生产，从而能大幅度压缩新产品的开发时间，提高质量，降低成本。虚拟制造可使分布在不同地点、不同部门的不同专业人员在同一个产品模型上同时工作，相互交流，信息共享，减少大量的文档生成及其传递的时间和误差，从而使产品开发可以快捷、优质、低耗地响应市场变化。

（4）虚拟制造的关键技术。VM 的关键技术可以分为两个方面：偏重于计算机科学以及 VR 装置的技术；偏重于制造应用的技术。VR 装置技术包括人机接口、软件技术、虚拟现实计算平台等。制造应用技术包括建模、仿真、可制造性评价等。

10. 绿色制造。

（1）绿色制造的背景。1996 年，美国制造工程师学会（SME）发表了关于绿色制造的蓝皮书，提出了“绿色制造”的概念，并对其内涵和作用等问题进行了较系统的介绍。1998 年，SME 又在互联网上发表了《绿色制造的发展趋势》的网上主题报告。近年来，国际标准化组织（ISO）提出了关于环境管理的 14000 系列标准后推动了绿色制造研究的发展。绿色制造研究的浪潮正在全球兴起。

（2）绿色制造的含义。绿色制造，又称环境意识制造（environmentally conscious manufacturing，ECM）、面向环境的制造（manufacturing for environment，MFE）和清洁制造等。绿色制造是一个综合考虑环境影响和资源效率的现代制造模式，其目标是使产品在从设计、制造、包装、运输、使用到报废处理的整个产品生命周期中，对环境的影响（负作用）最小，资源效率最高。

（3）绿色制造的关键技术。绿色制造的关键技术包括专题技术和支撑技术。专题技术包括绿色设计技术、绿色材料选择技术、绿色工艺规划技术、绿色包装技术、绿色处理技术等。绿色制造的支撑技术包括绿色制造的数据库和知识库、制造系统环境影响评估系统、绿色 ERP 管理模式和绿色供应链、绿色制造的实施工具和产品等。

绿色制造正在朝着全球化、社会化、集成化、并行化、智能化、产业化方向发展。

第五节 市场营销管理

市场营销是通过市场交换满足现实或潜在需要的综合性经营销售活动的过程。美国市场营销协会认为，市场营销是在创造、沟通、传播和交换产品中，为客户、合作伙伴以及整个社会带来价值的一系列活动、过程和体系。

市场营销既是一种职能，又是企业开展经营活动，为自身、利益相关者以及整个社会带来经济价值的活动、过程和体系。

市场营销的基本步骤是：分析市场机会，选择目标市场，确定营销策略，对营销活动进行管理。

一、营销环境分析

市场营销环境是指制约、影响企业市场营销决策和开展营销活动的内、外部环境的总和（详见企业战略管理环境分析部分）。市场营销环境包括宏观环境、微观环境、内部环境。宏观市场营销环境是指企业无法直接控制的因素，是通过影响微观环境来影响企业营销能力和效率的一系列巨大的社会力量，它包括人口、经济、政治法律、科学技术、社会文化及自然生态等因素。微观市场营销环境是指与企业紧密相连、直接影响企业营销能力和效率的各种力量和因素的总和，主要包括企业自身、供应商、营销中介、顾客、竞争者及社会公众。由于这些环境因素对企业的营销活动有着直接的影响，所以又称直接营销环境。内部环境是从内部影响企业的因素，如员工、资金、设备、原料等。

营销环境分析的目的：通过对环境变化的观察来把握其趋势以发现企业发展的新机会和避免这些变化所带来的威胁。也就是说，营销环境分析是为企业寻找市场机会服务的。时代变了，竞争环境变了，人们的观念变了，随之而来消费者的行为、市场调研的方式方法都发生了相应变化。

（一）市场营销观念

企业的市场营销观念决定了企业如何看待顾客和社会利益，如何处理企业、社会和顾客三方的利益协调。企业的市场营销观念经历了从最初的生产观念、产品观念、推销观念到市场营销观念和社会市场营销观念的发展和演变过程。

1. 生产导向观念。生产观念产生于19世纪末20世纪初。由于社会生产力水平还比较低，商品供不应求，市场经济呈卖方市场状态。表现为企业生产什么产品，市场上就销售什么产品。在这种营销观念指导下，企业的经营重点是努力提高生产效率，增加产量，降低成本，生产出让消费者买得到和买得起的产品。因此，生产观念也称为“生产中心论”。生产观念是指导企业营销活动最古老的观念。曾经是美国汽车大王的亨利·福特为了千方百计地增加T型车的生产，采取流水线的作业方式，以扩大市场占有，至于消费者对汽车款式、颜色等主观偏好，他全然不顾，车的颜色一律是黑色。

2. 产品导向观念。产品理念认为，消费者或用户最喜欢质量好、性能佳、有特色的产品，只要质量好，顾客自然会上门，顾客也愿意为高质量付出更高的价钱。“酒香不怕巷子深”“皇帝女儿不愁嫁”是这种指导思想的生动写照。产品观念概括为一句话就是“只要产品好，不怕卖不掉”。

3. 推销导向观念。二战后，资本主义工业化大发展，使社会产品日益增多，市场上许多商品开始供过于求。企业为了在竞争中立于不败之地，纷纷重视推销工作，如组建推销组织、培训推销人员、研究推销术、大力进行广告宣传等，以诱导消费者购买产品。这种营销观念是“我们会做什么，就努力去推销什么”。由生产观念、产品观念转变为推销观念，是企业经营指导思想上的一大变化。但这种变化没有摆脱“以生产为中心”“以产定销”的范畴。前者强调生产产品，后者强调推销产品。所不同的是前两种观念是等顾客上门，而推销观念是加强对产品的宣传和推介。

4. 营销导向观念。营销观念认为，实现企业目标的关键是切实掌握目标顾客的需要和愿望，并以顾客需求为中心集中企业的一切资源和力量，设计、生产适销对路的产品，安排适当的市场营销组合，采取比竞争者更有效的策略，满足消费者的需求，取得利润。

营销观念与推销观念的根本不同是：推销观念以现有产品为中心，以推销和销售促进为手段，刺激销售，从而达到扩大销售、取得利润的目的。市场营销观念是以企业的目标顾客及其需要为中心，并且以集中企业的一切资源和力量、适当安排市场营销组合为手段，从而达到满足目标顾客的需要、扩大销售、实现企业目标的目的。

营销观念把推销观念的逻辑彻底颠倒过来了，不是生产出什么就卖什么，而是首先发现和了解顾客的需要，顾客需要什么就生产什么、销售什么。顾客需求在整个市场营销中始终处于中心地位。它是一种以顾客的需要和欲望为导向的经营哲学，是企业经营思想的一次重大飞跃。

5. 社会营销观念。当前，企业社会形象、企业利益与社会利益、顾客利益的冲突等问题越来越引起政府、公众及社会舆论的关注。环境污染、价格大战、畸形消费等不良现象，导致了近年来对“理性消费”“回归俭朴”“人类观念”的呼吁。相应的，“绿色营销”“从关心顾客到关心人类，从关注企业到关注社会”等一系列新的营销观念，也为越来越多的企业所接受。

（二）市场竞争策略

在市场经济条件下，企业从各自的利益出发，为取得较好的产销条件、获得更多的市场资源而竞争。市场竞争是市场经济的基本特征，通过市场竞争，实现企业的优胜劣汰，进而实现生产要素的优化配置。根据市场竞争的程度不同，会形成不同的竞争类型（见表3-14）。

表3-14　　市场竞争类型

市场类型	企业数量	产品差异程度	对价格控制能力	进出行业的难易程度	产品或行业
完全竞争	很多	无差异	无能力	很容易	农产品
垄断竞争	较多	差异化	有一些	较容易	轻工产品
寡头垄断	几家	有或无	较大	较困难	重工业、高科技
完全垄断	一家	无	很大	很难	公共事业

企业制定竞争策略，必须先分析和了解竞争者，把握竞争态势。竞争策略往往是针对竞争对手做出的反应。因此，企业必须了解竞争者是谁，其目标是什么，有什么优势、劣势，可能的竞争策略是什么。在此基础上，每个企业都必须根据自己的目标、机会、资源及在行业中所处的地位，决定其相应的竞争策略，做出适当的反应。即使同一个企业，不同产品线、不同产品都可能需要不同的竞争策略。

按照经销者竞争地位的差别，市场竞争策略分为四种类型：市场主导者策略、市场挑战者策略、市场跟随者策略和市场利基者策略。

1. 市场主导者策略。市场主导者为了保持自己在市场上的领先地位和既得利益，可能采取扩大市场需求、维持市场份额或提高市场占有率等竞争策略。为扩大市场需求，企业采取发现新用户、开辟产品新用途、增加产品使用量、提高使用频率等策略。企业任何时候都不可满足于现状，必须在产品创新、优质服务、分销效益和降低成本等方面真正居于行业的领先位置，为保护市场份额，采取创新发展、筑垒防御、直接反击等策略。市场主导者提高市场占有率，是增加收益的重要途径。只有产品单位成本随着市场占有率的提高而下降，或消费者愿意在溢价条件下接受高品质，高市场占有率才会带来高利润。

2. 市场挑战者策略。市场挑战者是指那些在市场上居于次要地位的企业，它们不甘目前的地位，通过对市场主导者或其他竞争对手的挑战与攻击，来提高自己的市场份额和市场竞争地位，甚至拟取代市场主导者的地位。它们采取的策略有价格竞争、产品竞争、服务竞争、渠道竞争等。

但是，市场挑战者向市场主导者发起挑战时，必须确定其战略目标和竞争对象，选择适当的竞争策略。挑战者的进攻对象有三种选择。

（1）本行业的主导者。虽然风险较大，但收益也高。挑战者可以根据主导者的弱点和失误，寻找未被满足的需求、消费者的不满，创造出更好的产品取代主导者的市场地位。

（2）与自己规模相似，但经营不善、资金不足的企业，占领其市场，一般比较有效。

（3）区域性经营不善、资金不足的小企业，夺取其顾客容易奏效。

3. 市场追随者策略。市场领先者与市场挑战者的角逐，往往是两败俱伤，从而使其他竞争者通常要三思而行，不敢贸然向市场领先者直接发起攻击，更多的还是选择市场追随者的竞争策略。

一般来说，追随市场主导者，为市场提供类似的产品，市场占有率会相对稳定。但是追随者往往是挑战者的攻击对象，要特别注意保持低成本或优质产品与服务。市场追随者可以通过自己特有的能力，保持现有的市场份额，尽可能地争取新顾客。市场追随者并非无须作为、被动地跟随主导者，其必须找到一条不至于遭到报复的道路。其策略一般有三种。

(1) 仿效跟随。在各个细分市场和营销组合方面，紧密追随并尽量效仿主导者。

(2) 差距跟随。在目标市场、产品更新、价格水平、渠道等方面追随主导者，但同时保持一些差异，还可以通过兼并小企业使自己获得成长。

(3) 选择跟随。对主导者择优追随，发挥自己的独创性，避免直接竞争。

4. 市场利基者策略。企业为了避免在市场上与强大的竞争对手正面冲突而受其攻击，可以选取被大企业忽略的、需求尚未得到满足、力量薄弱的、有利益基础的小市场作为其目标市场的营销策略，也称为市场补缺者竞争策略。几乎所有的行业都有大量中小企业，这些中小企业盯住大企业忽略的市场空缺，通过专业化营销，集中自己的资源优势来满足这部分市场的需要。它们的策略有市场专门化、顾客专门化、产品专门化等。其可以选择的专业化的方向有：

(1) 最终用户。专门为某类最终用户服务，如儿童自行车、婴儿尿不湿。

(2) 垂直层次。生产、销售某些垂直层次的产品，如针织厂生产丝绸、丝绵被。

(3) 顾客规模。为特定小规模顾客服务，如残疾人轮椅。

(4) 特殊顾客。专门生产向一个或几个大客户销售的产品。

(5) 单独加工。按订单生产客户预定的产品。

(6) 特种服务。提供一种或几种其他企业没有的服务。

(7) 地理区域。为国内外某一地区或地点服务。

采用利基者战略，可使市场占有率较低的企业也获得较好的投资收益。因为服务对象高度集中，产品线窄，能够提高产品质量、降低成本，更好地满足目标顾客。其主要风险是市场容量过小，容易遭受攻击。如果选择多个“利基”市场，可以分散风险，增加企业生存和发展的机会。

(三) 顾客购买行为

顾客是企业最重要的基础，是企业的服务对象，也是市场营销活动的出发点和归宿。企业的一切活动都应该以满足顾客为中心。

作为市场营销学的微观环境因素，按顾客购买动机分为消费者市场、生产者市场、中间商市场、非营利组织市场与政府市场等。

1. 消费者市场。消费者市场亦称个人市场、最终产品市场或最终消费市场。在这个市场中，人们购买的产品或服务，一般是直接为了满足个人、家庭消费与生活需要。

消费者市场有人多面广、需求复杂、产品需求弹性大、购买力流动性大等特点。

影响消费者行为的主要因素有文化因素（包括亚文化、社会阶层）、社会因素（参考群体、家庭、身份和地位）、个人因素（年龄、性别、职业、个性、自我形象、生活方式、家庭生命周期、经济条件）等。

消费者购买的决策过程一般表现为五个阶段。

（1）确认需要。消费者经过内在的生理活动或外界的某种刺激确感出某种需要。

（2）搜集资料。消费者通过相关群众影响、大众媒介物宣传以及个人经验等渠道获取商品有关信息。

（3）评估选择。对所获信息进行分析、权衡，做出初步选择。

（4）购买决定。消费者最终表示出的购买意图。

（5）购后消费效果评价。包括购后满意程度和对是否重购的态度。

2. 组织机构市场。组织机构市场是企业、政府部门、其他事业单位、社会团体等，为合成产品（零部件、原材料）、集团消费（办公、咨询、作业中使用的必需品）、生产过程使用（装置和设备）或再售给其他顾客而进行购买的市场。

组织机构市场具有顾客数量少、购买规模大、技术要求高、购买程序复杂、价格缺乏弹性等特点，常常流行直接采购、互惠购买和租赁等办法。

组织机构市场具体包括生产者市场、中间商市场、政府及其他非营利组织市场等。

（1）生产者购买决策过程。生产者购买的参与者要比消费者购买复杂得多。通常涉及以下成员：

①使用者。实际使用欲购买的某种产品的人员。使用者往往首先提出购买某种所需产品的建议，并提出购买产品的品种、规格和数量。

②影响者。企业内部和外部直接或间接影响购买决策的人员。他们通常协助决策者决定购买产品的品牌、品种、规格。企业技术人员是最主要的影响者。

③采购者。在企业中组织采购工作的专业人员。在较为复杂的采购工作中，采购者还包括那些参与谈判的公司骨干人员。

④决定者。企业中拥有购买决定权的人。在标准品的例行采购中采购者常常是决定者；而在较复杂的采购中，企业领导人常常是决定者。

⑤信息控制者。在企业外部和内部能控制市场信息流到决定者和使用者那里的人员，如企业的采购代理商、技术人员和秘书等。

企业营销必须了解生产者购买的具体参与者，尤其要了解谁是主要的决策者，以便采取适当措施，影响有影响力的重要人物。

（2）影响生产者购买决策的因素。影响生产者购买决策的主要因素有：

①环境因素。企业外部环境因素，包括政治、法律、文化、技术、经济和自

然环境等。

②组织因素。企业本身的因素，如企业的目标、政策、业务程序、组织结构、制度等，都会影响生产者购买决策。

③人际因素。主要指企业内部人际关系。生产者购买决策过程比较复杂，参与决策的人员较多，这些参与者在企业中的地位、职权、说服力以及他们之间的关系都会影响他们的购买决策。

④个人因素。各个参与购买决策的人，在决策过程中都会掺入个人感情，从而影响参与者对要采购的产品和供应商的看法，进而影响购买决策。

（3）生产者购买决策的主要阶段。由于生产者购买类型不同，购买决策过程也有所不同。直接重购的决策阶段最少；修正采购的决策阶段多些；全新采购的决策阶段最长，要经过八个阶段。

①认识需要。认识需要是由两种刺激引起的，即内部需要和外部刺激。

②确定需要。对标准品按要求采购；对复杂品，采购人员要和使用者、工程师共同研究确定。

③说明需要。专家小组对所需品种进行价值分析，做出详细的技术说明。目的是以最少的资源耗费，生产出或取得最大功能，以取得最大的经济效益。通过价值分析在生产性能、质量、价格之间进行综合评价，有利于选择最佳采购方案。

④物色供应商。全新采购需要花较多时间物色供应商。采购人员通常利用工商名录或其他资料查询供应商，也可向其他企业了解供应商的信誉。

⑤征求建议。邀请供应商提出建议或提出报价单。如果采购复杂的、价值高的产品，要求每个潜在的供应商都提交详细的书面建议或报价单。

⑥选择供应商。对供应商提出评价和选择建议，选择最具吸引力的供应商。通常从主要供应者处采购所需要的60%，另外40%则分散给其他供应商。

⑦正式订货。通过商务谈判达成协议，给选定的供应商发出最后采购订单，写明所需产品的规格、数量、交货时间、退款政策、担保条款、保修条件等。在商务活动中，对信誉可靠的保修产品，企业往往愿订立“一揽子合同”（又叫无库存采购计划），和该供应商建立长期供货关系。

⑧检查合同履行情况。向使用者征求意见，了解他们对购进产品是否满意，检查和评价各个供应商履行合同的情况，然后根据检查和评价，决定以后是否继续向某个供应商采购。

中间商市场是指由所有获得商品旨在转售或出租给他人，以获得利润的个人和组织组成的市场。

中间商购买行为是指中间商在寻找、购买、转卖或租赁商品过程中所表现的行为。由于中间商处于流通环节，是制造商与消费者之间的桥梁，因此，企业应把其视为顾客采购代理人，全心全意帮助他们为顾客提供优质服务。

中间商购买类型：

①新产品采购。中间商对是否购进以及向谁购进以前未经营过的某一新产品

做出决策。

②最佳供应商选择。中间商已经确定需要购进的产品，寻找最合适的供应商。

③改善交易条件的采购。中间商希望现有供应商在原交易条件上再做些让步，使自己得到更多的利益。

④直接重购。中间商并不想更换供应商，但试图从原有供应商那里获得更为有利的供应条件。

以连锁超市为例，中间商参与购买过程的人员和组织主要有商品经理、采购委员会、分店经理等。

中间商购买过程包括认识需要、确定需要、说明需要、物色供应商、征求供应建议书、选择供应商、签订合约、绩效评价等。

非营利组织泛指一切不从事营利性活动，即不以创造利润为根本目的的机构团体。不同的非营利组织，有其不同的工作目标和任务。在我国，习惯以“机关团体事业单位”称谓各种非营利组织。

非营利组织市场是指为了维持正常运作和履行职能而购买产品和服务的各类非营利组织所构成的市场。

非营利组织市场购买行为是指国家机关、事业单位和团体组织，使用财政性资金采购依法制定的集中采购目录以内的或者采购限额标准以上的货物、工程和服务的行为。非营利组织的购买具有限定总额、价格低廉、保证质量、程序复杂的特点。

非营利组织市场的类型有：

①公益性组织。通常以国家或社会整体利益为目标，服务于全社会。这类非营利组织，有各级政府和有关部门，还有军队、警察等。

②互益性组织。如职业、业余团体、宗教组织、学会和协会、同业公会。较重视内部成员利益和共同目的，看重对成员的吸引力。

③服务性组织。以满足某些公众的特定需要为目标或使命。常见的有学校、医院、新闻机构、图书馆、博物馆及文艺团体、红十字会、福利和慈善机构。

非营利组织的采购方式有：

①公开招标选购。

②议价合约选购。非营利组织和几个企业接触，最后和其中一个符合条件的企业签订合同。用于复杂的工程项目，涉及重大的研究开发费用和风险。

③日常性采购。为维持日常运转进行的采购。金额小，交款和交货方式常为即期交付。类似于生产者市场的“直接重购”；有时像中间商市场的“最佳卖主选择”或“谋求更好的交易条件”类型。

3. 顾客满意与顾客忠诚。企业市场营销可以看作是向顾客传递价值并获取利润的过程。现在的消费者获取信息更快、信息量更大、信息渠道更多，企业只有不断优化并调整其价值传递流程，向消费者选择、传播比竞争者更高的价值，才能在竞争中立于不败之地。

（1）顾客价值。顾客价值是顾客所能感知到的有形利益、无形利益与其在获取产品或服务中所付出的成本进行权衡后对产品或服务效用的整体评价。顾客价值往往可以作为质量、服务和价格（顾客价值三角形）的某种组合。为顾客提供更大的顾客感知价值是企业建立顾客关系的基石。顾客感知价值是指企业传递给顾客，且能让顾客感受得到的实际价值，一般表现为顾客购买总价值与顾客购买总成本之间的差额。顾客购买总价值是指顾客购买某一产品与服务所期望获得的一系列利益，顾客总价值由产品价值、服务价值、人员价值和形象价值构成；顾客购买总成本是指顾客为购买某一产品与服务所耗费的时间、体力及其所支付的货币资金等成本之和。具体如图 3 – 29 所示。

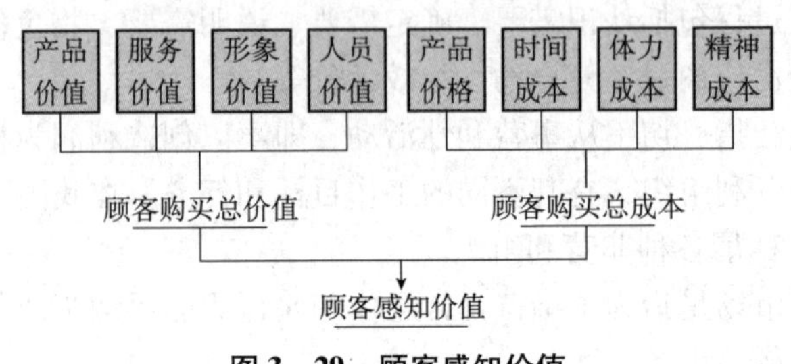

图 3 – 29　顾客感知价值

（2）顾客满意。顾客满意是指顾客通过对某个产品的可感知效果与他的期望值相比较后，所形成的愉悦或失望的感觉状态。顾客是否满意，取决于其购买后实际感受到的绩效与期望（顾客认为应当达到的效果）的差异。如果效果低于期望，顾客就会不满意；如果可感知效果与期望相匹配，顾客就会满意；如果可感知效果超过期望，顾客就会非常满意。

顾客满意的形成，取决于顾客以往的购买经验和使用感受、朋友和同事的影响，以及营销者的信息与承诺。一个企业使顾客的期望过高，容易引起购买者的失望，降低顾客满意度。但是，如果把期望定得过低，虽然能使买方感到满意，却难以吸引大量的购买者。

尽管顾客满意是顾客的一种主观感受状态，但这种状态的形成是建立在“满足需要”基础上的，是从顾客的角度对企业、产品、服务价值的综合评估。研究表明，顾客满意是顾客再次购买的基础（保持老顾客），也是影响其他顾客（吸引新顾客）购买的要素；吸引新顾客要比维系老顾客花费更高的成本。对企业而言，顾客满意是企业赢得顾客、提高市场占有率、扩大市场份额、增加效益的关键。

顾客满意可以用顾客满意度来衡量。顾客满意度是顾客对企业产品和服务的实际感受与其期望值比较的程度。

（3）顾客忠诚。高度的满意能使顾客对品牌忠诚乃至对企业产生情感吸引，顾客满意便上升为顾客忠诚。顾客忠诚是顾客对企业与品牌形成的信任、承诺、情感维系和情感依赖。在企业与顾客长期互惠的基础上，顾客长期、反复购买和使用企业的产品与服务，忠诚的顾客会更多、更频繁地购买公司的产品，会更愿意试用新产品或购买更高档的产品，会更愿意接受与品牌相关的交叉购买，会乐于推荐新顾客并传播有利于企业与品牌的信息，且对价格的敏感度较低，愿意为高质量付出高价格。由于交易的惯例化，企业对忠诚顾客付出的交易成本、服务成本更低。

顾客忠诚可以用顾客忠诚度来衡量。顾客忠诚度指顾客忠诚的程度，是一个量化概念。顾客忠诚度是指由于质量、价格、服务等诸多因素的影响，使顾客对企业的产品或服务产生感情，形成偏爱并长期重复购买该企业产品或服务的程度。

在不同的行业和不同的竞争环境下，顾客满意和顾客忠诚之间的关系会有差异（见图 3－30）。随着顾客满意度提高，顾客忠诚也在提高。顾客满意和顾客的行为忠诚之间并不总是强正相关关系。在高度竞争的行业中，完全满意的顾客远比满意的顾客忠诚。只要顾客满意程度稍稍下降一点，顾客忠诚的可能性就会急剧下降。这表明要培育顾客忠诚，企业必须尽力使顾客完全满意。

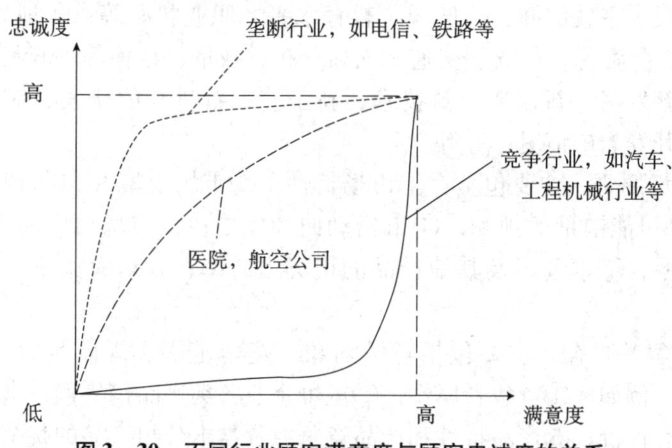

图 3－30　不同行业顾客满意度与顾客忠诚度的关系

在低度竞争的行业中，顾客满意程度对顾客忠诚度的影响较小。因为在低度竞争情况下，顾客的选择空间有限，即使不满意，他们往往也会出于无奈继续使用本企业的产品和服务，表现为一种虚假忠诚。随着专有知识的扩散、规模效应的缩小、分销渠道的分享、常客奖励的普及等，顾客的不忠诚就会通过顾客大量流失表现出来。因此，处于低度竞争情况下的企业应居安思危，努力提高顾客满意程度，否则一旦竞争加剧，顾客大量跳箱，企业就会陷入困境。

无论在高度竞争的行业还是低度竞争的行业，顾客的高度满意都是形成顾客忠诚感的必要条件，而顾客忠诚对顾客的行为无疑会起到巨大的影响作用。

（四）市场调查预测

市场营销的目的是通过比竞争者更好地满足市场需求，赢得竞争优势，进而获得合理的利润收入。为此，企业必须从研究市场出发，了解市场需求及竞争者的最新动态，开展市场营销调研，广泛收集市场营销信息，据此制定市场营销战略决策。

市场营销调研是针对企业特定的营销问题，采用科学的研究方法，系统地、客观地收集、整理、分析、解释和沟通有关市场营销各方面的信息，为营销管理者制定、评估和改进营销决策提供依据。

市场营销调研有利于企业制定科学的营销规划，有利于企业优化营销组合，有利于企业开拓新的市场。

市场营销调研的类型，按调研时间分，有一次性调研、定期性调研、经常性调研、临时性调研；按调研目的分，有探测性调研、描述性调研、因果关系调研等。

1. 市场营销调研的主要内容。

（1）宏观环境调研。主要包括：①国家、地方的有关方针政策、制度调整、体制变化，国家、地方颁布的法规、法令等；②经济状况：工商、农业、财政、金融、基础设施、GDP、产业结构、人口结构变化等；③社会文化：社会生活方式、风俗习惯、宗教信仰、价值观、教育水平、职业状况等；④地理自然状况：地理位置、自然资源、气候、交通、人口分布、数量、结构等；⑤科技情况：科研新发展、新发明、新创造、新技术、新工艺；新材料的研发、应用、发展趋势；新产品开发上市情况；等等。

（2）市场调研。主要包括：①市场特性；②市场规模（包括现实需求和潜在需求）；③可能销量的预测；④市场动向和发展；⑤市场对产品销售的态度；⑥市场增长率；⑦本公司及其他产品的市场占有率；⑧最大竞争对手的市场占有率。

（3）竞争者调查。主要包括竞争对象、竞争范围、规模实力、竞争手段、竞争程度等。例如，①竞争者属性；②竞争企业各类产品销售额；③各地域所占比例；④顾客评价；⑤产品特性和产品竞争力及与本公司产品的优劣情况；⑥按地域类别的销售网点数和销售额；⑦交易条件及其变化；⑧对销售网点的援助和指导情况；⑨广告、宣传的方法、频率、投入金额、渗透情况等；⑩人员推销的方法、推销活动的特性；⑪营业推广的方法；⑫营业人员的数量、素质；⑬售后服务的方法及质量。

（4）消费者调研。主要包括：①消费者结构；②消费者的需求特点、数量、种类；③消费者的购买动机和购买习惯；④消费者的购买能力和购买行为；⑤了解市场性质（顾客分布、顾客特征、顾客变化、市场比较、潜在市场的决定、销售额的预测）；⑥了解消费者的动机（购买动机、影响动机的因素、发现产品及店铺的选择背后的动机、分析购物及产品比较的动机）；⑦了解消费者的态度（发现消费者对店铺、产品的态度；弄清消费者的不满；分析态度的相对强度；消费者对店铺、对产品形象的决定；对店铺方便性的态度；评价对购买计划的态度）；⑧对偏好的认识（店铺偏好；产品偏好；对店铺、对产品的忠诚度；评价买卖领域的选择条件；购买频率）；⑨了解购买意图（购买意图评价；希望和购买意图间的关系；购买意图的实现程度）。

2. 市场调研的程序。市场调研是一项有序的活动。它包括准备阶段、实施阶段和总结阶段三个部分。

（1）调研准备阶段。这一阶段主要是确定调研目的、要求及范围并据此制订调研方案。在这一阶段中包括三个步骤：①调研问题的提出：营销调研人员根据决策者的要求或由市场营销调研活动中所发现的新情况和新问题，提出需要调研的课题。②初步情况分析：根据调查课题，收集有关资料做初步分析研究。许多情况下，营销调研人员对所需调研的问题尚不清楚或者对调研问题的关键和范围不能抓住要点而无法确定调研的内容，这就需要先收集一些有关资料进行分析，找出症结，为进一步调研打下基础，通常称这种调研方式为探测性调研。探测性调研所收集的资料来源有：现有的资料、向专家或有关人员做调查所取得的资料。探测性调研后，需要调研的问题已明确，就有以下问题以待解决。③制定调研方案：调研方案中确定调研目的、具体的调研对象、调研过程的步骤与时间等，在这个方案中还必须明确规定调查单位的选择方法、调研资料的收集方式和处理方法等问题。

（2）调研实施阶段。在这一阶段的主要任务是根据调研方案，组织调查人员深入实际收集资料，它又包括两个工作步骤：①组织并培训调研人员：企业往往缺乏有经验的调研人员，要开展营销调研必须对调研人员进行一定的培训，目的是使他们对调研方案、调研技术、调研目标及与此项调研有关的经济、法律等知识有明确的了解。②收集资料：首先收集的是第二手资料，也称为次级资料。其来源通常为国家机关、金融服务部门、行业机构、市场调研与信息咨询机构等发表的统计数据，也有些发表于科研机构的研究报告或著作、论文上。对这些资料的收集方法比较容易，而且花费也较少，我们一般将利用第二手资料来进行的调研称之为案头调研。其次是通过实地调查来收集第一手资料，即原始资料，这时就应根据调研方案中已确定的调查方法和调查方式，确定好的选择调查单位的方法，先一一确定每一被调查者，再利用设计好的调查方法与方式来取得所需的资料。我们将取得第一手资料并利用第一手资料开展的调研工作称为实地调研，这类调研活动与前一种调研活动相比，花费虽然较大，但是它是调研所需资料的主要提供者。本章所讲的营销调研方法、技术等都是针对收集第一手资料而言，也就是介绍如何进行实地调研。

（3）调研总结阶段。营销调研的作用能否充分发挥，与做好调研总结的两项具体工作密切相关：①资料的整理和分析：通过营销调查取得的资料往往是相当零乱的，有些只是反映问题的某个侧面，带有很大的片面性或虚假性，所以对这些资料必须做审核、分类、制表工作。审核即是去伪存真，不仅要审核资料的正确与否，还要审核资料的全面性和可比性。分类是为了便于资料的进一步利用。制表的目的是使各种具有相关关系或因果关系的经济因素更为清晰地显示出来，便于做深入的分析研究。②编写调研报告：它是调研活动的结论性意见的书面报告。编写原则应该是客观、公正、全面地反映事实，以求最大限度地减少营销活动管理者在决策前的不确定性。调研报告包括的内容有调研对象的基本情况、对所调研问题的事实所做的分析和说明、调研者的结论和建议。

二、目标市场选择

企业的一切活动要以市场为中心，然而，企业市场营销环境不断发生着变化，营销观念在变，竞争对手在变，顾客在变，市场调研方法、工具、技术、系统也在变。因此，每个企业其实都只是在为部分顾客提供产品和服务。企业要从潜在顾客中发现、辨识最有价值，并能为企业创造最有效的部分作为目标市场。要想确定目标市场，就需要进行市场细分（market segmentation），市场细分的结果是按照不同消费者群体而形成的细分市场。市场细分是选择目标市场的基础工作。

（一）市场细分

市场细分就是指企业按照某种标准将市场上的顾客划分成若干个顾客群，每一个顾客群构成一个子市场，不同子市场之间，需求存在着明显的差别。企业的市场营销活动包括市场细分，选择一个细分市场作为公司的目标市场，设计正确的产品、服务、价格、促销和分销系统“组合”，从而满足细分市场内顾客的需要和欲望。

1. 市场细分及其特征。市场细分是指营销者通过市场调研，依据消费者的需要和欲望、购买行为、购买习惯等方面的差异，把某一产品的市场整体划分为若干消费者群的市场分类过程。每一个消费者群就是一个细分市场，每一个细分市场都是具有类似需求倾向的消费者构成的群体。

企业进行市场细分的目的是通过对顾客需求差异予以定位，来取得较大的经济效益。从战略管理可知，产品的差异化必然导致生产成本和推销费用的相应增长，因此，企业必须在市场细分所得收益与市场细分所增成本之间做一平衡。

有效的细分市场必须具备以下特征。

（1）可衡量性。可衡量性是指用来细分市场的标准或依据及细分后的市场是可以识别和衡量的，即有明显的区别、有合理的范围。如果某些细分变数或购买者的需求和特点很难衡量，细分市场后无法界定，难以描述，那么市场细分就失去了意义。一般来说，一些带有客观性的变量，如年龄、性别、收入、地理位置、民族等，都易于确定，并且有关的信息和统计数据，也比较容易获得；而一些带有主观性的，如心理和性格方面的变量，就比较难以确定。

（2）可进入性。可进入性是指企业能够进入所选定的市场部分，能进行有效的促销和分销，实际上就是考虑营销活动的可行性。企业应能够通过一定的广告媒体把产品的信息传递到该市场众多的消费者中去，企业的产品应能通过一定的销售渠道抵达该市场。

（3）可盈利性（规模性）。可盈利性是指细分市场的规模要大到能够使企业足够获利的程度，使企业值得为它设计一套营销规划方案，以便顺利地实现其营销目标，并且有可拓展的潜力，以保证按计划能获得理想的经济效益和社会服务效益。

（4）差异性。差异性指细分市场在观念上能被区别并对不同的营销组合因素和方案有不同的反应。

（5）相对稳定性。细分后的市场能否在一定时间内保持相对稳定，直接关系到企业生产营销的稳定性。特别是大中型企业以及投资周期长、转产慢的企业，更容易造成经营困难，严重影响企业的经营效益。

2. 市场细分的作用。细分市场不是根据产品品种、产品系列来进行的，而是从消费者（指最终消费者和工业生产者）的角度进行划分的，是根据市场细分的理论基础，即消费者的需求、动机、购买行为的多元性和差异性来划分的。市场细分对企业的生产、营销等活动起着极其重要的作用。

（1）有利于选择目标市场和制定市场营销策略。市场细分后的子市场比较具体，比较容易了解消费者的需求，企业可以根据自己经营思想、方针及生产技术和营销力量，确定自己的服务对象，即目标市场。针对着较小的目标市场，便于制定特殊的营销策略。同时，在细分的市场上，信息容易了解和反馈，一旦消费者的需求发生变化，企业可迅速改变营销策略，制定相应的对策，以适应市场需求的变化，提高企业的应变能力和竞争力。

（2）有利于发掘市场机会，开拓新市场。通过市场细分，企业可以对每一个细分市场的购买潜力、满足程度、竞争情况等进行分析对比，探索出有利于本企业的市场机会，使企业及时做出投产、移地销售决策或根据本企业的生产技术条件编制新产品开拓计划，进行必要的产品技术储备，掌握产品更新换代的主动权，开拓新市场，以更好适应市场的需要。

（3）有利于集中人力、物力投入目标市场。任何一个企业的资源、人力、物力、资金都是有限的。通过细分市场，选择了适合自己的目标市场，企业可以集中人、财、物及资源，去争取局部市场上的优势，然后再占领自己的目标市场。

（4）有利于企业提高经济效益。企业通过市场细分后，可以面对自己的目标市场，生产出适销对路的产品，既能满足市场需要，又可增加企业的收入；产品适销对路可以加速商品流转，加大生产批量，降低企业的生产销售成本，提高生产工人的劳动熟练程度，提高产品质量，全面提高企业的经济效益。

3. 市场细分的方法。市场细分的基础是顾客需求的差异性，凡是使顾客需求产生差异的因素都可以作为市场细分的依据。市场细分可分为两大类：消费品市场细分和生产资料市场细分。消费品市场的细分依据包括地理因素、人口统计因素、心理因素、行为因素四个方面，每个方面又包括一系列的细分变量（见表3－15）。生产资料市场细分依据常用的包括最终用户要求、用户规模、用户地理位置等变量。

表 3 – 15　　消费品市场细分依据及变量一览

细分标准	细分变量
地理因素	地理位置、城镇大小、地形、地貌、气候、交通状况、人口密集度等
人口统计因素	年龄、性别、职业、收入、民族、宗教、教育、家庭人口、家庭生命周期等
心理因素	生活方式、性格、购买动机、态度等
行为因素	购买时间、购买数量、购买频率、购买习惯（品牌忠诚度）和对服务、价格、渠道、广告的敏感程度等

（1）消费品市场的细分标准。

①按地理因素细分，就是按消费者所在的地理位置、地理环境等变数来细分市场。

地理位置。可以按照行政区划来进行细分，如东北、华北、西北、西南、华东和华南几个地区；也可以按照地理区域来进行细分，如省、自治区，市、县等，或内地、沿海、城市、农村等。在不同地区，消费者的需求显然存在较大差异。

城镇大小。可划分为大城市、中等城市、小城市和乡镇。处在不同规模城镇的消费者，在消费结构方面存在较大差异。

地形和气候。按地形可划分为平原、丘陵、山区、沙漠地带等；按气候可划分为热带、亚热带、温带、寒带等。防暑降温、御寒保暖之类的消费品就可按不同的气候带来划分。如在我国北方，冬天气候寒冷干燥，加湿器很有市场；但在江南，由于空气中湿度大，基本上不存在对加湿器的需求。

②按人口统计因素细分，就是按年龄、性别、职业、收入、家庭人口、家庭生命周期、民族、宗教、国籍等变数，将市场划分为不同的群体。由于人口变数比其他变数更容易测量，且适用范围比较广，因而人口变数一直是细分消费者市场的重要依据。

年龄。不同年龄段的消费者，由于生理、性格、爱好、经济状况的不同，对消费品的需求往往存在很大的差异。因此，可按年龄将市场划分为许多各具特色的消费者群，如儿童市场、青年市场、中年市场、老年市场等。从事服装、食品、保健品、药品、健身器材、书刊等商品生产经营业务的企业，经常采用年龄变数来细分市场。

性别。按性别可将市场划分为男性市场和女性市场。不少商品在用途上有明显的性别特征，如男装和女装、男表与女表。在购买行为、购买动机等方面，男女之间也有很大的差异，如妇女是服装、化妆品、节省劳动力的家庭用具、小包装食品等市场的主要购买者，男士则是香烟、饮料、体育用品等市场的主要购买者。美容美发、化妆品、珠宝首饰、服装等许多行业，长期以来按性别来细分市场。

收入。收入的变化将直接影响消费者的需求欲望和支出模式。根据平均收入水平的高低，可将消费者划分为高收入、次高收入、中等收入、次低收入、低收入五个群体。收入高的消费者比收入低的消费者有条件购买更高价的产品，如钢琴、汽车、空调、豪华家具、珠宝首饰等；收入高的消费者一般喜欢到大百货公司或品牌专卖店购物，收入低的消费者则通常在住地附近的商店、仓储超市购物。因此，汽车、旅游、房地产等行业一般按收入变数细分市场。

民族。我国是一个多民族的大家庭，这些民族都各有自己的传统习俗、生活方式，从而呈现出各种不同的商品需求，如我国西北少数民族饮茶很多、回族不吃猪肉等。只有按民族这一细分变数将市场进一步细分，才能满足各族人民的不同需求，并进一步扩大企业的产品市场。

职业。不同职业的消费者，由于知识水平、工作条件和生活方式等不同，其消费需求存在很大的差异，如教师比较注重书籍、报刊方面的需求，文艺工作者则比较注重美容、服装等方面的需求。

教育状况。受教育程度不同的消费者，在志趣、生活方式、文化素养、价值观念等方面都会有所不同，因而会影响他们的购买种类、购买行为、购买习惯。

家庭人口。据此可分为单身家庭（1 人）、单亲家庭（2 人）、小家庭（2 ~ 5 人）、大家庭（6 人以上）。家庭人口数量不同，在住宅大小、家具、家用电器乃至日常消费品的包装大小等方面都会出现需求差异。

③按心理因素细分，就是将消费者按其生活方式、性格、购买动机、态度等变数细分成不同的群体。

生活方式。生活方式是人们对工作、消费、娱乐的特定习惯和模式，不同的生活方式会产生不同的需求偏好，如“传统型”“新潮型”“节俭型”“奢侈型”等。这种细分方法能显示出不同群体对同种商品在心理需求方面的差异性。

性格。消费者的性格与产品选择有很大的关系。性格可以用外向与内向、乐观与悲观、自信、顺从、保守、激进、热情、老成等词句来描述。性格外向、容易感情冲动的消费者往往好表现自己，因而他们喜欢购买能表现自己个性的产品；性格内向的消费者则喜欢大众化，往往购买比较平常的产品；富于创造性和冒险心理的消费者，则对新奇、刺激性强的商品特别感兴趣。

购买动机，即按消费者追求的利益来进行细分。消费者对所购产品追求的利益主要有求实、求廉、求新、求美、求名、求安等，这些都可作为细分的变量。例如，有人购买服装为了遮体保暖，有人是为了美的追求，有人则为了体现自身的经济实力等。

④按行为因素细分，就是按照消费者购买或使用某种商品的时间、购买数量、购买频率、对品牌的忠诚度等变数来细分市场。

购买时间。许多产品的消费具有时间性，如烟花爆竹、月饼、粽子、汤圆；旅行社在寒暑假期间大做广告，实行优惠票价；商家在酷热夏季大做空调广告；等等。因此，企业可根据购买时间进行细分，在适当的时候加大促销力度，采取优惠价格，以促进产品的销售。

购买数量。据此可分为大量用户、中量用户和少量用户。大量用户人数不一定多，但消费量大，许多企业以此为目标，反其道而行之也可取得成功。

购买频率。据此可分为经常购买、一般购买、不常购买（潜在购买者）。如铅笔、橡皮小学生经常购买。

购买习惯（对品牌忠诚度）。据此可将消费者划分为坚定品牌忠诚者、多品牌忠诚者、转移的忠诚者、无品牌忠诚者等。

（2）生产资料市场的细分标准。消费品市场的细分标准有很多都适用于生产资料市场的细分，如地理环境、气候条件、交通运输、追求利益、使用度、对品牌的忠诚度等。但由于生产资料市场有它自身的特点，企业还应采用其他一些标准和变数来进行细分。

①按用户的要求细分。不同的用户对同一产品有不同的需求，如按用户不同将市场细分为军工市场、工业市场和商业市场，军工市场特别注重产品质量；工业用户要求有高质量的产品和服务；商业市场主要用于转卖，除要求保证质量外，还要求价格合理和交货及时；飞机对所需轮胎要求的安全性比一般汽车生产厂商要高许多。企业应针对不同用户的需求，提供不同的产品，设计不同的市场营销组合策略，以满足用户的不同要求。

②按用户的经营规模细分。用户经营规模决定其购买能力的大小。按用户经营规模划分，可分为大用户、中用户、小用户。大用户户数虽少，但其生产规模、购买数量大，注重质量、交货时间等；小客户数量多，分散面广，购买数量有限，注重信贷条件等。许多时候，和一个大客户的交易量相当于与许多小客户的交易量之和，失去一个大客户，往往会给企业造成严重的后果。因此，企业应按照用户经营规模建立相应联系机制和确定恰当的接待制度。

③按用户的地理位置细分。每个国家或地区大都在一定程度上受自然资源、气候条件和历史传统等因素影响，形成若干工业园区，这就决定了生产资料市场往往比消费品市场在区域上更为集中。企业按用户的地理位置细分市场，选择客户较为集中的地区作为目标，有利于节省推销人员往返于不同客户之间的时间，而且可以合理规划运输路线，节约运输费用，也能更加充分地利用销售力量，降低推销成本。

为了有效地进行市场细分，实际工作中，具体的细分标准和变量的选择还需要注意动态性、适用性、组合性。

4. 市场细分的方法。市场细分的方法主要有单一变量法、主导因素排列法、综合因素细分法、系列因素细分法等。

（1）单一变量法。所谓单一变量法，是指根据市场营销调研结果，把选择影响消费者或用户需求最主要的因素作为细分变量，从而达到市场细分的目的。这种细分法是以公司的经营实践、行业经验和对组织客户的了解为基础，在宏观变量或微观变量间，找到一种能有效区分客户并使公司的营销组合产生有效对应的变量而进行的细分。例如，玩具市场需求量的主要影响因素是年龄，可以针对不同年龄段的儿童设计适合不同需要的玩具。性别也常作为市场细分变量而被企业所使用，妇女用品商店、女人街等的出现正反映出性别标准为大家所重视。

（2）主导因素排列法。主导因素排列法即用一个因素对市场进行细分，如按性别细分化妆品市场、按年龄细分服装市场等。这种方法简便易行，但难以反映复杂多变的顾客需求。

(3) 综合因素细分法。综合因素细分法即用影响消费需求的两种或两种以上的因素进行综合细分，例如，用生活方式、收入水平、年龄三个因素可将妇女服装市场划分为不同的细分市场，如图 3－31 所示。

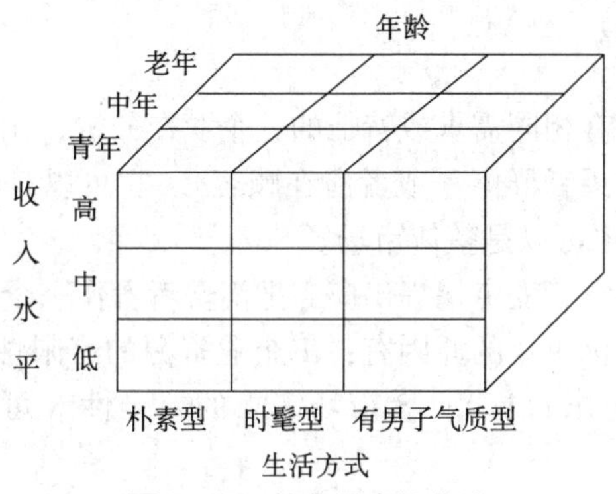

图 3－31 综合因素细分法

(4) 系列因素细分法。当细分市场所涉及的因素是多项的，并且各因素是按一定的顺序逐步进行时，可由粗到细、由浅入深，逐步进行细分，这种方法称为系列因素细分法。目标市场将会变得越来越具体，例如，皮鞋市场就可以用系列因素细分法（见图 3－32）。

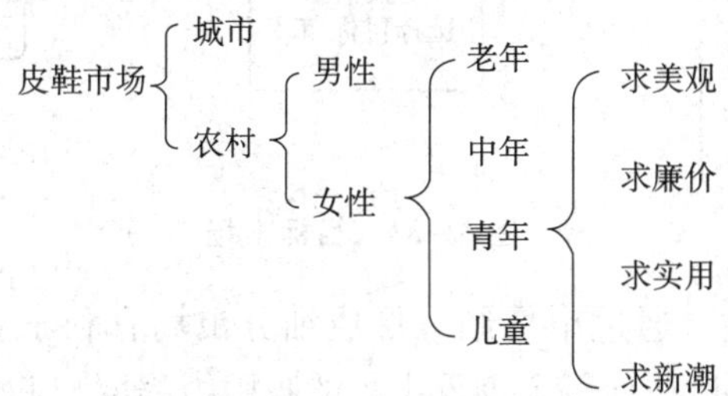

图 3－32 系列因素细分法

5. 市场细分的程序。市场细分作为一个比较、分类、选择的过程，应该按照一定的程序来进行，通常有这样几步：

(1) 选定产品的市场需求范围。确定经营范围，即潜在的顾客群体（产品的市场范围应以市场的需求而不是产品特性来定，并且产品市场范围应尽可能的全面）。列举和分析潜在顾客的各自需求。企业根据自身的经营条件和经营能力确定进入市场的范围，如进入什么行业，生产什么产品，提供什么服务。

(2) 形成细分市场。运用调查数据或者经验判断，重新按对顾客购买行为影响程度大小对变量进行降序排列，从而找出最合适的变量。放弃较小或无利可图的细分市场；合并较小且与其他需求相似的细分市场。为便于操作，可结合各细分市场上顾客的特点，用形象化、直观化的方法为细分市场定名，如某旅游市场分为商人型、舒适型、好奇型、冒险型、享受型、经常外出型等。

(3) 判断细分市场规模。确定产品的潜在购买者和使用者；估计购买率或使用率。市场细分是必要的，但也不是越细越好。市场细分过少、每个细分市场太大同样不适宜，因为这样的细分市场无法全部满足，必然会为竞争者的介入留下“破绽”。市场细分的深度及规模一定要与企业的资源、能力等相适应。同样，细分市场容量要足以让企业获利，企业最终才可以进入细分市场。

(二) 目标市场

目标市场是指具有相同需求或特征的，企业在分析、比较、选择后，决定作为自己服务对象的购买者群体（或者潜在顾客）。它可以是市场细分之后的一个或几个“子市场”，也可以是整体市场。

著名的市场营销学者麦卡锡提出应当把消费者看作一个特定的群体，称为目标市场。企业选择目标市场的原因有：①企业资源的有限性（限制条件）；②企业经营的择优性（追求目标）；③市场需求的差异性（可行条件）。具体如图 3－33 所示。

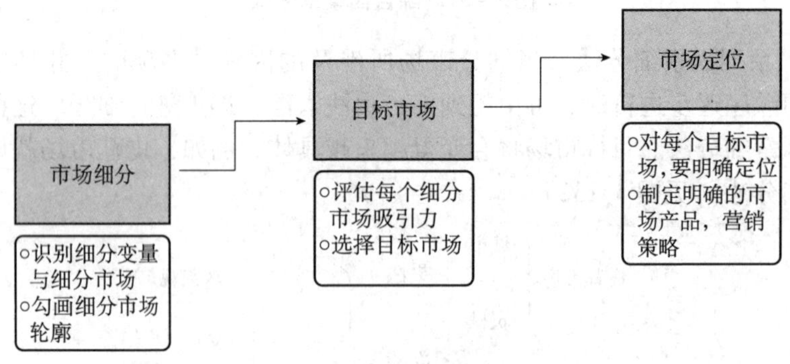

图 3－33 目标市场

1. 目标市场评估。通过市场细分形成细分市场有利于企业进行目标市场选择。目标市场选择是指估计每个细分市场的吸引力程度，并选择进入一个或多个细分市场。企业选择的目标市场应该是在其中创造最大顾客价值并能保持一段时间的细分市场。资源有限的企业或许决定只服务于一个或几个特殊的细分市场，包括评估每个子市场的发展潜力，然后选择其中的一个或多个细分市场进入。一个细分市场是否适合作为企业的目标市场，还需要进行评估，评估通常围绕特定细分市场的规模和增长率、细分市场结构吸引力、企业的目标和资源等方面来进行。

评估细分市场是进行目标市场选择的基础。评估细分市场是指对各细分市场在市场规模增长率、市场结构吸引力和企业目标与资源等方面的情况进行详细评估，在综合比较、分析的基础上，择出最优化的目标市场。

(1) 有一定的规模和发展潜力。规模和发展潜力主要看细分市场潜量。细分市场潜量是指一定时期内，各细分市场中的消费者对某种产品的最大需求量。首先，细分市场应该有足够大的市场需求潜量。如果某一细分市场的潜量太小，则意味着该市场狭小，没有足够的发掘潜力，企业进入后发展前景暗淡；如果市场趋于萎缩状态，企业进入后难以获得发展，应审慎考虑，不宜轻易进入。其次，细分市场的需求潜量规模应恰当，对小企业来说，需求潜量过大并不利：一则需要大量的投入；二则对大企业的吸引力过于强烈。唯有对企业发展有利的潜量规模才是具有吸引力的细分市场。要正确估测和评价一个市场的需求潜量，不可忽视消费者（用户）数量和他们的购买力水平这两个因素中的任何一个。

当然，企业也不宜与竞争企业遵循同一思维逻辑，将规模最大、吸引力最大的市场作为目标市场。共同争夺同一个顾客群的结果会造成过度竞争和社会资源的无端浪费。

（2）细分市场的结构吸引力。细分市场结构吸引力取决于市场内的竞争状况。对于某一细分市场，进入的企业可能会有很多，从而就可能导致市场内的竞争。这种竞争可能来自市场中已有的同类企业，也可能来自即将进入市场的其他企业，企业在市场中可能占据的竞争地位是评价各个细分市场的主要指标。显然竞争对手实力越雄厚，企业进入的成本和风险越大。竞争者数量较少、竞争者实力较弱或市场地位不稳固的细分市场更有吸引力，可能加入新竞争者。这是企业的潜在对手，他们会增加生产能力并争夺市场份额。问题的关键是新的竞争者能否轻易地进入这个细分市场，根据行业利润的观点，最有吸引力的细分市场是进入壁垒高、退出壁垒低的市场。此外，是否存在具有竞争力的替代品也是评价细分市场的方面之一。替代品的存在会限制细分市场内价格和利润的增长，所以已存在替代品或即将出现替代品的细分市场吸引力会降低。当然，最终企业自身的竞争实力也决定了其对细分市场的选择，竞争实力强，对细分市场选择的自由度就大一些；反之，受到的制约程度就高一些。

（3）企业的目标和资源能力。企业选择目标市场的根本目的就是要发现与自己的资源优势能够达到最佳结合的市场需求。某些细分市场虽然有较大吸引力，但不能推动企业实现发展目标，甚至分散企业的精力，使之无法完成其主要目标，这样的市场应考虑放弃。企业的资源优势表现在其资金实力、技术开发能力、生产规模、经营管理能力、交通地理位置等方面。消费需求的特点如能促进企业资源优势的发挥将是企业的良机，否则，会出现事倍功半的情况，对企业是资源的浪费，严重时，甚至造成很大的损失。企业只有选择目标市场特征与企业总目标和资源优势相吻合、能充分发挥其资源优势的市场作为目标市场，才会立于不败之地。

（4）细分市场的投资回报水平。企业进入某一市场是期望能够有利可图，企业十分关心细分市场提供的盈利水平。高投资回报率是企业所追求的，必须对细分市场的投资回报能力做出正确的估测和评价。

企业在进入每个细分市场之前必须考虑到以下几点：①每个细分市场都具有足够的吸引力，且符合公司的目标和资源水平；②在每个细分市场上企业都可盈利；③多个细分市场专业化的覆盖策略能分散企业的风险，所谓“东方不亮西方亮”。

2. 目标覆盖模式。对市场细分的结果——有关细分市场进行评估之后，企业需要考虑进入多少细分市场的问题。一般来说，企业有五种基本的市场覆盖模式（见图3-34）。

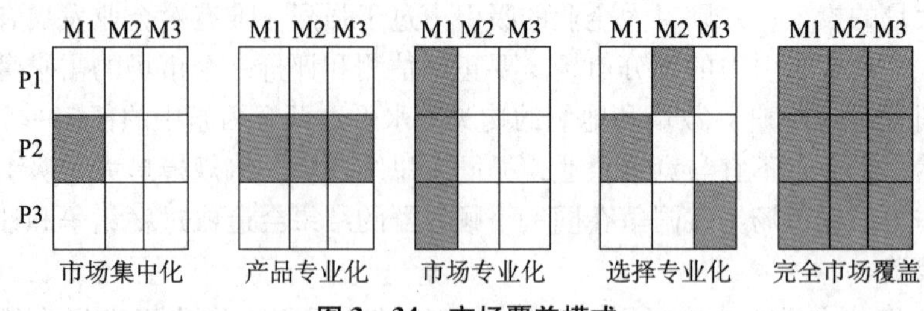

图3-34 市场覆盖模式

（1）单一市场集中模式。企业选择一个细分市场，进行集中性市场营销，即企业只全力生产一种产品，供应某一类顾客。

选择这种模式具有许多优点：

①企业能更清楚地了解细分市场的需求，从而树立良好的信誉，在细分市场上建立巩固的地位；

②企业通过生产、销售和促销等专业化分工，能提高经济效益；

③一旦企业在细分市场上处于领导地位，它将获得很高的投资收益。

这是最简单的模式，适用于实力不是很强、规模较小的企业。公司通过集中营销，能够更加了解本细分市场的需要，并有助于企业树立特别的声誉，在该细分市场建立巩固的市场地位。另外，公司通过生产、销售和促销的专业化分工，也获得了许多经济效益。如果细分市场补缺得当，公司的投资便可获得高报酬。但集中市场营销比一般情况风险更大，如果个别细分市场出现不景气的情况，或者某个竞争者决定进入同一个细分市场，会给企业带来一定的损失。

（2）产品专业化模式。产品专业化模式是指企业集中生产一种产品（该产品必须是成品，并具有完整的使用价值），并向各类顾客销售该产品。这种企业有利于企业创造专业化生产和研究的优势，从而在某个产品领域获得很高的声誉。小企业可以经由产品—市场集中模式，向产品专业化模式方向发展，具备实力的企业可以直接采用这种模式。

这种模式的优点是企业专注于某一种或一类产品的生产，有利于形成和发展生产和技术的优势，树立品牌形象。其局限性是当该领域被一种全新的技术与产品所代替时，产品销售量有大幅度下降的危险。

注意：如果一个企业的产品还需要别的企业进行再加工或组装才提供最终使用价值，则不能算作产品专业化。

（3）市场专业化模式。市场专业化模式是一种越来越重要的专业化类型，是指企业专门为满足某个顾客群体的各种需求而服务。企业专门为了某一类顾客群体服务，分散了风险，可以在市场中获得良好的声誉。市场专业化模式对企业的资源能力要求较高。

该模式的优点是市场专业化经营的产品类型众多，能有效地分散经营风险。

但由于集中于某一类顾客，当这类顾客的需求下降时，企业也会遇到收益下降的风险。

（4）选择性专业化模式。选择性专业化指企业有选择地同时进入几个细分市场，为几种不同的消费群提供各种不同的产品，是采用市场细分化原则，选择目标市场的策略之一，可以有效地分散经营风险，即使某个细分市场盈利不佳，企业仍可继续在其他细分市场获取利润，一般具有较强资源和营销实力的企业会采用这种模式。

这种模式的优点是产品多样化，能扩大销售量，可以有效地分散经营风险，增强企业的竞争力。缺点是产品多，产品设计、制造、仓储、促销费用高，管理复杂。

（5）完全市场覆盖模式。完全市场覆盖模式是指一个企业选择所有的细分市场作为自己的目标市场，用各种产品满足各类顾客的需求，即不分产品、不分市场、大小通吃。一般来说，只有大企业才能采用这种策略。

这种模式最大的优点是，企业可以大批量地进行生产，使生产成本和销售成本大幅度减少，管理工作也比较方便，如水、电等基本生活用品。但是，这种策略对于大多数企业的产品已经不适用了。

其缺点是，一方面，由于企业的生产品种日益增多，广告宣传、销售渠道和推销方法都要实行多元化，这样，势必会提高生产成本和销售费用，从而影响企业的经济效益；另一方面，如果无限地扩大生产品种，必然会受到企业的资金状况和技术的限制，使企业难以应付。特别是大量中小型企业，更不能盲目地采用这种策略。因此，对于大多数企业来说，选择目标市场应该有适当的控制，绝不能无限地扩大。

3. 目标市场选择。目标市场战略一般有三种，无差异市场战略、差异化市场战略和密集型市场战略（详细内容见企业战略管理，企业竞争战略中的成本领先战略、差异化战略和集中化战略）。

（1）无差异市场战略。无差异市场战略是把整个市场作为一个目标市场，用单一的营销战略开拓市场，它强调消费者的共同需要，忽视其差异性。采用这一战略的企业，一般都是既有实力强大的大规模生产方式，又有广泛而可靠的分销渠道，以及统一的广告宣传方式和内容。

无差异市场战略的基本条件是：所有的预期消费者都具有相同特性，产品很新，没有市场竞争，而且有足够的资源可以满足大规模生产和大规模营销所需要的主动营销活动。

无差异市场战略的优点：可以通过大批量生产降低单位产品成本；可以减少广告促销费用；可以减少市场调研及制定多种市场组合方案等带来的成本开支。这种战略仅适合于需求结构单一、市场供不应求的产品。

（2）差异化市场战略。差异化市场战略是面对已经细分的市场，企业选择两个或者两个以上的子市场作为目标市场，分别对每个子市场提供针对性的产品和服务以及相应的销售措施，满足不同消费者的需要。企业根据子市场的特点，分别制定产品策略、价格策略、渠道策略以及促销策略并予以实施。

差异化市场战略的类型：产品差异化、服务差异化、形象差异化、人员差异化等。

差异化市场战略的优点：使顾客的不同需求得到更好的满足，也使每个子市场的销售潜力得到最大限度的挖掘，有利于扩大企业的市场占有率；降低了经营风险，一个子市场的失败，不会导致整个企业陷入困境；提高了企业的竞争力，企业树立几个品牌可大大提高消费者对产品的信赖感和购买率；多样化的广告、多渠道的分销、多种市场调研费用、管理费用等，都是限制小企业进入的壁垒。对于雄厚财力、强大技术、拥有高质量的产品的企业，差异化市场战略是良好的选择。

差异化市场战略的缺点：营销成本过高，生产一般为小批量，使单位产品的成本相对上升，不具经济性；市场调研、销售分析、促销计划、渠道建立、广告宣传、物流配送等会大幅增加企业成本。这也是很多企业实施差异化市场战略，市场占有率扩大了，销量增加了，利润却降低了的原因。

（3）密集性市场战略。密集性市场战略是企业只选择一个或少数几个细分市场作为目标市场，实行专业化生产和销售，集中全力服务于该市场，以便争取优势地位。

密集性市场战略的特点：只把整个市场中的一部分作为目标市场，它所追求的不是在较大市场上占有较小的市场份额，而是在较小市场上占有较大的市场份额。具体做法是集中企业的优势力量生产某种独特产品，针对某个细分市场采取营销攻势，全力以赴占领该市场。一般说来，实力有限的中小企业多采用集中性市场策略。

企业最终实施何种目标市场战略，需要在全面考虑以下因素的基础上相机而定：资源与实力，产品同质性，市场同质性，产品生命周期阶段，竞争者战略，等等。

（三）竞争定位

1. 定位概念。1972 年，艾·里斯与杰克·特劳特提出了定位理论，开创了一种新的营销思维和理念，被评为“有史以来对美国营销影响最大的观念”。

一个企业要形成竞争优势，必须为其产品或品牌树立某种特色，锚定预期形象，获得潜在顾客、利益相关者的认同。也就是说，企业要对其目标市场勾画出自己的形象，帮助公众全面理解、准确认识其不同于竞争对手的独特价值，这就是定位。

定位是现代市场营销理论中的重要概念，并得到广泛的重视和应用。

（1）有助于明确市场营销组合的目标和方向。市场营销组合是一个企业满足目标市场的基本手段，即产品、价格、渠道和促销等的整合与使用，必须聚焦于所选择的定位。一般来说，选择目标市场界定了企业的服务对象和顾客范围；定位则进一步明确了企业的对手有谁，如何与之竞争。各种市场营销手段只有根据定位进行“组合”，才能够明确努力的方向，形成有战略意义的价值。

（2）有利于建立企业及其品牌的战略特色。现代社会，同一市场出现多种同类产品、替代品的现象总是存在，对企业构成各种竞争威胁。为获得稳定的市场地位，需要从各方面为企业、品牌、产品和服务等树立一定的特色，建设独特的市场形象，以期在顾客中形成特殊的偏好，提升不可替代性。

定位可以从战略上帮助企业实现竞争战略的追求，形成预期的竞争优势。

2. 定位分类。实践中，人们常常听到产品定位、品牌定位、市场定位、竞争定位、营销定位、战略定位等。

（1）市场定位。市场定位是在20世纪70年代由美国营销学家艾尔·里斯和杰克特劳特提出的，其是指企业根据竞争者现有产品在市场上所处的位置，针对顾客对该类产品某些特征或属性的重视程度，为本企业产品塑造与众不同的、给人印象鲜明的形象，并将这种形象生动地传递给顾客，从而使该产品在市场上确定适当的位置。

市场定位的实质是使本企业与其他企业严格区分开来，使顾客明显感觉和认识到这种差别，从而在顾客心目中占有特殊的位置。

市场定位的内容包括产品定位、竞争定位、消费者定位等。影响企业定位的主要因素有产品属性、产品的性价比、产品功能、使用者、产品类别和竞争者。

（2）产品定位。产品定位就是针对消费者或用户对某种产品某种属性的重视程度，塑造产品或企业的鲜明个性或特色，树立产品在市场上一定的形象，从而使目标市场上的顾客了解和认识本企业的产品。一般来说，产品定位包括质量定位、功能定位、价格定位和外形定位。

产品特色，有的可以从产品实体上表现出来，如形态、成分、结构、性能、商标、产地等；有的可以从消费者心理上反映出来，如豪华、朴素、时髦、典雅等；有的体现在价格上；有的体现在质量上；等等。企业在进行定位时一方面要了解竞争对手的产品具有何种特色，即竞争者在市场上的位置；另一方面要研究顾客对该产品各种属性的重视程度，包括产品特色需求和心理上的要求，然后分析确定本企业的产品特色和形象。

进行产品定位有以下好处：①确定本企业产品特色，以区别于竞争者。②针对本企业产品特色，有机地进行市场营销组合。如果已经采用“优质”定位的企业就必须生产优质产品，高价销售，通过高级经销商和高质量的报刊做广告。③发挥企业产品及其他资源优势。

（3）品牌定位。品牌定位是指企业在市场定位和产品定位的基础上，对特定的品牌在文化取向及个性差异上的商业性决策，它是建立一个与目标市场有关的品牌形象的过程和结果。换言之，即指为某个特定品牌确定一个适当的市场位置，使商品在消费者的心中占领一个特殊的位置，当某种需要突然产生时，随即想到该品牌，如在炎热的夏天突然口渴时，人们会立刻想到“可口可乐”。

良好的品牌定位是品牌经营成功的前提，为企业进占市场、拓展市场起到导航作用。品牌定位的目的就是将产品转化为品牌，以利于潜在顾客的正确认识。

成功的品牌都有一个特征，就是以一种始终如一的形式将品牌的功能与消费者的心理需要连接起来，通过这种方式将品牌定位信息准确传达给消费者。

品牌定位是市场定位的核心和集中表现。企业一旦选定了目标市场，就要设计并塑造自己相应的产品、品牌及企业形象，以争取目标消费者的认同。由于市场定位的最终目标是为了实现产品销售，而品牌是企业传播产品相关信息的基础，品牌还是消费者选购产品的主要依据，因而品牌成为产品与消费者连接的桥梁，品牌定位也就成为市场定位的核心和集中表现。

品牌定位策略主要有以下三种。

①抢先定位。指企业在进行品牌定位时，力争使自己的产品品牌第一个进入消费者心智，抢占市场第一的位置。杰克·特劳特发现，随着竞争的加剧，顾客心智中只能给两个品牌留下空间，这就是著名的“二元法则”。最先进入消费者心智的品牌，平均比第二的品牌在长期市场占有率方面要高很多，而且这种关系是不易改变的。一般来说，第一个进入消费者心智的品牌，都是难以被驱逐出去的。

②关联定位。这其实是一种借力的定位，借力于某品类的第一品牌进行攀附，从而达到攀龙附凤而上位的目的。如七喜，它发现美国的消费者在消费饮料时，三罐中有两罐是可乐，于是它说自己是“非可乐”。当人们想喝饮料时，第一个马上会想到可乐，然后有一个说自己是“非可乐”的品牌与可乐靠在一起，那就是七喜。“非可乐”的定位使七喜一举成为饮料业第三品牌。

③重新定位。重新定位就是发现竞争对手的弱点，从它的弱点中一举攻入，把它拿下来。其心智原理是：当顾客想到消费某个品类时，会立刻想到领导品牌，如果你作为一个替代角色出现的话，有可能在顾客的心智中完成一个化学反应——置换，这样就替代了领导品牌。

（4）竞争定位。竞争定位是指突出本企业产品与竞争者同档产品的不同特点，通过评估选择，确定对本企业最有利的竞争优势并加以开发。在消费者脑海中，为某个品牌建立有别于竞争者的形象的过程，而这程序的结果，即消费者所感受到相对于竞争者的形象。定位最重要的前提为差异化，定位的结果是以消费者的主观认知来判断，且定位并非一成不变，当环境改变时，品牌可能需要重新定位。

企业要关注不同市场中的消费者如何看待其产品、服务或品牌，从而应对竞争定位所带来的结果。

①竞争差异性：定位应该要清楚表达与竞争者的差异所在，差异性越大越能吸引目标市场的注意，并建立鲜明与深刻的印象。

②市场接受度：前面提到的竞争差异性是否被目标市场认可，或认为是有必要的或重要的，也是定位优劣的判断标准之一。

③本身条件的配合：一个定位除需要具备竞争差异性与市场接受度外，还需要符合厂商的目标与策略，并有恰当与足够的资源配合，以维持长久的竞争力。

市场定位是企业对目标消费者或目标消费者市场的选择，强调的是在满足需求方面，企业与竞争者相比，应该处于什么样的位置，使潜在顾客产生什么样的印象和认识；产品定位是就产品属性而言，企业用什么样的产品来满足目标消费者或目标消费市场的需求，企业与竞争者的产品在目标市场上，各自处于什么位置；竞争定位则突出在目标市场上，企业与竞争者之间，各自的产品及市场营销组合等有何不同。从理论上讲，先进行市场定位，然后才进行产品定位。产品定位是对目标市场的选择与企业产品结合的过程，也是将市场定位企业化、产品化的工作。

3. 定位传播。

（1）建立形象。

①建立与定位相一致的形象，让顾客知道、了解和熟悉企业的市场定位。企业必须积极主动，巧妙设计，与公众进行沟通，引起潜在顾客的注意与兴趣，并保持不断联系。

②建立与定位相一致的形象，使顾客认同、喜欢和偏爱企业的市场定位。认同是目标市场对企业有关定位信息的接受和认可，是公众对这一定位的意义和合理性的承认。人们对知道、了解和熟悉的事物未必都能接受，有的甚至可能会持反对态度。只有认为合理的才会接受，并内化为一种信念。喜欢则是在认同的基础上产生的愉悦感，偏爱则是建立在喜欢基础上的一种特别的、难以替代的感情。

（2）巩固形象。

①巩固与定位相一致的形象，强化目标客户的印象。印象来源于认知。人们对企业定位及其形象的认识，是一个持续的过程，也是一个不断由浅入深、由表及里、由偏到全的深化过程，有明显的阶段性。建立形象的努力，能使顾客对企业的定位产生基本认知，并为建立定位、塑造形象等奠定基础。

②巩固与定位相一致的形象，保持对目标顾客的了解。企业处于动态的环境中，环境因素也常常发生变化。企业必须具有应变能力，保持与环境的动态平衡，需要顾客始终了解企业的定位，才能巩固企业形象。

③巩固与定位相一致的形象，稳定目标顾客的态度。态度的形成有一个过程，一旦形成则会持续下去，难以轻易改变。但是态度在形成过程中容易发生变化。所以，企业在树立形象后，要不断向顾客提供新论据、新观点以证实其认识看法的准确性，防止顾客态度反向转化。

④巩固与定位相一致的形象，加深目标顾客的感情。顾客对一个企业及其定位的认知是充满鲜明的感情色彩的。在认知的同时，顾客会做出自己的价值判断，并确定其态度和倾向。引导顾客感情倾向，增加其感情浓度，提高顾客感情效能，有利于企业定位及形象的巩固。

（3）矫正差异。矫正与定位不一致的形象，消除目标顾客对企业及其定位的理解偏差和误解，避免定位过高或过低，也避免定位模糊与混乱。

4. 定位战略。

（1）避强定位。避强定位是指企业力图避免与实力最强的或较强的其他企业直接发生竞争，而将自己的产品定位于另一市场区域内，使自己的产品在某些特征或属性方面与最强或较强的对手有比较显著的区别。

避强定位的优点是：①能够使企业较快速地在市场上站稳脚跟，并能在消费者或用户心目中树立起一种形象；②市场风险较小，成功率较高。其缺点主要是：避强往往意味着企业必须放弃某个最佳的市场位置，很可能使企业处于最差的市场位置。

（2）迎头定位。迎头定位是企业根据自身的实力，为占据较佳的市场位置，不惜与市场上占支配地位、实力最强或较强的竞争对手发生正面竞争，从而使自己的产品进入与对手相同的市场位置。由于竞争对手强大，这一竞争过程往往相当引人注目，企业及其产品能较快地被消费者了解，达到树立市场形象的目的。这种方式可能引发激烈的市场竞争，具有较大的风险。因此，企业必须知己知彼，了解市场容量，正确判定凭自己的资源和能力可以达到的目的。

（3）重新定位。重新定位是指企业为已在某市场销售的产品重新确定某种形象，以改变消费者原有的认识，争取有利的市场地位的活动。

企业产品在市场上的定位即使很恰当，但在出现下列情况时也需考虑重新定位：一是竞争者推出的市场定位在本企业产品的附近，侵占了本企业品牌的部分市场，使本企业品牌的市场占有率有所下降；二是消费者偏好发生变化，从喜爱本企业某品牌转移到喜爱竞争对手的某品牌。

企业在重新定位前，尚需考虑两个主要因素：一是企业将自己的品牌定位从一个子市场转移到另一个子市场时的全部费用；二是企业将自己的品牌定在新位置上的收入有多少，而收入多少又取决于该子市场上的购买者和竞争者情况，取决于在该子市场上销售价格能定多高等。

（4）定位战略实施。在定位战略实施过程中，每个企业都有独特的竞争优势，以吸引特定的潜在顾客。企业定位战略实施主要做好以下工作。

①识别潜在的竞争优势。一是明确竞争者在目标市场上做了什么，做得如何，其产品、服务、质量、水平；竞争者的业务经营情况，其销售额、利润率、市场份额、投资回报；竞争者的财务状况，其盈利能力、资金周转率、偿债能力等，重点是了解竞争者满足潜在顾客（产品与需求的匹配度、成本收益状况）的情况，并做出正确的估计和判断。二是目标市场上顾客确实需要什么，满足得如何。企业要辨识潜在顾客的需求，包括其产品、价格、渠道和促销等，更深地了解顾客需要，更好地满足其欲望。

②选择相对的竞争优势。相对竞争优势是企业能够更好地满足潜在客户的本领、超越对手的更胜一筹的能力。企业需要考虑和选择重要性、独特性、优越性、可沟通性、专有性、经济性、盈利性等方面，选择关键的潜在优势，予以培育和开发。

③表达核心的竞争优势。企业要将定位有效地、创造性地呈现，使其逐渐成为一种鲜明的市场概念（其成功与否取决于产品、服务和利益能否吻合顾客的需要），通过内容（产品、服务、品牌）、背景（环境）和基础设施（技术、工具）

表达出来。

三、营销策略实施

企业管理者分析了市场机会，选择了目标市场，然后根据环境、市场、竞争对手的变化来确定市场营销策略。市场营销策略是指企业根据自身内部条件和外部竞争状况所确定的关于选择和占领目标市场的策略。市场营销策略包括产品策略、价格策略、渠道策略、促销策略等。实际工作中，企业要综合运用市场营销组合以较少的营销投入获取最大的收益。

市场营销组合是指企业针对目标市场的需要，综合考虑环境、能力、竞争状况，对自己可控制的各种营销因素（产品、价格、渠道、促销等）进行优化组合，使之协调配合，扬长避短，发挥优势，以取得更好的经济效益和社会效益。

（一）产品策略

产品策略既是市场营销组合要考虑的第一个决策，也是最基本的决策，是整个市场营销组合策略的基石，直接影响着其他市场营销组合的管理。

1. 产品组合。

（1）产品及其分类。产品是指作为商品提供给市场，被人们使用和消费，并能满足人们某种需求的任何东西，包括有形的物品、无形的服务、组织、观念或它们的组合。

产品一般可以分为五个层次，即核心产品、形式产品、期望产品、附加产品、潜在产品（见图3－35）。

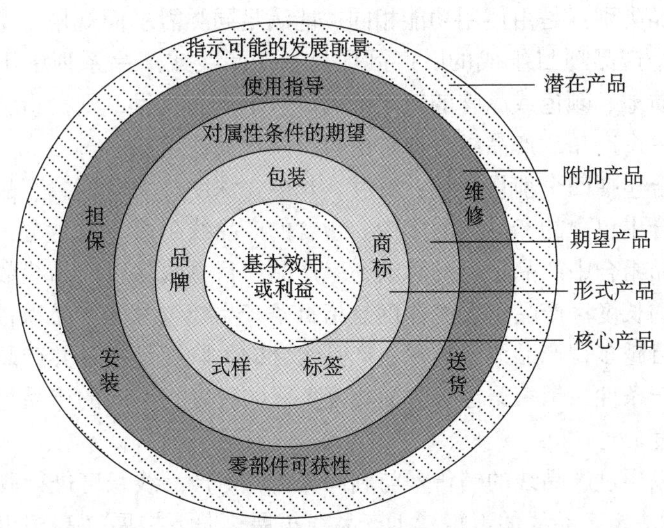

图3－35　产品层次

①核心产品。核心产品是指向顾客提供的产品的基本效用或利益。从根本上说，每一种产品实质上都是为解决问题而提供的服务。因此，营销人员向顾客销

售任何产品，都必须具有反映顾客核心需求的基本效用或利益。

②形式产品。形式产品是指核心产品借以实现的形式，由五个特征构成，即品质、式样、特征、商标及包装。即使是纯粹的服务，也具有相类似的形式上的特点。

③期望产品。期望产品是指购买者在购买产品时期望得到的与产品密切相关的一整套属性和条件。

④附加产品。附加产品是指顾客购买形式产品和期望产品时附带获得的各种利益的总和，包括产品说明书、保证、安装、维修、送货、技术培训等。国内外很多企业的成功，在一定程度上应归功于它们更好地认识到服务在产品整体概念中所占的重要地位。

⑤潜在产品。潜在产品是指现有产品包括所有附加产品在内的，可能发展成为未来最终产品的潜在状态的产品。潜在产品指出了现有产品可能的演变趋势和前景。

产品的分类方法多种多样：

①按照是否耐用分为非耐用品（化妆品、文具）和耐用品（汽车、空调等）；②按照是否有形分为有形产品和无形产品（服务）；③根据消费者的购买习惯分为便利品（饮料、饼干）、选购品（服装、家具）、特殊品（收藏的邮票、钱币）和非渴求物品（顾客不知道的物品）；④按照产品参加生产过程的方式分为完全进入产品的产业用品（原料、材料和零部件）、部分进入产品的产业用品（设施、附属设备）、不进入产品的产业用品（供应品、企业服务）等。

（2）产品组合优化。产品组合是指一个企业提供给市场的全部产品线和产品项目结构，即企业的业务经营范围。产品线是指同类产品的系列。一条产品线就是一个产品类别，是由使用功能相同、能满足同类需求而规格、型号、花色等不同的若干个产品项目组成的。产品项目指产品线或产品系列中不同型号、规格、款式、质地、颜色或品牌的特定产品。一个产品项目，则是指企业产品目录上开列的每一个产品。产品组合通常由若干条产品线组成。

产品组合包括四个衡量变量：宽度、长度、深度、关联度。产品组合的宽度是指产品组合中包含的产品线的多少，包含的产品线越多，就越宽；产品组合的长度是指产品组合中产品项目的总数，以产品项目总数除以产品线数目即可得到产品线的平均长度；产品组合的深度是指每条产品线包含的产品项目的多少，包含的产品项目越多，产品线就越深；产品组合的关联度是指各类产品线之间在最终用途、生产条件、销售渠道等方面相互关联的程度，不同的产品组合存在着不同的关联程度。

企业可以通过产品线的销售量与利润分析，对产品线长度进行调整（增加或缩短），同时决定产品线的策略：①产品线扩展。向下扩展（高档市场转向低档市场）、向上扩展（低档产品转向高档产品）或双向扩展（中档转向高档、低档转向中档）。②产品线填补（现有产品线范围内增加一些产品项目）。③产品线现代化。④产品线特色化（选择典型）。⑤产品线削减。

产品线长度决策要受到企业目标的影响。在市场增长率较高或企业追求较高的市场占有率时，企业通常都希望拥有完整的、较长的产品线，而可能忽视产品线中有一些产品项目获利能力较差的情况。在追求取得较高利润率的情况下，企业会对产品项目的盈利能力进行分析评价，只选择那些具有较高利润率的产品项目组成企业的产品线。

产品线存在着不断延长的趋势。由于生产能力过剩，促使企业开发新的产品项目，推销人员和中间商要求增加产品项目，以满足顾客的需要，产品线经理为了扩大销量、增加盈利而增加新的产品项目。产品项目的增加会导致企业的一些成本费用相应地增加，如设计及工程成本、生产转换成本、储运费、订单处理费用、促销费用等。随着产品项目的不断增加，企业会因资源不足而产生资源优化配置的要求。通过对产品线中各产品项目盈利能力的分析评价，删除掉那些亏损或盈利能力差的产品项目，从而缩短了产品线的长度。这种现象在企业生产经营过程中会多次重复出现，企业可以通过延伸或充实的方式来增加产品线的长度。

产品线充实决策是在现有产品线的范围内增加产品项目。企业采取产品线充实的主要原因有：为了增加利润；为了满足中间商增加营业额的要求；利用过剩的生产能力；争取成为领先的、有完整产品线的企业；填补市场空缺，防止竞争者进入。充实后的各个产品项目之间应该具有明显的差异，使顾客能够将它们区别开来而不致产生混淆，否则会造成这些产品项目的相互竞争而影响销售。

在选择产品线深度时应主要考虑以下因素：①目标市场的消费层次。如果目标市场消费者的收入差距较大，消费层次就比较多，产品线就可深一些。反之，就应该浅一些。②加深产品线所需增加的投入与所能增加的收入的比较。③产品线深度的延伸方向。

企业为了实现营销目标，充分有效地满足目标市场，必须设计一个优化的产品组合。企业在优化产品组合时，可以根据情况选择以下策略。

①扩大产品组合。扩大产品组合可以充分地利用企业的人财物资源，分散风险，增强竞争力。例如，拓展产品组合的宽度、深度；增加新的产品大类或加强有发展潜力的产品大类；增加新的产品项。

②缩减产品组合。当市场不景气、原材料供应紧张时，缩减产品反而可能增加企业的利润。

③产品延伸。产品延伸可以满足更多的消费需求，迎合顾客求异求变的心理，减少新产品开发的风险，适应不同价格层次的需要。如有向下延伸、向上延伸或双向延伸等。

（3）产品生命周期。产品从投入市场到最终退出市场的全过程称为产品的生命周期，该过程一般经历产品的导入期、成长期、成熟期和衰退期四个阶段。在产品生命周期的不同阶段，产品的市场占有率、销售额、利润额是不一样的。导入期产品销售量增长较慢，利润额多为负数。当销售量迅速增长，利润由负变正并迅速上升时，产品进入了成长期。经过快速增长的销售量逐渐趋于稳定，利润增长处于停滞，说明产品成熟期来临。在成熟期的后一阶段，产品销售量缓慢下降，利润开始下滑。当销售量加速递减，利润也较快下降时，产品便步入了衰退期。

产品生命周期形态可分为典型和非典型。典型的产品生命周期要经过导入期、成长期、成熟期和衰退期，呈“S 型”曲线。非典型形态有“循环—再循环型”“扇型”“非循环型”等。

不同产品生命周期的营销策略：

①导入期是新产品首次正式上市的最初销售时期，只有少数创新者和早期采用者购买产品，销售量小，促销费用和制造成本都很高，竞争也不太激烈。这一阶段企业营销策略的指导思想是，把销售力量直接投向最有可能的购买者，即新产品的创新者和早期采用者，让这两类具有领袖作用的消费者加快新产品的扩散速度，缩短导入期的时间。具体可选择的营销策略有：快速撇取策略，即高价高强度促销；缓慢撇取策略，即高价低强度促销；快速渗透策略，即低价高强度促销；缓慢渗透策略，即低价低强度促销。

②成长期的产品，其性能基本稳定，大部分消费者对产品已熟悉，销售量快速增长，竞争者不断进入，市场竞争加剧。企业为维持其市场增长率，可采取以下策略：改进和完善产品；寻求新的细分市场；改变广告宣传的重点；适时降价；等等。

③成熟期的营销策略应该是主动出击，以便尽量延长产品的成熟期，具体策略有：市场改良策略，即通过开发产品的新用途和寻找新用户来扩大产品的销售量；产品改良策略，即通过提高产品的质量，增加产品的使用功能，改进产品的款式、包装，提供新的服务等来吸引消费者。

④衰退期的产品，企业可选择以下几种营销策略：维持策略；转移策略；收缩策略；放弃策略。

2. 产品开发。

（1）新产品的概念。随着科学技术的飞速发展，经济全球化步伐的加快，市场竞争日益激烈，世界市场机会在不断转移，导致产品生命周期越来越短。市场营销意义上的新产品含义很广，既包括因科学技术在某一领域的重大发现所产生的新产品，也包括生产销售方面，只要产品在功能、形态上发生改变，与原来的产品产生差异，甚至只是产品从原有市场进入新的市场，都可视为新产品；在消费者方面，则是指能进入市场给消费者提供新的利益、新的效用而被消费者认可的产品。

按产品研究开发过程，新产品可分为全新产品、模仿型新产品、改进型新产品、形成系列型新产品、降低成本型新产品和重新定位型新产品。全新产品是指应用新原理、新技术、新材料，具有新结构、新功能的产品。改进型新产品是指在原有老产品的基础上进行改进，使产品在结构、功能、品质、花色、款式及包装上具有新的特点和新的突破，改进后的新产品，其结构更加合理，功能更加齐全，品质更加优质，能更多地满足消费者不断变化的需要。模仿型新产品是企业对国内外市场上已有的产品进行模仿生产，称为本企业的新产品。形成系列型新产品是指在原有的产品大类中开发出新的品种、花色、规格等，从而与企业原有产品形成系列，扩大产品的目标市场。降低成本型新产品是以较低的成本提供同样性能的新产品，主要是指企业利用新科技，改进生产工艺或提高生产效率，削减原产品的成本，但保持原有功能不变的新产品。重新定位型新产品指企业的老产品进入新的市场而被称为该市场的新产品。

（2）新产品开发的组织。一般常见的新产品开发组织有新产品委员会、新产品部、产品经理、新产品经理、项目团队、项目小组六种形式。

①新产品委员会。新产品开发委员会是一种专门的新产品开发组织形式之一，该委员会通常由企业最高管理层加上各主要职能部门的代表组成，是一种高层次的新产品开发的参谋和管理组织。其优点是可以汇集各部门的想法和意见，强化信息沟通，使决策更加民主化和科学化。缺点是委员会成员之间的权责不清，容易发生互相推诿责任的现象，且当各职能部门的目标与企业总体目标不一致时，较难统一意见。新产品开发委员会属于矩阵式组织结构，可分为决策型、协调型和特别型三类。决策型新产品委员会的主要职能是制定新产品开发战略、配置新产品开发所需的企业内外部资源、新产品开发项目的评价及选择等，通常是企业最高领导者牵头。协调型新产品委员的主要职能是负责新产品开发活动中各职能部门的协调。特别委员会是新产品开发的智囊团，对新产品开发过程中出现的问题和困难提出建议和对策，如技术障碍、构思筛选的评价问题、设计问题、工艺问题、商品化过程中出现的问题等，由各种专家和职能部门的关键人物等组成。

②新产品部。大企业常设新产品部，也称产品规划部、技术中心或研究所等。从若干职能部门抽调专人组成一个固定的独立性的开发组织，集中处理新产品开发过程中的种种问题，如提出开发的目标制定市场调研计划、筛选新产品构思、组织实施控制和协调等。该部门的主管拥有实权并与高层管理者密切联系。它是新产品委员会最恰当的补充管理组织，其优点是权力集中，建议集中，见解独立，有助于企业进行决策，并保持新产品开发工作的稳定性和管理的规范化。缺点是不易协调各职能部门之间的矛盾。

③产品经理。许多公司把新产品开发作为产品经理的一项重要职能。但产品经理的工作重心往往是对他管理的产品或产品线投入更多的时间和精力，对新产品开发无法尽全力。

④新产品经理。在这种组织形式下，企业根据所实施的新产品项目的多少在产品经理下面设置若干新产品经理，一个新产品经理对一个或一组新产品项目负责。从新产品策划一直到新产品投入市场，都由新产品经理负责进行。这种组织形式主要适用于规模较大、资源丰富、新产品项目多、主要依靠新产品参与竞争的企业。

⑤项目团队。项目团队正日趋成为一种最强的横向联系机制。团队是一种长期的任务组，经常和项目小组一起使用。当在一段较长的时间内需要部门的协调活动时，设立跨部门团队，是明智的选择。

⑥项目小组。有些企业会为不定期的新产品开发设立临时项目小组，这是由来自各个不同职能部门的人员组成的一种组织，是一种矩阵式的组织形式，它通常向企业的最高管理层直接报告工作，并具有为新产品制定政策的权力。它的工作期限不定，到完成任务为止。不同的开发项目，其成员不同，但成员往往具有较强的革新和开拓精神。项目经理对整个新产品开发负责，但对项目组成员并不拥有加薪、升职、雇用和解雇的正式权力，正式权力取决于职能部门管理者。项目经理需要出色的人际关系能力，他们得通过专业知识和游说来实现协作。他们横跨于部门之间，必须有能力把人们组织起来。

创新需要激情，避免纯理性；需要分权，否定集中；需要更多的激励和容忍，抛弃限制和惩罚；需要竞争，避免按章行事。因此，新产品开发组织具有高度的灵活性，新产品开发组织要具备简单的人际关系，高效、快速的信息传递系统，较高的管理权力，充分的决策自主权，等等。

(3) 新产品开发程序。一个完整的新产品开发过程要经历八个阶段：构思产生、构思筛选、概念发展和测试、营销规划、商业分析、产品实体开发、新产品试销、商业化。

①构思产生。一个好的新产品构思是新产品开发成功的关键。企业通常可从企业内部和企业外部寻找新产品构思的来源。公司内部人员包括研究开发人员、市场营销人员、高层管理者及其他部门人员。这些人员与产品的直接接触程度各不相同，但他们总的共同点便是都熟悉公司业务的某一或某几方面。对公司提供的产品较外人有更多的了解与关注，因而往往能针对产品的优缺点提出改进或创新产品的构思。企业可寻找的外部构思来源有顾客、中间商、竞争对手、企业外的研究和发明人员、咨询公司、营销调研公司等。

②构思筛选。在这个过程中，企业要力争做到除去亏损最大和必定亏损的新产品构思，选出潜在盈利大的新产品构思。构思筛选的主要方法是建立一系列评价模型。评价模型一般包括评价因素、评价等级、权重和评价人员。其中，确定合理的评价因素和给每个因素确定适当的权重是评价模型是否科学的关键。

③概念发展和测试。必须把新产品构思转化为新产品概念才能真正指导新产品的开发。新产品概念是企业从消费者的角度对产品构思进行的详尽描述。即将新产品构思具体化，描述出产品的性能、具体用途、形状、优点、外形、价格、名称、提供给消费者的利益等，让消费者能一目了然地识别出新产品的特征。新产品概念形成的过程亦即把粗略的产品构思转化为详细的产品概念。任何一种产品构思都可转化为几种产品概念。新产品概念的形成来源于针对新产品构思提出问题的回答，一般通过对以下三个问题的回答，可形成不同的新产品概念。即谁使用该产品？该产品提供的主要利益是什么？该产品适用于什么场合？

④营销规划。营销战略计划包括三个部分：第一部分是描述目标市场的规模、结构和消费者行为，新产品在目标市场上的定位，市场占有率及前几年的销售额和利润目标等。第二部分是对新产品的价格策略、分销策略和第一年的营销预算进行规划。第三部分则描述预期的长期销售量和利润目标以及不同时期的营

销组合。

⑤商业分析。商业分析的主要内容是对新产品概念进行财务方面的分析，即估计销售量、成本和利润，判断它是否满足企业开放新产品的目标。

⑥产品实体开发。新产品实体开发主要解决产品构思能否转化为在技术上和商业上可行的产品这一问题。它是通过对新产品实体的设计、试制、测试和鉴定来完成的。根据美国科学基金会调查，产品实体开发阶段所需的投资和时间分别占总开发总费用的30%、总时间的40%，且技术要求很高，是最具挑战性的一个阶段。

⑦新产品试销。新产品市场试销是对新产品正式上市前所做的最后一次测试，且该次测试的评价者是消费者的货币选票。通过市场试销将新产品投放到有代表性地区的小范围的目标市场进行测试，企业才能真正了解该新产品的市场前景。市场试销是对新产品的全面检验，可为新产品是否全面上市提供全面、系统的决策依据，也为新产品的改进和市场营销策略的完善提供启示，有许多新产品是通过试销改进后才取得成功的。

新产品市场试销的第一步是决定是否试销，并非所有的新产品都要经过试销，可根据新产品的特点及试销对新产品的利弊分析来决定。如果决定试销，第二步是对试销市场的选择，所选择的试销市场在广告、分销、竞争和产品使用等方面要尽可能地接近新产品最终要进入的目标市场。第三步是对试销技术的选择，常用的消费品试销技术有销售波测试、模拟测试、控制性试销及试验市场试销。工业品常用的试销方法是产品使用测试，或通过商业展览会介绍新产品。对新产品试销过程进行控制是第四步，对促销宣传效果、试销成本、试销计划的目标和试销时间的控制是试销人员必须把握的重点。第五步是对试销信息资料的收集和分析，如消费者的试用率与重购率，竞争者对新产品的反应，消费者对新产品性能、包装、价格、分销渠道、促销发生等的反应。

⑧商业化。新产品的商业化阶段的营销运作，企业应在以下几方面慎重决策：何时推出新产品，针对竞争者的产品而言，有三种时机选择，即首先进入、平行进入和后期进入；何地推出新产品；如何推出新产品，企业必须制定详细的新产品上市的营销计划，包括营销组合策略、营销预算、营销活动的组织和控制等。

（4）新产品采用过程。新产品的采用过程是潜在消费者如何认识、试用和采用或拒绝新产品的过程。从潜在消费者发展到采用者要经历五个阶段：认识、说服、决策、实施、证实。营销人员应仔细研究各个阶段的不同特点，采取相应的营销策略，引导消费者尽快完成采用过程的中间阶段。

①认识阶段。在认识阶段，消费者要受个人因素（性格特征、社会地位、经济收入、性别年龄、文化水平等）、社会因素（文化、经济、社会、政治、科技等）和沟通行为因素的影响。他们逐步认识到创新产品，并学会使用这种产品，掌握其新的功能。研究表明，较早意识到创新的消费者同较晚意识到创新的消费者有着明显的区别，一般来说，前者较后者有着较高的文化水平和社会地位，他

们广泛地参与社交活动，能及时、迅速地搜集到有关新产品的信息资料。

②说服阶段。有的消费者认识到了创新产品并知道如何使用，但一直没有产生喜爱和占有该种产品的愿望。一旦产生这种愿望，决策行为就进入了说服阶段。在认识阶段消费者的心理活动尚停留在感性认识上，而其心理活动就具有影响力了。在说服阶段，消费者常常要亲自操作新产品，以避免购买风险。不过即使如此也并不能促使消费者立即购买，除非营销部门能让消费者充分认识到新产品的特性。这包括相对优越性（即创新产品被认为比原有产品好，在功能性、可靠性、便利性、新颖性等方面比原有产品有优势）、适用性（即创新产品与消费者行为及观念相吻合）、复杂性（即认识创新产品的困难程度）、可试性（即创新产品在一定条件下可以试用）、明确性（指创新产品在使用时容易被人们观察和描述，容易被说明和示范）。

在说服阶段，消费者对创新产品将有确定性认识，会多次在脑海里尝试着使用新产品，看看它究竟是否适合自己的情况。此时，企业的广告和人员推销将提高消费者对产品的认知程度。一般来说，当创新产品与消费者的需求结构、价值观、信仰和经验适应或较为接近时，就较容易被迅速采用。创新产品越是难以理解和使用，其采用率就越低。这就要企业在新产品设计、整体结构、使用维修和保养方法等方面与目标市场的认识程度相接近，尽可能设计出简单易懂、方便使用的产品。汽车试驾是为了方便消费者对新产品的试用，减少购买风险，提高采用率。创新产品的消费行为越容易被感知，其明确性就越强，其采用率也就越高。

③决策阶段。通过对产品特性的分析和认识，消费者开始决策，即决定采用还是拒绝采用该种新产品。如果采用，有两种可能：在使用之后觉得效果不错，继续使用下去；使用之后发现令人失望，便中断使用，可能改用别的品牌，也可能干脆不使用这类产品。如果拒绝也有两种可能：以后改变了态度接受了这种创新产品；继续拒绝采用这种产品。

④实施阶段。当消费者开始使用创新产品时，就进入了实施阶段。在决策阶段，消费者只是在心里盘算究竟是使用该产品呢还是仅仅试用一下，并没有完全确定。到了实施阶段，消费者就考虑以下问题了："我怎样使用该产品?""我如何解决操作难题?"这时，企业营销人员就要积极主动地向消费者进行介绍和示范，并提出自己的建议。

⑤证实阶段。人类行为的一个显著特征是，人在做出某项重要决策之后总是要寻找额外的信息，来证明自己决策的英明和果断。消费者购买决策亦不例外。在创新决策过程中存在一种不和谐，称为决策后不和谐。由于消费者面临多种备选方案，而每一种方案又都有其优点和缺点，所以只要消费者选择其中的一个方案，不和谐就会发生。在决策之后，消费者总是要评价其选择行为的正确与否。在整个创新决策过程中，证实阶段包括了决策后不和谐、后悔和不和谐减弱三种情况。消费者往往会告诉朋友们自己采用创新产品的明智之处，倘若他或她无法说明采用决策是正确的，那么就可能中断采用。此时，推销人员则要加强推销

攻势。

(5) 新产品扩散过程。采用过程是从微观视角考察消费者个人由接受到重复购买的各个心理阶段，扩散过程是从宏观视角分析创新产品如何在市场传播并被采用的更为广泛的问题。

新产品扩散过程是指产品上市后，随着时间的推移，不断被越来越多的消费者采用的过程，也就是新产品上市后逐渐地发展到其潜在市场的各个部分。

美国学者罗杰斯在对新产品扩散过程的研究中发现，社会地位、消费心理、消费观念、个人性格上的差异是影响消费者接受新技术和新产品的重要因素。就消费品而言，按照顾客接受新产品的快慢程度，把新产品的采用者分为五种类型。

①创新采用者。该类采用者约占全部潜在采用者的2.5%。任何新产品都是由少数创新采用者率先使用的，因此，他们具备如下特征：极富冒险精神；收入水平、社会地位和受教育程度较高；一般是年轻人，交际广泛而且信息灵通。

企业市场营销人员在向市场推出新产品时，应把促销手段和传播工具集中于创新采用者身上。如果他们的采用效果较好，就会大力宣传，影响到后面的使用者。不过，找出创新采用者并非易事。

②早期采用者。早期采用者是第二类采用创新的群体，占全部潜在采用者的13.5%。他们大多是某个群体中具有很高威信的人，受到周围朋友的拥护和爱戴。正因如此，他们常常去收集有关新产品的各种信息资料，成为某些领域的舆论领袖。这类采用者多在产品的介绍期和成长期采用新产品，并对后面的采用者影响较大。所以，他们对创新扩散有着决定性影响。

③早期大众。这类采用者的采用时间较平均采用时间要早，占全部潜在采用者的34%。其特征是：深思熟虑，态度谨慎；决策时间较长；受过一定教育；有较好的工作环境和固定收入；对舆论领袖的消费行为有较强的模仿心理。他们虽然也希望在一般人之前接受新产品，但却是在经过早期采用者认可后才购买，从而成为赶时髦者。

④晚期大众。这类采用者的采用时间较平均采用时间稍晚，占全部潜在采用者的34%。其基本特征是多疑。他们的信息多来自周围的同事或朋友，很少借助宣传媒体收集所需要的信息，其受教育程度和收入状况相对较差，所以，他们从不主动采用或接受新产品，直到多数人都采用且反映良好时才行动。显然，对这类采用者进行市场扩散是极为困难的。由于该类采用者和晚期大众占全部潜在采用者的68%，因而研究其消费心理和消费习惯对于加速创新产品扩散有着重要意义。

⑤落后采用者。这类采用者是采用创新的落伍者，占全部潜在采用者的16%。他们思想保守，拘泥于传统的消费行为模式。他们与其他的落后采用者关系密切，极少借助宣传媒体，其社会地位和收入水平最低。因此，他们在产品进入成熟期后期乃至进入衰退期时才会采用。与一般人相比较，他们在社会经济地位、个人因素和沟通行为三个方面存在着差异。这种比较为新产品扩散提供了重

要依据，对企业市场营销沟通具有指导意义。

罗杰斯对消费者接受新产品的上述五种类型的划分，是新产品市场扩散理论的重要依据。

新产品扩散过程管理是指企业通过采取措施使新产品扩散过程符合既定的市场营销目标的一系列活动。为了使产品扩散过程达到其管理目标，要求企业管理部门采取一些措施和策略。

①实现迅速起飞。派出销售队伍，主动加强推销，同时开展广告攻势，使目标顾客很快熟悉创新产品，鼓励消费者试用新产品。

②实现快速增长。保证产品质量，促进口头沟通，同时继续加强广告攻势，影响后期采用者；还应创造性运用促销手段，使顾客重复购买，并向中间商提供各种支持。

③实现渗透最大化。继续采用快速成长的各种策略；更新产品设计和广告策略，以适应后期采用者的需要。

④长期维持一定水平。使处于衰退期的产品继续满足市场需要，同时扩展销售渠道，加强广告。

新产品推广速度快慢的主要原因取决于目标市场消费者和新产品特征。五种类型采用者价值导向的不同，导致他们对新产品采用不同的态度，对新产品的采用和推广速度快慢起着重要作用。新产品的相对优势、相容性、复杂性、可试用性及可传播性将会在很大程度上影响新产品的采用和推广。

在企业中，有企业的重大政策，有部门的主要政策，也有行动的小政策。制定政策有助于企业事先决定问题，不需要每次重复分析相同的情况，有助于企业主管能够控制全局。政策需要保持一贯性和完整性。

3. 产品品牌。

（1）品牌。

①品牌的概念。品牌是一种名称、术语、标记、符号、设计或其组合，其目的是用以识别某个（群）销售商的产品或服务，是区别于竞争对手的商业名称及其标志。品牌实质上代表卖者对交付给买者的产品特征、利益和服务的一贯性承诺。

品牌的整体含义包含六个层次：属性、利益、价值、文化、个性、用户。品牌是一种识别标志、一种精神象征、一种价值理念，是品质优异的核心体现。

产品品牌是对产品而言，既包含产品的名称、术语、标记、符号、设计等方面的组合体，也包含产品的一系列附加值，如产品的效用、功能、品位、形式、价格、便利、服务等。它体现为企业名称、产品或服务的商标，以及有别于竞争对手的标示、广告等构成独特市场形象的无形资产。完整的品牌概念包括企业业务领域（行业、主要产品等）、企业形象（跨国、本土等）、企业文化（严谨、进取、保守）、产品定位（高档、中档、低档）、产品风格（时尚、新潮、动感）。

②品牌的作用。品牌对于商品的消费者和生产者均有重要的作用。

A. 品牌对于消费者的作用：

有助于消费者识别产品的来源或产品的制造厂家，更有效地选择或购买商品；

借助品牌，消费者可以得到相应的服务便利，如更换零部件、维修服务等；

品牌有利于消费者权益的保护，如选购时避免上当受骗，出现问题时便于索赔和更换等；

有助于消费者避免购买风险，降低购买成本，从而更有利于消费者选购商品；

好的品牌对消费者具有很强的吸引力，有利于消费者形成品牌偏好，满足消费者的精神需求。

B. 品牌对于生产者的作用：

有助于产品的销售和占领市场，品牌知名度形成后，企业可利用品牌优势扩大市场，促成消费者对于品牌的忠诚；

有助于稳定产品的价格，减少价格弹性，增强对动态市场的适应性，减少未来的经营风险；

有助于细分市场，进而进行市场定位；

有助于新品的开发，节约产品投入成本；借助成功或成名的品牌，扩大企业的产品组合或延伸产品线，采用现有的知名品牌，利用其一定知名度或美誉度，推出新品；

有助于企业抵御竞争者的攻击，保持竞争优势。

③品牌资产。品牌资产是赋予产品或服务的附加价值。它反映在消费者对有关产品品牌的想法、感受以及行动方式上，也反映在品牌所带来的价格、市场份额以及盈利能力上。品牌资产是与品牌、品牌名称和标志相联系，能够增加或减少企业所销售产品或服务的价值的一系列资产与负债。它主要包括五个方面，即品牌忠诚度、品牌认知度、品牌感知质量、品牌联想、其他专有资产（如商标、专利、渠道关系等），这些资产通过多种方式向消费者和企业提供价值。除此之外，品牌资产还应包括品牌溢价能力、品牌盈利能力。品牌忠诚度和品牌的溢价能力属于结果性的品牌资产，是伴随品牌知名度、认可度、品牌联想这三大品牌资产创建后的产物，它能够为企业带来丰厚的利润，获取更多市场份额。

④品牌策略。

A. 品牌化策略。企业决定是否给产品起名字、设计标志的活动，就是企业的品牌化策略。品牌化策略的基本类型有一品一牌策略（包括个别品牌策略和产品线品牌策略。个别品牌策略是纯粹的一种产品一个品牌。实行这种策略是一个品牌只用于一种产品，一种产品也只能有一个品牌。产品线品牌策略是同一条产品线上的许多产品项目共同使用一个品牌）、多品一牌策略（包括单一品牌策略和主副品牌策略。单一品牌策略是企业生产经营的全部产品使用同一个品牌。这种策略的高度统一性就是企业品牌与产品品牌完全一致。企业品牌的名称和标志就成为产品品牌的名称和标志。主副品牌策略是一种产品使用一个由主品牌和副品牌共同组合成的品牌，如“松下—画王”彩电）、多品牌策略（包括一品多牌策略和多品多牌策略。一品多牌策略是同一种产品使用多个品牌。“同一种产品”是指在原理、结构、技术、材料和功效等方面相同或大体一致的，满足同类需求的，具有一定竞争性的产品。多品多牌策略是多种不同类产品使用多个品牌。“不同类产品”是指在原理、结构、技术、材料和功效等方面不相同的，满足不同需求的，具有不可替代性的产品）。

B. 品牌归属策略又称品牌负责人策略，是指品牌归谁所有、由谁负责。过去产品只使用制造商的品牌，但近年来，越来越多的中间商大力发展自己的品牌，以降低进货成本，增强竞争力，扩大声誉，树立企业形象。因此，制造商或中间商要全面衡量品牌在市场上的声誉、品牌价值的大小、品牌费用的多少等问题，在采用品牌上做出选择。企业有三种可供选择的策略，一是使用自己的品牌；二是使用中间商的品牌；三是有些产品用自己的品牌，有些产品用中间商的品牌。

C. 品牌统分策略是指某个企业或企业的某种产品在某种市场定位之下，采用一个或多个品牌，从而有助于最大限度地形成品牌的差别化和个性化，企业进而以品牌为单位组织开展营销活动。品牌统分策略有四种选择。

◇个别品牌。个别品牌是指企业各种不同的产品分别使用不同的品牌。其好处主要是：企业的整个声誉不至于受其某种产品的声誉的影响，某种产品失败了，不致给企业的脸上抹黑（因为这种产品用自己的品牌名称）；如果企业原来一向生产高档产品，后来推出较低档产品，也不会影响这家企业的名牌产品的声誉。

◇统一品牌。统一品牌是指企业所有的产品都统一使用一个品牌名称。企业采取统一品牌名称的好处主要是：企业宣传介绍新产品的费用开支较低；如果企业的名声好，其产品必然畅销。

◇分类品牌。分类品牌是指企业的各类产品分别命名，一类产品使用一个牌子。但是，如果企业生活或销售许多不同类型的产品都统一使用一个品牌，这些不同类型的产品就容易互相混淆。为此，有些企业虽然生产或销售同一类型的产品，但是，为了区别不同质量水平的产品，往往也分别使用不同的品牌名称。

◇企业名称 + 个别品牌。对企业不同的产品分别使用不同的品牌，而且各种产品的品牌前面还冠以企业名称。企业采取这种策略的好处主要是：在各种不同新产品的品牌名称前冠以企业名称，可以使新产品合法化，能够享受奇特的信誉；而各种不同的新产品分别使用不同的品牌名称，又可以使各种不同的新产品有不同的特色。

D. 品牌扩展策略，是指企业利用其成功的品牌推出新产品或改良产品，以节省新产品的宣传介绍费用，使新产品能够顺利地迅速进入市场。品牌扩展策略有五种选择：产品线扩展策略、品牌延伸策略、多品牌策略、新品牌策略、合作品牌策略。

◇产品线扩展是指在现有产品类别中增加新的产品项目（如新风味、新颜色、新配方、新包装等)，并以同样的品牌名称推出。产品线扩展策略的形式有向上扩展、向下扩展和双向扩展。

向上扩展是企业的产品线由原来定位的低档产品市场进入高档产品市场。如果高档产品有较高的销售增长率和毛利率，为了追求高中低档齐备的完整的产品线，或者以某些高档产品来提高整条产品线的档次，则适合向上扩展。但是，向上扩展可能存在一些风险，如生产高档产品的竞争者会不惜一切代价坚守阵地，并可能反戈一击，向下扩展进攻低档产品市场；对于一直生产低档产品的企业，顾客往往会怀疑其高档产品的质量水平；企业的营销人员和分销商若缺乏培训的话，可能不能胜任为高档产品市场服务。

向下扩展是企业由原来定位的高档产品市场进入低档产品市场。企业向下扩展的理由可能有四种：企业在高档产品市场上受到强大攻击转而以拓展低档产品市场来反戈一击；企业发现高档产品市场增长缓慢而不得不去开拓低档产品市场；企业最初进入高档产品市场是为了树立优质形象，目标达成后，向下扩展可以扩展产品市场范围；企业为填补市场空缺而增加低档产品品种，以防竞争者乘虚而入。但是，企业采取向下扩展的策略，也会有一些风险：企业新增的低档产品品种可能会损害到高档产品品种的销售，危及企业的质量形象，所以企业最好对新增低档产品用新的品牌以保护原有的品牌产品；可能会刺激原来生产低档产品的企业转入高档产品市场而加剧竞争，经销商可能因低档产品获利微薄及有损原有形象而不愿意或没有能力经营低档产品，从而企业不得不另建分销网，大大增加销售费用。

双向扩展是指生产中档产品的企业在市场上可能会同时向产品线的上下两个方向扩展。

◇品牌延伸策略是将现有成功的品牌，用于新产品或修正过的产品的一种策略。品牌延伸可以加快新产品的定位，保证新产品投资决策的快捷准确；有助于减少新产品的市场风险，提高整体品牌组合的投资效益。

◇多品牌策略是在同一个产品品类中有意识使用多个品牌的品牌战略，目的在于深度细分市场，充分占领多种品类需求，可帮助公司产品占领更多的分销商货架，有助于建立侧翼品牌以防止价格战冲击主品牌。但这意味着更高的成本，单个品牌市场份额也较小，并有可能造成公司品牌间的内部竞争。

◇新品牌策略是指为新产品设计新品牌的策略。当企业在新产品类别中推出一个产品时，它可能发现原有的品牌名称不适合它，或是对新产品来说有更好更合适的品牌名称，企业需要设计新品牌。公司推出新的产品种类时可能会使用新品牌，原因是已有的品牌没有一个是合适的。

◇合作品牌策略也是一种复合品牌策略，指两个公司的品牌同时出现在一个产品上，这是一种伴随着市场激烈竞争而出现的新型品牌策略，它体现了公司间的相互合作。一种产品同时使用企业合作的品牌是现代市场竞争的结果，也是企业品牌相互扩张的结果。如“一汽大众”“上海通用”“松下—小天鹅”等。

E. 品牌更新策略。指用新的品牌来替代原来品牌的策略。主要涉及形象更新、定位更新、产品更新和管理创新四个方面。

◇形象更新就是不断创新品牌形象，适应消费者心理的变化，从而在消费者心目中形成新的印象的过程。它有两种情况：一是消费观念变化导致企业积极调整品牌战略，塑造新形象。如随着人们环保意识的增强，消费者已开始把无公害消费作为选择商品、选择不同品牌的标准，企业这时即可采用避实击虚的方法，重新塑造产品形象，避免涉及环保内容或采用迎头而上的策略，更新品牌形象为环保形象。二是档次调整。企业要开发新市场，就需要为新市场而塑造新形象，如日本汽车在国际市场的形象，由小巧、省油、耗能低、价廉的形象到高科技概念的转变，给品牌成长注入了新的生命力。

◇定位更新是指企业在建立品牌之后，会因竞争形势而修正自己的目标市场，有时也会因时代特征、社会文化的变化而引起修正定位。一方面，竞争环境使得企业避实就虚，扬长避短，修正定位。另一方面，时代变化也会引起修正定位。例如，20 世纪牛仔裤的品牌形象在不断地变化，40 年代——自由无拘束；50 年代——叛逆；60 年代——轻松时髦；70 年代——豪放粗犷；80 年代——新浪潮下的标新立异；90 年代——返璞归真。

◇产品更新换代是指企业的品牌想要在竞争中处于不败之地，就必须保持技术创新，不断地进行产品的更新换代。

◇管理创新是指从企业生存的核心内容来指导品牌的维系与培养，如与品牌有关的观念创新、技术创新、制度创新、管理过程创新等。企业与品牌是紧密结合在一起的，企业的兴盛发展必将推动品牌的成长与成熟。管理创新是企业生存与发展的灵魂。品牌的维系，从根本上说是企业管理的一项重要内容。

（2）商标。商标是产品文字名称、图案记号或两者相结合的一种设计，经向有关部门注册登记后，经批准享有其专有权的标志。商标通常由一定的文字、图形、字母、数字、三维标志、颜色等要素或其组合构成。在我国，国务院工商行政管理部门商标局主管全国商标注册和管理工作，商标一经商标局核准即为注册商标，商标注册人享有该商标的转用权，受法律保护。假冒商标、仿冒商标、抢先注册都构成商标的侵权。

商标有注册商标和非注册商标之分。国家规定未经核准注册的商品不得在市场上销售。注册商标受法律保护，拥有者享有商标专用权，并对使用品牌名称享有永久性独占的权利。商标使用人应对其使用商标的商品质量负责。各级工商行政管理部门应通过商标管理，监督商品质量，制止欺骗消费者的行为。

一个响亮的名字对企业参与市场竞争非常重要。商标命名既要符合法律法规要求，也要符合风俗习惯，应该具备独特性、简易性、便利性等基本特征，从而赢得目标市场的喜爱。

凡未经商标注册人许可，在同类商品上使用与注册商标相同或近似的商标，销售侵权商标商品，伪造、擅自制造他人注册商标标识或者销售此类标识，以及给他人注册商标专用权造成其他损害行为的，均构成侵权。工商部门有权依法查处侵权行为。

商标是企业的无形资产，驰名商标更是企业的巨大财富。然而，在市场上，商标抢先注册、抢占他人无形资产的行为愈演愈烈，如何防止这种现象呢？防御性商标注册就是有效的手段。

防御性商标注册，即注册与使用形同或相似的一系列商标。具体而言，注册一系列文字、读音、图案相同或相似的商标，保护企业正在使用的商标或以备后用。或者将同一商标运用于完全不同种类的产品或不同行业，防止他人在不同产品或产业上使用企业的商标。

（3）包装。包装是为了在流通过程中保护产品、方便储运、促进销售，按一定的技术方法，用容器、材料或辅助物等为产品设计、制作包装物的活动过程。包装有两层含义：一是为产品设计、制作包装物的活动过程；二是指包装物。

①包装的分类。按照产品保证的不同层次分为首要包装、次要包装、运输包装。按照包装在流通过程中的不同作用分为运输包装和销售包装。

②包装的作用。包装是产品生产的继续，目前已经成为强有力的营销手段。包装设计良好的包装能为消费者创造方便价值，为生产者创造促销价值，具有保护产品、促进销售和增加利润等多方面的作用。

A. 保护产品，便于储运。产品包装最基本的功能便是保护产品，便于储运。有效的产品包装可以起到防潮、防热、防冷、防挥发、防污染、保鲜、防易碎、防变形等系列保护产品的作用。因此，在产品包装时，要注意对产品包装材料的选择以及包装的技术控制。

B. 包装能吸引注意力，说明产品的特色，给消费者以信心，形成一个有利的总体印象。日益增长的消费者富裕是指消费者愿意为良好包装带来的方便、外观、可靠性和声望多付些钱。公司和品牌形象公司已意识到设计良好包装的巨大作用，它有助于消费者迅即辨认出哪家公司或哪一品牌。

C. 包装还能提供创新的机会。包装创新具有增值功能，良好的包装能够给消费者带来巨大的好处，也给生产者带来了利润。完善的包装可以使产品损耗率降低，使运输、存储、销售各个环节效率提高，从而增加企业盈利。

③产品包装的原则。

A. 适用原则。包装的主要目的是保护商品。首先要根据产品的不同性质和特点，合理地选用包装材料和包装技术，确保产品不损坏、不变质、不变形等，尽量使用符合环保标准的包装材料；其次要合理设计包装，便于运输等。

B. 美观原则。销售包装具有美化商品的作用，在设计上要求包装外形新颖、大方、美观，具有较强的艺术性。

C. 经济原则。在符合营销策略的前提下，应尽量降低包装成本。

④产品包装的策略。良好的包装只有同包装策略结合起来，才能发挥应有的作用。

A. 类似包装策略。企业对其生产的产品采用相同的图案、近似的色彩、相同的包装材料和相同的造型进行包装，便于顾客识别出本企业产品。对于忠实于本企业的顾客，特别是在推出新产品时，可以利用企业的声誉，使顾客从包装上辨认出产品，迅速打开市场，具有促销的作用。企业还可因此而节省包装的设计、制作费用，降低包装的成本，扩大企业的影响。但类似包装策略只能适用于质量相同的产品，对于品种差异大、质量水平悬殊的产品则不宜采用。

B. 配套包装策略。按各国消费者的消费习惯，将数种有关联的产品配套包装在一起成套供应，如化妆品的组合包装、节日礼品盒包装等，便于消费者购买、使用、和携带，同时还可扩大产品的销售，特别是推销新产品时，可将其与老产品组合出售，创造条件使消费者不知不觉地试用、接受、习惯使用新产品，有利于新产品上市和普及。

C. 再使用包装。指包装内的产品使用完后，包装物还有其他的用途。如各种形状的香水瓶可作装饰物，精美的食品盒也可被再利用等。这种包装策略可使消费者感到一物多用而引起其购买欲望，而且包装物的重复使用也起到了对产品的广告宣传作用，增加了顾客重复购买的可能。但企业需谨慎使用该策略，避免因成本加大引起商品价格过高而影响产品的销售。

D. 附赠品包装。这种包装的主要方法是在包装物中附赠一些物品，从而引起消费者的购买兴趣，有时还能造成顾客重复购买的意愿。例如，记载商品包装物附赠奖券，或包装本身可以换取礼品，吸引顾客的惠顾效应，导致重复购买；或在珍珠霜盒里放一颗珍珠，顾客买了一定数量的珍珠霜之后就能串成一根项链。

E. 改变包装策略。由于某种原因使产品销量下降，市场声誉跌落时，企业可以在改进产品质量的同时，改变和放弃原有的产品包装，改用新的包装，从而以新的产品形象出现在市场，改变产品在消费者心目中的不良地位。或者由于包装技术、包装材料的不断更新，消费者的偏好不断变化，采用新的包装以弥补原包装的不足。企业在改变包装的同时必须配合好宣传工作，以消除消费者以为产品质量下降或其他的误解。这种做法，有利于迅速恢复企业声誉，重新扩大市场份额。

F. 分组包装，即对同一种产品，可以根据顾客的不同需要，采用不同级别的包装。如用作礼品，则可以精致地包装，若自己使用，则只需简单包装。此外，对不同等级的产品，也可采用不同包装。高档产品，包装精致些，表示产品的身份；中低档产品，包装简略些，以减少产品成本。

产品的包装说明是包装的重要组成部分，它在宣传产品功效、争取消费者了解、指导人们正确消费方面有重大作用。

包装标签是指附着或系挂在产品销售包装上的文字、图形、雕刻及印制的说明。标签可以是附着在产品上的简易签条，也可以是精心设计的作为包装的一部分的图案。标签可能仅标有品名，也可能载有许多信息，能用来识别、检验内装产品，同时也可以起到促销作用。

产品标签通常包括制造者或销售者的名称和地址、产品名称、商标、成分、品质特点、包装内产品数量、使用方法及用量、编号、贮藏应注意的事项、质检号、生产日期和有效期等内容。值得提及的是，印有彩色图案或实物照片的标签有明显的促销功效。

包装标志是在运输包装的外部印制的图形、文字和数字以及它们的组合。包装标志主要有运输标志、指示性标志、警告性标志三种。运输标志是指在产品外包装上印制的反映收货人和发货人、目的地或中转地、件号、批号、产地等内容的几何图形、特定字母、数字和简短的文字等。指示性标志是根据产品的特性，对一些容易破碎、残损、变质的产品，用醒目的图形和简单的文字做出的标志。指示性标志指示有关人员在装卸、搬运、储存、作业中引起注意，常见的有“此端向上”“易碎”“小心轻放”“由此吊起”等。警告性标志是指在易燃品、易爆品、腐蚀性物品和放射性物品等危险品的运输包装上印制特殊的文字，以示警告。常见的有“爆炸品”“易燃品”“有毒品”等。

（二）价格策略

价格是营销组合中最关键、最活跃的因素，它直接调节着买卖双方的利益关系。价格是企业参与市场竞争的手段，直接影响企业盈利目标的实现。随着技术进步的加快，产品生命周期越来越短，企业定价考虑的因素越来越多，定价不当会导致产品在竞争中失败。因此，价格策略作为市场营销理论的基础部分具有十分重要的意义。

价格策略是指企业通过对顾客需求的估量和成本分析，选择一种能吸引顾客、实现市场营销组合的策略。价格策略的确定一定要以科学规律的研究为依据，以实践经验判断为手段，在维护生产者和消费者双方经济利益的前提下，以消费者可以接受的水平为基准，根据市场变化情况，灵活反应，买卖双方共同决策。

1. 制约因素。从理论上来讲，产品价值和货币价值会影响产品价格的变动，但从市场营销组合的角度来分析影响定价的因素时，短期内我们可以将产品价值和货币价值视为不变，这时，影响产品定价的因素主要包括定价目标、产品成本、市场需求、竞争者的产品和价格等因素。产品定价应有科学的依据，它需考虑多方面的因素。

（1）价值因素。产品价值是价格形成的基础，价格是产品价值的货币表现，这是价值规律的基本要求。确定商品的价格时，首先要依据商品的价值。价值在货币形态上转化为价格时，生产成本费用是决定价格的主要制约因素。

（2）定价目标。定价目标是指企业通过制定及实施价格策略所希望达到的目的。任何企业制定价格，都必须按照企业的目标市场战略及市场定位战略的要求来进行，定价目标必须在整体营销战略目标的指导下被确定，而不能相互冲突。由于定价应考虑的因素较多，定价目标也多种多样，不同企业可能有不同的定价目标，同一企业在不同时期也可能有不同的定价目标，企业应当权衡各个目标的依据及利弊，谨慎加以选择。

（3）成本费用。产品的价格主要由生产成本、流通费用和利润构成。因此，产品的最低价格取决于生产这种产品的成本费用。从长远看，任何产品的销售价格都必须高于成本费用，才能以销售收入来抵偿生产成本和经营费用，否则就无法经营。产品成本是企业定价的底线，以成本为导向的定价方法至今仍被很多企业采用。

(4) 市场需求状况。市场需求对企业产品的定价有着重要的影响，不同企业生产的不同产品在投放市场时，都需要关注价格对消费者需求的影响。如果其他因素保持不变，消费者对某一商品需求量的变化与这一商品价格变化的方向相反，如果商品的价格下跌，需求量就上升；而商品的价格上涨时，需求量就相应下降。

各种商品的需求对价格变动的敏感程度不同，这种敏感程度称为弹性，其弹性大小用弹性系数来表示。商品定价要考虑需求弹性系数因素和收入弹性系数因素。

①需求弹性系数是价格变动率与需求升降率之间的比例关系。需求弹性系数等于1，表示无弹性；大于1，表示需求弹性大，即价格稍有变动，就会引起需求的巨大变动，如果价格稍微上涨，需求就急剧下降，反之，稍微降价，需求就迅速上升；小于1，表示需求弹性小，即价格稍有变动，需求的变动较小，稍微涨价或降价，需求降低或上升的幅度均微小。

②收入弹性系数即收入变动率与需求变动率之间的比例关系。收入弹性系数等于1，反映二者成等比关系；大于1，反映需求量与收入成正比关系；小于1，反映需求有较小幅度的变化；小于零，反映落后产品或低档产品随着人们收入的增加，其需求量绝对减少。在居民收入水平低时，不要随意提价；在企业产品结构中，中低档产品比重应大一些，实行薄利多销；随着人们收入水平的提高，增加高档商品比重，适当提高产品价格，需求依然旺盛。

由于顾客购买力水平不同，因而对购买商品存在着不同的心理。产品定价要考虑顾客心理发展的规律，针对不同顾客的心理状态，采取不同的定价。

(5) 市场竞争状况。企业定价的“自由程度”，首先取决于市场竞争格局。处于不同类型市场的企业，在定价时所考虑的因素总是不同的，每一种类型市场的性质都直接影响该市场中企业的定价决策。其次，产品处于不同寿命周期阶段，其生产所耗费的劳动不同，定价也应不同。一般情况下，投入期，批量小、耗费高、产品新，价格可考虑定得高些；成长期，也属于新产品阶段，可保持投入期的价格，不轻易变动。成熟期，生产批量大，且竞争对手多、竞争激烈，可以考虑降价。衰退期，产品已落后，更应大幅度降价，以尽快收回占用的资金。

(6) 竞争者的价格策略。企业在进行定价决策时必须考虑竞争者的营销战略。竞争者的营销战略包括竞争者提供的产品及服务、价格策略及其变动、促销手段等诸多内容，无论哪一项发生变化都会对企业的定价策略产生影响。企业必须采取适当的方式，了解竞争者所提供产品的质量、价格、对手的实力等信息。企业还要考虑使用价值上相互关联的商品情况，如替代品、互补品等也是定价时要考虑的因素。某一产品提价或降价，相关产品也要考虑提价或降价。

2. 定价方法。

(1) 定价目标。定价目标是企业在对其生产或经营的产品制定价格时，有意识地要求达到的目的和标准。它是指导企业进行价格决策的主要因素。定价目标取决于企业的总体目标。不同行业的企业，同一行业的不同企业，以及同一企业在不同的时期、不同的市场条件下，都可能有不同的定价目标。

①以利润为定价目标。获取利润是企业从事生产经营活动的最终目标，具体可通过产品定价来实现。企业获取利润目标一般分为三种：以获取投资收益为定价目标（实现在一定时期内能够收回投资并能获取预期的投资报酬的一种定价目标）、以获取合理利润为定价目标（企业为避免不必要的价格竞争，以适中、稳定的价格获得长期利润的一种定价目标）、以获取最大利润为定价目标（企业追求在一定时期内获得最高利润额的一种定价目标）。

采用投资收益为定价目标的企业，一般是根据投资额规定的收益率，计算出单位产品的利润额，加上产品成本作为销售价格。但须注意：适度的投资收益率应该高于同期的银行存款利息率，但不可过高，否则消费者难以接受。企业生产经营的须是畅销产品，与竞争对手相比具有明显的优势。

采用合理利润为定价目标的企业，往往是为了减少风险，保护自己，或限于力量不足，只能在补偿正常情况下的平均成本的基础上，加上适度利润作为产品价格。条件是企业必须拥有充分的后备资源，并打算长期经营。临时性的企业一般不宜采用这种定价目标。

采用最大利润为定价目标的企业并不意味着企业要制定最高单价。利润额最大化取决于合理价格所推动的销售规模。有远见的企业经营者，都着眼于追求长期利润的最大化。多品种经营的企业，经常使用组合定价策略，即有些产品的价格定得比较低，有时甚至低于成本以招徕顾客，借以带动其他产品的销售，从而使企业利润最大化。

②以市场份额为定价目标。企业把保持和提高企业的市场占有率（或市场份额）作为一定时期的定价目标。市场占有率是一个企业经营状况和企业产品在市场上竞争能力的直接反映，关系到企业的兴衰存亡。较高的市场占有率，可以保证企业产品的销路，巩固企业的市场地位，从而使企业的利润稳步增长。

A. 定价由低到高。定价由低到高，就是在保证产品质量和降低成本的前提下，企业入市产品的定价低于市场上主要竞争者的价格，以低价争取消费者，打开产品销路，挤占市场，从而提高企业产品的市场占有率。待占领市场后，企业再通过增加产品的某些功能，或提高产品的质量等措施来逐步提高产品的价格，旨在维持一定市场占有率的同时获取更多的利润。

B. 定价由高到低。定价由高到低，就是企业对一些竞争尚未激烈的产品，入市时定价可高于竞争者的价格，利用消费者的求新心理，在短期内获取较高利润。待竞争激烈时，企业可适当调低价格，赢得主动，扩大销量，提高市场占有率。

③以竞争对手为定价目标。企业对竞争者的行为都十分敏感，尤其是价格的

变动状况更甚。企业在实际定价前，都要广泛收集资料，仔细研究竞争对手产品价格情况，通过自己的定价目标去对付竞争对手。根据企业的不同条件，一般有以下决策目标可供选择。

A. 稳定价格目标。以保持价格相对稳定、避免正面价格竞争为目标的定价。当企业准备在一个行业中长期经营时，或某行业经常发生市场供求变化与价格波动需要有一个稳定的价格来稳定市场时，该行业中的大企业或占主导地位的企业率先制定一个较长期的稳定价格，其他企业的价格与之保持一定的比例。这样，对大企业是稳妥的，中小企业也避免遭受由于大企业的随时随意提价而带来的打击。

B. 追随定价目标。企业有意识地通过给产品定价主动应付和避免市场竞争。企业价格的制定，主要以对市场价格有影响的竞争者的价格为依据，根据具体产品的情况稍高或稍低于竞争者。竞争者的价格不变，实行此目标的企业也维持原价，竞争者的价格或涨或落，此类企业也相应地参照调整价格。一般情况下，中小企业的产品价格定得略低于行业中占主导地位的企业的价格。

C. 挑战定价目标。如果企业具备强大的实力和特殊优越的条件，可以主动出击，挑战竞争对手，获取更大的市场份额。一般常用的策略目标有打击定价（实力较强的企业主动挑战竞争对手，扩大市场占有率，可采用低于竞争者的价格出售产品）、特色定价（实力雄厚并拥有特殊技术或产品品质优良或能为消费者提供更多服务的企业，可采用高于竞争者的价格出售产品）、阻截定价（为了防止其他竞争者加入同类产品的竞争行列，在一定条件下，往往采用低价入市，迫使弱小企业无利可图而退出市场或阻止竞争对手进入市场）。

（2）定价方法。定价方法是企业为实现其定价目标所采取的具体方法。企业常用的定价方法有成本导向定价法、竞争导向定价法、需求导向定价法。

①成本导向定价法。它是一种以成本为中心的定价方法，也是传统的、运用得较普遍的定价方式。具体做法是按照产品成本加一定的利润定价。成本导向定价法包含不同的具体种类，主要有成本加成定价法、目标利润定价法、边际成本定价法和盈亏平衡定价法。

A. 成本加成定价法即按产品单位成本加上一定比例的毛利定出销售价。其计算公式为：

$$P = c \times (1 + r)$$

其中，P 表示商品的单价；c 表示商品的单位总成本；r 表示商品的加成率。

B. 目标利润定价法是根据企业总成本和预期销售量，确定一个目标利润率，并以此作为定价的标准。其计算公式为：

单位商品价格 = 总成本 ×（1 + 目标利润率）/预计销量

C. 边际成本定价法。边际成本是指每增加单位产品所引起的总成本变化量。在定价实务中多用变动成本替代边际成本，从而也称边际成本定价法为变动成本定价法或边际贡献定价法。

边际成本定价法是使产品的价格与其边际成本相等，即 P = Mc。由于当边际收入等于边际成本时，企业获利最大，此时的销售量最佳，相应此时的产品价格亦最优。

一般而言，随着产量的增加，总成本递减的增加，从而边际成本下降，也就是所说的规模效应。

D. 盈亏平衡定价法，考虑到销售额变化后，成本也在发生变化，这种方法是运用损益平衡原理实行的一种保本定价法。

其公式是：

盈亏平衡点销售量 = 固定成本/单位 - 单位变动成本

盈亏平衡点销售额 = 固定成本/1 - 单位变动成本率

②竞争导向定价法。它是企业通过研究竞争对手的生产条件、服务状况、价格水平等因素，依据自身的竞争实力，参考成本和供求状况来确定商品价格。常用的三种方法是随行就市定价法、产品差别定价法、密封投标定价法。

A. 随行就市定价法。在垄断竞争和完全竞争的市场结构条件下，任何一家企业都无法凭借自己的实力而在市场上取得绝对的优势，为了避免竞争特别是价格竞争带来的损失，大多数企业都采用随行就市定价法，即将该企业某产品价格保持在市场平均价格水平上，利用这样的价格来获得平均报酬。采用随行就市定价法，企业就不必去全面了解消费者对不同价差的反应，也不会引起价格波动。

B. 产品差别定价法。产品差别定价法是指企业通过不同营销努力，使同种同质的产品在消费者心目中树立起不同的产品形象，进而根据自身特点，选取低于或高于竞争者的价格作为该企业产品价格。因此，产品差别定价法是一种进攻性的定价方法。

C. 密封投标定价法。在国内外，许多大宗商品、原材料、成套设备和建筑工程项目的买卖和承包，以及出售小型企业等，往往采用发包人招标、承包人投标的方式来选择承包者，确定最终承包价格。一般来说，招标方只有一个，处于相对垄断地位，而投标方有多个，处于相互竞争地位。标的物的价格由参与投标的各个企业在相互独立的条件下来确定。在买方招标的所有投标者中，报价最低的投标者通常中标，它的报价就是承包价格。这样一种竞争性的定价方法就称密封投标定价法。

③需求导向定价法。它是以消费者的需求为中心的企业定价方法。它不是根据产品的成本，也不是单纯考虑竞争状况的企业定价，而是根据消费者对商品的需求强度和对商品价值的认识程度来制定企业价格。主要有两种方法：理解价值定价法、区分需求定价法。

A. 理解价值定价法，是根据消费者对企业提供的产品价值的主观评判来制定价格的一种定价方法。

理解价值定价法的关键是企业要对消费者理解的相对价值，有个正确的价值估计和判断。企业定价是按顾客对产品价值的理解为依据的，也就是说大多数消费者认为这种产品对他们的价值大，这时企业定价就会比较高；反之消费者认为产品对他们的价值小，即使这种产品的成本很高，但企业的定价也可能很低。如果企业对于消费者的理解价值估计过高而定价偏高，则会影响销量；反之，对消费者的理解价值估计过低而定价偏低，则会影响企业的正常利润。

B. 区分需求定价法，是指产品价格的确定以需求为依据，首先强调适应消费者需求的不同特性，而将成本补偿放在次要的地位。这种定价方法，对同一商品在同一市场上制订两个或两个以上的价格，或使不同商品价格之间的差额大于其成本之间的差额。其好处是可以使企业定价最大限度地符合市场需求，促进商品销售，有利于企业获取最佳的经济效益。企业常常根据用户、地点、时间、产品、流转环节、交易条件的不同而进行定价。

3. 定价策略。

（1）新产品定价。有专利保护的新产品的定价可采用撇脂定价法和渗透定价法。

①撇脂定价法。新产品上市之初，处在生命周期的最初阶段，将价格定得较高，攫取最大利润，在短期内尽快收回投资，就像从牛奶中撇取所含的奶油一样，取其精华，称之为“撇脂定价”法。品牌往往是撇脂定价的最重要的前提条件，竞争较弱的行业普遍使用撇脂定价法。

这种方法适合需求弹性较小的细分市场，其优点：新产品上市，顾客对其无理性认识，利用较高价格可以提高身价，适应顾客求新心理，有助于开拓市场；主动性大，产品进入成熟期后，价格可分阶段逐步下降，有利于吸引新的购买者；价格高，限制需求量过于迅速增加，使其与生产能力相适应；容易形成高价、优质的品牌形象。

缺点是：高价产品获利大，需求规模有限，不利于扩大市场；很快招来竞争者，仿制品、替代品大量出现，会迫使价格下降；价格远远高于价值，在某种程度上损害了消费者利益，诱发公共关系问题；难以界定价格究竟定多高为好。

撇脂定价法适合的条件：市场上存在一批购买力很强并且对价格不敏感的消费者；产品具有明显的差别化优势，很少有其他商品可以替代；当有竞争对手加入时，企业有能力转换定价方法，通过提高性价比来提高竞争力；企业的品牌在市场上有高档产品的印象，必须能够支持产品的高价格；生产较小数量产品的成本不能够高到抵销设定高价格所取得的好处。

撇脂定价法能够使企业利益最大化，但是一旦有采用新的定价方法的竞争对手出现或者消费者的购买习惯改变，这种定价法就会陷入困境。撇脂定价法即使取得了成功，也很快会由于竞争加剧而变得不合时宜，企业需要敏感地认识到市场的变化，主动从撇脂定价的高台阶上走下来，否则，一旦竞争对手在产品接近的情况下，采取渗透性定价，企业就会付出巨大代价。

②渗透定价法。在新产品投放市场时，企业把产品的价格定得相对较低，以吸引大量顾客，提高市场占有率。价格定的尽可能低一些，其目的是获得最高销售量和最大市场占有率。

当新产品没有显著特色、竞争激烈、需求弹性较大时宜采用渗透定价法。其优点：产品能迅速为市场所接受，打开销路，增加产量，使成本随生产发展而下降；低价薄利，使竞争者望而却步、减缓竞争，获得一定市场优势。缺点：难以树立优质产品的形象；影响资本的回报率。

渗透定价的条件：通常需求对价格极为敏感而不是对品牌敏感，低价会刺激市场需求迅速增长；企业有足够的资本支撑，生产成本和经营费用会随着生产经营经验的增加而下降；产品的用户量足够大，消费频次较高；低价不会引起实际和潜在的竞争。

对于企业来说，采取撇脂定价还是渗透定价，需要综合考虑市场需求、竞争、供给、市场潜力、价格弹性、产品特性、企业发展战略等因素。

③组合定价法。它是指对于互补产品、关联产品，在制定价格时，迎合消费者的某种心理，把有的产品价格定高一些，有的定低一些，以取得整体效益的定价方法。需注意的是，高价和低价一般不宜做经常性变动，以维护价格政策在消费者心目中的一贯性。

具体来讲，常见的组合定价有以下几类。

- 产品线定价：根据消费者不同类型的需求，设计不同功能和品质的产品，如汽车配置；
- 副产品定价：利用同一产品的不同部分对某些消费者具有差异价值来定价；
- 捆绑式定价：将数种产品组合在一起以低于分别销售时支付总额的价格销售，核心是单买某一个产品价格很贵，但是购买套餐价格就很便宜，如吃饭时常见的单点和套餐；
- 备选品定价：即在提供主要产品的同时，还附带提供备选品与之搭配，主要产品便宜，备选品价格高，如烧烤便宜，啤酒贵；
- 附属产品定价：类似于二段收费，产品免费但是耗材收费，如打印机和墨盒；
- 分步式定价：从免费到收费，从收费逐步到收更多的费，如公园门票，入园后一些特殊项目再额外收费；
- 单一定价：把价值接近的商品组合放在一起，消费者就会避免对价格思考和比较，如 10 元店。

组合定价的条件：消费者对同一产品有不同功能、品质上的要求；从属于主导产品的附属产品为必需品且消费频次高；产品可搭配定价，通过优惠畅销产品，捆绑滞销产品。

（2）心理定价。心理定价是根据消费者的消费心理定价，有以下几种。

①尾数定价或整数定价。许多商品的价格，宁可定为 9.98 元或 9.99 元，而不定为 10 元，是适应消费者购买心理的一种取舍，尾数定价使消费者产生一种“价廉”的错觉，比定为 10 元反应积极，促进销售。相反，有的商品不定价为 98 元，而定为 100 元，同样使消费者产生一种错觉，迎合消费者“便宜无好货，好货不便宜”的心理。

②声望性定价。此种定价法有两个目的：一是提高产品的形象，以价格说明

其名贵名优；二是满足购买者的地位欲望，适应购买者的消费心理。

③习惯性定价。某种商品，由于同类产品多，在市场上形成了一种习惯价格，个别生产者难于改变。降价易引起消费者对品质的怀疑，涨价则可能受到消费者的抵制。

(3) 折扣定价。大多数企业通常都酌情调整其基本价格，以鼓励顾客及早付清货款、大量购买或增加淡季购买。这种价格调整叫作价格折扣和折让。

①现金折扣。它是对及时付清账款的购买者的一种价格折扣。例如，"2/10净30"，表示付款期是30天，如果在成交后10天内付款，给予2%的现金折扣。许多行业习惯采用此法以加速资金周转，减少收账费用和坏账。

②数量折扣。它是企业给那些大量购买某种产品的顾客的一种折扣，以鼓励顾客购买更多的货物。大量购买能使企业降低生产、销售等环节的成本费用。例如，顾客购买某种商品100单位以下，每单位10元；购买100单位以上，每单位9元。

③职能折扣，也叫贸易折扣。它是制造商给予中间商的一种额外折扣，使中间商可以获得低于目录价格的价格。

④季节折扣。它是企业鼓励顾客淡季购买的一种减让，使企业的生产和销售一年四季能保持相对稳定。

⑤推广津贴。为扩大产品销路，生产企业向中间商提供促销津贴。如零售商为企业产品刊登广告或设立橱窗，生产企业除负担部分广告费外，还在产品价格上给予一定优惠。

(4) 歧视定价（差别定价）。企业往往根据不同顾客、不同时间和场所来调整产品价格，实行差别定价，即对同一产品或劳务定出两种或多种价格，但这种差别不反映成本的变化。歧视定价依据有：不同顾客群；不同的花色品种、式样；不同的部位；不同时间；等等。

实行歧视定价的前提条件是：市场必须是可细分的且各个细分市场的需求强度是不同的；商品不可能转手倒卖；高价市场上不可能有竞争者削价竞销；不违法；不引起顾客反感。

(三) 渠道策略

在市场营销组合中，分销渠道是非常重要的因素。构建并选择合适的分销渠道，使企业与渠道成员建立起业务桥梁，关系着企业能否物畅其流，直接决定着企业产品价值的实现。

1. 渠道结构。分销渠道也称营销渠道，是指产品（服务）从生产者向消费者转移过程中所经过的、由各个中间环节所连接而成的路径。

(1) 分销渠道的主要特征。分销渠道反映了产品（服务）价值实现（或顾客价值传递）的全过程，并引发产品（服务）所有权转移的行为。与商品所有权转移相关的还有一系列流程辅助形式，如物流、信息流、货币流、促销流等。

分销渠道的起点是生产者，终点是消费者，分销渠道的成员还包括营销中介机构（中间商和辅助商）。

分销渠道是一个多功能系统，要发挥日常的购销、调研、融资、储运功能，还要实现促销与市场开拓的功能。

（2）分销渠道的基本业务流程。分销渠道各成员的活动或业务活动用渠道流程来描述。渠道流程包括前向流程、后向流程和双向流程，具体包括实物流、所有权流、促销流、洽谈流、融资流、风险流、订货流、支付流、市场信息流等（见图3－36）。

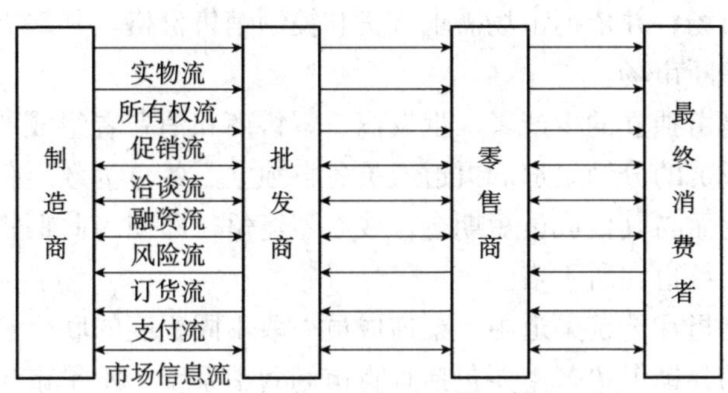

图3－36　分销渠道的基本业务流程

（3）分销渠道的类型结构。按照流通环节的多少，分销渠道分为直接渠道和间接渠道；按渠道长度分为长渠道和短渠道；按参与环节中间商数目的多少分为宽渠道和窄渠道；按渠道成员之间联系的紧密程度分为传统渠道和渠道系统。

直接渠道指没有中间商参与，产品由生产者（制造商）直接售给消费者（用户）的渠道类型。直接渠道是工业品分销的主要方式。直接渠道减少了中间环节，节约了流通费用；而且产销直接见面，生产者能够及时地了解消费者的市场需求变化，有利于企业及时调整产品结构，做出相应的决策。但直接渠道提高企业的经营成本，增加资金耗费及销售的风险。直接渠道的具体销售形式有接受用户订货、设店销售、上门推销、利用通信和电子手段销售。

间接渠道指生产者通过流通领域的中间环节把商品销售给消费者的渠道。间接渠道是社会分工的结果，通过专业化分工使得商品的销售工作简单化；中间商的介入，分担了生产者的经营风险；借助于中间环节，可增加商品销售的覆盖面，有利于扩大商品市场占有率。但中间环节太多，会增加商品的经营成本。间接渠道包括经销商、代理商、批发商、零售商等。

长渠道是指生产者经过两道或两道以上的中间环节，把产品销售给消费者。如生产者通过批发商、零售商，将产品销售给消费者。长渠道有三种形式：中间经过批发、零售两道环节；中间经过代理、零售两道环节；中间经过代理、批发、零售三道环节。长渠道渠道长、分布密、触角多，能有效地覆盖市场，从而扩大产品销售，有利于商品远购远销，在全社会范围内调剂余缺、沟通供求。但是由于环节多，销售费用增加，不利于生产者及时获得市场情报，迅速占领市场。

短渠道是指产品在从生产者向消费者转移过程中，只经过一道环节的分销渠道，有产需直接见面和中间经过零售商两种形式。

营销渠道的“宽度”取决于渠道的每一个层次中使用同种类型中间商数目的多少。宽渠道能够增加销售网点，提高产品的市场覆盖面，提高市场占有率，通过多数中间商大范围地将产品转移到消费者手中，有利于生产者选择效率高的中间商而淘汰效率低的中间商，提高销售效率。但是宽渠道的中间商多，容易引起渠道冲突，生产商需加强渠道控制。

窄渠道是给予中间商一定时期内独家销售特定商品的权力。窄渠道有利于鼓励中间商开拓市场，并依据市场需求订货和控制销售价格。其缺点是独家经营容易造成中间商垄断市场。

传统渠道是由独立的生产者、批发商、零售商和消费者组成的，没有一个成员能控制其他成员的分销渠道。渠道成员各自独立、各自为政、各行其道，都为自身利益最大化而与其他成员短期合作或激烈竞争，即使为此牺牲整个渠道系统全面、长远的利益也在所不惜。

渠道系统是指在传统渠道中，渠道成员采取不同程度的联合经营步骤或一体化经营而形成的分销渠道。主要包括垂直市场营销系统、水平市场营销系统、多渠道市场营销系统。

垂直营销系统由制造商、批发商、零售商组成一个统一体，其中的一个成员拥有其他成员的所有权，或实行特许经营，或它有足够的实力使其他成员愿意合作。该系统由专业人才从事系统设计与管理，是一个中央集权式销售网络。垂直营销系统可能由制造商，也可能由批发商或零售商控制。该系统能有效控制渠道行为，消解渠道冲突。各渠道成员通过规模经济、讨价还价的能力和减少重复服务获得效益。

水平市场营销系统是指两个或两个以上企业自愿组成短期或长期联合关系，共同开拓新出现的市场营销机会。这种联营主要是由于单个企业无力单独积聚进行经营所必须具备的巨额资金、先进技术、生产设备及市场营销设施，或是由于风险太大不愿单独冒险，或是由于期望能带来更大的协同效应等。

多渠道系统是对同一或不同的细分市场，采用多条渠道的分销体系。由于任何产品都不存在一个同质的市场环境，所有市场都可以进一步细分，仅依靠单一分销渠道不可能覆盖整个市场需求，所以，为有效占领多个细分目标市场，多渠道系统便成为许多企业的选择。它大致有两种形式，一种是制造商通过两条以上的竞争性分销渠道销售同一商标的产品；另一种是制造商通过多条分销渠道销售不同商标的差异性产品。

2. 渠道决策。

（1）影响分销渠道选择的因素。制造商选择分销渠道，一般要考虑以下因素的影响。

①市场因素，包括目标市场范围——市场范围宽广，适用长、宽渠道；反之，适用短、窄渠道。顾客的集中程度——顾客集中，适用短、窄渠道；顾客分散，适用长、宽渠道。顾客的购买量、购买频率——购买量小，购买频率高，适

用长、宽渠道；相反，购买量大，购买频率低，适用短、窄渠道。消费的季节性——没有季节性的产品一般都均衡生产，多采用长渠道；反之，多采用短渠道。竞争状况——除非竞争特别激烈，通常，同类产品应与竞争者采取相同或相似的销售渠道。

②产品因素，包括物理化学性质——体积大、较重、易腐烂、易损耗的产品适用短渠道或采用直接渠道、专用渠道；反之，适用长、宽渠道。价格——一般来说，价格高的工业品、耐用消费品适用短、窄渠道；价格低的日用消费品适用长、宽渠道。时尚性——时尚性程度高的产品适用短渠道；款式不易变化的产品，适用长渠道。标准化程度——标准化程度高、通用性强的产品适用长、宽渠道；非标准化产品适用短、窄渠道。技术复杂程度——产品技术越复杂，需要的售后服务要求越高，适用直接渠道或短渠道。

③企业自身因素，包括财务能力——财力雄厚的企业有能力选择短渠道；财力薄弱的企业只能依赖中间商。渠道的管理能力——渠道管理能力和经验丰富，适用短渠道；管理能力较低的企业适用长渠道。控制渠道的愿望——愿望强烈，往往选择短而窄的渠道；愿望不强烈，则选择长而宽的渠道。

④中间商因素，包括合作的可能性——如果中间商不愿意合作，只能选择短、窄的渠道。费用——利用中间商分销的费用很高，只能采用短、窄的渠道。服务——中间商提供的服务优质，企业采用长、宽渠道；反之，只能选择短、窄渠道。

⑤环境因素，包括经济形势——经济萧条、衰退时，企业往往采用短渠道；经济形势好，可以考虑长渠道。有关法规——如专卖制度、进出口规定、反垄断法、税法等。

（2）分销渠道选择的内容。

①分析渠道需要、明确渠道目标与限制。渠道设计必须仔细了解渠道存在的一个重要前提——购买者的需要。也就是说，企业必须了解目标市场的购买者对渠道的要求所在。目标市场对渠道的要求是多样化的，包括购买者对购买地点的要求；购买者对购买的便利性的要求；目标市场对渠道包容产品范围的要求以及交货速度的要求；购买者对产品附加服务的要求；等等。企业在设计渠道时，对这些目标市场的需要，要结合自己的资源条件来把握可行性和运作成本，以购买者可以接受的价格来满足他们的需求。

在考虑市场需求以及产品、中间商、竞争者、企业政策和环境等其他影响渠道的因素的基础上，企业要合理地确定渠道目标，明确渠道限制。渠道目标包括渠道对目标市场的满足内容、水平，以及中间商与企业应该执行的职能，为企业分销产品到达目标市场提供最佳途径。

②确定各主要渠道选择方案。确定各主要渠道的选择方案包括两个基本问题：确定中间商的类型与数目；界定渠道成员的责任。

A. 确定中间商的类型与数目。企业必须识别、明确适合自己产品分销的中间商类型，通常的选择可以是：

● 企业销售人员。即企业扩大自己的直接销售人员，利用自己的销售代表来联系顾客，销售产品。

● 生产商的代理机构。即企业通过经销来自不同企业的相关产品的独立公司销售产品。

● 行业销售商。即企业通过在相关行业或地区寻找愿意销售企业产品的销售商来销售产品。

在确定了中间商类型之后，企业还必须确定每一层次渠道上的成员即中间商的数目。企业通常可以有密集型分销、选择型分销和独家分销三种选择。其中，密集型分销是使企业的产品在尽可能多的零售商店销售，独家分销是指选择有限的几家经销商销售企业的产品，选择型分销使用中间商的数目介于上述两者之间。具体如图 3－37 所示。

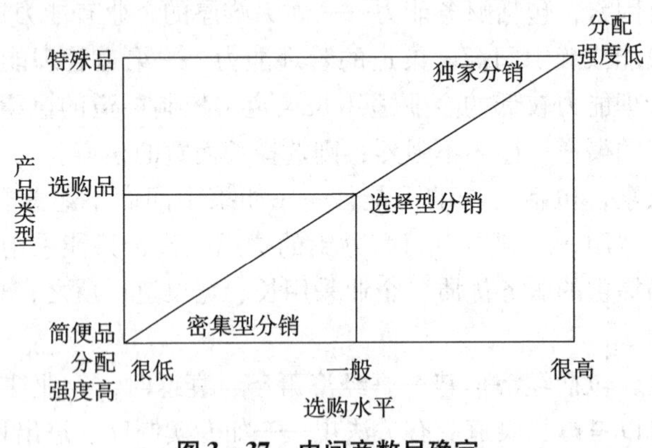

图 3－37　中间商数目确定

B. 界定渠道成员的责任。生产商与中间商要在相关的渠道成员的权责利方面达成协议。协议要规定好分销产品的价格政策、销售条件、区域权利以及具体服务安排。在未来的渠道运作中，各渠道成员要严格按照达成的协议，在承担相应责任的前提下，拥有相应的权利，并能够获得应有的利益。

③评估各主要渠道选择方案。企业对各主要渠道选择方案的评估，可以采用经济性、控制性与适应性标准。

A. 经济性标准。每一种渠道方案都将产生不同水平的销售和成本。建立有效的分销渠道，企业必须考虑两个问题：一个是在成本不变的情况下，采用哪种分销渠道会使销售额达到最高；另一个是在同一销售量的范围内，采用哪种分销渠道成本最低。

B. 控制性标准。由于中间商是独立的企业，有自己的利益追求。所以，使用中间商会增加企业渠道控制上的问题。由于产品的流通过程是企业营销过程的延续，从生产企业出发建立的分销渠道，如果生产企业不能对其运行有一定的主导和控制，分销渠道中的实物流、所有权流、付款流和信息流就不能顺畅有效地进行。相对而言，企业自己销售比利用中间商更有利于对渠道的控制。

C. 适应性标准。这主要是指企业要考虑分销渠道对未来环境变化的能动适应性，即考虑渠道的应变能力。不能有效变化的渠道是没有未来的。所以，企业在与中间商签订长期合约时要慎重从事，因为在合约期内不能根据需要随时调整渠道，这会使渠道失去灵活性和适应性。所以，对企业来说，涉及长期承诺的渠道方案，只有在经济效益和控制力方面都十分优越的条件下，才可以考虑。

3. 渠道管理。企业管理人员需要对个别中间商进行选择、激励、评估和调整。

（1）选择渠道成员。总的来说，知名度高的、实力雄厚的生产者很容易找到适合的中间商；而知名度低的、新的、中小生产者较难找到适合的中间商。无论难易，生产者选择渠道成员应注意以下条件：能否接近企业的目标市场；地理位置是否有利；市场覆盖有多大；中间商对产品的销售对象和使用对象是否熟悉；中间商经营的商品大类中，是否有相互促进的产品或竞争产品；资金大小，信誉高低，营业历史的长短及经验是否丰富；拥有的业务设施，如交通运输、仓储条件、样品陈列设备等情况如何；从业人员的数量多少，素质的高低；销售能力和售后服务能力的强弱；管理能力和信息反馈能力的强弱。

（2）激励渠道成员。生产者不仅要选择中间商，而且要经常激励中间商使之尽职。促使经销商进入渠道的因素和条件已经构成部分激励因素，但生产者要注意对中间商的批评，批评应设身处地为别人着想，而不仅从自己的观点出发。同时，生产者必须尽量避免激励过分（如给中间商的条件过于优惠）和激励不足（如给中间商的条件过于苛刻）两种情况。

（3）评估渠道成员。生产者除选择和激励渠道成员外，还必须定期地、客观地评估他们的绩效。如果某一渠道成员的绩效过分低于既定标准，则需找出主要原因，同时还应考虑可能的补救方法。当放弃或更换中间商将导致更坏的结果时，生产者只好容忍这种令人不满的局面；当不致出现更坏的结果时，生产者应要求工作成绩欠佳的中间商在一定时期内有所改进，否则就要取消它的资格。

（4）调整销售渠道。根据实际情况、渠道成员的实绩，对渠道结构加以调整：增减渠道成员；增减销售渠道；变动分销系统。

（5）渠道冲突及窜货。制造商与制造商、制造商与中间商、中间商与中间商之间甚至制造商与其直销办事处的冲突是不可避免的。渠道冲突有可能预示着一种新的渠道运作模式将取代旧有渠道模式；企业为了渠道的覆盖与市场开拓也可能产生渠道冲突和客户碰撞。渠道冲突主要有三种：一是不同品牌的同一渠道之争；二是同一品牌内部的渠道之争；三是渠道上游与下游之争。

窜货可分为恶性窜货（即经销商为牟取非正常利润，蓄意向非辖区倾销货物）、自然性窜货（一般发生在辖区临界处或物流过程中，非经销商恶意所为）、良性窜货（所选择的经销商流通性很强，货物经常流向非目标市场）。

窜货会影响渠道控制力、企业形象和销售业绩，损害品牌形象。为了防止窜货，企业应建立有效渠道冲突解决机制，如“预报警系统”制度，渠道一体化、扁平化，约束合同化，包装差别化，价格体系化等。

（四）促销策略

促销策略是市场营销组合的基本策略之一。促销策略是指企业如何通过人员推销、广告、公共关系和营业推广（销售促进）等各种促销方式，向消费者或用户传递产品信息，引起他们的注意和兴趣，激发他们的购买欲望和购买行为，以达到扩大销售的目的。企业将合适的产品，在适当地点、以适当的价格出售的信息传递到目标市场，一般是通过两种方式：一种是人员推销，即推销员和顾客面对面地进行推销；另一种是非人员推销，即通过大众传播媒介在同一时间向大量顾客传递信息，主要包括广告、公共关系和营业推广等多种方式。这两种推销方式各有利弊，起着相互补充的作用。此外，目录、通告、赠品、店标、陈列、示范、展销等也都属于促销策略范围。一个好的促销策略，往往能起到多方面作用，如提供信息情况，及时引导采购；激发购买欲望，扩大产品需求；突出产品特点，建立产品形象；维持市场份额，巩固市场地位；等等。

1. 人员推销。人员推销是指通过推销人员深入中间商或消费者，进行直接的宣传介绍活动，使其采取购买行为的促销方式。人员推销，是一种最古老的推销方式，最大特点是具有直接性。

（1）人员推销的目的。

①了解顾客对本企业产品信息的接收情况以及市场需求情况，确定可成为产品购买者的顾客类型；了解目标市场和顾客对企业及其产品的反应及态度，准确选择和确定潜在顾客。

②收集、整理、分析信息，并尽可能消除潜在顾客对产品、对推销员的疑虑，说服他们采取购买行动，成为产品真正的购买者。

③促使潜在顾客成为现实购买者，维持和提高顾客对企业、产品及推销员的满意程度。因此，为了进行成功的重复推销，推销员必须努力维持和不断提高顾客对企业、产品及推销员本人的满意程度。

（2）人员推销的优缺点。

①针对性强。人员推销可满足推销员和潜在顾客的特定需要，针对不同类型的顾客，推销员可采取不同的、有针对性的推销手段和策略。

②及时促成购买。人员推销往往可在推销后立即成交，在推销现场使顾客进行购买决策，完成购买行动。

③及时反馈。推销员可直接从顾客处得到信息反馈，诸如顾客对推销员的态度、对推销品和企业的看法和要求等。

④提升售后服务。人员推销可提供售后服务和追踪，及时发现并解决产品在售后和使用及消费时出现的问题。其主要缺点是人员推销成本高，管理难；推销所需人力、物力、财力和时间量大。

（3）推销人员的职责。

①探寻（顾客需求，寻找新的目标市场，发现潜在客户，从事市场开拓）。

②沟通（与现实和潜在顾客保持联系，把产品介绍给顾客，沟通产品需求信

息）。

③销售（直接接触，通过推销艺术，打消顾客疑虑，达成交易目的）。

④服务（业务咨询，技术性帮助，融资安排，及时交货）。

⑤调研（情报收集，提供依据）。

⑥分配（将稀缺产品分配给急需用户，指导用户合理利用资源）。

推销队伍结构可以依据地区、产品、市场等因素来设置。推销队伍薪酬可以采取纯薪金制（固定薪金）、纯佣金制（销售提成）或混合制（固定+提成）。

（4）人员推销的步骤。

①加强信心。推销需要信心。推销人员应该深刻理解企业及其产品的资料，了解自己，总结经验，从而具有成功的信心，在推销活动中语言、资料就能够运用自如，并把成功的信心和感觉传递给顾客，往往使顾客对推销人员和产品产生信任，从而促成交易的达成。

②发展信任。顾客往往愿意与其信任的推销人员做业务。推销人员应该设身处地地帮助顾客，顾客先“买”你，然后才会买你的产品。企业产品同竞争对手的差异越小，推销人员推销自己的成分就越大，就越应该突出产品特点，增强演示工作，加强顾客信任。

③分辨需求。推销人员要达成有效的推销，就必须了解顾客需求，通过顾客提出的问题，筛选问题，重点讨论，从而神探顾客，分辨出消费者需求的真正意向，从而重点推销。

④提出建议。提出建议是实现交易的前提。推销人员作为顾客的参谋、顾问，不仅要了解顾客的需求，更要善于在适当的时刻突出交易给顾客带来的利益，运用交易的辅助品为顾客提出针对性的建议。提出建议的过程，也是推销人员目标与顾客目标协调的过程，推销目标与需求目标的交叉点是达成交易的关键节点。

⑤推动交易。推销的有效性是由顾客的行动来衡量的。推销人员需要选择适当的交易时间，说服顾客采取行动，重复保证购买的收益，加强顾客信心，力求避免顾客拒绝、拖延，一鼓作气推动交易完成。

⑥后续服务。交易完成后，推销人员需要持续地追踪调研和持续访问。

2. 公共关系。公共关系是指企业为改善与社会公众的关系，促进公众对企业的认识、理解及支持，达到树立良好企业形象、促进商品销售目的等一系列公共活动。

（1）公共关系的特征。公共关系的基本特征概括起来有六个方面。

①以公众为对象。企业必须着眼于自己的公众，才能生存和发展。公共关系活动的策划者和实施者必须始终坚持以公众利益为导向。

②以美誉为目标。塑造形象是公共关系的核心问题。企业形象的基本目标有两个，即知名度和美誉度。所谓知名度是指企业被公众知道、了解的程度，以及社会影响的广度和深度。所谓美誉度是指企业获得公众信任、赞美的程度，以及社会影响的美、丑、好、坏。在公众中树立企业美好形象是公共关系活动的根本

目的。

③以互惠为原则。公共关系是以一定的利益关系为基础的。企业在发展过程中要得到相关组织和公众的长久支持与合作，就要奉行互惠原则，既要实现本企业目标，又要让公众得益。

④以长远为方针。企业要想给公众留下不可磨灭的组织形象，不是一朝一夕之功所能及的，必须经过长期的、有计划、有目的的艰苦努力。

⑤以真诚为信条。以事实为基础是公共关系活动必须切实遵循的基本原则之一。企业必须为自己塑造一个诚实的形象，才能取信于公众。精诚所至，金石为开；至诚可以移山；热诚能成万事；真诚能产生最大的说服力。唯有真诚，才能赢得合作。

⑥以沟通为手段。没有沟通，主客体之间的关系就不会存在，企业的良好形象也无从产生，互惠互利也不可能实现。要将公共关系目标和计划付诸实施，只有双向沟通的过程，才是公共关系的完整过程。

(2) 公共关系的活动方式。

①宣传型公关。宣传型的公共关系活动主要是运用印刷媒介、电子媒介等宣传性手段，传递组织的信息，影响公众舆论，迅速扩大组织的社会影响。宣传型公关的特点是主导性强，时效性强，传播面广，抗议组织形象的效果快，特别有利于提高组织的知名度。其具体形式有发新闻稿，公共关系广告，印刷发行公共关系刊物和各种视听资料，演讲或表演，等等。宣传型公关要充分发挥报纸、杂志、电台、电视、因特网等不同的大众传播媒介的优势。

②交际型公关。交际型的公共关系活动主要运用各种交际方法和沟通艺术，广交朋友，协调关系，缓和矛盾，化解冲突，为组织创造"人和"的社会环境。交际型公关的特点是直接沟通，形式灵活，信息反馈快，富有人情味，在加强感情联络方面效果突出。其方式包括社团交际和个人交际，如工作餐会、宴会、座谈会、招待会、谈判、游说、专访、慰问、接待参观、电话沟通、电子邮件、亲笔信函等，总之，通过语言、文字、人与人之间的直接对话等交往与沟通。

③服务型公关。服务型的公共关系活动主要以实际的服务行为作为特殊媒介，吸引公众，感化人心，获取好评，争取合作，使组织与公众之间关系更加融洽、和谐，为组织提高社会信誉。服务型公关的特点是以行动作为最有力的语言，实在实惠，最容易被公众所接受，特别有利于提高组织的美誉度。如各种消费教育、消费培训、消费指导、售后服务、社区服务、家庭式服务等。任何一种类型的组织都能够以独特的方式为公众提供良好的服务。服务的目的不仅是促销，更重要的是树立和维护组织的形象和声誉，因而具有公共关系的性质。

④社会活动型公关。社会活动型的公共关系主要以组织的名义发起或参与社会性的活动，在公益、慈善、环保、文化、体育、教育等社会活动中充当主角或热心参与者，在支持社会事业的同时，扩大组织的整体影响。社会活动型公关的特点是社会参与面广，与公众接触面大，社会影响力强，形象投资费用也高，能同时较有效地提高知名度和美誉度。其形式有赞助文化、教育、体育、卫生等事

业，支持社区福利事业、慈善事业，扶植新生事物，参与国家、社区重大活动并提供赞助，利用本组织的庆典活动和传统节日为公众提供有益的康乐活动或招待。

⑤征询型公关。征询型的公共关系活动主要运用收集信息、社会调查、民意测验、舆论分析等信息反馈手段，了解舆情民意，把握时势动态，监测组织环境，为决策提供咨询。垂询型公关的特点是以输入信息为主，具有较强的研究性、参谋性，是整个双向沟通中不可缺少的重要机制。其形式有：开办各种咨询业务；建立来信来访制度和合理化建议制度；制作调查问卷；设立热线电话；分析新闻舆论；广泛开展社会调查；进行有奖测验活动；聘请兼职信息人员；举办信息交流会；等等。

（3）公共关系的工作流程。

①公共关系调查。公共关系调查是指社会组织通过运用科学方法，搜集公众对组织主体的评价资料，进而对主体公共关系状态进行客观分析的一种公共关系实务活动。公关调查作为公关工作程序的基础步骤和首要环节，对组织的整个公关活动具有重要意义。

②公共关系策划。在完成了调查研究以后，公关活动就进入了制定计划阶段。这是公共关系工作中最富有创意的部分。公共关系策划可以分成战略策划和战术策划两个部分。战略策划指对组织整体形象的规划和设计，因为这个整体形象将会在相当长一段时间内连续使用，关系到组织的长远利益。而战术策划则是指对具体公共关系活动的策划与安排，是实现组织战略目标的一个个具体战役。制定公关计划，最根本的任务就是组织形象的战略策划。在每一次具体公关活动中，公关部门究竟要完成什么任务，取决于在计划阶段的形象设计。只有在此基础上，组织才能进一步策划具体的公关活动。换言之，离开了组织形象的战略策划，具体的公关活动就失去了灵魂，变成了一种效益低下的盲目投资，有时甚至会产生负面的效果。

③公共关系实施。计划制定好之后，就进入了实施阶段。公共关系活动的性质非常复杂，但以传播性活动为主。公关传播的方法很多，要获得理想的传播效果，需要正确选择传播渠道。本节主要介绍一些选择传播渠道的技巧，提高传播效果的经验，传播过程中存在的主要障碍及其克服的方法。

④公共关系评估。公共关系作为现代社会的一项管理方法，应当设计周密、有头有尾。因此，公共关系工作程序的第四步就是对公共关系活动效果的总结评估。所谓总结评估，就是有关专家或机构依据科学的标准和方法，对公共关系的整体策划、准备过程、实施过程以及实施效果进行测量、检查、评估和判断的一种活动。

3. 营业推广。营业推广是一种适宜于短期推销的促销方法，是企业为鼓励购买、销售商品和劳务而采取的除广告、公关和人员推销之外的所有企业营销活动的总称。根据市场和产品的不同特点，营业推广主要有三种：针对消费者的推广、针对中间商的推广、针对推销人员的推广。

（1）营业推广的作用。

①可以吸引消费者购买：这是营业推广的首要目的，尤其是在推出新产品或吸引新顾客方面，由于营业推广的刺激比较强，较易吸引顾客的注意力，使顾客在了解产品的基础上采取购买行为，也可能使顾客追求某些方面的优惠而使用产品。

②可以奖励品牌忠实者：因为营业推广的很多手段，如销售奖励、赠券等通常都附带价格上的让步，其直接受惠者大多是经常使用本品牌产品的顾客，从而使他们更乐于购买和使用本企业产品，以巩固企业的市场占有率。

③可以实现企业营销目标：这是企业的最终目的。营业推广实际上是企业让利于购买者，它可以使广告宣传的效果得到有力的增强，破坏消费者对其他企业产品的品牌忠实度，从而达到本企业产品销售的目的。

（2）营业推广的方式。

面向消费者的营业推广方式：

①赠送促销：向消费者赠送样品或试用品，赠送样品是介绍新产品最有效的方法，缺点是费用高。样品可以选择在商店或闹市区散发，或在其他产品中附送，也可以公开广告赠送，或入户派送。

②折价券：在购买某种商品时，持券可以免付一定金额的钱。折价券可以通过广告或直邮的方式发送。

③包装促销：以较优惠的价格提供组合包装和搭配包装的产品。

④抽奖促销：顾客购买一定的产品之后可获得抽奖券，凭券进行抽奖获得奖品或奖金，抽奖可以有各种形式。

⑤现场演示：企业派促销员在销售现场演示本企业的产品，向消费者介绍产品的特点、用途和使用方法等。

⑥联合推广：企业与零售商联合促销，将一些能显示企业优势和特征的产品在商场集中陈列，边展销边销售。

⑦参与促销：通过消费者参与各种促销活动，如技能竞赛、知识比赛等活动，能获取企业的奖励。

⑧会议促销：各类展销会、博览会、业务洽谈会期间的各种现场产品介绍、推广和销售活动。

面向中间商的营业推广方式：

①批发回扣：企业为争取批发商或零售商多购进自己的产品，在某一时期内给经销本企业产品的批发商或零售商加大回扣比例。

②推广津贴：企业为促使中间商购进企业产品并帮助企业推销产品，可以支付给中间商一定的推广津贴。

③销售竞赛：根据各个中间商销售本企业产品的实绩，分别给优胜者以不同的奖励，如现金奖、实物奖、免费旅游、度假奖等，以起到激励的作用。

④扶持零售商：生产商对零售商专柜的装潢予以资助，提供 POP 广告，以强化零售网络，促使销售额增加；可派遣厂方信息员或代培销售人员。生产商这

样做的目的是提高中间商推销本企业产品的积极性和能力。

（3）营业推广的流程。

①确定推广目标：营业推广目标的确定，就是要明确推广的对象是谁，要达到的目的是什么。只有知道推广的对象是谁，才能有针对性地制定具体的推广方案。

②选择推广工具：营业推广的方式方法很多，但如果使用不当，则适得其反。因此，选择合适的推广工具是取得营业推广效果的关键因素。企业一般要根据目标对象的接受习惯和产品特点、目标市场状况等来综合分析选择推广工具。

③推广的配合安排：营业推广要与营销沟通其他方式如广告、人员销售等整合起来，相互配合，共同使用，从而形成营销推广期间的更大声势，取得单项推广活动达不到的效果。

④确定推广时机：营业推广的市场时机选择很重要，如季节性产品、节日、礼仪产品，必须在季前节前做营业推广，否则就会错过时机。

⑤确定推广期限：即营业推广活动持续时间的长短。推广期限要恰当，过长，消费者新鲜感丧失，产生不信任感；过短，一些消费者还来不及接受营业推广的实惠。

4. 广告宣传。

（1）广告及其功能。广告是由特定的广告主在付费的基础上，有偿使用一定的媒体传播商品、服务（劳务）或观念等信息给目标顾客的促销行为。在市场营销中，广告的目的是促销商品。

广告主要有认识的功能（帮助消费者认识新产品的质量、性能、用途、保养、使用方法和购买地点等）、心理的功能（诱发消费者的情感，引起购买欲望，促进购买行为）、美学的功能（广告是一种艺术，给人美的享受）、教育的功能（帮助消费者树立三观）。

（2）广告决策。广告决策制定过程包括确定广告目标、广告预算决策、广告信息决策、广告媒体决策和评估广告效果五项决策。

①确定广告目标。广告目标是企业借助广告活动所要达到的目的。确定广告目标是制定广告决策的首要步骤。广告目标的明确与一致，将直接影响广告效果。广告的最终目标是增加销售量和利润，但企业利润的实现，是企业营销组合战略综合作用的结果，广告只能在其中发挥应有的作用，因此，企业可以以提高产品知名度为目标（介绍企业产品，唤起初步需求），可以以建立需求偏好为目标（建立选择性需求，使购买者选择企业的品牌），也可以以提示、提醒为目标（目的是保持消费者、用户和社会公众对产品的记忆）。提示性广告在产品生命周期的成熟期十分重要。与此相关的一种广告形式是强化广告，目的在于使产品现有的消费者或用户相信所做出的选择是正确的。

②广告预算决策。在确定了广告目标之后，企业可以着手为每一产品制定广告预算。广告预算是企业为从事广告活动而投入的预算。由于广告预算收益只能在市场占有率的增长或者利润率的提高上最终反映出来，因此，一般意义上的广

告预算，是企业从事广告活动而支出的费用，主要考虑广告预算的因素，以及产品生命周期与广告费用支出的相关关系。

③广告信息决策。广告信息决策的核心问题是制定一个有效的广告信息。最理想的广告信息应能引起人们的注意，提起人们的兴趣，唤起人们的欲望，导致人们采取行动。有效的信息是实现企业广告活动目标、获取广告成功的关键。

④广告媒体决策。广告媒体是广告主为推销商品，以特定的广告表现，将意图传达给消费者的工具或手段。不同的广告媒体具有不同的特点，它限制着广告主意图的表达和目的的实现。不同的广告媒体，它的传播范围、时间、所能采用的表现形式、接受的对象都是不同的。广告主在通过广告媒体将自己的意图在他们所希望的时间、地区传递给目标对象时，需要根据媒体所能传播的信息量的多少，根据对媒体占用时间与空间的多少，支付不同的费用。因此，广告媒体选择的核心在于寻求最佳的传送路线，使广告目标在市场影响范围内，达到期望的展露数量，并拥有最佳的成本效益。

⑤评估广告效果。良好的广告计划和控制在很大程度上取决于对广告效果的测定。测定和评价广告效果，是完整的广告活动过程中不可缺少的重要内容，是企业上期广告活动结束和下期广告活动开始的标志。

广告效果是通过广告媒体传播之后所产生的影响。这种影响可以分为：对消费者的影响——广告沟通效果；对企业经营的影响——广告销售效果。

A. 广告沟通效果。广告本身效果的研究目的，在于分析广告活动是否达到了预期的沟通效果。测定广告本身效果的方法，主要有广告事前测定与广告事后测定。

广告事前测定，是在广告作品尚未正式制作完成之前进行各种测验，或邀请有关专家、消费者小组进行现场观摩，或在实验室采用专门仪器来测定人们的心理活动反应，从而对广告可能获得的成效进行评价。广告事前测定，根据测定当中产生的问题，可以及时调整已定的广告策略，改进广告制作，提高广告的成功率。事前测定的具体方法主要有消费者评定法、组合测试法和实验室测试法。

广告的事后测定，主要用来评估广告出现于媒体后所产生的实际效果。事后测定的主要方法是回忆测定法与识别测定法。

B. 广告销售效果。广告销售效果也称为广告经济效果，是指广告活动促进产品或者劳务的销售，增加企业利润的程度。

测定广告对销售状况的影响，即广告的销售效果，可以通过两种方法进行测定：a. 历史资料分析法。它是由研究人员根据同步或滞后的原则，利用最小平方回归法求得企业过去的销售额与企业过去的广告支出二者之间关系的一种测量方法。b. 实验设计分析法。用这种方法来测量广告对销售的影响，可选择不同地区，在其中一些地区进行比平均广告水平强 50% 的广告活动，在另一些地区进行比平均水平弱 50% 的广告活动。这样，从 150%、100%、50% 三类广告水平地区的销售记录就可以看出广告活动对企业销售究竟有多大影响，由此还可以导出销售反应函数。

四、市场营销管理

市场营销管理的主要任务是刺激消费者对产品的需求，但不能局限于此。它还帮助公司在实现其营销目标的过程中，影响需求水平、需求时间和需求构成。因此，市场营销管理的任务是刺激、创造、适应及影响消费者的需求。从此意义上说，市场营销管理的本质是需求管理。

任何市场均可能存在不同的需求状况，市场营销管理的任务是通过不同的市场营销策略来解决不同的需求状况。

1. 市场营销计划。既要制定较长期战略规划，决定企业的发展方向和目标，又要有具体的市场营销计划，具体实施战略计划。

2. 市场营销组织。营销计划需要有一个强有力的营销组织来执行。根据计划目标，企业需要组建一个高效的营销组织结构，需要对组织人员实施筛选、培训、激励和评估等一系列管理活动。

3. 市场营销控制。在营销计划实施过程中，需要控制系统来保证市场营销目标的实施。营销控制主要有企业年度计划控制、企业盈利控制、营销战略控制等。

下篇　实践篇

第四章　企业管理仿真模拟概论

西方发达国家对管理人才的培养，除了注重理论教学之外，更致力于提高学员分析与解决实际问题的能力。其中，参与式教学法是以案例为基本内容，以激励参与、培养管理能力为基本出发点的教学模式，包括情景参与（storytelling）、现场管理训练（outdoor adventure exercise）、管理论坛（business dialogue）、案例研讨（casestudy discussion）、角色扮演（role play）、建模与筹划（modeling and mapping）、竞争与博弈（competitive wargame）、管理模拟（business simulation）、蓝图规划（scenario planning）等多种形式，对培养高质量的管理人才发挥了巨大的作用。管理模拟或管理博弈是参与教学的一种，参加的学员一般按团队分成若干“公司”，在模拟的经营环境下（包括经济周期、企业资源、市场竞争等），从事制定目标、战略规划、生产运作、市场营销、财务管理、商务谈判等一系列经营管理活动，在与其他“公司”的市场博弈中，提高自己“公司”的竞争地位与经营绩效，通过模拟与专题研讨，达到“体验”管理、应用理论、培养创新思维和提高管理技能的目的。

现代管理模拟一般通过专门开发的电脑软件进行。

第一节　管理仿真模拟简介

一、管理仿真的含义

管理仿真是指利用一定计算机软件技术等手段和模式，将企业经营管理活动的具体工作进行高度提炼，通过一定手段和形式尽可能逼真地再现特定的实践场合，人为创造某种经营管理活动的仿真环境，使学员在比较接近真实的模拟环境中，在脱离现实风险的情况下，亲身体验实际企业业务流程，从而达到在实践中巩固知识和锻炼运用知识的能力、提高自身综合素质的目的。其具体的实现方式多种多样，但主要是采用计算机进行模拟实践教学。

管理情景模拟能综合运用各方面的管理知识，自主地进行重复训练，在成功与失败的体验中，检验理论知识的水平与应用，从而达到理论与实践相结合、提高专业实践能力与创新能力的目的。

二、管理仿真的特征

管理仿真与传统的理论教学相比，具有以下几个特征。

（一）理论与实践的高度结合

管理情景模拟教学是建立在管理学的理论与实践高度结合基础上的一种教学方法，它适应于工商管理专业培养应用性、实践性管理人才（而非研究型的管理理论人才）这一目标。在以课堂教学为主的工商管理教学模式中，侧重于专业理论知识的教学，教师常常停留在概念的阐释和方法的介绍上，学员只是被动地吸纳、机械地领会这些具有普遍性、规律性、独立性和理想化的知识体系，而在实际工作中，将要面对的是各种复杂多变的具体情景，它需要管理者综合运用各种有关知识，创造性地去解决这些现实经营管理中的问题。

显然，传统的教学方式虽然可以教会学员一些管理理论知识，但不利于知识向能力的转化，不利于学员实际操作能力、综合管理能力和创新能力的培养，因而难以适应企业对工商管理人才的要求。

但情景模拟为学员提供了一个仿真的实践平台，让学员在亲身体验中自觉地将理论知识与实际操作结合起来，进而低成本、高效率地综合培养学员的各种能力。同时，它也是摆脱目前管理实践教学环节无法切实落实这一困境的最佳途径。

（二）学员在教学过程中的主体性

传统教学中教师是教学中的主体，教师处于中心地位，学员只能被动接受教师所传授的知识。而管理仿真模拟强调学习的主体是学员，学员自主地在仿真模拟的管理情景下进行活动，教师只起组织、引导的作用，教学活动也从主要关注“教”转向关注“学”，让学员在实践中学习知识、应用知识，并提高运用知识的综合能力。

（三）知识与能力培养的综合性

在传统的管理教学模式下，很难找到一种能将同一课程，尤其是不同课程的知识点综合、贯通起来的适当方式，而借助计算机的管理仿真模拟教学就可以解决这一难题。

管理仿真模拟可以将企业经营过程中所面临的整体战略、产品研发、设备改造、采购与库存、市场与销售、财务指标分析、人力资源管理以及产供销各流程等各方面问题，系统性地以不同的组合方式呈现给学员，或在仿真模拟过程中加入一些不确定因素，要求学员能综合运用所学知识对这些完整、复杂而仿真的管理情景做出判断与决策，并对产生的经营结果及时做出评判与反馈，从而使学员切身体验企业的经营与运作。

在模拟教学过程中，学员可以轮流分别担任不同的重要角色，如企业总裁、人力总监、财务总监、市场总监、生产总监、营销总监、采购总监等，从而体验和熟悉各个环节的管理工作。每一个学员必须和其他同事一起去寻找市场机会，分析规律，制定策略，实施全面管理。这不仅有利于学员在实践中学习管理知识，提高综合决策能力和实际操作能力，还有利于培养学员的团队精神和责任意识。

（四）教学过程的引导性

管理仿真模拟不是简单地灌输知识，而是引导或帮助学员应用有关知识去发现问题、解决问题。管理仿真模拟融角色扮演、案例分析、专家诊断于一体，让学员解决企业经营中经常出现的各种典型问题。它通过教师的实践设计，引导学员全面参与对企业的管理过程，引导学员完成对基本管理理论在实践中的逐层运用，同时按照“小步子”原则及时对学员的操作过程进行反馈，帮助他们纠正决策中的错误，还可以通过专家讲评的方式对一些典型问题进行剖析。

（五）学员的高度参与性

企业管理仿真模拟不仅具有仿真性，还具有综合性、主动性、决策性、竞赛性以及生动性、趣味性等特点，它使学员从客体变为主体，由被动变为主动，更主要的是学员觉得这样的教学能让他们真正学到有用的知识与能力，因而容易调动起学员的学习积极性，起到“寓教于乐”的效果。在管理仿真模拟中，学员具有高度的参与性，不再是被动地听老师讲授，而是主动、灵活地综合运用各方面的知识，充分发挥自己的创新能力，去观察、分析和解决实际问题。

（六）学习主体的创造性

管理仿真模拟具有广泛性、开放性特征，它要求学员积极探索、大胆思考、果断决策，综合运用所学知识解决实际问题，这极大地激发了学员的创造性。联合国教科文组织曾从知识传授、分析力培养、态度转变、提高人际技巧、学员接受力以及知识的留存力六个方面，对各种教学方法进行评价，其中，管理仿真模拟几乎都排在首位。而在经济管理领域中引入管理仿真模拟，是目前条件下强化管理实践环节，低成本地培养出复合型、应用型和创新型管理人才的最佳途径。当然，管理仿真模拟也有其自身的局限性，并不能完全取代课堂讲授和教材阅读，也无法完全模拟现实情景，因此，应当将它作为一种重要的现代教学方法，与课堂讲授、案例教学以及社会实践结合起来。

三、管理仿真模拟在教学中的作用

与传统的教学方法相比，管理仿真模拟在教学中具有独特的作用。

（一）弥补传统管理学科教学的缺陷

对绝大多数学科来说，传统的课堂教学在理论联系实际和培养学员解决实际问题能力方面存在诸多缺陷，管理类学科也不例外。除共有的缺陷外，传统的管理学科教学还存在自己特有的缺陷。

（1）预设条件的理想化。教师结合教材，为了更好地解释和说明经营管理与决策的某一管理理论、公式和模型，往往用预先设定较为理想的假设条件来阐述和解释它，这样给教师的教学和学员的理解带来了方便，但一定程度上也导致与实践脱节。管理模拟教学则通过模拟软件的“情境仿真模块”仿真出复杂的经济和管理环境，甚至超过实际情况的复杂程度，有效地避免了理论与实践脱节的缺陷。

（2）管理过程的静态化。教师在讲述经营管理与决策的某一理论、公式和模型的过程中，大多在预设条件的基础上采用静态的方法来解决问题，这仍然是为了教学方便和节省时间而较少考虑用动态的、发展的和竞争的观点来解决问题。即使很多教师力求变换各种条件来说明公式和模型的应用，但变换的次数和范围也极其有限。而管理模拟教学则能通过设定多个不同类型的竞争市场和若干个连续变动的经营周期，“逼迫”学员不得不以动态的、发展的和竞争的观点来分析和解决问题。

（3）决策方法的独立化。大多数课堂教学的过程中，教师讲授企业经营决策方法是相对独立的，或解决一个问题，或解决一部分问题，较少地考虑解决这一问题会对其他条件和决策产生什么影响，以及影响的程度会有多深。而管理模拟教学则能通过软件将学员所学的分散在各门管理学课程（市场营销、生产组织学、管理经济学、管理会计学、运筹学等）中的现代管理决策理论、内容和方法有机地结合起来，让学员做系统的实践性尝试，从而让学员意识到某一决策的变化将影响到其他各方面的变化，最终会导致全局的变化，这种变化的程度是很难用传统的教学方法让学员获得切实的感性认识的。

（二）解决当前管理实践教学环节上存在的问题

首先，由于管理决策的特殊性和市场竞争的风险性，企业无法让学员在市场竞争的条件下对企业经营的全过程进行实践性的尝试，故导致学员参与各类实习和实践时“走马观花”，即使企业让学员参与某一环节的实际管理，也只让学员做一些辅助性的工作，无法了解企业经营管理的全貌，更不可能让学员参与决策。其次，管理既是科学也是艺术，学员只有参与管理，才能从实践和经验中悟出管理的真谛。可是，学员在企业实践的那一段相当短的时间内，该企业的经营环境和经营战略及策略不会有多少变化，这样一来就难以培养学员的开拓能力和应变能力。如此实践只会打消教师和学员参与实习和实践的积极性，也就无法通过实习和实践使学员掌握已学的理论知识以及运用这些知识来提高分析解决实际问题的能力。

（三）提高学员学习的主动性和积极性

管理模拟教学模式的理论基础是建构主义学习理论，该理论认为学习活动是学员通过一定的情境，借助教师与学员的帮助，通过协作和会话的方式，达到对知识的意义建构。在这个过程中，学员是认知活动的主体，教师是学员学习的引导者、帮助者、促进者和顾问，而“情境创设”“信息资源提供”“协商会话”是建构主义学习理论所要求的学习环境必须具备的基本属性和要素。管理模拟教学恰恰是通过创设管理情境，提供企业经营的基本信息资源，使学员在计算机软件和网络构建的“协商会话”平台上主动探索、主动参与竞争和决策，从而建构自己对管理理论、方法和模型的理解与应用方式。教师则由传统的“知识传授”转变为“学习顾问”，其任务变为：（1）吸收新知识和创新知识；（2）创设学习界面和环境；（3）指导学员学习。从管理模拟教学流程来看，管理模拟教学要求学员在教师的引导下主动去搜集并分析经济环境、市场和企业的有关数据和资料，对所学习和解决的问题提出各种假设、试验并努力加以验证，使学员成为知识和应用的主动建构者，由此激发学员的学习动机，使学员能自觉地进入学习状态，充分调动学员学习的主动性和积极性。

（四）加强团队合作精神

联合国“国际21世纪教育委员会”提出了“教育的四大支柱”的解决方案。所谓“四大支柱”是指能支持现代人在信息社会有效的工作、学习和生活并能有效地应对各种危机的四种最基本的学习能力，即学会认知（learning to know）；学会做事（learning to do）；学会合作（learning to livetogether）；学会生存（learning to be）。上述四种能力并不是并列的，其中“学会合作”是最基础的，其他三种能力则是“学会合作”所不可缺少的因素。一个企业就是一个团队，团队合作精神是企业必不可少的素质，是企业各类人员工作的基本方式。管理模拟教学正是将学员按团队分成若干个小组，每个小组代表一个模拟的竞争企业，小组内成员可按管理的职能进行分工，使教学过程由原来的知识归纳型或逻辑演绎型的讲解式教学过程转变为创设情境、合作探究、会话商讨、意义建构等新的教学过程，借助多媒体和网络的手段，使教师与学员之间、学员与学员之间通过相互补充、相互协同、相互竞争和角色扮演等多种不同形式来参加学习，从而达到相互促进、整体提高的效果，这对管理理论和方法的深化理解和灵活运用极有好处，对学会认知、学会做事、学会生存等能力的发展奠定了坚实的基础，对学员团队合作精神的培养和良好人际关系的形成有明显的促进作用。

四、管理仿真模拟中教师角色的转化

从以上管理模拟教学所具有的特点和作用中可以看出，模拟教学对教师各方面都提出了更高的要求。教师不但要更新观念、转变角色，而且要提高自身自主创新的能力，只有这样，才能适应信息时代与模拟教学的要求。从模拟教学整体看，教师仍应起主导作用。教师的具体作用是：课前对管理情景模拟实验进行设计，提供企业模拟经营的环境；课中为学员提供一定的信息和指导，对情景模拟活动过程进行监控与评价；课后对实验活动进行总结和改进。

显然，与传统的教学方式相比，教师的角色将有以下几个方面的变化。

（一）由“主演”向“导演”角色转变

在模拟教学中，学员不再依赖教师的讲解进行被动学习，而是由学员在实验中通过“以用促学，以用带学”的方式，通过知识的运用来领会和巩固所学知识。这时，教学过程主要反映学员用得怎样，而不是教师教得怎样。课堂的“主角”是学员而不是教师，教师则成为幕后的“导演”，其作用体现在对模拟教学情景与课题进行精心设计、对模拟教学过程进行组织等方面。

模拟教学的前期设计准备工作是至关重要的环节，也是最具创造性的工作。教师应当结合管理学的各种原理、职能和方法，尽可能从现场环境和工作环境两个方面模拟企业在采购、生产、储运、销售以及公司治理结构、财务管理和人力资源管理等管理实践活动的实际情况，进行有针对性的、系统的情景模拟实验设计，使学员能接触到各种实际经营管理中的问题。

通过对实际资料进行去粗取精的整理、提取，根据教学要求将具有典型性、常规性、程序性、技能性的内容移植到实验设计中，使它来源于实际又高于实际，能针对性地、循序渐进地帮助学员在相对较短的时间内掌握相关的实际技能。同时，教师可以根据参加者的特点调整设置不同的企业经营要素，甚至破坏理想的运营状态，设计不同的案例难度。

教师的“导演”作用在一定程度上可由计算机软件所替代，而计算机模拟教学的主要瓶颈也在于设计开发高水平的模拟教学软件。它提供一套决策变量（如材料、资本、设备、劳动力、市场价格、产品广告、促销费用等），让学员在此条件下独立进行企业经营的全过程模拟，努力获取理想的经营结果，并可以结合多媒体画面和具体的情景案例来加强背景介绍，或以视频录像方式将理论化的抽象内容及经营管理情景更全面、更直观地表现出来，同时利用相关的计算机软件来指导学员进行模拟操作。但模拟软件可能对参变量做一些简单化处理，如舍弃某些次要变量、对各参变量之间的关系做理想化处理等，使模拟与企业管理现实仍有较大的差距。当然，随着企业管理网络化、计算机化的趋势加快，许多企业已广泛使用计算机软件进行经营与管理，这些用于实际的业务软件可以很容易地改造为教学版的模拟实践教学软件，从而实现与实际工作的高度接轨。

（二）由“讲授者”向“引导者”转变

在模拟教学过程中，教师的角色将由传统的知识讲授者变为学习的引导者或辅助者，其作用从单纯的系统传授书本知识转变为对知识的消化、运用与创新的引导上。教师虽然不参与学员的模拟与决策过程，但必须引导学员有正确的思路，解答学员的各种问题，对于学习中出现的具有共同性、典型性以及重要的问题，要及时组织讨论并点评、总结。

在引导过程中，教师要始终坚持以学员自主探索、自主解决问题为原则，既不是“抱着走”，也不是“大撒手”。对于有疑问的学员，不能简单地告诉他怎么做，而要教给他思考与解决问题的方法，让他自解其难，将教师的引导作用与学员的主动性、创造性结合起来。

（三）由“教学者”向“探索者”转变

我国目前高校中从事管理教学的教师，大多没有实际工作的经验，因而很少具有实际工作能力。所以其在教学中只注重书本理论知识的传授，使“学”与“用”成为两张皮，教学和实践严重脱节，这样教出来的学员自然也就很难得到社会的认可，学员也会产生“读书无用”之感。

而模拟教学侧重于解决实际问题，这就要求教师自己要具备相应的能力，能够在纷繁多变的内外各种因素影响下，正确客观地发现问题、诊断原因、拟订方案、权衡比较、制定决策、贯彻执行和检查总结等。这时，教师与学员一样将面临各种非常规性管理问题的考验，这些问题往往并不能依靠理论知识的简单重复来解决，而是需要综合各种相关知识创造性地加以解决。

在这些复杂多变的管理问题面前，教师不再是绝对的权威者，学员也不再是纯粹的接受者，教师有时也需要与学员共同去探索解决管理中出现的新问题，成为学员的工作伙伴，并在成功与失败的体验中不断总结，做到教学相长。

（四）由“挑战者”向“应战者”转变

在模拟教学中，学员不再只是被动地接受教师的知识传授，不再只是采用由教师向学员提出问题、让学员解决问题的方式。其教学过程是动态而不是静态的，信息交流是双向或多向的而不是单向的，有时需要相互讨论甚至争论，这对于教师的权威无疑是一种挑战。教师必须应对实际问题与学员创造性提问这两方面的挑战，因而常常要与学员站在同一平台上去探究问题的解决方案，经营管理的模拟结果也是对教师水平的及时检验。可见，模拟教学对教师的要求非常之高，教师必须同时具有扎实的理论功底和丰富的实践经验，及时了解企业运营的新趋势和新方法，而且具有较强的组织能力、应变能力与实战能力，这样才能应对模拟教学带来的挑战。

总之，模拟教学是一种行之有效的培养管理者综合素质的现代管理教学方法，它不仅适应了信息时代对学校教学管理的新要求，还能很好地解决工商管理专业实践教学中的困难。同时，教师的作用与角色也必须随之产生相应的变化。

五、学员在管理仿真模拟中的收获

管理仿真模拟的目的在于使学员将所学的管理知识与企业的管理实践有机地结合起来，使学员通过计算机模拟管理环节，了解企业管理过程，通过学员在模拟中的具体操作，将管理原理融会贯通并获得一定经验，缩短专业知识和实践应用的距离，提高学员分析与解决企业实践中有关管理问题的能力，为学员进一步学习和消化专业知识奠定实践基础。通过管理仿真模拟，希望学员达到如下目标。

1. 使学员更进一步地理解、掌握和运用所学专业知识，培养分析问题、解决问题的实际工作能力和创新精神；激发学员的敬业、创业精神，增强事业心和责任感；积极探索仿真模拟教学与“产、学、研”相结合的新途径，提高人才培养质量。

2. 认识企业战略选择，了解企业各项管理活动的内在联系、具体内容及操作程序，加强对企业管理实践中的新理念、新方法的提炼，丰富和扩大专业知识领域。

3. 参与市场竞争，对企业的经营管理活动的现状做出分析，找出企业运营过程中存在的问题，并提出解决对策，从而培养学员运用所学理论解决实际问题的能力，提高其综合运用知识的能力及分析、解决问题的能力，增强其创新意识。

4. 增强其社会交往及沟通能力，培养学员团队意识及合作精神，提高其综合素质，为其在工作岗位上获得成功打下基础。

第二节　管理仿真模拟的发展与沿革

管理模拟从产生、引入管理课堂发展至今，与管理环境、经营模式以及企业对高素质人才的需求密切相连，尤其是IT技术的进步，使复杂与动态的环境仿真以及因特网上的在线模拟成为可能。管理模拟教学的发展可大致分为以下阶段(见表4－1)。

表4－1　　管理模拟教学的发展沿革

时期	时间	发展背景	主要事件与人物
古代战争模拟与早期的管理模拟	20世纪50年代之前	管理环境稳定，技术简单，模拟教学停留在自发阶段，个别或偶然地用于培训管理人员	象棋（中国）、国际象棋：模拟古代战争对弈； 雷斯维茨（普鲁士）：地图模拟演习（1811）； 德国、美国军方：战役沙盘推演训练与战争博弈（1940's）； 玛丽·布什坦（俄）：用模拟方法培训提升到初级管理岗位的工人（20世纪30年代）

续表

时期	时间	发展背景	主要事件与人物
管理模拟推广和发展时期	20世纪50～70年代	买方市场，环境多变且竞争加剧，企业管理由生产型向经营管理演进。公司对有理论又有经验管理者的需求剧增，MBA走红，MBA的培养推动了大学参与式教学改革	美国华盛顿大学、哈佛大学：在公司政策等课程中采用模拟教学，组织经理人员参加管理博弈与研讨（1957）； 美国管理学会：推荐在经理培训课程中使用模拟，得到大学和大公司的积极响应推广，开发大批模拟软件； 北美模拟与博弈学会（1966）、国际模拟与博弈学会（1970）和美国管理模拟与实验教学学会（1974）相继成立，《模拟与博弈》创刊（1970）
计算机辅助模拟时期	20世纪80～90年代	企业从经营管理转向战略管理，从国内转向国际市场，急需熟谙战略管理、国际竞争的人才； 新的编程技术使模拟软件开发成本迅速下降	管理模拟在大学MBA教育与在职经理培训课程中进一步推广，一批演习会计财务、市场营销、战略管理、跨国公司经营博弈的模拟软件脱颖而出，例如： 瑞典隆德大学：LUDUS（1991）软件； 美国芝加哥大学：INPUT（1990），INTOPIA（1995）； 英国：STRAT-PLAN（1994）等
远程网络在线模拟时期	20世纪90年代至今	经济全球化，跨国公司国际投资，跨文化管理； IT技术的进步促进网络化与信息资源共享	管理模拟网上资源的共享与免费下载：模拟与博弈的国际组织（如ABSEL，NASAGA）、大学的模拟研究机构（如INSEAD），以及专业软件开发机构（如英国霍尔市场公司）都在网上免费提供或出售模拟软件包

一、早期的管理模拟时期

早期的管理模拟可以追溯到古代战争模拟，时间是20世纪50年代以前。战争模拟是指在假设战事背景下借助模型或地图进行军事对弈，避免了伤亡和损失。中国象棋就是“楚河汉界”上的战争模拟。1811年，普鲁士军的顾问雷斯维茨（Von Reisswitz）首创了地图演习方法（map simulation），后被德国人在策划两次世界大战中秘密采用。第二次世界大战期间，美军在战役沙盘推演的教材中也收入了战争博弈（war game）的内容。

据“全球管理模拟”（GBG）的资料记载，俄罗斯圣彼得堡工程经济学院的玛丽·布什坦（Marie Birshtein）在20世纪30年代初，首次用模拟方法培训从操作层提升到初级管理岗位的工人。她采用“职能模拟图”对其管理技能与管理岗位是否匹配评估计分。但由于当时管理环境比较稳定，技术简单，培训管理者只是个别或偶然地使用模拟方法。

二、管理模拟的推广与发展时期

第二次世界大战之后，随着市场向买方市场过渡，环境变数增多且竞争加剧，管理由生产管理向经营管理演进。企业对既有理论又有经验的管理人才需求剧增，工商管理硕士（MBA）走红。1950～1970 年，美国大学授予的 MBA 学位已超过 20 万人。1980 年，美国有 MBA 授予权的大学增至 500 所，而且还在以每年新增 35 所的速度递增，授予的 MBA 学位数从 1970 年的 2.1 万上升到 1980 年的 4.8 万。美国许多大、中型公司甚至到了非 MBA 毕业生不雇的地步。

不少公司出资鼓励员工攻读 MBA 学位或参加在职经理 MBA 短训班。MBA 热迅速蔓延到整个北美、欧洲、澳洲与东南亚地区。

公司对人才的需求推动了大学管理教学的改革。因为对大学来讲，既要为企业输送大批的工商管理硕士，又要保证这些“宠儿”的质量，聘用后能迅速进入角色、独当一面。为此，一方面学校继续强化美国管理高等教育联合会（AACSB），保证商学院教育质量的评估与监督功能；另一方面 MBA 的培养必须走出传统“象牙塔”的教学模式。在案例教学基础上，美国华盛顿大学商学院 1957 年率先在 MBA“公司政策”课程中采用了管理模拟，哈佛大学则让在职经理人员进入商业博弈（business game）参加研讨，收获很大。模拟教学的成功得到美国管理学会的高度重视，并极力推荐经理培训课程使用。美国管理学会的建议很快得到美国各大学商学院与国际商业机器公司（IBM）、通用电器公司（GM）、索尼（SONY）等大公司的积极响应。市场对模拟软件的需求激增。一批顶级的管理商学院则综合教育理论、运筹学、对弈论和 IT 技术，适时开发出了一大批管理模拟软件。同时，北美模拟与博弈学会、国际模拟与博弈学会、管理模拟与实验教学学会这三个最具影响的管理模拟专业组织相继在美国成立。集管理博弈理论、软件开发与研究于一体的学术刊物《模拟与博弈》也在 1970 年创刊。模拟软件专业开发公司，如美国的商业软件出版公司、因特软件公司、新加坡的 SGX－Simulation/GamingExchange 等也纷纷成立。大批管理咨询公司也介入模拟软件的开发与开展培训在职经理的业务。

三、计算机辅助模拟时期

自 20 世纪 70 年代中期尤其是 80 年代以来，竞争焦点逐渐从产品转向产业。为分散风险和抢占产业制高点，企业纷纷开展多元化经营，出现是进入新产业、退出还是维持现有产业的“战略”问题，许多大公司还把眼光瞄准了国际市场。企业急需通晓战略管理、熟谙国际市场营销的管理者。新的环境与人才需求再次挑战大学的管理教育模式。参与式教学中的案例研究和管理模拟更备受青睐。大学应公司对新型人才培训的需要，有针对性地开发演绎研究风险管理、战略管理、产业竞争、国际市场博弈的管理案例与模拟程序，使教学与现实紧密接轨。

如美国芝加哥大学教授汉斯·B. 索雷利博士（Hans B. Thorelli）及其开发的“国际经营模拟”，英国霍尔市场公司的杰勒米·霍尔从1976年起开发的TEAM-SKILL、INTEX等模拟软件，都是西方优秀管理模拟软件的代表之作，有的经多次升级，至今还在北美与欧洲广泛使用。

四、远程网络在线模拟时期

从20世纪90年代开始，随着因特网应用的普及，管理模拟现已成为网络教育数据库的重要内容，模拟也通过国际互联网进行。学员可在网络终端输入决策信息，经因特网上传至模拟主服务器，模拟结果再反馈回各个终端，让学员及时了解、分析对手“公司”的战略，并作为下一轮模拟的参考。例如，被55个国家、约100个经理培训班与工商管理硕士点采用的INTOPIA/2000，在美国的模拟约1/3在网上进行。Os Earth提供的网络世界比赛（Net World Game）可供150人同时在线模拟战略、商务谈判与合作。一些模拟与博弈的国际组织、大学管理模拟研究机构以及软件开发公司都在网上免费提供或出售模拟软件包。网上模拟软件的资源共享是经济全球化的必然，它大幅度减少了模拟软件开发中的重复劳动，降低运行成本，成为跨文化沟通与管理的重要环节。

第五章　BOSS 基础

BOSS 竞赛模拟现实公司面临的经营环境，让参与者可以从中学到管理者在计划过程中遇到的关键问题与决策时的思考模式。竞赛是对公司经营的动态模拟过程，体现企业的经营理念，反映企业间的竞争行为。各虚拟公司在设定的经济背景下相互竞赛。正式比赛之前，由主持者先行设定竞赛情境，竞赛情境包含现实环境的各种不确定性状况，此不确定性有部分是来自不完全的经济预测，也有部分是来自参与者不完全了解竞赛的规则，但更重要的是由于无法预测未来的可能性，造成了时常出现不规律的竞争行为。参赛者需要从各种不确定的因素中把握运营公司的规律和关键问题，做出自己的决策，和其他经营者竞争，争取竞赛的胜利。

第一节　BOSS 竞赛环境

在竞赛主持人（讲师）对有关参数设定之后，程序在特定产业情境下运行，包括总体经济、产业环境与个别企业三种层次的信息。参赛者需要从起始报表中了解这三个层次的信息，以了解竞赛情境的本质。

一、BOSS 背景资料

在每次竞赛之前，由竞赛的主持人设定竞赛的环境和背景资料，每组竞赛者可以通过各种报表得到如下信息。

1. 经济信息。经济信息包括现状与预测。在比赛开始时，竞赛者需要知道整体经济运行的情况，如一般经济情况、通货膨胀以及季节性需求波动等。这些信息不仅影响当期的经营决策，而且决定了未来几期经济的走势。

2. 竞争者信息。所有参赛者可以通过报表知道其他公司在各个市场上产品的售价、股利、营业收入以及利润。

3. 营运资料。营运资料包括公司在各个市场上的销售潜能、公司下期的生产能力、产品及原料的库存等，这些是参赛者制定决策时需要参考的关键信息。

4. 财务信息。竞赛者可以通过损益表、现金流量表和资产负债表了解公司的财务信息。其中，损益表显示上一期本公司的营业收入、营业费用、税前收益与净利；现金流量表将显示公司的营业收入和支出，并给出净现金流量；资产负债表则列明公司的资产、负债以及股东权益。

在竞赛初始，各个公司的竞赛背景、公司情况等条件完全相同，因此，所有的报表都完全相同。随着比赛进行，参赛者选择不同的战略、分别做出不同的决策，公司之间将呈现出不同的竞争态势，各张报表将表现出这些差异。

二、BOSS 产业介绍

参赛者决策的实施结果决定于对总体经济状况与公司财务合理的假设，但在竞赛程序的设计上，这些假设并不需要反映现实环境中任何一个特定产业。与现实环境中的经理人一样，竞赛中的经理人必须观察产业的运行情况，运用个人的经验和知识分析这些信息。竞赛中的产业在一年中有旺季与淡季之分。竞赛中对产业参数的设置不同，竞争的重点和策略也会不一样。参赛者可以想象其产品是个人电脑、软件、碳酸饮料、手机配件、电子手表、车辆润滑油等各类产品。

在一般经济状况、通货膨胀与季节性需求的影响下，影响市场潜能的主要因素是该产业的价格模式、营销支出、产品改良与研究发展行为，个别企业的市场占有率决定于其本身在价格、营销与研究发展上与竞争者间的优胜劣汰。在现实环境中的产业，市场对于价格的变化是快速反应的，对于营销的反应是一次性的刺激，但会对以后各期产生递延效应，例如，有促销就会创造销售高峰，进而可能培养出忠诚的顾客，这与由研发行为产生的持久递延效应不太一样。更进一步的是，上述各因素的综合影响会形成更大的效应：增加营销与研究发展预算同时降价，会刺激市场的潜能，这些可以从产品定位图上看出一些端倪。对这几个因素做适当的组合，同时考虑财务因素，如增加营销支出而减少研发的预算，可以达到预算平衡。

企业内许多主要的成本直接或间接地受到预算项目的限制，例如，生产的人工成本直接受限于计划性生产量，但是单位成本也受工厂的维护支出影响。再如，研发着重在产品改良，工程师也会有降低成本的构想，但这可能产生自动化设备的投资支出；另外，如库存、仓储费用等会影响库存品的非预算性支出，不良的现金流量状况也有可能造成财务成本的负担。

了解竞赛设定的产业特性是非常重要的，特别是以企业观点来观察，产业特性大部分是竞争行为所造成的，不同层面的竞争产生不同的结果。例如，进行价格战可能是期望通过扩大产量来获取利润；也可能是某一竞争者对相同产品采取高价策略来获利，而其他竞争者则以大量低价产品供应市场来反击；也可能相关的竞争理论无法完全应用于实际状况。事实上，竞赛里的竞争情境如同真实环境中的混乱情况一样，会对参赛者的理论分析与实际操作能力提出新的挑战。

上述的各个方面都表明竞赛的情境是很难完全以理论进行解释的，这对有经验的参赛者、竞赛指导者（讲师）和作者而言产生了一定的不可预测性，因此，与现实世界中的情况一样，竞赛常常没有“正确答案”。竞赛的每一回合迫使参与者从经验中学习该产业实际运作的状况，故参赛者要注意每一事件的起因与影响，探讨相关概念与解决问题的技巧与方法。

第二节 BOSS 竞赛系统

本章主要介绍 BOSS 竞赛的系统框架，包括系统整体框图、参赛者角色分工、每个角色的决策内容以及竞赛目标等几个方面。

一、BOSS 竞赛系统概述

竞赛由竞赛主持人发起，各参赛学员分组后注册公司（虚拟公司）加入竞赛，主持人宣布竞赛开始。通过若干期的决策后，结束竞赛进行结算，最后判定各参赛公司（小组）的名次。BOSS 系统整体框图如图 5 - 1 所示。

二、竞赛小组成员角色

BOSS 系统设定每个参赛公司有七种职务，一个参赛者可以任一职或多职。这七种职务及其职责分别为：

1. 总经理。总经理总体负责公司的运行，协调各个部门经理的决策。

2. 企划经理。企划经理负责研究市场的总体走势，做出研发、固定资产投资及情报交易等决策。

3. 营销经理。营销经理决定各个市场的营销费用以及产量的分配。

4. 财务经理。财务经理掌握整个公司的资产经营情况，在低财务成本的前提下，保证营销、生产、采购等部门对资金的需求，提出股利发放计划。

5. 采购经理。采购经理提出采购计划，进行成本计算，保证公司的原料存量能满足生产的需要。

6. 生产经理。生产经理负责关注与生产相关的人员、机器设备和生产中所产生的费用问题，以维持公司生产力以及产品的品质。

7. 经营顾问。经营顾问协助总经理选择经营战略，并帮助各部门经理做出相关决策。

竞赛小组成员角色的详细说明见第六章第四节。

三、经理人决策内容

与真实世界类似，经理人根据竞赛中的不同情形确定所在公司的战略，并根据各期市场的不同表现做出如下八个方面的决策：产品的价格、营销费用预算、研发费用预算、工厂的维护费用预算、生产量与仓储分配量计划、设备投资费用

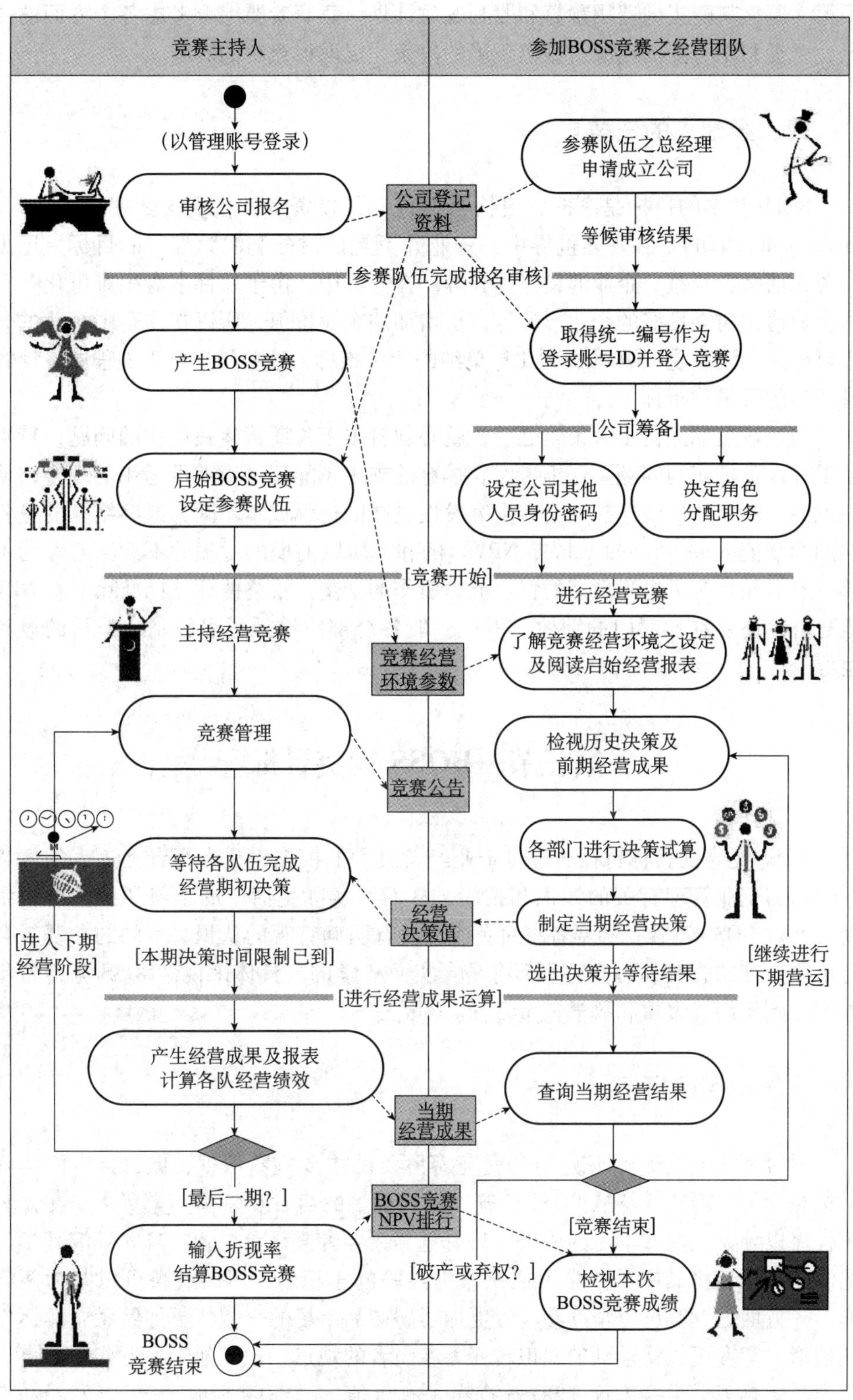

图 5-1　BOSS 竞赛系统框架示意

预算、原材料购买的费用预算和股利发放计划。竞赛者要综合考虑各个方面的情况，合理利用有限的资源，做出正确的决策，以取得竞赛的胜利。

四、经理人的任务

BOSS 竞赛的目标是利润，更恰当的说，是投资者的投资报酬率（return of investment，ROI）。在现实世界中，企业并不是以财务利润为唯一的目标，还需要考虑消费者利益、企业的良好声誉等。在竞赛中，由于软件本身很难量化各模拟企业通过树立良好的企业形象等方法增加的企业价值，所以在比赛中企业的合理目标是利润或是 ROI 的极大化等单纯的经济指标，这些指标也正是程序设计容易产生的可量化指标。

当企业短期经营步入正轨之后，就必须着眼于长期营运最优化的问题，特别是工厂设备扩充的问题要仔细考虑。扩充的支出不能超过当期可运用的现金，要注意的是由于工厂快速扩充会产生突发性过高的边际成本。因为最终结算的是各期的净现值（net present value，NPV）的和，所以前期的亏损并不意味着经营不善，有可能是为了提高后期的竞争能力所作的铺垫。最终的评价标准除了看 NPV 值之外，还要看各部门的绩效。不过一般各个部门绩效排名较高，公司的盈利也好。

第三节　BOSS 竞赛目标

BOSS 竞赛的目标旨在通过对企业经营过程的模拟，让参赛者在逼真的情境中学习与企业管理有关的知识和技能，从而对实际生活中的学习和经营有所帮助。通过 BOSS 竞赛，参赛者将对企业经营有明确直观的认识，不同的参赛者会有不同角度的收获，而且这些都将是真实而科学的。具体来说，BOSS 竞赛希望能够达到实用、多重和科学三重目标。

一、实用的目标

尽管利润或更确切地说 NPV 是竞赛胜负的主要判断依据，但参赛者的实际目标是学习，希望能够从 BOSS 竞赛中得到更多的启发和领悟。竞赛本身在计算机程序以外无法探知学习的成果，只有竞赛指导者或是参与者本身才了解其学习的收获，然后将其中某些学习成果作为经验的累积。学习的成果可以归为两方面。一方面，竞赛可以帮助参与者更加了解产品市场的全貌，更加熟悉企业运作的情形；竞赛可以将学到的知识转变为参与者的观点，比其他学习方式更具有说服力与影响力。另一方面，BOSS 竞赛是有价值的“学习园地”，可以发展和训练与企业管理有关的有用技能。既可以得到特定作业程序的知识（hard skill），又可以获得决定处理方法与时机判断的实战经验（soft skill）；既有具体的、特定的工作技能，如会计作业、生产排序，也有相当抽象的、一般概念的技能，如报表分析技巧的使用；但是最为重要的是帮助参与者学会如何更为有效地经营，具体如表 5－1 所示。

表 5－1　　BOSS 模拟经营所需技能

认知、熟悉、了解	知识与技能
企业会计系统的特性与用途（具有“守门员”作用）和基础功能（绩效改善）	正确地阅读与解释会计报表并了解其意义，以其所提供的信息作为决策的基础
企业的基本功能、特性及其相互影响	预测决策对于各功能的影响
企业的整体性、各功能的决策一致性	预先调查决策一致性的构成因子
竞争环境的特性、与企业有效管理的重要性	竞争因子的预期、评价、因应对策
决定性的经济变量，如产品生命周期、通货膨胀	经济状况变化的预期、评价、因应对策
计划的必要性，作为一致性的基础与避免犯错的可能性	有效的计划是管理决策程序的基础
决策微调分析技巧的价值	选择与使用适当的分析技巧
学习企业经营的基本要求	学习如何发掘与有效运用所得的经验

二、多重的目标

不同层次的 BOSS 竞赛内容提供不同的学习内容。BOSS 既可以是作为许多人认识企业的入门工具，为学习者提供适当的系统知识与实务经验，也可以是了解企业的本质与运作的最佳蓝图。发展企业运作的最佳蓝图应该是有志于企业经营的学习者的主要目的，而且这些学习者会发现他们通过 BOSS 竞赛更加了解会计、营销、生产、财务作业的内容与企业的整体管理。

许多商学院高年级学生拥有书本知识，但没有足够的实践经验去面对未来的企业环境，因为所学的课程是分门别类或者说是支离破碎的知识。此类学习者可以借助 BOSS 竞赛的进行，将过去所学的知识融会贯通，而且 BOSS 竞赛的最大价值是作为学习者模拟的竞技场，磨炼其技能与逻辑思考的能力。BOSS 竞赛是学院与社会的桥梁。

一般企业的员工，因为专业能力受到肯定，会被晋升到更高一层的主管职位，但是他们常常不能得到进入高一层职位所需的能力培训，特别是跨部门跨领域的管理思维严重不足。这就像是因为一个员工开轿车开得不错，老板就派他去开卡车，可以想象企业所冒的风险有多大，个人也会有揠苗助长的恐惧感。因此，通过 BOSS 模拟经营教学，可以让那些晋升到更高管理职位的人，在短期内多获得一些管理所需的相关经验，减少未来担任更高层主管的不适应情形发生。积极地说，则是个人随时要为下一步的晋升做好准备。当然，想做老板的人，更是要培养自己的管理能力。

三、科学的目标

BOSS 竞赛是从经验中学习并使技能得到磨炼的工具，这是很重要的目标。管理学是活生生的艺术与应用科学。在某种程度上，管理学仍旧停留在艺术境界，核心的管理实务着重在“做中学”，依赖于经验。学习者希望获得有用的知识与经验，需要充分发掘与吸取从这些竞赛事件中得到的启示与经验。一个人不能只靠经验而不学习，要从事件中学习，必须要对机会有所认知并加以重视，明了其发生的时机并进行事后的经验总结。培养这种习惯的重要性大大超过增强认知的技能。认真的参与者可以从竞赛中培养其发掘机会的习惯，进而吸收有意义的启示。

学习者必须确信“从经验中学习”是高度自我的行为，外力是无法强迫的。对于经营管理的各种课题，要建立良好的思考习惯，建议在任何事件里，都可以遵循下列程序去思考。这个步骤是指导整个学习过程的系统性方法。经营团队通过对事件的思考，从中得到启示，吸取经验教训，不断改善，同时此程序也可以给经营团队提供一个很好的讨论框架。

1. 描述状况。事件是如何发生的？

2. 着眼于本身的状况。该如何继续进行？有什么影响？

3. 归纳本身的想法。不管是理性的还是感性的看法。（1）现在所想象的状况是什么？（2）感觉如何？

4. 分析本身的选择。不同的解决方法会有什么不同的效果？

5. 推论。思考出至少一个理论架构或是经验，与面临的事件做比较，找出其相同和不同点。

6. 指出在此事件中可以学习的地方，并吸收其精华成为自身的经验。

心理学家使用实验的博弈来研究在两人及多人团体中的合作与竞争，而经济学家则将博弈理论运用在谈判及集体选择的问题上。BOSS 竞赛在一定程度上可以当作博弈理论（game theory）的实验平台。参赛者可以从竞赛中获得重要的经验，如小组的团队合作，以及在讨论中学习倾听、沟通的技巧。当然，重要的是不仅从竞赛中吸收经验，而且要熟练运用各种技能，以迎接未来的挑战。

第六章　BOSS 战略

任何一个成功的企业都需要有成功的战略，战略概念包含了一个企业的所有目标，并从宏观上指明了企业的发展方向。战略根据长期目标、行动计划和资源分配优先原则决定和揭示企业的目标，选择企业目前和今后的业务，通过分析企业外部的机遇和威胁及企业本身的优势和劣势做出正确反应，以求在各个经营领域都能获得长期的可持续优势。正是基于这种定位，战略的重要性才显而易见，战略是一个企业能否生存和发展的关键所在。

第一节　BOSS 战略管理

战略管理在 BOSS 竞赛中具有举足轻重的地位。具体来说，它是在 BOSS 竞赛中使企业在正确时间做正确的事的重要保证。任何一组参赛者都需要制定适合自身情况的战略，并根据竞赛情况不断加以管理和控制。BOSS 战略管理的具体内容包括经营环境分析、竞争战略制定、竞争战略执行、战略评估与控制。

一、经营环境分析

企业的经营过程应当起始于环境分析，从内部和外部环境中监测、评估与提取信息。这些信息包括外部环境中的机会与威胁变量，如宏观环境或企业特定的任务环境；内部环境中的优势和劣势变量，如公司的结构与资源等。然后考虑企业的优势和劣势，对企业环境中的机会与威胁进行有效管理。在 BOSS 中经营环境主要包括系统经营环境、竞争对手和本企业状况分析。

对于系统经营环境的分析主要是对竞赛系统给定的一些参数和指标进行分析。在起始报表中规定了总体经济、产业环境与个别企业三个层次的信息。具体来说，在总体经济状况中，规定了经济成长、通货膨胀与季节性需求的影响作用。在产业环境中规定了产品的价格、生命周期、营销支出、产品改良与研发投入对市场潜能的影响。作为战略管理的第一步，参赛者需要做的就是从以上复杂的信息中去找出企业的机遇和挑战所在。对于 BOSS 的每个参赛者而言，许多指标是共有的，也是无法改变的，应当在经营过程中对收集到的信息进行合理利用。

对于竞争对手的分析是必不可少的。关于对手的竞争策略，如市场定位、定价策略等，往往是经营环境分析中最重要的。竞争对手是本企业最大的挑战所在，尤其那些有着同样市场策略的对手。因为市场是大家共同面临的，竞争对手和本企业之间的相互影响很大。缺乏对竞争对手的了解，会给本企业的战略管理带来巨大困难。特别是在前期战略受到竞争对手的干扰以后，对竞争对手的分析更是刻不容缓。

对于企业自身状况的分析，主要是指要根据起始报表来分析企业目前所拥有的资源和面临的市场状况。无论企业制定何种战略，都会受到企业现有资源（主要是资金）的预算限制。制定战略不能根据想象而来，应当进行量化分析。在给定的企业资源和市场状况下，如何通过合理的战略来逐步改善企业的经营状况，是对企业自身状况分析的主要内容。巧妇难为无米之炊，缺乏对自身的客观认识，任何战略都难以成功。

二、竞争战略制定

一般而言，现实企业中的战略制定主要包含公司战略、经营战略与职能战略三个部分。公司战略描述公司总的方向、业务组合分析等；经营战略重点强调公司产品或服务在某个产业或事业部所处的细分市场中竞争地位的提高；职能战略通过最大化资源产出率来实现公司和事业部的目标和战略，主要考虑建立和培育能力，给公司带来竞争优势。而在 BOSS 竞赛中，由于产品只有一种，战略制定的主要内容是公司战略和经营战略。

公司战略的制定是在经营环境分析的基础上进行的。通过环境分析，找出企业可能的发展道路，培养企业的核心竞争力，是企业长期意图的表达。在 BOSS 竞赛中，常用的战略包括：

1. 低成本战略。即企业追求生产成本的持续下降，通过规模生产和批量采购来降低单位成本，从而在市场竞争中获得价格优势，配合以高促销来实现高销量，从而确保成本战略的持续进行。

2. 差异化战略。在这种战略下，企业更注重产品品质和形象，不追求产品销售数量的优势，以高研发投入和高促销来保证产品的品牌地位，从而可以高价格进行销售。

3. 集中化战略。制定该战略的企业一般是将目标市场锁定在一个较小的范围，力求能全面控制该市场来获得利润。此外，战略联盟的形成也是企业战略制定的一个可能的重要内容。

在 BOSS 的实际竞赛过程中，可以发现，没有什么战略是一定能获胜的。因为任何一个企业的战略效果都要受到其他竞争者的影响。制定战略是一个最优化的过程，但由于无法得知竞争者的策略，所以任何战略都有风险，都是需要在整个竞赛过程中不断调整来达到目标的。因此，在制定战略的过程中，既要对经营环境进行分析，也需要制定的战略能够适应不断变化的环境。为了使自身的战略达到最好的效果，制定战略时，综合考虑所有可能的情况是有必要的。

三、竞争战略执行

现实中企业战略执行的主要内容是在战略制定完成后，通过行动计划、预算与规程的制定，把战略与政策推向行动。通过预算和规程，详细描述一项特定任务或工作的步骤和技巧，这会涉及日常的资源分配决策及其他行动计划所必需的决策。而在 BOSS 竞赛中，这个执行过程被简化了，主要就是填写决策纸上的所有决策值。具体内容包括产品的价格、营销费用预算、研究发展费用预算、工厂的维护费用、生产量与仓储分配量、设备费用预算、原物料采购费用预算和股利发放。这一系列决策值的制定，实际是一个对制定的战略结合企业自身现有资源的预算过程。企业自身的资源是有限的，只有对有限资源进行合理的分配才能达到战略的预期效果。

制定决策应当慎重，因为在决策定案后，除非抵触了竞赛的规则，也就是造成该决策无法实行或是很难实行的现象，否则系统会完全按照决策值来执行。所以，填写决策的过程虽然简单，但实际就是战略执行的过程。每一个决策值都应经过详细而周密的计算，既要考虑到本企业的预期目的，也要考虑竞争对手所可能采取的措施；既要满足当期的计划目标，也要满足企业可持续发展的要求。只有如此，才能将本企业的所有资源充分利用起来，为实现企业的战略目标而做出最大的贡献。

战略执行要有一致性和目的性，竞赛者应当明确每个决策值所代表的意义。由于递延效果和“门槛效应”的存在，企业应当综合考虑对资源的运用，使决策执行自身具有明确的目标以体现战略。即使制定了同样战略的两家企业，也有可能由于对战略执行的不同认识而在若干期经营之后分出高低。战略执行需要一系列的步骤和技巧，要在竞赛中慢慢把握。

四、战略评估与控制

因为环境总是在变化着，并不是完全可以预测的，总有些事前不可确定的随机因素会影响到企业经营的结果，所以战略评估和控制是有必要的。其主要内容是在战略执行过程中和完成后，对企业的活动和业绩进行检测，比较实际业绩与期望业绩，指出正在执行和已执行的战略规划的弱点，从而使整个战略管理的过程重新开始。

BOSS 经营竞赛中，市场环境是随着所有企业的共同决策而不断改变的。因此，很少有企业能够根据自己个体的判断来预测未来的市场发展方向，在战略执行能否达到预期效果方面，依然是具有风险性的。当企业经营活动的经营结果和预期目标相差很大时，对战略的评估和控制就应该值得注意了。造成目标没实现的原因有很多种，有可能是企业的销售目标未能完成，或者是财务危机的出现，也可能是竞争对手的重大举措引起了市场环境的明显变化。针对不同的情况，应当去寻找相应的原因和解决办法，但最终的结果都是要对战略进行调整和控制，以新的经营环境作为分析的起点，开始新一轮的战略管理。

战略是一个长期意图的表达，但不代表不可以改变。如果战略本身已经明显具有实现的困难性，给企业带来了很大压力，那就可以考虑进行调整和控制。经营过程应当是理性的决策过程，应当时刻注意到环境和自身的改变，围绕着获取利润这个中心目标，采取灵活的手段来达到目标。在 BOSS 中，每期的决策完成后，经营环境都会发生较大的改变。相对于企业来说，在对前期战略执行进行评估后，新的机会和威胁又会出现，重新开始对环境的分析又将开始新一轮的战略管理。也正是这个连续不断的过程，保证了 BOSS 的教学目标的顺利实现。

第二节　BOSS 战略分解

作为公司经营者的竞赛者在每次竞赛以前应该明确自己的战略。竞赛初始，基于公平性要求，各个公司的设定是完全相同的，即各个公司的资源是完全一样的。为了在以后的各期竞争中占据优势，竞赛者必须在心中勾画出公司在以后几期的大致竞争态势，将自己有限的资源投入相关方面，即制定公司的战略。在竞赛中没有明确目标，指哪打哪是不可能取得胜利的。有了系统、明确的战略以后，就应该将战略分解到各个部门，制定出切实可行的战术。随着竞赛的进行，各个公司将在市场上有不同的表现，竞赛者再根据不同的情况对战略的执行进行调整。

本章将介绍在 BOSS 竞赛中，制定了总体战略以后，如何将总战略分解成为各个部门的分战略，以及如何将不同的战略通过竞赛中的决策表现出来。BOSS 中可以将总体战略分解为销售、生产和财务三个分战略。

一、销售战略

在所有的战略之中，销售战略是应该最先确定的一个。企业可以将整个的战略体系认为是一个销售为龙头的“拉系统”，由销售定生产，由生产定财务的资金需求，而不是传统意义上的以生产来决定销售的所谓“推系统”。另外，销售战略作为总体战略的一个分战略，需要服务和服从于总战略。

在每期决策开始之前，参赛者应该查阅上期的各种报表，分析市场上各公司的表现，包括各公司在每个市场上的产品的形象、品质、售价和销量。最重要的几个数据为公司在各市场的销售潜能以及销量。销售潜能决定了公司在市场上能够销售的产品数量，这个数值受公司当期及上期各市场价格、营销费用、总研发费用、上期市场占有率、上期市场潜能递延、经济成长指数、季节指数、物价波动等因素影响。当市场潜能大于最大可供销售量（实际仓储分配量加上仓储存量）时，超溢部分的百分之五十延至下期，其余百分之五十将可能被其他厂商抢走。而如果可供销售量大于市场潜能，将出现产品库存。因此，要尽可能使可供销售量接近市场潜能。

报表上显示的是上期的市场潜能和销售量，竞赛者（企划经理）需要根据这些数据以及下期可能投入的资源估计下期公司在各个市场上能销售的产品数量。这是个综合的决策过程，首先需要评估产品形象、产品价格、营销投入、研发投入各个因素的效果，然后需要做出各个市场的产品仓储分配量、营销投入和产品价格等共 12 个决策项。各个市场可以采用不同的策略：在需要大力争取的市场，应该加大营销投入，降低产品价格，同时分配较多的产品仓储量；已经占领、没有太大挑战的市场可以考虑减少投入、提高价格以获得较高收益；甚至必要时可以考虑完全退出某个市场，而在个别市场一决高低。

在考虑销售战略的时候应该注意的问题包括：开始时，各个公司的资源完全相同，在各个市场全面出击往往不能获得优势而且也没有足够的资源时，可以考虑集中力量主攻一个或者数个市场；除了北市场以外，其他市场的销售是有运输费用的，在定价时应该考虑这一点；分配产品仓储量的时候应该注意该市场原本的制成品存货数量；一旦产品被分配到某个市场，则只能在该市场销售，不能再被分配到其他市场上。

二、生产战略

在公司总战略和销售战略确定的情况下，生产战略的制定变得更为关键，它服务于销售战略，同时又得到财务战略的支持。当销售战略采取低价倾销、迅速占领市场时，相应的生产战略必定为成本领先战略，生产经理必须严格控制各项成本；当销售战略为差别化战略时，相应的生产战略也是差别化战略，为了实现差别化，企业必须强调创新，尤其是产品创新，这就要求企业提高研发投入，提升产品品质。

生产战略具体表现为以下几个方面。

1. 物料的采购。为了配合销售战略，需要采购合适的物料数量，不至于发生太多的库存或者是产生不必要的紧急采购。

2. 工作班次的安排。公司应充分利用公司的市场潜能。

3. 设备投资支出预算。一定的投资可以抵消折旧带来的产能下降，同时还可以扩大产能，满足销售战略的需要。

4. 维护费用支出。公司应提高原料的转换系数，增加产出效率。

5. 研究发展预算。公司应提高产品品质，影响市场潜能。

三、财务战略

财务战略同时支持销售战略和生产战略，目的是使公司有一个良好的资本结构，使公司的日常运营能够得以健康维持。作为公司的财务经理，有以下几方面的任务。

1. 核算各项成本，有助于销售部门定价销售；

2. 制定合理的股利政策，建立良好的公司形象；

3. 为公司的成长提供必要的资金支持，不至于产生过高的财务费用，甚至发生破产清算的现象；同时，充分利用公司的现金，除保留一定额度外，不使资金有太多的闲置；

4. 保持良好的财务结构，降低公司的风险；

5. 为公司战略、销售战略和生产战略的制定提供财务上的帮助，配合公司的发展制定相应的财务战略。

第三节 BOSS 竞赛基础

本章为第一次参加 BOSS 竞赛的人员详细介绍所必须掌握的一些操作步骤，包括申请新公司、进入竞赛首页、公司设定、结算与退出。

一、申请新公司

申请新公司共分为四个步骤，下面一一进行阐述。

步骤一：键入网址 http://＊.＊.＊.＊:1313（http://＊.＊.＊.＊是服务端程序所在机器的 IP 地址，1313 是客户端程序的端口号，由管理员告知），见到（见图 6－1）竞赛企业登入页面。

图 6－1 客户端登入页面一

步骤二：点击“申请新公司”，可见公司登记申请书页面（见图 6－2）。依次输入公司名称、公司简介、总经理姓名、E-mail 地址以及公司密码，确认无误后，点击“送出申请”，等待主持人（讲师）批准。

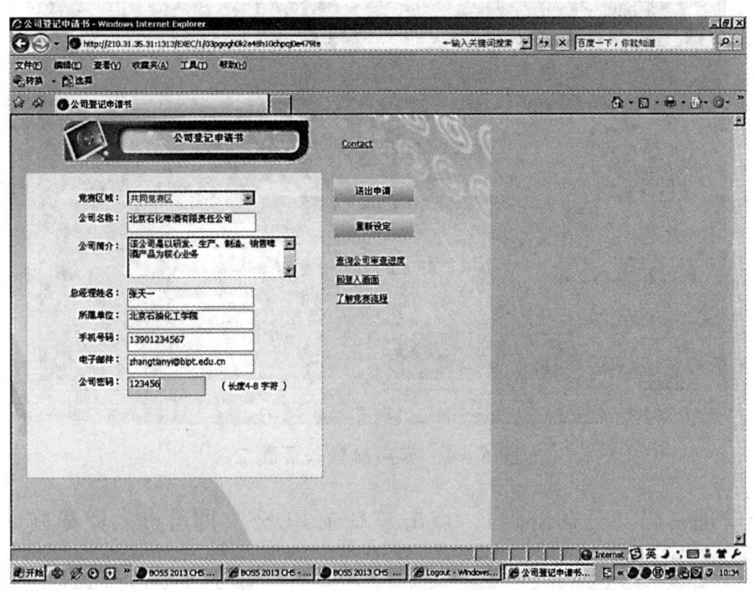

图 6－2 公司登记申请书

步骤三：点击图 6－1 中“查询公司审查进度”，进入以下页面（见图 6－3）。从图 6－3 中可以看到公司是否被主持人核准以及公司统一编号、总经理姓名和 E－mail 地址。假如未被核准，则继续等待；一旦核准即可进入下一步骤。

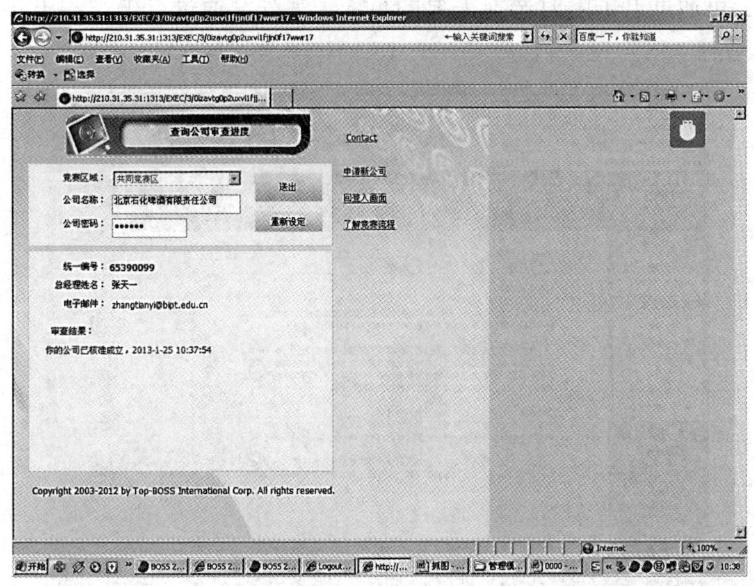

图 6－3 公司审查进度

步骤四：点击“回到登入画面”，可见以下页面（见图6－4）。

图6－4　客户端登入页面二

输入管理密码（公司密码），点击“登录 BOSS”即可进入竞赛首页。

二、竞赛首页与公司设定

1. 竞赛首页。在申请新公司成功后，点击“登录 BOSS”就可以进入竞赛首页（见图6－5和图6－6）。在这里可以了解此次竞赛的基本说明、时间及各参赛公司的情况。网页左侧列表所列的“经营决策”“营运现况”“经营绩效”“系统功能”，可通过点击随时选择需要的页面；另外，通过点击“离开 BOSS”来退出登入程序。

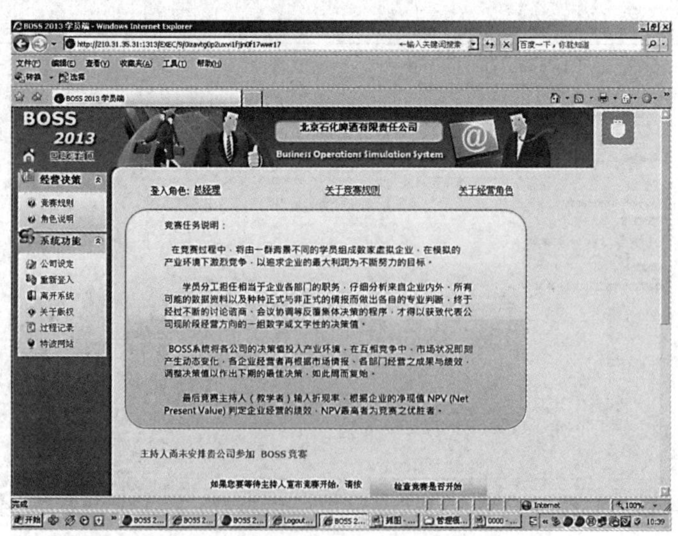

图6－5　竞赛尚未开始时的竞赛首页

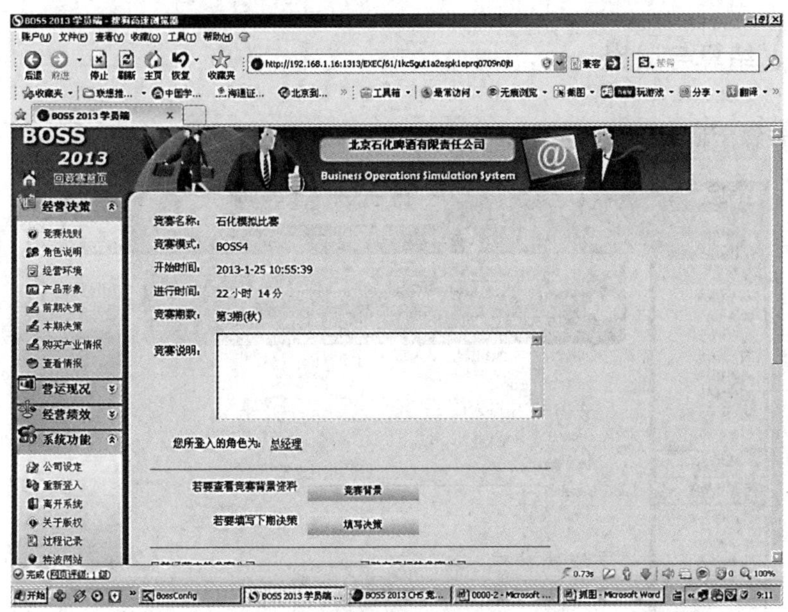

图 6－6　竞赛开始后的竞赛首页

2. 公司设定。通过点击竞赛首页左侧菜单的“公司设定”可以进入以下页面（见图 6－7），在这里可以设定及变更公司基本资料，包括公司名称、各参赛成员的名称及进入密码，而公司统一编号在总经理申请时，由计算机随机给予后，就固定不可变更了。密码及统一编号，是计算机辨识参赛者的途径，请参赛者务必牢记。

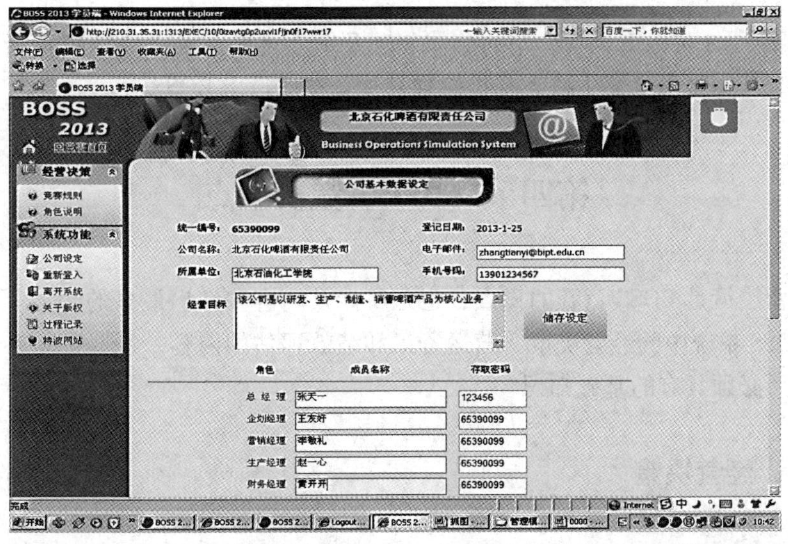

图 6－7　公司设定

在设定完成后，按“储存设定”键，出现信息框即表示储存成功。

三、结算与退出

由竞赛主持人决定折现率并宣布结算，结算后竞赛首页刷新（见图6－8）。

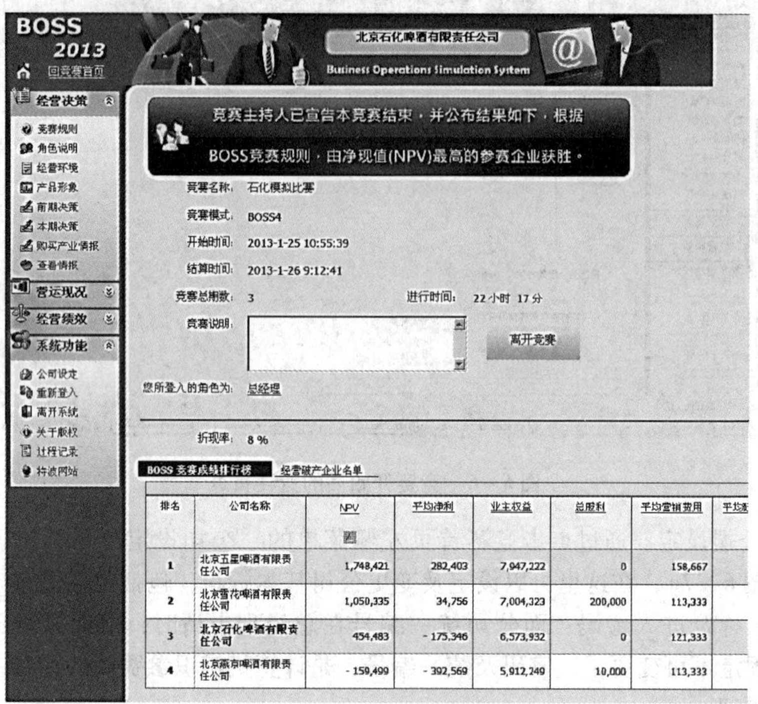

排名	公司名称	NPV	平均净利	业主权益	总股利	平均营销费用
1	北京五星啤酒有限责任公司	1,748,421	282,403	7,947,222	0	158,667
2	北京雪花啤酒有限责任公司	1,050,335	34,756	7,004,323	200,000	113,333
3	北京石化啤酒有限责任公司	454,483	- 175,346	6,573,932	0	121,333
4	北京燕京啤酒有限责任公司	- 159,499	- 392,569	5,912,249	10,000	113,333

图6－8 竞赛成绩排行榜

从图6－8可以看见各公司的总体表现及绩效排名。点击“结束竞赛”后竞赛结束，公司可由竞赛主持人安排参加其他竞赛或退出BOSS。

第四节 BOSS竞赛重点

经营决策是BOSS竞赛的重点，也是所涉及内容和知识最多的部分。本章将介绍BOSS系统中的经营决策、营运资讯和绩效评估的内容，这些都是参赛者参与竞赛所必须具有的基础知识。

一、经营决策

点击竞赛首页左侧菜单的“经营决策”会出现图6－9所示的菜单，共包含“竞赛规则”“角色说明”“经营环境”“产品形象”“前期决策”“本期决策”“购买产业情报”“查看情报”八个子菜单，下面对八个子菜单分别进行说明。

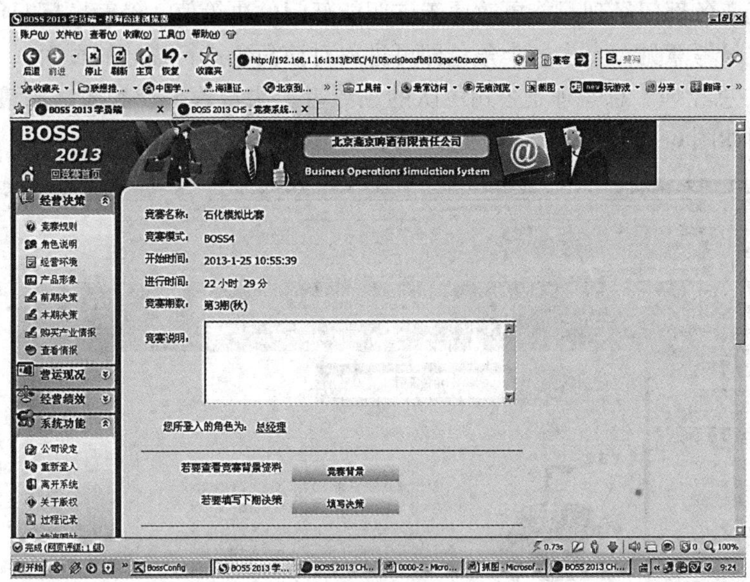

图 6-9　经营决策

1. 竞赛规则。点击“竞赛规则”即进入以下页面（见图 6-10）。该部分包含了竞赛模式示意图、决策项目和胜负决定标准，并阐述了竞赛企业北部各部门之间的关系。

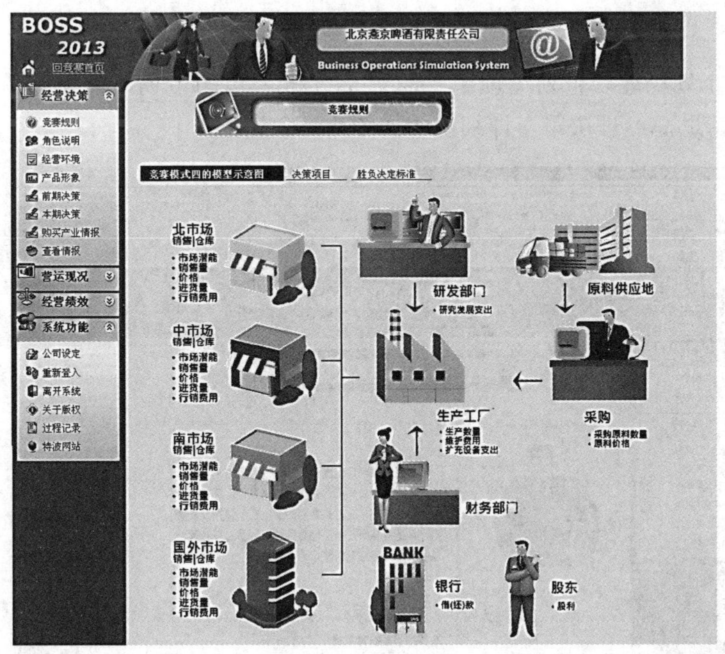

图 6-10　竞赛规则

2. 角色说明。每家参赛公司都有六个职能角色（总经理、企划经理、营销经理、生产经理、采购经理、财务经理）及经营顾问。其中，总经理可以更改所有决策值，各部门经理只能更改属于该职能部门的决策值，经营顾问只能浏览资料，提供参考意见。点击各个角色即可进入对该角色进行描述的页面。

（1）总经理。总经理是公司团队的领导者，决定着公司和团队的最终命运。详细说明如图 6－11 所示。

图 6－11　总经理

（2）企划经理。企划经理主要职责是分析公司的市场潜能，并提供一些相关信息来帮助总经理决策。详细说明如图 6－12 所示。

图 6－12　企划经理

（3）营销经理。营销经理主要负责公司产品的营销，维持和提高产品形象，进行产品市场推广费用（如广告费）的预算，详细说明如图 6－13 所示。

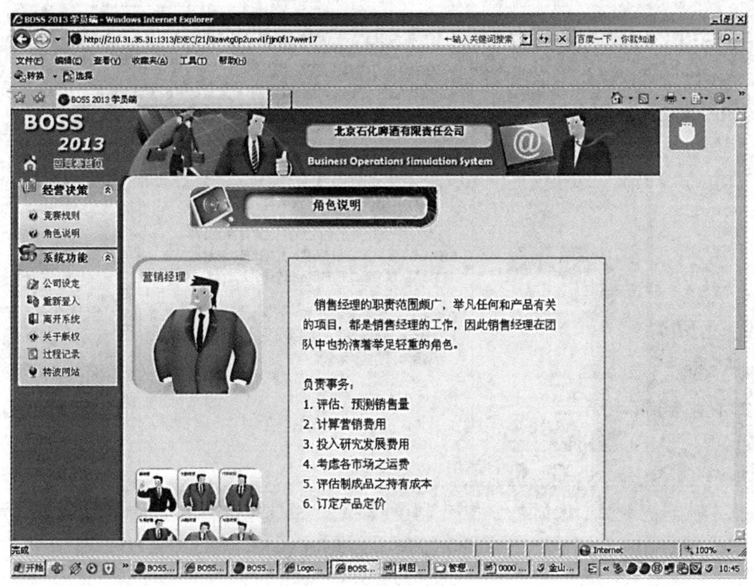

图 6－13　营销经理

（4）生产经理。生产经理需要负责安排人员、机器设备与生产中所发生的费用并制定预算。详细的说明如图 6－14 所示。

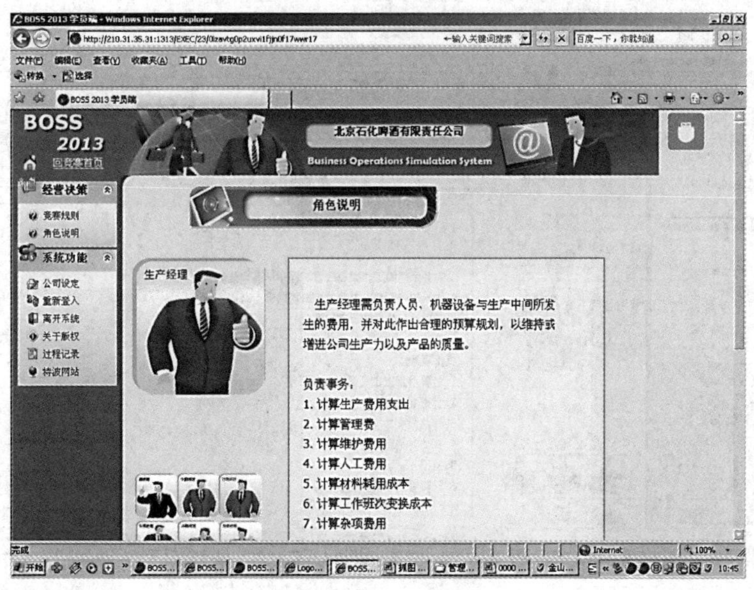

图 6－14　生产经理

（5）采购经理。采购经理的职责范围是制订公司的物料供应和采购计划，以最低成本供应公司生产所需物料，提高公司的竞争力。详细的说明如图 6－15 所示。

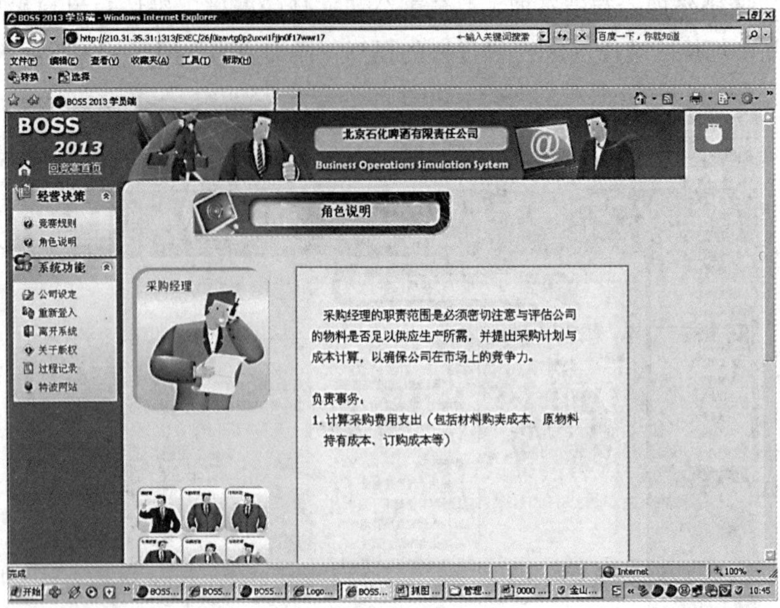

图 6－15　采购经理

（6）财务经理。财务经理的工作是以最低财务成本为目标，控制经营过程中发生的所有费用，确保公司的正常营运。详细说明如图 6－16 所示。

图 6－16　财务经理

3. 经营环境。点击“经营环境”即进入以下页面（见图 6－17）。该部分阐述了竞赛中宏观的经济环境以及企业自身的生产情况的竞赛信息。正确理解和掌握各项背景资料，有助于经营者做出正确的决策。

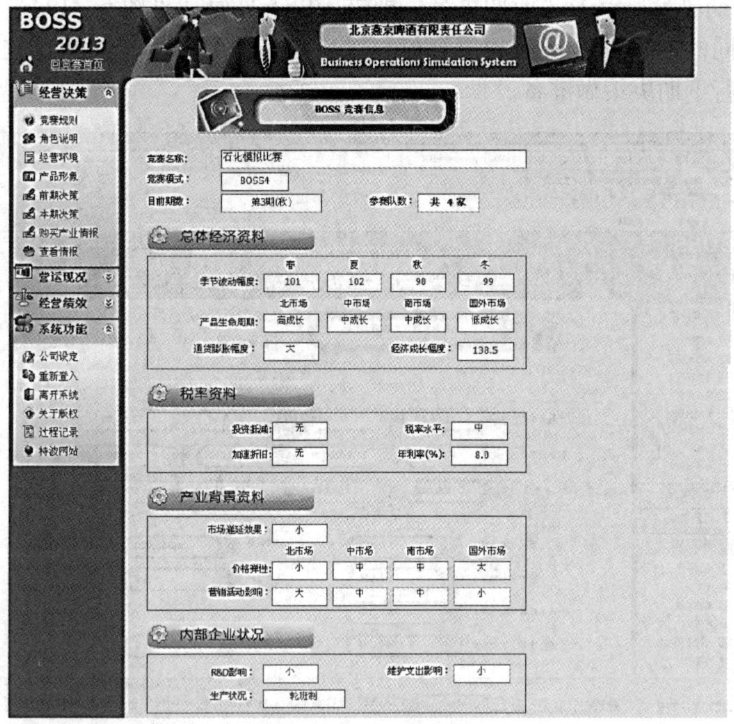

图 6－17　竞赛背景

4. 产品形象。点击“产品形象”即进入以下页面（见图 6－18）。从该页面可了解各家产品目前在各市场上的品质与形象的差异，这对于研发以及营销方面的决策都有非常重要的参考价值。

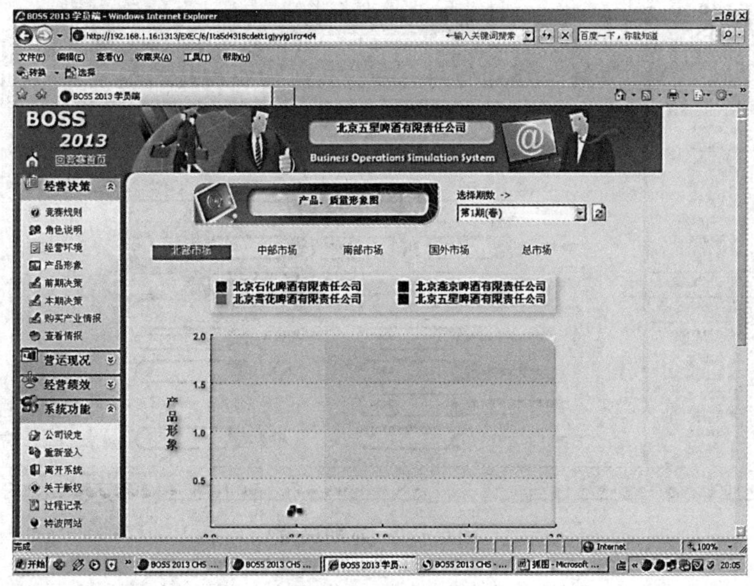

图 6－18　产品形象

5. 前期决策。点击“前期决策”即进入以下页面（见图6-19）。经营者可以选择不同的期数查看当期的决策值，然后与每次的计算结果相比较，检讨得失，为进行下期决策做准备。

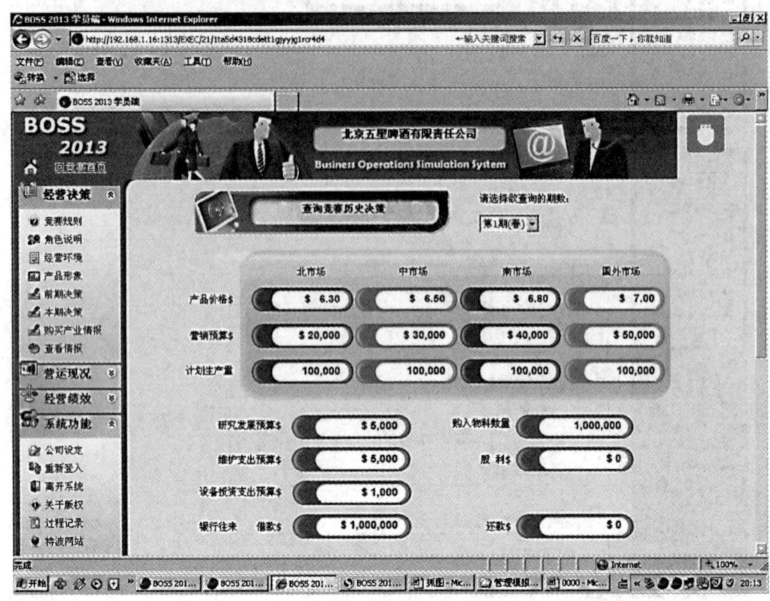

图6-19 前期决策

6. 本期决策。点击“本期决策”即进入以下页面（见图6-20）。

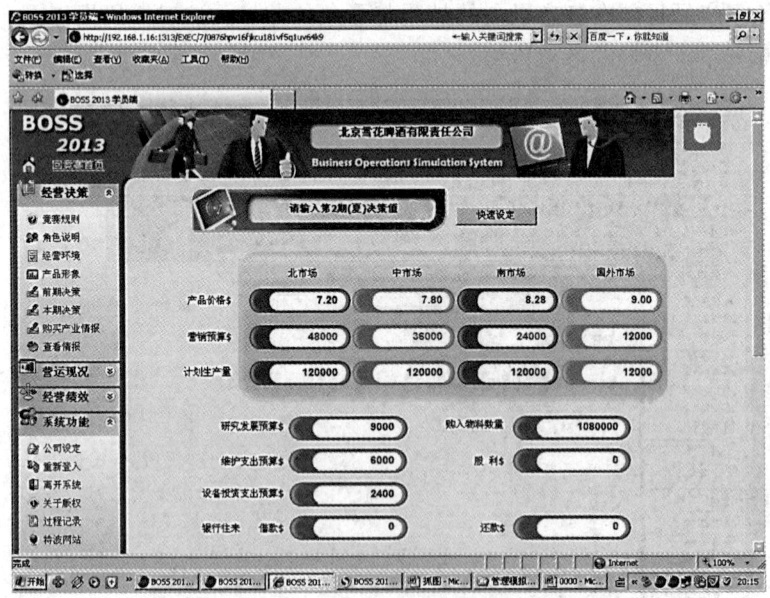

图6-20 本期决策

如图6-20所示，“快速设定”按钮（将图右侧灰色滚动条往上移动就能看见，在显示器分辨率设定为1024 * 768时，可以直接看见该按钮）可以帮助你引用上期的决策值，然后在此基础上做出修改就可以快速做出决策；按“暂存决策”按钮暂存已经做出的决策，从而可以转到其他页面查看别的参数；当所有决策值都已经填好，选择“下一步”，按确定键送出决策值。

决策按部门可以分为财务部、营销部、生产部、企划部和采购部五种类型，它们各有不同的决策项目。除总经理外，各部门只能对自己部门的决策修改，对其他部门的决策仅可浏览参考。

7. 购买产业情报和查看情报。如果管理员开放了购买产业情报，企业就可以购买并且查看产业情报。

（1）购买产业情报。点击“购买产业情报”进入以下页面（见图 6－21）。

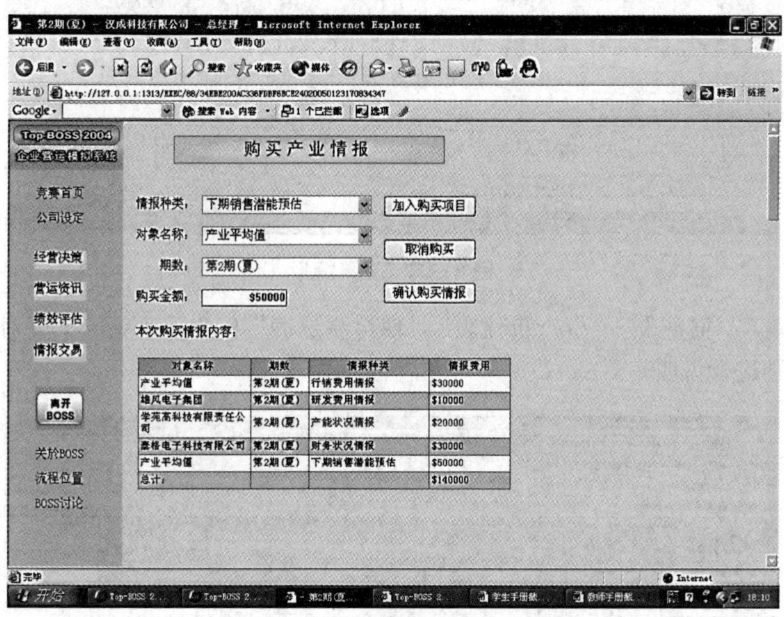

图 6－21　购买产业情报

如图 6－21 所示，参赛公司可以购买的情报种类有营销费用情报、研发费用情报、产能状况情报、财务状况情报和下期销售潜能预估。另外，对于情报的期数和对象名称也可以进行选择。点击“加入购买项目”选择所要的情报，然后点击“确认购买情报”进行确认，或者点击“取消购买”取消先前的选择。

（2）查看情报。点击“查看情报”进入以下页面（见图 6－22）。

图 6－22 总结了参赛公司某期购买情报的具体内容，包括对象名称、期数、营销费用、研发费用、财务费用、下期产能预测和产能状况等信息。

二、营运现状

点击竞赛首页左侧菜单的“营运现状”会出现如图 6－23 所示的菜单，共包含“市场景气”“营业净利”“股利支出”“市场占有率”“市场销售情报”“业

各期购买之情报内容

选择期数 第3期(秋)

购买情报内容

对象名称	期数	行销费用	研发费用	财务费用	下期产能预测	下期潜能预估
产业平均值	2	$587500			$	5581648
雄风电子集团	2		$500000		$	
学苑高科技有限责任公司	2				$560,000	
泰格电子科技有限公司	2			$6,248,645	$	

购买情报费用总计 $ 280,000

图6-22 查看情报

务状况表”“损益表”“资产负债表”“现金流量表”9个子菜单，下面对各个子菜单分别进行说明。

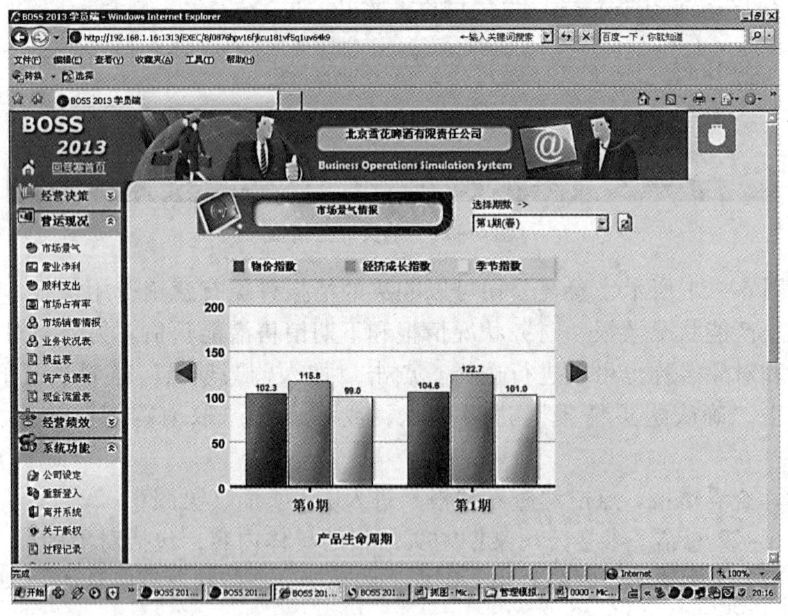

图6-23 营运资讯

1. 市场景气。点击“市场景气”即可进入以下页面（见图6-24）。在这部分可以看到各期的宏观经济指数，如物价指数、季节指数和经济成长指数。同时还可以看到产品的生命周期，这些都是做决策的基础信息。

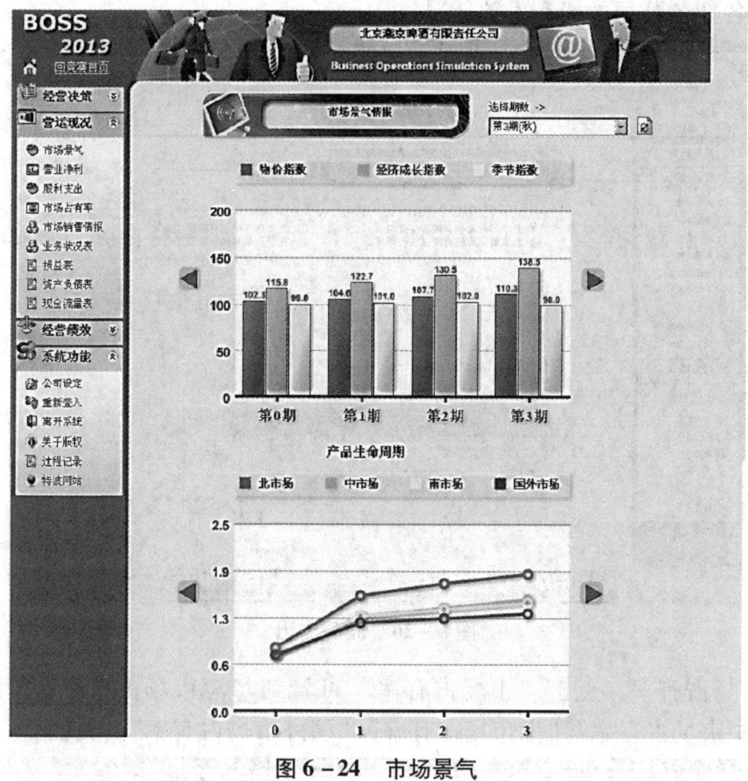

图 6-24 市场景气

2. 营业净利。点击“营业净利”可进入以下页面（见图 6-25），根据该图可以看出竞争对手的各期盈亏状况。

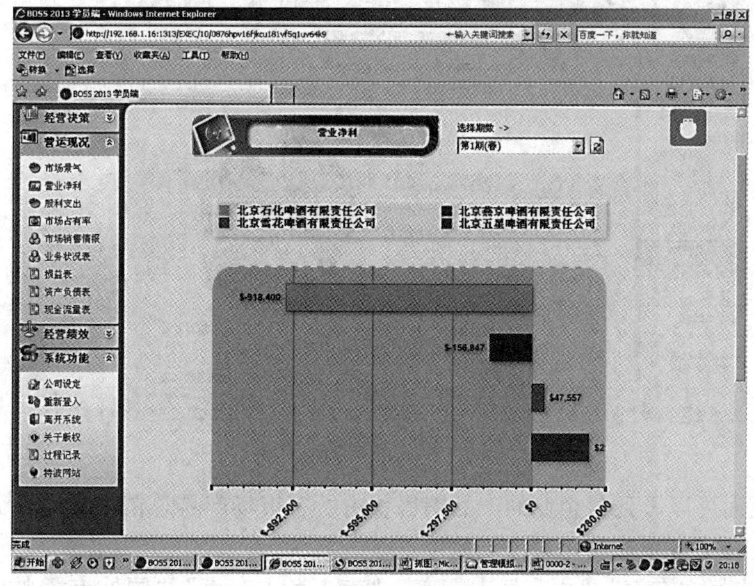

图 6-25 营业净利

3. 股利支出。点击“股利支出”可进入以下页面（见图 6-26），根据该图可以看出各期各公司的股利发放情况。

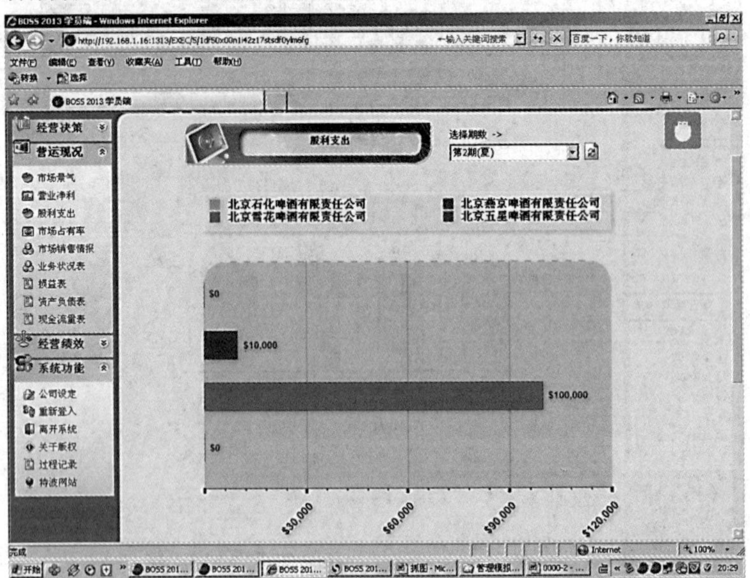

图 6－26　股利支出

4. 市场占有率。点击“市场占有率”可看到“总市场占有率”“北市场占有率”“中市场占有率”“南市场占有率”“国外市场占有率”（见图 6－27）。

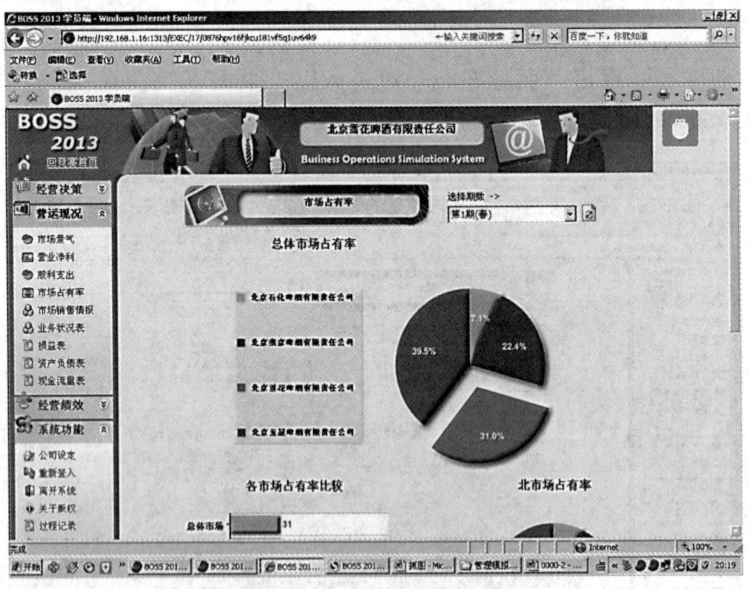

图 6－27　总市场占有率

该页面可以看到各企业的产品销售量占所有市场产品总销售量的百分比，从总体上反映了各企业的相对市场地位。

“北市场占有率”“中市场占有率”“南市场占有率”“国外市场占有率”页面可以看到各企业在不同市场的市场占有率，反映了各企业在不同市场的地位（见图 6－28）。

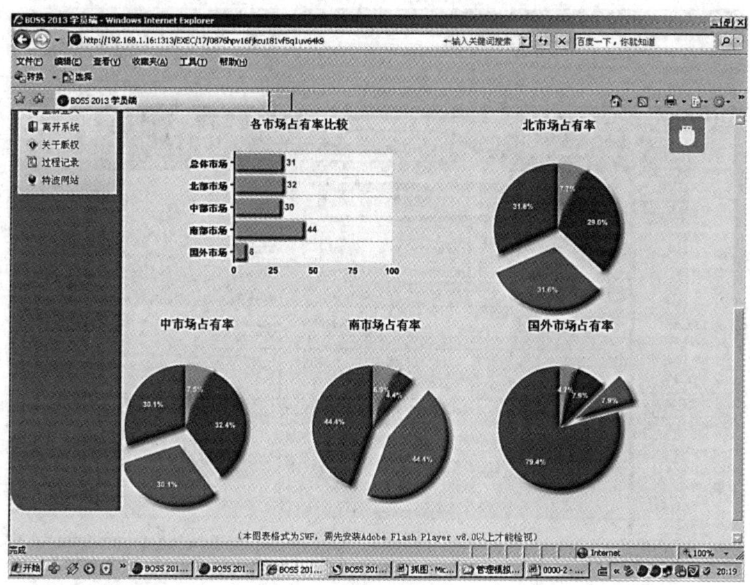

图 6－28　分市场占有率

5. 市场销售情报。点击“市场销售情报”可看到四个子菜单：“北市场”“中市场”“南市场”“国外市场”，由此可以了解其他参赛者的信息，如定价策略、销售状况、产能等（见图 6－29）。

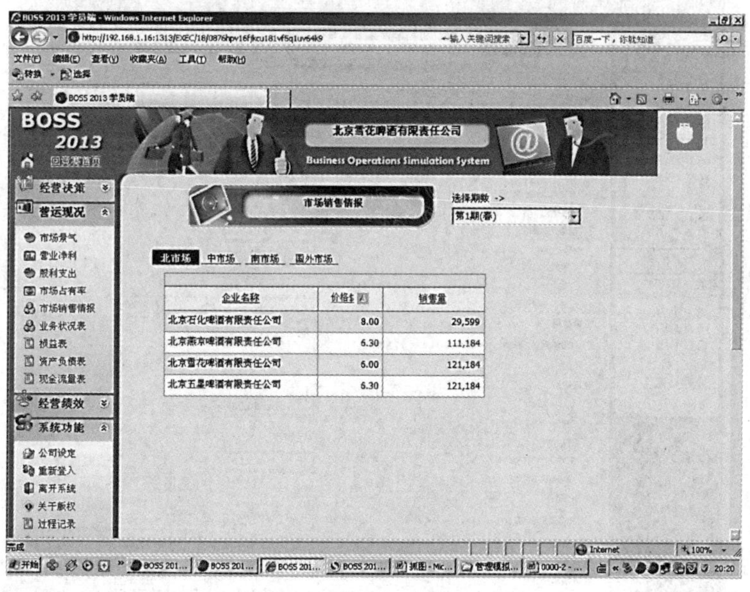

图 6－29　各市场销售情报

6. 业务状况表。点击“业务状况表”即可得到以下页面（见图 6－30）。在图右上方选择需要查看的期数，就可以得到各期的业务状况，包括市场潜能、销售量、本期产量、下期产能、成品库存、原物料库存以及市场占有率等信息。

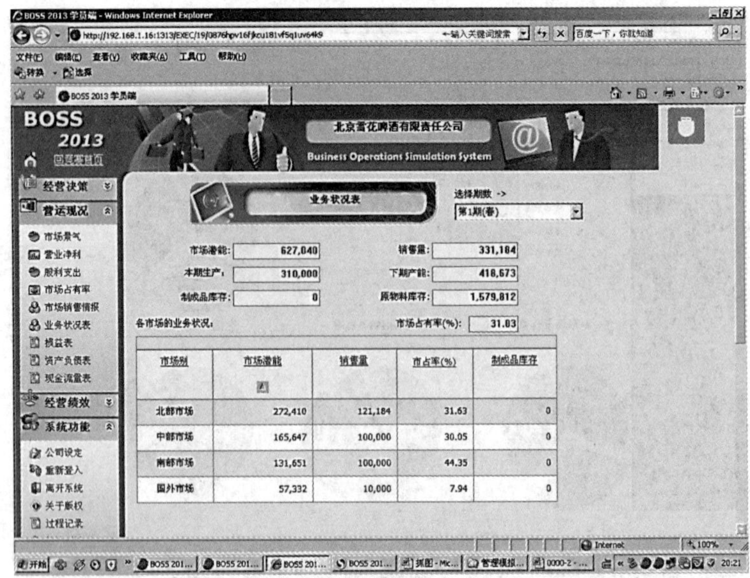

图6-30　业务状况表

7. 损益表。点击“损益表”即可得到以下页面（见图6-31）。在图右上方选择需要查看的期数，就可以得到各期的损益表。

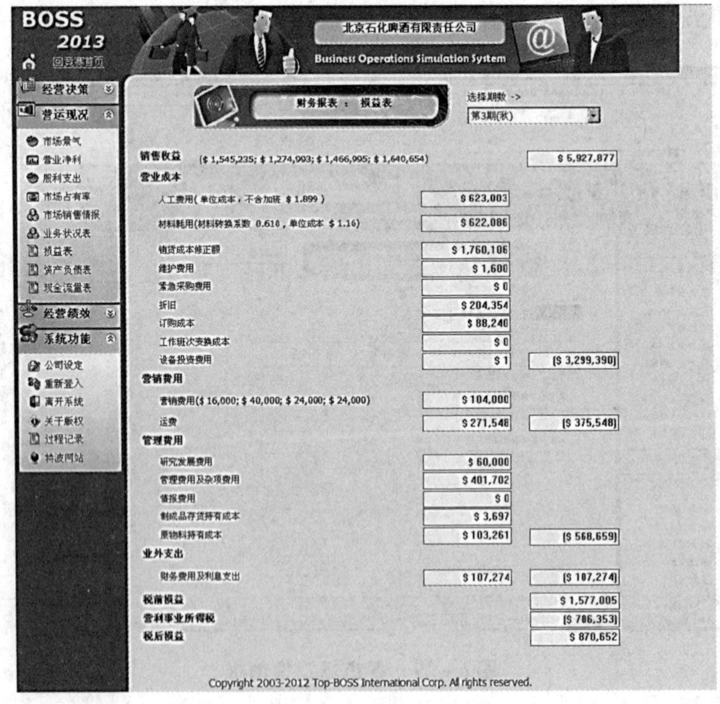

图6-31　损益表

8. 资产负债表。点击“资产负债表”即可得到以下页面（见图6-32）。在图右上方选择需要查看的期数，就可以得到各期的资产负债表。

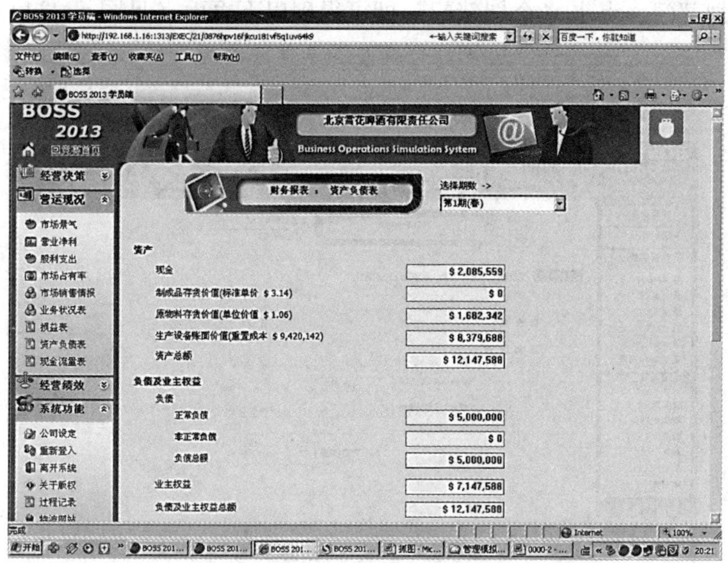

图 6－32　资产负债表

9. 现金流量表。点击“现金流量表”即可得到以下页面（见图 6－33）。在图右上方选择需要查看的期数，就可以得到各期的现金流量表。

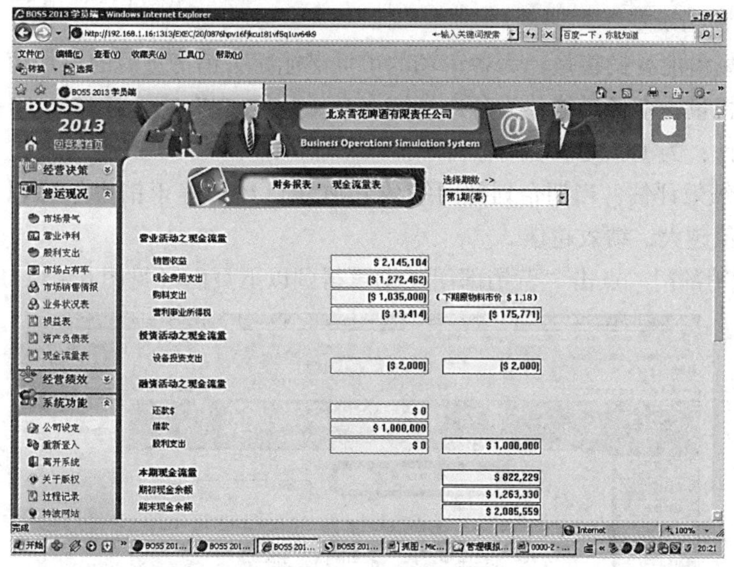

图 6－33　现金流量表

三、经营绩效

点击左侧菜单的“经营绩效”会出现“部门绩效”“评估汇总”“财务比率”“杜邦图”“财务变化分析”“竞争变化分析”共 6 个子菜单，下面对各个子菜单分别进行说明。

1. 企划部门。点击“企划部门”即可得到以下页面（见图6-34）。

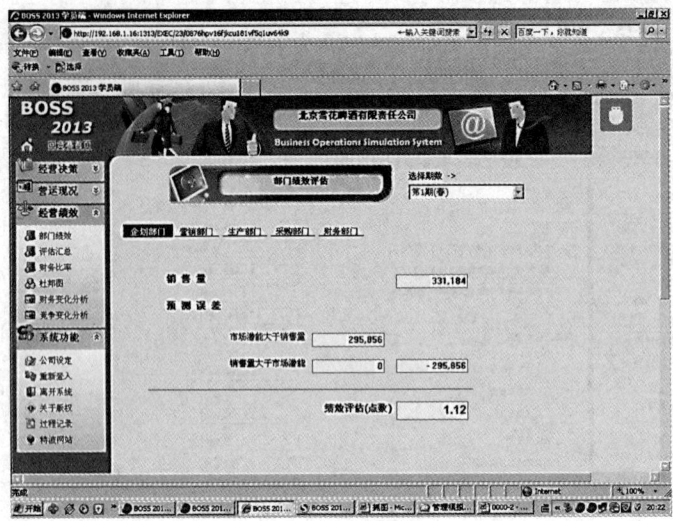

图6-34　企划部门

图6-34中各项指标解释如下：

（1）销售量：为当期各市场销售产品的数量之和。

（2）预测误差：

①市场潜能>销售量：为各市场的市场潜能减去销售量后的累加值。

②销售量>市场潜能：为各市场期末存货数量之和。

③总计：为①②之和。

（3）绩效评估：当期企划部门绩效评估（点数）等于销售量除以预测误差总计，其值越大，绩效越佳。

2. 营销部门。点击“营销部门”即可得到以下页面（见图6-35）。

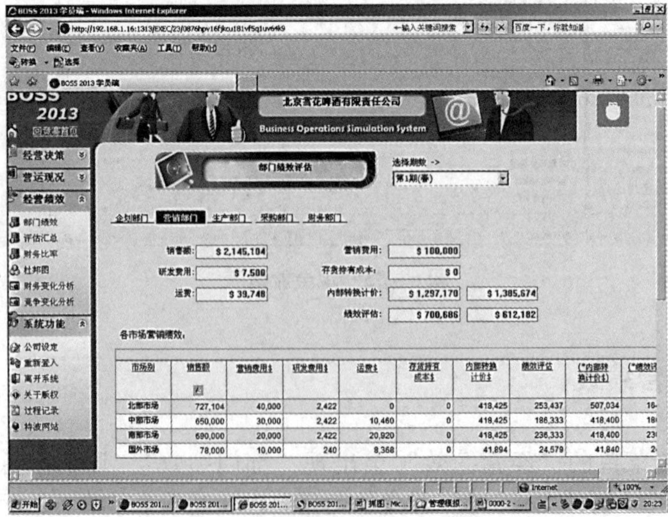

图6-35　营销部门

图 6－35 中各项指标的解释如下：

（1）销售额：为当期各市场销售收益之和。

（2）营销费用：为当期公司在各个市场投入的营销费用之和。

（3）研发费用：以当期研发费用按当期各市场仓储分配量分摊至各市场。

（4）运费：当期仓储分配量所实际发生的运费。

（5）存货持有成本：当期各市场期末存货量 ×0.5 美元。

（6）内部转换计价：表示营销部门向生产部门购买成品所付费用。

内部转换计价 = $4 × 各市场仓储分配量之和 × 物价指数

（7）费用合计：为营销费用、研发费用、运费、存货持有成本和内部转换计价共五项之和。

（8）绩效评估：当期营销部门的绩效评估为销售额减费用合计之差数，差值越大，绩效越佳。

3. 生产部门。点击"生产部门"即可得到以下页面（见图 6－36）。

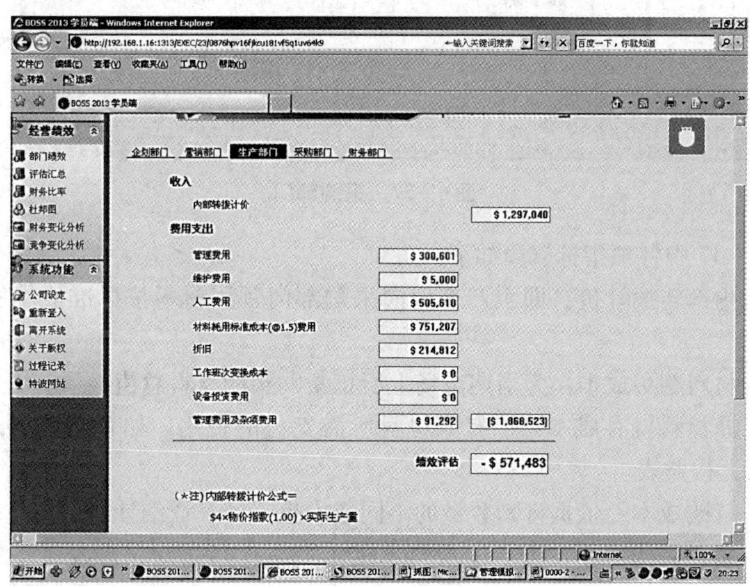

图 6－36 生产部门

图 6－36 中各项指标解释如下。

（1）内部转拨计价：

生产部门卖给营销部门产成品的收入 = $4 × 物价指数（1.00）× 实际生产量

（2）材料耗用标准成本费用：表示生产部门向采购部门领用材料所支付的费用。

（3）总费用支出：为管理费用、维护费用、人工费用、材料耗用标准成本费用、折旧、工作班次变换成本、设备投资费用、杂项费用共八项的累加值。

（4）绩效评估：当期生产部门绩效 = 收入 － 费用支出，差值越大，绩效越佳。

管理费用、维护费用、人工费用、折旧、工作班次变换成本、设备投资费用、杂项费用七项皆为当期值，摘自附录七损益表。

4. 采购部门。点击“采购部门”即可得到以下页面（见图6－37）。

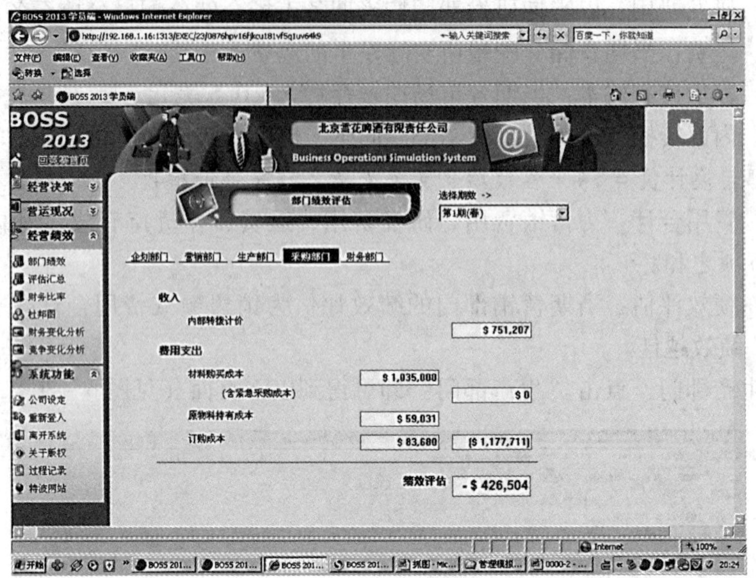

图6－37　采购部门

图6－37中各项指标解释如下：

（1）内部转拨计价：即生产部门向采购部门领用材料按标准成本所支付的费用。

（2）材料购买成本：为当期市场上所正常购买的材料总值。

（3）原材料持有成本：持有原材料所需支付的费用，如仓储费用，详细公式见附录七损益表。

（4）订购成本：依据订购数量的不同成本也不同，详细计算见损益表。

（5）紧急采购费用：当上期材料不足本期生产所需时，即发生本费用，此时每单位材料价格为1.5×当期材料市价，紧急采购费用为紧急采购量×1.5×当期材料市价。

（6）费用支出总额：为材料购买成本、紧急采购费用、原材料持有成本和订购成本共四项的累加值。

（7）绩效评估：即收入减费用支出，值越大，绩效越佳。

5. 财务部门。点击“财务部门”即可得到以下页面（见图6－38）。

图6－38中各项指标解释如下：

（1）销售额：当期各市场销售收益之和。

（2）财务费用及利息支出：公司负债分为两个部分，正常负债和非正常负债。在营运过程中，假如现金不足，而公司又没有正常向银行借款的时候系统会自动借款，此时负债就是非正常负债，详细的利息计算可参考损益表。

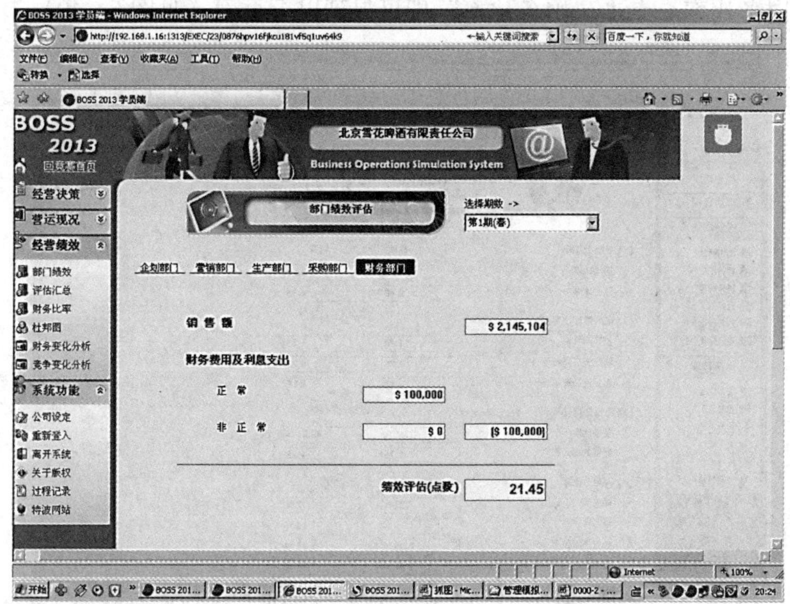

图 6－38 财务部门

（3）绩效评估点数：当期财务部门绩效用点数表示，公式为销售额／财务费用及利息支出总额，点数越大，绩效越佳。

6. 评估汇总。点击“评估汇总”即可得到以下页面（见图 6－39）。从该页面可以看到每个参赛公司的各个部门的绩效，对每期的决策做一个相对的评价。

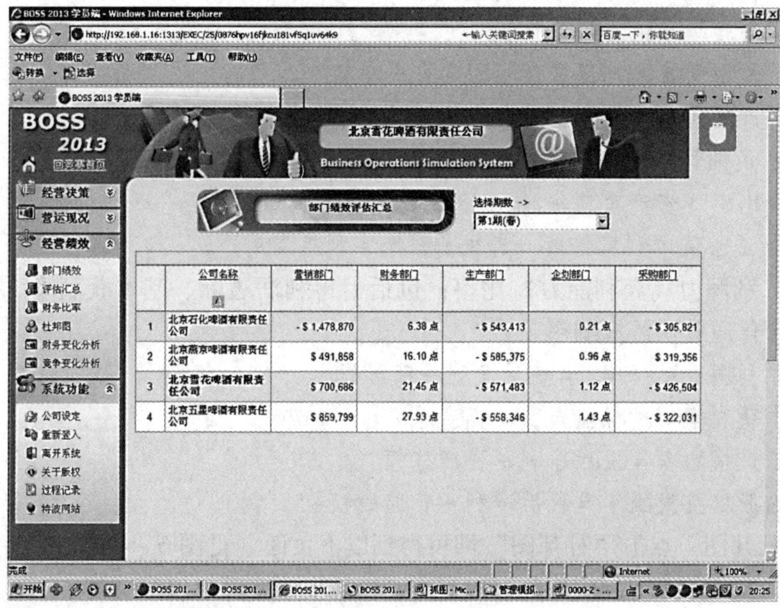

	公司名称	营销部门	财务部门	生产部门	企划部门	采购部门
1	北京石化啤酒有限责任公司	-$ 1,478,870	6.38 点	-$ 543,413	0.21 点	-$ 305,821
2	北京燕京啤酒有限责任公司	$ 491,858	16.10 点	-$ 585,375	0.96 点	$ 319,356
3	北京雪花啤酒有限责任公司	$ 700,686	21.45 点	-$ 571,483	1.12 点	-$ 426,504
4	北京五星啤酒有限责任公司	$ 859,799	27.93 点	-$ 558,346	1.43 点	-$ 322,031

图 6－39 评估汇总

7. 财务比率。点击“财务比率”即可得到以下页面（见图6－40）。

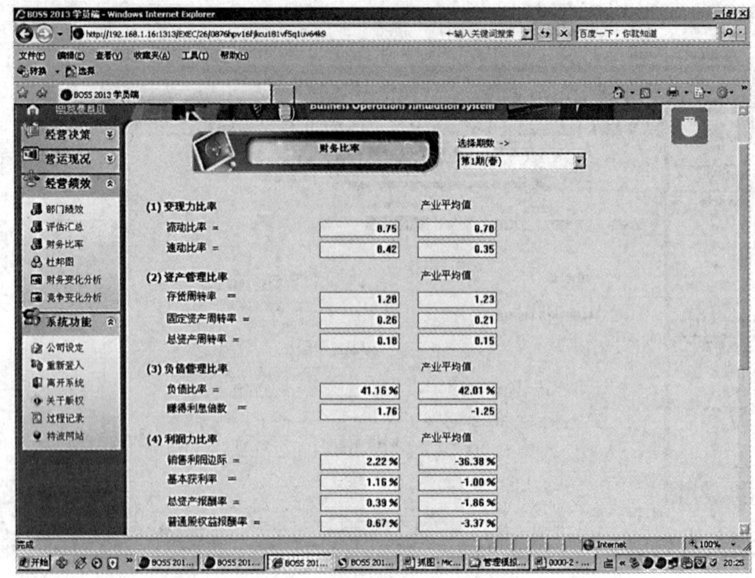

图6－40　财务比率

图6－40中各项指标解释如下：

（1）变现力比率：包括流动比率和速动比率。

流动比率＝流动资产÷流动负债

速动比率＝(流动资产－存货)÷流动负债

（2）资产管理比率：包括存货周转率、固定资产周转率和总资产周转率。

存货周转率＝销售额÷存货

固定资产周转率＝销售额÷固定资产净额

总资产周转率＝销售额÷资产总额

（3）负债管理比率：包括负债比率和赚得利息倍数。

负债比率（资产负债率）＝负债总额÷资产总额

赚得（已获）利息倍数＝息税前盈余÷利息费用

（4）利润力（获利能力）比率：包括销售利润边际、基本获利率、总资产报酬率和普通股权益报酬率。

销售利润边际（率）＝税后净利÷销售额

基本获利率＝息税前盈余÷资产总额

总资产报酬率＝税后净利÷资产总额

普通股权益报酬率＝税后净利÷普通股权益

8. 杜邦图。点击“杜邦图”即可得到以下页面（见图6－41）。

如图6－41所示，模拟公司的普通股权益报酬率可以层层分解，通过横向比较各模拟公司的各项比率可以看出在同行中公司的优势劣势，通过纵向比较也可以看出公司的健康状况。这是除了NPV以外评判公司运营状况的另一个标准。

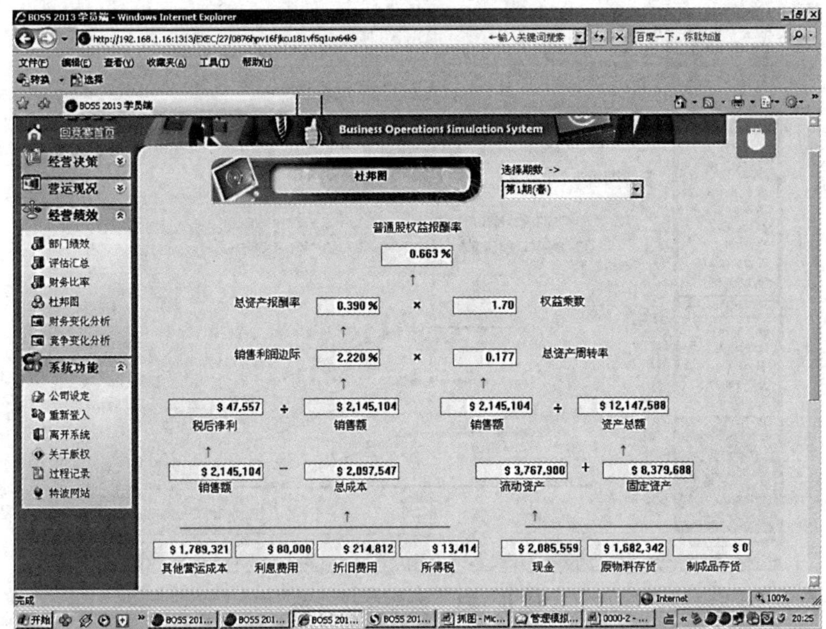

图 6－41　杜邦图

9. 财务变化分析。如图 6－42 所示，通过横向比较各模拟公司的不同期数各项比率的变化情况。

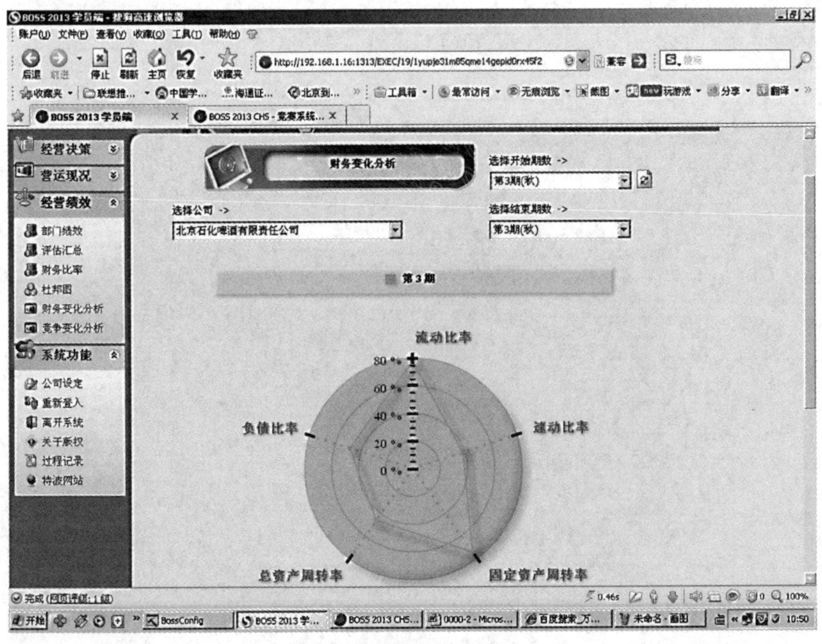

图 6－42　财务变化分析

10. 竞争变化分析。如图 6－43 所示，通过纵向比较各模拟公司的不同市场税后净利的变化情况。

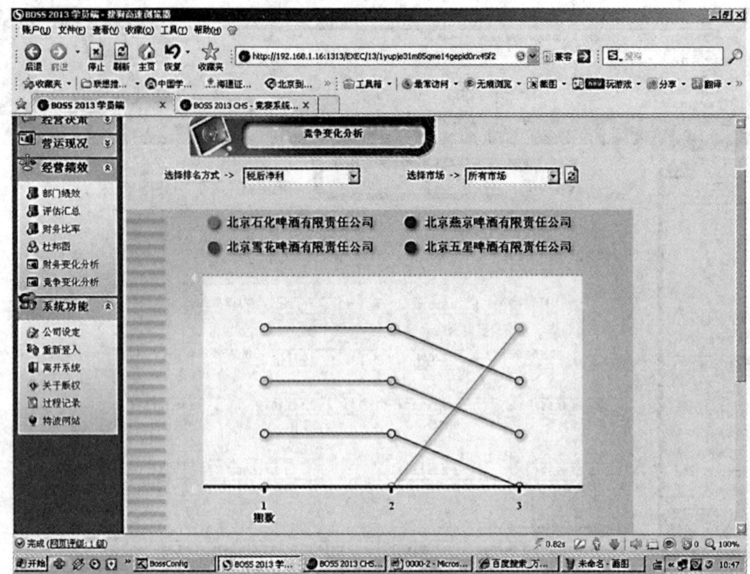

账户(U) 文件(F) 查看(V) 收藏(O) 工具(T) 帮助(H)
后退 前进 停止 刷新 主页 恢复 收藏夹
http://192.168.1.16:1313/EXEC/13/1yupje31m85qme14gepid0rx45f2
兼容
收藏夹 工具箱 最常访问 无痕浏览 截图 玩游戏 分享 翻译
BOSS 2013 学员编
BOSS 2013 CHS - 竞赛系统...
营运现况
经营绩效
部门绩效
评估汇总
财务比率
杜邦图
财务变化分析
竞争变化分析
系统功能
公司设定
重新登入
离开系统
关于版权
过程记录
特波网站
竞争变化分析
选择排名方式 ->
税后净利
选择市场 ->
所有市场
北京石化啤酒有限责任公司
北京燕京啤酒有限责任公司
北京雪花啤酒有限责任公司
北京五星啤酒有限责任公司
1
2
3
期数
完成
0.82s
100%
开始
BossConfig
BOSS 2013 学...
BOSS 2013 CHS...
0000-2 - Micros...
百度搜索_万...
未命名 - 画图
10:47

图 6-43 竞争变化分析

第七章　其他管理仿真模拟软件介绍

第一节　国际企业管理挑战赛

一、国际企业管理挑战赛简介

国际企业管理挑战赛（Global Management Challenge，GMC）是一项拥有欧洲管理发展基金会（EFMD）官方认证的横跨五大洲的全球最大规模的企业管理模拟比赛，32 年前起源于欧洲，为一年一度的国际级赛事。它的宗旨是通过仿真模拟的现代化培训手段，在全球范围内提高企业管理及高校商科模拟教学水平，促进各国企业管理技术的规范化。

目前 GMC 全球共有美国、英国、法国、澳大利亚、德国、俄罗斯、巴西、比利时、中国、新加坡、中国澳门、中国香港、波兰、罗马尼亚、土耳其、西班牙、希腊、匈牙利、墨西哥、葡萄牙、丹麦、乌克兰、芬兰、捷克、拉脱维亚、斯洛伐克、印度、安哥拉、加纳等 40 多个国家和地区参赛，堪称企业管理模拟的奥林匹克大赛。

自 1980 年首届比赛开始，共有累计超过九万参赛队、四十万人次参赛。全球每年有 15 000 人参赛（仅中国赛区就有近万人参赛）。该项赛事自 1995 年引入中国以来，已经连续成功地举办了 16 届，在全国已颇具规模，由最初的 70 多支参赛队发展到 2011 年的全国超过 130 所高校近 2 000 支队伍，参赛者累计超过 8 万人次。GMC 已经成为目前中国工商管理模拟商战覆盖面最广、影响力最大的国际级赛事。中国赛区的参赛者来自高等院校、政府机构、企业、科研机构等，全部具有大学本科以上学历，其中约 80% 具有 MBA 学位或是 MBA 在读研究生。该赛事参赛者的平均学历水平之高，国内绝无仅有。

中国代表队在国际总决赛中战绩辉煌，先后有对外经济贸易大学国际商学院、四川大学工商管理学院、中山大学管理学院、北京理工大学管理与经济学院获得全球总冠军。如此辉煌的成绩充分反映了中国工商管理教育，尤其是商科企业管理模拟教学水平处于世界领先地位。

GMC 比赛不仅仅在高校及学生中间有着巨大的影响力，同时在各企业间也具有极高的声誉。许多往届 GMC 比赛的参赛选手，尤其是获奖队伍的选手都被关注这项赛事的企业早早相中，并在毕业后招入麾下。对于企业来讲，关注 GMC 赛事，相当于为自己找到一个高端专业人才库，尤其是生产、贸易以及管理咨询等领域的企业一直对 GMC 赛事非常关注，并给予了很大的支持。

国际企业管理挑战赛的核心是一套逐年更新、高度完善的电脑动态仿真模拟系统，模拟标准化市场经济条件下，企业管理至关重要的基本参变量以及在现实市场中无法避免的偶然因素，在此基础上，按照工商管理的基本理论建立一个互动的定量化的模型。

比赛由 5 人组成的参赛队经营一家虚拟的企业，队员分别扮演总经理和生产、营销、人力资源、财务、研发等部门经理。比赛前队员会得到一本《参赛手册》，内容囊括了经过提炼的企业管理中所遇到的几乎所有问题（如经营背景、市场营销、生产与分销、人力资源管理、财务资产和会计）和详细的比赛方法；队员还会得到一套《公司历史》，内容是参赛队着手经营的虚拟公司最近 5 个财政季度的决策及经营状况。队员根据现代企业管理知识对该企业每季度的经营做出一系列的决策，与同一市场的其他 7 个虚拟企业竞争。

决策涉及企业的发展战略、生产、研发、营销、人力资源、投资及财务等方方面面，同时还穿插着金融、贸易、会计、期货、投资、信息技术等许多重要的实物性学科，最大限度地模拟一个公司在市场经济条件下的真实运作状况。

每一家公司都必须很好地把握不断变化的宏观经济环境、各公司之间的竞争态势及本公司内部各职能部门之间的相互作用，通过建立各种数量模型，进行边际分析、数量博弈、价格博弈，制定出自己的竞争战略、产品组合、营销组合、销售预测，并通过对资本结构、生产规模、边际贡献率、产能、库存、现金流量、劳动力储备等方面的分析和决策，对经营结果进行控制和调整。

各公司的决策由 GMC 核心模拟软件系统处理后，形成公司的《管理报告》，反映该公司决策所产生的市场效果，并以公司股票市场价格作为综合指标，衡量企业经营效果。各虚拟公司根据《管理报告》对下季度的经营做出决策，再次提交由 GMC 核心软件处理，并得到第二季度的《管理报告》。以此形式循环反复，直到第五季度结束，股票市场价格最高的公司获胜。

这是一种高水准管理能力的竞赛，培养、考验、评价管理者统观全局、系统思考、正确决策、灵活应变的能力。近 30 年来经过不断的更新、完善和大力推广，参加过比赛和培训的人员已超过 30 万人，遍及全球各地。作为唯一得到欧共体推荐的权威管理系统，国际上许多院校已将其作为培养工商管理硕士（MBA）的教具，许多大公司也将其作为选拔、培训、考核、评估企业管理人员的重要工具。

越来越多的中国企业也开始意识到这种模拟系统是企业管理人员丰富管理知识、增强团队精神、提高管理技能及市场应变能力的捷径而加入比赛或培训。同时有众多企业从 GMC 参赛选手中选拔优秀人才，目前他们中很多人已经成为企业的中高层管理人员。

二、国际企业管理挑战赛模拟原理

(一) 如何进行第一次决策

1. 决策单参数内容、规范及注意事项。

A. 识别信息。

组别：取值范围1～64，是由比赛组织者在比赛开始之前通过抽签或其他方式确定的。

公司号：取值范围1～8，是由比赛组织者在比赛开始之前通过抽签或其他方式确定的。

识别号：取值范围0～99，是由比赛组织者在比赛开始之前为识别数据提交人的身份而确定的，请参赛队不要泄露自己的识别号。

年度：4位数字，是根据《公司历史》延续下来的。

季度：取值范围1～4，是根据《公司历史》延续下来的。

B. 生产并交付产品数。

生产并交付国内市场的产品数：取值范围为－999～9 999，单位是件，包括产品1、产品2、产品3这三个产品的数量，是根据你的营销和生产计划确定的。当取值为负数时，表示把由国内销售的过量库存产品返回工厂，重新销往其他地区；当取值为0时，表示不生产该产品。一般情况下其取值应该大于0。缺省值为重复上季度的数值。

生产并交付北美自由贸易区市场的产品数：取值范围为0～9 999，单位是件，包括产品1、产品2、产品3这三个产品的数量，是根据你的营销和生产计划确定的。当取值为0时，表示不生产该产品。一般情况下其取值应该大于0。缺省值为重复上季度的数值。

生产并交付国际互联网市场的产品数：取值范围为－999～9 999，单位是件，包括产品1、产品2、产品3这三个产品的数量，是根据你的营销和生产计划确定的。当取值为负数时，表示把由国际互联网销售的过量库存产品返回工厂，重新销往其他地区；当取值为0时，表示不生产该产品。一般情况下其取值应该大于0。缺省值为重复上季度的数值。

生产产品的数量不应超出实际生产能力（主要由机器数量、机器效率、轮班制、组装工人人数、产品组装时间等决定），否则会认为你公司的管理水平低下，影响股票价格。

C. 价格。

产品价格：指下季度三个产品在三个市场上各自的销售价格，取值范围为0～999，单位是人民币10元，是根据你的营销计划确定的。当取值为0时，将不会收到任何订单。一般情况下其取值应该大于0。缺省值为重复上季度的数值。国际互联网的价格与国内及北美自由贸易区的价格存在竞争关系，应该注意三者之间的价格差距。此外，北美自由贸易区和国际互联网的产品虽然是以人民币定价，但卖给消费者时是以美元计价，所以要考虑由于人民币对美元汇率影响而造成的实际价格波动问题。降低价格是一种增加订货的方法，但最低价格必须在某一临界点之上，否则公众会对太低的价格产生怀疑。另外，与竞争对手的价格差异是需要着重考虑的因素之一。

D. 广告支出。

公司形象广告：指下季度在三个市场上的公司形象广告费用，取值范围为0~99，单位是人民币10 000元，是根据你的营销计划确定的。一般情况下其取值应该大于0。缺省值为重复上季度的数值。公司形象广告是累积性的，因此，应该在一定时期内保持稳定。公司形象广告对促进国际互联网的销售作用较大。在北美自由贸易区和国际互联网的广告还取决于价格指数和人民币对美元汇率的相对变动。

公司产品广告：指下季度三个产品在三个市场上的各自的广告费用，取值范围为0~99，单位是人民币10 000元，是根据你的营销计划确定的。一般情况下其取值应该大于0。缺省值为重复上季度的数值。产品广告对国际互联网销售的影响较小。在北美自由贸易区和国际互联网的广告还取决于价格指数和人民币对美元汇率的相对变动。

E. 组装时间。

产品组装时间：包括下季度三个产品的组装时间，取值范围分别是产品1：100~999，产品2：150~999，产品3：300~999，单位是分钟，是根据你的营销和生产计划确定的，缺省值为重复上季度的数值。组装时间决定着产品质量，也影响着所能生产的产品数量。

F. 产品改进。

产品改进：指下季度对产品1、产品2或产品3是否实施一项已获通知的重要产品改进，取值为0（否）或1（是），是根据各产品是否有“大”改进而决定的，缺省值为0。在决定更新一种产品前，必须已经收到一份有关产品改进获得重大进展的报告。否则，产品更新可能毫无目标，已有的库存也被廉价出售，但不会获得任何相应的市场优势。改进后的产品销售收益必须足以抵销廉价销售库存老产品导致的销售收入方面的潜在损失（这取决于你现在库存产品的多少），对这一点进行权衡是相当重要的。一项重要的产品改进只报告一次，如果没有马上实施，下次不会再报告，但它不会逐渐自行消失。在你做出实施决策之前，它们一直有效。不过，假如你没有及时实施这些改进，你可能会发现竞争对手根据市场情况，在你之前进行了类似的改进，并获得了市场优势。可以把一项重要的改进保留到收到第二项改进报告的时候一并实施。这种情况下，市场效果会得到加强。

G. 研发费用。

产品研发费用：包括下季度投在三个产品上的研发费用，取值范围都是0~99，单位是人民币10 000元，是根据你的营销策略确定的，一般情况下应该大于

0，缺省值为重复上季度的数值。研究开发工作具有不确定性，因此，不管你花多少钱，都不能绝对保证你的研究小组在短期内会对改进产品形象做出什么新的贡献。然而，有一条是肯定的，从长远看，你投入得越多，取得进步的机会也就越多，研究开发成果可以运用到产品改进中去。稳定投入的效果比随机投入的效果会更好。研究与开发的效果是积累性的，所以，只要投资，迟早会得到回报。

H. 原材料。

原材料的订购：包括下季度现货、3 个月期货、6 个月期货的原材料采购数量，取值范围都是 0 ~ 99，单位是 1 000 单位，是根据生产产品所需的原材料数量及原材料的价格走势确定的，缺省值为 0。在原材料采购中要平衡避免原材料价格上涨而降低的成本、由于现金流缺少而增加的负债成本和原材料储存的仓储成本三者之间的关系，即是买现货合适还是买期货合适。

I. 代理商和经销商。

中国国内代理商：

（1）下季度总需求数：指从下下季度开始所需要的国内代理商总数（不是新雇用的代理商），取值范围是 0 ~ 99，单位是个，是根据你的营销计划确定的，一般应该大于 0，缺省值为重复上季度的数值。要注意不要错误地写成 0（如以为不新雇用代理商就填写为 0），另外如果是新雇用或新解聘代理商，则下下季度才会实现。

（2）支持费用：指下季度每个代理商的支持费用，取值范围是 5 ~ 99，单位是人民币 10 000 元，是根据你的营销计划确定的，缺省值为重复上季度的数值。支持费用包括销售支持、监督与会计、市场研究等方面的基本支出。

（3）佣金：指下季度对每个代理商依据所收订单价值的总量百分比支付代理商佣金，取值范围是 0 ~ 99.9，单位是百分比（%），是根据你的营销计划确定的，一般大于 0，缺省值为重复上季度的数值。

北美自由贸易区经销商：基本同中国国内代理商，但支持费用受价格指数和汇率相对变化的影响，而且佣金是以实现的销售额为基础。一般而言，能够刺激国内市场销售代理商的那些因素同样适用于北美自由贸易区的经销商。但是，经销商不会积极销售你的产品，他们只对你的广告活动所创造的需求做出反应。佣金不会刺激起对公司产品的需求，只会增加经销商的利润和其他可变成本。

国际互联网经销商：基本同中国国内代理商，但佣金是以实现的销售额为基础。另外你只需要一个销售代理。你开始通过国际互联网销售产品时就自动指定了销售代理，而你停止通过国际互联网销售时，销售代理即被解雇。

J. 购买机器和网站接口。

欲购机器：指下季度要新订购的机器数量，取值范围都是 0 ~ 99，单位是台，是根据你的经营战略确定的，缺省值为 0。你所能购买的最大机器数量是由你的信用价值决定的，如果你的信用价值至少与你订购的机器总价值相等，供应商就会接受你的订货，同时接受相当于机器总价值一半的第一笔付款。如果你的信用价值小于订购的机器总价值，供应商将只接受与你信用价值相当的订货。

（当然，你的信用价值也可能为零）订货后，机器的交付和安装就会在下下季度实施，此时，第二笔机器款将付出。在之后的季度（即下下下季度）里，机器才可使用。已经订购的机器，在其安装过程中，不会因信用价值的下降而受到影响。因此，购买机器应该在第一次决策就进行，最晚不超过第二次决策。

网站接口数：指下季度运行的网站接口数量，取值范围都是 0 ~ 99，单位是个，是根据你所需要的网站容量确定的，若进行互联网销售，则应该大于 0，缺省值为重复上季度的数值。你的网站容量取决于接入网站“接口”的数量。你购买的网站容量应取决于高峰时你希望的访问量，访问量的决策是你自己预测的结果。为了帮助你预测，上季度末你可以得到 3 个数据（接口数量的变化需提前一季度决定）：

（1）上季度末你的系统容量，用接口数表示。

（2）上季度成功登录网站访问者的人数。

（3）未能成功登录网站的潜在访问者的百分比。

K. 销售机器和网站建设。

欲售机器：指下季度要卖出的机器数量，取值范围都是 0 ~ 99，单位是台，是根据你的经营战略确定的，缺省值为 0。当卖出机器的决策执行时，最旧的机器在下季度初首先卖出，其价值按上季度的折旧价计。当有些机器因为使用时间过长而过度老化时，企业应该考虑将这些机器卖掉（前提是不影响企业的短期和长期生产目标）。卖掉机器可以减少机器的维修成本，更重要的是可以增加企业的现金，帮助企业还清无抵押贷款，改善企业的形象。但有时卖掉机器会使工人闲置，造成不稳定，同时也可能给市场一种该企业要缩减生产规模、经营不善的错觉，从而引起股价动荡。为此，对于卖掉机器应小心行事。

网站建设：指下季度网站开发维护费用，取值范围是 0 ~ 999，单位人民币 10 000 元，缺省值为重复上季度的数值。这笔费用包括编制程序、设计以及软件工具。你比竞争对手投入越多，你的市场形象越好，你的互联网营销越成功。有定期的独立调查，并以星级评定的方式，反映计算机用户对你的网站的态度。五星最佳，一星最差。有规律的高额开发投入会提高网站星级，而少投入或不投入开发费用就会失掉星级。

L. 机器维修时数。

每台机器维修时数：指下季度每台机器所需要的维修小时数，取值范围是 0 ~ 99，单位是小时，是根据希望保持的机器效率来确定的，缺省值为重复上季度的数值。随着机器变旧，或使用过度，效率会降低，机加工的时间也会延长。这一衰退过程，可以通过防护性的维修得以缓解，甚至得以逆转。用于防护性维修的工时越多，机器出现故障的机会就越少。

M. 工人工资和轮班次数。

组装工人小时工资：指下季度每个组装工人的小时工资标准，取值范围是 40.0 ~ 999.9，单位是人民币元，是根据你的人力资源计划确定的，缺省值为重复上季度的数值。技术性组装工人的工资按每季度开始时确定的小时工资标准支付。这一基本工资标准服从于厂方与工会签订的协议，协议不允许工资标准下降。基本工资标准的提高将在下季度初实现。前几次决策时不能将小时工资定得太高，否则工资成本会非常高，并且降不下来。

N. 工人雇用。

组装工人的雇用（+）/解雇（-）：指下季度要雇用或解雇的组装工人人数，取值范围是-9~99，单位是人，是根据你的生产计划和人力资源计划确定的，缺省值为0。招募的成功与否，取决于现有受雇人员的平均周工资收入水平（不是基本工资率）、你公司生产的产品的质量、人事管理部门的能力等，所有这些因素都与其他公司形成对照。招聘还取决于劳动力市场的情况。如果失业率高，招聘可能会容易一些；失业人数少，招聘可能会很困难，这就要看你诱使人们离开其他公司的能力，这将导致劳务市场的不稳定。招聘是有招聘成本的，而实际招聘到的人数可能远远低于你填写的人数，因此，不能一次招聘太多的人员。解雇员工要在下季度开始时提前通知，被解雇的员工在下季度末离开之前的这段时间内继续工作。被解雇者一次性地领取一笔补偿金。解雇工人往往使其他工人产生抵触心理，有些工人可能会离开公司，到别的地方寻找工作，容易导致组装车间的不稳定和罢工。值得注意的是，组装工人罢工期间不发工资。

培训组装工人：指下季度要培训的组装工人人数，取值范围是0~9，单位是人，是根据你的生产计划和人力资源计划确定的，缺省值为0。当培训员工的决策被采纳后，在下季度初，培训对象被从当地失业大军中招到学校培训，并在下下个季度初结束培训课程，开始工作。培训成本包括受训者的工资、材料和教员费用。培训人员比直接招募成本要高，但它能确保你得到你所需要的人数，在结束培训并被条件更好的公司吸引去之前，他们至少会在公司为你工作一个季度。

O. 投资和贷款。

投资（+/-）：指下季度新增投资（+）或撤回投资（-）的金额，取值范围是-9 995~99 999，单位是人民币10 000元，是根据你的经营战略和财务管理策略确定的，缺省值为0。有两种情况需要新增投资：一是有闲置的现金而现金流状况又不错；二是需要增加信用价值来购买机器。新增投资的额度是受到银行透支限度的制约的。而撤回投资在需要改善现金流和财务状况时进行，撤回的投资会自动用于偿付部分或全部的银行透支、风险贷款等。

贷款：指下季度新增中期贷款的金额，取值范围是0~9 999，单位是人民币10 000元，是根据你的财务管理策略确定的，缺省值为0。使用此种贷款，在下季度开始时，可以立即得到现金形式的信贷资金（或自动用于偿付部分或全部的银行透支、风险贷款等）。每季度能从银行获得的中期贷款总数（或在现有贷款基础上的追加贷款）取决于你的借贷能力。这种能力每季度发生变化，并取决于公司股票在股票交易所的价值和你已经拥有的中期贷款数量和银行确定的透支限额。下季度的借贷能力在上季度的《管理报告》中显示。

P. 管理预算和股息。

管理预算：指下季度为保持公司整体的管理水平而支出的费用预算，取值范围是30~999，单位是人民币10 000元，缺省值为重复上季度的数值。管理预算决定了用于外部服务、专业咨询、董事工资和一般管理费用的支出数额。管理预算影响公司整体的管理水平，进而影响公司各部门的工作效率，如对销售管理的质量、生产管理的质量有重要影响，并且对公司的随机风险有影响。增加费用将在下个季度初执行。而减少费用要提前一个季度通知，每个季度的减幅不得高于10%，并可能大幅度影响当期股价。要注意的是管理预算绝不是《管理报告》中的管理费用总计。

股息：指下季度拿出股本中的一定比例作为付给股东的股息，取值范围是0~99，单位是百分比（%），是根据你的股利政策决定的，缺省值为0。定期、可预测并具有竞争力的股息，对股票价格有积极影响。不稳定和低水平的股息将产生副作用。股息在逢单数的季度之初支付。每个季度支付的股息总数不得超过公司前一季度资产负债表上显示的储备金的数量。如果上季度储备金是负数，则没有股息。

Q. 信息。

公司活动信息：指下季度是否购买市场上其他公司的经营活动信息，取值0（不要）或1（要），缺省值为0。经营活动信息包括广告费用、研究开发费用、每种产品的星级、网站影响力的评估等，对分析竞争对手非常重要，因而一般都要购买，只有在最后一次决策时可以考虑不购买。

市场占有率信息：指下季度是否购买市场上其他公司的市场占有率信息，取值0（不要）或1（要），缺省值为0。市场占有率信息包括每个公司在国内零售商店的市场占有率、每个公司在北美自由贸易区零售商店的市场占有率、每个公司在国际互联网上的市场占有率等，对分析竞争对手非常重要，因而一般都要购买，只有在最后一次决策时可以考虑不购买。

R. 保险方案。

保险方案代码：指下季度采用哪个保险方案，取值范围0~4，缺省值为重复上季度的数值。公司的活动存在受各种随机事件的影响而中断的风险，这些事件在《管理报告》中以标在相关数字旁的“!”体现。为防止此类事故造成的危害，公司可以向保险公司投保，以弥补财政损失。保险公司提供各种投保方案，近似地讲：保险方案中3和4几乎是一样的成本，2的成本要高一点，1的成本最高，所以，选择保险方案首选3或4，不选择保险应该是最不划算的。

注意：决策参数的取值范围每年可能会略有调整，请以当年的《参赛手册》中规定的为准。

2.《公司历史》的分析。

（1）宏观经济环境分析。

①宏观经济指标分析：通过对国内生产总值的历史数据进行分析，结合报告中的新闻摘要判断目前的经济形势（凡是在新闻摘要中提及的欧洲市场，在中国

赛区均表示国内市场），是属于经济增长，还是经济衰退，判断未来的经济走势，以及有哪些事件会影响宏观经济的发展，间接影响产品销售市场。近几年的比赛中加入了风险事件，如贸易战、突发事件等，这类事件可能会影响原材料价格的走势。如果出现了这种事件，需要考虑这种事件的影响期有多长，能否消除这种影响和什么时候能够消除影响，以此来决定原材料的购买决策。一般新闻摘要中对于突发事件不会有预警式的报道，只会报道出这类事件的来由等，所以，提前防范风险可以节省很多成本。

②市场总体需求分析：对历史资料提供的过去五个季度的订单量进行分析。市场总的发展趋势决定了后五期决策的战略安排，如果对市场看好，则可能会加大生产投入、提高产量等，因而也会提高成本；如果对市场看淡，则会紧缩生产、节省成本、重点攻占某几个市场等，不同的战略适应不同的市场环境，如果发生战略性的错误则可能提前被淘汰出局，剩下的比赛则仅仅充当陪练。对于历史中的市场需求要关注五期的订单涨幅跌幅、数量等，发现影响市场巨大波动的原因。

通过宏观经济环境的分析，能够为确定适度的生产规模提供依据。

（2）产品需求分析。

①各产品的需求分析：分析过去五个季度各产品的订单情况及销售额比例构成情况，特别是主打产品的需求特点。

②各产品分市场的需求分析：分析在过去五个季度各产品在三个市场上的订单情况及销售额比例构成情况。国内和互联网的需求特点是重点考虑的问题，例如，如何解决北美市场产品利润率低的问题等。通过产品需求分析，可以为各产品的发展提供依据。

（3）各营销因素对订单量的影响分析。主要包括价格、广告、组装时间、产品改进、代理商/经销商的数量、支持费用和佣金、网站接口数量、网站建设费用等对订单量的影响分析，由于这是比较复杂的过程，因而将在后面专门阐述。

（4）研发费用对产品改进的影响分析。通过对过去五个季度各产品大改进出现的研发费用积累情况进行分析，可以为确定研发策略提供依据，特别是对不同产品可能出现改进的时间预估，以及个别产品放弃研发的沉没成本。

（5）原材料价格走势分析。通过对过去五个季度原材料现货、3 个月期货、6 个月期货价格走势进行分析，可以为确定原材料采购策略提供依据。特别是关注影响原材料价格变动的事件和本公司的可利用资金状况及融资能力。

（6）资源分析。分析现有的机器设备数量、技术工人数量、轮班状况、现金流量、借贷能力等，为相关决策提供了依据。

通过掌握公司机器数量、市场订单量、公司股本、储备金、股利发放、现金、透支、投资等，可以判断历史公司的类型和发展阶段。如公司是大规模、市场稳定、盈利的公司，是大规模、市场衰退、夕阳产业、亏损的公司，是中小规模、市场发展阶段、管理不善的公司，是小规模、市场开发阶段、缺钱的公司，还是大规模、开发新市场、资金雄厚的公司……众多公司类型，但是终究要有一个或几个管理问题存在，需要我们去改善公司的状况使之更好。根据不同的公司类型、市场类型制定不同的公司发展战略，如是重点产品重点市场战略，是产品差异战略，是低价低成本战略，是高研发高广告战略，还是市场主导战略，等等，没有什么固定的招数适用所有的历史，只有见招拆招最重要，而且，针对不同的竞争对手策略也有不同的应对方法，没有什么招数是可以战无不胜的，只有相机行事才能掌控大局。另外，结合对手在该情况下的可能策略的分析制定相应策略，可能会产生比较好的效果。

（7）成本分析。在做决策之前，应该对历史上的成本性态有个了解，分析一下九个产品市场的边际贡献大小。就 2004 年的比赛来讲，互联网和国内的产品 1 边际贡献率最大（不是单位产品的边际贡献），其次是互联网和国内的产品 2、北美产品 1、互联网和国内的产品 3、北美的产品 2 和产品 3。如果互联网开发得好，互联网都会比国内的贡献大，如果产品 3 销售运作得好，产品 3 的贡献会超过产品 2，一般北美的成本较高，贡献会排到倒数。在做决策的时候要注意这些成本的构成和变化，调整相应不合理的价格和成本，如过高的佣金、支持费用、组装时间等，为以后几期的价格、广告等营销组合提供参考依据。

如果在市场空白的历史中，培育市场阶段的成本都会很高，边际贡献很小，等到市场稍微成熟了，销售量上去后，才能开始盈利。

（8）其他指标的分析。分析汇率、利率、失业率等情况，为相关决策提供依据。例如，失业率可能决定是否能按决策者的预期雇用到工人，以及发生罢工的概率有多大。

3. 第一次决策的主要过程。

（1）历史资料分析。如前所述。

（2）战略制定。

①全面成本领先与差异化战略的选择。

②生产规模的确定：机器数量与技术工人数量的确定。

③三个产品发展的权衡。

④各产品在三个市场上发展的权衡。

（3）销售订单预测。

①参考上季度数据的环比方法（或过去相同季度数据的同比方法）。

②各营销因素对订单量的影响（回归分析）。

（4）产量制定和调整（规划求解）。

①参考销售订单预测量。

②考虑库存量。

③考虑未交订货数量。

④考虑产品改进。

⑤考虑可用机器工时：机器数量、轮班制、机器效率。

⑥考虑可用组装工时：工人数量、罢工情况、工作天数。

⑦考虑整车运输。

⑧考虑边际贡献：单位机时和单位工时的边际贡献。

（5）价格制定（供求比例）。

①参考历史数据。

②考虑价格对订单量的影响。

③分析市场平均价格。

（6）广告制定。

①参考历史数据。

②考虑广告对不同产品订单量的影响。

③考虑广告对不同市场订单量的影响。

（7）产品质量确定。

①参考产品质量——组装时间的历史数据。

②考虑产品质量——组装时间对产品订单量的影响。

③考虑研发费用→产品改进→产品质量的影响。

（8）代理/经销商管理。

①参考历史数据。在代理商和经销商非常少的情况下，必须关注市场占有率以测算总体市场占有率，进而推算增加代理商是否会获得订单大幅增长（2005年预赛初期每增加1个代理商约可获得20%的订单增长）。

②考虑代理/经销商数量对订单量的影响。

③考虑代理/经销商支持费用对订单量的影响。

④考虑代理/经销商佣金对订单量的影响。

（9）信息技术管理。

①参考历史数据。

②考虑网站接口数对访问成功率的影响。

③考虑网站建设费用对订单量的影响。

（10）人力资源管理。

①考虑雇用与培训技术工人。

②考虑技术工人工资水平。在2004年的决赛和2005年的复赛中出现了130元和135元的工资，而且比赛规定不可以降低小时工资。这点告诉我们，如果让组装工人和非技术工人周日上班的话，需要给他们两倍的工资，那么，按照五期历史给的价格，可能会不赚钱甚至亏损，所以只能靠提高价格来获取利润或降低开工率来节省成本。

③考虑技术工人工资与非技术工人工资的比较。

④考虑防止罢工。

⑤考虑多雇组装工人是否可以降低开工率，以减少同等产量下的总工资费用。

（11）其他决策。

①原材料订购。

②投资（注意可利用现金和投资上限，以防超过限额造成银行透支或无法完

成预期投资而影响股价）。

③贷款（谨慎考虑前期使用中期贷款，防止增加不必要的利息成本）。

④管理预算（管理预算过高的情况下，可以考虑降低该项费用，以节省成本，如2004年复赛达到190万元）。

⑤股息（适逢发股利的季度可尝试发1%的股利测试市场对股利政策的反映程度）。

⑥保险（因为我们虚拟的公司并非高度危险的行业和产品，所以建议考虑低保政策）。

（12）财务分析与预测。管理者们要对历史上各期的财务报表有所了解，考察每一期的利润与销售收入属于什么等级的规模，对公司盈利能力、流动性等进行评估，整体上了解公司财务状况、公司管理存在哪些问题，如利润过低、资金紧张、流动性差等。有些决策可能造成滞后一期的财务困境。

在第一期决策前，财务的主要作用是为长期决策提供依据，即五期预测税前利润最大。预测五期的税前利润需要强有力的资金预算和市场预测，需要说明的是，即使是强有力的模型也不能保证准确的长期预测，因为五期需要与竞争对手博弈，以后发生的事情会不断修改在第一期的计划，做长期预测也不是为了一厢情愿地做到利润最大，而是比较各种战略方案的优劣，哪种战略能带来更大的利润，主要服务于固定资产购买或出售及何时购买出售、机器轮班次数更换与否、何时招聘工人、生产数量均衡安排等重要的长期决策。这些决策只有考虑五期的总税前利润才有意义。

五期长期预测是一个各个部门不断协调的过程，各种战略方案的制订和选择需要各个部门很好的沟通调整，生产人力部门决定机器生产安排，市场营销部门根据市场制定营销计划，这些计划都要归结到财务进行比较，通过五期利润比较，选择更优的方案，并对一些计划安排调整，以节省更多的成本。

（二）第一次决策结果评析

1. 企业经营战略在比赛决策中的运用。在比赛中，管理者们应该在仔细分析历史资料的基础上为自己的企业制定一个经营战略，我们知道，所有的公司在一开始都具有相同的历史，拥有相同的资源，并自始至终都追求同一目标，即最终股票价值最大化。而要明白的一点是，照搬历史资料中的战略战术经常是会失败的。因此，每个公司在比赛之初就应该根据自己的长期目标和短期目标制定相应的经营战略，以便合理地配置其有限的资源，为自己创造竞争优势。

经营公司的五个人首要的是创造公司的核心竞争力，由于公司是虚拟的，而五位经营者是真实的，所以核心竞争力应体现在五位选手身上。我们应根据每人的专业特点、爱好和过去参加其他比赛或活动的经验来创建核心竞争力，并把它附加到虚拟的公司身上。例如，多数队员是学理工科背景的可以以建立最优的模型作为核心竞争力；而多数队员如果是以会计和财务为背景的可以以粉饰那几张财务报表作为核心竞争力。在比赛的过程中要不断地修炼本公司的核心竞争力，使之强于对手。

有了核心竞争力，接下来的是如何打造公司的盈利模式。当期利润无疑是影响股价并占最大权重的指标之一，而如何获得最大利润就是盈利模式。利润等于收入减去成本。要想追求利润最大化只有两种途径：一是收入最大化；二是成本最小化。善于市场营销的同学自然会更看重销售收入，而会计专业的同学自然会更看重管理成本和生产成本，但要做到两者兼顾才是好的盈利模式。

对于每次同一单位参赛队伍数较多的院校，除了考虑参赛队内部的核心竞争力和盈利模式之外，还要充分利用本校队多的优势，共享同校内部的信息资源，发挥集团作战的优势，如减少共同成本或关键时刻采用差异策略等。

在现实社会中，根据不同的企业情况，有多种战略方案可供企业挑选。但在国际企业管理挑战赛中，虽然其是以真实的经营环境为基础，但和所有的工商管理模型一样，存在着简单化和理想化这两个制约因素，不可能百分之百地模拟真实的经营环境。如在比赛中，任何一家公司无论在何种情况下都不会退出市场，也不会宣布破产或被兼并。因此，在现实中许多可用的经营战略，在比赛中就不能适用了。一般而言，企业的竞争战略可分为两类：一是总成本领先；二是追求与众不同的产品特色，即追求产品差异化。

（1）总成本领先战略。总成本领先战略主要是通过取得规模经济效益和市场占有率，使企业全部成本低于竞争对手的总成本。在比赛中，由于研究开发费用、总体管理费用和其他固定成本基本上固定不变，较大的生产规模可以在产品质量保持不变甚至有所提高的情况下，使得单位产品的成本下降（随着销售额的提高，单位产品分摊诸如广告费和研究开发费等无形成本及固定成本的能力增强，单位产品成本下降），从而使得公司能以较低的价格迅速占领市场，获得较大的市场占有率，而由此产生的财富的迅速积累又能产生使生产规模进一步扩张的动力和能力。但是，在采用这一战略时必须注意三点。

一是在实行此战略前必须对市场容量（包括单个市场的容量和市场总容量）有充分的了解和较为准确的预测，以确保企业所生产的产品能够卖出去。如果企业所在的市场容量较小或开发的潜力不大，那么企业的大规模生产必然导致产品的大量积压，存储成本增加，现金流状况恶化，公司利润下降，股价下跌。这时，公司为了把产品卖出去，要么不惜血本地大规模降价，要么出售机器、解雇工人、改变战略，这两种做法对公司的长远发展都是很不利的，从而使公司处于极其被动的状态。

二是单位产品价格的制定。总成本领先的战略虽然是采取大规模低价产品占领市场的方法，但管理者们也不能毫无底限地胡乱降价，必须是在较为准确地计算或估算出单位产品的成本价格的基础上，以此为依据来制定一个合理的竞争价格。在比赛中，其他条件不变的情况下，一定价格上的销售量可以通过产品的价格弹性来估计，但是产品价格下降所带来的销售量的增加同样遵循边际效益递减的原则，因此，价格的降低所造成的损失必须由降价所带来的产品销售量的增加所产生的利润来弥补。例如，产品 A 目前的价格为 P，销售量为 Q，成本为 C，通过弹性的计算我们可以估计当价格下降为 P_1 时，销售量可以提高到 Q_1，成本为 C_1，只有当 $(P_1 - C_1) \times Q_1 > (P - C) \times Q$ 时，降价才能带来利润的增加。因此，当我们进行降价促销时，确定边际效益曲线的拐点（即利润最大化的值）是十分重要的。否则，价格定得过高，无法抢占市场，造成产品积压；价格定得过低，公司不赚反赔，严重的甚至会产生大量未交订货，失去订单，使公司形象下降，股价下跌。

三是采取总成本领先战略。虽然是以降低成本为目标，但并不意味着大规模地削减研发、广告、质量控制等费用，而应是在保证产品质量和一定的研发能力的基础上，尽量地控制成本。

采取总成本领先战略在比赛中的实际操作主要是生产机器的购置、工人的招收、网站接口数的增加。一般而言，采取此战略的公司要尽自己最大的能力购买机器，甚至要通过贷款的方式（但要注意计算准确，不要产生大量无抵押贷款）。只要公司能比采取相同战略的其他公司机器多，就能处于较为有优势的地位。当然，机器的配置，必须与组装工人的招收相配套，否则工人招的不够，机器闲置；工人招得过多，增加成本。网站接口数的增加主要是为扩大国际互联网上的占有率打基础，否则，网站接口数不够，即使其价格再低，广告打得再好，成功访问网站的百分比也不会很高，卖出的产品也不会很多。

现如今，大部分的国际大公司均采用此类办法通过复制原有成功模式的策略来获得新市场的开拓，以赢得成本领新的优势，进而通过价格打击竞争对手。

（2）产品差异化战略。产品差异化战略主要是企业所提供的产品或服务差别化，形成独家经营的市场。要达到这一目标，往往可以通过两种方式来实现：第一种方式是专注于某种产品的研究开发上，尽可能地比竞争对手早出改进或多出改进，同时通过提高产品组装时间来提高产品质量，这样此产品的市场优势就会较为明显地显现出来，即使以较高的价格出售，也能获得较好的市场份额。但采取这一方式要求大大高于平均水平的研究开发投入。遗憾的是，研究开发具有其固有的不确定性。产品的重大改进虽然与研究开发费用投入成正相关关系，但不成正比例关系。因此，为了尽早地做出重大改进，而又不产生研发投资的浪费，管理者们就必须仔细研究历史资料中产生重大改进所需要的研发费用积累值（即研发费用积累到多少才有可能出重大改进）及相对值（相对于对手的研发投入额）。第二种方式是通过打开某一市场的销路，在这一市场上投入更多的广告费，招收相对较多的经销商或代理商，并给予较高的支持费用和佣金，以扩大这一市场的占有率。在采取差异化战略时一般要考虑到该种产品或市场在历史资料中的情况，往往是在历史资料中已呈现出较好的发展势头时，才采取差异化战略，否则管理者要进行高额投资，并且经历较长时间才能取得理想的效果。

差异化战略通常代价高昂，因为差异化要求一个公司比其竞争对手更好地组织价值活动，因而该公司必定要为其独特性支付费用。当然，实行产品差异化战略并不意味着企业可以忽视成本，只不过这时成本不是首要的战略目标，但企业必须在差异化和成本之间进行权衡，以免得不偿失。需要强调的是，采取差异化战略也应该保持适度的生产规模。

由于企业内部资源有限，总成本领先与产品差异化往往难以兼顾。与其四面出击，不如集中力量打歼灭战。不过一个为主，一个为辅，适当予以兼顾也并不是不可能的。从以往 GMC 的比赛经验来看，采用差异化战略取得好成绩的队伍数量远少于采用总成本领先战略的队伍数量，其中一个重要的原因就是产品的差异化需要较长的时间才能被市场认可和接受，而比赛只有五轮，在参赛变量一定的情况下，很短的时间里体现出差异化是比较困难的，相反，采用短期行为更多的总成本领先战略往往会取得好的效果。

（3）市场开拓的规划。在比赛中，我们经常会面临是否开拓新的市场的问题。由于有的历史资料中给定某个市场或某个产品或某个市场上的某个产品没有销售历史，这时就需要我们做出战略规划，是否进行市场开拓，这是一个非常难的问题，也是队员们争论非常多的一个问题。开拓市场的前期投入会比较多，一般会导致财务状况的恶化，但是新的市场一旦开拓好，其增长潜力巨大，尤其是在后来的几个季度中，会使公司得到非常可观的利润，使现金流状况迅速好转。此外，也要考虑到竞争对手如果开拓市场会对我们有什么样的不利影响。一般来讲，在宏观经济形势和市场总体需求不悲观的情况下，我们都会尝试开拓新的市场，但是在开拓新市场时，要充分考虑开拓的困难和开拓失败可能带来的影响。

（4）资本结构和现金流量的规划。除了适度生产规模以外，企业长期规划还应该考虑到资本结构和现金流量。资本结构是指在企业的总资产中所有者权益和负债之间的比例关系。如果企业的总资产收益率高于债务成本，则应该采用激进的财务政策，通过较高的财务杠杆来放大收益，否则就应该反其道而行之。必须注意，总资产收益率必须从动态的角度来考虑，而不是从静态的角度来考虑，也就是说，必须考虑五个季度的加权平均的总资产收益率而不仅仅是目前的总资产收益率——这是长期规划。

现金流量影响到企业的长期规划能否得以贯彻实施。现金流量比利润更重要。再好的长期规划，如果没有足够的现金流量来支持，就会中途夭折。另外，对于现金流量的正确预测有利于提高负债的质量。在国际企业管理挑战赛中，对于现金流量的正确预测有利于我们在最后一个财政季度把流动负债降到可能的最低水平，同时又不至于拥有过量现金。这样既有利于降低财务成本，又有利于提高企业的流动性，修正企业的各项财务指标，提升股票价格。

同现实企业的生产经营一样，GMC 的现金流量分析也要从筹资活动、投资活动和经营活动三个方面进行。筹资活动的现金流入有透支、中期贷款和无抵押贷款；流出的现金包括返还贷款和支付股利。投资活动的现金流入有出售投资和设备；现金流出有购买设备和投资。经营活动的现金流入包括利息收入、销售收入和保险赔付；现金流出包括的内容较多，是我们进行现金流量分析的重点，具体包括原材料采购、工人工资、机器运转费用、机器维修费用、质量控制费用、广告费、网上销售代理商费用、代理商支持费用和佣金、互联网接入商费用、网站建设费、行政管理费、保修费用、运输费用、商业信息费用、仓储费用、保险费、人事管理费、信贷控制费、产品研发费、管理费用和税金等。由此可见，比赛中涉及的现金流量因素很多，因此，对现金流的预测尤为重要，在保证足够现金支付各项业务支出的同时，尽量减少闲置的现金，还要尽可能避免出现无抵押贷款。

另外，公司在进行筹资时要遵循成本由低到高的原则，首先是内部融资，其次是银行透支，最后是中期贷款，尽量不出现无抵押贷款，公司一旦出现无抵押贷款则可能对股票价格产生很大的影响。由于中期贷款具有优先股的性质，而且利率相对较高，建议在市场利率升高、资金运用的时间较长时可以考虑使用，同时中期贷款还可以用来调整财务指标，增加公司现金流。

（5）长期目标与短期目标的协调与平衡。短期目标是从属于长期目标的，应该在长期目标的总框架下确定。短期目标不必过多纠缠于每个季度的股票价格是否最高这样的细节问题，不必过多计较一时一地的得失，而应当服务于企业的长期目标。然而在长期规划的框架内，每个季度的短期计划必须实现最优。只有一个又一个的短期目标有可能变为现实，长期目标才能得以贯彻实施。虽然短期计划必须在长期规划的框架内运作，但长期规划本身并不是一经确定就固定不变的。宏观环境的变化、竞争对手的动向、短期目标的实现程度等都有可能超出我们一开始的预期。无论过去的决策如何，对于过去的决策所形成的目前的状态而言，现在的决策必须使我们未来的状态最优，沉没成本不予考虑。在国际企业管理挑战赛中，所谓的长期规划只不过是五个季度的长期规划，短期行为不可能完全避免。但股票价格是具有前瞻性的，是未来收益的现值，我们必须有永续经营的观念，可以有一定程度的短期行为，但不应该太走极端。

2. 如何分析第一次决策结果的《管理报告》。在拿到第一次决策结果的《管理报告》后，在战略问题上，主要考虑从两个方面进行分析。一方面是分析公司战略的实施情况，如果公司采取的是总成本领先的战略，则应该注意所要购买的机器是否买到，是否还要继续购买机器，工人是否按计划招来，市场份额是否比较理想，生产的产品是否全部或大部分卖出。如果不是，则要分析原因，是因为对自己的购买能力计算错误，或是给工人的工资太低，或是公司价格定得比对手的高，还是广告力度不够，等等，以便迅速做出调整（必要时甚至改变战略），采取有效措施，使公司按预期方向发展。如果采取的是产品差异化战略，则要看是否出现重大改进，所要开发的市场是否按预先所想的提高了市场份额等，以此作为公司下一步决策的依据。

另一方面，管理者们不但要分析自己的情况，还应该分析竞争对手的情况。主要是通过《管理报告》上的数据来推测竞争对手所采取的战略，同时寻找出比自己强的对手、与自己实力相当的对手和比自己弱的对手，以便制定相应的竞争目标，采取相应的竞争方案，具体分析方法将在下一节讲到。

对第一次管理报告还要特别注意信息的分析，主要包括以下几个方面。

宏观信息：首先是新闻摘要。新闻摘要提供的信息虽然具有很大的不确定性，但是却能够提供参赛环境宏观方面的信息，同历史数据提供的信息联系起来，我们可以对宏观经济环境有一个粗略的把握，尤其可以预测经济运行中是否有拐点出现，帮助我们对宏观环境进一步做出判断。其次是统计方面的信息，包括国内生产总值、失业率、对外贸易余额、中央银行汇率、外汇汇率等，这些信息有助于我们进一步掌握宏观经济的走势。

生产信息：它主要包括各公司的产品价格、工人人数、经销商数量等，这些信息可以帮助我们分析竞争对手的战略以及产能情况。

广告研发信息：它提供了对手的研发投入和产品广告投入的总数、产品星级、网站星级，这有助于我们分析对手的竞争战略和市场战略。

市场占有率信息：通过这部分信息我们可以准确地知道每一个对手在每一个市场的销售情况，并且结合生产信息和广告研发信息可以大致掌握每一个对手的市场战略，同时根据价格弹性对市场需求进行调整。

公司资产负债表：它是对公司经营状况的一个综合反映，通过资产负债表我们可以了解各公司的机器情况、原材料储备、产品库存、储备金、投资贷款等信息，发现我们主要的竞争对手以及公司和主要竞争对手相比的优势与劣势，便于公司发现问题并及时采取改进措施。

总之，对第一次决策结果的分析是很重要的，管理者们必须从市场份额、产品销售情况、产品改进状况、机器购买、工人招收等各方面进行仔细的分析，对任何一个与预期想法不符的数据都要加以分析，找出原因，采取措施，以确保公司战略得到有效的实施，使公司朝着预期方向发展。

3. 如何分析竞争对手。在比赛中对竞争对手进行分析是很重要的一个工作，这关系到公司战略方案是否能够顺利地实施并达到预订效果。竞争者分析的目的是通过分析能较为准确地描述每个竞争对手可能实行的战略、策略和成功的可能性，以及每个竞争对手下一步可能采取的行动。

在制定竞争战略时，要运用到一些推测和假设。管理者们应该思考下列问题："我们在这个市场内处于一个什么位置？比我们强的、弱的及水平相当的竞争对手分别是谁?""竞争对手的现行战略是什么？其优势和劣势在哪里?""竞争对手的战略行动意味着什么，我们应该如何看待它?""竞争对手对我们行动的反应会是如何？我们应以什么样的对策应对?""竞争对手对我们的假设是什么？他们会以为我们下一步将采取的行动是什么?"这些问题都是管理者们在决策时应该思考的。而对这些问题的回答往往是建立在对决策单中竞争对手经营数据的仔细分析上。

那么在比赛中应如何分析和推测竞争对手呢？管理者可以采取以下几步。第一步是推定各竞争对手的机器数。通过对各竞争对手在过去一个或两个季度的资产负债表中机器设备净值的简单计算分析，就可以推定所有竞争对手上季度和下季度的实有机器数量。第二步是推定各公司上季度末的技术工人人数和上季度的轮班状况。通过对各竞争对手季度末的员工总数和实有机器的计算分析，可以推定其上季度的轮班状况和上季度末——也就是下季度初的技术工人人数。这个推定过程有时候并不简单明确，那么通过对各公司过去一个季度的资产负债表中产成品的库存的变化和上季度市场占有率的分析，就可以使推定的精度得到更进一步的保障。在综合分析各竞争对手下季度的实有机器数量和下季度初的技术工人人数以及这两者之间的配比关系后，就可以推定各对手下季度的轮班状况，从而推定各对手下季度的生产能力，再结合各竞争对手上季度的市场价格和产成品库存，通过综合分析，就可以推定各公司下季度的市场价格。当然，当情况非常复杂时，我们可能无法得出精确的分析结果，如有时分析对手可能是二班制，也可能是三班制，这时就需要对每种情况都进行具体分析。

在分析和推测的过程中，管理者们应该重点分析几个数据：股价、市场占有率、产品价格、产品星级、产品库存、机器设备净值、员工总数、工人工资率。虽然对其他数据的分析也很重要，但这几个数在对竞争对手的分析中占着举足轻重的地位，必须加以重视。

另外，对于初次参加比赛的学校和参赛选手，如果不能很好地把握市场的走势，简单的办法是模仿往届比赛成绩突出且参赛队较多的院校的打法，因为他们毕竟经验丰富而且判断力较强，一般不会在预赛阶段出现大的导向性的失误。

总之，在比赛中不能忽视对竞争对手的分析，正所谓知己知彼，方能百战百胜。

（三）第二次决策结果评析

企业的生产管理与人力资源管理直接决定了企业的生产规模。如果没有一定的生产规模，该企业的市场份额将被其他企业占据，利润也会逐渐减少，最后被其他企业蚕食。而企业的生产管理和人力资源部门的有些决策是相互联系、相互制约的，如生产部门的机器购买数量与人力资源部门的组装工人招募数量必须搭配，即零部件车间生产的散件与组装车间生产的成品之间不能出现瓶颈，为此，两部门需要在决策中密切配合。

1. 企业生产管理在比赛决策中的运用。企业生产管理的目的是向市场高效率地提供高质量、低成本的产品。生产部门要保证能够生产出营销部门需要的产品数量，就要提前安排好生产计划，与人力资源部门合作，争取以适当的工资招募到足够的组装工人。生产管理及资源的合理使用涉及生产过程的许多方面，它包括：

（1）机器的买卖。如果企业最初制定了总成本领先的战略，那么，企业就应该争取使购买机器的信用价值变得最大。企业的信用价值的计算公式为：借款能力＋现金＋投资（来自上季度的资产负债表）－用于下季度安装每台机器的价值的50%。在企业的借款能力和现金无法改变的情况下，可以采用追加投资（就是说为了使下下季度能够购买机器，可以在下季度决策中增加投资额，投资额的资金缺口会自动由银行贷款来补齐）的方法来争取购买更多的机器。虽然这样可能会产生大量无抵押贷款，使负债成本增加，财务状况恶化，企业形象受损，但只要保证买进机器后，企业能够正常运转，营销成功，那么还清无抵押贷款也不是很难的。

有两种情况可以考虑卖掉机器：一是当有些机器因为使用时间过长而过度老化时，企业应该考虑将这些机器卖掉（前提是不影响企业的短期和长期生产目标）。卖掉机器可以减少机器的维修成本，更重要的是可以增加企业的现金流，帮助企业还清无抵押贷款，改善企业的形象。二是当市场需求萎缩，造成生产得越多、亏损越多时，就需要卖掉机器来收缩生产规模。但要注意卖掉机器可能会出现低廉的机器设备变价收入、大量的员工遣散费、可能的罢工、低落的士气等问题。为此，对于卖掉机器应小心行事。

机器的买卖是由预测的生产规模决定的，公司所拥有的机器数量必须保证旺季生产的需要，由于GMC比赛机器的购买要两期以后才能使用，因此，购买机器一般提前两期完成，由于机器的价格较高，而早期公司的生产经营还没有进入最佳状态，资金相对紧张，这就需要我们做好现金流的预测，避免出现资金缺口。

（2）产品组装时间。产品质量是企业的生命线，而要想提高产品质量，只有提高产品的组装时间。组装时间的提高会使产品检验中的次品数量和售后返修服务的数量减少，前者可以使实际出厂的产品数量增多，后者会使消费者投诉的数量减少，两者对企业都是极其有利的。但应该考虑到组装时间的提高会使单个产品的成本提高，这又是不利因素。一定的产品星级需要有足够的组装时间来支持，否则星级会很难保持。

提高组装时间对于提高产品质量有一定的限度，超过了这个极限所增加的时间对改善产品质量没有任何正面作用，甚至会起到负面作用（因为过度增加组装时间所反映的问题是企业的生产管理水平低下）。

（3）机器维修时间。机器维修时间包括两部分：一是用于修理故障机器的用时；二是用于防护维修的用时。一般说来，机器维修时间应大于修理故障机器的用时，否则，余下的用于修理故障机器的费用要比正常情况下维修费用大得多。防护性维修用时越多，机器出现故障的机会就越少，越能保持高效率正常工作。也就是说，防护性维修可以减缓机器衰旧的速度。

（4）轮班次数。当企业有足够的组装工人时，生产产品的数量将取决于机器的轮班次数。轮班次数的增加意味着生产产品数量的迅速增长（可以提高40%～50%）。但轮班次数的增加同时会使单位产品的成本急剧上升（可能上升20%～35%），也会使机器的折旧速度加快，出现故障的可能性增大。

（5）原材料。原材料的数量可由计划生产产品所使用的原材料数量加上预计产生的次品所使用的原材料数量算出来。每季度末企业有少量的原材料库存是理想的，否则，不足的原材料将在现货市场上购得，价格会有所提高，这样成本增加，其更坏的影响是反映了企业的生产管理水平还有待提高。

在决定买现货、3个月期货、6个月期货时，要平衡避免原材料价格上涨而降低的成本、由于现金流缺少而增加的负债成本和原材料储存的仓储成本三者之间的关系。

原材料的采购必须满足下季度生产的需要，在此基础上在现金流允许的情况下，通过分析原材料的价格走势决定是否购买期货。在原材料采购决策的时候，要在购买原材料所需现金的投资收益、借贷成本和仓储费用之间进行权衡，寻找最佳的采购方式。一般在比赛的前几期，由于要购买机器，现金支付量很大，这时订购原材料期货要考虑公司现金的支付能力，而在比赛的后期，企业的现金流出相对较少，可以考虑多订购一些原材料期货，这样可以保证公司在最后一期有一个较好的现金流，并可以隐藏利润。

（6）产量的制定与调整。根据销售预测的订单量，制定一个初始产量，然后减掉库存量，加上未交订货量。得到这个量之后，需要确认是否有足够的机器工时和组装工时，如果不够，则要进行调整。接着还要根据是否满足整车运输或接近整车运输的要求进行调整。最后根据当任何一种产品在任何一个市场上销售时，如果其单位机器小时和单位组装小时边际贡献均相同，总边际贡献将达到最大的理论，对产量进行调整。如果采用了大改进，旧的产品并不影响新产品的订单量和公司的生产能力，只是由于采用改进而廉价卖掉而已，值得注意的是财务上损失的成本和由于使用改进获得的超额收益之间的博弈。

（7）产品研发和大改进的实施。公司投入产品研发所产生的结果具有很大的不确定性，我们只能根据历史数据来确定研发费用，激进的做法是在历史数据的基础上增大研发费用，稳健的做法是延续历史数据的研发费用，两种方法各有利弊，主要根据自己的竞争战略以及对手的研发投入进行选择。产生大改进是否实施主要根据采用大改进，新产品增加的收益是否大于由于采用大改进而廉价销售库存产品导致收益的损失来确定。稳定持续的研发投入是公司扩大市场的可靠保证。值得注意的是，2005 年的新系统研发方面发生了比较大的调整，即不用投入研发费用获得小改进，可以直接获得大改进，并有可能在决策五期内出两次大改进。另外，由于近几年产品生命周期的缩短，使得旧产品的评级迅速下降，所以比赛中体现为在不投入研发的情况下某个产品可能每期衰减一个星级。

2. 企业人力资源管理在比赛决策中的运用。人力资源管理是为了保证企业有足够的员工有效地工作，采用适当的激励措施防止组装工人罢工、旷工和提高企业的高层管理水平。具体表现为：

（1）组装工人的招募与培训。为了配合企业的机器数量，达到企业既定的生产规模，企业必须要拥有足够的员工，而由于非技术工人可以随时招到，因此，瓶颈在于技术性的组装工人，组装工人的来源方式有两种：一是招募；二是培训。招募相对于培训成本要低得多，前提是招募能够成功。但实际的结果是招募的成功率不是很高。如果企业组装工人工资水平较低，那么在劳务市场上就会没有什么吸引力，有可能会连一个人也招不到，千万不要认为填写的招募人数越多，来的人也会越多，除非企业所提供的工资水平极具吸引力，否则只会浪费大量的招募成本。

招募人数的多少取决于以下几个因素。

①工资水平的高低。在其他条件基本相同时，高工资可以招募到更多的工人。一般来说，只要企业的工资水平能够保证在所有公司中保持中等偏上的水

平，招募员工就会处于有利的位置。但是要注意较高的工资水平会使成本提高，并且无法降下来。

②市场的失业率。若从上季度的管理报告中得知劳动力市场的失业率较高，那么，下季度招募员工就会相对容易一些。

③企业的经营管理状况。若企业的经济运行状况较好，决策上没有出现重大失误，则企业在市场上的声誉会较好，招聘工作开展也会相对顺利一些。

（2）工人罢工。工人罢工对企业来说具有灾难性的后果，会使股价下跌，元气大伤。因此，防止工人罢工是企业人力资源管理部门非常重要的工作。

影响工人罢工的因素有：

①工人实际收入水平。工人实际收入水平的高低不仅取决于单位工资水平的高低，而且还取决于工人实际工作时间的多少。为此，考察工人的收入水平时，应该看两者乘积的大小，同时要分析其他公司工人的实际收入水平。

②工人的利用效率。工人在生产过程中必须达到基本的工作量，如果机器过少，而人又太多，就会造成工人过于闲置和收入水平的下降；另一极端就是机器过多，而人又太少就会使工人周六周日均加满班，虽然使工人的实际收入水平提高了，但会使工人感到工作紧张、压力过大。两种情况都会使工人产生不满情绪。

③企业的管理水平。如果企业在运作中，失误频频，漏洞百出，会影响企业的管理水平，也有可能引起罢工。

要想避免罢工的出现，企业各部门就应该做好各自的工作，不要出现不必要的失误。而人力资源部门一方面应准确分析对手的人力资源策略，采取切实有效的对策；另一方面要与生产管理部门配合好，避免出现人机不匹配的情况。

（3）工人的工资水平。组装工人和机器操作人员根据基本工资标准，在每人最大工作时数范围内领取报酬。在规定加班的额外工作时间内，工资标准相应提高。星期六工作的工资标准比基本工资标准增加 50%，星期天增加 100%。技术性的组装工人只安排单班生产，但可以在给出的时间限度内加班。他们按单班制工资标准支付工资。技术工人没有确定的最低工作时数，但工会协议要求技术工人的平均周工资（以每季度的工作周数为基础）不得低于非技术工人的周工资，如有任何不足，由“对等支付”工资补齐。如果采用两班或三班工作制，并使所有机器在每班都开足，那么，所有非技术工人的工资标准将因轮班补助而提高。经工会同意，非技术工人的基本工资标准与技术工人基本工资标准的比例是固定的。根据以上规定，要注意安排好技术工人和非技术工人的工作时间，避免由于工作时间安排不恰当而引起的工资成本上升。

（4）高层管理人员。参赛人员本身扮演着企业的高级管理人员，共同组成企业的董事会。每季度都要决定给高层管理人员一定的管理预算，为了提高企业的管理水平，应该考虑适当提高企业的管理费用。管理费用的多少与企业的规模有关，随着企业规模的扩大，管理费用应提高。

3. 生产模型的建立。传统的建立生产模型的方法是利用 Excel 建立多元一次方程组，把技术工人和非技术工人都当作生产所需要的部分原材料来处理，然后根据处理后的订单量来决定生产上是否可行，同时考虑各种生产成本的变化所造成的生产成本的最小值。

但是，这种手工调节产量变化的方式既浪费时间又不能保证生产成本最小化，同时也不符合现代企业管理效率的要求。那么，接下来我们介绍如何运用运筹学的原理（当然，这也符合软件设计者的要求），利用线性规划求解的方法来建立生产模型并保证生产成本最优。

我们假设在考虑生产成本的情况下建立目标函数。设 A、B、C 代表产品 1、产品 2、产品 3 的数量（即所求生产交付数），前面的系数为销售价格，W 为工资总量，L 为使用原材料总价，T 为其他费用（如机器运行费用和质量控制费用）。那么，单班生产情况下毛利润最大化的目标函数为：

$$\max P_A A + P_B B + P_C C - W - L - T$$

设 R 为组装工人总数，R_0表示可用组装工人数；J 为机器总数，J_0表示可用机器数。A_0、B_0、C_0表示最少交货数量，A_1、B_1、C_1表示单班生产产品数。Z_A、Z_B、Z_C表示三种产品的组装时间。W_1为非技术工人工资，W_2为技术工人工资。满足目标函数最大化的约束方程如下：

s. t.

$$R = R_0$$

$$J = J_0$$

$$A \geqslant A_0$$

$$B \geqslant B_0$$

$$C \geqslant C_0$$

$$A - A_1 = 0$$

$$B - B_1 = 0$$

$$C - C_1 = 0$$

$$60A + 75B + 120C - 588J = 0$$

$$Z_A A + Z_B B + Z_C C - 588R = 0$$

$$L - 1A - 2B - 3C = 0$$

$$W - W_1 - W_2 = 0$$

完成上述方程的建设后，可输入 LINDO 软件进行处理，根据运算后的结果进行反复调整以满足订单和财务等的要求。此种办法的优点是在考虑成本的情况下追求利润最大化，合理地安排生产，2005 年复赛工人工资成本高的问题，利用该办法可及时发现并解决。当然，参赛选手可以根据自己的想法制定不同的目标函数和约束条件，这里仅是起到抛砖引玉的作用，为大家提供一个相对简捷而实用的办法。

4. 对第二次《管理报告》的分析。当第二次《管理报告》出来时，公司的整体战略已经基本成形，即生产规模基本确定，因为到了第三次决策时，由于前两季度的扩张，一般的企业都不会再有足够的信用价值购买机器，这样生产规模在以后的季度里基本保持不变。这时应主要分析机器和人是否已经能够保障自己战略的实施，自己在销售量、市场份额、竞争能力等方面与竞争对手的差异如何。同时还要重点分析哪些公司是自己的主要潜在竞争对手，这些对手下一步可能的行动是什么，我们应该采取什么样的对策，等等。

（四）第三次决策结果评析

1. 企业市场营销管理在比赛决策中的运用。国际企业管理挑战赛中，公司在做出营销决策前，必须仔细地评价每一个机会。因此，公司特别需要衡量与预测每个机会潜在的规模、成长和利润。而在企业市场营销管理者诸多决定因素中，销售预测是最重要的因素之一，它在很大程度上决定着企业的长期规划和短期规划。公司的高层管理人员根据销售预测向不同的职能部门分配资源并监控企业的整体运作；财务部门根据销售预测来测算现金流量，制定成本预算，编制各种形式报表；生产制造部门根据销售预测确定产品生产的品种、数量，合适的产成品库存量，原材料的采购数量及到货时间；人力资源部门则与生产制造部门合作，根据销售预测来决定招募或解聘的员工数量。由此可见，可靠的预测是公司成功的关键。预测失误可能导致存货过多、牺牲性的减价或由于缺货而丧失销售机会。

在国际企业管理挑战赛中，销售预测由于其重要性，往往是根据集体的智慧来共同决定的，但销售预测的基础工作和基本工作则通常是由营销部门来完成的。必须注意，销售预测是相对于一定的营销组合而言的，不同的营销组合必须导致不同的销售预测。从长期看，我们是以销定产，但从一个季度的短期规划来看，由于生产规模在短期内几乎无法变更，我们可以通过适当地调整营销组合，在一定程度上以产定销，其评价标准是总边际贡献最大化。

另外，系统本身所设计的市场宏观趋势是不可预测的，第一次决策前的判断在某种意义上可能具有赌博的性质，这也是市场的魅力所在。但是，我们也完全可以采取规避风险的中庸办法。但是，第一期管理报告后，我们完全可以通过市场信息的购买等对市场的走势做出实质性的判断。

（1）销售预测的内容。销售预测的基础是需求预测，主要包括市场需求预测和公司需求预测。

市场需求在挑战赛中是指一个产品在一定的营销区域和一定的时期内，顾客群体可能愿意购买的总数量。主要涉及 15 个参数：每个市场的总需求量（3 个）、每种产品的总需求量（3 个）、每种产品在每个市场上的需求量（9 个）。

公司需求是公司在营销努力基础上估计的市场需求份额或销售订单数。这往往取决于公司的生产能力，产品的价格和产品质量，投入的广告费用、佣金、支持费用、研发费用、网站接口数量、网站建设费用等营销因素的组合和决策情况。公司需求不是一个固定的数字，而是一个在一组条件下的函数。管理者们往往应该根据以往的历史资料及前几期的《管理报告》中的销售情况分析出公司需求与公司营销费用（如广告费、佣金、支持费用、研发费用等）的近似相关关系。最简单的方法是求出其敏感性系数，即当一个营销因素的投资费用变化1%时，销售数量（订单数）相应变化的百分比。当然，运用这种方法是有假设前提的：在其他因素保持不变的情况下，考察单个因素变动对销售量的影响。然而，这在现实的比赛环境中往往是很难实现的。因为公司往往要通过多种因素的营销组合来尽力达到自己的最优目标，而不是实行单一的营销投资策略。所以，公司管理者应该在分析其他营销因素影响的基础上对每一季度的敏感性系数进行适当的调整，以得到较为接近而不是绝对接近的系数，并由此做出公司需求函数曲线图，为接下来的决策提供较直观的依据。

销售预测在GMC比赛中非常重要，我们要根据历史数据和对宏观经济形势分析的基础上，运用一定的方法，预测出五期的销售量，并以此确定企业的生产规模，为公司进行的机器购买与出售决策、工人的招聘和解雇决策提供依据。

(2) 销售预测的常用方法。在比赛中常用的销售预测方法大致可分为两大类：一是主观的经验判断方法；二是客观的数量分析方法。

①主观经验判断方法。由于工商管理模型模拟毕竟不同于现实的企业经营活动，除了参与者以外并不存在真实的公司员工，所以大部分经验判断方法无法实施，能够加以运用的主要是专家意见法和德尔菲法。

专家意见法是征求公司各管理者对销售量的预测，不同的管理人员对销售量的估计被综合起来形成公司的销售预测。这个综合过程可以是简单的平均，也可以是通过集体讨论解决分歧，最后形成一个统一的结论。而一般后者更为适用，因为某些管理人员仅仅是根据直觉对销售量做出估计，而另一些管理人员则是根据已有的事实依据，甚至是在利用其他方法进行销售预测的基础上对销售量做出估计的。

专家意见法的优点是能够迅速——因而也是低成本地得出结论，虽然使用其他方法也许能够使得销售预测更为精确，但从成本—效益的角度来考虑，专家意见法是很有竞争力的。专家意见法的另一个优点是把不同的公司管理人员的销量估计综合起来，这种“集体智慧”通常被认为是解决问题的有效方法。而专家意见法的缺点是没有明确的公司管理者负责销售预测。如果销售预测最终被证明相当不精确，由于其“集体智慧”而使管理者们很难确定问题究竟出在什么地方。

德尔菲法是利用不断反复地进行销售预测和有控制的反馈来保证队伍的团结和销售预测的精确性。公司管理者收集到他或她认为足够多的信息和数据并进行适当的分析，然后形成各自的销售预测。这些原始的销售预测值将被综合到一起，并重新反馈到各位公司管理人员。综合信息通常列出所有的销售预测值以及做出该预测值的依据和理由后，公司管理人员再进一步研究综合信息，尤其是通过对处于高位和低位的预测值和预测依据的研究来重新确定各自的预测值。这个过程将被不断重复直到所有预测值都比较接近。

德尔菲法的假设前提是：通过不断反复进行销售预测和有控制的反馈，各位管理人员的销售预测值将不断相互接近，并且将接近于实际的销售数量。

由于预测值处于高位或低位的公司管理人员必须提供强而有力的证据来支持自己的观点，或在进一步研究综合信息的基础上修正自己的预测值，这就使得收集了更多的数据和信息并进行了深入研究分析后得出销售预测的公司管理人员有更多的机会影响最终的销售预测值。虽然他们的销售预测可能偏离总体均值，但只要他们有充足的理由，他们就可以坚持自己的观点并影响其他公司管理人员，而不是屈从于团体的压力。当然，德尔菲法也有缺点，即耗时费力，因而成本较高。

②客观数量分析方法。客观数量分析方法主要有趋势分析法和统计分析法两种。

A. 趋势分析法的基本假设前提是：历史将重现。趋势分析法主要应用在对市场总体需求的预测和产品的季节性需求预测上。市场总体需求如同宏观环境一样，其趋势是不会发生太大的变化的，除非是有非常明显的迹象表明将发生转折，因此，可以运用趋势分析法预测市场总体需求。季节性需求的高峰在每年的第四季度，其需求模式年复一年地重复着，对所有市场的所有产品都一样。因此，管理者们可以通过仔细分析历史资料，找出淡旺季之间的市场容量变化比，并做出该市场的产品销售额变化趋势图，以便于及时做好生产能力的调整，抓住销售的有利时机，提高公司的竞争优势。

B. 统计分析法是试图在销售数量和影响销售数量的一些重要因素之间建立起一个数学模型——最好是一个数学公式，或者至少是种数量关系。一般来说，统计分析法依赖于回归分析。在进行回归分析时，关键并不是剥离所有的参变量，而是要确定少数几个最重要的参变量。参变量越多，对历史数据的要求就越高。但无论是在现实的经济活动中，还是在国际企业管理挑战赛中，管理者们所能收集到的历史数据总是有限的。另外，参变量越多，模型也就越复杂，但其精度却未必就越高。如果公司能够确定少数几个最重要的参变量，那么就有可能建立一个销售预测的数学模型，并且其精度在可接受的范围内。

统计分析法的假设前提是：影响销售数量的参变量是能够被确定下来的，并且在预测期内这些参变量对销售数量的影响基本保持不变。这种方法作为一种客观的数量分析方法，其销售预测的精度是可以通过历史数据来加以验证和分析的。公司管理人员首先可以根据工商管理的基础知识和基本原理及当年《参赛手册》上的特殊规定，确定少数几个可能影响销售数量的最重要的参变量，然后进行分析和验证，如果其精度无法接受，那么这些参变量之间可能还存在着相互影响的因素而管理者们没有考虑到，或者还存在着其他重要参变量而我们没有考虑进去。如果其假设前提成立，而且有足够多的历史数据，那么管理者们就应该能在销售数量和影响销售数量的一些重要因素之间建立起一个数学模型。

综合以上论述，公司管理者们往往可以采取以下销售预测的方法：营销经理综合运用市场测试和客观数量分析方法，在边际分析的基础上调整公司的营销组合，在特定的营销组合下提出分产品分子市场的销售预测提交公司全体管理者集体讨论决定。集体讨论一般采用专家意见法，在特定的情况下也可能采用德尔菲法。如果营销经理所提交的销售预测在公司管理者集体讨论无法通过时，CEO或由CEO所指定的一个管理者与营销经理一起重新进行销售预测，直到销售预测经集体讨论通过为止。

管理者们需要明白一点：完美的销售预测方案并不存在。历史可以惊人地相似，但不会一成不变地重复自己，并且，宏观环境的变化，竞争对手的战略，都将在很大程度上影响销售预测的准确性。所以销售预测不是简单地依据历史来推断未来，也不是机械地套用现成的理论，而是要根据过去的决策所形成的目前的状态，依据历史资料，理解工商管理理论的实质，并加上自己的经验和直觉，综合运用主观的经验判断方法和客观的数量分析方法来进行分析、判断，最终求得满意的方案。

（3）市场测试。国际企业管理挑战赛让人着迷的是，其核心软件的设计故意让你无法建立起自己的销售预测数学公式。它所提供的历史数据是有限的——五个财政季度的历史数据，但影响销售数量的重要因素却很多——即使仅仅是我们所能够控制的，就大体包括价格、广告投入、产品质量、产品特色、销售人员、代理商和分销商的数量及其佣金水平、目前的市场占有率、及时供货能力、网站接口数量、网站建设费用等。

虽然我们无法建立起自己的销售预测数学公式，但是通过市场测试，我们可以在特定的组合下建立起一种数量关系，并且在可接受的精度范围内，推定临近组合的销售数量。在国际企业管理挑战赛中，我们所能进行的市场测试只能是一定意义上的模拟市场测试。市场测试是需要付出代价的，在现实的经济活动中，市场测试需要付出资金和时间；在国际企业管理挑战赛中，市场测试的总量是有限的。市场测试的理想状态是单因素连续测试，即在其他因素保持不变的情况下，考察单因素变动对销售量的影响，并且最好能够连续几个季度进行单因素测试，这样就可以把该因素的迟滞效应（如果有迟滞效应的话）也考虑进去。但是，影响销售数量的重要因素很多，而市场测试的总量却很有限，我们一般只能在热身赛阶段进行非常有限的市场测试，所以市场测试总是在测试精度和测试的参数数量之间进行权衡。

必须注意的是，由于所有的参数都服从边际收益递减这个管理经济学的基本原理，所以同一参数在不同的组合里对销售量的影响是不同的，市场测试的结论只能在一定的范围内向临近组合推广而不是普遍适用的。

（4）市场营销管理中的重要细节。在市场营销管理中，除销售预测外，产品价格的制定也是很重要的。不同的产品在不同的子市场上的价格在一定程度上决定了该产品在该市场的销量。一般来说，同一产品在北美自由贸易区的价格要高于国内市场的价格，因为其运费较高。而国际互联网的价格与其他两个市场会产生竞争，这使得其价格的制定更为复杂，因而往往还需结合公司制定的战略（或成本领先或产品差异化）来考虑。在通常情况下，要注意的是，价格不能一味地下降，必须以其单位产品的成本为依据。尤其是采用总成本领先战略的队伍，容易采取价格战，但是盲目的价格战有许多弊端。首先，价格下降使单位产品的边际贡献下降，利润减少；其次，随着价格的降低，订货量增加，从而使公司的生产规模增大，工人加班时数增加，工资成本上升，产品单位成本上升；最后，降价所带来的销售量的增加同样遵循边际效益递减的原则，随着价格的降低，公司总的收益将出现下降。而且，价格只是营销组合因素之一，其他因素如产品质量的提高、与众不同的产品特色、广告投入的增加、雇用更多的代理商与分销商或提高他们的佣金水平和支持费用等都可以提升销售数量。因此，管理者们应该根据自己的战略，制定较好的营销组合，使得销售能按其目标实现。

在比赛中，管理者们除了要注意以上所提重要因素外，还需注意一些细节。

①国际互联网上也需要代理商，但只需要一个，并且是在公司开始通过互联网销售产品时就自动指定了销售代理，而停止互联网销售时，销售代理便自动被解雇。广告的宣传效果对国际互联网贸易微乎其微（虽然参赛手册上也是这样写的，但是产品广告对互联网市场的订单也是有很大作用的），但公司形象对于促进网上销售很重要，且公司形象广告是积累性的，并有延迟性，要使其有效，在一定时期内需要稳定的费用，公司的网站在高峰时段所能容纳的潜在客户访问量对公司形象至关重要，如果由于网站容量过小而人们无法登录，他们就会走开，访问其他公司网站。因此，管理者们需要仔细地估计在淡旺季时期的网站潜在客户访问量，及时调整网站接口数，以免损失客户。在国际互联网销售中，如果出现缺货，就不会再接收新订单，未交订货数量也体现不出来，因此，公司应尽量保证其订货的供应，避免其有缺货现象出现，减少市场形象的负面影响。

②佣金和支持费用对各市场的代理商或经销商的作用是不同的。在国内市场上，佣金是代理商的主要收入来源，较高的佣金会激发代理商更努力地工作。在北美市场上，支持费用的增加会提高经销商的工作效率，而佣金不会刺激起对公司产品的需求，只会增加经销商的利润和其他可变成本。国际互联网上佣金的作用也比较有限（虽然参赛手册上也是这样写的，但是佣金无论对哪个市场的代理商和经销商都是有一定促进作用的）。

③为了提供最可靠的需求预测，从而有足够的产品运往各地市场，市场营销工作与生产部门紧密结合是很重要的。影响产品的共同问题，必须由双方协商解决。此外，市场营销人员在安排各市场的产品销售量时，要尽量使其为整车或接近整车的运输，使车辆或集装箱的利用率保持在较高水平，如果达不到就调整生产或在各市场的产品个数间进行调整，以免提高成本，造成浪费。

2. 分析第三次决策结果的《管理报告》。经过前三次的决策后，公司的战略往往已经进入较为稳定的实施阶段，而各种参数的调整也渐渐接近准确值。这个阶段，管理者拿到《管理报告》后主要是根据报告上的数据，如市场份额、销售量等，对自己的相关参数进行微调，使其更接近实际需要值。另外，这时主要的竞争对手应该已经比较明朗化了，所以要重点分析的是竞争对手的情况，如他们的产品价格相对于上季度有何变化，其变化趋势是如何的；竞争对手是否开始调整其战略等，并根据这些分析预测竞争对手可能的下一步行动，并据此定出相应策略。要特别关注处于领先位置的公司，分析本公司与其差距在哪里，主要是营销组合方面的差距，并对自己的营销策略进行调整，特别是产品定价和广告费，然后有针对性地发挥本公司优势，打击对手。

在这些分析的基础上，管理者们依据公司持续经营的原则，以提高公司股价为目标，按照公司所定战略的发展方向，做出第四次决策。

（五）第四次决策结果评析

1. 财务管理在比赛决策中的应用。正如《参赛手册》上所介绍的，财务部门的责任是按照公司的战略有效管理公司的资金。这意味着其要扮演各种角色，包括监控盈利性、管理投资和借贷、管理公司的固定资产、税收、股息政策。所以财务部门的工作综合性很强，它要从总体上考虑各种策略对公司经营的综合影响，在公司内外环境保持健康稳定的前提下监控和管理各种财务指标，因此，财务人员要与其他部门的人员做到很好地沟通协调。更重要的是，它必须与管理层密切配合，最大限度地提高公司股票价格，因为这是评判公司绩效的依据。

下面将从几个方面介绍财务管理部门如何在本赛中充分发挥其职能作用，与其他部门相互协调，从而达到提高股价的目的，最终在比赛中取胜。但要注意的是，财务方面的工作同其他方面的工作是同时进行的，没有先后之分，贯穿于整个比赛之中，每个决策期都需要各个部门的工作都做到位，才会有成效。在前面各个决策期结果评析中已经提及了财务方面的分析工作，这里再总体上归纳一下财务的具体工作。

（1）固定资产的管理。公司的固定资产由不动产和机器组成。在比赛中工厂厂房设备属不动产，其价值是固定不变的，而机器则需要根据公司的发展战略进行管理。财务部门的职责就是分析公司的财务状况，判断公司有无能力订购所需的部分或全部机器，以支持整体发展战略的实施。

当确定了公司财务状况可以提供支持，同时又符合整体发展战略的生产规模后，公司还经常会遇到诸如生产设备是否需要更新的热点决策问题。决定生产设备的“经济寿命”必然要考虑到使用生产设备的平均总成本，它是平均资产成本与平均劣势成本相加之和。资产成本是指用于生产设备投资上的成本，也就是各季度的生产设备折旧额。生产设备的使用时间越长，每季度的折旧额就越低，即资产成本随生产设备使用期限的延长而递减。劣势成本是指生产设备由于长期使用和自然损耗，其生产效率和精度会逐渐降低，故障机时增加，所需的维修费用就会逐季增加。同时由于质量下降，而使次品、废品损失逐渐增多，收益逐渐减少。由此可见，劣势成本是随使用期限的延长而递增的。在机器设备的自然寿命期限内的某一时点上，当平均总成本达到最低点时，就是该设备的“经济寿命”，也就是它的“最优更新期”。

固定资产的购买和出售一般是在决策的前几期进行，总体上受公司对市场预测的销量决定和总体战略影响，再结合公司的生产、人员招聘、生产班次等统筹安排。固定资产的决策是长期决策，建议以五期税前利润（应缴税 + 纯利润）的总和为指标，在第一期决策前，这五期的税前利润均是预测的利润，将每一期的生产数量、销售量和一些必要的管理费用基本框架定下来之后，再把所能实现的税前利润进行加总，之后再进行倒班和购买或出售机器的决策，比较不同的方案哪个更优，原则是五期总利润最大。因为与固定资产有关的费用非常的复杂，关系到生产、人力、资金、运输、储存等多方面的问题，直接决定了公司产品的成本性态，所以如果固定资产（主要是倒班问题）决策失误将导致很高的成本，如果遇到强大对手的话，则很难取得好成绩。

固定资产的购买与出售也要和招聘工人、轮换倒班次数、资金问题等一并巧妙运用。例如，公司决定增加轮班，则可同时卖掉机器，避免解雇非技术工人，可以以非技术工人数量决定留几台机器，当然要在产量能够满足的情况下；公司降低轮班次数可以安排在前几期购买机器，将机器开工率（总机器工时/机器最大工时）提高，让工人周六日加班干活，这样非技术工人劳动强度过大，会多跑掉一些工人，但也要避免这种情况的发生。一般来说，提高轮班相对容易一些，但是降低轮班比较麻烦，最怕的是变来变去。后几期，在生产能力充足的情况下，可以考虑通过卖掉旧机器的办法来获得机器效率的提高和减少折旧。

（2）成本分析。对任何一个公司而言，成本都是衡量其经济效益的一项综合指标，因为生产设备利用程度的合理与否，人员配备与机器是否配套，产品出产数量的多少以及经营管理水平的好坏，等等，都会直接或间接地从成本指标上显示出来。而此时公司财务部门所要扮演的角色就是确定三种产品的要素构成，以分析降低产品成本的各种途径及其可行性，最终达到以低成本占领市场的目标，同时为公司的定价决策及本量利分析和保本点分析提供具有重要意义的参考依据。

公司的总成本按其经济职能通常可以分为三类。

一是生产成本：指企业为生产产品或提供劳务而发生的成本，如原材料采购费、组装工人工资、非技术工人工资、机器运行费、质量控制费用等。

二是推销成本：指企业为进行推销活动而发生的成本，如广告费、支付给销售代理商和经销商的支持费用和佣金、销售行政管理费用等。

三是管理费用：指企业为进行组织和管理生产经营活动而发生的成本，如人事管理费用、管理费用、获取商业信息的费用等。

公司还可以按照成本总额对业务量总数的依存关系，将全部成本划分为“变动成本”和“固定成本”两大类。

变动成本总额与业务量总数呈正比例增减变动关系，是因本期制造产品所引起的成本，如原材料消耗、人员工资、按销售额支付给经销商、代理商的佣金、装运费、保修服务费、机器维修费用等都属于变动成本。要想降低变动成本，主要应该从降低原材料成本和人员工资着手。比赛对三种产品的原材料消耗已经做了统一规定，所以只能从原材料价格入手寻求降低成本的途径。这就需要公司对今后几个季度外汇汇率及原材料价格做出预测，并平衡避免原材料价格上涨而降低的成本、由于现金流缺少而增加的负债成本和原材料储存的仓储成本三者之间的关系，做出正确的原材料采购决策。工资由工资率和工时决定，而这两个决策变量则需要同公司的生产部门和人力资源部门协调，争取以最低的成本获得所需人力资源，完成生产任务。

固定成本是一旦公司管理层做出决策，其总额在一定时期内不受业务量增减变动影响而固定不变，如保险费、固定资产折旧、管理费用、广告费、研发费、培训费等都属于固定成本。广告费、新产品研发费、职工培训费等费用的开支，对企业的业务经营有好处，可以扩大产品的销路，提高产品的质量，增加企业的竞争能力。这些费用的开支是公司管理层可以决策的，因而又称酌量固定成本。企业要想降低酌量固定成本只有从精打细算、厉行节约、消灭浪费、减少它们的绝对额着手。而如固定资产折旧等费用是管理当局的决策行动不能改变的，因而又称约束性固定成本。要想降低约束性固定成本，只有从经济合理地利用企业的生产能力、提高产品的产量入手。

成本分析的目的主要是为公司经营决策提供基础。成本的概念本来就是一个主观判断性很强的概念，对于产品的直接成本不存在分配的问题，但是产品的直接成本只占到成本的一半，另一半的成本需要根据一定的因素来进行分配。任何成本分配方法都不能尽善尽美完全反映产品的成本性态，但是作业成本法相对其他的成本计算方法来讲还是接近产品的真实成本，幸运的是，在这个模拟比赛中，各种所需数据都已提供列示，使得这个成本计算成为可能。

三个产品系列、三个市场形成九个成本计算目标，以及次品和倾销产品。产品的成本分为生产成本、运输成本和销售成本，通过以下的作业因子来分配相应的费用。

一是生产成本：

原材料：原材料的采购费用及原材料的仓储费用；

组装时间：组装工人的工资及有关组装工人的人事费用；

机加工工时：非技术工人的工资及有关非技术工人的人事费用，机器运行费用，机器维修费用，机器折旧；

生产需求数量：单位计划成本，质量控制费用。

二是运输费用：

占集装箱容量：租赁集装箱运输工具费用。

三是销售成本：

销售量：广告、产品存储费用，国际互联网接口使用费，网站建设费用，信贷控制费用；

销售额：国际互联网经销商佣金和支持费用，国际互联网服务提供商使用费，北美经销商佣金和支持费用；

订货量：国内代理商佣金和支持费用，销售行政管理费用。

以此计算当期产品的三部分成本，分别归结到当期卖出产品、库存产品、次品、大改进倾销品、丢失品、未交订单损失等各个产品中。上期产品的销售用上期的成本计算，之后可以取平均数来表示当期的产品成本。

有些成本是不能直接分配到九个产品市场中的，只能按产品系列计。在上述成本计算完成之后可以根据价格销量等计算九个产品市场及次品和倾销品的边际贡献和单位边际贡献，可以比较哪个市场的哪个产品最赚钱，哪个最不赚钱。之后按照产品系列归集三个产品的总的边际贡献，再列示产品系列费用，有研发费用和保修费用，以此得出产品系列边际贡献，可以比较哪个产品盈利性最大。剩下的费用是真正不能分配的间接费用，如获取商业信息费用、保险费用、管理费用、其他费用、利息收入和利息支出。用总的边际贡献减去这些费用便得出当期的税前利润。

这样得到的税前利润与管理报告中的利润表的利润是有差异的，管理报告的利润表列示的都是当期的费用，但是，作业成本法的原则是谁使用谁分摊，没有发生的费用不计入当期的成本中。最明显的区别就是原材料的计算，利润表中的原材料是采用期末原材料价值估价倒挤当期成本的做法，如果有期货则原材料其价值会被低估，通过倒挤将低估部分计入当期的成本之中，使得当期利润减少，但这部分利润会在以后原材料到货使用期显现出来，只要原材料的价格涨幅不要过大就可以显现出来，这就是所谓的原材料期货隐藏利润。所以，公司在做长期预测的时候，可以在前几期不造成财务状况特别恶劣的情况下多购买期货，这样既可以隐藏一部分利润以便在后期显现出来，还可以避免原材料价格波动带来的巨大风险，原材料的均衡价格一般是在32 000～33 000美元/1 000单位之间，原材料的价格过高一般都会有事件发生，需要仔细判断事件的影响时间长短，也要观测3个月和6个月期货价格的走势等，以便判断原材料价格的未来趋势。虽然有所差异，但五期总的税前利润和与利润表五期总的税前利润和应该是相差不多的，除非原材料价格波动巨大。我们可以把作业成本法下的税前利润看作是真实的利润，与利润表的税前利润相比可以看出隐藏或释放多少利润。

（3）运用财务指标评价经营业绩。财务部门应运用财务比率来分析和了解公司经营状况及财务地位的强弱。举例来说，我们可以用杜邦分析法来评价公司的盈利能力和股东权益回报水平。根据其基本原理可以发现提高权益资本收益率的四种途径。

一是使销售收入增长高于成本和费用的增加幅度。

二是减少公司的销货成本或经营费用。

三是提高总资产周转率，或者在现有资产基础上，增加销售收入；或者减少公司资产（如过多的存货和固定资产），以提高资产收益率。

四是在不危及公司财务安全前提下，增加债务规模，提高负债比率。

理想的财务比率对于提高公司股价是大有好处的。当然我们也不能盲目刻意地追求理想的财务目标。因为公司的发展是需要各个方面相互协调的。公司各部门之间既相互促进，又相互制约，所以财务部门绝不可以以公司未来的发展作为代价而一味片面地追求财务指标的理想化。一般来说，只要我们能够在最后一个季度使财务指标达到最佳就可以了。

评价公司财务状况主要依靠的是财务指标，主要监控公司的流动性、盈利性、增长性等指标。

一个正常的公司经营，公司的主营业务利润应该是占主要部分的，公司的储备金数量多少反映了盈利能力，而且直接影响股价，只有储备金金额排到第一或第二才有希望股价最高。作为公司的股东自然也是希望公司的税后可分配利润越多越好。储备金是一个综合的指标，反映公司总体的经营状况。所以我们决策的出发点和原则也是增加公司的价值，即增长储备金。

资产的流动性主要是流动资产占总资产的流动比率、速动比率等。一般而言，公司的流动资产占公司总资产的40%左右为最佳，流动性和盈利性是互相替代的，流动性过高对股价就没有明显的刺激作用，过低的流动性则表示公司财务状况紧张。但要注意的是这个比率也是相对而言的，不同的公司历史对应不同的市场环境和未来的市场发展前景，也就有不同的财务状况衡量标准，如果公司历史是资金紧缺，规模较小，则财务决策应是勤俭持家，不要出现数额太大的透支和无抵押贷款；如果公司最初股本较大，规模较大，历史上流动性较差，则提高流动性很有效果，但是过高的流动性未必能起到效果；如果公司历史股本较多，但是储备金很低，甚至为负，则改善公司的财务状况就很有必要，如果公司市场开发很困难，则可考虑借中期贷款等，改善财务指标。财务状况的改善很难做到每一期都很好，因为在这五期中前几期还是开拓市场或培育市场的投资阶段，很难两全其美，只要五期持续改善，在最后一期达到最佳状态就可以了。

（4）现金流分析。如果一家公司的现金总是入不敷出，它最终将陷入困境。要维持企业的长期生存，一个重要的因素是要看经理人员能否做出有效决策以生成足够的现金。创造利润自然有利于生成现金，但值得注意的是，只有那些能迅速实现的利润才是真正有意义的。因为无论偿还债务还是纳税，需要的都是现金，而不是利润。

一般来说，营业活动、投资活动、筹资活动将引发现金存量的变化。这些活动既可能产生现金流入又可能产生现金流出。现金管理有两个主要目标：①必须持有足够的现金以便支付各种业务往来的需要；②将闲置现金减少到最低限度。

预测未来现金流是现金管理的首要步骤，通常由公司财务部门根据市场部门和生产部门提供的资料进行分析、评价来完成。但实际上，精确的现金流预测只是理想而不是现实。因为销售量的预计是很困难的，往往预计会与实际发生的结果存在较大误差。而对未来现金流预计的准确与否很大程度上取决于预计销售额是否能够实现。若预计与实际结果之间存在较大偏差很可能会出现无抵押贷款，对公司股价产生负面影响。

现金流的预测需要方方面面的费用收入都要想到，有一些不确定的费用可以用参数比率估计一下，如借方余额的估计，借方是本期销售的货款中有一部分没有付款，需要在下期才能收回，属于不确定的项目，可以用借方比率（上期借方余额/上期销售额）乘以预算期的销售额来估计预算期的借方余额，再倒挤预算期的销售现金流入，这个比例可以根据不同情况进行手动调整，因为互联网收现速度最快，网上支付，不存在借方问题，国内为30天，北美是90天，收现速度最慢，所以，如果预计互联网销售份额会提高很多，则可相应地降低借方比率，如果北美销售增加，则相应地增加借方比率，因为每一季度的销售总额都在几千万元左右，所以，借方比率增减会影响很大部分的现金流入流出问题。同样的方法可以估计保修产品数量（保修率 = 上期保修数量/上期销售量）等问题。

现金流同利润比起来是比较难以控制的，当期的利润可以通过减少一些成本费用来提高，但是现金流却涉及方方面面，不仅要支付一些上期和当期的费用，而且销售收入的收现也是很难控制的，经营现金流量则反映经营活动带来的现金净流量，一般都比较稳定，很难有过大的增幅，所以要通过非经营的现金流量来调节总的现金流量变化。正常情况下现金流与利润的增降幅度不是一致的，现金的增幅会同利润的增幅滞后一期，所以现金流的管理就是要调节这两者的差异，尽量保持现金的大幅增长与利润的大幅增长同步。在决策的五期中至少会有一期是大旺季，这个季度的利润增幅最大，利润的增幅对股价的冲击也是最大的，所以要配合好现金的增幅，增大股价的上涨幅度。企业可以考虑卖机器、借中期贷款等手段，尽量让现金与利润同步增长。

关于投资，在这个比赛里投资相当于银行存款，只比现金多了每期的利息，如果资金预算比较准确的话，应该将多余的现金投资。需要提及的是期初现金额的计算，这个比赛中，期初余额指的是每个季度第一天末的项目余额，能在第一天发生的交易事项是投资的收回和投出、中期贷款的借入、由于第一天交易引起的现金短缺导致的透支这几项，其他的交易事项如出卖机器、纳税等都不在第一天实现。所以第一天现金余额 = 上个季度末现金余额 + 投资收回 + 中期贷款借入 + 新增透支 - 投资投出额。由于每个季度透支数额有上限限制，能够借入的透支有限，所以，如果期初的投资投出额大于一定限额的话，就不能实现，就会出现投资加星的情况。故有投资限额 = 上个季度末现金余额 + 中期贷款借入 + 透支限额。投资限额的计算只是防范性的，如果超过限额，系统自动按照限额内投资，其余的数额不会发生动用无抵押贷款来实现。但是，计算投资限额的目的是利用透支限额，如果资金预算在期末不会存在透支，那么期初动用全部的透支限额来投资也是划算的，因为透支是用（期初 + 期末）/2 来计算利息支出的，如果期末是 0，相当于一半的利率来计息，低于投资的利率。

比赛系统安排公司资金出现紧缺时自动动用透支，如果限额内透支数额全部用光则会发生无抵押贷款，等到公司有资金流入剩余时，首先偿还无抵押贷款，然后是透支，如果全部还清才会有现金盈余。所以，如果出现无抵押贷款可以在下个季度初借入中期贷款，则不会发生无抵押贷款的利息支出。

中期贷款相当于可转换债券，每季度支付固定的利息，但是在净资产里列示，不属于负债。中期贷款适合在公司规模不大、资金紧张、市场扩张时期使用，也就是成长型的中等规模公司。中期贷款每期要支付 3% 的利息，利息费用较高，所以要安排好借入的时机。

(5) 股利政策。我们已经知道公司的目标是使普通股价值最大化，而股利政策对股价高低有着重要影响，所以公司必须认真制定股利政策。股利政策包含两个基本因素：①股利支付率；②股利的稳定性。比赛规定，在每日历年的第一和第三季度，您必须决定拿出股本中的一定比例作为支付给股东的股息。定期、可预测并具有竞争力的股息，对股票价格有积极影响。而不稳定和低水平的股息将产生副作用。假设公司管理层已经确定了投资总额，则多派发股息就意味着少留存利润，从而更多地依赖于增加外部融资量；相反，如果少派发现金股利，则可多留存利润，从而减少对外部融资的需求。公司通常可以选择的股利政策有：

固定股利支付率，即用于支付股利的利润在净利润中所占百分比不变。当然，股利的具体金额会随着净利润不同而变化。

固定每股股利金额，即在一段时间内保证每股股利金额的相对稳定。除非公司管理层认为将来能维持更高的股利支付水平，否则，股利金额不会增加，同样，公司管理层也不会轻易减少股利金额，除非公司确定不能维持现有的支付水平。

根据公司每季度的业绩好坏与否决定支付股利的多少。在业绩好的时候多分派股利，而在业绩不好的时候少分派股利。这样做的目的是避免长期支付高额股利。

公司在决策发放股利时，应考虑以下几点。

①在公司需要大量资金投入的时候，应适当减少股利支付。

②公司只有在内部资金做必要投资还有剩余的情况下，才发放股利。如果内部收益需要用来再投资，那么就不应当发放股利。

③考虑公司未来盈利的可预测性。如果未来预期利润波动很大，公司管理层就不能依赖内部产生的资金来满足未来的资金需求。所以一旦利润实现，公司就应留下较大部分的利润以保证满足未来的资金需求。相反，盈利趋势稳定的公司可以将利润的较大部分用来支付股利。

④股利政策对公司股价有很大的影响，股利发放涉及储备金和现金的同时减少，若是股利发放没有起到对股价冲击的作用则纯属浪费。五期决策中至少会有两次发股利的机会，有时会遇到三次。股利的发放与公司历史类型有关。成长型公司可以少发一些股利，成熟型公司可以多发一些股利。根据2004年的比赛经验，股利支付要保持稳定，有的公司历史上每个股利期都发3%或5%的股利，我们很容易就会惯用这个数字，但是我们要考虑公司的现状，不必在第一期就发5%，可以在第一个股利期发1%，试探股价对股利的反映，可以在最后一个股利期发5%或4%。股利发少了没有作用，发多了效果不明显，浪费金钱。股利发多少还要考虑主要竞争对手的股利政策，尤其是在最后一期，如果竞争对手以前发过1%，我们没有发过，则可以发5%或6%；如果对手以前没有发过，则我们可以采用1%&4%或0&5%的股利政策。注意，股利政策无论是在现实中还是在模拟比赛中都是一个既敏感又多争议的问题，大家可以根据自己的意愿进行尝试。

（6）主要竞争对手的财务状况分析。公司财务部还可以协助其他部门分析竞争对手，这样才能更有针对性地制定公司的发展战略，发挥自己公司的竞争优势。

举例来说，若公司决策购买市场信息，财务部门还可以通过分析对手的资产负债表，判断对手的生产规模，推测其短期的经营决策。例如，通过观察同一市场中其他七位竞争对手资产负债表中的机器项目，我们可以分析计算出其机器的数量，大概估计出其生产规模，进而了解其长期的战略计划，是看好未来市场，打算扩大规模，以降低成本，取得规模经济效益，还是对未来市场宏观发展并不乐观，而适度控制或缩小规模，以免产品积压，库存增加。

再如，有时可以通过“产品库存”估计竞争对手下一步的定价策略。若其资产负债表上该项目的数额非常大，那么公司下一季度的销售压力将会大大增加，为缓解这一压力，它很有可能会对价格做出适当的调整，以缓解库存压力。

2. 分析第四次管理报告。当比赛进行到提交第四次决策的时候，各公司的生产规模已基本上确定，对于《管理报告》各方面的分析也与前三次大致相同。例如，可以根据得到的《管理报告》进一步修改生产模型、销售预测模型、财务模型，分析各主要决策变量的敏感性、对竞争对手的分析准确与否等，总结经验教训，积累经验。

同时在提交最后一次决策单时应考虑到，由于比赛已接近尾声，是否需要适当的缩小投资规模，减少资金流出。如广告费、研发费用等，这类投入往往不会立即产生收益，所以为节约成本起见，最后一次决策，应减少投入，争取使公司股价在最后一个季度达到最高。

（六）第五次决策评析

1. 博弈论在比赛决策中的运用。“博弈论”译自英文“Game Theory”，基本含义是游戏。这自然预示着该理论在我们国际企业挑战赛这个大的管理学游戏中的使用价值。对于GMC来讲，真正值得注意的是其中的策略问题，而不是参赛者固有的条件和运气。策略本身常常没有绝对的好坏之分，只有相对于他方策略的相对好坏。得益即参加博弈的各个博弈方从博弈中所获得的利益，它是各博弈方追求的根本目标，也是他们行为和判断的主要依据。把所有博弈方的得益进行加总可得总得益，总得益可以为“零”或“正数”。据此获得两种分类，零和博弈和正和博弈。下面根据博弈中的得益分类来对这两种重要的博弈结合比赛进行讲解。

（1）零和博弈。顾名思义，一方的得益必定是另一方的损失，某些博弈方的赢肯定是来源于其他博弈方的输。在市场供大于求的情况下，特别是市场已经饱和的情况下，参赛各方的需求订单满足零和博弈的条件。所以，这种情况下本方必须购买那两个有偿信息，加上免费的商业信息来分析对手的营销策略。只有制定出有效的打击对手的营销策略，才能抑制对手的盈利能力，而使本方盈利增长。这时获得的盈利是超额的，反映到股价上可能造成对手的降低和本方的升高，效果是双重的。另外，在前两期决策中，往往各公司会招组装工人和代理商，那么总的需要的工人数和代理商数往往超过系统设置的数额，所以，除了考虑失业率、平均工资水平和佣金、支持费用外，还要考虑对手之间的博弈情况。

（2）正和博弈。这意味着在博弈方之间存在相互配合（不是指串通，是指各博弈方在利益驱动下各自自觉、独立采取的合作态度和行为），争取较大社会总利益和个人利益的可能性。因此，这种博弈的结果可以从总利益的角度分为“有效率的”和“无效率的”，即可以站在利益的立场上对博弈方进行评价。在市场趋势稳步增长的情况下，通过观察往年的不同组数据可发现，有的组市场需求很大，可是有的组需求不明显。原因是博弈的结果。需求大的组是因为所有参赛队共同增加广告或降价，而需求不旺的组是因为参赛队广告和价格组合不利于开拓市场。所以，这种情况下，生产能力充裕的队可与对手共同开发市场，以获得后期供货量大的优势。

2. 如何进行最后一次决策。由于比赛设置的缺陷，我们一开始就知道何时结束竞争。现实生活中，也有诸如此类的事件。例如，上市公司每年在公布中报和年报的时候，常常进行大量的资产变动来粉饰财务报表，以期获得优良的财务报表，展示给股民看，以便获得好的评价。

既然如此，我们也可以通过比赛来学习如何进行关键时刻的决策。对于GMC来讲，最后一期各队股价的排名常常发生很大的变化。储备金自然是影响股价的最重要因素，但是并不是储备金与股价成正比，还有三个因素是大家应该引起注意的。一是流动比率，即流动资产比上流动负债。如果这比率低的话，可以通过卖掉富余的机器获得现金的增加或进行中期贷款来增加现金。二是股利，股利政策一直是学术界争论的焦点。本质上讲，公司运行良好的情况下，一般会发放股利，但这并不是一成不变的，有的时候也遵循博弈的原理，其他的队发放股利，并且公司股价可持续增长的情况下，不发股利的公司往往能获得比较大的股价增长。三是流动资产与固定资产的比率，如果由于改动班制而过于降低该比率，可以通过用富余的现金购买机器的办法得到补偿（参见2005年半决赛最后一期）。

（七）比赛综合评述

1. 边际分析与总边际贡献。

（1）边际分析。作为管理经济学中最基本的原理，边际效益递减规律在比赛中始终起着作用，因此，边际分析方法在比赛分析中极其重要。

边际分析要划分固定成本与变动成本。在此基础上，对变动成本应该分产品、分市场具体分析。不同产品的变动成本各不相同是容易理解的。但即使是同一产品，在不同的市场上销售时，其变动成本也是各不相同的。如在不同的子市场上，佣金水平各不相同，运输费用也因为运输距离的不同而不同，财务费用也因收账天数的不同而不同。

由于价格、销售数量和变动成本之间存在着密不可分的互动关系，因此，要对价格、销售数量和变动成本进行综合分析。

不同的产品在不同的子市场上的价格在一定程度上决定了该产品在该子市场上的销量。在通常情况下，随着价格的不断下降，销售量会不断上升。但是，价格只是营销组合因素之一，其他因素如产品质量的提高，与众不同的产品特色，广告投入的增加，雇用更多的销售人员、代理商、分销商或提高他们的佣金水平，网站接口的数量，网站建设费用，等等，都可以提升销售数量。假定我们希望使得销售数量在目前的状态下上升1%，而且我们保持其他因素不变，只变动其中的一个因素，如只降低价格或只增加广告投入，他们的“成本”——销售收入的减少或广告费用的增加通常是不同的。我们可以把广告费用的增加折算成相应的产品价格的下降，于是就产生了“约当价格”这样一个概念。“约当价格”是为了便于内部交流而创造的概念。“约当价格”这个概念的意义在于：为了达到同一销售水平，我们可以动用各种营销组合因素，但各种营销组合因素的“成本”通常是各不相同的，而且他们都服从边际收益递减规律。当我们不断调整各个因素使得其“约当价格”最高时，我们就找到了一个最好的营销组合。在这个营销组合中，无论其价格如何，也无论这个价格在市场上处于何种水平，都会毫无疑问地成为我们的目标价格。

明确了各种产品在各个子市场上的目标价格如何确定和同一产品在不同的市场上销售时的变动成本部分如何确定以后，接下来我们需要确定不同产品的制造成本中的变动成本部分。就像现实的经济活动一样，在国际企业管理挑战赛中，制造成本的边际分析是有其特殊性的。边际制造成本并不是我们通常在教科书中所看到的连续曲线，而是带有跳跃点的台阶状折线。在一定的范围之内，边际制造成本是固定不变的，但当它超越某一个临界点的时候，边际制造成本就会跃升一个台阶。

通过进一步的分析，我们还可以发现：制造成本中的变动成本部分基本上可以分为两类。从边际分析的角度来看，第一类变动成本是固定不变的，如原材料消耗，而且在通常情况下并不制约生产能力。第二类变动成本包括机加工工人和技术工人的直接人工工资，这部分变动成本是呈台阶状跃升。

在任何一个季度内，一家企业的生产规模是确定不变的。如果销售量达不到一定的水平，必然导致开工不足。在这种情况下，因为企业必须支付固定的机加工工人和技术工人的最低工资，所以单位产品边际制造成本中的第二类变动成本事实上为零。随着销售量的上升，开工率也不断上升，机加工工人和技术工人将或先或后地开始在星期六和/或星期天加班。这样总共有九种组合，所以单位产品边际制造成本中的第二类变动成本的确是非常复杂的。

需要注意的是，沿用边际分析的思想，必要时我们应该采用增量分析法。如果轮班状况发生变动，某些通常意义上的固定成本，如轮班管理费用，也将作为增量成本纳入变动成本部分。

（2）总边际贡献。国际企业管理挑战赛所设置的是一个多产品多市场模式。而在多产品多市场的情况下，企业要求总利润最大化就必然要求总边际贡献最大化。总边际贡献等于总销售收入和总变动成本之差。

不但同一产品适当地配置到不同的市场可以提高总边际贡献，而且把企业有限的资源用于生产不同的产品也可以提高总边际贡献。从理论上来看，如何合理地配置有限的资源求得最优的产品结构可以通过运筹学中的线性规划来加以解决，但事实上由于第二类变动成本的存在，由于在销售数量和影响销售数量的一些重要因素之间难以建立起数学公式，所以用线性规划求解只有理论上的完美性而缺乏实际可操作性。

综合到目前为止的所有分析，虽然我们依然无法用一个数学公式来求解总边际贡献最大化，但在一个特定的组合下，我们知道总边际贡献应该如何被确定下来——通过不断调整各产品在各子市场上的“约当价格”，结合销售预测，我们可以大致推定各产品在各子市场上的销售数量，我们已经知道各产品在各子市场上销售时的变动成本部分如何确定，不同产品的制造成本中的第一类变动成本如何确定，以及在各种不同的组合状态下，不同产品的制造成本中的第二类变动成本如何确定。现在我们需要解决的问题是，如何从一个特定的组合下出发，迅速确定总边际贡献最大化的最优组合，这需要利用以上的分析结果来建立一个总边际贡献模型。

营销和生产是密不可分的，总边际贡献最大化的最优组合必然是落实在生产能力可以支持的可行域内。机器小时数和组装小时数是制约生产能力，因而也是制约产品结构和产品数量的两个基本因素。如果我们降低“约当价格”，这时销售量将上升，生产量也将上升，导致总边际贡献上升，那么我们就不断降低“约当价格”直至达到生产能力的极限，或者在达到生产能力极限以前，总边际贡献已经见顶并开始下降。反之亦然，我们将不提高“约当价格”直至总边际贡献达到最大化。同时，由于不同产品所消耗的机器小时数和组装小时数是不相同的，在确定不变的生产规模之内，适当地调整产品结构可以进一步提高总边际贡献。机器小时数和组装小时数作为制约生产能力的两个基本因素，从理论上来说，当任何一种产品在任何一个子市场上销售时，如果其单位机器小时边际贡献和单位组装小时边际贡献均相同时，总边际贡献将达到最大。

在国际企业管理挑战赛中，还要注意的就是同一公司的同一产品在不同市场之间还存在相互影响的关系，由于通过国际互联网的销售也会覆盖国内和北美自由贸易区，从某种意义上说，公司在这两个地区与自己的代理商竞争。另外，为了保证销售预测的精度在我们可以接受的范围之内，我们的销售预测应该在一定的范围内向临近组合推广，而不是为了追求理论上的完美而一次性大幅度地调整“约当价格”。由于上述两个原因，我们只能放弃理论上的最优方案，转而追求一个现实的满意方案。利用我们已经建立的总边际贡献模型，如果生产能力主要受制于机器小时，那么我们希望单位机器小时边际贡献尽可能接近；同样，如果生产能力主要受制于组装小时，那么我们希望单位组装小时边际贡献尽可能接近。还有一种可供选择的方案是在单位机器小时边际贡献和单位组装小时边际贡献之间进行平衡和协调。

（3）关于弹性。边际分析中最重要的是求解各种弹性，下面通过举例的形式来试图探讨弹性在比赛中的应用。

先举一个通常犯的错误。为了举例求解的方便，假设其他条件不变，我们只考虑广告对产品需求数量的弹性，设需求数量为 Q，广告为 A，弹性为 k，常数为 b，ε 为零均值、同方差的扰动项。假设描点连线后的预设方程是线性的，为：

$$Q_i = kA_i + b + \varepsilon \tag{7-1}$$

假设把数据代入方程（7-1），用统计学的最小二乘估计求得 k_1 和 b_1。所以线性方程为：

$$Q_i = k_1 A_i + b_1 \tag{7-2}$$

大家可能误认为 k_1 就是对于广告来讲的产品需求弹性，那么我们对方程（7-2）进行差分，得：

$$k_1 = \frac{\Delta Q}{\Delta A} \tag{7-3}$$

但这并不合乎弹性的定义。需求的广告弹性定义为，广告 A 发生 1% 的变化将会引起需求 Q 的百分比变化量。即：

$$E_A = \frac{\frac{\Delta Q}{Q_0}}{\frac{\Delta A}{A_0}} = \frac{\Delta Q\%}{\Delta A\%} \tag{7-4}$$

很明显式（7-3）所求的弹性与定义不相符，差别在于式（7-3）没有考虑期初值的大小，只考虑了单位变化量。这种错误则导致无论广告的期初值多大，增加单位 1，则需求的增长量是一样的，这显然与事实不符。例如，期初广告为 10 万元和 100 万元，在此基础上增加 1 万元，根据边际效用递减的原则，100 万元获得的需求增加量一定小于 10 万元的需求增加量。那么如何求解才是正确的呢？下面我们依然以需求的广告弹性为例，详细地把计算的过程展示给大家。

首先是数据的选取过程，我们可以根据上一年的各参赛队结果来选取数据。例如，第一，应从管理报告中挑选出所有队的产品一的广告和需求数量，配成一对。第二，从选出的数据对中去掉异常值和与自己战略不相符的数据。

其次是描点连线的过程。在双坐标轴内，设横轴为广告 A，纵轴为需求数量 Q，我们将获得如下相似的图形（见图 7-1）：

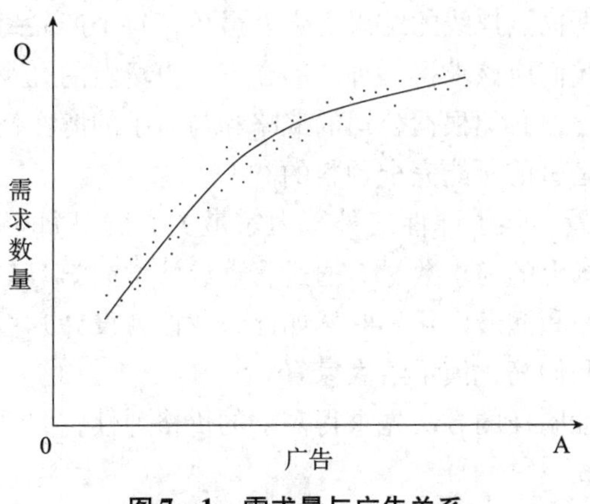

图 7-1　需求量与广告关系

根据获得的图形设想方程为线性的（当然也可能为非线性的，要根据获得的具体图形而定），我们对广告和需求数量取自然对数，重新设立方程（7－1），得：

$$\ln Q_i = k\ln A_i + b + \varepsilon \tag{7-5}$$

代入选取的数据，用最小二乘估计求得 k_1 和 b_1，重新书写方程（7－2），得：

$$\ln Q_i = k_1 \ln A_i + b_1 \tag{7-6}$$

现在我们来查看 k_1 是否为我们要求的弹性。依然对式（7－6）进行差分，得：

$$k_1 = \frac{\Delta \ln Q}{\Delta \ln A} = \frac{\ln Q_1 - \ln Q_0}{\ln A_1 - \ln A_0}$$

$$= \frac{\ln \dfrac{Q_1}{Q_0}}{\ln \dfrac{A_1}{A_0}} = \frac{\ln \dfrac{Q_0 + \Delta Q}{Q_0}}{\ln \dfrac{A_0 + \Delta A}{A_0}} = \frac{\ln\left(1 + \dfrac{\Delta Q}{Q_0}\right)}{\ln\left(1 + \dfrac{\Delta A}{A_0}\right)} \tag{7-7}$$

为了对式（7－7）进行简化计算，我们看下列推导（根据零比零型的罗必塔法则）。

$$\lim_{x\to 0}\frac{\ln(1+x)}{x} = \lim_{x\to 0}\frac{\dfrac{1}{1+x}}{1} = \lim_{x\to 0}\frac{1}{1+x} = 1 \tag{7-8}$$

式（7－8）表明，分子 $\ln(1+x)$ 和分母 x 是等价无穷小，所以当 ΔQ 趋近于无穷小时，对式（7－7）进行等量代换，得：

$$k_1 \approx \frac{\dfrac{\Delta Q}{Q_0}}{\dfrac{\Delta A}{A_0}} = \frac{\Delta Q\%}{\Delta A\%} \tag{7-9}$$

式（7－9）与式（7－4）定义的弹性完全一致。同理，可以根据一样的方法求得其他弹性，如价格弹性。当然，分别只进行单因素自变量求解弹性是不准确的，我们必须进行多个自变量的选取，大家都知道价格和广告是必需的，至于其他的如产品等级等的变量，同学们可根据自己的兴趣和能力进行取舍，但不会对结果有太大的影响。另外，方程的形式也可能有所差异，可以是线性的也可以是非线性的，要根据描点连线的结果而定。最后，每个产品每个市场的弹性是不一样的，所以最少我们应该求得三种产品在三个市场上的九个弹性。注意，我们不可以完全依赖弹性，必须根据公司的战略和与对手的博弈情况调节，毕竟有一部分情况和误差不是事前所能完全预料的。

（4）关于需求量。除了弹性之外，大家最关心的是每个季度利润最大化时每种产品在每个市场上的需求数量。通过管理经济学的学习，我们知道当边际收益等于边际成本时，利润最大化。既然如此，我们就设计方程来求解利润最大化时的需求量。下面我们简化演示给大家看。

利用上述求弹性同样的方法先求得需求的价格弹性，假设结果如下：

$$\ln Q_i = k_1 \ln P_i + b_1 \tag{7-10}$$

推出价格为：

$$P_i = e^{\frac{\ln Q_i - b_i}{k_i}} = \frac{Q_i^{\frac{1}{k_1}}}{e^{\frac{b_1}{k_1}}} \tag{7-11}$$

方程两边同时乘以 Q 以获得收益 R：

$$R = P_i Q_i = Q_i^{(\frac{1}{k_1}+1)} / e^{\frac{b_1}{k_1}} \tag{7-12}$$

方程两边一阶求导，得边际收益为：

$$MR = \left(\frac{1}{k_1}+1\right) Q_i^{\frac{1}{k_i}} / e^{\frac{b_i}{k_i}} \tag{7-13}$$

同样的方法（描点、连线、预设方程、最小二乘估计系数），可以求得需求量关于总成本的方程：

$$C_i = a_1 + d_1 Q_i^2 \tag{7-14}$$

两边一阶求导得边际成本：

$$MC = 2d_1 Q_i \tag{7-15}$$

根据边际收益等于边际成本时利润最大化，即 MR = MC，联立方程（7－13）和（7－15），只有一个未知数 Q，自然可求得最大利润时的需求量。同样的问题是，我们在此只是用单因素进行举例，实际比赛建模肯定是多因素的，同学们可根据自身的情况和实际的情况来选择。

（5）关于建立模型和比赛的胜负。首先是变量的选取，选多了不易计算，选少了计算不准，到底哪些是必须选择的，这个问题是因人而异的，用简单的统计学和计量经济学的检验方法是不能准确地找到答案的，因为毕竟比赛只有五个季度，在时间序列上太短了。但是它同时也为我们找到了另外一条路，就是因为序列时间短，我们可以不用进行因果关系检验，可以直接把有相关性的变量之间的关系确定为因果关系。

每一个参赛队都希望能赢，但是是否建立最好的模型就能取得好的成绩呢？答案是否定的，模型只是一个必要条件，就像现在许多管理学家和经济学家建立的优秀模型都已输入了 ERP 中一样，但是，是否买了 ERP 就可以使企业获得竞争力呢？当然不是。经验告诉我们，拍脑袋式的决策是没有定量依据的，无论如何都要有一定的定量模型，模型是我们决策的基础，战略和战术才是取胜的关键。而由于很多不确定因素的存在和博弈的结果，使我们不能事前就决定唯一的最佳方案，往往有多个可供选择的决策，这时利用模型来模拟结果，根据模拟的结果做选择必定是有帮助的。

2. 比赛总体决策过程的总结。通过前几轮的决策，我们对比赛的整个决策过程有了一定的认识，在此基础上，我们把一些要点总结如下。

（1）在长期战略规划的前提下，以追求总边际贡献最大化为目标。在任何一个财政季度的总体决策过程中，任何一家公司的目标都应该是在贯彻实施企业长期规划的前提下追求总边际贡献最大化。

制定长期战略是非常重要的，然而各种战略本身并不存在谁优谁劣，采取总成本领先和采取差异化战略都有可能取得胜利，关键是要根据具体情况来具体分析，要对市场总体趋势有很好的分析，并且在实施战略的策略上能够把握准确。而在任何一个财政季度的总体决策过程中，都必须注意长期目标与短期目标的协调与平衡。

长期战略目标的实现，必须以每一个短期目标的实现为基础，这样就要求我们在每次决策时，都应该以追求总边际贡献最大化为目标。追求总边际贡献最大，就要沿用边际分析的思想，寻求使营销、生产、人力资源、财务最佳的决策。

(2) 以销售预测为起点。在任何一个财政季度的总体决策过程中，都是以销售预测为起点的。销售预测以上季度的订单量为基础，通过对市场总体趋势的分析，在生产能力和现金流量可以支持的范围之内，寻求一个最佳的营销组合，实现总边际贡献最大化。

销售预测以上季度的订单量为基础，不过对于上季度的订单量应该进行具体分析，在特定的情况下，可能是因为某些偶然性因素而对订单量产生了重大影响，那么就应该对订单量进行适当的调整，尽可能剔除这些偶然性因素的影响。

销售预测必须建立在对市场总体趋势进行分析的基础之上。在国际企业管理挑战赛中，对市场总体趋势的分析大体包括两个方面：一是宏观环境分析；二是竞争对手分析。宏观环境分析相对简单，我们一般可以利用趋势分析法，而竞争对手分析则是保障销售预测精度的关键。

销售预测是相对于一定的营销组合而言的，不同的营销组合必然导致不同的销售预测，因此，我们要寻求一个最佳的营销组合。营销组合因素大体可以分为两类。一类是过去的决策所形成的目前状况，如销售人员、代理商、分销商的数量，目前的市场占有率，成功访问网站的百分比，及时供货能力，在一定程度上也包括产品的特色。这一类因素就我们目前的销售预测而言，作为一种外部条件而存在。另一类营销组合因素将直接影响到我们目前的销售预测，主要包括价格，广告投入，产品质量，代理商、分销商的佣金水平和数量，网站接口数量，网站建设费用。我们在寻求一个最佳的营销组合过程中，可以根据经验和直觉形成一个初步的营销组合，在该营销组合下做出相应的销售预测，并考虑目前的产成品库存和未交货订单（包括国际互联网未满足的需求），分析营销和生产能否很好地相互协调。这个过程通常是不会一步到位的，我们将根据边际分析及总边际贡献模型不断地进行微调，并对现金流量进行实时监控。这样，通过不断的调整，我们必然可以求得一个“约当价格”最低，因而也是总边际贡献最大的最佳营销组合。

(3) 以竞争对手分析为基础。博弈论在现代企业管理中已经得到了充分的肯定并被广泛运用。在国际企业管理挑战赛中，由于所有的公司都是在同一个典型的市场经济环境中相互竞争，都追求同一目标并在一开始的时候拥有同样的资源，所以各公司之间的相互竞争比现实的经济活动更接近一个典型的博弈过程。

在博弈过程中，如果一家公司拥有或能够创造条件拥有先行优势，那么这家公司可以合理地期望丰厚的回报。不过在国际企业管理挑战赛中，这一般只有在第一个财政季度进行长期规划时才适用。在所有五个季度的销售预测过程中，任何一家公司都无法向其他公司传播或获取其他公司的决策信息，所以这是一个同步移动，因而使得分析其他公司想做什么和能做什么就显得特别重要。

竞争对手分析事实上就是要推定所有竞争对手的总和的营销组合，而这必然从对每一家公司的营销组合的推定开始。在这里我们做了这样一个假设：所有的公司都是理性的，这些公司所追求的目标是最后一个财政季度的股票价格最高，实现这一目标的手段是寻求一个最佳的营销组合，达到总边际贡献最大化。竞争对手分析所关心的并不是一家公司的具体营销组合，而是以“约当价格”所表示的该公司的营销组合。在这个以“约当价格”所表示的营销组合中，竞争对手分析可以合理地抽取市场价格这个单一因素。因此，竞争对手分析事实上就演变为对市场价格的推定。

（4）以营销、生产、人力资源、财务的紧密结合为保障。在整个比赛过程中，营销、生产、人力资源、财务的紧密协调配合极为重要，这是我们做出正确、可行的决策的有力保障。

实现总边际贡献最大化的最佳营销组合必须落实在生产能力可以支持的范围内。生产能力作为一个外部约束条件而存在的前提是轮班状况已经确定下来了。但我们也会遇到这样的情况：我们的机器设备和组装工人的配比使得我们的轮班状况处于两可之间。一般来说，我们通过简单的计算就可以确定一个较优的轮班状况。如果情况特别复杂，我们也可以设定两种不同的轮班状况，在这两种不同的轮班状况所决定的生产能力下分别寻求实现总边际贡献最大化的最佳营销组合，进行比较之后再确定。

生产能力的实现必须有人力资源部门的保证。机器和组装工人的匹配必须是协调的，机时多工时少或者机时少工时多都会使资源浪费，尤其是当购置了大量机器而招聘不到组装工人时，会导致灾难性的后果。

最佳的营销组合还必须是在财务状况允许的范围内。很多情况下财务会制约你的决策，如现金流经常会成为非常重要的约束条件。我们必须考虑收益和财务负债成本的关系，我们的决策自始至终都应该在收益大于成本的原则下进行，都应该有现金流的支持，没有考虑财务状况的决策是不可取的。

（5）重视其他影响因素的作用。国际企业管理挑战赛的唯一评价标准是最后一个财政季度的股票价格。决定股票价格的因素共有八个，其中最重要的因素是公司净资产，而公司净资产是一家公司在五个财政季度内的税后利润的累积，因而追求总边际贡献最大化在大部分场合似乎成了我们的唯一目标。然而，即使是次要矛盾或矛盾的次要方面，也会对股票价格产生影响，在特定的场合甚至会产生重大影响。另外，边际效应递减，总边际贡献相对于不同的营销组合在最后阶段的变化是相当小的，因此，要充分重视其他因素的影响力。在优秀的公司之间，决定谁最后能取得胜利往往取决于其他影响因素的好坏。

3. 参赛队伍的组建与管理。

（1）参赛队伍的组建。

①以自愿为基础。国际企业管理挑战赛要求参赛队员投入大量的时间和精

力。比赛将持续3~6个月，净工作量在300小时以上。因此，指导教师应该向潜在的参赛队员详细介绍该项比赛，尽可能回答他们所提出的所有问题，以使他们事先明确他们将被期望投入什么和投入多少，他们将从该项比赛中和从他们的参赛队伍中学到什么和学到多少。热爱是最好的导师，面对如此巨大的投入，我们的队伍必须建立在完全自愿的基础之上。

②相信同学。同学之间朝夕相处，一般来说，同学之间的相互了解远高于教师根据有限的接触所形成的印象。因此，我们要求同学们自己组织4~6人形成一个小组参加比赛。

③参赛队员的性别比例应该大体体现我们学生的性别比例。我们相信，由男女同学所组成的参赛队伍，无论是用有效性指标还是用效率性指标来衡量，都优于由单一性别所组成的参赛队伍。

④选拔队长。指导教师和小组各成员见面，指出对队长的要求既要有较强的决策分析能力，又要有很好的组织能力，并且有很强的责任心。强调队长的选拔由同学们和指导老师共同确定。先由小组同学自己推举队长候选人，然后指导老师通过和其他同学接触，向任课老师、导师/辅导员咨询，就可以了解到有关这些非正式领导的更多信息，最后与他们进行个别面谈。我们非常关心他们是为什么和如何获得他们的非正式领导地位的。在通常情况下，因为较强的人际交往能力和技术分析能力而成为非正式团体领导的同学将被确定为参赛小组的核心人物。

⑤以已经确定的非正式团体的领导为核心，教练和学生将坐在一起，集体决定正式的参赛队员并进行初步的分工。

虽然组建参赛队伍的固定的完美的模式并不存在，但只要我们通过学生积极参与的，公开、公平、公正的方式组织参赛队伍，落选的学生就不会有太多的抱怨。而由于被选拔参赛的队员认为他们是在自己的努力下组织了自己的队伍，这样的参赛队伍从一开始就具备了团队合作的基础和自我约束的机制。在比赛的过程中，队员们会有强而有力的自我约束感并会感受到来自团队的凝聚力。通过这种形式组成的参赛队伍，即使队员之间在比赛的过程中形成了矛盾，他们也会通过自己的努力和集体的努力把矛盾化解于无形。

（2）参赛队伍的管理。在国际企业管理挑战赛的决策过程中，激烈的争论和尴尬的冷场都是家常便饭。它们通常表现为以下三种形式。一是每一位队员或大部分队员都已经有了一套完整的决策方案，但他们无法就最优方案或满意方案达成一致意见。二是由于紧张的学习和工作，在集体讨论时，队员们可能还没有做好充分的准备。三是在某些特定的情况下，虽然队员们已经做了充分的准备，但还是无法形成一套完整的决策方案。因此，我们需要一系列经验法则来应对不同情况。

在国际企业管理挑战赛中，往往会导致不同的同学由于其不同的背景而形成不同的决策方案，而且他们常常无法就最优方案或满意方案达成一致意见。如果没有良好的队伍管理体系，我们不但会浪费宝贵的时间进行无谓的争论，而且我们的健康的学术争论还有转化为有害的个人偏见的可能。因此，我们确立了以下经验法则以确保激烈的学术争论和良好的团队合作在我们的队伍中和谐共存。

数字和指标。数字和指标是可以加以测量检验的，如销售利润率、总资产周转率、市场占有率等，它们是工商管理中的通用语言，很容易为所有的队员所接受。

一般公认的经济理论和工商管理理论。在某些情况下数字和指标无法取得、难以取得或并不适用，这时我们将依赖一般公认的经济理论和工商管理理论。因为在一般情况下，这些理论为所有的队员所接受，或者至少它们是我们在决策过程中所能依凭的最优选择。

经验和直觉。国际企业管理挑战赛要求我们必须不断创新，在某些情况下数字、指标、一般公认的经济理论和工商管理理论并不适用或者仁者见仁、智者见智。在这种情况下，我们将依赖经验，无论这种经验来自正式的职业经历还是其他活动。我们甚至寻求直觉。拥有相对成功经验的队员在这种情况下往往会起决定性的作用。

由于参赛队员同时要参加紧张的教学活动，因此，必须在事先进行周密的安排，以确保在集体决策时，所有的队员都已经做好了充分的准备。每当收到上一个季度的《管理报告》以后，我们就会在适当的时候召开一次定性分析会议，分析上季度的经营成果并制订下季度的总体方案。各个有关部门按照分工，相互协作，进行具体的定量分析。在这个过程中 CEO 将进行全方位的整体协调，并确保每个职能部门按时完成本职工作。在此基础上，将召开一次定性与定量相结合的集体决策会议，正式确定我们的决策方案。这种方式可以使我们在一个整体框架之内，把个性化的分析与集体的智慧结合起来，用相对较少的时间完成高质量的决策。

以上我们过多地强调了智商，但是毕竟我们的参赛选手大部分都还年轻，经历还有限，碰到意外或突发事件应变的能力不足。所以，我们在此提出情商的重要性。由于每位参赛选手的经历和学识有很大的差别，所以比赛开始的时候，是不是有着优良学习成绩和从商经验的人就一定能领先呢？并不尽然。因为在比赛中可能出现各种情况，例如，每个队赛前都订好了自己的打法，但在前几期股价落后的情况下，很多选手就开始怀疑自己的战略是不是错了或者被对手牵制，其实我们在早期不必过于看重当期的股价，更重要的是看自己最初制定的战略是不是实现了，因为有些决策不是短期的而是长期的或有滞后作用的，毕竟比赛是以最后一期的股价作为评定胜负的标准的。正因如此，该项赛事才更接近于真实的商业环境，而不是一次简单的游戏或考试。只有很好地把智商与情商相结合的队才能最终脱颖而出。

备注：本培训教材的部分观点仅来自过去几年比赛的经验，并不代表新一年的比赛完全是历史的重复，由于经营环境的不断改变，GMC 软件的参数也在不断完善，每年都会有新版的参赛手册，还望参赛选手根据新版的参赛手册和软件系统审时度势。

第二节 “商道”系统

一、“商道”企业经营模拟软件简介

“商道”是一款企业经营模拟软件，这套系统用模拟方式将企业置于市场经济环境之中，而参加“商道”软件实战模拟者作为虚拟公司的领导人，需要在电脑提供的公司经营现状的基础上，对该企业的各种资源、各部门职能统揽全局，运筹帷幄，并参与同行竞争、竞赛。竞赛的结局以公司的综合加权总值作为评估标准。该软件以企业管理模拟为基础，让学员们组成决策团队，依据模拟的市场行情和计算机反馈的其他市场信息，在特定的时间内上机研究“市场”行情，了解“企业”经营状况，并依据这些信息做出“经营”决策。这些决策是否合理将直接反映在“企业”的股价变动以及其他技术指标的变动上。

“商道”学习的参加者扮演总经理以及生产、市场、财务、人力资源、研发等部门的高级管理人员，根据现代企业管理知识，对该公司每年的经营做出一系列决策，并与其他商战模拟参加者扮演的虚拟公司竞争。决策涉及企业发展的各个方面，同时还穿插着金融、贸易、会计、期货、投资、电子商务等众多学科的知识点，最大限度地模拟一个公司在激烈的市场竞争条件下的真实运作状况。

“商道”在清华大学、上海交通大学、同济大学、中山大学、山东大学、广东商学院、上海理工大学、南京财经大学、中国矿业大学、中国石油大学、武汉科技大学、内蒙古大学、内蒙古财经学院等院校的 EMBA、MBA、本科生的战略管理、市场营销、财务管理、企业经营实战模拟课程中广泛使用，其知识性、互动性、趣味性、实战性和数字化的特性有助于激发学生的学习热情。在上海交大，以“商道”为主要教学工具的《战略管理》课程被评为 2006 年度上海市精品课程，并作为全校各类不同专业学生《创新与创业》课程的必修教学环节，有上千学生使用过。

“商道”就其品质、知识含金量、综合性及给学习主体带来的价值和体验来说，已经具备国际一流水准。诸多知名企业，如英国石油化工巨头 BP 集团、微软集团、宝钢集团、中国移动通信、华为、创维、松下、氯碱化工、中国船舶工业集团等，亦纷纷应用“商道”开展中高层管理干部培训。“商道”亦可以作为卓有成效的人才测评工具。企业经营模拟比赛的优胜队的队员，很多成为各大企事业单位高薪聘用、培养和挖掘的对象。

当前正是经管类实验室建设的关键时期，急需功能完善、内涵深刻、有丰富教学使用经验的教学软件。“商道”的推出适应了形势发展的需要，成为高校建设现代“企业经营模拟”实验室的最佳候选软件之一。

“商道”具有自主知识产权，由上海派金信息科技有限公司研发。派金科技由海外归国留学人员注册于上海市张江高科技园区，得到科技部创新基金支持，专注于高科技“企业经营模拟”教育软件的开发及推广。

关于“商道”的更多信息，请参考以下网址：www. premking. com. cn。

（一）功能介绍

系统具体由供学生使用的客户端软件、学生在线管理后台、教师在线管理后台、程序核心处理的服务模块构成。

1. 学生端主要供学生组成的虚拟公司提交经营决策信息，主界面如图 7－2 所示。

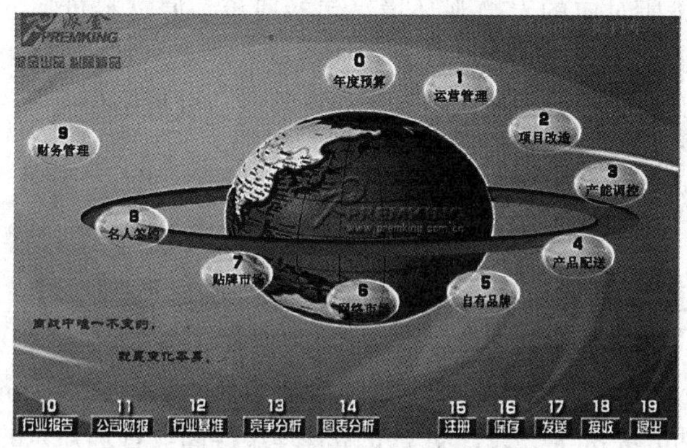

图 7－2 “商道”学生端主界面

2. 学生在线管理后台提供给参加学习的学生一个在线下载软件（见图 7－3）、“商道”决策数据和了解比赛信息的平台。

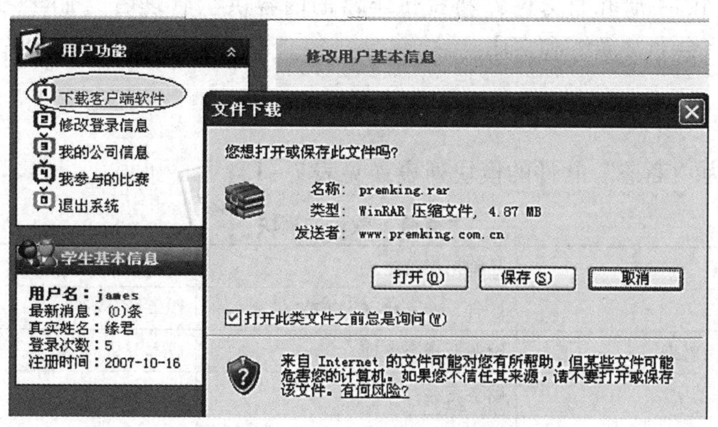

图 7－3 学生端在线下载软件

3. 教师端主要是提供给任课辅导教师对商道竞赛、商道比赛环境及教学管理工作进行控制。

4. 程序核心处理的服务模块，架设在专用服务器上由其自动化运行。

5. “商道”应用于教学时，派金首先分配用户权限即行业号和教师端密码，教学辅导教师得到密码后登录教师端设定比赛信息，学员在学生端在线管理后台下载软件进行决策，最后保存发送至服务器进行处理。程序几分钟内处理完毕后，客户端即可下载结果。

（二）突出特点

1. 提供近300个企业经营模拟环节涉及的决策变量，逼真模拟现实。

2. 采用三层结构的开发技术，决策数据处理、学员决策与教师管理功能分别自由控制，管理灵活高效、易于使用。

3. 教师端完全自主控制比赛时间与进程。

4. 企业决策所对应的宏微观环境，包括股价、原材料价格、利率波动，教师端自主定制。

5. 学员提交的决策数据系统自动模拟运算生成处理结果。

6. 学生在线注册管理功能。

7. 教师端对违规学生处罚功能。

二、"商道"企业经营模拟仿真系统的基本原理

"商道"企业经营模拟仿真系统软件融合了统计学、技术经济学、运营管理学、金融学、西方经济学、会计学、战略管理学等商业管理知识的精华。

软件模拟了作为一个公司管理者所要面临的各种环境，设计了多个模块，公司管理者必须对各个不同模块的内容做出正确决策，以取得公司的成功。为了做好对各个模块的决策，公司的"管理者"们必须努力学习关于各个模块的基本知识，我们的手册和官方网站将提供丰富的内容供"管理者"们学习，这些内容的安排将会非常简练和实用。

（一）软件基本模块

以下为"商道"软件的模块列表（见表7－1）。

表7－1 "商道"软件的模块

需求预期	品牌拓展策略	战略分析
兼并与收购	广告、产品代言人策略	竞争性分析
生产和劳动力管理	财务及现金管理	成本分析
运输和仓储	财务报表	盈利分析
OEM生产管理	投资分析	预测学分析方法
网络电子商务	生产效率分析	

1. 需求预期模块：汇总了各决策模块的决策信息，并同时提供了预期的行业平均值，软件使用者可以在这里根据自己的有效判断，调整预期的行业平均值，从而使预期的经济指标更加合理化。

2. 兼并与收购：你和你的团队可以从对手手中买他们的工厂，可以把部分甚至全部工厂卖给对手，也可以关闭一个工厂并拍卖设备。

3. 生产和劳动力管理：每个决策期，你的团队都要做出一系列的生产决策，生产和劳动力决策屏的上半部分由你输入你的决策，下半部分则是计算机根据所有 10 个决策屏的信息给出的公司经营结果数据。

4. 运输和仓储：工厂的产品都直接被运输到公司在长三角、珠三角和环渤海的分销中心，中西部的分销中心也将开始投入运作。每个分销中心都有足够的仓储量来满足各个地区独立零售商、网络销售和专卖店的销售需要。仓库工人负责包装、打标牌及打包发运。每个地区的分销中心只负责本地区的销售供应。一个公司销售的款式型号越多，承诺的运输期越短，公司所需要的库存数就越多。如果库存数小于该地区的订单数，就会发生短缺现象，一旦发生短缺，独立零售商和网上购物者会立即订购其他公司的产品，这会降低公司在该地区服务质量的排名，短缺越多，排名下降越多。

5. OEM 生产管理：这是考虑到当今商业社会出现越来越多的贴牌生产而设计的软件功能。

6. 网络电子商务：这也是考虑到日益发展的电子商务而设计的实践平台。

7. 品牌拓展策略：自有品牌市场决策对公司相对于其他公司的竞争力，以及公司品牌的确立和产品的销售都有深远影响。

8. 广告、产品代言人策略：各公司通过竞标得到某些名人的肖像权，成为公司的产品代言人。

9. 财务及现金管理：本功能提供了关于一个公司 CFO 所需做出的一些决策项。

10. 财务报表：软件会根据输入的决策信息自动生成财务报表，供学习者分析使用。

11. 投资分析：软件提供了主要的投资分析工具供学员使用。

12. 生产效率分析：软件会根据每年的行业情报自动生成科学的生产效率报表供使用。

13. 战略和竞争性分析：软件会根据每年的行业情报自动生成各公司的战略导向报告，供各公司分析竞争取向。

14. 成本和盈利分析：软件会根据每年的行业情报自动生成各公司的成本报告，供各公司分析自己的优势和弱势，做出相应的改进。

15. 预测学分析方法：软件提供了甘特图等预测分析工具，供软件使用者做出科学分析决策。

综上所述，在“Premking—商道”企业经营模拟仿真系统实战模拟中，每当你输入你的模拟决策时，实战模拟程序会立即显示对应的模拟产出。通过提供改变一个或多个决策输入，你可以分析各种产出的可能性以决定你的最终决策。你必须运用实战模拟提供的各项工具，尽可能多地去尝试不同的输入组合。在向实战模拟管理者递交决策数据前，你可以任意改变你的决策组合。你对实战模拟和对课本知识的理解将在不断尝试中获得巩固和提高。在每一个参与者递交了一个决策期的数据后，你将得到公司在这一年的经营成绩报告，报告包括公司财务报表，产品成本盈亏平衡分析和一系列有关生产、销售、存货、运输、市场的分析；同时你也会收到关于行业和对手情况的三个报告。所有这些报告是你制定下一年度公司经营计划的重要依据。

上述各模块之间，通过两种方式建立相互关系，其一为 Excel 平台提供的数据计算结构和宏程序，其二为建立在各表格之间的 VBA 程序。Excel 平台提供了供客户直接使用的数据及运算关系，而 VBA 对每个数据表格的逻辑关系进行控制，将各模块之间的运筹关系固化起来，从而达到宏观模拟市场经济的目的。

软件本身的 VBA 源代码总计超过 1 万条，涉及各种不同函数的引用达上千次，各数据间的关系复杂，工作量巨大。

软件的计算流程为通过分析组模块分析未来需求，使用各决策模块进行决策，同时在需求预期屏和各决策模块之间进行频繁切换，以做出合理的决策。每轮决策后，会自动生成财务报告和分析报告，供各公司进行分析研究。

此外，在软件设计时，为客户提供了相应的分析工具，包括如下功能。

1. 鉴别公司 ID 功能：提供了加密工具，确保客户所做的各项决策能够最大限度得到保护。

2. 备份功能：提供客户备份，确保数据安全。

3. 回溯功能：在软件服务器端提供回溯功能，确保在疏忽的情况下，数据能够完整保存。

4. 数据传递功能：软件提供了硬盘备份、局域网传递、电子邮件、上传下载等多项数据传递功能，确保数据能够通过远程有效传递。

5. 增加新公司的功能：在学员请求下，可以增加新的公司，确保互动的灵活性。

6. 删除公司的功能：在一定时候，如果有公司破产，可以删除旧公司，确保互动的灵活性。

7. 编辑行业数据功能：在服务器端软件可以编辑行业数据。

8. 备份行业数据功能：在服务器端软件可以做好行业数据及时备份，确保数据安全。

（二）软件运算原理

以下简要介绍软件对各公司业绩的累积计分系统的运算原理。

1. 公司每年收入的累积得分是通过将每个公司每年的总收入叠加，总收入最高的公司得分为 100 分，其他公司总收入与其相比的百分比为各公司的得分。注意，这个得分并非是将每年的收入得分累加。

2. 每股收益的累积得分是通过计算各公司每年每股收益的加权平均值来得出的。最高平均每股收益的公司得分为 100 分，其他公司的得分为与最高公司相比的百分数。

3. 计算累积投资回报率的因素包括：（1）对各公司历年的税后收益和利息支出求和，除以总年数，求出每年的平均税后收益和利息支出。（2）求得历年总债务和股东权益之和，除以总年数，得到每年平均债务和股东权益。（3）将上述两个平均值相除，得到累计平均投资回报率。

4. 市值和债券评级都是基于最新一年的结果，因为这些指标已经将公司以前的业绩考虑在内了。

5. 战略评分的累积分数是计算最近三年的平均累积分数得来的。最高分为100分，其他公司得分为其百分比。

本软件同时采纳了西方著名学者爱德华兹·奥德赛的线性回归方程，来预期公司破产的可能性。

该方程如下：

破产指数(BI) = (1.2)A + (1.4)B + (3.3)C + (0.6)D + (1.0)E

A = 流动现金/总资产

B = 累计所有者权益/总资产

C = 运营收益/总资产

D = 总所有者权益/总负债

E = 总收入/总资产

如果破产指数（BI）大于3，则公司处于安全区；

如果破产指数（BI）介于1.8到3之间，则公司处于警戒区；

如果破产指数（BI）小于1.8，则公司处于危险区。

（三）经济管理模型

软件的核心是一套高度完善的电脑动态仿真模拟系统，模拟标准化市场经济条件下，企业管理至关重要的基本参变量以及在现实市场中无法避免的偶然因素，在此基础上，按照工商管理的基本理论建立一个互动的定量化模型。

学员分别扮演总经理和生产、营销、人力资源、财务、研发等部门经理，根据现代企业管理知识对该企业每季度的经营做出一系列的决策，与同一市场的其他虚拟企业竞争。决策涉及企业的发展战略、生产、研发、营销、人力资源、投资及财务等方方面面，同时还穿插着金融、贸易、会计、期货、投资、信息技术等许多重要的实物性学科，最大限度地模拟一个公司在市场经济条件下的真实运作状况。每一家公司都必须很好地把握不断变化的宏观经济环境、各公司之间的竞争态势及本公司内部各职能部门之间的相互作用，通过建立各种数量模型，进行边际分析、数量博弈、价格博弈，制定出自己的竞争战略、产品组合、营销组合、销售预测，并通过对资本结构、生产规模、边际贡献率、产能、库存、现金流量、劳动力储备等方面的分析和决策，对经营结果进行控制和调整。

各公司的决策由计算机模拟软件系统处理后，形成公司的“管理报告”，反映该公司决策所产生的市场效果，并以公司营销收入、每股收益、投资回报率、债券评级、资本总额、战略评分作为综合指标，衡量企业经营效果。各公司根据“管理报告”对下年度的经营做出决策，再次提交计算机处理，并得到第二年度的“管理报告”。以此形式循环反复，直到在限定年度内结束实战模拟，确定优胜者。

公司之间的竞争主要由以下11个变量决定：批发价、质量等级、给消费者返利方法的运用、产品多样性、当年广告支出、名人代言和品牌效应、独立零售商的数量、对零售商提供的支持服务、公司专卖店的数量、网络销售的效果、顾客对品牌的忠诚度。

公司在各个地区生产份额的大小将由这11个竞争要素综合决定。只要公司总的竞争力比对手强，公司在这个地区的市场份额就将高于对手。

如何综合运用好这11种竞争武器是赢取市场和利润的关键。我们会在软件使用手册中详细介绍11个因素的具体影响。必须确定的是，这是一个互动实战模拟，公司竞争性的优劣是取决于参加实战模拟团队之间的相互对比，而不是由电脑或实战模拟管理者主观判定。所以在每个公司制定并实施其战略计划时，必须密切关注和预测对手的动向，使自己公司的产品价格、服务和市场的需求紧密结合，力求总的经营竞争指数高于你的对手。

（四）模拟软件的结构

模拟软件的结构见图7-4。

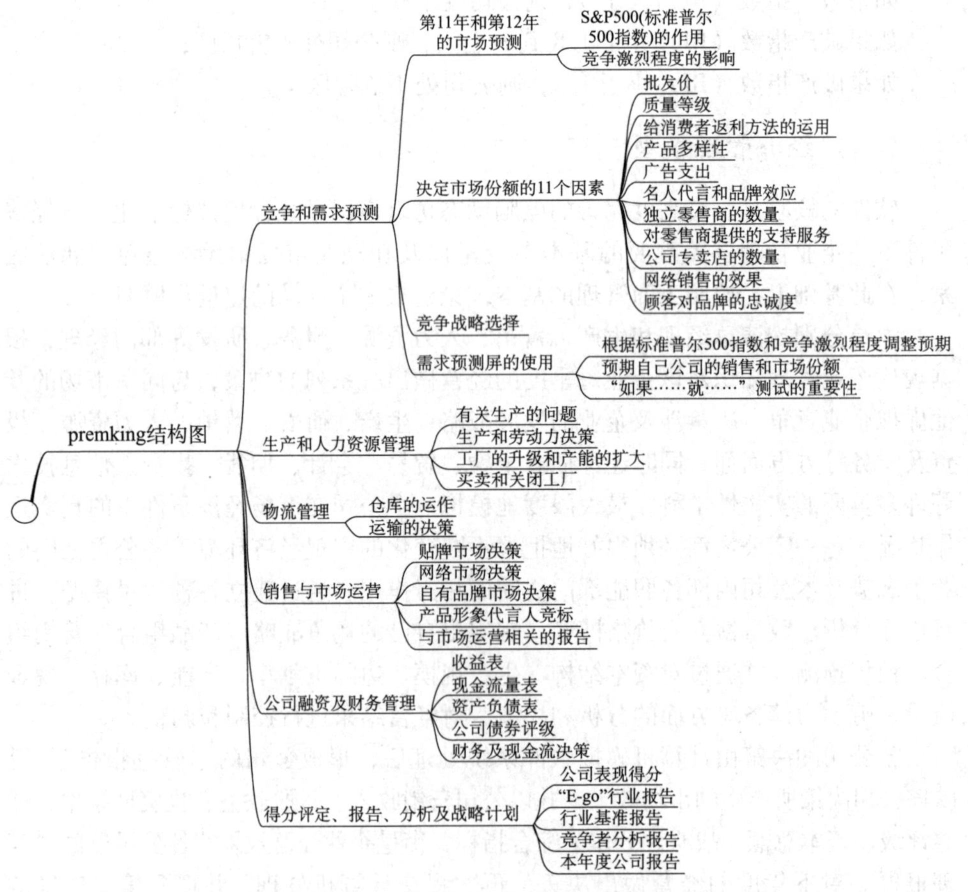

图7-4 “商道”软件结构

第三节　现代企业经营决策仿真系统

一、现代企业经营决策仿真系统简介

现代企业经营决策仿真系统系列软件借助于计算机的特有功能，结合仿真技术，将现代企业生产经营活动过程中的产品市场营销、生产组织、材料采购、资源配置、成本核算、经营成果计算等主要内容有机地融为一体，使学生在短短的几天时间内就能充分运用所学现代管理基本理论知识进行实践性尝试，犹如身临其境，获得在实际中需几年才能感受到的经验和体会，弥补了管理类、经济类学科各专业生产经营实践性教学环节的空白，形成一套快速培养现代管理决策人才的教学新模式，对深化管理类、经济类学科各专业的教学改革，提高授课层次，强化素质教育，起到了极大的推动作用。仿真系列软件系统推出后已经在全国24个省市的百余所高等院校、培训中心中得到了广泛的应用，阶段成果于1997年就已分获“国家级教学成果二等奖”和“部级教学成果一等奖”，经过近年的不断努力，软件系统的理论内涵和运行平台发生了深刻的变化，形成了一个完整的系列，整体水平在国内外均处于领先地位，经专家评审，于2005年再次获得“国家级教学成果二等奖”和“上海市教学成果一等奖”，结合“决策支持系统导论”课程建设，获得2004年度“上海市精品课程”荣誉称号。系列软件系统共包含“现代企业经营决策仿真系统——单机版”“人机对抗现代企业经营决策仿真系统——网络版”“现代企业经营决策仿真系统——千姿版”“现代企业经营决策仿真系统——群体对抗Web版”“现代企业经营决策仿真系统——人机对抗Web版”“现代企业经营决策仿真系统——群体对抗Internet版”“现代企业经营决策仿真系统——人机对抗Internet版”七个不同版本。

“现代企业经营决策模拟系统——单机版”引进了竞争机制，可同时模拟出三个不同类型的竞争市场、两到十个竞争企业和七个相互联系、变动着的经营周期，在给出不同经营周期的市场经济形势变化趋势和各竞争企业的初始生产经营条件后，将学生组合成为若干个不同的竞争企业，学生即可以企业决策者的身份就市场竞争条件下的本企业产品市场销售价格、广告费用投入、销售人员聘用、产品生产计划、生产能力调整、材料订购批量、流动资金贷款、产品质量改进费用投入等一系列现代企业生产经营活动过程中的主要内容做出决策，形成一定的生产经营决策方案。决策数据输入系统经计算后，几秒钟内即可以报表的形式输出竞争条件下各企业决策方案的经营成果数据，如产品市场销售量、销售额、市场占有率、设备和人员生产能力负荷、成本费用形成、产品生产成本、产品库存数量、企业经营盈亏、现金收支流量、企业资产负债等，这些成果数据可供各竞争企业评价其所做决策正确与否分析之用，也为下一经营周期进行新的决策提供了依据。各经营周期系统还可输出评价总表，给出各竞争企业的综合评价总分和名次，可使学生对所实施的各周期经营决策方案从整体上做出进一步的剖析，领会企业成功的秘诀。

“人机对抗现代企业经营决策仿真系统——网络版”是在原有的“现代企业经营决策模拟系统——单机版”的基础上更深层次的开发，在机房网络环境下进行网上运行，除了具有“现代企业经营决策模拟系统”所有功能外，又引进了优化决策原理，计算机本身被确定为一个竞争企业，有类似于电脑棋手的作用，在学生做出决策的同时可就生产经营活动过程中的一系列内容自行做出优化决策，实施人机对抗，使系统应用具有更大的竞争性、挑战性和灵活性，国际上尚未有开发成功的报道。网络版可通过联网机房的服务器将系统安装到各个工作站，并可在网上启动运行和控制，安装站数最多可达到200个，一人一机，实施人机对抗。通过对该系统的运用，更能激发学生的整体优化决策意识，提高学生的科学决策水平和能力，并能根据该系统原理，开发出以提高企业经济效益为目标的决策支持系统。

“现代企业经营决策仿真系统——千姿版”则是为了适应各高等院校、培训单位教育教学改革不断深入发展而开发的具有更大灵活性的企业竞争仿真系统，该系统最多可供200个学生同时上机操作，并可根据需要将学员任意分成若干个组（最多可达40个组），每组设定若干个学生（每组最多40个学生），各组组内学生之间展开激烈竞争，一台计算机（工作站）作为一个竞争企业，决策数据由学生在各工作站终端输入后被传送到服务器上集中运算和处理，运算结果再被送回到各工作站，供学生分析、评价和再决策用。该系统的应用，最大限度地发挥了各院校联网机房的效用，充分体现出了现代教育技术和手段的优势。一轮七个周期的仿真决策过程完成后，系统将会对每个学生所取得的经营成果做出评价，给出成绩，并依据分数多少排出名次，通过打印机输出后即可存档。

“现代企业经营决策仿真系统——人机对抗Web版”“现代企业经营决策仿真系统——群体对抗Web版”更是将现代企业经营决策仿真系统的精髓以及“情景设定”“使用过程”“应用原理”等拓展到了网站运行模式上，在学校实验室或整个学校范围内，学生打开浏览器，键入网址，即可启动系统运行，在线阅读决策仿真实验基本条件介绍“情景设定”，了解决策仿真系统使用过程，学习现代企业决策基本原理，内容更为全面。除具有“人机对抗现代企业经营决策仿真系统——网络版”基本特点外，只需将“主持人系统”和“工作站系统”全部安装在服务器或主持人（教师）使用的一台计算机上，极大地简化了系统的安装过程，安装更为方便。系统运行时，由于“工作站系统”不再需要映射到服务器或主持人（教师）使用的计算机数据目录，数据存放隐蔽安全，极大地提高了实验数据的真实性和可靠性，运行更为安全。由于“工作站系统”采用了ASP.NET编程，显示色彩柔和，美观大方，清晰易读，界面更显美观。

“现代企业经营决策仿真系统——人机对抗Internet版”“现代企业经营决策仿真系统——群体对抗Internet版”进一步将“决策仿真——人机对抗Web版”

"决策仿真——群体对抗 Web 版"拓展到了互联网上，运用该系统可使学生不受时间、地域限制，通过 Internet 远距离地参与企业竞争模拟，实施网上远程报名，调用仿真情景设定，查看周期经济形势，输入企业决策数据，预算初始决策方案，显示主要竞争结果，了解企业经营状况，分析决策方案成果，等等。由于用户系统存放在网站服务器上，在任何地方，只要能够拨号上网或通过校园网络上网，就能参与系统构建的企业竞争模拟。同样，主持人系统也可在任何地方，只要上网，就能审定参赛人员资格，划定各组参赛人数，调整仿真难易程度，计算各个企业决策方案，评价不同方案成果，反馈竞争结果数据，并能对整个系统使用过程进行监督、协调、控制和调整。"决策仿真——人机对抗 Internet 版"最多可供 2 000 个人（队）同时在线运行，进行现代企业管理决策实践尝试，"决策仿真系统——群体对抗 Internet 版"最多可供 1 600 个队同时参加一轮的竞争决策模拟，在互联网运行范围内展开现代企业管理决策仿真大赛，在使用形式上实现了创造性的突破，管理内涵和网络技术的完美结合，将现代管理决策人才培养的教学模式推进到了一个崭新的、前所未有的新阶段。

二、系统应用原理

本章就系统使用过程中，系统应用的基本原理及学生可能提出问题的主要内容及其原理做一概述。

（一）需求预测原理

系统设置的周期经济形势会对学生周期决策经营成果产生极为明显的影响。其中，尤以市场需求容量影响更为显著。本系统中，市场容量系指所有企业产品销售可望达到的产品销售收入。例如，在第 0 周期，按每一企业给定的市场容量约为 23（百万元），而在第一周期的经济形势报告中，给出的信息是"本周期的市场容量与上一周期相比，增加了 10%"，这表示就一个企业而言，本周期的市场容量基础数值为：$23+23\times10\%=23+2.3=25.3$（百万元），而一个组的整个市场容量与这一组参与的企业数有关，如该组设有 N 个企业相互之间开展竞争的话，则该组的整个周期市场容量即为 25.3（百万元）的 N 倍。例如，假定某一个组内共有 20 个企业，则该组周期市场容量为：$25.3\times20=506$（百万元），各企业可通过产品销售价格、广告费用投入、销售人员数量和产品质量水平四个主要促销运用手段争夺尽可能多的市场份额。

在一定的市场容量基础上，如所有参加实验的学生在价格决策时均采用了降价策略，即平均价格低于 1 150 元/台，此时市场容量会相应地增大，可解释为由于降价，一些原来不打算购买该产品的消费者也进入了购买行列，扩大了产品市场需求；反之，如所有参加实验的学生在价格决策时均采用了提价策略，即平均价格高于 1 150 元/台，市场容量会相应地缩小，可解释为由于提价，一些原来打算购买该产品的消费者退出了购买行列，缩小了产品市场需求。

在一定的价格水平基础上，广告费用投入、销售人员数量和产品质量水平三个非价格促销运用手段的应用，会引起需求曲线的位移，表现在本系统的应用过程中即为市场容量的变化，在原有的市场容量基础数值上会有所变化，一般情况下市场需求容量会变大。

价格和非价格促销手段综合应用的组合效应，其变化趋势请参见教材《现代企业决策支持系统原理与仿真》（科学出版社 2005 年版）第三章 3.5 节“促销手段组合决策”。

（二）市场营销原理

系统设置的各模拟企业可交替生产、销售三种不同类型的打印机产品（E 型、B 型和 I 型），其中，E 型产品是各企业主要生产和销售的产品。这些产品可在三种不同类型的市场上进行销售（一般竞争市场、招标市场和用户大批量订购市场），其中，一般竞争市场是各企业所生产的 E 型产品的主要销售市场，通过促销手段运用进行竞销。前面所述的各周期市场经济形势变化和销售量预测报告主要就是对该市场而言。系统设置的促销运用手段主要为产品销售价格、广告费用投入、销售人员数量和产品质量水平。

1. 产品销售价格。四个促销手段中，产品销售价格对产品市场销售影响最为敏感，其关系曲线（需求曲线）如图 7－5 所示。

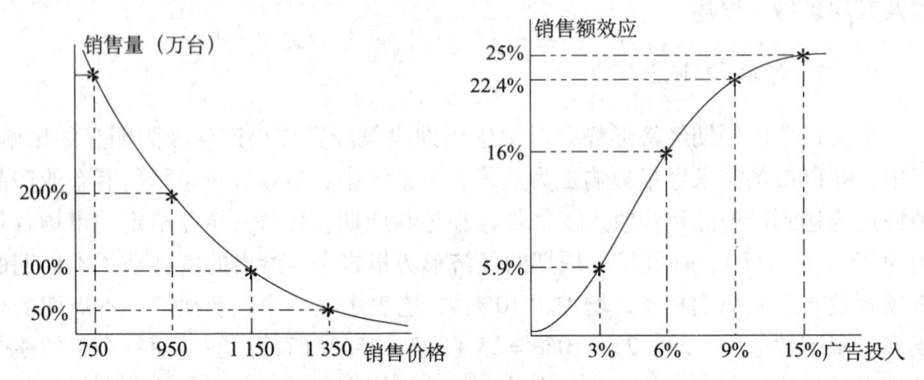

图 7－5　产品销售价格与销售量、广告投入与销售额的关系

销售量和销售价格成反比。曲线显示，当价格为 1 150 元/台时，销售量指数为 100%（如其销售量为 22 105 台的话），则当价格下降到 950 元/台时，销售量指数将翻一番，达到 200%，即销售量可达 44 210 台；当价格上升到 1 350 元/台时，销售量指数将会减半，即只有 50%，其销售量将只有 11 052 台。所以，企业应根据市场形势变化（市场容量的变化）、企业自身的生产能力和其他一些经营条件，正确制定产品销售价格。上述关系曲线为高次方程或指数函数。实际使用时，学生难以在很短时间内就能用某一确定的函数方程将其描述出来，可根据（950，200）（1 150，100）（1 350，50）三组数对近似地用抛物线或直线方程进行描述。

2. 广告费用投入。广告费用投入所产生的产品销售额增加效应如图7－5所示。关系曲线中的广告费用投入和销售额增加效应均以占销售额的百分比来表示。开始时，由于广告费用投入数量太少，尚未能形成规模效应，此时，单位广告费用投入的增加，将会是入不敷出，即 $\Delta y < \Delta w$（含增加的变动成本部分）；随着广告费用的增加，可使收益与支出达到平衡，即 $\Delta y = \Delta w$；随后进入收益大于支出阶段，$\Delta y > \Delta w$；最后再通过 $\Delta y = \Delta w$ 的平衡点，再度进入 $\Delta y < \Delta w$ 的阶段。所以，广告费用投入至少应控制在 $\Delta y = \Delta w$ 时的两个平衡点之间。在广告费用投入占销售额7%左右时，单位广告费用投入的增加效应达到最大值。接近15%时，效应增加已不明显；超过15%时，其多投费用几乎已不起作用，近乎白投。

3. 其他促销手段。销售人员数量和产品质量水平所产生的销售额增加效应原理与广告费用相同。销售人员费用投入可按销售人员数量与其人均工资费用相乘计算而得；产品质量水平也折算到所投入的费用，其主要包括为研究开发部门职工所支付的工资费用和社会福利费用、其他产品改进费用的投入两大项。

四个促销手段中，除产品质量水平所起的效应可按60%的比例递减性地延续到以后各经营周期外，其他促销手段所起的效应均仅本周期有效。

系统最后实现的是各促销手段的组合效应，即：如在降低产品销售价格的同时，提高广告费用投入、增加销售人员、改进产品质量，则可强化因降价而产生的销售额（量）增加效应；反之，在降低销售价格的同时，减少广告费投入及其他促销手段费用的投入，则会淡化因降价而产生的销售额（量）增加效应。

与此同时，本企业四个促销手段的使用效果还取决于竞争企业的市场促销努力程度。与竞争企业相比，只有当本企业的产品价格越低、广告费用越高、销售人员越多且产品质量越好，那么，本企业产品的市场销售占有率才会越大，这一市场占有率称为理论市场占有率，由市场促销手段确定。

若本企业因生产量不足而无法向市场提供足够产品的话，顾客就会转向竞争企业购买所需要的产品，这时，本企业的实际产品市场销售额就会小于应有的产品市场销售额；反之，若竞争企业无足够产品供货的话，顾客就会转向本企业购买所需要的产品，这时，实际的产品市场销售额就会大于应有的产品市场销售额，由此而得到的产品市场占有率称为实际市场占有率，与企业的产品产量有关。

这里，理论市场占有率和实际市场占有率均指各企业E型产品一般市场销售额在所有企业E型产品一般市场销售额合计中所占的比例（份额）。

由于上述四个促销手段效应关系均成曲线关系，在不同的投入点效应值的大小不一样，如在销售价格效应曲线中，在不同的曲线点上，弹性系数是不一样的，因而销售量和销售额对价格的敏感度也将是不一样的；在广告效应曲线中，广告费用投入增加在占销售额的2%、7%和12%时，其单位效应也是不一样的。所以，不能简单地说四个促销手段中哪一手段最为重要，及其应用效应在所产生的组合效应中所占的比例各为多少，而是与投入点有关，但在一般情况下销售价格对产品市场销售影响最为敏感。

4. 市场销售案例。以第一周期第一企业决策为例。由于第一周期市场经济形势趋于好转，市场对 E 型产品需求有所增加，因而第一企业的产品市场销售价格确定为 1 160 元/台，广告费用投入为 3.2 百万元，销售人员招聘为 63 人，研究开发部门职工人数增加 4 人，其他产品改进费用投入为 0.39 百万元。假定其余四个主要竞争企业促销手段保持第 0 周期决策数据不变，则经系统计算后，第一周期各企业促销手段及其市场竞争结果数据如表 7－2 所示。

表 7－2 市场销售案例数据报告

项目	企业 1	企业 2	企业 3	企业 4	企业 5
一般市场价格（元/台）	1 160	1 150	1 150	1 150	1 150
广告费用投入（百万元）	3.2	1	1	1	1
销售人员数量（人）	63	40	40	40	40
产品质量评价（1～5）	2	3	3	3	3
一般市场销售量（台）	25 245	21 816	21 816	21 816	21 816
一般市场销售额（百万元）	29.28	25.09	25.09	25.09	25.09
理论市场占有率（%）	23.7	19.1	19.1	19.1	19.1
实际市场占有率（%）	22.3	19.3	19.3	19.3	19.3

表 7－2 中，理论市场占有率即为依据各企业促销手段强度而应得到的市场销售额份额。第一企业实际市场占有率与理论市场占有率的不一致，主要是由于第一企业无货可供而使顾客转向其余四个企业，致使第一企业出现了 1.4% 的销售损失。

（三）生产调整原理

根据市场销售原理，各企业可测算出本企业可能达到的产品市场销售量，进而依据以销定产的原则，确定各类产品的生产量、调整设备和人员生产能力。通常是在调整设备生产能力后，根据满负荷（100%）运行要求，再确定生产人员需求，进行生产人员的招聘和辞退计算。

以第一周期第一企业决策为例。预计在所确定的市场促销手段决策数据下，该企业的一般产品市场销售量可达 25 000 台，为此，该企业拟增加一条生产线，以扩大设备生产能力。设欲投入的维修保养费用为 10 万元，这样，第一企业的周期设备生产能力为：

6 500 × 5 × 0.9 = 29 250（单位）

式中的 0.9 为维修保养系数，取决于投入的维修保养费用多少（维修保养系数与维修保养费用之间的关系请参见《情景设定》中的有关章节）。设该企业生产全部的 5 000 台 B 型特殊产品，则用于生产 E 型一般产品的生产能力单位为：29 250 － 5 000 × 0.9 = 24 750（单位）。式中 5 000 × 0.9 = 4 500（单位）系指每台 B 型特殊产品耗用 0.9 个设备生产能力单位时，5 000 台 B 型特殊产品需耗用 4 500 个设备生产能力单位。由此，剩余的 24 750 个设备生产能力单位可用来生产 24 750 台 E 型一般产品，这和预计产品市场销售量相近，即为一般市场产品计划生产量。计算生产设备负荷为：

$$[(5\,000 \times 0.9) + 24\,750]/29\,250 = 29\,250/29\,250 = 100\%$$

则生产人员需求数为：

$$(5\,000/280) + (24\,750/250) = 17.8 + 99 = 116.8 \approx 117\ （人）$$

其中，280 为一个生产人员一个经营周期可生产的 B 型特殊产品台数，250 为一个生产人员一个经营周期可生产的 E 型一般产品台数。考虑到生产人员的自行流动数为 4 人左右，应通过招聘新的生产人员予以平衡，故应再增加 4 人，即需 117 + 4 = 121（人）。原有生产人员 94 人，则应招聘新的生产人员累计数为：121 − 94 = 27（人）。一个机器人可代替一名生产人员。若认为购买机器人更为经济的话，可以考虑购买机器人。假定该企业决定要购买 23 个机器人，则新招聘生产人员需求数为：121 − 23 − 94 = 4（人）。

由此，计算出生产人员负荷为：

$$[(5\,000/280) + (24\,750 - 250 \times 23)/250]/(121 - 23 - 4) = 93.85/94 \approx 100\%$$

每周期均会产生生产人员的自行流动数，流走人数多少为随机数，但主要和两个因素有关：企业支付的社会福利费用比例和前一周期原有的生产人员总数。在同样人数情况下，企业社会福利费用支付的比例越高，流走的人数越少；在同样的福利费用比例下，原有的生产人员越多，流走的人数也就越多。通常，生产人员为 100 人左右、社会福利费用支付占生产人员工资总额的比例为 80% 时，流走人数为 4 ~ 5 人；为 75% 时，流走人数为 6 ~ 7 人。如果社会福利费用支付比例为 80%，当原有生产人员为 100 人左右时，流走人数为 4 ~ 5 人；当原有生产人员总数为 120 人左右时，流走人数为 7 ~ 8 人，其余类推。

由此，与第 0 周期相比较，调整后的设备和人员生产能力及其负荷如表 7 − 3 所示。

表 7 − 3　　设备、人员生产能力及其负荷

<table>
<tr><td colspan="3">人员报告 Ⅰ</td><td colspan="4">人员报告 Ⅱ</td></tr>
<tr><td>项目</td><td>生产部门（个）</td><td>研究开发部门（个）</td><td colspan="2">部门</td><td colspan="2">人员（个）</td></tr>
<tr><td>期初人员</td><td>94</td><td>8</td><td colspan="2">销售</td><td colspan="2">63</td></tr>
<tr><td>＋招聘</td><td>4</td><td>4</td><td colspan="2">采购</td><td colspan="2">5</td></tr>
<tr><td>－解雇</td><td>0</td><td>0</td><td colspan="2">管理</td><td colspan="2">25</td></tr>
<tr><td>－流动</td><td>4</td><td>—</td><td colspan="2" rowspan="2">管理的合理化系数</td><td colspan="2" rowspan="2">1.3</td></tr>
<tr><td>＝期末人员</td><td>94</td><td>12</td></tr>
<tr><td colspan="3">生产报告 Ⅰ</td><td colspan="4">生产报告 Ⅱ</td></tr>
<tr><td>项目</td><td>生产线（条）</td><td>机器人（个）</td><td>产品</td><td>加工（台）</td><td>设备要求（单位）</td><td>人员要求（个）</td></tr>
<tr><td>前周期</td><td>4</td><td>0</td><td>一般产品</td><td>24 750</td><td>24 750</td><td>76</td></tr>
<tr><td>＋投资</td><td>1</td><td>23</td><td>特殊产品</td><td>5 000</td><td>4 500</td><td>17.8</td></tr>
<tr><td>－变卖</td><td>0</td><td>—</td><td>合计</td><td>29 750</td><td>29 250</td><td>94</td></tr>
<tr><td>本周期</td><td>5</td><td>23</td><td>负载率（%）</td><td>—</td><td>100</td><td>100</td></tr>
</table>

续表

生产报告Ⅲ	
合理化系数	1
维修保养系数	0.9
生产线负载率100%时生产能力	29 250

设备生产能力扩大措施除增加生产线外，还可通过生产合理化费用投入、维修保养费用增加和加班来实现。

设备生产能力压缩措施除变卖生产线外，还可通过降低维修保养费用来实现。变卖生产线收入只有该设备账面净值的30%，如某企业在第一周期就拟变卖一条生产线，因为该生产线已经使用了四个经营周期，每个周期的折旧额为40万元，除去四个周期的折旧160万元后，账面净值为240万元，变卖后的收入仅为72万元（240×30%），所以，一般不足为取。

原有的四条自动生产线到第六周期时已经折旧完毕，不再提取折旧费用，但各企业仍可继续使用原有的四条自动生产线，这样，产品的生产成本可大为降低。

如果生产设备和生产人员为扩大生产能力加班的话，形成的30万元设备加班费和占生产人员工资总额25%的人员加班费用无论加班幅度多少都是不变的，即加班1%和加班10%所形成的加班费相同，主要是为了促使学生能正确计算设备和人员负荷，合理使用企业设备和人员生产能力；无论是生产设备还是生产人员，只要有一项加班，两项加班费用都会同时发生。所以，如果要加班的话，应让设备和人员同时加班，且最好加足10%。

（四）材料订购原理

材料订购批量与资金占用成正比、与材料采购单价成反比，对产品成本影响较大。所以，在确定材料订购批量时既要考虑满足产品生产上的需要，尽量减少资金积压，又要充分利用批量价格折扣。

以第一周期第一企业决策数据为例。E型一般产品需原材料24 750个单位，B型特殊产品需原材料5 000个单位，合计=24 750+5 000=29 750（个单位）。若只购买29 750个单位原材料，则材料单价为90元/单位，合计=90×29 750=2 677 500（元），设该款项为中期贷款所得，利率以9%计，利息费用=2 677 500×9%≈24.09（万元）；若考虑批量价格折扣而扩大订购批量为45 001个单位的话，则材料订购单价为70元/单位，合计=70×45 001=3 150 070（元），一个周期的利息费用=3 150 070×9%=28.35（万元），除去本周期用去的29 750个单位后，尚剩的15 251个单位会再形成一个周期的利息费用=70×15 251×9%=9.60（万元），合计=28.35+9.60=37.95（万元），多付利息费用=37.95-24.09=13.86（万元）；但批量价格折扣节省原材料订购费用合计=(90-70)×45 001=90（万元），两项相抵，可少支出金额=90-13.86=76.14（万元）。因此，最后可确定原材料订购批量为45 001个单位。较大的订购批量可降低材料成本，从而提高企业的经济效益。

附件订购批量决策原理与原材料订购批量决策原理相同，第一企业确定的附件订购批量为25 001个单位。有关数据如表7－4所示。

表7－4 原材料、附件订购批量确定

仓库报告Ⅰ：原材料				仓库报告Ⅲ：附件			
项目	量（台）	价值		项目	量（台）	价值	
		（元/台）	（百万元）			（元/台）	（百万元）
期初库存	0	0	0	期初库存	200	200	0.04
＋增加	45 001	70	3.15	＋增加	25 001	170	4.25
－消耗	29 750	70	2.08	－消耗	24 750	170.2	4.21
＝期末库存	15 251	70	1.07	＝期末库存	451	170.2	0.08

（五）成本核算原理

1. 系统根据企业拟订的生产经营决策方案，进行生产经营成本类型核算，核算报表如表7－5所示。

表7－5 成本类型核算报告 单位：百万元

成本类型	金额	成本类型说明
材料费用		
原材料	2.08	直接成本
附件	4.21	直接成本
生产材料	0.88	直接成本
人员费用		
工资费用	6.44	其中直接成本2.82
人员附加费用	3.38	其中直接成本2.26
招聘/解雇费用	0.08	间接成本
折旧费用		
厂房	0.2	间接成本
生产线	2	间接成本
机器人	0.92	间接成本
其他经营费用		
其他固定费用	1.6	间接成本
维修保养	0.15	间接成本
合理化	0.3	间接成本
返修/废品	0.35	间接成本
库存费用	0	间接成本
广告费用	3.2	间接成本
市场研究	0.2	间接成本
其他研究开发费用	0.39	间接成本
合计	**26.39**	

表7－5中：

原材料费用——本周期产品生产所消耗的原材料价值

＝原材料单价×消耗数量

＝70×29 750＝2 082 500（元）

≈2.08（百万元）

一次订购批量较大，存放在仓库中的原材料尚未用于生产时，不能计入当期成本。当有期初库存时，单价以加权平均法求平均数（见表7－4仓库报告Ⅰ）。

附件费用——本周期产品生产所消耗的附件价值

＝附件单价×消耗数量

＝170.2×24 750＝4 212 450（元）

≈4.21（百万元）

一次订购批量较大，存放在仓库中的附件尚未用于生产时，不能计入当期成本。当有期初库存时单价以加权平均法求平均数（见表7－4仓库报告Ⅲ）。

生产材料费用，系指辅助性的生产材料费用，E型一般产品每台30元，B型特殊产品每台28元，第一周期第一企业生产材料费用＝(30×24 750)＋(28×5 000)≈0.88（百万元）。

工资费用，其中，直接成本2.82百万元，指生产人员的工资费用，即：

30 000×94＝2.82（百万元）

其中，30 000为一个生产人员一个经营周期的工资费用，94为生产人员数。

人员附加费用，即企业支付的社会福利费用，其中，直接成本2.26百万元，系指生产人员的社会福利费用，即：

2.82×0.8＝2.26（百万元）

其中，0.8为决策表中所给予的社会福利费用占工资总额的比例80%。

扣除直接人员费用后，余下的即为发生在其他各部门的间接人员费用，详见“成本发生部门核算”。

招聘/解雇费用，本周期招聘生产人员4人，研究人员4人，每人发生招聘费用1万元，合计8元。销售人员不发生招聘费用。

厂房折旧费用，总投资额为400万元，折旧期为20个周期，每周期折旧额为0.2百万元。

生产线折旧费用，每条生产线投资额为400万元，折旧期为10个周期，每条生产线每周期折旧额为0.4百万元，五条生产线合计折旧额为2百万元。

机器人折旧费用，每个机器人投资额为32万元，折旧期为8个周期，每个机器人每周期折旧0.04百万元，23个机器人合计折旧费为0.92百万元。

其他固定费用，基本保持不变。

合理化费用，可由生产合理化投入费用和管理合理化投入费用两部分组成。本周期没有投入生产合理化费用，0.3百万元仅为管理合理化费用。

返修/废品费用，随机数，与产品生产量成正比，与社会福利费成反比。

2. 系统进行成本发生部门核算，核算报表如表 7 – 6 所示。

表 7 – 6　　**成本发生部门核算报告**　　单位：百万元

成本类型/成本发生部门	合计	采购	生产	研究开发	销售库存	管理
人员费用						
工资	3.63	0.15	0	0.6	2.22	0.66
人员附加费用	1.12	0.12	0	0.48	0	0.52
招聘/解雇	0.08	0	0.04	0.04	0	0
折旧费用						
厂房	0.2	0.03	0.12	0.01	0.02	0.02
生产线	2	0	2	0	0	0
机器人	0.92	0	0.92	0	0	0
其他经营费用						
其他固定费用	1.6	0.15	0.3	0.05	0.1	1
维修保养	0.15	0	0.1	0	0	0.05
合理化	0.3	0	0	0	0	0.3
返修/废品	0.35	0	0.35	0	0	0
仓库费用	0	0	0	0	0	0
广告	3.2	0	0	0	3.2	0
市场研究	0.2	0	0	0	0.2	0
其他研究开发费用	0.39	0	0	0.39	0	0
合计	**14.14**	**0.45**	**3.83**	**1.57**	**5.74**	**2.55**

表 7 – 6 中费用为发生在各相关部门的间接费用。其中：

工资。采购部门共有采购人员 5 人，一个采购人员一个经营周期的工资费用为 30 000 元，小计为：30 000 × 5 = 0.15（百万元）

研发部门本周期共有研发人员 12 人，一个研发人员一个经营周期的工资费用为 50 000 元，小计为：50 000 × 12 = 0.60（百万元）

销售部门本周期共有销售人员 63 人，一个销售人员一个经营周期的工资费用为 35 000 元，小计为：35 000 × 63 = 2.205（百万元），加上因销售 B 型特殊产品而形成的 10 000 元固定销售人员费用，合计为：2.205 + 0.01 = 2.215 ≈ 2.22（百万元）

管理部门共有管理人员固定为 25 人，一个管理人员一个经营周期的工资费用为 35 000 元，小计为：35 000 × 25 = 0.875（百万元），因本周期投资管理合理化费用为 30 万元时，可节省管理人员工资费用的 25%，所以，管理人员实际工资费用合计为：0.875 ×（1 – 0.25）≈ 0.656 ≈ 0.66（百万元），由此，各发生部门间接工资费用总额为：

0.15 + 0.60 + 2.215 + 0.656 = 3.621 ≈ 3.62（百万元）

社会福利费用。各部门的人员附加费用（社会福利费用）即为各部门形成的间接工资费用（不含销售人员工资费用）×社会福利费用系数（本例中为80%）。

由此，各发生部门间接社会福利费用总额为：

(3.621 - 2.215) ×0.8 = 1.1248（百万元）≈1.12（百万元）

生产人员的工资与社会福利费用属直接人员费用，直接进入产品，不在此表中核算。

招聘/解雇费用。本周期招聘生产人员4人，研究人员4人，每人发生招聘费用1万元，合计8万元。

厂房折旧费用。各部门占用厂房、办公场地所形成的折旧费用，一般不会变化。

其他固定费用基本保持不变。

其余各项内容含义与成本类型核算报表中的对应内容相同。

最后一行合计中的0.45百万元、3.83百万元、1.57百万元、5.74百万元和2.55百万元等数据即为分别发生在采购、生产、研究开发、销售库存及管理部门的间接成本费用，累计为14.14百万元。

3. 系统进行成本承担单元核算，计算出各类产品的产品完全成本和生产经营成果，核算报表如表7-7所示。

表7-7　　**成本承担单元核算报告**　　单位：百万元

成本/成本承担单元	合计	一般产品 一般市场	一般产品 附加市场Ⅰ	特殊产品 附加市场Ⅱ
原材料	2.08	1.73	0	0.35
+附件	4.21	4.21	0	0
+生产材料	0.88	0.74	0	0.14
=材料直接费用	7.17	6.68	0	0.49
+材料间接费用	0.45	0.42	0	0.03
=材料成本	7.63	7.11	0	0.52
加工直接费用	5.08	4.3	0	0.78
+加工间接费用	3.83	3.24	0	0.59
=加工成本	8.91	7.54	0	1.37
=制造成本	16.54	14.65	0	1.89
+研究开发费用	1.57	1.39	0	0.18
+销售费用	5.74	5.08	0	0.66
+管理费用	2.55	2.26	0	0.29
=产品成本	26.39	23.37	0	3.02
销售收入	33.53	29.28	0	4.25
+/-产品库存变化	-0.33	-0.33	0	0
=总的经营收入	33.2	28.95	0	4.25
生产经营成果	6.81	5.58	0	1.29

表7-7中：

材料间接费用0.45百万元来自成本发生部门核算报表中的采购部门，分摊方式是以各产品直接材料费用为基础。计算公式为：

$$分摊系数=\frac{材料间接费用}{材料直接费用}=\frac{0.45}{7.18}\approx 0.062674$$

其中，材料直接费用为原材料、附件和辅助生产材料费用等所有材料费用之和。

$$E型产品分摊额=E型产品材料直接费用\times 分摊系数=6.69\times 0.062674$$
$$=0.42（百万元）$$

$$B型产品分摊额=B型产品材料直接费用\times 分摊系数=0.49\times 0.062674$$
$$=0.03（百万元）$$

加工间接费用3.83百万元来自成本发生部门核算报表中的生产部门，分摊方式是以各产品直接加工费用为基础，计算公式原理与材料间接费用分摊计算公式原理相同。

$$分摊系数=\frac{加工间接费用}{加工直接费用}=\frac{3.83}{5.08}\approx 0.753937$$

其中，加工直接费用为生产人员的工资费用和社会福利费用之和。

$$E型产品分摊额=E型产品加工直接费用\times 分摊系数=4.30\times 0.753937$$
$$\approx 3.24（百万元）$$

$$B型产品分摊额=B型产品加工直接费用\times 分摊系数=0.78\times 0.753937$$
$$\approx 0.59（百万元）$$

研究开发费用1.57百万元、销售费用5.74百万元、管理费用2.55百万元分别来自成本发生部门核算报表中的研究开发、销售仓库和管理部门的合计，分摊方式是以各产品制造成本为基础，计算公式原理与材料间接费用、加工间接费用分摊计算公式原理相同。如研究开发费用分摊计算公式为：

$$分摊系数=\frac{研究开发费用}{制造成本费用}=\frac{1.57}{16.53}\approx 0.094979$$

$$E型产品分摊额=E型产品的制造成本\times 分摊系数=14.64\times 0.097399$$
$$\approx 1.39（百万元）$$

$$B型产品分摊额=B型产品的制造成本\times 分摊系数=1.89\times 0.097399$$
$$\approx 0.18（百万元）$$

产品库存变化系指库存产品制造成本（价值）的变化，计算公式为：

$$产品库存变化=产品期末库存价值-期初库存价值=0-0.33$$
$$=-0.33（百万元）$$

如果产品库存变化计算结果为正值，表示产品库存数量和价值有所增加，计算经营成果时产品库存价值按制造成本计入产品销售收入，此时应加上；反之，如果计算结果为负值，表示产品库存数量和价值有所减少，如本例所示，减少了0.33百万元，其意义为本周期销售产品收入中，有部分产品是上周期生产的产品，上周期计算产品收入时已按制造成本价值计入，本周期销售产品收入中应将这部分予以扣除，不得重复计算，此时应减去。

（六）贷款计算原理

中期贷款数额计算公式为：

中期贷款额 = 本周期的所有支出费用 + 本周期期末所必备的现金存量 10 万元 - 本周期销售收入的 80% - 上周期销售收入的 20% - 期初现金和其他收入

计算结果若为正值，此值即为需要的中期贷款额，并应略微多贷一些，留有余地，以防对销售收入的判断失误，造成贷款不足而引发透支贷款；反之，计算结果若为负值，则表示企业现金拥有量已可满足经营需要，此值即为余额，不必再向银行贷款，不再做扩大性投资的话，进而可考虑运用余额购买有价证券（须区别的是：支出费用不一定就是成本费用，如本周期购买的原材料数量为 45 001 个单位，支出原材料费用为 3. 15 百万元，但用于当期生产的仅为 29 750 个单位，即进入成本的原材料仅为 2. 08 百万元，其余的存放在仓库中）。各项费用支出和各项收入计算如表 7 - 8 所示。

表 7 - 8　企业经营财务报告　单位：百万元

财务报告本周期			
期初现金	0. 84		
现金收入	本周期	现金支出	本周期
本周期产品销售收入	26. 83	材料费用	8. 28
+ 前周期产品销售收入	5. 24	+ 人员费用	9. 9
		+ 其他经营费用	6. 19
+ 有价证券	0	+ 中期和透支贷款归还	5
+ 利息收入	0	+ 利息费用	0. 94
		+ 购买机器人	7. 36
+ 特别收入	0	+ 购买生产线和厂房	4
+ 生产线变卖收入	0	+ 购买有价证券	0
		+ 税收	2. 35
+ 中期贷款	11. 33	+ 股息支付（前周期）	0. 3
+ 透支贷款	0	+ 特别费用	0
= 现金收入合计	43. 4	= 现金支出合计	44. 32
期末现金	0. 1		

表 7 - 8 中本周期的所有支出费用为：

购买材料费用 8. 28 百万元，计算公式为：

材料费用 = 原材料费用 + 附件费用 + 辅助生产材料费用

= 3. 15 + 4. 25 + 0. 88

= 8. 28（百万元）

其中，原材料订购批量为45 001个单位，考虑原材料的批量价格折扣，单价为70元/单位。由此，原材料的采购总费用为：70元/单位×45 001单位=3.15（百万元）；附件订购批量为25 001个单位，考虑到批量价格折扣，单价为170元/单位。由此，附件采购总费用为：170元/单位×25 001单位=4.25（百万元）。辅助生产材料费用由E型产品和B型产品两部分产品实际生产需要量构成，E型产品每台需30元，共计生产24 750台，B型产品每台需28元，共计生产5 000台，由此，辅助生产材料费用合计为：

辅助生产材料费用=30×24 750+28×5 000=882 500（元）

=0.8825（百万元）

人员费用9.9百万元，计算公式为：

人员费用=工资费用+社会福利费用+招聘/解雇费用

=6.44+3.39+0.08

=9.91（百万元）

其中，工资费用的6.44百万元中：

直接工资费用=单位生产人员工资费用（元/周期）×生产人员数

=30 000×94

=2 820 000（元）

=2.82（百万元）

各部门发生的间接工资费用总额为3.62百万元，两者合计为6.44百万元。

社会福利费用3.39百万元计算公式为：

社会福利费用=工资费用总额（不含销售人员工资）×社会福利费用系数

=[6.44—(0.035×63)]×80%

=3.388≈3.39（百万元）

其他经营费用6.19百万元计算公式为：

其他经营费用=其他固定费用+维修保养费用+合理化费用

+返修/废品费用+仓库费用+广告费用

+市场调研费用+其他研发费用

=1.6+0.15+0.3+0.35+0+3.2+0.2+0.39

=6.19（百万元）

中期和透支贷款归还5百万元为上一周期的中期贷款额，本周期须归还。

利息费用0.94百万元计算公式为：

利息费用=长期贷款的利息费用+中期贷款的利息费用

=6×8.2%+5×9%

=0.942≈0.94（百万元）

购买机器人费用7.36百万元计算公式为：

购买机器人费用=购买机器人价格/个×机器人个数

=0.32×23

=7.36（百万元）

购买生产线和厂房中因增加了一条生产线而形成投资费用4百万元。

购买有价证券数为0，因本周期尚需中期贷款，故而不宜购买有价证券。

税收费用2.35百万元计算公式为：

税收费用 = （企业生产经营成果 + 有价证券收入 - 利息费用）×40%

= （6.81 + 0 - 0.94） ×40%

= 2.35（百万元）

股息支付（上周期）0.3百万元为上周期决策数据，企业盈利后于上周期年终结余（税后利润）中扣除，本周期实际付出。

由此，本周期所有支出费用总计为44.32百万元。

表7-8中本周期的所有现金收入为：

本周期现金收入 = 本周期销售收入的80% + 上周期销售收入的20% + 期初现金

= 26.83 + 5.42 + 0.84

= 33.09（百万元）

则：

中期贷款额 = 本周期所有支出费用 + 期末备用金 - 所有现金收入

= 44.32 + 0.1 - 33.09

= 11.33（百万元）

即本周期该企业所需中期贷款应为11.33百万元。

（七）综合评分原理

每周期的决策仿真过程结束后，系统将依据各企业的经营成果给出综合评分，评分的各个指标评价权重如表7-9所示。

表7-9 各指标评价权重 单位：%

一般市场价格	1	实际市场占有	1	税前企业盈利	1
广告费用投入	1	一般市场生产	1	周期缴纳税收	1
销售人员数量	1	累积产品库存	1	机器人累计数	1
一般市场计划	1	生产人员数量	2	设备生产能力	1
一般市场销量	1	生产线的负荷	1	总的盈亏累计	40
产品研究费用	1	生产人员负荷	1	周期贷款总额	24
一般市场销售额	1	周期支付股息	10	周期期末现金	1
理论市场占有	1	产品质量评价	2	资产负债合计	4

主持人可对表7-9中各评价指标权重进行修改，但各指标总权重累计数始终为100%。

各项指标中，默认的影响评分的主要指标为周期支付股息、总的盈亏累计、周期贷款总额和资产负债合计四项，占了评分总权重的78%。

在这四项指标中，周期支付股息、总的盈亏累计和资产负债合计为正计分。其中，周期支付股息根据各企业在所有周期支付的股息累计总额进行比较性评分，支付股息总额最多的企业该项指标得满分如 10 分，以 0 为底分形成线性递增，其他企业依据所支付的股息总额多少所得分数相应递增。如设第一企业至第四周期时累计支付股息为 2 百万元，是所有企业中累计支付股息总额最多的，当评价指标权重为 10 分时，则第一企业该项指标得分为 10 分。第二企业至第四周期时累计支付股息总额为 1.8 百万元，则第二企业该项指标得分计算公式为：

$$第二企业周期支付股息得分 = \frac{10-0}{2-0} \times 1.8 = 9（分）$$

与周期支付股息评分方法相类似，总的盈亏累计和资产负债合计根据所在周期的利润储备总额和负债合计总额进行比较性评分，总额最多的企业得满分，以 0 为底分形成线性递增，其他企业依据总额的多少所得分数相应递增。如某一企业总的盈亏累计为负值，则该项得分为 0。

如企业经营连续亏损，且亏损额较大，在数额上甚至抵销了原有的利润储备，使总的利润储备被抵销后成为负值，则此时对应企业的该项得分只能被评为 0。由于这一指标的评分权重一般都较大，所以此项指标得分多少，将会对该企业总的成绩评定产生至关重要的影响。

在这四项指标中，周期贷款总额为负计分。例如，没有发生周期贷款的企业得 24 分，周期贷款发生额最大的企业可能就得 0，形成线性递减，其他企业依据周期贷款总额的多少所得分数相应递减。如设第一企业至第四周期时周期贷款总额为 2 百万元，是所有企业中周期贷款总额最大的，则第一企业该项指标得分有可能为 0，当评价指标权重为 24 分时，没有周期贷款的企业该项指标得分即为 24 分。第二企业至第四周期时周期贷款总额为 1.5 百万元，则第二企业该项指标得分计算公式为：

$$第二企业周期亏损结转得分 = \frac{24-0}{2-0} \times (2-1.5) = 6（分）$$

其他指标权重均为小分，且其评分结果与上述四项指标有着密切的联系，一般而言，一个企业的上述四项指标综合评分较高时，其他指标评分也会相应较高，反之则相反。

三、系统使用过程

系统登录页面如图 7-6 所示。

键入学号和密码，单击“登录”按钮，系统即可进入主菜单，主菜单页面如图 7-7 所示。

椭圆中各圆编号分别表示：1——“查看周期形势”、2——“输入决策数据”、3——“预算仿真周期”、4——“查看竞争结果”、5——“查看企业报告”、6——“查看评价总表”。学生可依次运行，以完成一个完整的仿真周期。将鼠标移至编号 1——“查看周期形势”，系统会给出该项编号的内容提示，如图 7-8 所示。

图 7-6　工作站系统登录页面

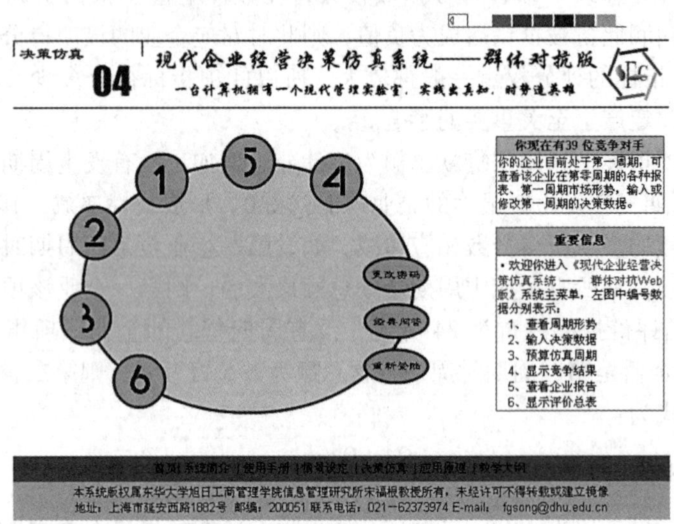

图 7-7　工作站系统主菜单页面

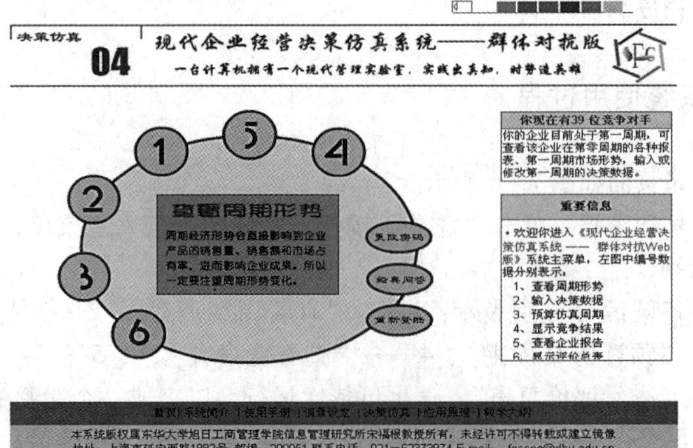

图 7-8　工作站系统主菜单编号 1——“查看周期形势”内容提示页面

单击该编号，系统即会进入第一周期形势报告显示页面，这样的周期形势报告共有七份，分别相对于七个不同的经营周期，但每份报告只有在进行相应周期决策前才能看到。如第一周期的形势报告如图 7－9 所示。

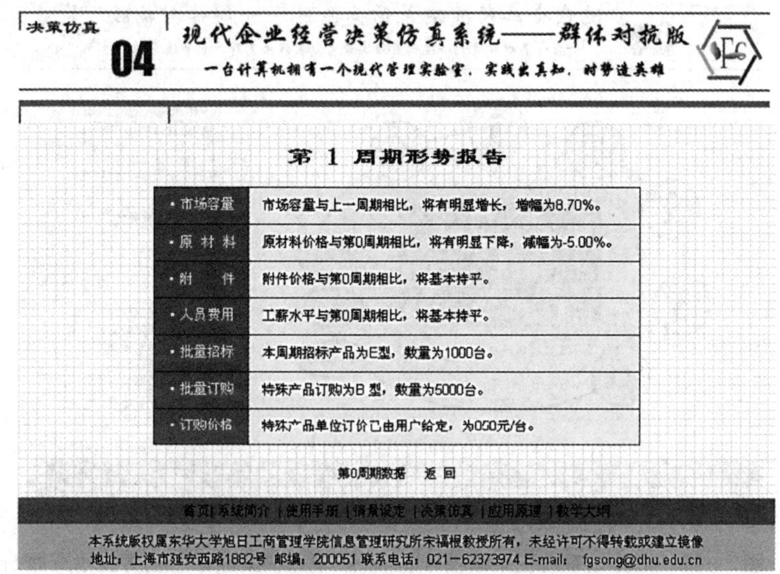

图 7－9　第一周期的形势报告

分析周期形势报告中给出的市场容量、材料价格、招标数量及批量订购等数据信息变化，学生可就本企业本周期的生产经营方案做出决策。欲进一步了解基础周期的其他一些基本数据，可单击周期形势报告表下的“第 0 周期数据”按钮，系统会给出相关数据，如图 7－10 所示。

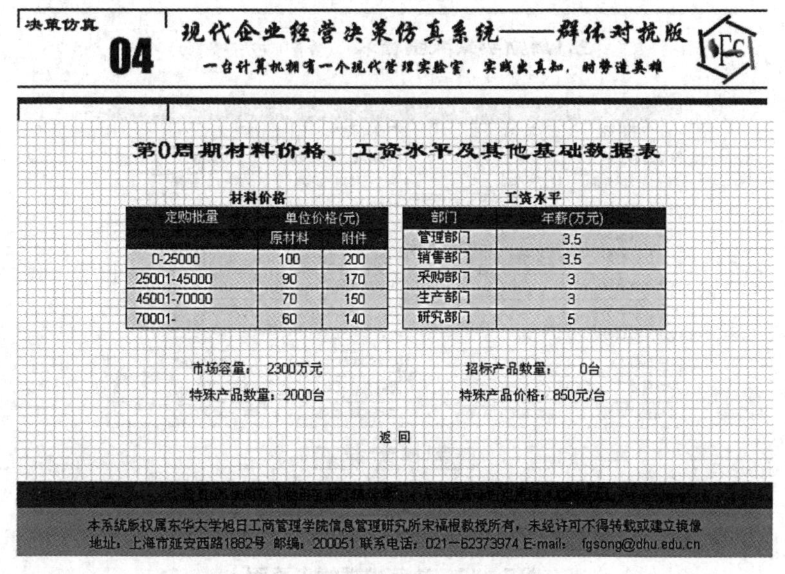

图 7－10　第 0 周期相关基础数据页面

将鼠标移至编号2——“输入决策数据”，系统会给出该项编号的内容提示，如图7－11所示。

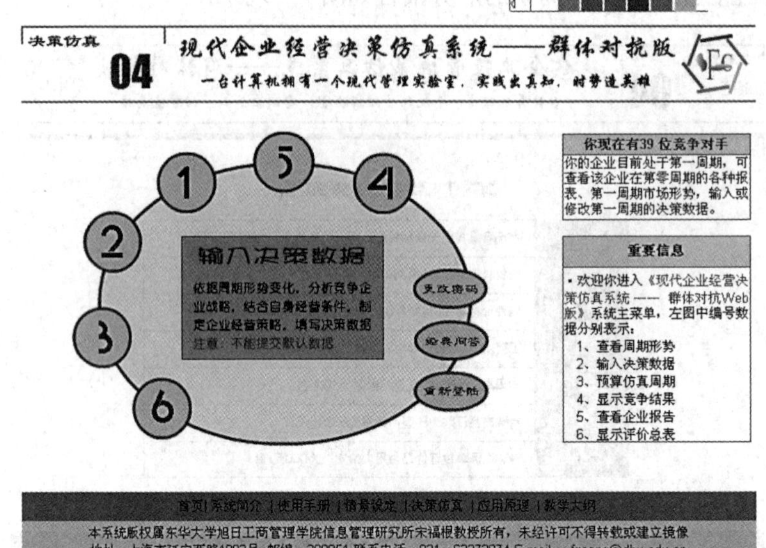

图7－11 工作站系统主菜单编号2——“输入决策数据”内容提示页面

单击该编号，系统即会进入第一周期决策数据输入页面，学生可依次输入决策数据，以形成一个完整的企业周期生产经营决策方案。决策数据输入页面如图7－12所示。

图7－12 决策数据输入页面

输入决策数据时，单击各个决策项目内容，即可获得各项决策的帮助内容，如图 7-13 所示。

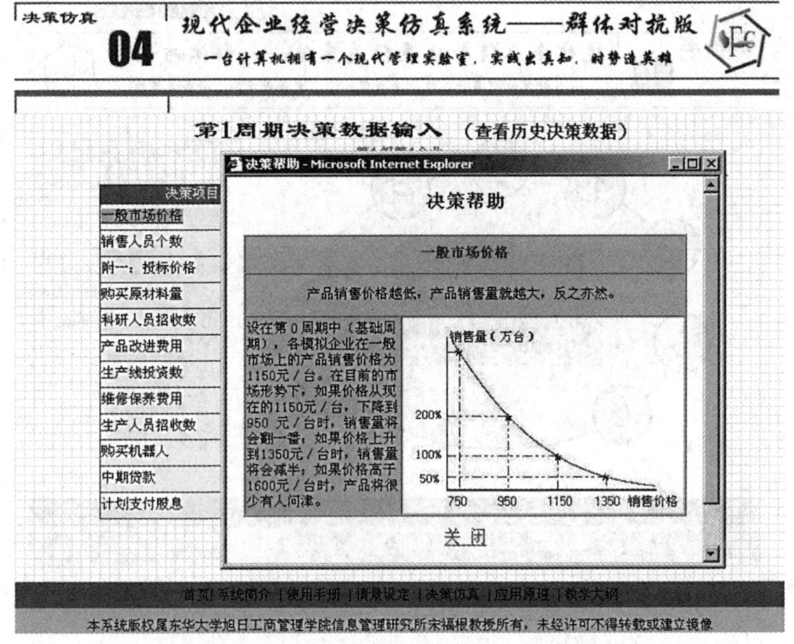

图 7-13　输入决策数据时的帮助页面

输入完决策数据，单击“确定”按钮，决策数据输入页面要求确认数据正确并返回，如图 7-14 所示。

决策仿真

04

现代企业经营决策仿真系统——群体对抗版

一台计算机拥有一个现代管理实验室，实践出真知，时势造英雄

决策数据已经成功提交，请确认返回！

决策项目		决策数据	决策项目		决策数据
一般市场价格	(元/台)	1125	广告费用投入	(百万元)	1.00
销售人员个数	(个)	40	市场和生产研究报告	(Y/N)	Y
附一：投标价格	(元/台)	0	附二：特殊产品数	(台)	2000
购买原材料量	(台)	21600	购买附件量	(台)	20800
科研人员招收数	(个)	0	科研人员辞退数	(个)	0
产品改进费用	(百万元)	0.39	一般市场产品计划量	(台)	21600
生产线投资数	(条)	0	生产线变卖数	(条)	0
维修保养费用	(百万元)	0.1	生产合理化投资	(百万元)	0.00
生产人员招收数	(个)	4	生产人员辞退数	(个)	0
购买机器人	(个)	0	社会福利费用	(%)	80
中期贷款	(百万元)	5.0	购买有价证券	(百万元)	0.00
计划支付股息	(百万元)	0.30	管理合理化投资	(百万元)	0.00

重新输入数据　　数据确认返回

首页|系统简介 |使用手册 |情景设定 |决策仿真 |应用原理 |教学大纲

图 7-14　决策数据输入确认返回页面

单击“数据确认返回”按钮，系统返回到主菜单。将鼠标移至编号3——“预算仿真周期”，系统会给出该项编号的内容提示，如图7-15所示。

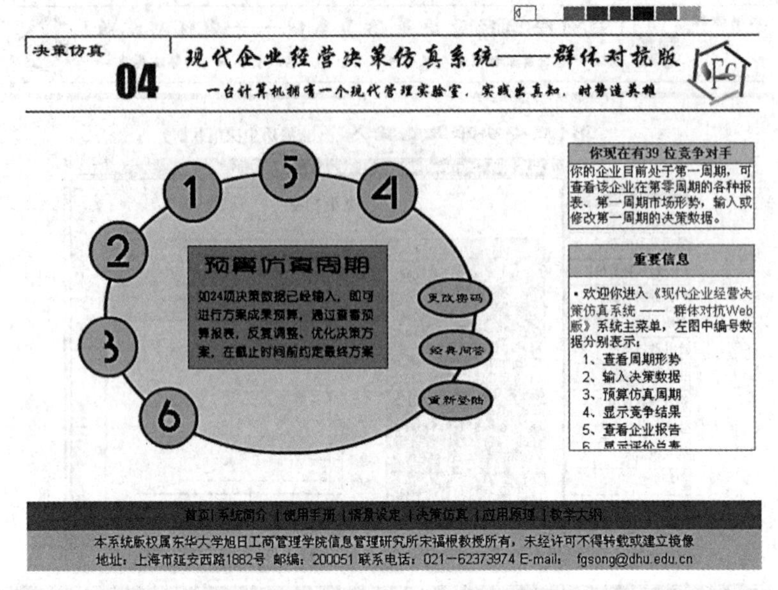

图7-15 工作站系统主菜单编号3——“预算仿真周期”内容提示页面

单击该编号，系统即会进入“拟测算竞争企业决策方案”和“直接进行本企业方案预算”选项页面，如图7-16所示。

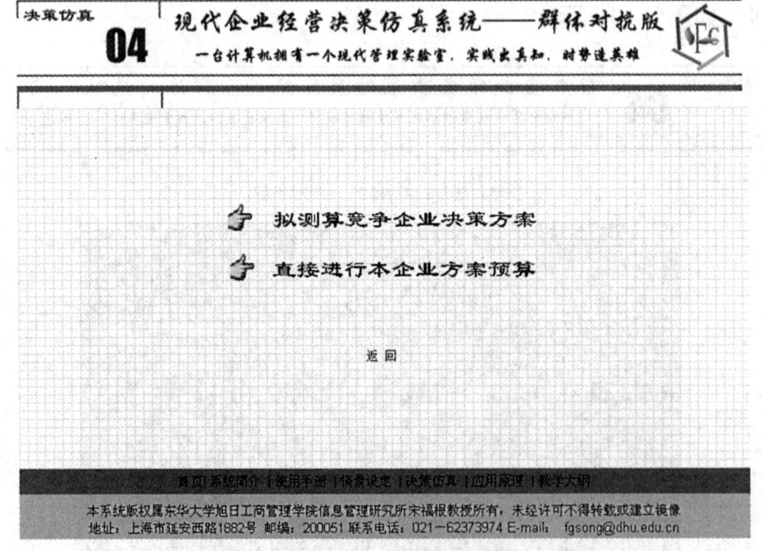

图7-16 决策方案预算两个选项页面

如果单击“拟测算竞争企业决策方案”，系统就会进入要求选择竞争企业号、输入竞争企业决策数据页面，输入测算的竞争企业决策方案数据，单击“确定”按钮，系统就会完成预算；如果单击“直接进行本企业决策方案预算”，则系统直接进行预算，预算完成后的提示页面如图 7－17 所示。

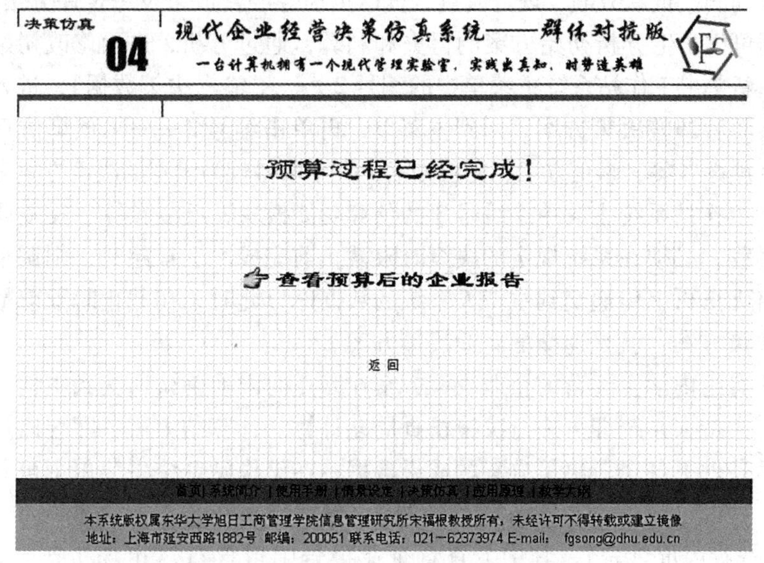

图 7－17　预算过程已经完成提示页面

单击“查看预算后的企业报告”按钮，系统就会进入“企业预算报告”主菜单，如图 7－18 所示。

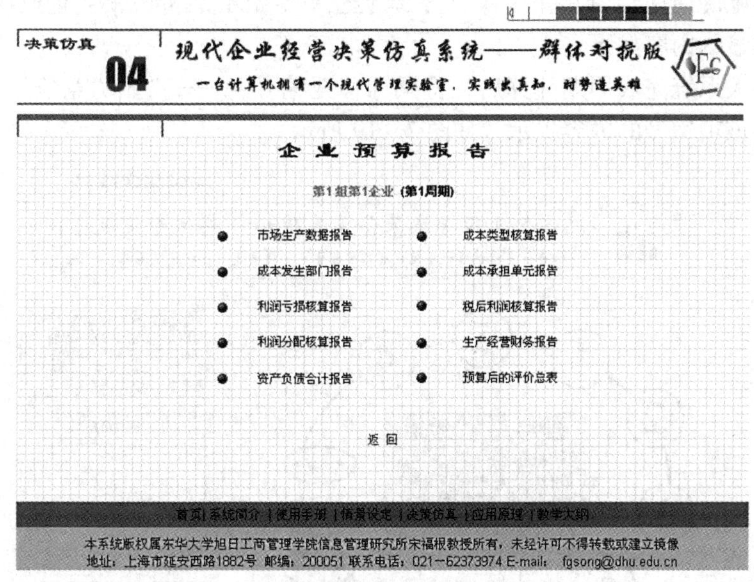

图 7－18　企业预算报告

预算后的企业预算报告中含有《市场生产数据报告》《成本类型核算报告》《成本发生部门核算报告》《成本承担单元报告》《利润亏损核算报告》《税后利润核算报告》《利润分配核算报告》《生产经营财务报告》《资产负债合计报告》《预算后的评价总表》等各个报告选项，分别单击各个选项，通过查看，可以了解一定决策方案下的企业产品市场销售量、销售额、设备负荷、人员负荷、生产成本、销售利润、贷款数额、现金流量、资产负债等经营成果及综合评分结果数据。这些数据可供学生分析初始方案的得失和利弊，通过分析，进而修改初始决策方案，并重新单击工作站系统主菜单中的编号2——“输入决策数据”，进入决策数据输入页面后调整决策方案。回到主菜单，再单击编号3——“预算仿真周期”，通过反复预算方案、修正方案、完善方案，直至取得较为满意的决策方案为止。

运用工作站系统主菜单中编号3的预算功能模块，反复预算、反复调整决策方案的过程，必须在系统规定的决策时限截止前完成。一旦超时，则调整过的决策方案将无法再上传递交到主持人系统的数据库。此时，在截止时限前最后一次确认的决策方案，就是递交的企业决策方案。

在所有组内学生经营的企业决策方案在截止时限前确认递交到主持人系统数据库后，主持人系统即可进行决策仿真周期计算。计算结束后，即会以报表形式输出竞争条件下各企业决策方案的成果数据，在工作站系统主菜单中可以分别予以查看，如编号4——“显示竞争结果”、编号5——“查看企业报告”、编号6——“查看评价总表”。其中，查看企业报告中也含有《市场生产数据报告》《成本类型核算报告》《成本发生部门核算报告》《成本承担单元报告》《利润亏损核算报告》《税后利润核算报告》《利润分配核算报告》《生产经营财务报告》《资产负债合计报告》等，其报表与预算报告的报表形式相似。这些数据可使学生对所实施的周期经营决策方案从整体上进一步做出剖析，领会企业成功的秘诀。具体显示内容如下。

主持人系统完成周期计算后，将鼠标移至编号4——“显示竞争结果”，系统会给出该项编号的内容提示，如图7-19所示。

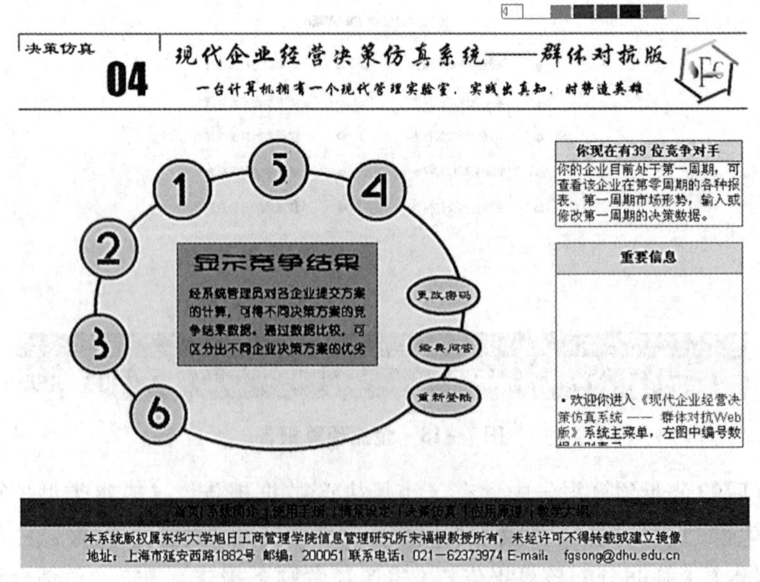

图7-19 工作站系统主菜单编号4——“显示竞争结果”内容提示页面

单击该编号，系统即会进入显示“各企业主要竞争结果数据表”页面，如图 7 – 20 所示。

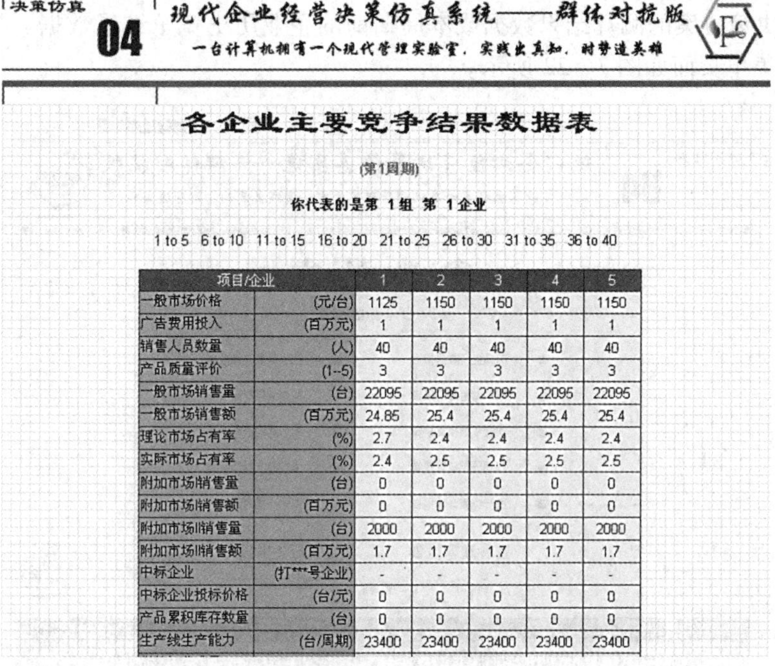

各企业主要竞争结果数据表

(第1周期)

你代表的是第 1组 第 1企业

1 to 5 6 to 10 11 to 15 16 to 20 21 to 25 26 to 30 31 to 35 36 to 40

项目/企业		1	2	3	4	5
一般市场价格	(元/台)	1125	1150	1150	1150	1150
广告费用投入	(百万元)	1	1	1	1	1
销售人员数量	(人)	40	40	40	40	40
产品质量评价	(1--5)	3	3	3	3	3
一般市场销售量	(台)	22095	22095	22095	22095	22095
一般市场销售额	(百万元)	24.85	25.4	25.4	25.4	25.4
理论市场占有率	(%)	2.7	2.4	2.4	2.4	2.4
实际市场占有率	(%)	2.4	2.5	2.5	2.5	2.5
附加市场I销售量	(台)	0	0	0	0	0
附加市场I销售额	(百万元)	0	0	0	0	0
附加市场II销售量	(台)	2000	2000	2000	2000	2000
附加市场II销售额	(百万元)	1.7	1.7	1.7	1.7	1.7
中标企业	(打***号企业)	-	-	-	-	-
中标企业投标价格	(台/元)	0	0	0	0	0
产品累积库存数量	(台)	0	0	0	0	0
生产线生产能力	(台/周期)	23400	23400	23400	23400	23400

图 7 – 20 各企业主要竞争结果数据表页面

将鼠标移至编号 5——“查看企业报告”，系统会给出该项编号的内容提示，如图 7 – 21 所示。

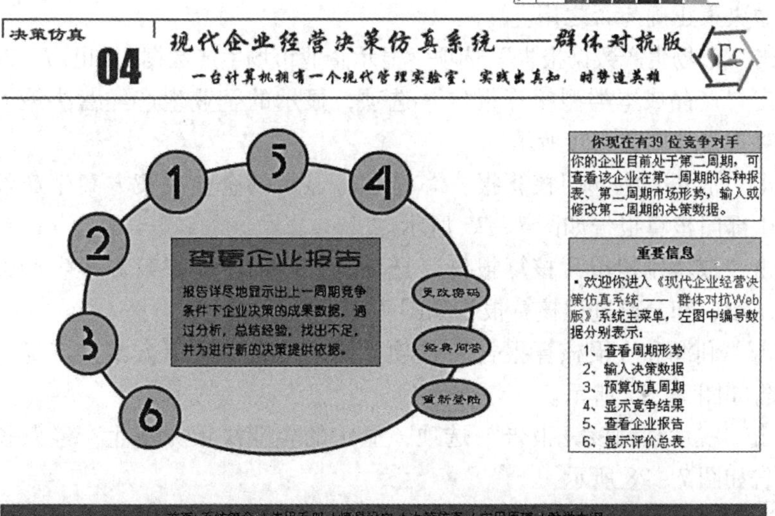

图 7 – 21 工作站系统主菜单编号 5——“查看企业报告”内容提示页面

单击该编号，系统即会进入“企业报告”主菜单页面，尽管其显示形式与“企业预算报告”主菜单相仿，但各个报告中的数据为实际竞争计算后的结果数据。单击主菜单页面下方的“查看预算报告”或“查看历史报告”，可以查看到本周期决策方案的测算结果数据或本周期前的企业历史竞争结果数据。“企业报告”主菜单页面如图 7－22 所示。

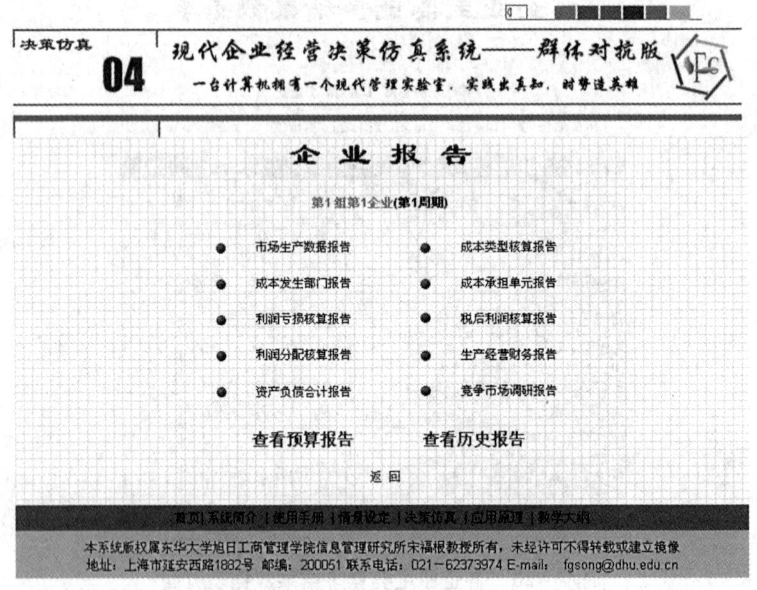

图 7－22　企业报告主菜单页面

逐项进入主菜单的各项报告选项，这些报告详尽地汇集了本周期企业生产经营活动过程中的所有主要决策数据、成本数据和成果数据，可供企业深入分析本周期所做决策正确与否之用。

单击“市场生产数据报告”选项，显示企业市场生产数据，如图 7－23 所示。

单击“产品成本类型核算报告”选项，显示的企业生产经营决策方案成本类型核算报告如图 7－24 所示。

单击“成本发生部门核算报告”选项，显示的企业决策方案生产经营间接成本发生部门核算报告如图 7－25 所示。

单击“成本承担单元核算报告”选项，显示的企业决策方案生产经营所有成本费用形成和分摊过程核算报告如图 7－26 所示。

单击“利润和亏损核算报告”选项，显示的企业决策方案生产经营利润和亏损报告如图 7－27 所示。

单击“税后利润核算报告”选项，显示的企业决策方案生产经营税后利润核算报告如图 7－28 所示。

单击“利润分配核算报告”选项，显示的企业决策方案生产经营利润分配核算报告如图 7－29 所示。

单击“企业财务核算报告”选项，显示的企业决策方案生产经营财务核算报告如图 7－30 所示。

单击“企业资产负债报告”选项，显示的企业决策方案生产经营资产负债报告如图 7－31 所示。

如果企业在决策时已经选择购买市场调研报告，则单击“竞争市场调研报告”，显示的企业决策方案生产经营竞争市场调研报告如图 7－32 所示。

决策仿真 04

现代企业经营决策仿真系统——群体对抗版

一台计算机拥有一个现代管理实验室，实践出真知，时势造英雄

市场生产数据报告

(第1周期)

市场报告

	一般市场	附加市场	
		I	II
价格 (元/台)	1125	0	850
销售量 (台)	22095	0	2000
销售额(百万元)	24.85	0	1.7
市场占有率 (%)	2.4		
产品质量评价	3		

仓库报告I：原材料

	量(台)	价值	
		(元/台)	(百万元)
期初库存	0	0	0
+增 加	23600	97.4	2.29
-消 耗	23600	97.4	2.29
=期末库存	0	0	0

仓库报告II：一般产品

	量(台)	制造成本(元/台)	库存价值(百万元)
期初库存	495	671	0.33
+增 加	21600	670.4	14.48
-消 耗	22095	670.41	14.81
=期末库存	0	0	0

仓库报告III：附件

	量(台)	价值	
		(元/台)	(百万元)
期初库存	200	200	0.04
+增 加	21400	201.6	4.31
-消 耗	21600	201.6	4.35
=期末库存	0	0	0

人员报告I

	生产部门	研究开发部门
期初人员	94	8
+招 聘	4	0
-解 雇	0	0
-流 动	4	---
=期末人员	94	8

人员报告II

部门	人员(个)
销 售	40
采 购	5
管 理	25
管理的合理化系数	1

生产报告I

	生产线(条)	机器人(个)
前周期	4	0
+投 资	0	0
-变 卖	0	---
本周期	4	0

生产报告II

	加工(台)	设备要求(单位)	人员要求(个)
一般产品	21600	21600	86.4
特殊产品	2000	1800	7.1
合 计	23600	23400	94
负载率(%)	---	100	99.5

生产报告III

生产线的合理化系数	1
生产线维修保养系数	0.9
生产线负载率100%时生产能力	23400

返回　　继续

首页 | 系统简介 | 使用手册 | 情景设定 | 决策仿真 | 应用原理 | 教学大纲

本系统版权属东华大学旭日工商管理学院信息管理研究所宋福根教授所有，未经许可不得转载或建立镜像

地址：上海市延安西路1882号 邮编：200051 联系电话：021－62373974 E-mail：fgsong@dhu.edu.cn

图 7－23　市场生产数据报告

决策仿真 04

现代企业经营决策仿真系统——群体对抗版

一台计算机拥有一个现代管理实验室，实践出真知，时势造英雄

产品成本类型核算报告

(第1周期)

成本类型	百万元	成本类型说明
材料费用		
原材料	2.29	直接成本
附件	4.35	直接成本
生产材料	0.7	直接成本
人员费用		
工资费用	5.65	其中直接成本2.82
人员附加费用	3.39	其中直接成本2.25
招聘/解雇费用	0.04	间接成本
折旧费用		
厂房	0.2	间接成本
生产线	1.6	间接成本
机器人	0	间接成本
其他经营费用		
其他固定费用	1.6	间接成本
维修保养	0.15	间接成本
合理化	0	间接成本
返修/废品	0.28	间接成本
库存费用	0	间接成本
广告费用	1	间接成本
市场研究	0.2	间接成本
其他研究开发费用	0.39	间接成本
合 计：	21.87	

返回　　继续

首页|系统简介|使用手册|情景设定|决策仿真|应用原理|教学大纲

本系统版权属东华大学旭日工商管理学院信息管理研究所宋福根教授所有，未经许可不得转载或建立镜像

地址：上海市延安西路1882号 邮编：200051 联系电话：021-62373974 E-mail：fgsong@dhu.edu.cn

图7-24　产品成本类型核算报告

决策仿真 04

现代企业经营决策仿真系统——群体对抗版

一台计算机拥有一个现代管理实验室，实践出真知，时势造英雄

成本发生部门核算

(第1周期)

成本类型\成本发生部门	合计(百万元)	采购	生产	研究开发	销售库存	管理
人员费用						
工资	2.83	0.15	0	0.4	1.41	0.87
人员附加费用	1.14	0.12	0	0.32	0	0.7
招聘/解雇	0.04	0	0.04	0	0	0
折旧费用						
厂房	0.2	0.03	0.12	0.01	0.02	0.02
生产线	1.6	0	1.6	0	0	0
机器人	0	0	0	0	0	0
其他经营费用						
其他固定费用	1.6	0.15	0.3	0.05	0.1	1
维修保养	0.15	0	0.1	0	0	0.05
合理化	0	0	0	0	0	0
返修/废品	0.28	0	0.28	0	0	0
仓库费用	0	0	0	0	0	0
广告	1	0	0	0	1	0
市场研究	0.2	0	0	0	0.2	0
其他研究开发费用	0.39	0	0	0.39	0	0
合 计	9.43	0.45	2.44	1.17	2.73	2.64

返回　　继续

首页|系统简介|使用手册|情景设定|决策仿真|应用原理|教学大纲

本系统版权属东华大学旭日工商管理学院信息管理研究所宋福根教授所有，未经许可不得转载或建立镜像

地址：上海市延安西路1882号 邮编：200051 联系电话：021-62373974 E-mail：fgsong@dhu.edu.cn

图7-25　成本发生部门核算报告

决策仿真 04

现代企业经营决策仿真系统——群体对抗版

一台计算机拥有一个现代管理实验室，实践出真知，时势造英雄

成本承担单元核算

(第1周期)

成本\成本承担单元	合计(百万元)	一般产品 一般市场	一般产品 附加市场I	特殊产品 附加市场II
原材料	2.29	2.1	0	0.19
+附件	4.35	4.35	0	0
+生产材料	0.7	0.64	0	0.05
=材料直接费用	7.35	7.1	0	0.25
+材料间接费用	0.45	0.43	0	0.01
=材料成本	7.8	7.54	0	0.26
加工直接费用	5.07	4.68	0	0.39
+加工间接费用	2.44	2.25	0	0.18
=加工成本	7.51	6.93	0	0.57
=制造成本	15.32	14.48	0	0.84
+研究开发费用	1.17	1.1	0	0.06
+销售费用	2.73	2.57	0	0.15
+管理费用	2.64	2.49	0	0.14
=产品成本	21.87	20.66	0	1.2
销售收入	26.55	24.85	0	1.7
+/-产品库存变化	-0.34	-0.34	0	0
=总的经营收入	26.22	24.52	0	1.7
生产经营成果	4.35	3.85	0	0.49

返回 继续

首页|系统简介|使用手册|情景设定|决策仿真|应用原理理|教学大纲

本系统版权属东华大学旭日工商管理学院信息管理研究所宋福根教授所有，未经许可不得转载或建立镜像

地址：上海市延安西路1882号 邮编：200051 联系电话：021－62373974 E-mail：fgsong@dhu.edu.cn

图7－26 成本承担单元核算报告

决策仿真 04

现代企业经营决策仿真系统——群体对抗版

一台计算机拥有一个现代管理实验室，实践出真知，时势造英雄

利润和亏损核算

(第1周期)

	百万元		百万元
销售收入	26.55	销售收入	26.55
+/-产品库存变化	-0.34	-销售产品制造成本	15.65
-材料费用	7.35		
-人员费用		-销售费用	2.73
-工资	5.65		
-人员附加费用	3.39	-研究开发费用	1.17
-其他人员费用	0.04		
-折旧	1.8	-管理费用	2.64
-其他经营费用	3.62		
=生产经营成果	4.35	=生产经营成果	4.35

返回 继续

首页|系统简介|使用手册|情景设定|决策仿真|应用原理|教学大纲

本系统版权属东华大学旭日工商管理学院信息管理研究所宋福根教授所有，未经许可不得转载或建立镜像

地址：上海市延安西路1882号 邮编：200051 联系电话：021－62373974 E-mail：fgsong@dhu.edu.cn

图7－27 利润和亏损核算报告

税后利润

(第1周期)

	百万元
生产经营成果	4.35
+有价证券收入	0
-利息费用和其他费用	0.94
=一般经营成果	3.41
+特别收入	0
-特别费用	0
=税前经营成果	3.41
-税收	1.36
=年终结余/年终亏损	2.04

图7－28 税后利润核算报告

利润分配

(第1周期)

利润分配	百万元
年终结余/年终亏损	2.04
-前周期亏损结转	0
-本周期利润储备	1.74
=资金平衡利润/资金平衡亏损	0.3
-股息	0.3
=本周期亏损结转	0

图7－29 利润分配核算报告

决策仿真 04 现代企业经营决策仿真系统——群体对抗版

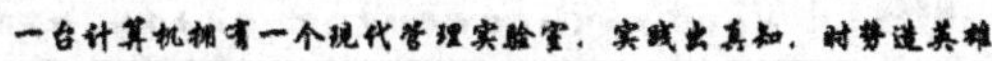

财务报告

(第1周期)

本周期财务报告(百万元)			
期初现金	0.84		
现金收入	本周期(百万元)	现金支出	本周期(百万元)
本周期产品销售收入	21.24	材料费用	7.31
+前周期产品销售收入	5.42	+人员费用	9.09
		+其他经营费用	3.62
+有价证券	0	+中期和透支贷款归还	5
+利息收入	0	+利息费用	0.94
		+购买机器人	0
+特别收入	0	+购买生产线和厂房	0
+生产线变卖收入	0	+购买有价证券	0
		+税收	1.36
+中期贷款	5	+股息支付(前周期)	0.3
+透支贷款	0	+特别费用	0
=现金收入合计	31.66	=现金支出合计	27.63
期末现金	4.87		

返回 继续

首页 | 系统简介 | 使用手册 | 情景设定 | 决策仿真 | 应用原理 | 教学大纲

本系统版权属东华大学旭日工商管理学院信息管理研究所宋福根教授所有，未经许可不得转载或建立镜像
地址：上海市延安西路1882号 邮编：200051 联系电话：021－62373974 E-mail：fgsong@dhu.edu.cn

图7－30 企业财务核算报告

决策仿真 04 现代企业经营决策仿真系统——群体对抗版

一台计算机拥有一个现代管理实验室，实践出真知，时势造英雄

资产负债表

(第1周期)

资 产 (百万元)		负 债 (百万元)	
固定资产		自有资金	
实物		注册资金	4
地产和厂房	3.8	资金储备	1
设备和生产设施	8	利润储备	3.94
流动资产		前周期亏损结转	0
库存		年终结余/年终亏损	2.04
原材料和附件	0	债务	
成品	0	贷款	
债权	5.31	长期贷款	6
有价证券	0	中期贷款	5
现金	4.87	透支贷款	0
资产合计	21.98	负债合计	21.98

返回 继续

首页 | 系统简介 | 使用手册 | 情景设定 | 决策仿真 | 应用原理 | 教学大纲

本系统版权属东华大学旭日工商管理学院信息管理研究所宋福根教授所有，未经许可不得转载或建立镜像
地址：上海市延安西路1882号 邮编：200051 联系电话：021－62373974 E-mail：fgsong@dhu.edu.cn

图7－31 企业资产负债报告

决策仿真 **04** 现代企业经营决策仿真系统——群体对抗版

一台计算机拥有一个现代管理实验室，实践出真知，时势造英雄

各企业市场营销及生产研究报告

(第1周期)

1 to 5　6 to 10　11 to 15　16 to 20　21 to 25　26 to 30　31 to 35　36 to 40

项目/企业		1	2	3	4	5
一般市场价格	(元/台)	1125	1150	1150	1150	1150
广告费用投入	(百万元)	1	1	1	1	1
销售人员数量	(人)	40	40	40	40	40
销售人员费用	(百万元)	1.41	1.41	1.41	1.41	1.41
产品质量评价	(1--5)	3	3	3	3	3
产品研究费用	(百万元)	0.79	0.79	0.79	0.79	0.79
一般市场销售量	(台)	22095	22095	22095	22095	22095
一般市场销售额	(百万元)	24.85	25.4	25.4	25.4	25.4
理论市场占有率	(%)	2.7	2.4	2.4	2.4	2.4
实际市场占有率	(%)	2.4	2.5	2.5	2.5	2.5
附加市场I销售量	(台)	0	0	0	0	0
附加市场I销售额	(百万元)	0	0	0	0	0
附加市场II销售量	(台)	2000	2000	2000	2000	2000
附加市场II销售额	(百万元)	1.7	1.7	1.7	1.7	1.7

(a)

决策仿真 **04** 现代企业经营决策仿真系统——群体对抗版

一台计算机拥有一个现代管理实验室，实践出真知，时势造英雄

各企业市场营销及生产研究报告

(第1周期)

1 to 5　6 to 10　11 to 15　16 to 20　21 to 25　26 to 30　31 to 35　36 to 40

中标企业	(打***号企业)	-	-	-	-	-
中标企业投标价格	(台/元)	0	0	0	0	0
原材料库存量	(台)	0	0	0	0	0
附件库存量	(台)	0	0	0	0	0
产品累积库存数量	(台)	0	0	0	0	0
机器人数量	(个)	0	0	0	0	0
研究人员数	(个)	8	8	8	8	8
一般市场计划量	(台)	21600	21600	21600	21600	21600
一般市场生产量	(台)	21600	21600	21600	21600	21600
维修保养系数	(0--1)	0.9	0.9	0.9	0.9	0.9
合理化系数	(0--1)	1	1	1	1	1
生产线生产能力	(台/周期)	23400	23400	23400	23400	23400
生产人员数	(个)	94	94	94	94	94
生产线负载率	(%)	100	100	100	100	100
生产人员负载率	(%)	99.5	99.5	99.5	99.5	99.5
一般市场的产品成本	(元)	956.71	956.71	956.71	956.71	956.71
税前经营成果	(百万元)	3.41	3.96	3.96	3.96	3.96
本周期亏损结转	(百万元)	0	0	0	0	0
本周期股息支付	(百万元)	0.3	0.3	0.3	0.3	0.3
本周期利润储备	(百万元)	1.74	2.07	2.07	2.07	2.07
本周期中期贷款	(百万元)	5	5	5	5	5
本周期期末现金	(百万元)	4.87	5.09	5.09	5.09	5.09
总的利润储备额	(百万元)	3.94	3.94	3.94	3.94	3.94
本周期透支贷款	(百万元)	0	0	0	0	0
资产负债总和	(百万元)	21.98	22.32	22.32	22.32	22.32

返 回

首页 | 系统简介 | 使用手册 | 情景设定 | 决策仿真 | 应用原理 | 教学大纲

本系统版权属东华大学旭日工商管理学院信息管理研究所宋福根教授所有，未经许可不得转载或建立镜像

地址：上海市延安西路1882号　邮编：200051 联系电话：021－62373974 E-mail：　fgsong@dhu.edu.cn

(b)

图 7－32　竞争市场调研报告

至此，查看完了所有企业报告数据，这些数据涵盖了竞争条件下一定企业决策方案下的经营成果数据，如产品市场销售量、销售额、市场占有率、设备和人员生产能力负荷、成本费用形成、产品生产成本、产品库存数量、企业经营盈亏、现金收支流量、企业资产负债等，这些成果数据可供学生评价所做决策正确与否分析之用，也为下一经营周期进行新的决策提供了依据。

将鼠标移至编号6——“显示评价总表”，系统会给出该项编号的内容提示，如图7－33所示。

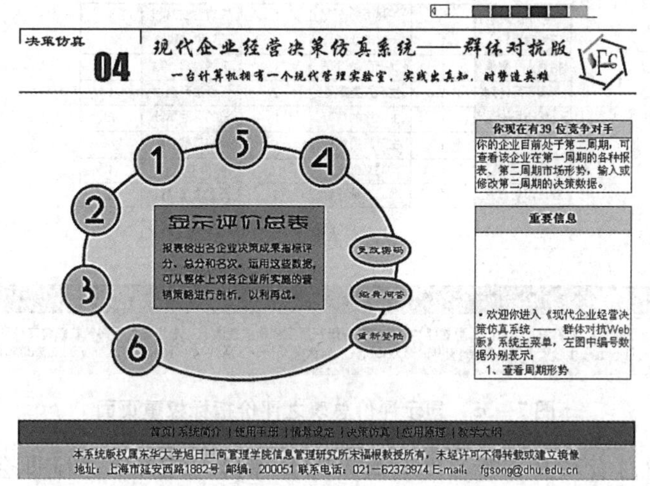

图7－33 工作站系统主菜单编号6——“显示评价总表”内容提示页面

单击该编号，系统即会进入显示“各企业生产经营评价总表”页面，如图7－34所示。

决策仿真

04

现代企业经营决策仿真系统——群体对抗版

一台计算机拥有一个现代管理实验室，实践出真知，时势造英雄

各企业生产经营决策评价总表

(第1周期)

你代表的是第 1组 第1企业

查看各评价指标的权重

评价指标：

- 市场类指标
- 生产类指标
- 财务类指标
- 经营决策综合评价

项目	企业	周期							
		1	2	3	4	5	6	7	评分
	1	1125	---	---	---	---	---	---	1
	2	1150	---	---	---	---	---	---	0.9
	3	1150	---	---	---	---	---	---	0.9
	4	1150	---	---	---	---	---	---	0.9
	5	1150	---	---	---	---	---	---	0.9
	6	1150	---	---	---	---	---	---	0.9
	7	1150	---	---	---	---	---	---	0.9
	8	1150	---	---	---	---	---	---	0.9
	9	1150	---	---	---	---	---	---	0.9
	10	1150	---	---	---	---	---	---	0.9
	11	1150	---	---	---	---	---	---	0.9
	12	1150	---	---	---	---	---	---	0.9

返 回

首页 | 系统简介 | 使用手册 | 情景设定 | 决策仿真 | 应用原理 | 教学大纲

本系统版权属东华大学旭日工商管理学院信息管理研究所宋福根教授所有，未经许可不得转载或建立镜像
地址：上海市延安西路1882号 邮编：200051 联系电话：021－62373974 E-mail：fgsong@dhu.edu.cn

图7－34 显示评价总表之价格评分页面

单击评价总表左上方的“查看各评价指标的权重”按钮，系统即会显示“评价指标权重”，如图 7 – 35 所示。

图 7 – 35　显示评价总表之评价指标权重页面

单击评价总表左上方的“经营决策综合评价”按钮，系统即会显示所有企业的综合得分及名次排列，如图 7 – 36 所示。

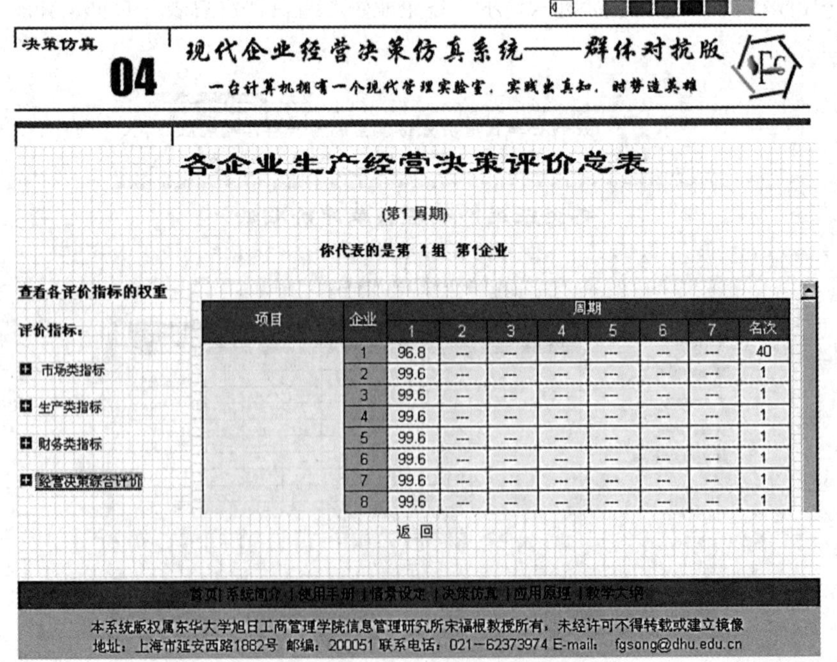

图 7 – 36　显示评价总表之综合评分页面

分别单击评价总表左上方的“市场类指标”“生产类指标”“财务类指标”，则可查看所有企业全部24项评价指标的得分，从而可以进一步分析、比较出各个竞争企业决策方案的优劣。

第一周期的竞争结果数据、企业报告报表及评价总表数据分析完成后，即可转入到第二周期的决策仿真。学生可查看第二周期的市场形势报告，根据新的市场形势变化、结合上一周期主要竞争结果数据，分析竞争企业可能采取的经营战略和销售策略，制订出本企业的经营战略和销售策略，并就第二周期的数据做出决策，输入决策数据、显示竞争结果、查看企业报告、显示评价总表等。以后各周期决策仿真过程均与此相同。

重复上述过程，直至所有企业七个周期决策仿真过程全部完成。最后一个周期完成后，在主菜单中选择“显示评价总表”，即可显示所有企业七个经营周期的主要决策数据、竞争结果数据和综合评价数据。

整个决策过程完成后，可进入主持人系统主菜单，单击“显示评价总表”，依照提示进入“各企业生产经营决策评价总表”，单击“经营决策综合评价”，再单击该表下方的“导出”按钮，即可将所有学生的决策仿真成绩导出至Excel系统下，进行汇总、整理并打印存档。

整个群体对抗决策仿真系统的使用过程如图7－37所示。

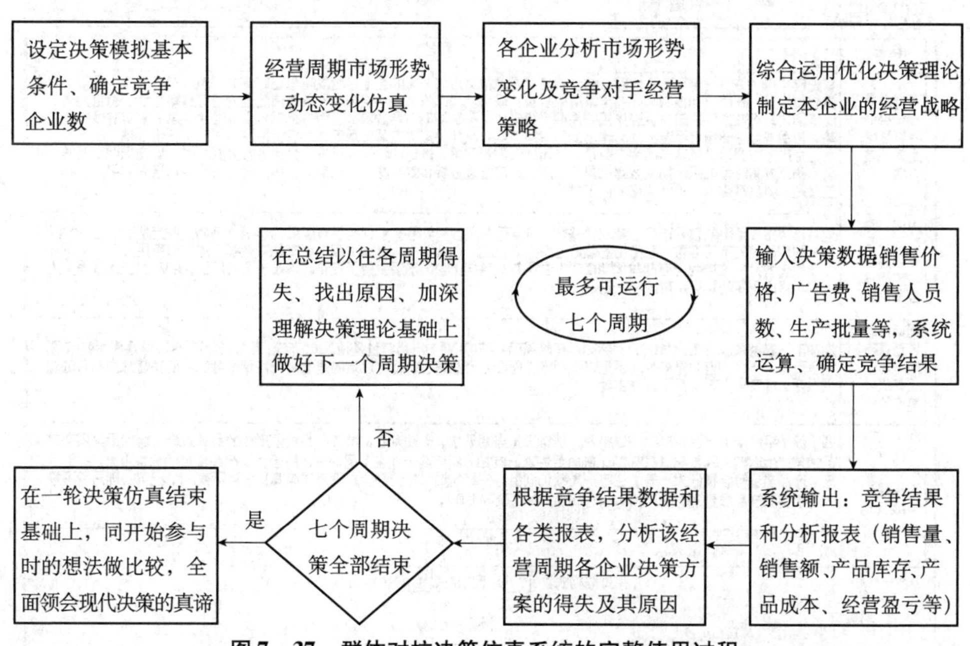

图7－37 群体对抗决策仿真系统的完整使用过程

在工作站主菜单中，将鼠标移至“更改密码”，系统即会进入更改密码页面，如图7－38所示。

在工作站主菜单中，将鼠标移至“经典问答”，系统即会进入经典问答页面，如图7－39所示。

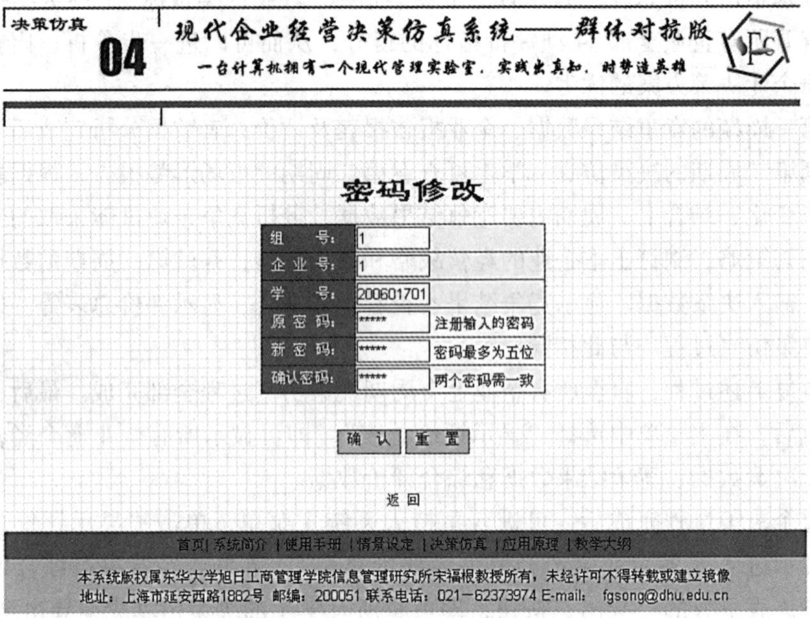

决策仿真 04 现代企业经营决策仿真系统——群体对抗版

一台计算机拥有一个现代管理实验室，实践出真知，时势造英雄

密码修改

组　　号：	1	
企 业 号：	1	
学　　号：	200601701	
原 密 码：	*****	注册输入的密码
新 密 码：	*****	密码最多为五位
确认密码：	*****	两个密码需一致

确 认　重 置

返 回

首页| 系统简介 | 使用手册 | 情景设定 | 决策仿真 | 应用原理 | 教学大纲

本系统版权属东华大学旭日工商管理学院信息管理研究所宋福根教授所有，未经许可不得转载或建立镜像

地址：上海市延安西路1882号 邮编：200051 联系电话：021－62373974 E-mail： fgsong@dhu.edu.cn

图 7－38　更改企业密码页面

经典问答

问题	回答
从何着手制定企业经营战略及其决策方案？	首先应根据《情景设定》基本内容，结合自身管理风格，形成一定的企业经营战略思想。例如：拟通过扩大企业规模、实施规模经营、采用薄利多销，还是维系适中规模、采用优质高价？应尽快形成一条清晰的企业经营战略思路，由粗到细，逐步细化。周期方案决策时，应先围绕周期形势变化，测算周期市场需求；进而分析竞争企业经营状态，拟定有效应对策略；最后结合企业自身经营条件，作出周期决策方案。具体决策时应从市场促销手段运用决策入手，突出以销定产；然后通过生产能力调整，确定产品生产数量；进而计算物料需求，确定物料采购批量；最后进行方案预算，确定周期中期贷款，测算方案经营成果。如果方案成果不理想，则可通过分析预算数据，优化周期决策方案，直至取得较好成果。因此，这又是一个反复测算、不断优化的决策过程。
为何实际市场容量变化感觉与形势报告不符？	周期形势报告给出的仅是市场容量变化基数，其实际值还会受到各企业促销手段运用的影响。例如：假定所有的企业均降价，则理论上的市场容量会在给出的基数上增大；反之，则会缩小。又如，假定所有的企业都增加广告费用投入，则市场容量也会增大，这样就会感觉与周期形势报告不符，事实上也是已经发生了变化。这是一个难以捉摸的动态变化过程，力求和实际市场变动情况尽可能地一致。
周期市场容量是指数量单位还是货币单位？	周期市场容量是以货币为单位的。例如：初始周期（第0周期）市场容量是指2300万元，而非2300万台。这是因为就市场竞争而言，产品销售数量多少还不足以说明多少问题。产品销售价格可以定的很低，销售量很可观，但销售总额却有可能也很低，就竞争而言，并不占据主动。
四个促销手段运用，对后续周期有何影响？	四个促销手段中，产品价格、广告投入、销售人员当期见效，当期有效，惟有产品质量形成的品牌效应，会对后续周期产品销售产生影响，其影响以60%的比例向后递延。例如，假定某企业在某周期投入用于提高产品质量的总费用为2百万元，产品质量等级被评为一等，在下一周期仍欲保持一等的话，在销售量、销售额等其他条件不变的情况下，则只需再投入用于提高产品质量的总费用为2×(1-60%)=0.8百万元即可。

上一页 下一页

页码格式：◉上下页格式 ○数字格式

第1页共4页

返回　首页

首页| 系统简介 | 使用手册 | 情景设定 | 决策仿真 | 应用原理 | 教学大纲

本系统版权属东华大学旭日工商管理学院信息管理研究所宋福根教授所有，未经许可不得转载或建立镜像

地址：上海市延安西路1882号 邮编：200051 联系电话：021－62373974 E-mail： fgsong@dhu.edu.cn

图 7－39　更改企业密码页面

在工作站主菜单中，将鼠标移至“重新登录”，系统即会进入重新登录页面，如图 7－40 所示。

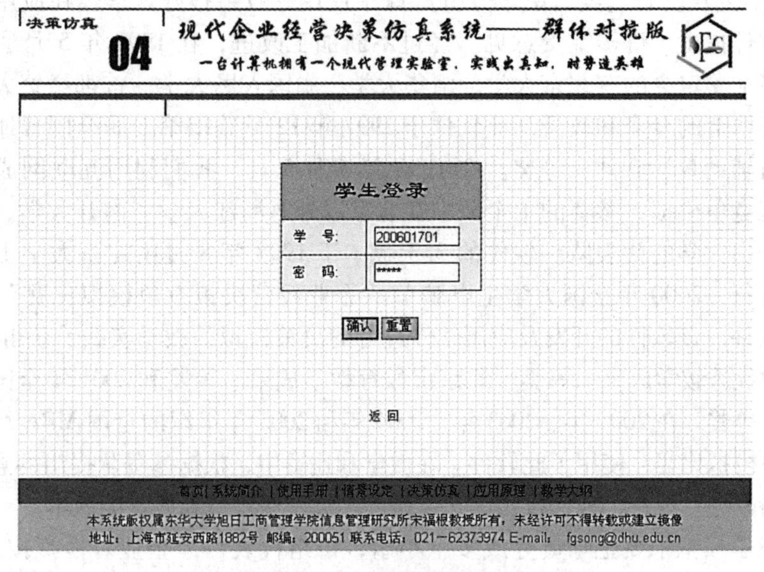

图 7－40　重新登录页面

工作站系统如较长时间静态地停留在某一页面，则登录信息会丢失，此时如再单击页面，系统会自动跳转到重新登录页面，只要再重新键入学号和密码，单击“确定”按钮，即可进入系统，继续决策仿真过程。

如果已经退出或关闭了工作站系统，再要进入，可重新启动工作站系统，在工作站首页右下方也只要再重新键入学号和密码，单击“登录”按钮，即可进入系统，继续决策仿真过程。

第四节　企业竞争模拟系统

一、企业竞争模拟简介

企业竞争模拟是运用计算机技术模拟企业的竞争环境，供模拟参加者进行经营决策的练习，适合学校进行管理学教育和企业进行人员培训之用。

利用计算机进行企业竞争模拟是从 20 世纪 50 年代以来很受欢迎的教学方式，80 年代初期，在我国管理教学中开始采用。1996 年的国际企业管理挑战赛在中国大陆赛区的比赛由中国日报社主持，吸引了 96 个队参加，包含了大多数提供 MBA 学位教育的国内著名的管理学院；此后，我国每年都参加这一国际比赛，并取得了很好的成绩。同时，各个学校也陆续从美国、加拿大、德国、日本等国家引进一些模拟软件。然而，英文界面的企业竞争模拟软件在中国应用有很大的局限性。

北京大学从1995年着手开发中文界面的企业竞争模拟软件，并在1996年秋为MBA学生开设的《经营决策分析》课中使用，效果很好。学生在应用的过程中，对软件提出了许多宝贵意见。经过不断加工改进，在1997年5月通过技术鉴定，参加鉴定会的有北京大学、清华大学、中国人民大学、首都经贸大学、全国企业家协会的专家和教授。此软件于1997年12月获得第二届全国普通高校优秀计算机辅助教学软件三等奖。在1998年5月5日，我们利用互联网成功地进行了远程竞争模拟，参赛的十个队中在北京以外有浙江大学、南开大学、哈尔滨工大和中山大学的代表队。软件的3.3版本于1998年8月由北京大学出版社正式出版发行。2000年全国大学生电脑节“企业经营决策竞争模拟比赛”使用了我们的软件。该软件的开发及应用软件进行的决策模拟的教学实践，获得2001年北京大学优秀教学成果一等奖、北京市教育教学成果一等奖和2001年全国优秀教学成果二等奖。在2001年、2003年、2004年和2005年组织的全国MBA培养院校企业竞争模拟比赛，使用了此软件。在教学和比赛中，根据参赛队提出的意见和建议，不断改进。现在，我们推出的7.4版的广域网版是最新改进的版本。

在竞争模拟中要把学员分成多个小组，每组代表一个企业。模拟按期进行。各公司在期初要制订本期的决策，包括生产、运输、市场营销、财务管理、人力资源管理、研究开发、战略发展等方面，并在规定时间内按要求输入计算机。软件根据各公司的决策，依据模拟的市场需求决定各公司的销售量，各公司可以及时看到模拟结果。然后，各公司再根据所处的状况，做出下一期的决策，直到模拟结束。一般做一期决策需要一个多小时，一个比较完整的模拟过程一般需要6~8期。在每期模拟结束时，软件会按照多种经营指标对各公司进行排序。在整个模拟结束后，要按照多项指标加权平均评出竞争模拟的优胜者。

企业竞争模拟能训练学员在变化多端的经营环境里，面对多个竞争对手，正确制定企业的决策，达到企业的战略目标。它要求参加者能全面、灵活地运用管理学的知识，如生产管理、市场营销、财务会计等知识和预测、优化、对策、决策等方法，考察学员的分析、判断和应变能力，并能培养团队合作的精神。竞争模拟所具有的竞争性、趣味性、实用性是其他课堂教学形式难以比拟的。

此版本采用零安装技术（不需用户在本机上进行任何安装就可使用），在Windows系列（Windows 2000、Windows XP、Windows NT、Windows 98、Windows 95等）、UNIX系列、Linux系列等操作系统环境下都可运行，对计算机内存、硬盘和CPU没有特殊要求，唯一要求是计算机可以使用“浏览器”上网。每个赛区可有16个在不同国家和城市的公司彼此进行竞争。竞争可分9个等级的复杂度，最多可包括4种产品和4个市场。目前，软件为每种复杂度设置了多种情景，用户还可以根据情况修改模拟情景或设置新的竞争环境。软件提供友好方便的界面和帮助信息。软件充分利用计算机网络快速传递信息的功能，采用无纸作业方式。

北京大学光华管理学院根据需要将举办企业竞争模拟培训班，讲授相关的企业管理知识，组织模拟实验，介绍软件使用的注意事项。

参加此软件开发工作的有王其文、张国有、葛锐、吴安等。开发组负责培训和软件的售后服务。

二、软件使用

（一）软件进入方法

软件的进入方法（进入企业竞争模拟主页）是：

连接 http：//busimu. gsm. pku. edu. cn/或 http：//162. 105. 29. 4/也可以从北京大学光华管理学院的中文主页（http：//www. gsm. pku. edu. cn/）进入，并点击左下角“决策模拟”。

在网页中一般首先输入你要进入的赛区号并回车（见图 7 – 41，在网页的左上方）。

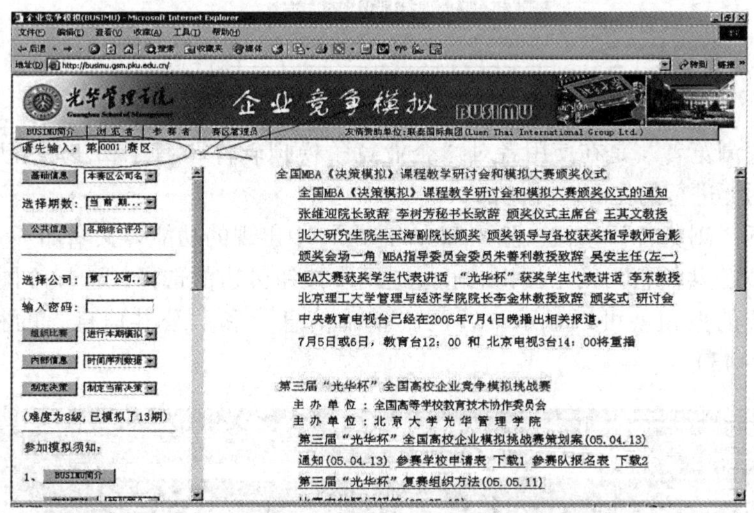

图 7 – 41　企业竞争模拟主页

（二）使用方法

主页最上一排有“简介/退出”“浏览者”“参赛者”“赛区管理员”四个按钮，功能介绍如下。

1. “简介/退出”主要功能是帮助使用者对“企业竞争模拟软件”有一个初步的了解。

按下“简介/退出”按钮，主页左侧将出现“企业竞争模拟简介”“文献资料”“报名参赛”三个按钮。

其中，“文献资料”按钮又可通过旁边的选择栏选择不同的功能，如“软件简介”“模拟向导”等。选择好某一功能（如模拟向导）后按“文献资料”按钮即可在主页右下方显示相应内容（见图 7 – 42）。

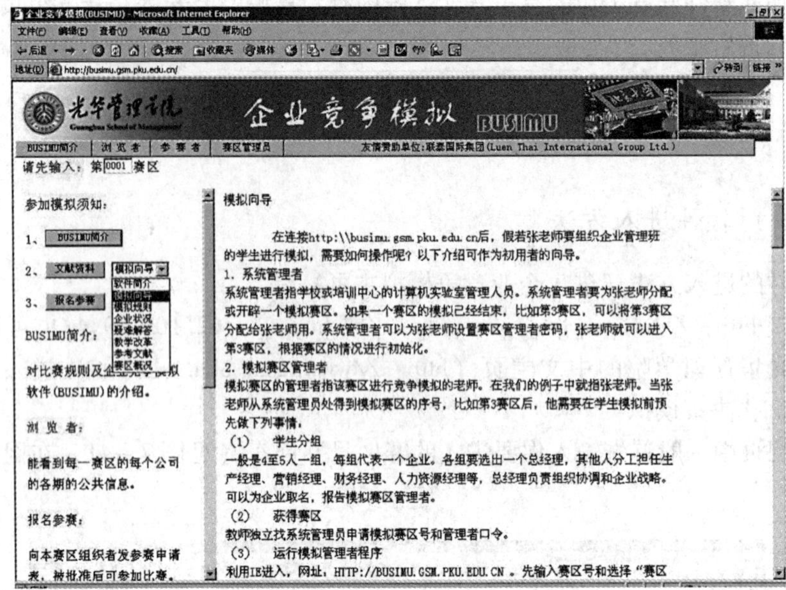

图 7－42　企业竞争模拟使用方法

2.“浏览者”是在使用者对“企业竞争模拟软件”有了初步了解后，希望观摩在网上进行的比赛时使用的。

按下“浏览者”按钮，除“简介/退出”中出现的功能外又增加了“基础信息”和“公共信息”两个按钮。通过这两个按钮旁边的选择栏选择不同的功能，再按相应的按钮就可以显示本赛区“基础信息”和“公共信息”的相应部分(见图 7－43)。

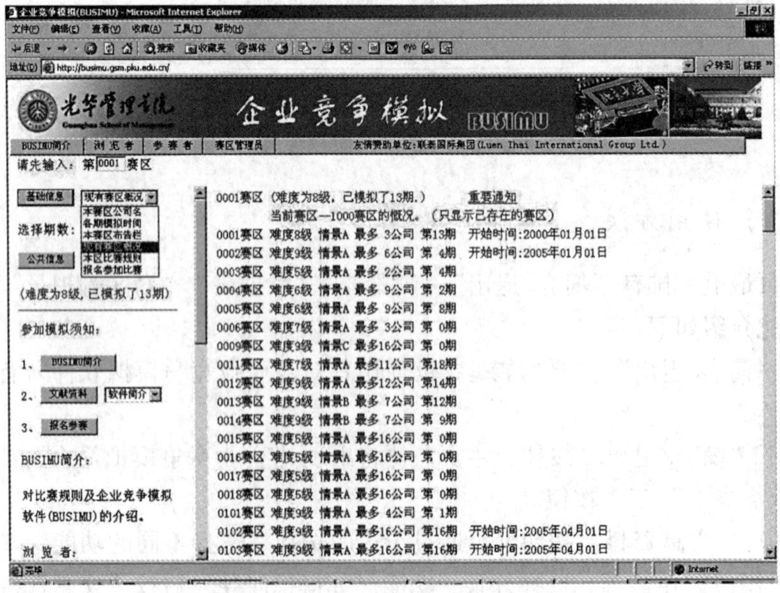

图 7－43　企业竞争模拟基础信息

3. “参赛者”是在使用者对竞争模拟了解和观摩的基础上，希望参加某赛区的比赛时使用的，但必须得到那个赛区管理员给的此赛区某公司密码（见图 7 – 44）。

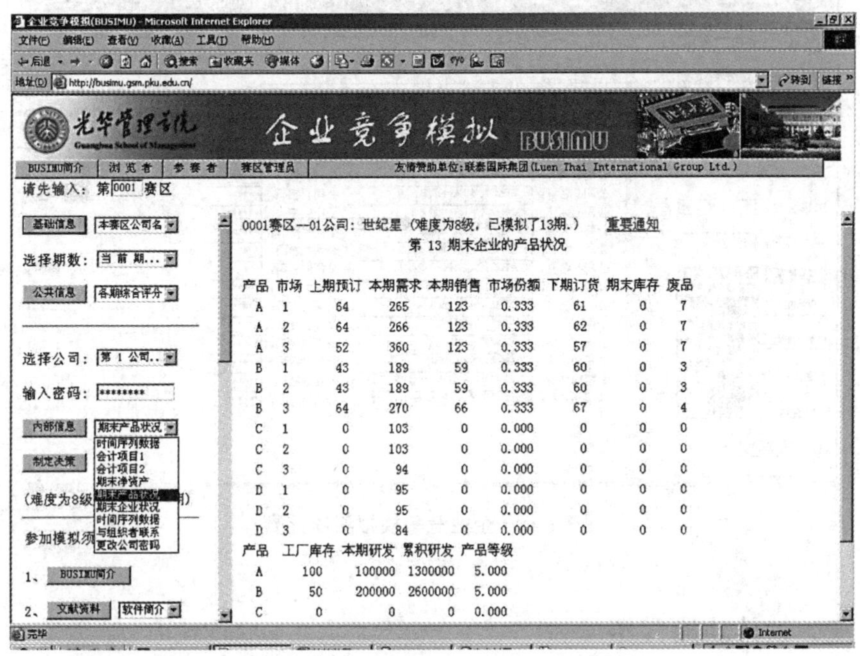

图 7 – 44　企业竞争模拟内部信息

按下“参赛者”按钮，会在“浏览者”功能基础上增加“内部信息”和“制定决策”两个按钮。选择了自己的公司号并输入自己的密码后，通过这两个按钮旁边的选择栏选择不同的功能，再按相应的按钮，软件就可以做出相应的动作。

参赛者就是要在分析本赛区“基础信息”“公共信息”和本公司“内部信息”的基础上制定好自己的本期决策单并提交。等到赛区管理员在规定的时间进行模拟后，查看决策的结果（包括公共信息和内部信息）并据此继续进行下一期决策。

4. “赛区管理员”负责组织本区的比赛。如设定本赛区的难度、公司数、模拟时间、各公司名称和密码，以及进行各期模拟等（见图 7 – 45）。

按下“赛区管理员”按钮，在具有“参赛者”所有功能的基础上增加了“组织比赛”按钮。通过“组织比赛”按钮旁边的选择栏中选择不同的功能，再按相应的按钮，软件就可以做出对应的动作。

5. 如果要更详细了解参加比赛和组织比赛的方法，可以在企业竞争模拟软件主页左侧“文献资料”按钮旁边的选择框中选择“模拟向导”，并再点击“文献资料”按钮。网页右下方将显示详细的模拟向导。

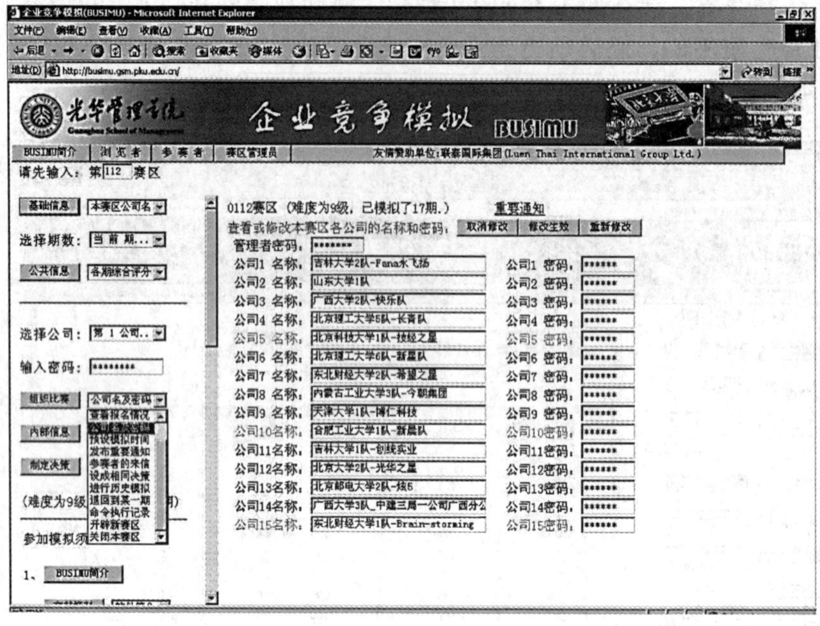

图 7-45　企业竞争模拟组织比赛

三、软件功能介绍

（一）查阅基础信息

“基础信息”包括本赛区公司名、各期模拟时间、本赛区布告栏、现有赛区概况、本区比赛规则、报名参加比赛 6 项内容的功能，由于是公开数据，所以任何人不需密码就可查看。现分别介绍如下。

1. 本赛区公司名：在网页的右下方显示本赛区的各参赛公司的公司名。

2. 各期模拟时间：在网页的右下方显示本赛区的各期模拟时间（年月日时分）。

3. 本赛区布告栏：在网页的右下方显示本赛区的赛区管理员发布的通知和为各公司进行的问题解答等信息。

4. 现有赛区概况：在网页的右下方显示其他存在的赛区的基本情况，包括赛区号、难度、情景、参赛公司数、现在进行到多少期等。

5. 本区比赛规则：在网页的右下方显示本赛区的比赛规则，包括一般规则、市场营销、生产管理、人力资源管理、财务管理、评判标准 6 个部分。

6. 报名参加比赛：可通过它向本赛区管理员报名参赛。

（二）查阅公共信息

“公共信息”包括本赛区各期综合评分、查看市场价格、查看市场份额、分项指标排序、查看消息内容、公司主要指标、收入发展趋势、成本发展趋势、利润发展趋势、纳税发展趋势、分红发展趋势、净资产趋势、综合发展趋势 13 项内容的功能，由于都是各公司的公开数据，所以任何人（包括竞争对手）不需密码就可查看（见图 7－46）。现分别介绍如下。

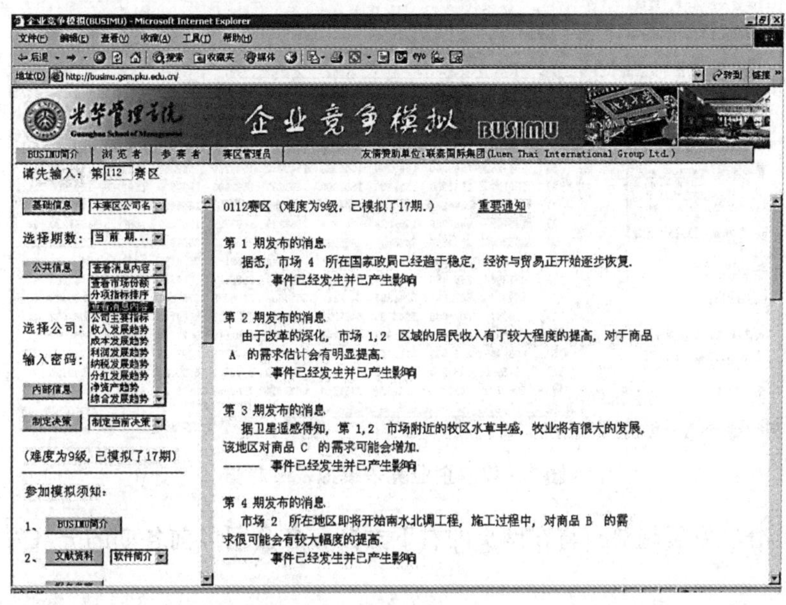

图 7－46 企业竞争模拟公共信息

1. 各期综合评分：计算机自动根据每一期末的模拟结果为各公司的决策评分，并在网页的右下方显示。

2. 查看市场价格：将在网页的右下方公布各公司以前各期的各产品在各市场的定价。

3. 查看市场份额：将在网页的右下方公布各公司以前各期的各产品在各市场的份额。

4. 分项指标排序：计算机自动为各公司的各个经营指标排序，并显示相关的次序。

5. 查看消息内容：查看各期发布的消息内容和以前各期的消息是否发生。

6. 公司主要指标：将在网页的右下方公布各公司以前各期公开的主要指标。

7. 收入发展趋势：将在网页的右下方公布各公司以前各期的收入发展趋势数据（见图 7－47）。

8. 成本发展趋势：将在网页的右下方公布各公司以前各期的成本发展趋势数据。

9. 利润发展趋势：将在网页的右下方公布各公司以前各期的利润发展趋势数据。

10. 纳税发展趋势：将在网页的右下方公布各公司以前各期的纳税发展趋势数据。

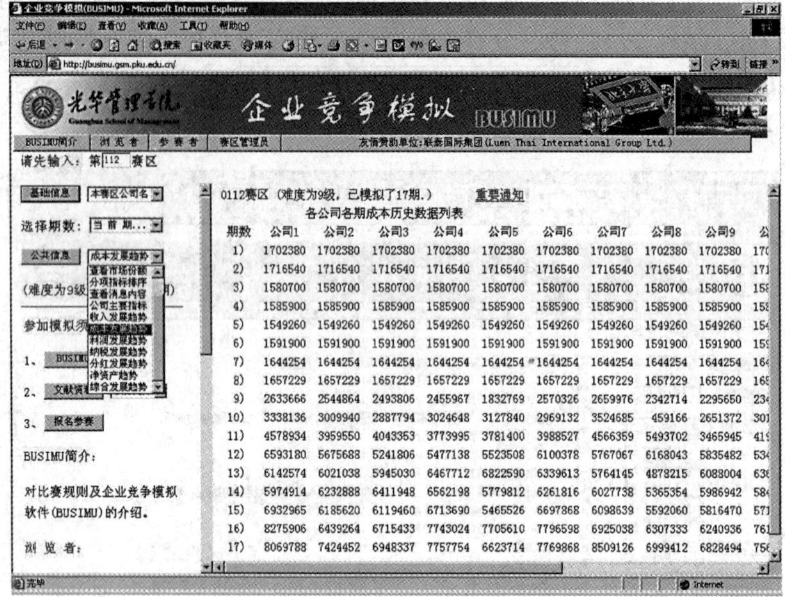

期数	公司1	公司2	公司3	公司4	公司5	公司6	公司7	公司8	公司9
1)	1702380	1702380	1702380	1702380	1702380	1702380	1702380	1702380	1702380
2)	1716540	1716540	1716540	1716540	1716540	1716540	1716540	1716540	1716540
3)	1580700	1580700	1580700	1580700	1580700	1580700	1580700	1580700	1580700
4)	1585900	1585900	1585900	1585900	1585900	1585900	1585900	1585900	1585900
5)	1549260	1549260	1549260	1549260	1549260	1549260	1549260	1549260	1549260
6)	1591900	1591900	1591900	1591900	1591900	1591900	1591900	1591900	1591900
7)	1644254	1644254	1644254	1644254	1644254	1644254	1644254	1644254	1644254
8)	1657229	1657229	1657229	1657229	1657229	1657229	1657229	1657229	1657229
9)	2633666	2544864	2493806	2455967	1832769	2570326	2659976	2342714	2295650
10)	3338136	3009940	2887794	3024648	3127840	2969132	3524685	459166	2651372
11)	4578934	3959550	4043353	3773995	3781400	3988527	4566359	5493702	3465945
12)	6593180	5675688	5241806	5477138	5523508	6100378	5767067	6168043	5835482
13)	6142574	6021038	5945030	6467712	6822590	6339613	5764145	4878215	6088004
14)	5974914	6232888	6411948	6562198	5779812	6261816	6027738	5365354	5986942
15)	6932965	6185620	6119460	6713690	5465526	6697868	6098639	5592060	5816470
16)	8275906	6439264	6715433	7743024	7705610	7796598	6925038	6307333	6240936
17)	8069788	7424452	6948337	7757754	6623714	7769868	8509126	6999412	6828494

图7-47 企业竞争模拟发展趋势

11. 分红发展趋势：将在网页的右下方公布各公司以前各期的分红发展趋势数据。

12. 净资产趋势：将在网页的右下方公布各公司以前各期的净资产趋势数据。

13. 综合发展趋势：将在网页的右下方公布各公司以前各期的综合发展趋势数据。

（三）查阅内部信息

“内部信息”包括本赛区各期时间序列数据、会计项目、期末净资产、期末产品状况、期末企业状况以及与组织者联系、更改公司密码7项内容的功能，由于是各公司的内部数据，所以任何人选择了公司号后还必须输入此公司的密码才可以查看（见图7-48）。现分别介绍如下。

1. 时间序列数据：显示本公司各期价格、促销、广告、等级、需求、售量、库存、订货、正品率、市场份额等的数据。

2. 会计项目：显示本公司本期各会计项目的收支、本期收入、本期成本和现金累计等内容。利用网页左侧“选择期数”栏可以选择期数，并查看相应期的会计项目。

3. 期末净资产：显示本公司本期末的现金、国债、原材料金额、存货（金额）、债券等内容。利用网页左侧“选择期数”栏可以选择期数，并查看相应期的期末净资产。

4. 期末产品状况：显示本公司本期末各产品在各市场上的上期预订、本期

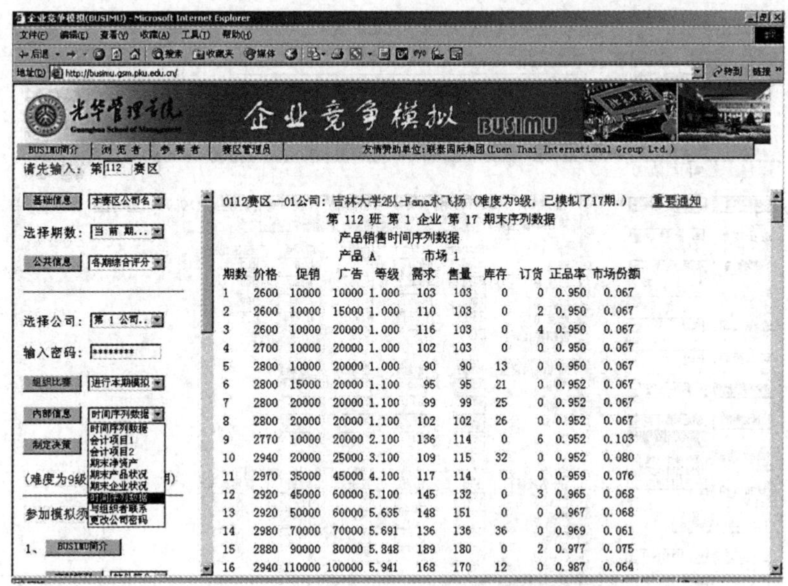

图 7-48　企业竞争模拟序列数据

需求、本期销售、市场份额、下期订货、期末库存、废品等产品状况。利用网页左侧“选择期数”栏可以选择期数，并查看相应期的产品状况。

5. 期末企业状况：显示本公司本期末工人数、机器数、原材料和现金等企业状况。利用网页左侧“选择期数”栏可以选择期数，并查看相应期的企业状况。

6. 与组织者联系：如果你有问题或建议需要和本赛区比赛组织者沟通，可使用此功能。注意：如果组织者给你回信，将在“基础信息”中的“本赛区布告栏”中公开显示。另外，某公司给比赛组织者发送信息，组织者还可查到是哪一个公司发来的。

7. 更改公司密码：如果希望更改公司的密码可使用此功能。注意：如果把密码设成是以“0”开头的，本公司以后将无权擅自修改。如果一定要修改，请用“内部信息”的“与组织者联系”告知赛区管理者，由组织者亲自为公司进行修改。

（四）制定决策

“制定决策”主要指制定当前决策、查看原始决策、查看可行决策 3 项内容的功能，由于是各公司的内部功能，必须输入此公司的密码才可使用（见图 7-49）。现分别介绍如下。

1. 制定当前决策：用于输入本期决策单。在决策单中包括设定各产品在各市场上的价格、广告和促销费、向各市场的供货量、生产安排、新雇人数、辞退人数、买机器、买原材料、银行贷款、发债券、买国债、分红、工资等内容。

由于决策单较大，不一定填完整个决策单后才按“提交决策单”键。提交

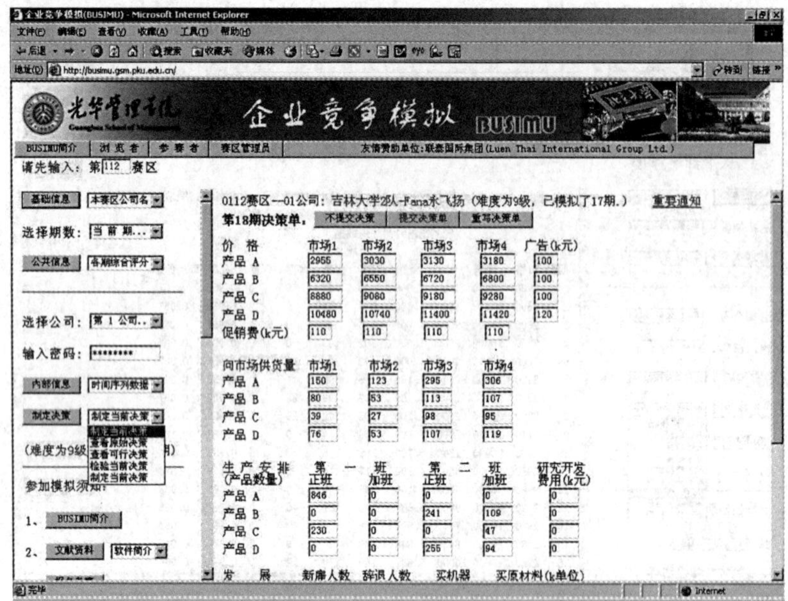

图 7-49　企业竞争模拟决策制定

决策的同时还有存盘的功能。提交后再按“制定决策”键仍可以继续书写决策单，同时可以查看以前输入的信息是否成功输入。决策以当期模拟前最后按“提交决策单”键提交的决策单为准。

2. 查看原始决策：可以查看各期原始决策。利用网页左侧“选择期数”栏可以选择期数。

3. 查看可行决策：决策者做出的原始决策不一定自洽。如果原始决策单存在的错误导致计算机无法实施这个决策，计算机将自动更改使之可行，但不能保证较优。

（五）组织比赛

“组织比赛”包括进行本期模拟、本赛区初始化、查看报名情况、公司名及密码、预设模拟时间、发布重要通知、参赛者的来信、设成相同决策、进行历史模拟、退回到某一期、命令执行记录等多项功能，由于都是赛区组织者的专有功能，必须输入此赛区管理员的密码后才可使用（见图 7-50）。现分别介绍如下。

1. 进行本期模拟：为组织者提供查看本赛区各公司本期提交决策的情况，在约定时间进行本期模拟的功能。

2. 本赛区初始化：组织者需要进行新一轮比赛时，对本赛区进行初始化，设定比赛难度级、情景、参赛公司数等信息。

3. 查看报名情况：通过“基础信息”的“报名参加比赛”功能来报名参加本赛区比赛的报名者的信息，组织者将在这里查看到。

4. 公司名及密码：设定、修改本赛区各参赛公司的公司名和密码以及赛区

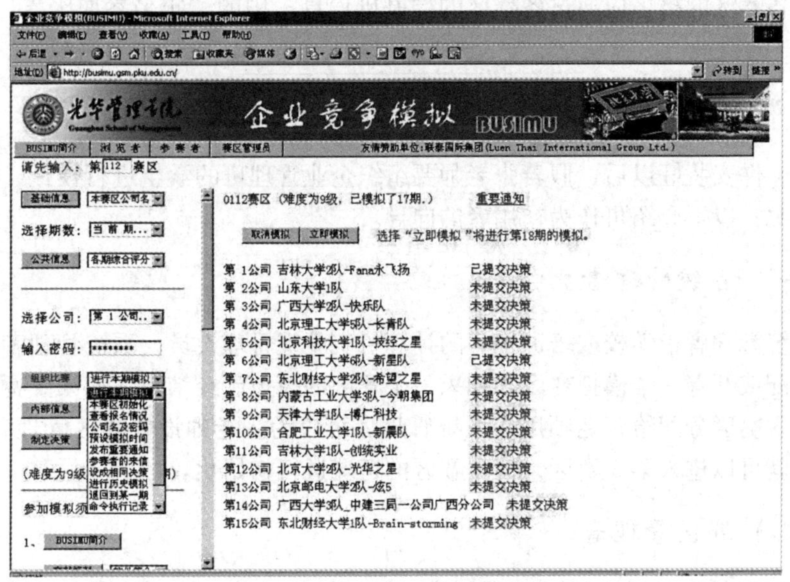

图 7－50　企业竞争模拟组织比赛

管理员密码。

5. 预设模拟时间：查看或修改本赛区各期模拟时间，修改完成后按“修改生效”键生效。其内容将公布在“基础信息”的“各期模拟时间”中，参赛者要在此前提交各自的决策单，组织者应按时模拟。此功能同时还可以输入赛区所属单位名称、为参赛者选择做出哪些决策。

6. 发布重要通知：希望发布重要本赛区的通知时使用此功能，其他人可以在“基础信息”的“本赛区布告栏”中看到。

7. 参赛者的来信：组织者查看各参赛者在“内部信息”中使用“与组织者联系”功能发来的信息。

8. 设成相同决策：将本赛区其他公司的本期决策强制改为本赛区第一公司的决策单。

9. 进行历史模拟：重新模拟以前某几期。

10. 退回到某一期：退回到某一期。

11. 命令执行记录：查看以前组织者发出的各个命令。

（六）BUSIMU 简介和文献资料

1. 企业竞争模拟简介：对本软件进行简单的介绍。

2. 文献资料：包括软件简介、模拟向导、模拟规则、企业状况、疑难解答、教学改革、参考文献、赛区概况等内容。其中，“赛区概况”在“基础信息”中也能找到。“模拟规则”和“企业状况”只是一个举例，应以“基础信息”中的“本区模拟规则”和“内部信息”中的“期末企业状况”为准。

3. 报名参赛：此时的报名信息将不能送到各个赛区，只有系统管理员可以看到。各赛区的报名应通过各赛区的“基础信息”中的“报名参加比赛”进入。

四、模拟向导

在软件安装好以后，假若张老师要组织企业管理班的学生进行模拟，需要如何操作呢？以下介绍可作为初用者的向导。

（一）系统管理者

系统管理者指学校或培训中心的计算机实验室管理人员。系统管理者要为张老师分配或开辟一个模拟赛区。如果一个赛区的模拟已经结束，如第 3 赛区，可以将第 3 赛区分配给张老师用。系统管理者可以为张老师设置赛区管理者密码，张老师就可以进入第 3 赛区，根据赛区的情况进行初始化。

（二）赛区管理者

模拟赛区的管理者指组织该赛区进行竞争模拟的老师。在我们的例子中就指张老师。他需要在学生模拟前预先做下列事情。

1. 学生分组。一般是 4 ~ 5 人一组，每组代表一个企业。各组要选出一个总经理，其他人分工担任生产经理、营销经理、财务经理、人力资源经理等，总经理负责组织协调和企业战略，可以为企业取名，报告模拟赛区管理者。

2. 获得赛区。教师独立找系统管理员申请模拟赛区号和管理者口令。

3. 运行模拟管理者程序。利用“浏览器”进入，网址：http：//busimu. gsm. pku. edu. cn。先输入赛区号和选择“赛区管理员”按钮。使用“组织比赛”键，此键可以执行“模拟”“设密码”等多种组织比赛所需的功能。管理者密码开始是系统管理员给定的，以后可以自己修改。

4. 设置模拟环境。利用“组织比赛”键，对赛区初始化以便设置模拟环境。程序将提问需要设定的难度。此软件设置了 9 种难度，1 级最容易，9 级最复杂。5 到 9 级考虑的决策因素更多，包括研发费用、工资变化等。复杂度也与产品和市场的多少有关。一般大学生可从 2 级或 6 级开始，即 2 种产品、3 个市场。选择难度后，还要选择情景，对每种难度现在设置了至少 2 ~ 4 种情景。此后，要输入模拟的企业个数。软件最多允许 16 个企业模拟。若上课的学生多，可以分为两个或更多赛区。各赛区之间模拟互不影响。注意：每赛区限制不多于 16 个企业的主要原因是为了屏幕显示结果的方便。

5. 修改口令和设定公司名称。利用“组织比赛”键设置各公司的名称和密码。默认的口令是计算机自动生成的。修改口令功能可以修改管理者自己的口令和重新设定各企业的口令。口令不要有规律，要安全保密，分别交给各企业的总经理。管理者要记住自己的口令。管理员若忘记了自己的口令，需要系统管理员为其重新设置。口令要求 4 ~ 10 个字符，可以是英文字符和数字，不要在中文状态下输入口令。默认的企业名称是：企业 1、企业 2、……、企业 16。

6. 设定模拟时间表。利用“组织比赛”键设置各期模拟时间。老师进行模拟和学生提交决策都要遵守这个时间。开始学生不熟悉软件和经营环境，每期决策的时间可以长一些；后面可以逐步缩短。平均起来，每期决策的时间需要1小时。注意：管理者以上的操作要在学生上课前做好。在设定妥善后，可以组织学生进行模拟。

7. 设置初始阶段的决策。初始化时软件为各企业设置了一个决策。该决策不是优化的决策，但可以维持运行。建议教师为学生设置出多期决策，如前8期（或前10期）决策，让学生从第9期（或第11期）开始模拟。在模拟中设定一期是一个季度，8期正好是两年。为此，管理者要运行“组织比赛”中的“本期模拟”多次。为了使前8期的情况有变化，管理者在每期模拟完成后，要退出管理程序，查看第一个企业的公司状况，根据公司状况修改决策（用“制定决策”键的“制定当前决策”功能）。建议不要修改生产部分，只修改定价、广告、促销费用、运输方案等。修改了企业1的决策后，利用“组织比赛”键运行“相同决策”，令所有企业与第一个企业的决策相同，再运行“本期模拟”。依次类推，不断修改第一公司的决策，再令大家决策与其相同，再模拟。这样做的目的是让学生能从前8期的变化中寻找其中的一些规律；让大家取同样的决策是为了各企业在第9期状态基本一致。注意：虽然令各企业的决策与第一个企业的决策相同，但各企业的经营状况也可能有一点差异，只不过差异很小。产生差异的原因可能有：不同企业离不同市场的距离不同，运费不同；消息的影响对不同市场大小不同。但是，这些差别不会对以后的模拟有大的影响。为了让学生看到变化的信息，建议在前8期调整中包括提价、降价、广告费和促销费的增减、工资系数的变化等。有时可能使经营状况恶化。这可以给学生提供更多的市场信息，但也应注意不要降价过多，使公司破产。注意：在第2期老师代替决策时，要将研究开发费用改为0。因为第1期已经投入了基本的研发费用，可以正常生产。研发费用是否再增加，让各企业自己去选择。注意：管理者以上的操作要在学生上课前做好。在设定妥善后，可以组织学生进行模拟。

8. 试验决策。实际模拟时，可以先让学生做试验性的练习。如果学生从第9期开始决策，当学生做完第9期决策后，利用“组织比赛”中的“进行本期模拟”，按提示进行模拟。模拟大约需要10秒钟。模拟后，首先，老师可以进入“公共信息”带领学生看模拟结果，再让学生分析经营绩效优劣的原因。然后，老师再运行“组织比赛”中的“退回到某一期”，将时间再退回到第8期，让学员重新做第9期的决策。这样做的目的是让学员熟悉软件。

9. 正式决策模拟。正式决策模拟是不能反悔的。学生必须在当期模拟时间之前提交自己的决策单，老师在模拟时间可以运行“组织比赛”里的“本期模拟”功能。

10. 熟悉模拟规则。“基础信息”键有显示“本区比赛规则”的功能，参赛的学员事先应详细阅读模拟规则，可在计算机上阅读，也可以将其粘贴在别的文件中或打印出来。此键还有显示“各期模拟时间”“其他赛区概况”“本赛区公司名称”“本赛区重要通知”等功能。

11. 学生提交决策单。任何人都可以浏览各赛区各公司的“公共信息”。参赛者输入了本公司的密码后还能查看本公司的“内部信息”。学生通过“公共信息”和“内部信息”键了解有关比赛的信息，并在当期模拟时间之前通过“制定决策”键的“制定当前决策”选项，提交自己的决策单。

12. 模拟期数与末期处理。学生进行的模拟一般为 8 期。若模拟期数太少，不能看出购买机器、人员发展等战略决策的效果；若模拟时间太长，时间又成问题。软件限定模拟不超过 20 期，若去掉开始的 8 期，学生参加的模拟最多还能进行 12 期。学员若知道到某期模拟一定结束，可能在决策时有短期行为，不考虑经营的连续性。为此，可以在进行 8 期模拟后，用掷硬币的方法决定是否再进行一期模拟。在全国比赛时是用第一名综合评分小数点后第三位是否为偶数来判定，也是用 0.5 的概率继续比赛。与此相仿，可以考虑第一名和第二名的评分特征，用 3/4 概率或 1/4 概率继续。

建议：模拟是教学的辅助手段，不能代替教学。在模拟中，教师可以穿插讲解，模拟结束后，也需要各组的学生进行总结，交流经验和体会。

（三）竞争模拟参加者

1. 职务分工。各组作为一个企业，每个人要分工担任一个角色，如生产经理、营销经理、财务经理、人力资源经理等，还要选出一位总经理。分工要适合各个人的特点，用其所长。每个人对分工的任务要多下功夫钻研，同时要沟通、合作，发扬团队精神。

2. 熟悉模拟规则。模拟参加者需要先看模拟规则，熟悉经营环境。每个人都要通晓软件给出的或管理者印发的模拟规则材料。同时，要按照分工对有关自己工作的规则进行仔细研究。

3. 进入程序。学生主要使用“参赛者”键所显示的各个功能。各企业在进入自己的赛区后，选择自己的公司号码并输入口令。参赛者可自行修改本公司密码。当某个公司的人都忘记了他们的口令时，管理者可以为他们另外设置口令。

4. 查看公司“内部信息”。进入公司自己的菜单后，要仔细查看公司状况。其中，“某期状况”中最重要的是上期末的状况。例如，要做第 9 期决策，第 8 期末的信息很重要。财务经理要分析企业的现金流、净资产等，做到对企业的现金流了如指掌；市场营销经理要研究产品状况，包括需求量、销售量、库存或订货等。企业的状况还提供企业的人员数、机器数、原材料数量、现金总额等信息。同时，还可以查看历史上各期的经营状况。企业可以了解“时间序列数据”，查看企业经营的历史演变情况，进行分析、预测，作为决策的依据。

5. 查看“公共信息”。要查看公共信息、动态信息和消息栏。公开信息包括其他企业的定价、市场份额、经营状况排序、综合评分等（见图 7－51）；动态信息包括各公司的本期收入、利润、净资产、综合评分等数据的图示，还有各期发展变化的示意图（见图7－52）；消息栏可以看到历史上的消息是否属实，是否产生影响，以及关于下期的消息。在决策时一般需要适当考虑消息的影响，但也要考虑其他公司采取的应对策略。

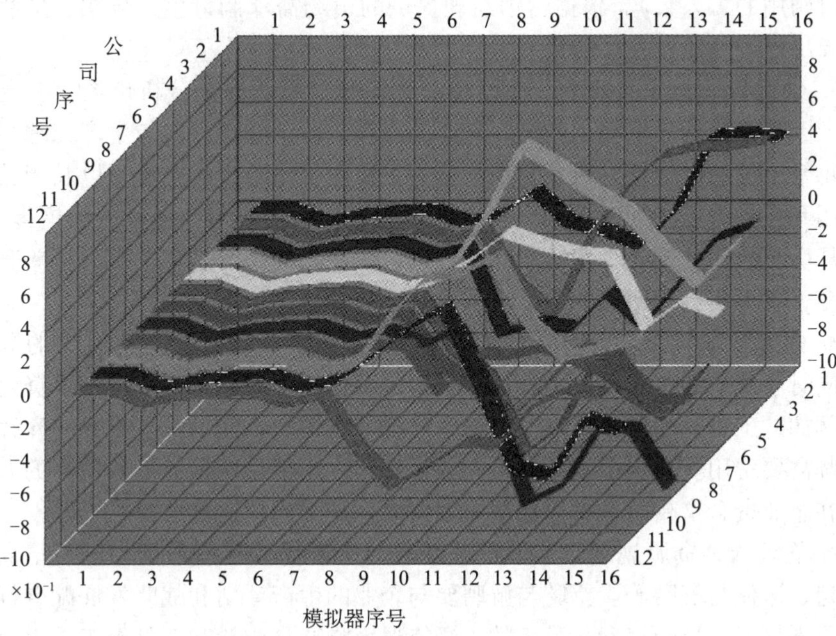

图7－51 企业竞争模拟综合评分发展趋势

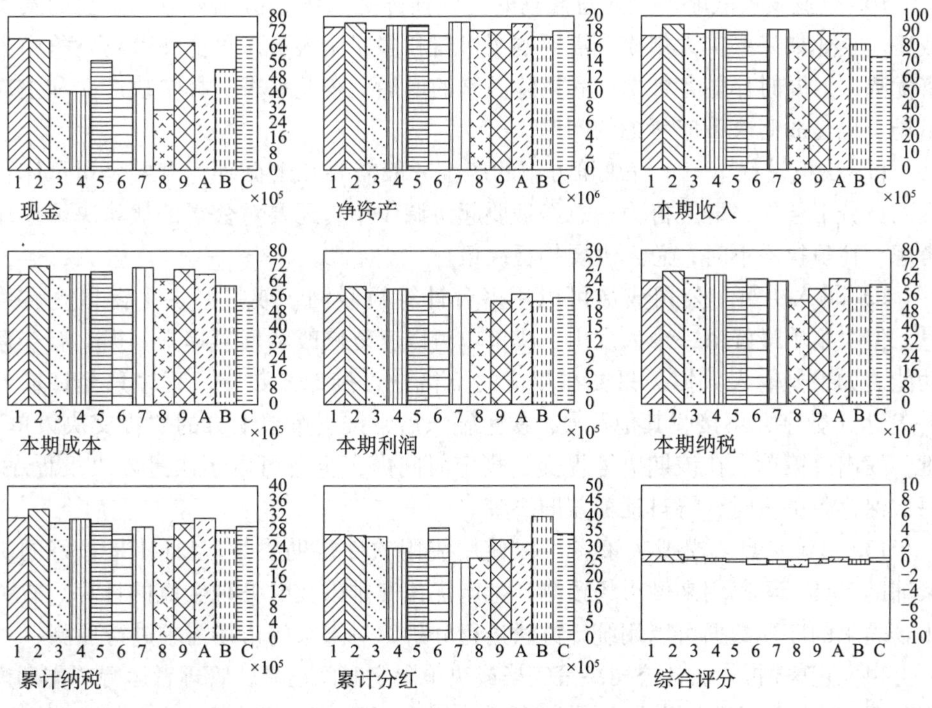

图7－52 企业竞争模拟数据

6. 安排生产计划。生产经理的主要任务是考虑生产计划的安排，要分析上期生产计划是否合理，检查期末产品库存（包括在工厂的库存和在市场的库存），查看本期可用的机器、人力和原材料（注意计算本期需要退休的工人数、最多可聘用的工人数），根据营销经理提供的市场需求制订生产方案。生产经理还需要决定产品研发费用的投入。

7. 供货与市场营销策略。市场营销经理的主要任务是分析市场，制定营销计划。因为营销计划依赖生产能力与产品库存，营销经理需要与生产经理共同商定给每个市场的供货量。市场营销策略的主要内容是给产品定价，以及产品的广告费用和在各市场的促销费用。营销经理应该详细了解与市场有关的模拟规则，注意从历史数据分析各种营销策略的效果，使产品的供求基本平衡，不要有过多的库存，也不要造成明显的供不应求。

8. 财务管理与资金运作。财务经理的主要任务是保证企业运行中的资金需求，同时注意节约，降低成本。生产经理、营销经理的决策几乎都需要资金的支持，例如，工资、加班、研发、材料、广告、促销、运输、机器维修、库存、咨询等都需要费用。在资金紧张时，财务经理可以用银行贷款或发放债券的方式筹资；在企业资金富裕时，可以用于企业发展、购买国债、分红等。

9. 企业人力资源规划。人力资源经理的主要任务是人员的招聘、培训、工资待遇、退休与解聘等。招聘与解聘要与企业的生产计划和战略发展配合好，以免人员不足或人员的浪费。员工的工资待遇影响产品质量和产品等级，也会增加成本，制定工资标准需要考虑企业和竞争对手的状况。

10. 企业发展战略。企业总经理的主要任务是组织、协调和考虑企业的发展战略。企业如果要扩大规模，需要购买机器和多雇用人员，可能在市场竞争中占有优势，但同时伴随各种费用和风险因素的增加。企业是否选择主攻产品和主攻市场，也是战略决策应考虑的问题。

11. 决策过程。一个好决策方案的产生一般需要几个循环，需要公司全体管理人员分工合作，群策群力。总经理要起协调作用，还要对公司的战略决策多加考虑。在争执不下时，总经理要拍板决策。

12. 输入决策。公司成员可以用多台计算机联网，或打开多个窗口查看信息。但决策单最好由一个人发出。决策单可以反复修改和反复提交，提交有存盘功能。如果要输入数据，只要在相应的空格处直接键入数字。程序只允许输入0~9十个数字，不接收其他符号。决策输入后，按决策单上方的“提交决策单”键，发出决策单。在该期决策提交的规定时间内，企业可以多次进入决策程序。每次保存新决策时，将自动覆盖旧决策。

13. 决策工具。模拟决策者可以使用应用软件帮助决策。Excel是很好的决策辅助工具，可以用来做市场预测、生产优化安排以及财务现金流的计算。有关市场需求的序列数据可以用统计方法进行分析，对未来的市场需求进行预测。

14. 决策模拟。在各公司决策完毕或决策限定时间已到，管理者运行“本期模拟”后，若某公司没有提交过本期决策单，软件会用它的上期决策作为本期新的决策。

五、企业竞争模拟规则

软件分 9 个模拟难度，多种模拟情景。以下规则是针对难度 5 的一种情景。真正参加模拟时，要运行程序后查看为本班设置的模拟规则。虽然规则的原理一样，但具体参数会有所差异。

（一）一般规则

模拟参加者要服从模拟管理者的领导和指挥，按时、按规定的方式提交决策。

参加本次模拟的有 10 个组，代表 10 个相同类型、相同规模的企业（或称公司），它们可以生产 2 种产品，在 3 个市场上销售。模拟情景难度属于第 5 级（共 9 级）。

各公司每期（假定一期为一个季度）做一个决策。各公司要在管理者指定的时间以前将决策输入计算机（在网络上运行时）或将决策交给模拟管理者（在单机上运行时），否则，模拟管理者可以将该公司上期的决策作为该公司本期的决策。

公司做决策时应考虑本公司的现状、历史状况、经营环境以及其他公司的信息，综合运用学过的管理学知识，发挥集体智慧与创造精神，追求成功的目标。

公司做决策时一定要注意决策的可行性。例如，安排生产时要有足够的机时、人力和原材料，要买机器要有足够的资金。当决策不可行时，模拟软件将改变公司的决策。这种改变带有随意性，并不遵循优化原则。

（二）市场营销

1. 市场机制。各市场对各种商品的需求与多种因素有关，符合基本的经济规律。对某公司的需求量既依赖于该公司的决策及状况（包括对商品的定价、广告费、促销费用及市场份额等），也依赖于其他公司的决策及状况。同时，需求量也与整个市场的容量、经济发展水平、季节变动等因素有关。

价格、广告和促销费的绝对值会影响需求，与其他公司比较的相对值也会影响需求。企业对产品的广告影响该产品在各个市场上的需求，可能有滞后作用。促销费包括营销人员费用等，企业在各市场的促销费将影响它在该市场的各种产品的需求。

企业的研发费、工人工资会影响产品的等级，等级高的产品可以较高的价格出售。

模拟中发布的动态消息是对下期的经济环境、社会变革、自然现象等突发事件的预测，事件是否真正发生以及将造成多大影响都具有随机性，决策者要有风险意识。

2. 产品分销。公司本期生产产品的 75% 和在工厂的全部库存可以运往各市场销售。销售后的剩余作为库存，供以后在该市场销售，不能运到其他市场（见表 7 - 10 ~ 表 7 - 13）。

表 7 - 10　　产品 A 运输固定费用　　单位：元

产品 A	公司 1	公司 2	公司 3	公司 4	公司 5	公司 6	公司 7	公司 8	公司 9	公司 10
市场 1	500	2 000	700	1 800	900	1 600	1 100	1 400	1 200	1 300
市场 2	2 000	500	1 800	700	1 600	900	1 400	1 100	1 300	1 200
市场 3	4 000	4 000	4 000	4 000	4 000	4 000	4 000	4 000	4 000	4 000

表 7 - 11　　产品 B 运输固定费用　　单位：元

产品 B	公司 1	公司 2	公司 3	公司 4	公司 5	公司 6	公司 7	公司 8	公司 9	公司 10
市场 1	6 000	10 000	6 200	9 800	6 400	9 600	6 600	9 400	7 000	9 000
市场 2	10 000	6 000	9 800	6 200	9 600	6 400	9 400	6 600	9 000	7 000
市场 3	12 000	12 000	12 000	12 000	12 000	12 000	12 000	12 000	12 000	12 000

注：只要有产品运往市场，就要付固定运输费用。

表 7 - 12　　产品 A 运输变动费用　　单位：元

产品 A	公司 1	公司 2	公司 3	公司 4	公司 5	公司 6	公司 7	公司 8	公司 9	公司 10
市场 1	25	100	35	90	45	80	55	70	60	65
市场 2	100	25	90	35	80	45	70	55	65	60
市场 3	200	200	200	200	200	200	200	200	200	200

表 7 - 13　　产品 B 运输变动费用　　单位：元

产品 B	公司 1	公司 2	公司 3	公司 4	公司 5	公司 6	公司 7	公司 8	公司 9	公司 10
市场 1	300	500	310	490	320	480	330	470	350	450
市场 2	500	300	490	310	480	320	470	330	450	350
市场 3	600	600	600	600	600	600	600	600	600	600

注：变动运输费用是每个产品的运输费用。

3. 库存与预订。

（1）库存。剩余原材料可存在企业的仓库，库存费为每元原材料每期 0.05 元。

成品可存于工厂的仓库或各市场的仓库，单位成品每期库存费为：

产品 A：20.00 元；

产品 B：80.00 元。

计算库存费时按期初和期末库存量的平均值计算，在期末支付。

（2）预订。当市场对某公司的产品需求多于公司在该市场的库存加本期运去的总量时，多余的需求按以下比例变为对下期的订货，到时以本期价格付款。公司下期运到该市场的产品优先满足上期订货。若上期订货不能被满足，剩余的不再转为下期订货（见表 7 - 14）。

表 7 – 14　　市场需求递延　　单位:%

项目	产品 A	产品 B
市场 1	50.0	40.0
市场 2	50.0	40.0
市场 3	20.0	20.0

注：某公司不能满足的需求，除了转为下期订货以外，其余的可能变为对其他公司的需求。

（三）生产管理

1. 生产作业（见表 7 – 15）。

表 7 – 15　　单位产品所需资源

项目	产品 A	产品 B
机器（时）	100	200
人力（时）	150	250
原材料（单位）	300	1 500

（1）班次。

第一班正班：6：00 ~ 14：00。第一班加班：14：00 ~ 18：00。

第二班正班：14：00 ~ 22：00。第二班加班：22：00 ~ 2：00。

一期正常班为 520 小时（一季度 13 周，每周 40 小时），加班为 260 小时。

（2）机器。机器可在两班使用，但第一班加班和第二班用的机器总数不能多于公司机器总数。

第一班加班用的机器在完工后的四小时也不能用于第二班正常班。

机器价格为 40 000 元，折旧期为 5 年，每期（季度）折旧为 5.0%，不管使用与否。

若购买机器，本期末付款，下期运输安装，再一期才能使用，使用时才计算折旧。

2. 材料订购。

（1）原材料价格。原材料的标价为 1 元，但可以根据订货的多少得到批量价格优惠。优惠价格见表 7 – 16。

表 7 – 16　　订货批量优惠价格

订购量（小于等于）（单位）	单价（元）
0	1.00
1 000 000	0.96
1 500 000	0.92
2 000 000	0.88

（2）原材料运输费用。原材料的运输费用分固定费用（按是否订货）和变动费用（按订货量）。

原材料的运输费固定费用为 5 000 元，变动费用为 0.02 元。

(3) 原材料运输时间。由于运输的原因，本期决策订购的原材料至多有 50% 可以用于本期使用。

3. 管理成本。

(1) 管理成本。公司每期的固定费用与生产的产品和班次有关。

第一班生产产品 A，费用为 4 000 元；第二班生产产品 A，费用为 5 000 元。

第一班生产产品 B，费用为 6 000 元；第二班生产产品 B，费用为 7 000 元。

(2) 维修费。每台机器每期的维修费为 200 元，无论使用与否。

(3) 咨询。软件可以提供咨询服务，检查企业的决策是否可行。

企业需按检查的次数付咨询费。收费标准为每次 2 000 元。

4. 研究开发。

(1) 研发的作用。企业要生产某种产品，需先投入基本的研发费用，其数量相当于下面的等级 1。它包括为生产该新产品需要的专利的获得、设施的购置和技术的培训等。

为了提高该产品的等级，企业还需要进一步投入研发费。它包括为提高产品质量的技术革新和生产工艺的改进等。这些费用相当于下面的等级 2、3、4、5。若产品等级高，可以增加客户的需求。在计算成本时，将本期的研发费用平均分摊在本期和下一期。

(2) 研发费用。各种产品达到不同等级需要的累积研发费用（简单加总）见表 7 – 17。

表 7 – 17 累积研发费用与产品等级对应

产品	等级 1	等级 2	等级 3	等级 4	等级 5
产品 A	100 000	200 000	300 000	400 000	500 000
产品 B	200 000	350 000	480 000	600 000	700 000

说明：

工人工资系数对产品等级的影响是在研发费用基础上的进一步调整。例如，研发费决定的产品等级为 3，考虑工资系数后，产品等级调节后的区间为（3.0，3.9）。

考虑研发费的产品等级的提高要循序渐进，每期最多提高一级。

研发费用只在模拟难度级别大于 4 时考虑；否则，产品等级设为 1。

（四）人力资源管理

1. 新工人招聘与培训。每期招收工人数不得超过当时工人总数的 50%。

本期决策招收的新工人在本期为培训期。新工人每人花培训费 500 元。培训期间新工人的作用和工资相当于正式工人的 25%。经过一期培训后，新工人成为熟练工人。

2. 工人退休或解聘。企业每期有 3% 的工人正常退休。企业决策时，可以根据情况解聘工人。决策单中的解聘工人数是退休和解聘人数之和。根据政府规定，退休和解聘人数之和不能多于期初工人数的10%。

本期退休或解聘的工人不参加本期的工作，企业要给退休或解聘工人每人一次性生活安置费1 000元。

注意：当决策不符合以上要求时，模拟时软件将给予修改。

3. 员工待遇与激励。

（1）工作小时基本工资。

第一班正班：3.00元。第一班加班：4.50元。

第二班正班：4.00元。第二班加班：6.00元。

每个工人只能上一种班，加班人数不能多于本班正常班人数。

未值班的工人也要按第一班正常班付工资。

（2）员工激励。以上的小时基本工资是本行业的基本工资，也是各企业确定工资的最低线。

企业可以用提高工资系数的办法激励员工。设对应基本工资的工资系数为1，若工资系数为1.2，则实际工资为基本工资乘以1.2。提高工资系数有助于提高企业的产品质量，减少废品率，也可以提高产品的级别。当然，提高工资系数会增加成本。

废品会浪费企业的资源、运费，还会因为顾客退换产品造成折价40%的经济损失。

工资系数变化只对模拟难度5以上的情景。当难度等级小于5时系数设为1，也不考虑废品率。

（五）财务管理

1. 资金筹措。

（1）银行贷款。模拟开始时各公司有现金2 000 000元。为了保证公司的运营，每期期末公司至少应有2 000 000元现金，若不足，在该公司信用额度的范围内，银行将自动给予贷款补足。企业也可以在决策时提出向银行贷款。但是，整个模拟期间从银行贷款的总数不得超过8 000 000元的信用总额。

银行贷款的本利在本期末偿还，年利率为8%（每期的利率为年利率的1/4）。

（2）国债。公司每期末都可以买国债，年利率为6%。若购买国债，在本期末付款，本利在下期末兑现。

（3）发债券。公司为了筹集发展资金或应付财政困难，可以发行债券。当期发行的债券可以在期初得到现金。公司某期发行的债券数额与尚未归还的债券之和不得超过公司该期初净资产的50%。

各期要按5%的比例偿还债券的本金，并付利息。债券的年利率为12%。公司模拟开始几期，可能已经发行了债券。未偿还的债券总量可在公司信息里查看。

本期发行的债券本利的偿还从下一期开始。债券不能提前偿付或拖延。

2. 纳税与分红。

(1) 税务。公司缴税是公司对国家应尽的义务，也是评价公司经营绩效的一项重要指标。

税金为本期净收益的30%，在本期末缴纳。

本期净收益为负值时，可按该亏损额的30%在下一期（或以后几期）减税。

(2) 分红。公司分红的条件：

①应优先保证期末剩余的现金数量超过2 000 000元。

②分红数量不能超过公司该期末的税后利润。

注意：考虑到资金的时效性，公司累计缴税和累计分红按7%的年息计算。

3. 现金收支次序。

期初现金+银行贷款+发行债券-部分债券本-债券息-培训费
-退休费-基本工资（工人至少得到第一班正常班的工资）-机器维护费
+紧急救援贷款-购原材料-特殊班工资差额（第二班差额及加班）
-研发费用-管理费-运输费-广告费-促销费+销售收入-存储费
+上期国债本息-本期银行贷款本息-上期紧急救援贷款本息
-税金-买机器-分红-买国债

警告：当资金不足时，将按以上次序支出，并修改决策。如果现金不够支付机器维护费以前的项目，会得到紧急救援贷款。此贷款年利率为40%，本息需在下期末偿还。

（六）评判标准

每期模拟结束后，软件根据各企业的经营业绩评定一个综合成绩。评判的标准包含七项指标：本期利润、市场份额、累计分红、累计缴税、净资产、人均利润率、资本利润率。其中，计算人均利润率的人数包括本期解聘的和本期新雇的工人，计算资本利润率的资本等于净资产加未偿还的债券。

评定的方法是先按这些指标分别计算标准分，再按设定的权重计算出综合评分。

各项指标的权重分别为0.2、0.15、0.1、0.1、0.2、0.1、0.15，其中，市场份额是按各个产品在各个市场的销售数量的占有率，分别计算标准分后再求平均的。

标准分的算法是先求全部公司某指标的均值和标准差，用企业的指标减去均值，再除以该指标的标准差。标准分为0意味着企业的这一指标等于各企业的均值；标准分为正，表示该指标较好；若为负，表示该指标不佳。

在计算标准分时，会考虑上期综合评分的影响，也会根据企业的发展潜力进行调整。如果企业所留现金小于本期期初现金或本期费用，这意味着经营的连续性不佳，其标准分将适当下调。

软件将公布各企业七项指标各自的名次与综合评分。模拟结束后，除了综合评分领先的企业可以总结交流经验以外，其他企业也可以就某个成功的单项指标进行总结。

参考文献

[1] 宋福根．现代企业决策与仿真［M］．北京：科学出版社，2010.
[2] 王其文．决策模拟［M］．北京：北京大学出版社，2012.
[3] 杨东涛，萧世贵．经理人经营决策实战演练（内部教材）［M］．台湾：台湾特波国际公司，2005.
[4] 北京理工大学 MBA 教育中心组编．北京理工大学 GMC 冠军历程与实战指导［M］．北京：机械工业出版社，2008.
[5] 张小红，景永平．本科学生参加企业模拟竞赛的实践与感想［J］．管理观察，2009（10）.
[6] 张小红．企业管理仿真模拟［M］．北京：化学工业出版社，2013.
[7] 张小红，白瑷峥，黄津孚，温瑶．管理学［M］．北京：清华大学出版社，2014.
[8] 黄津孚．现代企业管理原理［M］．北京：清华大学出版社，2017.
[9] 张小红，成思思．管理学基础［M］．北京：经济科学出版社，2020.
[10] 李昆，孙飞虹．经济管理仿真实验系统开发分析［J］．南京审计学院学报，2011（10）.
[11] 萧晓东．管理模拟教学的发展与创新［J］．经济管理新管理，2001（22）.
[12] 萧晓东．现代管理模拟的发展沿革与应用［J］．管理现代化，2001（5）.
[13] 周斌，程宏伟．论工商管理模拟教学特征及教师角色转化［J］．教育与现代化，2007（3）.
[14] 李梅芳，杨芳，谷浪波．企业管理仿真模拟在工商管理类专业实践教学中的应用与思考［J］．长沙大学学报，2010（5）.
[15] 杨世奎．现代企业管理模拟实习的实践与探索［J］．天中学刊，2007（4）.
[16] 卜金涛，周建波．隐性知识与管理模拟教学［J］．中国科技信息，2005（1）.
[17] 中国注册会计师协会．公司战略与风险管理［M］．北京：中国财政经济出版社，2021.
[18] 中国注册会计师协会．财务成本管理［M］．北京：中国财政经济出版社，2021.
[19] 刘朝宗．产品策略在企业的实际应用研究［J］．企业技术开发（学术版），2007，26（6）.

[20] 罗晓斐．产品策略在高等职业教育弱技术型专业中的应用［J］．当代教育论坛，2009（1）．

[21] 彭斌，张卓．企业财务管理［M］．北京：经济管理出版社，2015.

[22] 张金昌．财务分析学教程［M］．北京：北京大学出版社，2010.

[23] 徐飞，黄丹．企业战略管理（第2版）［M］．北京：北京大学出版社，2014.

[24] 黎群，汤小华，魏炜．战略管理教程（第2版）［M］．北京：清华大学出版社，2017.

[25] 荆新，王化成，刘俊彦．财务管理学［M］．北京：中国人民大学出版社，2018.

[26] 魏江，邬爱其，等．战略管理［M］．北京：机械工业出版社，2018.

[27] 蓝海林，等．企业战略管理（第2版）［M］．北京：中国人民大学出版社，2018.

[28] 肖智润．企业战略管理：方法、案例与实践（第2版）［M］．北京：机械工业出版社，2018.

[29] 董克用，李超平．人力资源管理概论（第5版）［M］．北京：中国人民大学出版社，2019.

[30] 刘昕．人力资源管理（第4版）［M］．北京：中国人民大学出版社，2020.

[31] 唐贵瑶，魏立群．战略人力资源管理［M］．北京：机械工业出版社，2019.

[32] 郭国庆，陈凯．市场营销学（第6版）［M］．北京：中国人民大学出版社，2019.

[33] 吴健安，聂元昆．市场营销学（第6版）［M］．北京：高等教育出版社，2017.

[34] 菲利普·科特勒，王永贵．市场营销学（第12版）［M］．北京：中国人民大学出版社，2017.

[35] 陈荣秋，马士华．生产与运作管理（第6版）［M］．北京：高等教育出版社，2016.

[36] 陈心德，吴忠．生产运营管理［M］．北京：清华大学出版社，2011.

[37] 朱桂平．生产运营管理［M］．杭州：浙江大学出版社，2014.

[38] 邢以群，张大亮．管理是要系统的：企业管理实用指导手册［M］．北京：机械工业出版社，2015.

[39] ［美］迈克尔希特，杜安爱尔兰，罗伯特霍斯基森．战略管理：竞争与全球化（原书第12版）［M］．焦豪，等译．北京：机械工业出版社，2018.

[40] 唐拥军，陆善勇，等．精编战略管理（第2版）［M］．武汉：武汉理工大学出版社，2014.

敬 告 读 者

为了帮助广大师生和其他学习者更好地使用、理解、巩固教材的内容，本教材配课件，读者可关注微信公众号“经科新知”，获取相关信息。

如有任何疑问，请与我们联系。

QQ：16678727

邮箱：esp_bj@163. com

教师服务 QQ 群：208044039

读者交流 QQ 群：894857151

经济科学出版社
2021 年 9 月

经科新知

教师服务 QQ 群

读者交流 QQ 群

经科在线学堂